陽光升起的所在

向陽研究十八論

陳政彥 等著

陳允元 主編

JIT-THÂU
PEH--KHÍ-LÂI
Ê SÓO-TSĀI

目 次

致謝辭／卻顧所來徑◎向陽 …………………………………………… 006
主編序／陽光升起的所在◎陳允元 …………………………………… 009
作者群 …………………………………………………………………… 012

☀ 向陽的詩業

01 向陽新詩創作類型重探
　　──以敘事學作為研究進路 ………………………… 陳政彥 019

02 土地的界定與商榷
　　向陽作品的實踐策略與身分關係 …………………… 林　妤 039

03 複數的本土
　　向陽的詩藝歷程與展演 ……………………………… 涂書瑋 061

☀ 向陽的散文、兒童文學、報導文學

04 感性憶舊、手寫溫度與文學史斷面
　　──向陽「台灣作家手稿故事」三書探析 ………… 廖振富 091

05 論向陽童詩的視覺思維 ………………………………… 李桂媚 123

06 報導文學敘事規約再思考
　　──以〈台灣報導文學的虛構敘事規約〉為探討範疇 ……… 陳鴻逸 177

07	以複合媒體作為作家誌方法
	臉書與《臉書帖》的向陽軌跡 ················· 葉衽榤 200

☀ 向陽詩歌的轉譯與傳播

08	向陽〈咬舌詩〉的音樂轉譯 ················· 葉青青 251
09	台灣文學轉譯初探
	——以桌遊《文壇封鎖中》為例 ················· 張俐璇 290

☀ 編輯人向陽

10	台灣當代「詩人編輯家」向陽研究
	以文藝編輯為核心 ················· 楊宗翰 327
11	向陽考 2.0
	——詩刊作為途徑 ················· 蔡旻軒 358
12	副刊年代
	1980 年代台灣文學與《自立副刊》主編向陽 ················· 黃崇軒 383

☀ 學者向陽

13	轉接與播種：跨語世代及戰後台灣泛視覺詩的起點
	——從林淇瀁賦予銀鈴會的詩史定位談起 ················· 陳允元 407

14 現實主義、本土論述與台語詩
　　向陽1970年代詩史論述 ……………………………… 陳瀅州 438

15 文學與社會的對話
　　論林淇瀁台灣報導文學研究 ………………………… 彭正翔 464

☀ 文化推動者向陽

16 方言詩集、國語文學：語文版圖的想像與重構
　　——重論向陽《土地的歌》 ………………………… 呂美親 499

17 從「拼圖」到「場域」
　　——學者向陽的文學傳播論述 ……………………… 趙文豪 534

18 向陽新詩中的台灣社會事件書寫 …………………… 楊敏夷 554

致謝辭

卻顧所來徑
感謝師友恩澤

向陽

　　時光飛逝，我已入「從心之年」。回顧過去七十個春秋，總是跌跌撞撞，起起伏伏，峰迴未必能夠預期，路轉也未必可以逆料。就這樣，終於可以在人間束縛已除，法度規矩不踰的情況下，順從己心行事。卻顧所來徑，多蒙師友恩澤，衷心感謝。

　　我13歲背《離騷》而生詩人大夢，22歲出版第一本詩集《銀杏的仰望》，迄今年5月推出《景色：向陽詩歌百選》（達瑞編），已出版詩集（含選集）17本、散文集19本、兒童文學集（童詩、童話、兒少散文）12本、文化評論集4本，合共52本。寫寫停停，不算多產，但也從未間斷。我的文學創作以詩為最顯著，從台語詩、十行詩、敘事詩的實驗，到風土詩、政治詩、地誌詩的開發，都自有景色。成為詩人，是我一生的夢，也是我最主要的身分。

　　我的第二個身分是編輯人／新聞人，我25歲進入《時報周刊》擔任編輯，其後轉至《自立晚報》擔任藝文組主任兼副刊主編，報禁解除後出任自立報系（早報、晚報、周報）總編輯、總主筆，迄39歲離開報界止，前後14年的黃金時光，有幸為建構台灣文學與文化貢獻微力，為解嚴前後的

政治改革略盡言責；此外，我也參與文學選集編輯，迄今已編詩選19種、小說選6種、散文選（含報導文學選）7種、台灣現當代作家研究資料彙編8種。

我的第三個身分是台灣文學和傳播的研究者。我39歲進入政大新聞系博士班，以迄於65歲從台北教育大學台文所退休，在學界凡26年。我的研究專長以文化研究、文學傳播和台灣文學為主，有學術論著《書寫與拼圖：臺灣文學傳播現象研究》、《長廊與地圖：台灣新詩風潮簡史》、《照見人間不平：台灣報導文學史論》、《場域與景觀：台灣文學傳播現象再探》等4部專論。

最後，我是文化實踐者和推動者。我從年輕時寫詩，創辦詩刊，推動詩運，參與文化運動和團體，在不同階段推動台灣文化重建。從《陽光小集》、台灣筆會、吳三連獎基金會、吳三連台灣史料基金會、台灣文學學會到國家文化藝術基金會，我很榮幸能受到信任和囑託，參與其中，為這塊土地竭盡心力。

2020年8月，我從北教大台文所退休，所上為我籌辦榮退學術研討會，由陳允元教授策畫，於2021年5月1日、2日舉辦「陽光升起的所在：台灣文學、文化與傳播暨林淇瀁教授榮退學術研討會」，邀集學者探討我以不同身分呈現的臉顏。研討會邀請詩人李敏勇以〈多面向的文化人──詩人、編輯人、新聞人、學者向陽〉為題發表專題演講；共分6場論文發表會、2場主題座談，每場各有主持人、評論人或與談人，漪歟盛哉，請容我在此表達謝意。

現在，論文經過論者修改，終於以《陽光升起的所在：向陽研究十八論》為名彙編成書，18位學者分別從詩人、編輯人、學者和文化推動者的面向，論述我的書寫、編輯、研究與實踐，多有發現、提點和啟發。我要向撰論的18位學者、主編陳允元教授，還有協助出版事宜的前衛出版社鄭清鴻主編，表達深厚的謝意。

我要感謝北教大校方和台文所同仁的厚愛。2006 年 8 月,我進入北教大台文所服務,在校時間共 14 年,擔任過台文所所長和圖書館館長,退休後蒙所上推薦,獲校方致聘為名譽教授。任教期間,台文所同仁互相提攜,師生之間教學相長,都讓我的教學與研究生涯充滿幸福感。

　　我也要感謝文化部、科技部人文社會科學研究中心、北教大研究發展處、北教大人文藝術學院、上海商業儲蓄銀行文教基金會、目宿媒體股份有限公司、財團法人趨勢教育基金會贊助和協辦這場研討會。此外,趨勢教育基金會陳怡蓁董事長更是大力支持本書出版,我要向她表達至高的謝忱。

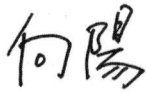

主編序

陽光升起的所在

陳允元

2020 年 8 月 1 日,我向國立台北教育大學報到,正式成為台灣文化研究所的一員。本所賦予我的第一個任務,便是為向陽老師籌劃一場榮退研討會。得到諸位師長的信任託付,固然深感榮幸,卻也不免自我懷疑能否把它辦好。猶記得開學前某個夜晚,我為此事有點焦慮,取了一張空白影印紙,握著筆,把自己關在書房,思考作為台灣文學學徒的我認識的向陽老師,究竟是什麼模樣。

首先當然是詩人。老師十三而志於詩,初期以抒情典雅的詩風為主,並漸漸開創十行詩、台語詩的路線,而後聚焦台灣風土地誌、政治歷史諷喻等議題,對社會常保關切與熱忱。除了詩歌,也涉足散文、兒童文學、與報導文學,面向多元而精到。老師的作品也經常透過教科書收錄、跨媒介轉譯以及外譯的方式,為更多台灣及海外讀者親近熟知。

接著是編輯人、媒體人。1980 年代,老師投入自立報系擔任副刊主編、總編輯等媒體工作,前後達 14 年。在鄉土文學論戰後、報禁解除前,通過策畫專輯、專欄,突出台灣文學、語言和文化特色,建構台灣文化主體;解嚴之後,則密集書寫政治與社會文化評論。此外,老師也長期參與年度詩選及各類文選的編選工作。可謂充分發揮一位知識份子文化人在媒

體傳播領域的影響力。

　　再來是學者。1994 年，老師離開媒體工作，考取政大新聞所博士班，也開始進入學院任教，以文學傳播現象、報導文學及台灣現代詩史研究獨樹一格。其培育、影響的學生，如今已遍佈各院校、領域，共同為台灣文學文化努力。

　　最後，是文化推動者、實踐者、組織者。無論身份是作家、編輯人、或是學者，老師最終的目標，即是透過各種方式與媒介管道，建構台灣文化的主體性並持續耕耘、深化，與社會溝通。老師並非單打獨鬥的孤鳥，而是能夠串聯不同網絡的運動組織者。

　　神奇的是，那一夜，隨著這些關鍵字被一一寫下，連結成為線索、脈絡，一場研討會的雛形於焉成形，且我赫然發現：向陽老師走過的軌跡，似乎正暗示著我們文學如何追求美、如何關懷社會，如何透過媒介傳播、經由研究深化，藉助教育生根、萌芽，以及文學如何作為一種實踐而產生力量。老師在其所能為的各種戰鬥位置上，讓台灣文學文化能夠蓬勃發動起來。

　　經過一夜思量，我取老師的詩題將研討會定名為：「陽光升起的所在：台灣文學、文化與傳播」，2021 年 5 月 1 日、2 日假本校篤行樓國際會議廳舉辦。會議的兩天風和日麗，學者、文化人雲集，老師的許多親友、學生也前來祝賀老師榮退。會議不久就是老師的 66 歲生日了，我們也秘密安排了一場慶生活動。老師看到送進來的蛋糕說：「我怎麼不知道有這個！」，還俏皮作勢假哭。我大笑回答：「我怎麼可能寫在議程裡啦！」

　　兩天的會議，承蒙諸位學者以主持人、發表人、評論人、與談人、專題演講人的身份盛情襄助，本所全體師生及工作團隊的全力支援，以及二百多位關心台灣文學文化的朋友拿出擠爆會場的氣勢的熱情參與，終於能夠圓滿完成。我想藉此機會向各位師友表達我最誠摯的謝意。會議發表

的多篇精彩論文，如今也經由發表者慎重的改寫、修訂，彙編出版，成為您手上的這部厚厚的專書：《陽光升起的所在：向陽研究十八論》。

　　這部專書，分別以「向陽的詩業」、「向陽的散文、兒童文學、報導文學」、「向陽詩歌的轉譯與傳播」、「編輯人向陽」、「學者向陽」、「文化推動者向陽」六輯，全方位展現現階段向陽研究的最新成果。同時它也是一部以向陽為引，透過其多重身分輻射出的台灣文學、文化與傳播的研究專書。值得一提的是，書中有多位作者，是向陽老師學生輩的優秀學者。於是這部書的成立，也意味著台灣文學的跨世代對話。老師以詩人為初心，一路走來的蜿蜒軌跡及其精神典範，都顯現在這本書裡。而其辛勤翻土、播撒下的種子，如今也已欣欣向榮。

　　序的最後，除了向賜稿的十八位作者表達誠摯的謝意，並以這本書致敬向陽老師，祝福老師身體健康，事事順心，也請容我藉此機會，公開向老師許下一個很多人共同有的大大的心願：期待向陽版台灣新詩史的誕生！

作者群

☼ 陳政彥

國立中央大學中國文學研究所碩士、博士,現任國立嘉義大學中國文學系副教授,曾任《吹鼓吹詩論壇》主編,學術專長為現代詩、區域文學。著作有《台灣戰後現代詩論戰史研究》、《身體、意識、敘事:現代詩九家論》、《臺灣現代詩的現象學批評:理論與實踐》、《跨越時代的青春之歌:五、六〇年代臺灣現代詩運動》,與李瑞騰、林淑貞等合著《南投文學史》上下二冊。

☼ 林　妤

現為國立政治大學台灣文學所博士候選人,研究領域為華文現代詩、文學與跨媒介。曾獲科技部千里馬計畫(UT-Austin,2021)、台灣圖書館訪問學人(2024)。曾發表論文〈聲音的非物性擴延:影像詩感知編碼生成之探源〉(2024)、〈感覺台灣‧經驗東亞:戰後現代詩的展演策略與形式感知〉(2022)、〈散步者與星叢:風車詩社的跨域展演與跨世代對話〉(2021)。

☼ 涂書瑋

國立臺灣大學臺灣文學研究所博士,現任國立臺灣大學中國文學系博士後研究員,國立聯合大學台灣語文與傳播學系與通識教育中心兼任助理教授。2019年獲國科會千里馬計畫與美國台灣文學基金會(US-Taiwan Literature Foundation)獎助赴美,擔任美國加州大學聖塔芭芭拉分校東亞系暨台灣研究中心訪問學者。主要研究領域為台灣現代詩學、中國當代文學與文化、台灣文學英譯研究、新詩理論與批評。著有學術專著《比較詩學:兩岸戰後新詩的話語形構與美學生產》。

廖振富

國立臺灣師範大學文學博士，曾任國立台灣文學館館長、國立臺灣師範大學臺文所教授、國立中興大學台灣文學與跨國文化研究所特聘教授兼所長。曾獲金鼎獎、國史館台灣文獻館傑出研究獎、2022 年台中文學貢獻獎。著有《文協精神臺灣詩》、《老派文青的文學浪漫》、《以文學發聲：走過時代轉折的臺灣前輩文人》、《臺中文學史》（本書與楊翠合著）、《追尋時代──領航者林獻堂》、《櫟社研究新論》、《臺灣古典文學的時代刻痕：從晚清到二二八》、《蔡惠如資料彙編與研究》、《林癡仙集》、《林幼春集》、《在臺日人漢詩文集》、《時代見證與文化關照──莊垂勝、林莊生父子收藏書信選》等書。

李桂媚

彰化縣人，中國文化大學印刷傳播學系工學士，國立臺北教育大學台灣文化研究所文學碩士，現服務於大葉大學。榮獲 106 年教育部閩客語文學獎閩南語現代詩社會組第二名，著有報導文學集《詩人本事》、《詩路尋光：詩人本事》，詩集《自然有詩》、《月光情批：李桂媚台語詩集》，論文集《色彩‧符號‧圖象的詩重奏》、《台灣新詩色彩美學六家論》（與王文仁合著）；編有《在現實的裂縫萌芽：岩上學術研討會論文集》、《向陽研究資料彙編》。

陳鴻逸

國立中興大學台灣文學研究所碩士，國立彰化師範大學國文博士，服務於德育護理健康學院通識中心。研究興趣：現代散文、現代詩，其他著作散見期刊與網路，近年曾執行教育部教學實踐研究計畫、健康促進、高教深耕等計畫。

葉衽榤

雲林科技大學漢學所專案教師，明志科技大學通識中心兼任教師；國立臺北教育大學進修推廣支援教學人員；曾任德育學院通識中心兼任教師、玄奘大學教發中心助理研究員。研究領域為台灣文學、台語文學、文化傳播、創傷社會學、社會設計、語言教育、性別與科技等。

☼ 葉青青

於紐約曼尼斯音樂院（The Mannes College of Music）獲鋼琴演奏碩士與演奏專業文憑（Professional Studies）。1999年獲Artists International Presentations, Inc.的特別表演獎，並獲邀於紐約Carnegie-Weill Hall舉辦鋼琴獨奏會。2008年獲得由中華民國聲樂家協會、台北德國文化中心所主辦的德文藝術歌曲大賽「最佳伴奏獎」。自2014年以來積極推廣台灣當代聲樂作品，2018年製作並錄製全套58首歌曲的《我們的時代，我們的歌》中文、台語藝術歌曲專輯，2021年【《秋天的故事》——陳義芝詩選與臺灣作曲家歌樂創作】CD與DVD。著有《胡果・沃爾夫的歌樂世界——義大利歌曲集鋼琴詮釋》與《跳躍在音符上的詩情》，任教於國立臺北藝術大學通識中心與國立臺灣藝術大學音樂學系。

☼ 張俐璇

國立成功大學台灣文學博士，現職國立臺灣大學臺灣文學研究所副教授，兼任吳三連獎基金會秘書長。研究領域為戰後台灣文學生產、台灣文學史。著有《兩大報文學獎與台灣文學生態之形構》（2010）、《建構與流變：「寫實主義」與臺灣小說生產》（2016）；編有《台灣文學英譯叢刊》第50期「台灣文學與『寫實主義』小說專輯」（2022）、《出版島讀：臺灣人文出版的百年江湖》（2023）、《吳三連獎文學家的故事》（2023）；與台大台文所研究生合作有文學桌遊《文壇封鎖中》（2019）。

☼ 楊宗翰

國立臺北教育大學語文與創作學系副教授、中華民國筆會秘書長、《臺灣詩學學刊》主編。著有詩集《隱於詩》、文集《顯於文》與《有疑：對話當代文學心靈》等七部論集。主編《穿越時光見到你：36場歷史縫隙的世代對話》等九部、合編《台灣一九七〇世代詩人詩選集》等八部，並策畫「世紀典藏・賈平凹」等六種系列出版品。另有與孟樊合著之《台灣新詩史》。

蔡旻軒

國立臺北教育大學台灣文化研究所碩士，國立臺灣大學臺灣文學研究所博士候選人。

黃崇軒

畢業於靜宜大學中國文學系碩士班（台灣文學組）。碩士論文為《建構本土・迎向群眾──《自立副刊》研究（1977~1987）》。曾任廣告公司企劃、雜誌編輯。現任職於文化部文化資產局，辦理古蹟保存修復及再利用業務。

陳允元

國立政治大學台灣文學研究所博士，國立臺北教育大學台灣文化研究所助理教授。主要研究領域為日治時期台灣文學、台灣現代詩、戰前東亞現代主義文學、跨語世代作家文學等。著有詩集《孔雀獸》（2011）、散文集《明亮的谷地》（2024），並有合著《百年降生：1900-2000台灣文學故事》（2018）、《看得見的記憶：二十二部電影裡的百年台灣電影史》（2020）、《台灣文學史讀本》（2024），合編《日曜日式散步者：風車詩社及其時代》（2016）、《文豪曾經來過：佐藤春夫與百年前的台灣》（2020）、《共時的星叢：風車詩社與新精神的跨界域流動》（2020）、《暗房與光：台灣白色恐怖詩選》（2025）。曾獲林榮三文學獎散文首獎、小品文獎、台北國際書展編輯大獎等。

陳瀅州

國立成功大學台灣文學系博士，國立中正大學台文創應所兼任助理教授。研究領域為台灣新詩史、現代詩學、台語文學。曾獲巫永福文學評論獎、府城文學獎等獎項。著有《戰後台灣詩史「反抗敘事」的建構》、《七〇年代以降現代詩論戰之話語運作》。主編《台灣現當代作家研究資料彙編：林宗源研究彙編》，與方耀乾等合編《台語文學讀本》。

☼ 彭正翔

就讀國立中正大學中國文學系博士班，國立清華大學文學碩士畢業。學術研究興趣為：台灣報導文學、原住民漢語文學、文學場域研究。發表：〈殖民地、空間與權力：論〈鄰居〉、〈蓮霧的庭院〉、〈玉蘭花〉台日友好書寫〉、〈文學與社會的對話：論林淇瀁臺灣報導文學研究〉、〈聚焦與側寫：論〈尤瑪・達陸的織夢人生〉和〈泰雅真女人〉敘事規約〉、〈人道與批判：論楊逵報導文學的理念、實踐及其影響〉、〈符號、象徵與殖民：〈Losin・Wadan——殖民、族群與個人〉敘事探析〉、〈戰後臺灣報導文學疾病書寫研究：以〈痲瘋病院的世界〉、〈穿山甲人〉、〈月亮的孩子〉為例〉，著有《苗栗書寫與族群敘事：夢花報導文學獎作品研究》（2015）。

☼ 呂美親

國立臺灣師範大學臺灣語文學系副教授。主編《台語現代小說選》、《台語現代散文選》，共編《台語文運動訪談暨史料彙編》、《高中台語》（奇異果版教科書），出版台語詩集《落雨彼日》、《方言歌2070》，編譯《漂泊的民族：王育德選集》，台譯《島嶼時光機：臺灣文學故事》等。參與鬥鬧熱走唱隊製作賴和音樂專輯《河》、《自由花》。

☼ 趙文豪

著有《寫作門診室》（寫作教學）、現代詩集《日常》、《聽，說》（斑馬線出版）等書。為國立臺北教育大學語文與創作學系兼任助理教授，國立臺灣師範大學臺灣語文學系博士。現為美力台灣3D協會理事長，期待以文學與傳播跨域應用。

☼ 楊敏夷

國立臺灣師範大學國文學系博士候選人，學術師承：國立臺北教育大學的林淇瀁教授、陳俊榮教授、國立臺灣師範大學須文蔚教授。2019年曾獲台灣科技部論文補助，並獲得《臺灣詩學》第6屆大學院校詩學研究獎學金；曾獲葉紅女性詩獎、花蓮文學獎，著有詩集《迷藏詩》、《普拉絲的遺書》（獲台北市文化局補助出版）。

向陽的詩業

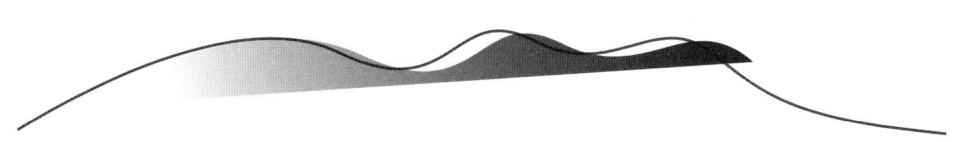

向陽新詩創作類型重探
——以敘事學作為研究進路

陳政彥

摘要

　　向陽期待父親欣賞自己詩作的願望，成為他母語詩創作的開端，由此可知，因為隱含讀者的不同，詩人可能改變詩的創作方式。筆者嘗試以米克・巴爾（Mieke Bal）《敘述學》所區分出的本文、故事、素材三個層面，觀察向陽詩作的隱含讀者及相對應的創作類型如何發展。分析可知，向陽最初的詩作，其隱含讀者是熟悉詩歌知識文類的專業讀者，發展出重視形式實驗，較少具體敘事內容的抒情詩；向陽的母語詩，其隱含讀者是使用母語的父老鄉親讀者，詩中有較具體人物與故事情節；向陽的批判詩，其隱含讀者是關心台灣現實問題的讀者，範圍包含部分抒情詩與母語詩，針對台灣社會問題加以批判；向陽的童詩隱含讀者是兒童，使用兒童可以理解的淺白語言及故事設計。向陽依據不同讀者發展不同的創作類型，精彩的敘事手法是他的詩作之所以成功卻較少被人注意的特色。

關鍵字：向陽、創作類型、隱含讀者、敘事學

一、前言

　　向陽作為台灣詩壇代表性的中生代學者詩人之一，著作等身。考察向陽詩藝成就的研究成果也相當豐富。目前向陽詩作研究，多聚焦於他的母語詩創作、後現代形式實驗、本土現實關懷、童詩創新這四點。忽略了他早期作品如《銀杏的仰望》、《種籽》、《十行集》、《歲月》、《心事》等集中仍有許多抒情風格詩作，佔了向陽整體創作相當高的比例。若忽視這些抒情詩作，勢難看到向陽詩藝的全貌。

　　在向陽的詩藝發展過程中，有一罕見特色，那就是向陽會留意到讀者的不同，而改變詩的創作模式。眾所周知，向陽之所以開始母語詩的嘗試，是因為發現只會講母語的父親，竟然無法欣賞自己的詩作。如果想要讓父親欣賞自己的作品，那就勢必要改變自己的創作方式，不僅是透過台語寫作，還需要調整詩的內容。基於這樣的反思，他寫下台語詩名作「家譜」7首。這裡帶出了一個很值得思考的問題，當詩人所預設的讀者不同，是否會反過來影響他對詩的設計？當向陽詩中的「隱含讀者」[1]不同，是否影響了他的創作手法？不同的隱含讀者如何影響了他詩作的類型，此為本文希望討論的問題意識。但是傳統的新詩研究方法，較少討論詩的隱含讀者，也難以分析向陽如何針對不同的隱含讀者所作出的敘事設計，因此相關研究開展有限。透過敘事學角度相信能對此現象有更好的詮釋。

　　敘事學源自二十世紀初的結構主義以及俄國普洛普對民間故事的結構研究，而後法國學者托多洛夫（Tzvetan Todorov）以敘述形式為中心的討論發表《詩學》《「十日談」語法》，為敘事學正名，接著羅蘭巴特

---

[1] 美國敘事學家韋恩布思（Wayne Booth）《小說修辭學》中提出了隱含作者（implied author）與隱含讀者（implied reader）的概念，見韋恩布思著、華明等譯，《小說修辭學》（北京：北京大學出版社，1987），頁80。美國學者查特曼在《故事與話語——小說與電影的敘事結構》列出敘事交流場景的圖表，將二者在敘事行為中的位置標誌出來並進一步闡述。查特曼解釋隱含讀者是敘事本身所預設的受眾：「受述者——人物僅是一種手段，隱含作者借由它告知真實讀者如何扮演隱含讀者，接受何種世界觀。」查特曼，《故事與話語：小說和電影的敘事結構》（北京：中國人民大學出版社，2013），頁134。

（Roland Barthes）、熱奈特（Gérard Genette）等一眾學者都不斷豐富我們對敘事作品的思辨廣度與深度，至今敘事學已經發展成熟，成為重要的文學研究理論依據。思潮發展進入後現代之後，各種思潮混聲跨域，文類的界線日漸模糊，越來越多研究者提出，敘事學的理論也不再侷限於敘事作品的分析，敘事學領域中代表性人物，荷蘭學者米克‧巴爾（Mieke Bal）指出：「敘述學有效地適用於每一種文化對象。並非一切『是』敘事，而是在實踐上，文化中的一切相對於它具有敘事的層面，或者至少可以作為敘事被感知與闡釋。」[2] 這也正為我們嘗試透過敘事學來分析通常不以視為敘事文類的現代詩作，提供基礎。

基於以上的觀察，筆者希望透過敘事學的角度，以荷蘭學者米克‧巴爾《敘述學》所區分出的本文、故事、素材三個層面，審視向陽創作生涯8本詩集[3]，嘗試觀察向陽詩作的隱含讀者及相對應的創作類型[4]如何發展。首先需要思考的是，敘事學是否能應用在現代詩研究上？

二、透過敘事學分析向陽詩作的研究進路

傳統的敘事學認為必須要有人物與情節這兩個基本條件才能夠視為敘事文類，且二者息息相關。

趙毅衡分析敘事學界關於情節的各家說法，但萬變不離其中，至關重要的是必須要有人物的存在：「情節描述的事件必須捲入某種有意識的『人物』，這個概念類近於格雷馬斯說的情節體（actant），或佛教說的『萬物有靈』。如果把描述『無人物事件變化』的機械功能、化學公式、

---

2 米克‧巴爾著，譚君強譯，《敘述學：敘述理論導論》（北京：中國社會科學出版社，2003），頁263。
3 向陽詩集扣除選集、翻譯成不同語文重新出版、更名重新出版等狀況後共有八本。分別是《銀杏的仰望》、《種籽》、《十行集》、《歲月》、《向陽台語詩選》、《四季》、《心事》、《亂》。
4 2005年林于弘就已分析向陽創作類型以十行詩、母語詩為主，但也觸及向陽《亂》當中的批判詩。本文在林于弘的研究基礎上，帶入敘事學作為研究方法，進一步區分出抒情詩、母語詩、批判詩、童詩四種創作類型。見林于弘，〈向陽新詩創作類型論〉，《國文學誌》10期（2005.6），頁303-325。

星球演變、生物演化、生理反應的文本也能視為敘述，顯然科學就充滿敘述，例如實驗報告，化學變化公式。這樣的敘述研究就不再有與科學對立的人文特點，而人文特點是敘述研究的基礎。」[5] 各種科學無不在解釋世間萬物的演變，但為什麼科學研究一般不視為敘事作品，正因為萬物隨時而變遷，其中沒有明顯可見的人物，讀者難以共感同情。反過來說，想要讓科學普及化，往往也借助將想說明的物體擬人化來敘事。

能稱為敘事作品的另一個重要條件是要有事件。譚君強為故事下的定義是：「故事指的是從敘事文本或者話語的特定排列中抽取出來、由事件的參與者所引發或經歷的一系列合乎邏輯、並按時間先後順序重新構造的一系列被描述的事件。」[6] 也就是說一個可以用敘事學分析的故事，是由一連串事件所組成。那麼，什麼是事件？米克巴爾對事件的定義是：「由行為者所引起或經歷的從一種狀況到另一種狀況的轉變。」[7] 亦即敘事作品中的主角必須要有內在心理或者外在行動的變化，才算是一次事件。如果作品中的主述者並沒有可見內在外在狀態變化，那麼不管寫再多文字，都只是狀態描述，不能算是敘事作品。缺乏人物與事件，一般正是認為抒情詩無法透過敘事學來分析的原因，抒情詩著重在抒發各種感情，人物不明顯，且抒情的描述不必然涉及主角狀態的變化。

但是隨著敘事學研究的日漸深化，學者也日漸體會到，即使沒有明顯的人物，凡是文學作品的完成，必然有敘事者於其中發聲，不能夠說沒有人物，而是人物隱而未現，沒有明確的名字樣貌。其次看似沒有事件，但詩極少完全寫景抒情，而不涉及敘事者的狀態變化。可見詩並非不能透過敘事學來分析，只是需要作更詳細的解讀。一如米克巴爾所說，即使並非一切作品都是敘事作品，但都可以被當成敘事解讀。因為舉凡一個作家完

5　趙毅衡，〈廣義敘述學中的情節問題〉，《江蘇社會科學》3 期（2013. 月不詳），頁 192-198。
6　譚君強，《敘事學導論——從經典敘事學到後經典敘事學》（北京：高等教育出版社，2008），頁 21。
7　同註 2，頁 219。

成一篇文學作品，在他所處的時代發聲，表達心情想法，而能被讀者所解讀接受。在廣義來看，所有文學作品都有一個最基本的敘事者與敘事接受者，也就是作品中的隱含作者與隱含讀者，而讓即使是不設計狀態變化的心情描述，能成為敘事，被讀者感知、闡釋。

為了更完整呈現敘事的層次，米克巴爾提出我們可以透過文本、故事、素材三個層面來理解敘事作品，或可幫助我們把詩當成敘事作品來理解。素材層就是我們一般概念所理解的故事，包含人物、情節、場景。故事層是指透過什麼樣的藝術手法來傳達出故事，例如過去不同敘事學者分析的聚焦、頻率、跨度、節奏、正述、倒述等等。簡單說，在同樣的素材，亦即同樣的人物、情節、場景。在不同作家手上，透過不同順序、聚焦者、等手法表現，往往可以讓同一個故事讓讀者截然不同，這就是故事層的差異。而文本層較難理解，透過米克巴爾自己的話來解釋：「敘述本文（narrative text）是敘述代言人用一種特定的媒介，諸如語言、形象、聲音、建築藝術、或其混合的媒介敘述（講）故事的本文。」[8] 用最簡白的描述，就是敘述本文層分析誰（敘述者）在對誰（敘述接受者）講述這個故事。向陽詩作中沒有明確的人物，每一首詩的情節也不一定明顯，因此不易進行故事、素材層的分析。向陽的詩作敘事方式的差別較明顯表現在本文層的差異上。米克巴爾在本文層的討論中，所指的敘述者：「指的是語言的本體，一種功能，而不是構成本文的語言中表達其自身的個人。……談到敘述者，我也不是指隱含作者（implied author）。」[9] 敘述者是在敘述本文中講述故事的主體，並不完全等同於真實作者，也不等同於隱含作者。這幾重含意在不同層次的交流上，各自有其意義，彼此關聯但不相等。美國敘事學者查特曼（Seymour Chatman）在《故事與話語──小說與電影的敘事結構》中，列出敘事交流場景的圖表：

8　同註 7，頁 3。
9　同註 7，頁 16、18。

敘述本文

真實作者 ⟶ │ 隱含作者 → （敘述者）→ （受敘者）→ 隱含作者 │ ⟶ 真實讀者

圖 1

　　這種區分有其學理上的差別，但在實際閱讀狀態中，又會有不同程度的互相涵攝，一如查特曼所說：「正如敘述者既可以把他自己同隱含作者結合，也可以不這樣做，由真實讀者提供的隱含讀者既可以把他自己同受述者結合，也可以不這麼做。」[10] 此處的真實作者自然是向陽，每一首詩，都是一個獨立的敘述本文，每一個本文當中，都會有代表作者意圖的隱含作者，也有作者意圖所期待，能夠理解作者意圖的隱含讀者。隱含作者與敘述者的關係會隨著不同詩作以及分析者的角度而變化，但是正由於每首詩真實作者的意圖有所改變，所預期的隱含讀者不同，才會導致敘事的方式與內容跟著改變。

　　上述現代詩的敘事學分析之反省，落實在向陽詩作研究中，我們可以將向陽詩作中的隱含讀者，可歸類出熟悉詩歌知識文類的專業讀者、只熟悉母語的父老鄉親讀者、關心台灣現實問題的讀者、讀童詩的兒童四類。據此，向陽的詩作便可分成預設寫給專業讀者看的抒情詩、預設寫給母語讀者看的母語詩、預設寫給關心台灣社會現況知識分子看的批判詩、預設寫給兒童看的童詩四種類型。這四種詩作類型的發展順序以抒情詩與母語詩為先，日後逐漸發展出批判詩與童詩。以下將一一分析，向陽針對不同的預設的隱含讀者，設計詩作的內容、表述方式、藝術技巧，最終構成不同類型的詩作。以下將依各類型發展順序，依次分別說明。

---

10 查特曼著，徐強譯，《故事與話語：小說和電影的敘事結構》，頁135。

三、寫給專業讀者的抒情詩

　　有別於大陸來台詩人以及台灣省籍詩人，在 1950、60 年代為了詩的現代化所引起的多次論戰，台灣戰後第一代詩人群是在對中國古典傳統孺慕的教育背景下長大，初發表詩作時多為古典風格，這點在向陽早期作品看得最清楚。向陽在多次訪談當中都表示了自己創作的起點，是就讀鹿谷初中時意外郵購到的無註解版《離騷》，雖然無法理解內容，卻被這些優美的字句組合所吸引，乃至反覆抄寫。就讀竹山高中時，在《笛韻詩刊》上發表對詩的看法，仍能看到向陽對古典抒情傳統的熱情：「主張『新舊詩在某種程度上的融洽』（二號社論），認為『人要征服傳統，必先服從傳統』（三號社論），終於我們提出了『用中國人的話寫中國人的詩』（四號社論），這些仍未成熟但已有自覺的意見，是經過激烈的論辯後產生出來的，而也很自然地形成我日後部分詩觀的核心。」[11] 這樣的詩觀實踐在創作上，可從他的第一本詩集《銀杏的仰望》當中看到具體展示。《銀杏的仰望》收錄 1974 年到 1976 年之間詩作共 72 首。除了輯七家譜的 7 首母語詩創作之外，其餘詩作都富有濃厚抒情古典風格。例如直接引詞牌名如〈念奴嬌〉、〈天仙子〉、〈更漏子〉為詩名，詩句多使用古典詞彙等。如果以敘事角度來分析，會發現相當多詩作可能不具備傳統意義的敘事，也就是抒情為主，不見得有明確故事主角，也找不到表示主角狀態改變的事件。試舉〈灞陵行〉為例說明，其典故出自李白〈灞陵行送別〉，李白詩寫出送別政治上不如意的朋友的鬱悶之情。向陽的〈灞陵行〉也有相同情調，向陽說：「我們原是奔飛的／候鳥，南來此地／或者北去，都帶著／冷冷的月色，將／淺淺的溪流，壓成／一枚濕潤的眸光」[12] 但是詩中的「我們」何以至此境地，之後又將何去何從，詩中都沒有明確說明。人物

11　向陽，〈江湖夜雨：銀杏的仰望詩集後記〉，《銀杏的仰望》（台北：故鄉文化出版社，1979），頁 195。
12　向陽，《銀杏的仰望》，頁 16-17。

與事件並不明顯,烘托一種無奈愁緒,可說是向陽古典風格抒情詩的特徵。而此特徵可追溯到中國古典詩的抒情傳統。

詩並非不能敘事,西方敘事作品傳統甚至源於荷馬史詩,但是中國古典詩的傳統,卻反以抒情為主,為何中國古無史詩則成為學者們苦思不解的課題。陳平原說:「如果說注重主觀情感的抒發,是『詩騷』寫在紙面的傳統,那麼相對忽視複雜的故事敘述與生動的人物描寫,則是『詩騷』留在紙背的遺產。」[13] 這樣的抒情傳統代代相傳,乃至日後古典詩歌不崇尚敘事,敘事詩是在佔整體古詩的數量並不多。陳平原說:「一代代詩人在前人詩集文集──也即在自我封閉的文學系統──中,而不是在開放的日常生活中學語言,這就必然強化詩歌語言的抒情功能,而削弱其敘事功能。書面語經過文人學士的長期錘鍊,表達力強,情感負荷大,很多傳統意象本身就積澱著濃厚的詩味。」[14] 書面語遠離日常生活,意味著要能夠理解這些書面語,需要具備同等古典詞彙的文人詩人才能解讀,也因此我們可以推論出,向陽在古典風格抒情詩當中所預設的隱含讀者,也應該是嫻熟古典詩詞的文人讀者,這樣詩中即使沒有明確的人物事件,也能從向陽詩中古典意象的安排當中,體會詩人想表達的意涵。

但即使如此,向陽在古典風格抒情詩當中也非完全沒有人物與事件的安排,例如〈花之侵〉以戍卒口吻向冬將軍,陳述春天花訊逐漸入侵勢力範圍的過程,化用了古詩慣用亡國孤憤的描述,事件與人物都很明顯。

另一首值得細品的是與詩集同名的〈銀杏的仰望〉,詩中面目不明的敘述者對銀杏(敘述接受者)陳述一個完整的狀態變化,第一段先說銀杏此時的鄉愁,再回顧銀杏當年成長茁壯,而後離鄉奮鬥,最終面對落葉歸根的完整旅程。旅程結尾時才領悟到漂泊再遠,最終心繫的,仍然是故鄉的泥土。可以推敲出來,銀杏(詩中的你)實際上不會離開故土,不能離

---

13 陳平原,《中國小說敘事模式的轉變》(北京:北京大學出版社,2003),頁287。
14 同註13,頁293-294。

鄉奮鬥。透過銀杏的比喻，實際寫的是向陽本人的生命歷程，浪跡台北卻懷念鹿谷的心情。

　　古典風格抒情詩還有另外一種變體，所預設的隱含讀者，除了是文人讀者，也能是嫻熟古典詩詞的戀人。詩以抒情為主，原本就最適合傳達情思。敘事功能不強，詩中沒有明確可辨認的人物，事件也以象徵方式呈現，元好問便有「詩家總愛西崑好，獨恨無人作鄭箋」之嘆。但這種寫法導致詩除特定讀者之外，外人不易解讀的特質，卻正適合戀人絮語。向陽情詩便多是以古典風格來呈現。例如早在《銀杏的仰望》當中，輯二「念奴嬌」就是典雅的情詩，到了《種籽》輯二「愛貞篇」就比較明確知道是寫給同樣是作家，筆名方梓的師母林麗貞。[15] 向陽說：「在中國，最落寞的岬角／容我流血，容我為你戍守／香火，琉瓦，一撮泥土幾杯清茶／便任何遺憾也都無怨了／並且容我執戈以衛／你每一寸肌膚，兼及妳的瑕疵」[16] 在素材層，有敘述者與敘述接受者二人，但沒有明確的事件，既然沒明確事件，故事層也不易分析。但是在文本層，隱含作者向著隱含讀者傳達堅定相守的決心，在詩之外，則是真實作者與真實讀者的默契，傳達情感。

　　但是綜觀向陽整體創作生涯，我們可以發現古典風格抒情詩越到中後期越是少見，這是因為另一種敘事方式的比重日漸增加的原因。

四、寫給母語讀者的母語詩

　　《銀杏的仰望》詩集中已經有台語詩 7 首創作，引導向陽去思考詩作的隱含讀者是誰，這點也影響了向陽日後創作至深。向陽創作台語詩最早的動機，起源於對詩的懷疑：「種種問號在腦海裡迴旋。我意會到一種

---

15 向陽：「本輯情詩之吟詠對象與我之初識，緣於伊為我自費出版『銀杏的仰望』預約之第一人，初則通信，迨我服役次年北上桃園後始相會面。」〈後記〉，《種籽》（台北：東大出版社，1980），頁210。
16 向陽，《種籽》，頁28。

突破偏窄的精神界域的欲求,一種洸洋滋泗的大國詩風的嚮往,可是無力去解決。」[17] 可以很清楚看到向陽已經體會到古典風格抒情詩的侷限。這種詩的隱含讀者往往也是詩人騷客,不熟練這一套敘事方式的讀者難以進入,而這就排除了向陽最期待的讀者,也就是他的父親:「在接任華岡詩社社長後,我忽然想藉詩來代父親說話,來探尋父親的生命。……等著他料想不到會寫詩的長子面呈一冊結集的詩,用他的口音他熟悉的語言和感情為他朗誦『家譜』。」[18] 於是向陽開始著手創作血親篇的最初幾首詩,但是天有不測風雲,父親突然辭世,為向陽帶來巨大的打擊,「父親還是,無聲地,走了。甚至從未看過,我以他的生命與熱力去創作的,任何一首詩!」[19] 如果敬愛的父親根本不懂自己的詩,那麼寫作的意義何在?這也更堅定向陽持續創作鄉土語言的詩作。

發展出母語詩,關鍵在其隱含讀者是父親,要用熟悉的語言讓父親感動。向陽面對的難題是放棄一整批古典詩詞的語彙之後,何以為詩?首先可以追求的是音樂性,同為詩脈社同仁的王灝分析向陽台語詩說道:「方言詩之所重是其語言,語言之所重在於其聲音語調,向陽的方言詩在語句的安排上是費盡心力的,所以有一大半以上的作品是可誦可讀,一如唸謠之可誦可讀。」[20] 但是音樂性需附著於已有的內容語句上,實質的內涵,還需要開創一套獨特的敘事方式方能完成。或許是因為詩中的敘事接受者是父親的關係,在家譜7首母語詩裡,可以看到詩中的敘述者為童稚口吻,且帶有更明確的事件演變。例如最著名的〈阿爹的飯包〉,就成功地透過開頭的懸疑,鋪陳詩中主角的好奇,帶出故事的懸念,最終答案揭曉,留下兒童的疑問,也讓讀者體會父母把最好的一切留給兒女的愛心,正由於成功以詩講出故事,觸動廣泛共鳴,才使這首詩成為廣為流傳的經典。又

---

17 同註12,頁199。
18 向陽,《銀杏的仰望》,頁199-200。
19 同註18,頁200。
20 王灝,〈不只是鄉音〉,收錄於向陽,《向陽臺語詩選》(台南:真平企業,2002),頁200。

如〈阿媽的目屎〉先從敘事者小時候談起，阿媽的目屎是疼愛孫子的象徵，也帶出阿媽的目屎與露水的象徵關係，等到長大了，跟阿媽接觸少了，最終在阿媽墓碑上看到露水，才想起阿媽的眼淚，引來惆悵。以童年的向陽為敘述者形象，想要向父親傾訴，說出一個個動人的故事，是這一系列成功之處。

台語詩獲得廣泛成功之後，向陽開發了一種新的寫法，但父親已不在，持續創作的台語詩要寫給誰看？他勢必需擴大範圍，放大到能理解台語的讀者群，內容也不再侷限在家中親族的事蹟，進一步推廣到鄉里見聞。舉凡不顧環保的議員、造路顯擺的鄉長、圖利募捐的校長，都在向陽詩底下一一鮮活起來。

更進一步，隨著台北就業居住日久，對社會問題體會日深，創作的幅度日廣，關懷的對象也不再侷限故鄉的鄉親們，而是生活所見的各種社會底層人士。向陽自己也說：「『鄉里記事』後，我大半以一詩記一事，以一事敘述我對生存時空的所見所聞所思所感。雖用鄉音寫鄉事，意已不全在鄉音矣！」[21] 例如〈草蜢無意弄雞公〉寫小攤販躲警察的無奈，〈春華不敢望露水〉寫應召女的悲哀。但是不變的是向陽擅長在詩句當中完成故事的能力，王灝也看出這點說道：「一樣用敘述的口氣來寫，但敘述的型態經常轉變，或獨白、或旁白、或對白。敘述者的身分也經常在改變，或是主體敘述，或是客體敘述。語氣也不是一成不變的，或陳述，或反語，或心語，交織成了豐富的變化。」[22] 由於古典抒情風格轉向母語詩，讓原本就熱愛聽故事講故事的向陽更得心應手，創作出更多膾炙人的詩作。

---

21 向陽，《土地的歌》（台北：自立晚報社，1985），頁197。
22 王灝，〈不只是鄉音〉，頁202。

五、寫給關心台灣社會現況讀者的批判詩

其實嚴格說來，向陽對土地的關懷一向貫穿所有詩作，從《離騷》中獲得的感動，除了字句之美外，屈原的愛國以及對鄉土的熱愛，也寄託了戰後第一代詩人們在當時對台灣退出聯合國的救國熱情，這些情緒我們都能在古典風格抒情詩中看見。

但是由於希望寫給父親而開啟的母語詩，或許也反過來刺激向陽思考詩寫給誰看。關於向陽的思考我們可以從〈泥土與花——語言與詩的思考〉一詩得見，詩中有兩個角色，從詩的副標可以知道花是詩，泥土是語言。花宣稱：「所謂純粹是，不染塵埃／遠離泥土、通向天堂的階梯」[23] 泥土毫不爭辯爭功，只是一逕供應花養分。隨著時間經過，盛開的花終究要凋謝，泥土卻日漸豐美。最終風雨打落花朵回歸泥土，而泥土則等著醞釀培養另一朵花。以上是素材層的呈現，而來到本文層，詩的敘述者並未現身，以第三人稱講述整個故事，如果這首詩是一個寓言故事，那麼詩的敘述者想向受述者傳達的寓意，即是詩不能離開語言而獨立生長。但是語言與詩不能獨立存在，需要仰賴人的使用才能存在，那麼詩中所謂語言，乃至於背後的使用者，也就擴展到台灣土地上使用語言的人都算。由此可見向陽批判詩的隱含讀者，也就是生活在台灣上的人們。

嚴格說起來，隱含讀者定義為生活在台灣上的人們，其範圍大於之前兩種敘事方式的隱含讀者，理解抒情傳統的讀者以及熟悉母語的父老鄉親雖然都生活在台灣土地上，但是兩種族群都有其各自的期待視野，對應的詩作也就有其限定的特徵。[24] 但向陽歷經上述兩種敘事方式的轉換融合，不再堅持古典語言與鄉土語言，想用國語寫詩作給生活在台灣土地上的人們

---

23 向陽，《歲月》（台北：大地出版社，1985），頁55。
24 鄉土語言敘事方式發展到後期，已與現實關懷敘事方式趨同，發表時間與實質內涵都已接近，僅在語言上有所區別。

看，對台灣現實有描寫，也有出自關心的批判，這些內容也需要是熟悉台灣社會文化背景的隱含讀者更能體會。

向陽的母語詩創作從家譜血親篇後期，開始開展出詩中人物作為敘事者的嘗試，之後到了1977年間「鄉里記事」創作了一首首富含故事畫面的母語詩，用詩來說故事已經取得初步的成功。在入伍期間向陽釐清了接下來的創作企圖：「於是我萌生了寫作『臺灣史詩』的誓願。以詩紀史，其艱難尤倍於以文述史，正確而深入的史識首先是不可或缺的。」[25] 向陽之所以決心為台灣寫下史詩，源自於在詩人成長的歲月中，台灣本地的歷史及語言都是執政者不願人民碰觸的禁忌，但失去對自身立足土地的認識，又何以能孕育認同。但是要選取台灣史上的哪一個事件作為台灣史詩創作的起點，如何收集足夠的材料來確保自己的創作不致謬錯，都需要時間來完成。因此創作台灣史詩的企圖，一直到退伍之後，在台北工作開始新生活才有機會實踐。也就是1980年以〈霧社〉獲中國時報文學獎敘事詩獎優等。

向陽選擇在當時再次敘述霧社事件，其企圖心也是將被簡單看待的台灣歷史事件，以詩的方式重新帶回群眾的視野之中。向陽針對霧社事件做過相關考證與研究，對於當中人物的心境掌握很精準，有助於讓讀者更了解當時賽德克族人寧為玉碎不為瓦全的悲憤決心。雖然是賽德克族人對日本殖民者的反抗戰鬥，但詩中所歌頌對抗統治者的不屈精神，永遠都會是統治者的隱患，一如鄭愁予所說：「霧社事件並不是一討好的現實題材。」[26] 也因此1980年這首詩雖獲得中國時報文學獎敘事詩優等獎，卻到隔年美麗島事件法庭宣判之後才獲得刊出，足見這首詩已引來當權者的忌憚。

〈霧社〉獲獎之後，向陽開始了報社的忙碌工作，關心台灣社會的

---

25 向陽，〈後記〉，《種籽》，頁205。
26 鄭愁予，〈為詩獎拔起高峰的一首詩──向陽的霧社〉，收錄於向陽《歲月》，頁161。

批判詩風越加清晰。在《十行集》中已可看出敘事方式的演變，向陽自己說：「卷三『立場』所收的二十一首十行，係四年來我在初涉現實生活後所作，又特別集中於晚近時期……，均已轉入對於現實生活中人的定位的反省，語言生活化，而以思想觀念為枝幹，使用技巧『賦比興』三者交互運作，略可出入自如，在十行之中，展示了人的基本問題。」[27] 除了《十行集》與《歲月》以外，同時期的《四季》也是向陽批判詩的精采呈現，集中以二十四節氣各自賦詩一首，但大量的導入生活在台灣的人們才能理解的生活狀態，例如〈霜降〉一詩，處於亞熱帶的台灣，除海拔較高地區不易體驗霜降，向陽卻借景發想，寫台灣特有的霜降：「在卡拉OK頭前叫爸叫母／酒罐爛醉，橫七八豎在桌腳／白沫沸騰，霜一樣降在桌上／所謂文化是東洋換西洋／所謂古蹟是被推倒的城牆／民俗躍上花車—所謂觀光／是姑娘的大腿大家同齊來觀賞／中產階級們暢論世界與前瞻／霜降，在他們憂國憂民的髮上」[28] 詩中以霜為故事中的行動者，第一段先說霜降在各地，最後來到卡拉OK，第二段的霜就不是真實的降落，而是將卡拉OK中的場景酒沫與人們的白髮轉換為霜降，卻又帶出敘述者對台灣荒謬的現實一番議論。全詩使用國、台、日語混合運用，也反應出台灣生活中語言混雜的實況。

　　當然向陽批判詩高峰就是多年後才問世後的《亂》。由於向陽從報業轉向學界，重新就學再重新就業，適應劇烈變化的生活佔去許多創作時間。加上台灣政治經濟文化環境劇變，導致向陽長達16年都未出版新詩集。但長年積累能留下的詩作多是直指時局的針砭力作。《亂》中所收詩作，放開了以往顧忌，尖銳直擊台灣的政治文化環境問題。在這些批判詩中，向陽的敘事之妙又到達另一高峰，試以〈一封遭查扣的信——致化名「四〇五」的郵檢小組〉為例分析，詩以信件為體，因此敘述者是一位中

---

[27] 向陽，《十行集》（台北：九歌出版社，1984），頁197。
[28] 向陽，《四季》（台北：漢藝色研文化，1986），頁91。

學生的回信,從陳述中可以得知,源於同學向他抱怨因家庭(上頭)反對而愛情受挫,因此敘述者借用孫中山鼓勵革命的嘉言,來鼓勵同學,不要害怕反對,應該去勇敢追愛。但是詩末又有批注一段:

　　（批注：本信假借教導學生求愛技巧
　　　暗示政府施行戒嚴之不當,煽動學潮
　　　阿Ｑ一詞為共匪所慣用,乃匪諜陰謀
　　　革命推翻政府確證。應即予詳查。）[29]

搭配詩的題目以及詩後註解,就可以知道,後面的批注是「四〇五」的郵檢小組私下拆信檢查信件內容,這封信的主人恐因愛情商談遭致災禍。從素材層來看,有三個人物,分別是寫信的敘述者、傾訴愛情苦惱的同學,以及郵檢小組人員,情節可拆分為來信、回信、檢查、以及暗示但未言明的結局。在故事層,可以看到向陽並陳信件與批注,有佈置線索讓讀者組構出故事脈絡的精心設計。而在本文層,向陽作為隱含作者,隱身詩中兩個敘述者之後,揭露過去政府的不法不當行徑,所訴求的隱含讀者,也是對台灣政治背景有所認識的台灣人民。

六、寫給兒童看的童詩

如果從詩的隱含讀者來區分的話,向陽的詩還能區分出特殊的一類,那就是特別為兒童讀者所寫的童詩創作。

長年在編輯領域活躍的向陽,陸陸續續因為工作與兒童文學結緣。向陽主編《時報周刊》時,有為婦幼讀者設立「家庭生活別冊」,其中專欄

---

[29] 向陽,《亂》(台北:印刻出版社,2005),頁24。

將神話故事、古代寓言改寫為通俗淺顯的短文，日後交給九歌在1983、1986年分別在「九歌兒童書房」書系出版為《中國神話故事》、《中國寓言故事》二書。1996年向陽應新學友書局之邀，完成為台灣兒童寫的台語童詩《鏡內底的囡仔》。1997年與2002年應三民書局之邀《我的夢夢見我在夢中作夢》、《春天的短歌》兩本詩集，跨越文類跨越語言的豐富成果，以兒童文學作家來視之，當之無愧。[30]

雖然正式發表童詩集已經是二十世紀末，但是向陽早在其台語詩「家譜」7首當中，就有多首以兒童第一人稱敘述故事的詩作，如〈阿爹的飯包〉、〈阿媽的眼淚〉等，當成上乘的童詩來看待也毫無問題。向陽自己說：「我寫阿爹的飯包時，只是想寫詩，沒想過是為孩子寫的。寫完之後，有人認為它適合孩子，這不是不可能的事。……我自己覺得我的《土地的歌》那本詩集裡，『家譜』的那一本部分，不管是『血親篇』與『姻親篇』，全都適合給孩子看。」[31] 分析其中原因，因為詩的隱含讀者是設定給父親看，因此需要包含母語以及有趣的故事情節，身為人子的向陽自然地帶入童年經驗，創造出以兒童為敘述者的表現方式。尤其以〈搬布袋戲的姊夫〉成功以兒童視角，藉由布袋戲的立場東南派西北派差異，看待姊姊與姊夫之間的愛情變化，兼具兒趣，故事情節變化也十分深刻。可以說一心創作台語詩的向陽無意間也創造出精彩的母語童詩。

雖然家譜7首無意間成為適合兒童閱讀欣賞的童詩，但創作時並非為兒童而寫，向陽說：「而我寫這些臺語詩，也暗藏文化與政治上的意含，譬如〈搬布袋戲的姊夫〉就有東南派和西北派，其實講的就是政治上的鬥爭。我特地用兒童的眼光看成人的世界，目的還是為了諷刺成人。」[32] 兒童

---

30 向陽1996年在新學友出版的《鏡內底的囡仔》，在2010年大塊文化出版社重新出版，並且分成出華語版《鏡子裡的小孩》、台語版《鏡內底的囡仔》，因此向陽童詩共有《鏡內底的囡仔》、《我的夢夢見我在夢中作夢》、《春天的短歌》、《鏡子裡的小孩》四本。
31 徐錦成，〈「鏡內底的囡仔」與「鏡外口的大人」——向陽專訪〉，《兒童文學學刊》7期（2002.5），頁294-295。
32 同註31，頁296。

不理解這些象徵含義，也不妨礙他們欣賞這首詩的趣味，但是向陽自己很清楚這些詩不是寫給兒童看的。

對向陽來說，要寫給兒童看的詩，「當然寫的時候因為心中有孩子，所以會避免晦澀，希望用孩子懂的語言來寫作。」[33] 因此以文類來區分，家譜 7 篇可納入童詩的範疇，但以寫作方式來說，真正要到《鏡內底的囝仔》、《我的夢夢見我在夢中作夢》、《春天的短歌》三本，才是以童詩敘事方式完成的詩作，也就是以兒童到青少年為隱含讀者，並據以完成作品在素材層、故事層的設計。

以兒童為對象，需要以孩子能懂的語言寫作，同樣不能大量套用古典詞彙，也不便呈現更多台灣現實狀況的描述，在詩中安排巧妙的故事性，就是向陽童詩精彩之處。例如其《鏡內底的囝仔》獲得徐錦成高度肯定，認為這 10 首詩「不管在結構、詩意、韻律等方面，都堪稱佳作而無愧。十首合而為一，風格明顯，主題一致，又具多重層次，確是難得的一組好詩。」[34] 但是除了風格、韻律之外，其敘述技巧也頗有可觀。試以《鏡內底的囝仔》為例說明，組詩中的敘述者是孩子口吻，從不知道甚麼是鏡子，到不知道鏡中的人物是別人，慢慢到認識另一個相反的自己是鏡中的倒影。這首〈鏡的爸爸媽媽〉已經是倒數第二首，詩中鋪陳，鏡中照映出爸爸媽媽，鏡中的孩子彷彿害怕鏡外的孩子會搶走自己的爸爸媽媽：「有一暝／我走去揣媽媽／看著鏡內底的囝仔／嘛避置阮媽媽的身軀後壁／偷偷給我睨／親像驚我／纏伊的媽媽」，延續之前八首詩，我們都會預設敘述者還不能區分自己與鏡子的差別，因此在閱讀前面鋪陳的四段時會朝著這個方向想，但是到最後一段卻出現意外的結尾，向陽說：「鏡內底的囝仔／也有爸爸媽媽／鏡內底的囝仔／你知否／你的爸爸媽媽／嘛是我的爸爸

---

[33] 同註 31，頁 294。
[34] 徐錦成，〈一面解讀兒童詩的哈哈鏡──從拉康的「鏡像階段」理論看幾首「鏡子詩」〉，《兒童文學學刊》6 期，（2001.11），頁 283。

媽媽」[35]這句話已經清楚透露了，敘述者雖然仍然彷彿童稚般描述自己跟鏡中自己的行動，但實際上，敘述者已經清楚知道鏡像是怎麼回事，這種敘述者佯裝自己的寫法接近小說中的「不可靠的敘述者」，也因此到此處的**翻轉**，會讓讀者恍然大悟敘述者一路以來的成長。接續最後的一首〈給鏡講的心內話〉，敘述者已經清楚認知鏡像自己不是真實具體的人，略顯孤獨惆悵。這些詩中敘事手法的巧妙，也是向陽詩藝當中較少被人討論到的地方。

再以《我的夢夢見我在夢中作夢》、《春天的短歌》兩本來看，則可以看出在文本層上，《我的夢夢見我在夢中作夢》取向更接近兒童，以描述生活周遭人事物，例如〈沙灘上的金魚〉中敘述者是旁觀的第三者，描述寶寶在沙灘畫金魚，但是畫好的小金魚被海浪一打就被沖走了，詩的最後一段說：「寶寶急得大叫／等一等海浪叔叔／等我畫好金魚媽媽／好嗎／請你送她到海裡／讓她照顧小金魚」[36] 在素材層，主角有寶寶一人，事件則是有寶寶畫金魚、金魚被海浪沖走、寶寶發出宣言等三個事件，故事性很完整。在小朋友自問自答當中也帶出童心悲天憫人的寶貴，整體來說很適合小朋友閱讀。

相比之下，《春天的短歌》則已經是以國高中生等青少年為隱含讀者。例如其敘述者相對於上一本，敘述者更多元，也更有想像力，例如這首〈冬的祈禱詞〉中說：

　　落葉在蕭索的風中流下
　　雨一樣的淚珠
　　向著瑟縮著脖子的枝枒說
　　我將成為明春最早綻放的

---

35 向陽，〈鏡的爸爸媽媽〉，《鏡內底的囡仔》（台北：大塊文化出版，2010），無頁碼。
36 向陽，〈沙灘上的金魚〉，《我的夢夢見我在夢中作夢》（台北：三民書局，1997），頁24-25。

第一朵花[37]

詩中的敘述者是落葉，敘述接受者是枝枒，這種敘述者的設定已經跳脫以兒童為敘述者的方式，而在素材層的部分，也沒有很明顯的事件，需要讀者的理解去補足，但是落葉雖然面對即將消逝的命運，不得不接受，但是也願落葉歸根，將來再次成為枝頭上第一朵綻放的花。要體會這首詩中的事件，需要一點人生經驗，但是讀懂之後也頗耐尋味。這即是從敘述方式分析出《春天的短歌》較《我的夢夢見我在夢中作夢》取向更偏向青少年的例證。

七、結論

本文透過敘事學的研究角度，以詩的文本層來分類，大致可以根據隱含讀者的不同，將向陽詩作的分成抒情詩、母語詩、批判詩、童詩四類。

向陽踏入詩壇，最早的作品是以抒情詩為主，預設的隱含讀者是熟悉詩的文類知識的專業讀者，因此向陽最初的抒情詩多援用古典詩詞典故，借用各種意象來表達情感，抒情詩的另一種變體則是寫給戀人方梓的情詩，我們可以窺見真實作者，如何在詩中透過隱含作者與敘述者，傳達給受述者、隱含讀者，最終傳達給真實讀者的歷程。

為了替只會講母語的父親寫詩，因此在家譜7篇開始嘗試，而後擴大到熟悉母語的父老鄉親作為隱含讀者，為台灣的母語詩創作打下基礎。為了讓不熟悉詩的文類知識的母語讀者也能快速讀懂詩作，向陽摸索出一套用詩說故事的技巧，透過不可靠敘述，創作許多母語詩傑作。隨著向陽擔任報社總主筆，大量撰寫社論，參與社會運動，搭配著他的詩藝進展，

---

[37] 向陽，〈冬的祈禱詞〉，《春天的短歌》（台北：三民書局，2002），頁44。

發展出批判詩，亦即詩的隱含讀者是關心台灣現實問題的有志之士。向陽透過強調過去被忽視的台灣歷史，以及諷刺台灣當前問題來表現。最後，向陽其實有多本寫給兒童看的童詩，考量到兒童的理解程度，調整遣詞用字，但仍可見向陽用詩說故事的巧妙之處，並且同時引導兒童熟悉母語及培養對台灣的關心。透過這樣的區分，可以將向陽詩作的全貌做一整體之宏觀，可以更清楚看到其詩藝發展的脈絡與轉折點。

另外我們可以發現，向陽詩藝當中有一個是過去較少被人關注的特質，那就是用詩講故事的能力。重新審視向陽詩作，我們會發現，他其實用眾多精采詩作講出不少迷人故事。向陽善於透過不同的敘述者，在詩中講述轉折跌宕的情節，並且利用不可靠敘述，讓兒童、村民說出與隱含作者認知不同的反話，進而達成諷刺的效果。透過敘事學的研究進路，有助於我們發覺這些向陽過去尚未討論過的詩藝成就。

02

土地的界定與商榷
向陽作品的實踐策略與身分關係

林 妤

摘要

　　自詩集《銀杏的仰望》開始，向陽在詩作中一次次地描摹土地、書寫土地並歌頌土地，在在顯示其關注的社會議題與文化關懷。向陽身兼數種身分，除去詩人之外，更有報刊編輯、文化評論者等。這些身分融會了向陽的思維體系，同時也讓其美學秉性和詩論態度產生牽引的關係。本文關注於身分與立場的對位性，從中思索如何透過不同類型的文本闡發自我，並形塑自我的意念。詩人面對創作皆有自身所秉持的美學觀念，這些觀念就衍生出不同的命題，而命題隨後開展出蓬勃的文本態勢。

　　本文主張，土地承擔了中介者的思維，分別指向穿越與消融兩種行動，藉此提出向陽在美學策略和詩論建構的一種進路。所謂的「穿越」，指的是身分差異。「消融」，則是詩、評論等文類的界線問題。創作與評論本因立場差異而有不同的觀點，身為多重身分的向陽該如何拿捏以及詮釋個人觀點，這將是值得切入討論的議題。本文分析的方式為商討文學表徵和文本特質所存有的價值體系，闡釋向陽的詩作及評論互相唱和及連結的狀態，進而推衍出連動且交涉的創作觀念。

關鍵字：向陽、詩、評論、創作法則、詩論建構、土地

一、前言

> 在風雨裡我回頭觀察種籽
> 以及種籽尋訪土地的射程
> 那自酷寒裏瞿然立起的熱
> 那在鬱黑中冷然迸放的光
>
> 向陽〈悲回風〉[1]

在台灣文學創作者中，兼有文學評論身分者眾。自 1950 年代現代派以降，紀弦、余光中等人多以個人創作提倡自身的文學思維。本文的論述並非以此思考邏輯為始，而是提出一種文學視野的商討策略，即是「創作者如何拿捏評論與創作兩方的身分，並貫徹個人的理念；而這種方式之於作者身分又產生何種影響」。經由此觀點有助於思索文學審美的依循和執著所在，也能思考文本價值再強化的軌跡。

詩人向陽（本名林淇瀁）不僅是位作家，尚有學者、評論者等多重身分，這使得他在跨越身分時，必須轉換思維模式，進而促成其廣袤的文學體系和創作涵養。故此，若討論向陽的美學觀念，則必須要深入考究身分所形塑的交織性。也就是說，詩、散文、評論等方面的文本表現，皆為評論者能善加考量的因素。

從向陽的作品裡提取關鍵的思考宗旨，那必然是「土」為聯繫的詞源譜系，這不光展現其最終的創作目的，也是其籌謀作品時商討與思慮的要點。我們先從學者楊宗翰一篇名為〈詩如何詮釋鄉土？——以林煥彰、吳晟、向陽作品為例〉文論為入手，此篇內容著眼於三個世代詩人的鄉土視野和鄉土意涵，內文顧及詩作題材的揀選、語言文字等形式的使用、以及

---

[1] 向陽，《向陽詩選》（台北：洪範，1999），頁 49。

文本的情感表現。[2]楊宗翰企圖指出「鄉土」所蘊藏的意義與意欲傳達的思維，取道蕭蕭定義鄉土詩特徵「以鄉土語言」、「寫作鄉土人事物」、「表達濃厚鄉土情感」為起始，以詩作本體開展論述，著重於文本本身的表達力並加入文學史材料，並適時增補其觀點。我認為楊宗翰為了強調三位詩人「世代傳承」的關係，反而忽略文學場域的運作結構——即是「對抗」與「建構」的行為如何被彰顯於作品中，作品又以哪些表現策略陳述作家的美學思維。因此真實發生過的歷史事件，其實皆是中介文本意涵的元素之一，我應該觸碰更為創作者所堅持的某些意念、概念，例如「鄉土」的隱喻是如何成為讀者所經驗的感受、又如何成為作者強調的重點，經由這些探詢的過程才能貼近作品表達的意涵。

　　因此，我指出「土」是本文的關鍵詞源，透過「土」的具體物質性、隱喻文化性返回到向陽的創作之中，不斷反思其創作意圖的內涵。評論家針對向陽的詩作往往有著「前衛／本土的融合」[3]、「向陽的詩風強調紮根土地的現實性和現代主義的表現技巧」[4]等說法，我以為「土」是文本得以軟硬有度的重要成分，需要著重討論「土」為中介的創作意圖與功能舉要，才能進一步了解向陽的創作思維與時代價值。誠如學者巴舍拉（Gaston Bachelard）所言：「軟與硬式物質抵抗性的最初性質，是抵抗世界的原初動態存在。」[5]暗示物質具有意義的表達，也能切合對抗行動的要義，對比向陽大量歌頌「土」的豐沃與涵養時，就無可迴避其創作中蘊藏的抵抗性與反思性。我認為若要討論文本的特徵，應該重新思考內容和形式的運用策略，且思考身分的美學評判，才能彰顯其價值；而文本內涵更應該回放至彼時的歷史環境之中，得以顯現其作品的特殊性與時代性。

2　楊宗翰，〈詩如何詮釋鄉土？——以林煥彰、吳晟、向陽作品為例〉，《台灣詩學學刊》30期（2017.11），頁105-130。
3　涂書瑋，〈複數的本土：向陽的詩藝歷程與展演〉，《文史台灣學報》15期（2021.10），頁15-16。
4　岩上，〈亂中的秩序：析論向陽詩集《亂》〉，《當代詩學》8期（2010.2），頁214。
5　巴舍拉著，冬一譯，《巴舍拉文集：土地與意志的遐想》（北京：商務印書館，2020），頁17。

向陽開始發表詩作的年代為1970年代，首本詩集為《銀杏的仰望》，其後共出版了10多本現代詩著作。本文將集中討論1982年至1990年之間的詩集輔以向陽發表的評論，並適時參酌曾編輯過報刊欄目，經由多樣文本類型的揀選，將主題放置於「土」的描摹與思索，再次審視向陽個人創作態度及文學批判。

　　本文以「土」觸探向陽的作品特質和美學思維，思考個體表現與社會連動之間的交引關係。德國學者魯曼（Niklas Luhmann）提出全社會系統的學說之時，曾表明社會層次的繁複與多變，政治、經濟、文化等階層彼此權衡又與之影響的狀態。[6] 魯曼的理論啟發本文的分析框架，我將試著觀察向陽的詩作與評論的連結互動，文學如何反映與他類文本交流的痕跡，評論又該如何評判文本實踐度與功用論。本文期望以身分差異所隱含的關係以及文本內容的呈現為探討，魯曼提出的「觀察」和「行動」遂成論述的所在。我把「感受」視為論述策略的工具，文本引發的感知與接觸，思慮外部事物反饋文本的運作模式，最終歸結出向陽所展現的意識與觀點。向陽透過不同的文類，表達了自我的觀點，也將感知轉移給予讀者，達到傳播和溝通的效用，讓文學證明了自持存有的價值。

二、「中介」：土地的負載用度

　　向陽從1982年的作品〈泥土與花──語言與詩的思考〉[7] 開始，就逐漸揮別初期深具古典韻味的創作方式，轉而辯證人與土地、歷史、甚至文化的連結與嬗遞，呈現詩人的在場性。前行研究者也指出這首詩作的精蘊之處，「此作以對比的手法暗示『粗糙、駁雜而堅穩』的泥土才是詩最好

---

[6] 魯曼著，張錦惠譯，《社會中的藝術》（台北：五南出版社，2009），頁43-47。
[7] 向陽，《向陽詩選》，頁211。

的棲所」[8]、或如「向陽重視生命之根所繫的泥土」[9]等評判。然而這些說法並未揭示「泥土」作為中介者的作用，反而訴諸隱喻的思維、進而隱去「泥土」針對本質的思辨與質疑。以下我將以這首詩為主軸，分析土地展現力量的程度，且論證中介者身分的場域功能：

　　花在風和日麗中飽滿
　　而奕奕地開放了，以妖冶
　　而嫵媚的臉顏仰望青空
　　睨視腳下的泥土，並且招展
　　她一貫強調的美學
　　在恆溫的氣候中，向曠野
　　大聲宣佈：所謂象徵
　　是她身上一切瓣一切蕊
　　所謂純粹是，不染塵埃
　　遠離泥土、通向天堂的梯階

　　泥土默然，木訥著負載著花
　　及其驕狂，一句話也不說
　　只是夜裏拚命搜集雨露
　　供花日裏大加揮霍
　　只是日裏努力聚合養料
　　護衛不斷向體內進逼的
　　根鬚，讓花有所吸收

---

[8] 楊宗翰，〈詩如何詮釋鄉土？——以林煥彰、吳晟、向陽作品為例〉，頁123。
[9] 蕭蕭，〈向陽的詩，蘊蓄台灣的良知〉，選自李貴媚編選，《向陽研究資料彙編》（南投：南投縣文化局，2022），頁169。

無所謂純粹，無所謂超越
只是粗糙、駁雜而堅穩

花愈豔麗，泥土愈加低頭
花在炫耀誇張下日形憔悴
泥土因容納而日漸肥沃
當狂風疾雨一夕驟至
瓣與蕊紛紛背離了枝頭
投向始生與歸宿的泥土
從頭學習在塵埃中生活
在綻放與凋謝間，花似死
而實生；而在施與受中
泥土依舊木然地迎接
另一朵花的誕生及其喧鬧

　　從開始的第一段裡，充滿生命力的花猛然強勢地向上生長，無言不語的泥土則自甘承載著決絕背離的感受，此時花的茁壯與土的付出就形塑了對照關係。直立的花／橫向的土，兩者的方向感並不相同，藉由垂直存有的花態得以辨認出延伸且廣闊的泥土所供給生命所需的特徵，這朵花、這處花叢、這片花林都必須根著在泥土之上，從此將體察到花／土之間的極端對照。海德格（Martin Heidegger）談論的「此在（Dasein）」是一種持續變動的過程，需要透過界定前提條件才能思考物自身。[10] 當談論「土地」的特徵時，就必須追問「土地」提供了什麼，「花」就成為土地持續付出、並生發自身、定義自身的對象。

---

10 海德格從物（thing）的理解追問物的本質，他認為「物的本質依照物的條件，也需要借助其他的物或更成的規範取得界定的依據」。Martin Heidegger. *What is a Thing*, Washington, D.C.: Regnery Publishing, 1970. p. 47.

承上所述，我以為「土」並非作為固著的意象表徵，更包含自我追尋的行動，向陽寫出的「花在炫耀誇張下日形憔悴／泥土因容納而日漸肥沃」時，我們得以閱讀到弦外之音——泥土具有驗證且實踐目標的特質，就像是科學上的顯色試紙一樣，如果花存在、而土就存在；倘若花消逝、土就必須另擇他者才可定義自我，因此「另一朵花的誕生及其喧鬧」就不是偶然的結果，而是必然的走向。然而花的默然和木然，說明其不受情緒干擾的意志，也暗示物的存有必須跳脫主觀的認知，反身抽離地回望「環繞在物我周圍的關係」才能接近真實（truth），此時的「真實」就是土的物質性、也是土的隱喻性，更是可見與不可見、可說與不可說的泥土所涵納的全部意義。

　　從向陽觸及「土」的詩作中，我特別指出中介性的寫作思維，思考「土」為何成為一種觸發的物件，進而提示鄉土存有的可能性。首先需要談的是關於土的質地：軟與硬的觸感。軟硬的感覺體驗建構於人的身體感知，感知則依附於環境之下，學者段義孚（Yi-Fu Tuan）說明感官的綜合作用將能有助於「認識世界」，並藉此形成感知與行動，從而揭示「某物」所存在的本質。[11] 我將以向陽詩〈在寬闊的土地上〉[12] 所指向的文本意義探討土地的中介功能：

當陰雲從四面八方圍堵而來
偏見正自最幽邃的角落
拋給我們白眼；當疾雨擊打著
我們的屋瓦、門窗，嘲謔
跨越過山陵、溪流，撲向
低窪的河谷；當怨詈

---

11 段義孚著，志丞、劉蘇譯，《戀地情結》（北京：商務印書館，2018），頁13-15。
12 向陽，《向陽詩選》，頁197。

> 淹沒了廣大的原野——呵
> 當自卑和畏葸蒙蔽掉我們
> 望遠的雙眼，土地也卻步了
> ……

　　這首詩一開始就展現人之生存所繫的關係，「土地」因而具有承擔和抵禦的功能，不管是狂風、暴雨的外部暴力，或是人類社會的內部攻訐，人與土地彼此共有著這個時空環境，也一同面對困難的出現、苦痛的蔓延。土地並不是一成不變的，它以多種不同的型態介入人的生活，山陵、河谷、原野、暗處、危崖、洞穴等，從自然環境的變化暗示了土地多元且廣闊的特性，更是生物存有空間的提供者。土地的軟硬程度與其中包含礦物有關，也造成地貌的改變，並帶給生物豐富的生存環境，開展出包容的文化隱喻。如此看來，土地是一種中介物的思維，不僅是物質的實際特性，還必須商討物質背後的文化意義，將可進一步掌握物質所形塑的整體關係。

　　從詩作內容延伸到向陽主持報刊編輯時的思維，也能再次看到「土地」言說的能力，更可領受到其秉持的美學位置和創作觀點：

> 當時，我的思考，相對於兩大副刊習慣流露的「中國」意符，「自立副刊」應該強調「台灣」意符，於是「本土性」成為主要的內容定位與走向。相對於兩大報作為媒體主流，《自立晚報》向來就處媒體邊陲，「自立副刊」在文學文化領域也應該為邊陲發生，於是「邊陲性」成為我取稿稿約的主要來源。[13]

---

[13] 原文刊載於《台灣日報‧副刊》，時間：2000年5月1日。本文參考版本選自網站「向陽文苑」之內容，（來源：向陽文苑，http://tns.ndhu.edu.tw/~xiangyang/essa6.htm）。

從這段文字裡，向陽指出其編選報刊的依循準則為「本土性」——所謂的台灣「意符」。編審者對於選文的定調與闡述，說明了立場態度之外，也能了解到本土／台灣的意涵連結。從台灣的地理位置到個體的自我中心，土地串連起自然環境、文化族群，以及「我」之間的關係，這樣的關係建構出本土性，也加深了「台灣」背後的豐富詞義。本節開啟於「土」的物質性，接著提出「土」塑造文本意象的功能性，最後以「土」族群文化的目的性作結。透過向陽的創作及其表態，我們得以建構自我、言說群體，也能鬆動既定的框架與規範——這些影響都來自「土」的中介與轉化。

三、「穿越」：詩作的內在連結

　　向陽於1982年開始擔任《自立晚報》副刊的副總編輯之職務，隨後1987年升任總編輯，1994年離開《自立》報系。任職於編輯職位的同時，向陽共出版了五部詩集，分別為《十行集》（1984）、《歲月》（1985）、《土地的歌》（1985）、《四季》（1986）、《心事》（1987），這同時也是向陽極富創作能量的時期之一。本節將透過討論向陽歷年詩集及其內容層理，從中思索詩人創作時的美學考量，將能更進一步定義「穿越」所觸發的連動反應。

　　然而我認為「穿越」既是實證行動的所向、也是內在觀點的所向，因此「穿越」更應看重思考變化生成的因素，而非行為本身的型態。此節採用的分析方式將著重在詩作的內容，而非身分轉換時的狀態，目的在於專注於詩本體的內容表徵，才能回顧「土地」介入文本的意義和思維。土地承載創作的穿越行動，帶有強烈的連結向度，也能勾連事件與人的關係，穿越是從一個時空到另一個時空的軌跡，此時土地就具有陳述現實的功能。鑑於這種思維，我以為思慮向陽身分的轉移與置換，就能提顯出土地

所具備的「穿越」取向。

　　《十行集》中的詩作，總觀此本詩集，可見的是每首詩的名稱皆為兩個字，雖仍有強烈的創作形式與構句法則，但議題則出脫了初期作品裡帶有唯美傳統的浪漫思維，例如〈痕傷——哀西單民主牆〉、〈制服〉、〈立場〉等詩作皆是叩問歷史和時代，反思人的存在。首先以〈痕傷——哀西單民主牆〉[14]為討論：

> 所謂痕，是已戳遍的刀口
> 譬如岸與溪爭執，雛菊
> 向暴雨爭永遠的怒放
> 那種的，一條決定
> 箝制我們原不受箝制的，傷

　　原是一道實質性存在的傷痕，說明著身體遭受劃開破碎的疼痛，但向陽慢慢地將肉體的感覺提升到心靈的層次，傷口體現了歷史沉痾與戰爭挫敗。從詩名來看「痕傷」與「傷痕」二者語言組構的差異，向陽把常見詞語前後調換之後，就將原本僅是一般名詞詞性的「傷痕」，轉換成帶有動作感受的名詞型態「痕傷」——痕跡的傷害與傷口。而詩作內容雖未表明是哪種傷口，但無論是「刀口」、「爭執」、「暴雨」、「箝制」等詞語，都暗暗閃現了「戰爭」、「迫害」等不同行動的寓含。此處的「岸」與「溪」的對比，揭露土地——地表之上的相對位置，藉由兩者對位空間劃定，可見界線與傷痕有著相似的類比。位置象徵了身分及其意義，每個身分皆有秉持的價值觀點，而這些觀點既是給予身分的存有，也匡定了身分所能的極限，因此「岸」、「溪」不可能合而為一，否則就喪失其自身

---

14 向陽，《十行集》（台北：九歌出版社，1984），頁138-139。

的意義,然而在努力維繫身分所造成的傷痕,就成為一條箝制身分的界線。

延續觀點差異的視野,進入另一首〈立場〉[15]中,我特別想指出的是站立身形的姿態,充分說明肉體感覺與現實隱喻存有一定的連結,同時指向時代之殤的悲切情感,以及每個存有皆有抱持特定的觀點:

> 你問我立場。沈默地
> 我望著天空的飛鳥而拒絕
> 答腔,在人群中我們一樣
> 呼吸空氣,喜樂或者哀傷
> 站著,且在同一塊土地上
>
> 不一樣的是眼光,我們
> 同時目睹馬路兩旁,眾多
> 腳步來來往往。如果忘掉
> 不同路向,我會答覆你
> 人類雙腳所踏,都是故鄉

〈立場〉的詩作內容,凸顯了向陽思考差異位置和不同身分面對環境的舉措。詩句:「不一樣的是眼光,我們／同時目睹馬路兩旁,眾多／腳步的來來往往」,向陽指出身處相同的馬路旁,行人卻因站立的方向和角度而有了不同觀看的視野,此處將原本抽象的思維取向轉換成具象的行人姿態:縱使行走在同一條馬路,但行走緣由與目的各有不同,人群或可化約成為一個整體的概念,仍不可忽略個體的獨特性。此處需把握的是「雙

---

[15] 同註14,頁178-179。

腳所踏」，故鄉涵蓋土地，雙腳之下的土地——故鄉是由當地居民所群居的所在，因此土地不僅是一塊「平面」，更是「人群關係」的展現與延伸，故鄉所隱藏的情感與連結就在土地的中介之下而無所遁形。

而另一首頗為傳誦的詩作〈制服〉，[16] 則體現了作者諷喻社會制度或上位者雖有強勢的權力卻無所作為：「他們／砍伐了自高自大的樹木，修剪／枝葉分歧的花草。最後一致／仰首搖頭——身為地上的園丁／當然制服不了空中幻化的雲朵」此段揭示身懷權力的上位者（國家體制），企圖讓整合群體的歧異性以鞏固自身，最終仍無法抑制外溢的現象。向陽使用「樹木、花草、園丁、雲朵」等詞彙創造了閱讀的情境：園丁僅能控制地面上花木的生長而無法管控天空的情勢，層層推進類型身分的差異，雲朵／花草已是雲泥之別的強烈對比。

待到《歲月》、《土地之歌》、《四季》等詩集湧現了彰顯身分與環境兩相辯證的創作，最為顯著的特徵就是將「泥土」（土地）比擬為生存環境、鄉土或台灣等不同型態甚至跨越物種的指涉物。再次回到〈寬闊的土地上〉[17] 一詩，向陽把存在於土地之上的屋瓦、山陵、河谷、岩石、巨木逐一引出，並招來陽光、陰雲、雷電等自然狀態，這塊「土地」存有了可感空間與實在環境，「土地」成為一個廣泛可供生靈繁衍居住的代稱詞。〈到竹山看竹〉[18] 提供了第二種類別的泥土指涉，竹山原是名稱，向陽將其代指鄉土：「到竹山，去看竹」對比「在鋼筋不斷搭蓋起來的『遠處』／在水泥日夜灌注以繼的『遠處』／在煙囪抵住了天空喉嚨的『遠處』」，在本詩先後兩部分的段落間，竹山本是一個景點或地理位置，卻轉化為現代人回憶裡還未開發的淨土，我們能緩緩讀出實際的土地外延成為概念化的鄉土、眾人思慕的鄉土。

---

16 同註 14，頁 168-169。
17 向陽，《向陽詩選》，頁 197-201。
18 向陽，《歲月》（台北：大地出版社，1985），頁 105-110。

《四季》以二十四個節氣為題，參照季節劃分為四卷，內容多以時間連結環境處境，透露向陽對於時節與生活連結的掌握。其中〈霜降〉一開頭闡明：「霜，降自北，一路鋪向南方／沿黑亮的鐵軌，幻影／漂過城市、窮鄉與僻壤／在平交道前兜了一圈」，雖未直接言明鄉土，然而詩中的思緒需回歸於鄉愁與鄉土才得以展開，因此向陽隨後寫道：「鄉愁通常也是這樣，北上／在卡拉 OK 頭前叫爸叫母，酒罐爛醉，橫七八樹在桌腳」[19] 客居遊子思鄉而無法歸鄉的苦痛、無奈，僅能憑藉短暫娛樂麻痺。此處並未能看到故鄉的情景，然而土地召喚可見於字句之中。我特別想點出這首詩將空間的物質性、土地的實用性，轉化為個體情感的內在依賴感，甚至把土地提升為群體的象徵。霜降，本為氣候表現的一環，本詩將霜降發生的地點逐一連結，在鐵路向南、飄過城市與僻壤、燒肉粽的叫喊，融入一處「八〇年代末葉的台灣」，隨著地點、物件的擴充，大面積的空間感受緩慢成形，如同拉開地圖捲軸慢慢地鋪張成某一區域的全覽圖景。

　　綜觀來說，向陽書寫的詩作多以敘事為軸線，而此敘事手法隨著創作時間的推移，逐漸迥異於過去的敘事詩，尤為明顯的是《土地的歌》，其中的〈著賊偷〉、〈草蜢無意弄雞公〉等詩，這些詩作運用「方言」為表述，並採用「小說」筆調、「敘述性陳說」呈現事件的張力。[20] 我認為憑藉向陽採用的敘事特質，能更加靠近向陽追求的創作要點：力求戲劇感的現實場景，達到讀者的感覺共鳴。也就是說，「藝術藉由異化感知原本的使用目的，來進行溝通」，[21] 讀者閱讀具有敘事性的詩作時，容易產生「投射」的共感，這是由於個體意識會自動找尋過去記憶與文本的連結點，進而引起了閱讀情懷。向陽詩之所以與他人敘事產生相異的感受，在於其扣

---

19 向陽，《向陽詩選》，頁 247。
20 關於「小說」的說法，出自於苦苓，〈談「馬無夜草不肥注」〉。「敘述性陳說」則出自王灝，〈不只是鄉音〉。兩篇評論皆為詩集之附錄，出自向陽：《土地的歌》（台北：自立晚報社，1985），頁 152-153、180-181。
21 楊宗翰，〈詩如何詮釋鄉土？——以林煥彰、吳晟、向陽作品為例〉，頁 62。

緊共感的表述，融會敘事、情理及技法，而這項特色又需回到個體自身的經驗，並倚靠土地作為中介的表述因素，才可彰顯向陽之於商榷身分的舉措與衡量的社會關懷。

四、「消融」：評論的外部勾連

　　文學創作者多有評論人的身分，鑑於創作時的美學體認再回到自身評論時，通常創作者的心態皆會隱含兩種心態，一是同理、二是反省。詩人向陽執筆文學評論、政治社論、文化議論等多樣批評文類的範疇。本節將著重處理文學評論和文化議論兩大主題及創作文本相互呼應的要點，進而審視向陽文學觀念的組件內在。我認為若不曾涉足創作身分的評論者，一般較難體會創作時權衡的思維與觀念交涉的幽微，這種囿於身分的局限性，也是文學創作兼評論者的優勢所在。因此經由向陽評論和詩作，兩造之間的對照與聯繫，皆能體驗魯曼所說「存在的反身性」[22]，也就是說文學與評論透過一套溝通的過程，察覺彼此存在對立或差異的原因。

　　向陽曾擔任1984年的年度詩選主編，對此他先後撰寫了〈我信，我望，我愛：《七十五年詩選》導言〉與〈小論七十年代詩人整體風貌〉展現自己在文學場域的觀察與立場：

> 當文化界在這一年內從媒體傳播、著作出版以及演講論辯等形式中，為社會發展提供更寬、更廣的視野，更深更厚的土壤；當學術界在這一年內從生態保護、公害防治、消費保障、乃至人權維護、民主革新等範疇上，為社會大眾作出更多行動與貢獻的同時，我們這些寫詩的人恐怕更應該反省自己的創作理

---

[22] 魯曼，《文學藝術書簡》（台北：五南出版社，2013），頁27-28。

念、結成詩社的目的以及人生的目標,來為更美好的社會以及繼起的下一代盡些微力吧!²³

　　從這段話立即凸顯了向陽較為全面的文學關照:相對於文化界、學術界,文學界應該促使自身創作能給予讀者(大眾)更為明確的指引。向陽以「貢獻」、「反省創作理念」的說法,錨定文學作品的存在價值,才能取得改變社會的動力,且予以後人傳承的信念。後篇則試圖勾勒1970年代現代詩的全貌,向陽主張1970年代相較於1950、1960年代,已無相互論辯詩想與力證個人詩觀的場景,但這並非1970年代詩人欠缺立場,而是其尊重多元價值的表現。對此,向陽引述三個1970年代成立的詩刊,分別為《龍族》、《草根》、《陽光小集》,分析三個青年詩刊的綜合特色為:「一、多元思想並存。二、民族詩風重建。三、社會現實關懷。四、正視本土生活。五、尊重大眾世俗。」²⁴ 從這兩篇論文中,向陽的詩學概念可見一斑。我認為向陽重視「土地」意義的傳介、轉譯甚至引申,其最初用意是將土地視為一種近似容器的概念,乘載不同的觀念、意涵,甚至態度。然而,容器就不是物理性、反而是虛像化的,因此沒有實際的形狀和材質,得以容納多樣繁雜的現實狀態,更具有不固定的指向與可能。

　　承上文「土地容器」的說法,我意欲指陳向陽在創作上的企圖與想望,土地固然被賦予「承擔」的責任,他在詩作裡並未言說土地的實質意義,用意就是拓展這個詞彙的容納度,讓土地的「彈性」更為擴大。對此,回到前段所引述的評論,「多元思想、社會現實、本土生活」就能取得共性,也能在「土地」這個詞語不斷地延伸內容,自我生產意義。或許,我們回到向陽之前的詩人群裡,將能發現他創作理念的歧異性,推究泥土的質地並釋疑土地的內在本質。

23　此篇評論出自向陽,《迎向眾聲:八〇年代台灣文化情境觀察》(台北:三民出版社,1993),頁119-126。
24　此篇評述出於向陽,《康莊有待》(台北:東大出版社,1985),頁37-47。

礙於篇幅，以下我簡要討論土地的文本內涵，分別以林亨泰、吳晟對比向陽的意義指向，鑑別其中的差異之處。林亨泰歷經跨越語言的困境後，且在成立笠詩社後出版《爪痕集》（1986），此處我採用原詩集的第一首為例：

　　乾裂的河床
　　留在時間裡
　　隱約可見的爪痕

　　無指向的方位
　　緊扣著空間
　　歷史縮成拋物線

　　不回首的記憶
　　將山脈烙印
　　於多皺紋的谷中 [25]

從感官上來說，林亨泰更為重視視覺性，這在過去其創作〈風景〉二首時就已顯現，無論是「乾裂」、「爪痕」、「拋物線」、「皺紋」都是專注彰顯創作的視覺感，故竊以「橫切面」觀看文本的肌理實為一種策略。從此首詩來說，林亨泰運用土地的時間性暗示印象堆砌的狀態，不同世代的人傳衍同一塊土地，一段段的生存記憶就像地面土層，不斷地堆疊上去：今日的土地與百年前看似並無二異，但因時間推進促使記憶持續積累，土地乃是人記憶的儲藏庫。我以為端看土地的橫切面，指出歷史存在

---

[25] 此處詩作節選馬悅然、奚密、向陽主編，《二十世紀臺灣詩選》（台北：麥田出版社，2005），頁 155。

的事實，正是林亨泰與向陽極為不同的創作呈現。尤其「爪痕」的雙向意義，讓「泥土／土地」成為文本的基礎因子，顯現了「爪痕」和「記憶」。我們也能看到視覺／觸覺的感知表徵，視覺是產生三維立體經驗的初始，觸覺則是「直接對阻力的經驗」[26]的產生，「爪痕」提醒了讀者過往的感受，也是記憶再次組構的生成。而向陽則不若林亨泰積極彰顯土地視覺的具體徵狀，反而把土地視為群體生存的主體存有，看重土地之於實踐價值的影響層面。

再者，我將討論向陽迥異於吳晟的土地觀，試以吳晟詩作〈土〉為析論：

  ……
  一行一行笨拙的足印
  沿著寬厚的田畝，也沿著祖先
  滴不盡的汗漬
  寫上誠誠懇懇的土地
  不爭、不吵，沈默的等待
  ……[27]

吳晟屬於較早進入一般大眾視野中的鄉土詩人，他巧妙地拿捏「國／台」語言之間的尺度，既有可讀性卻深具批判性。楊宗翰論證吳晟創作思索語言問題：「知識分子返鄉後，詩寫自身如何適應吾鄉的『過程』，並留下了詩語言間兩相傾軋的痕跡」，他更評論吳晟詩作中「少有田園風情的閒逸，更未見吾鄉想像的美化……可謂奇妙地混雜了『現代主義』的血

---

26 段義孚，《戀地情結》，頁9。
27 此處詩作節選《二十世紀臺灣詩選》，頁390-391。

緣」。²⁸ 撇除吳晟使用語言的議題之外，私以為吳晟的鄉土書寫注重在故土情懷的描述與建構，土地在吳晟筆下隱含家族乃至於人際的血脈情誼。誠如本詩的「田畝」、「祖先」一樣，兩者以「血緣」串連的網絡，土地來自先祖而後代繼承，這種聚攏的內向關係更是不同於向陽所開展延伸的牽涉。基於吳晟所處的創作年代適逢 1970 年代，彼時台灣社會正經歷產業轉型之際，農村子弟面臨整體生存環境的改變，回望故土難免產生排拒或不適之感。故此楊宗翰所述的現代主義式詩作狀態，我認為或可視為後代人面對「不合時宜」的先祖基業時，無可得知其劬勞之苦因而產生陌生的排拒感。但回到向陽的作品裡，顯而易見的是另一種置換「土地」意義的方式，比如：「一粒種籽掉落在泥土中／呵──不是掉落，是紮種／是把愛和希望紮種在花塵裡⋯⋯」²⁹ 他將泥土看作培養、萌發的場域，拓寬了閱讀感受的想像，暗示泥土意指的所向不是實際物質而是連結想像的異質元件。

　　身為創作者的向陽，要求作品通達技巧與論述；作為評論人的向陽，探求文論喚醒大眾閱讀時的反思。兩造看似不相衝突，然而藝術意欲產生較大的迴響（溝通），勢必捨棄某些技術表現，以達到閱讀普遍性，例如：詩人夏宇的作品強調特殊形式和奇詭文字，反而讓文本無法達到意義上的溝通。³⁰ 再次重看向陽的評論中，提及「文學欣賞的再創造」³¹、「所有文學作品都不脫離報導文學的範疇⋯⋯缺少不了傳達的可能及其技巧的運用」³² 或是陽光小集的社論「我們不求『純粹』辦一份專門為詩人辦的詩刊，為關心詩的大眾提供一份精神口糧」³³ 等，歸結出向陽撰寫評論的立場，多半朝向試圖權宜創作者與評論者身分差異的路徑上，用以謀求更寬

---

28 楊宗翰，〈詩如何詮釋鄉土？──以林煥彰、吳晟、向陽作品為例〉，頁 105-130。
29 〈春秋〉，選自《十行集》，頁 150-151。
30 此處以夏宇為例，實為不得已之舉措，因夏宇之作多有「難讀」的評論。筆者認為，夏宇詩並非力求讀者通透字義，而是透過文本的「文字機關」找尋內在意涵。
31 向陽，〈白雲深處有人家──沿波討源，雖幽必顯〉，《康莊有道》，頁 97。
32 向陽，〈呈現以及提出──借他們的眼睛〉，《康莊有道》，頁 100。
33 向陽，〈在陽光下挺進〉，《康莊有道》，頁 155。

闊的詩論和詩想。

五、結語：〈霧社〉的實踐與開展

　　前兩節依次討論了向陽的詩作與評論，本節將列舉單一詩作〈霧社〉為其美學思維進行驗證與評判，用以闡釋向陽文學論述的建構之法。文末聚焦於多重身分的向陽，立足於文學場域的應對策略，審視身分權威與話語力度，反思文學創作者秉持的己見能否實踐與開展。

　　向陽曾參與過的文學結社社團和編輯工作眾多。1980年代前後，他已擔任過《自立》報系和《時報周刊》之編輯、參與年度詩選的編纂、加入過「詩脈」、「陽光小集」等詩社，更有成立台灣筆會等作為。此處，我並非以詩人的作家生平為論述的考察重點，而是揭示向陽身兼多種身分職務的「影響」與「立場」。首先影響層面來說，向陽代表的是文學場域與文化場域的結盟關係，詩人本是創作者且作品多受到文化場域的牽制。然而，當向陽跨足到另一個場域時，其挾帶的文學思維則需合乎文化場域的法則。因此在價值評判的標準上，若要完全撤除場域間相互傾軋的現象，則顯得過於勉強。但我認為這種競爭不妨以魯曼所稱的「小系統」[34]看待，方能呈現彼此交流與溝通的狀態。次之深究立場差異的層面，向陽「跨越」身分的行動並非創舉，在此之前的作家群包含林海音、琦君、瘂弦、隱地等人皆是曾跨足報業出版等傳播產業。然則，向陽跨越的特殊性是弭平身分的觀點差異與立場限制，一齊面向相同的議題與觀點。[35] 概觀論之，向陽身分的流動性造就了其廣闊文學視野，如同前文所述他所堅持包容

---

34 魯曼強調全社會系統與其他功能系統交互運作，而系統會以自我指涉與異己指涉辨認彼此間的差異，並重新組織新的意義，故而強調一種動態關係的視野。參見《藝術中的社會》，頁19-20。
35 向陽的身分有創作者、報刊主筆、文學獎得獎人、評論學者、文學叢刊編委、文化團體（台灣筆會、吳三連基金會）主要參與者等。向陽的相關生平資料，參考官方部落格《向陽詩部落》，（來源：向陽詩部落，http://faculty.ndhu.edu.tw/~e-poem/poemroad/shiang-yang/向陽年表）。

「多元聲音」,[36] 更在參與活動及團體受到刺激後,促成個人創作增加反映真實性及開創性的作品類型。

由此看來,向陽創作根基於不同身分的涉入,而文學評論又受惠於身分多重的置換,因此我藉由詩作〈霧社 寅‧花崗獨白〉進一步分析向陽持存的價值:

……
一樣不也是人嗎?哈爾保溪
你告訴我,從山地留下的
和從平地湧出的,一切
靜止無波的或洶湧奔騰的,不也
都是水嗎?和馬赫坡溪相較
你們又誰高誰下?[37]
……

詩人鄭愁予評論本詩:「手法現代化、掌控情緒、使用新的喻象增添對比的趣味、結構巧妙。」[38] 簡而言之,向陽創作側重的底蘊所在,實為「控制」與「翻新」兩大要素。所謂「控制」,即是掌握題材、內容、形式的確實與確認,透過創作者精熟地滲透主題、鋪排架構、開展情節、採用文字等層面,確認閱讀產生的心裡變化與情感流向。從前文所引述的詩集中,每一首詩名有許多為二個字,且名稱時常帶有古典韻味,尤其以《十行集》最為顯著。再從詩的結構論析,向陽慣用表述時間感進行破

---

[36] 向陽於〈《七十五年詩選》導言〉提及:「從內容的不同選取『好』詩,顯然是冒險的。西瓜選其汁甜,李子取其味酸,內容不同,標準有別,而價值則相當。」這段話說明了向陽文學觀具有彈性且能涵納不同見解,因此其提出多元聲音也是基於此點。
[37] 向陽,《歲月》,頁134-135。
[38] 此段為擷取鄭愁予在時報文學獎的評論專文,後收錄於向陽出版之詩集附錄,參見《歲月》,頁155-161。

題,中段引述事件的始末,後以情╱景交融作結,採用故事情節引導閱讀情感的散發,創造詩人和讀者的體驗互動。

我截引此段落的〈霧社〉,爭駁向陽創作的「常態」,用以申論創作的開創性。本詩採用第一人稱「呼告式」的寫法,但此處的「我」、「你」僅為敘事角色指稱,讀者僅是旁觀者而非敘述的參與者。換個說法,此時向陽轉換過往的創作方式,控制了讀者進入詩中情境的涉浸程度,讀者幾乎無法回應詩中的問句,因為此時詩中人物花崗正在進行獨白的活動,這就像是讓詩轉化為舞台空間,文字成為舞台上的演員。作品的存有價值在於,將過去的歷史記憶、經驗情感收攏起來,梳理且重述事件的始末。然而最為重要的是,「事件」與現下讀者的閱歷相互呼應,並驗證詩意與社會的關聯,「土地」——此時此地的在場性才產生景深的意義,也讓讀者深切感知於作品生成的軌跡。

因此,我以〈霧社〉一詩作為此篇論文的結論,闡釋向陽的文學視野尋求媒合評論觀點的切合處。以發表年代看,1979年適逢美麗島事件,此時台灣社會面臨整體意識的「再喚醒」,[39]並逐步重塑過去遭到壓制的史實,這也是魯曼反覆提到的「文本相互詮釋和不同脈絡依賴性」,[40]透過內容迂迴提示遞進,達到歷史與社會的溝通。而內容題材的選擇,霧社事件雖為日治時期的抗日史實,但詮釋者的身分差異而出現不同的評釋方法,例如:民族、階級、暴力等視角的議論。因此,向陽使用「第一人稱」的敘述角度,間接證明其意圖在於促使歷史「自圓其說」,但是文本間仍無可避免地透露了個人評價與同情:「我們可以死掉,站著反抗,死掉」或「子孫無辜,讓他們走一條坦蕩的路」等,顯露詩人針砭歷史的語氣,同時不加批評也不堆砌情緒,展現史實重寫卻不訴諸悲情的筆調。

---

39 美麗島事件為二二八事件之後的大規模警民衝突,台灣歷經了喪失聯合國席位(1971)、中美斷交(1979年初)等事件之後,國內開始出現改革聲音。因此筆者認為,向陽此時撰寫〈霧社〉,讓歷史與現實相互涉,形成呼應的效果。
40 Martin Heidegger. *What is a Thing*, Washington, D.C.: Regnery Publishing, 1970. p.155-156。

……。如果忘掉
　　不同路向，我會答覆你
　　人類雙腳所踏，都是故鄉[41]

　　本文從「土地」的視野開展論述，逐一探討向陽的詩與評論的創作過程，檢視了其不同文類的撰寫態度與內在向度。無論是語言（方言）的使用、形式的呈現、題材的審度，皆能看出向陽在創作上的求新與求變，穿越了不同文類的限制，讓詩與評論相得益彰。所謂的「故鄉」，不僅是個體的居所、也是群聚的所在，更是記憶存有的證明，腳踏著實地、紮根著現實，創作者對於作品立場因而顯現。然而，向陽身分轉換時秉持的觀點，不僅消融了原本的身分界線，更提供評論者另一種省思的可能。我也認為文學創作者進入他類場域的舉措需要審慎以待，才能不至於忽略背後隱含的文化和社會資本，從而省思文學創作的美學態度，也能夠即時反省文本的存有價值。

---

41 向陽，《十行詩》，頁179。

03

複數的本土
向陽的詩藝歷程與展演*

涂書瑋

摘要

　　歷經1960年代現代主義疏離於現實的前衛實驗，1970年代先後爆發的「現代詩論戰」與「鄉土文學論戰」，台灣新詩風潮轉向了關懷社會、正視現實、認同土地、走向群眾的文化景觀。作為當時初入詩壇的戰後第一代詩人向陽，也約略於這個時間點，在遭遇時代潮流（回歸鄉土）與個人生命經驗（父親病重）的激盪之下，也開啟了其「台語詩」的寫作，扭轉了遭受中文／華語貶抑為方言的「台語」，其邊緣、附從於主流官方語言的存在境況，亦正式開啟了顛覆自身國族認同的「邊緣」位置、賦予「現實」更為深刻之「本土」認同意涵的書寫行動。而在台灣承受後現代詩潮衝擊的1980年代，向陽亦展現其充滿本土意識的詩藝涉世參與，連結本土關照與後設擬仿，融合歷史重構與敘事解構，於2005年出版的詩集《亂》，即是此一詩觀與風格建構工程的體現。

　　向陽本土論生發於母語、根植於民間，但其「本土詩學」的形塑策略與構圖方式，並非僵化固著於單一的語言／國族中心或採取簡化的中心／

---

* 本論文初稿，曾宣讀於國立台北教育大學台灣文化研究所主辦之「陽光升起的所在：台灣文學、文化與傳播暨林淇瀁教授榮退學術研討會」（台北：國立台北教育大學，2021.5.1）。本論文之改寫與修訂，承蒙會議特約評論人國立台灣大學台灣文學研究所謝欣芩副教授，以及論文審查期間兩位匿名審查人之細心審閱，獲致諸多極為珍貴之修訂意見，謹此致謝。

邊緣的話語操作。本文認為，向陽整體創作歷程其實就是「複數的本土」此一思維內涵的具象展演，詩藝歷程與展演方式大體上可拆分為「寫實／現代」圖示與「後殖民／後現代」圖示。向陽的詩藝歷程與創作展演，最終圍繞、也一直在處理的是「本土／前衛」的融合問題。「複數的本土」（思想）有效地收納諸多語言技巧（前衛），縫合後殖民與後現代兩種思潮在美學本體論與方法論的矛盾與分化，另一方面，「複數的本土」不但使向陽在「寫實／現代」此一內在構圖做出成功的融合，也促使後殖民──台灣主體性建構與多族群、語言、文化的雜揉性，與後現代──反本質和寫實、顛覆單一真理、去／抵中心，出現了「本土／在地化」思維圖示的感覺綜合。

關鍵字：複數、本土、寫實、現代、後殖民、後現代

一、前言：向陽詩藝歷程與展演概述

　　歷經 1960 年代現代主義疏離於現實的前衛實驗，1970 年代先後爆發的「現代詩論戰」與「鄉土文學論戰」，台灣新詩風潮轉向了關懷社會、正視現實、認同土地、走向群眾的文化景觀。作為當時初入詩壇的戰後第一代詩人向陽，也約略於這個時間點，在遭遇時代潮流（回歸鄉土）與個人生命經驗（父親病重）的激盪之下，也開啟了其「台語詩」的寫作，扭轉了遭受中文／華語貶抑為方言的「台語」，其邊緣、附從於主流官方語言的存在境況，亦正式開啟了顛覆自身國族認同的「邊緣」位置、賦予「現實」更為深刻「本土」認同意涵的書寫行動。

　　向陽從一個生長於南投鹿谷、喜愛默誦複讀屈原《離騷》的少年，直到 1974 年大學時期，正式展開詩的路途，在詩裡尋求屬於自我的符號與聲音：

> 我尋求屬於我的符號系統，從腳下的土地；尋求聲音，從祖先傳下而在我業已瘖啞的喉嚨。經過兩年的摸索，終於找到了一片可以翻耕播種的田園。在這塊田園中，我同時而分別地播撒『十行詩』和『台語詩』的種苗，嘗試著為台灣現代詩蔚培新的風景，更多的是探索我的生命。[1]

　　因此，回顧向陽的創作歷程，「我用十七年光陰，勞神苦心才初步完成的『十行詩』與『方言詩』兩大試驗，原來早已存活在十七年前我字字抄寫的『離騷』中——它們一來自傳統文學的光照，一出於現實鄉土的潤洗，看似相拒相斥，而其實並生並濟。」[2] 為排遣處於禁抑年代憂思悲

---

[1] 向陽，〈折若木以拂日——自序〉，《向陽詩選：1974-1996》（台北：洪範書店，1999），頁 2。
[2] 向陽，〈土地：自尊和勇健〉，《土地的歌：向陽方言詩集》（台北：自立晚報，1985），頁 188。

憤，從向陽首部詩集《銀杏的仰望》（1977）承接的即是屈騷神話式的浪漫主義傳統，結合強烈的鄉愁與現實感懷，一個隱隱然的「鄉土」開始浮現，初步奠定其新詩創作的基本調性。到了《種籽》（1980）內的長篇敘事詩〈霧社〉，演繹莫那魯道與殖民者抗暴的心智與情感；《十行集》（1984）雖致力於試驗以「十行」為形式的現代新詩格律，但試圖在紛亂錯動的島嶼政治時空中找到屬於自身的話語聲音與認同歸屬，仍是清晰可見；《歲月》（1985）在繁複的象徵詩語中寫出對腳下土地與現實的感受與觀察；《土地的歌》（1985）裡「台語詩」的鄉土人情與色調；《四季》（1988）除了再現台灣島嶼「四季」的興衰榮枯，也有以節氣重塑政治寓言的意圖；最後，《亂》（2005）在台灣承受後現代詩潮衝擊的1980年代，向陽亦展現其充滿本土意識的詩藝涉世參與，連結本土關照與後設擬仿，融合歷史重構與敘事解構，《亂》即是此一詩觀與風格建構工程的體現。

　　以上，不難發現「鄉土」、「現實」、「歷史」、「認同」等內在意識始終以「種籽」、「四季」、「節氣」或「地景」轉譯為某種程度的政治寓言或現實批判，或是結合特定的言說方式，比如「形式」（十行）、「聲音」（台語）或技巧（後現代視域），傳達自身以詩涉世的關懷與感觸。從上述各詩集的概述，一種由個人情感的「鄉土」到國族建構的「本土」的過程隱約可見。

　　另外要補充的是，強調多元、跨界、後設、擬仿的後現代主義，在台灣的後現代新詩生產歷程之中，並非只是對一切宏大敘事的「解構」，也是基於世代交替意涵的「建構」。如同孟樊指稱：

> 台灣後現代時期的主要詩作，也不純然一味的只在「反」、只在「破」，雖然詩人（尤其是新世代詩人）本著符號政治或文本政治的立場出發，在反經典、反傳統、反主流、反權威、反

體制之餘，也未必沒有「建」或「立」的企圖，這當中存在有「積極性」、「肯定性」的一面。[3]

　　建立在西方資本主義物質條件與社會形態上的「後現代主義」及其標舉的「解構」性，經過台灣社會對「後現代」理論與思潮的傳播、移植與受容的「在地化」過程，整體上具備了一定的「建構」意義。尤其在向陽的《亂》中，「本土」意識適度融和了「後現代」技巧，以後現代技巧展演「本土詩學」，表現了後現代主義「建構性」與「積極性」的一面。

二、何謂「複數的本土」？

　　承「前言」，以「本土」作為主要關懷歸趨的新詩寫作，適逢1987年的解嚴與「後殖民」語境的展開，後殖民語境使得台灣複雜的族群認同政治浮上檯面，也使得解嚴以降不少作家投入了歷史記憶的重述與建構的書寫工程。陳芳明以為：「在官方還沒有宣布解嚴之前，新世代作家已經率先解嚴。」[4] 早在戒嚴正式解除前，台灣戰後嬰兒潮世代的作家，以性別、同志、政治、原住民等邊緣意識，挑戰著國民黨的權力支配，作為戰後嬰兒潮世代重要詩人之一的向陽，自然不外於此。

　　若仔細檢視向陽的詩藝發展歷程，後殖民重構國族歷史，與後現代去中心、異質多元、戲耍身份認同，皆可以在向陽的詩作之中看見兩者融合的軌跡，印證了劉亮雅對於解嚴以後「後殖民」與「後現代」兩個文化思維「並置」（juxtaposition）的方法論：「後殖民與後現代的匯集便又激盪出多元身份認同，乃至於身份認同（從國家、族群、鄉土，到性別、性

3　孟樊，《台灣後現代詩的理論與實際》（台北：揚智文化，2003），頁87。
4　陳芳明，《台灣新文學史》（台北：聯經出版社，2011），頁601。

取向）成了解嚴後台灣文學的一大主題。」[5]「後殖民」與「後現代」兩者「並置」的文化語境，構成了向陽詩藝歷程與展演的主要背景。

鑑於歷來前行研究對向陽詩作已有相當累積，[6] 本文聚焦向陽寫作的內在認同構圖——「本土」（nativism）與前衛（avant-garde）。從「鄉土」到「本土」、「寫實」到「現代」、「後殖民」到「後現代」，向陽的詩藝歷程與展演，表現出「本土」的認同，但以「前衛」作為符號再現的機制，兩者共生、融合、互文。我認為，陳黎《島嶼邊緣》與向陽《亂》是台灣 1990 年代「本土詩學」參與後現代新詩景觀的雙翼，只是相較於陳黎部分作品往島嶼的地方／「空間」拓殖，向陽則較為聚焦在歷史／「時間」。

我認為，向陽整體創作歷程其實就是「複數的本土」（multiple nativism）此一思維內涵的具象展演，向陽很早就自覺地以母語寫詩，亦曾長於期任職黨外媒體《自立晚報》，對社會脈動體察深厚、反體制與民

---

5 劉亮雅，《後現代與後殖民：解嚴以來台灣小說專論》（台北：麥田出版社，2006），頁 56。附帶說明的是，如同陳芳明在 2017 年新再版《後殖民台灣》的「序言」中提及：「……接受西方後現代主義的衝擊，在一定程度上也是一種後殖民的特色。畢竟，這也是帝國權力在海島的知識分子身上發生了作用。當某些學者在主張後現代主義時，其本身恰恰就是後殖民的特質。這種矛盾性格，並非只發生在學界而已，整個台灣社會很早就已經被整編到晚期資本主義的範疇。當我們在強調消費社會、資訊爆炸、性別越界這樣的名詞時，就已經預示台灣社會的雙重性格。一方面是後現代的，一方面也是後殖民的。」以此來看，1980 年代以降，台灣重層疊加的被殖民歷史與全球資本主義的滲透，在整體感覺結構、歷史意識與現實生活上，台灣文化場域確實承受著「帝國權力」（日本、遷佔國民黨政權、美國）不同程度的影響。尤其在「解嚴後」這個時空，「後殖民」與「後現代」兩個文化思維的「並置」現象，更為明顯。因此，劉亮雅論證的雖是小說，但就現代詩而言，亦可適用。

6 例如從文本分析爬梳「創作類型」，見林于弘，〈向陽新詩創作類型論〉，《國文學誌》10 期（2005.6），頁 303-325；以「台語詩」的用字慣性解讀向陽台語詩，見林香薇，〈論向陽台語詩的用字：斷面與縱面的觀點〉，《國文學報》42 期（2007.12），頁 237-273；從媒介特性與影音建構，談向陽的散文詩與台語詩，見白靈，〈詩的影音建構——以向陽的散文詩和台語詩為例〉，《當代詩學》7 期（2011.12），頁 1-29；從「後現代視閾」的「去中心」或「多元」的角度解讀向陽作品，見宋紅嶺，〈後現代視閾中的向陽詩歌〉，《當代詩學》7 期（2011.12），頁 31-49；從結構主義文論「陌生化」以開啟「接受延緩」的觀點，見余境熹，〈狂歡・延緩・重蹈：向陽詩集《亂》析讀〉，《當代詩學》7 期（2011.12），頁 51-72；從「他者」綿延的時間徵象討論向陽《歲月》的自我與時空意識，見劉益州，〈他者的綿延：向陽《歲月》中自我與生命時間意識的表述〉，《當代詩學》7 期（2011.12），頁 73-101；探討向陽詩作的歷史與文化意象及其內涵，見陳鴻逸，〈「騷」與「體」：試論向陽《亂》的歷史技喻與文化圖像〉，《當代詩學》7 期（2011.12），頁 103-139；以「形式」的效果與變形論證《亂》的政治、歷史、社會關懷的多重張力，見岩上，〈亂中的秩序——析論向陽詩集《亂》〉，《當代詩學》8 期（2013.2），頁 209-242；關於「鄉土詩」的演繹方式與內涵，見方耀乾，〈為父老立像，為土地照妖：論向陽的台語詩〉，《台灣詩學學刊》3 期（2004.6），頁 189-218 與楊宗翰，〈詩如何詮釋鄉土？——以林煥彰、吳晟、向陽作品為例〉，《台灣詩學學刊》30 期（2017.11），頁 121-127；從「黑色」的色彩字詞運用及其意象空間經營，見王文仁、李桂媚，〈向陽現代詩的黑色意象〉，《文史台灣學報》14 期（2020.10），頁 165-204；等等。

間性格鮮明，其「本土」意識自不待言。更重要的是，向陽的「本土」思維建立在對台灣這塊土地的歷史、現實與情感的基礎之上，能夠輻射出更為多元、寬闊的認同光譜（底層、生態、原住民），亦能夠參照前衛（現代、後現代）表現技巧，使得其「本土」（認同）在「前衛」（技巧）的拉扯下，免於狹隘、單一的福佬民族主義文化意識形態，呈現「複數」（寫實本土／現代本土／後殖民本土／後現代本土）的動態美學景觀與文化圖像。

　　本文將向陽的詩藝歷程與展演方式，拆分為「寫實／現代」圖示與「後殖民／後現代」圖示，兩個圖示並非按照創作時間先後，而是從作品的內容與形式作為劃分考量。從《銀杏的仰望》、《十行集》、《種籽》、《歲月》、《四季》等詩集，體現的是「寫實／現代」圖示，向陽表現出「本土」不等於「寫實」，也可以使用「現代」的手法加以表現。另外，在〈霧社〉及《土地的歌》、《亂》詩集中，向陽的「本土」認同構圖，經由融合後殖民與後現代兩種思潮，而形成「複數的本土」此一總體思維圖示。如下圖所示：

（歷史）
（現實）　　寫實《土地的歌》
（情感）　　現代《銀杏的仰望》《十行集》　　　　（技巧）
本土　　⟷　　　　⟷　　前衛
（思想）　　後殖民〈霧社〉　　　　　　　　　　（技藝）
（認同）　　後現代《亂》

　　依上圖，「本土」與「前衛」不斷地相互拉扯、碰撞、也互相指涉與融合，「前衛」刺激著「本土」的「歷史」、「現實」與「情感」，上升到「思想」與「認同」的構圖，而「本土」也進一步將「前衛」的純粹

「技巧」，提升到表述思想與認同的「技藝」。向陽在「本土」的意涵上能夠參照台灣多族群融會的歷史，並未固著於單一族群史觀而展現多元的包容性，在創作意識上也能夠呼應寫實、現代、後殖民與後現代思潮，展現本土／前衛、寫實／現代、後殖民／後現代、建構／解構的有機融合，擴充了「本土」的藝術價值光譜，呈現「複數」（寫實本土／現代本土／後殖民本土／後現代本土）的本土意涵。

三、「寫實／現代」圖示：
《銀杏的仰望》、《十行集》、《歲月》與《四季》

　　向陽的創作歷程中，首先處理的是如何將鄉土／寫實與中國古典詩歌傳統，以現代主義的語言加以表現的問題。從〈銀杏的仰望〉起始，承續自屈原《離騷》辭藻瑰麗、託物寓意、在壯闊天宇與深邃神秘的想像之間蘊含獨立人格建構的典範遺風，導致向陽賦形於萬物而抒情敘懷的傾向鮮明。詩人凝視扇形的銀杏葉與秋後的金黃，收納其強烈的鄉愁：

　　　　從來不曾想到風風雨雨會釀成
　　　　秋，從來不曾想到漂漂泊泊竟也展軸如
　　　　扇，更從來不曾想到日日夜夜你
　　　　陽光的仰盼月的孺慕和山山水水的踏涉
　　　　均化做千千萬萬縷縷幅射的鄉愁[7]

　　這時候，向陽的「本土」是其個人鄉愁的「故鄉」。向陽在詩首揭示：「故我的鄉思也是／扇形的，浪遊自浪遊，奔逸自奔逸／終究如銀杏

7　向陽，〈銀杏的仰望〉，《向陽詩選：1974-1996》，頁 14。

一般根植而且／歸軸」[8]秋天在銀杏葉上停駐，寓意主體感知亦停駐其間，收攏著主體飄泊無定的心緒：「……你是一把奔波的扇／那泥土和鄉村呵！是闔你的，軸」[9]如同劉益州指稱：「向陽在此詩中將銀杏視為『你』的『他者』，透過對話、修辭種種形式的架構，將對於時間、生命、鄉愁的生命時間思想及意志以隱喻的內容呈現出來。」[10]銀杏的形態與顏色，在詩人內心轉換成思鄉的軸線，銀杏葉在風雨漫漶的時刻裡展軸，恰似離鄉旅人向故鄉的回望。

同樣的，《十行集》分別選入前期的《銀杏的仰望》與後期的《種籽》中的作品，展現了極強烈的現代主義式的形式思維。《十行集》以「十行」的形式調節紛亂的外部時空帶給內心的衝擊，在此一詩集之中，「本土」的認同構圖在後期（《種籽》）的寫作較為明顯。向陽〈試以十行寫天地〉一文：

> 《銀杏的仰望》中所收二十首十行而言，如〈小站〉寫思鄉、〈懷人〉念故舊、〈窗盼〉寫情、〈未歸〉寫閨怨、〈山月〉寫愛……大抵偏向於小我之情……而在「種籽」中所收的三十首十行，便出現了〈飛鳥〉的高曠、〈森林〉的直拗、〈原野〉的剛健、〈草根〉的強韌、〈風燈〉的執著、〈種籽〉的追尋、〈傷痕〉的現實……等一類象大我之情的詩作，語言也隨之放淡，使用的技巧則以「賦」為多，其輻射層面亦廣及天地。[11]

8　同註7，頁13。
9　同註7，頁15。
10　劉益州，〈他者的綿延：向陽《歲月》中自我與生命時間意識的表述〉，《當代詩學》7期（2011.12），頁88。
11　向陽，〈試以十行寫天地？——我為何及如何從事十行詩創作〉，收錄於蕭蕭，《現代詩入門：寫作與導讀》（台北：故鄉出版社，1982），頁234-235。

〈種籽〉：

但擇居山陵便緣慳於野原空曠
棲止海濱，則失落溪澗的洗滌
天與地之間，如是廣闊而狹仄
我飄我飛我蕩，僅為尋求固定
適合自己，去扎根繁殖的土地[12]

〈立場〉：

你問我立場，沈默地
我望著天空的飛鳥而拒絕
答腔，在人群中我們一樣
呼吸空氣，喜樂或者哀傷
站著，且在同一塊土地上

不一樣的是眼光，我們
同時目睹馬路兩旁，眾多
腳步來來往往。如果忘掉
不同路向，我會答覆你
人類雙腳所踏，都是故鄉[13]

《十行集》裡，整體寫作方式是將個人於戒嚴禁抑年代下愁苦的個人心智與情感，做出抒情化的政治轉喻。向陽以「種籽」自況，寄寓自身／島

---

12 向陽，《向陽詩選：1974-1996》，頁99。
13 同註12，頁108。

國在飄零流徙的命運之中，仍懷有強韌的生命意志。或以「立場」，質問某種省籍意識或族群情結的封閉性，以「人類雙腳所踏，都是故鄉」總結自身「本土」意識來自其多元族群／歷史／認同混合的構成。在這裡，不論是賦寫萬物（種籽），還是以議論構詩（立場），「土地」、「現實」總是向陽投射意象思考的所在，而「十行」此一追求新詩「形式」的實驗傾向，所有賦予「本土」的詩意思考必須在「十行以內」完成，將原本散文化或過於自由的句式與句法進行有效的收束、限制與鍛煉，「十行」因而也成為了向陽獨特的「格律」與「文法」，使其「本土」更具有「形式」的工整之美。因此，承〈立場〉最末一行，向陽詩裡的「本土」除了來自更為普遍、多元參與的集體，也就是來自異質語言、族群、文化、信仰的個體所組成，「十行」此一「形式」的追求，成為其「複數的本土」中的現代／本土。

又如在《歲月》裡的〈走過我們的海岸〉：

> 走過夢、愛，走過海岸──
> 走過這塊土地與人民的悲歡
> 漁民撒開了他們堅實的網
> 牡蠣養殖者心煩於低潮線
> 鹽田上曝曬的是笠下的血汗
> 有人逐沙灘尋貝養家，有人
> 守終日以記高蹺鳥行跡……
> 朝潮夕汐，月落日昇，何時
> 我們能夠保育厚生，無愧地
> 走過我們的海岸我們的愛[14]

---
14 同註12，頁200-201。

延續〈歎息〉、〈寒流〉、〈形象〉與〈種籽〉等抒情的政治轉喻，〈走過我們的海岸〉是向陽編輯生態保育刊物《大自然》時，對於台灣環境的憂心，[15] 這首詩裡有著「海岸」、「鹽田」（景物）與「家國」、「土地」（概念）的細緻觸覺，展現充分的「寫實」主義精神，但詩裡的整體情境營造卻充滿象徵與隱喻的情節與意象所構成，如此又是相當「現代」的。如同簡政珍的評價：

> 向陽所謂的「民族詩風」事實上是對形式的自省及對古典詩格律的反芻。《十行集》就是一個顯著的例子。……《十行集》裡的詩可以說是制約的浪漫，而《歲月》則是從這種浪漫向現實趨近。[16]

〈走過我們的海岸〉讓人性尊嚴的追求與土地的母性光輝合而為一，也是向陽從歷史、文化的中國，轉向地理的、現實的台灣的認同轉折：「對於地理的、現實的台灣，則從鄉里情結的追思膠著，逐漸進入生活環境的省視前瞻。」[17] 在此，現實關懷（本土）與現代技巧（前衛）融合在一起，演繹「複數的本土」的寫實／本土。從《十行集》的格律化到《歲月》的趨向散文化，語言的收放之間，共同演示了向陽淺層（景物賦形）／深層（政治寓言）的內在構圖。

到了寫於 1980 年代中期的《四季》，向陽對二十四的「節氣」的時空刻畫，體現出台灣那個時代的變動騷亂，落實到詩語言中的想像秩序。林燿德指出《四季》所蘊涵的「八〇年代的淑世精神」：

---

15 向陽，〈歲月：苔痕與草色〉，收於《歲月》（台北：大地出版社，1985），頁 171。
16 蘇紹連等著，簡政珍編，《新世代詩人精選集》（台北：書林出版，1998），頁 275-276。
17 同註 16。

讀者自表面意義衍生深層意義的過程，也就是自原始寓言（節氣與地景之關係）衍生出再生寓言（即隱匿的政治寓言）的過程，必須仰賴讀者對於八〇年代的現實以及自八〇年代開始回溯的種種背景知識，才能順利完成。[18]

《四季》裡部分詩作，完成於向陽旅居愛荷華、參與「愛荷華大學國際寫作計畫」（International Writing Program）期間。包含〈立冬〉：

像啄木鳥敲叩著清晨，一樣
陽光敲叩在中央山脈的背上
放眼左右，望北向南
百餘座山頭爭相探入
海拔三千公尺以上的高空
危哉險矣！北風也因而驚懼
岩岸之後是大洋
砂岸之前是海峽
冬，畏畏縮縮在雲中
忍不住叫出：Ilhas Formosa[19]

〈立冬〉中除了最後一行的「Ilhas Formosa」是「本土」認同的宣示，其餘意象的呈現其實並未對原有物象加以劇烈變形，是相當「寫實」的手法，但就「整體」情境與氛圍營造而言，尤其是透過賦予「節氣」特

---

18 林燿德，〈八〇年代的淑世精神與資訊思考——論向陽詩集《四季》〉，《不安海域》（台北：師大書苑，1988）。亦收於向陽，《四季》（台北：漢藝色研，1986），頁176。
19 向陽，《四季》，頁99；《向陽詩選：1974-1996》，頁251。

定的形象，以及風土意象之間的蒙太奇調度，「節氣」與「風土」呈現高度的時空壓縮，這樣的手法又相當的「現代」，顯示出寫實／現代融合的構圖。顯然，向陽在《四季》中意圖透過現代主義語言傳達台灣島嶼四季的「節氣」之美，並以這樣根植於「本土」的「美」，與當時的社會時空對話。

關於《四季》的寫作意圖，向陽自陳：

> ……我嘗試刻畫土地、人民之愛，我嘗試拍攝風物、自然之美；我也嘗試諷諭都市、環境之騷，嘗試針砭時事、政情之亂，嘗試掌握時空、心靈的定位……或者透過象徵、隱喻，或者經由歌詠、鋪排，或者假借反諷、直陳——在《四季》的依序易序中，我期望這些詩作表現出八〇年代台灣的多重形貌。[20]

向陽對島嶼二十四節氣的賦形、展示內在世界的幽微情思，已然與當時1980年代中期喧囂、浮躁、逐利的社會氛圍，畫出了一條精神的界線，這個界線的基準，就是前現代社會先民賴以掌握時間感的「節氣」。因此，陳政彥認為：「在《四季》中，我們可以看到兩種時間觀的交錯，一是作為社會時間的中國傳統時間觀，一是反映向陽內在時間的八〇年代當下感受，從時間的反省中洞見盲目追求經濟成長的迷思。」[21]印證了詩人自陳：「力求突破古典中國的文學四季、創造現代台灣現實四季之過程。」[22]向陽借道四季節氣此一「傳統」時間軸，除了為島嶼台灣鋪排內在精神秩序的美與善，也在節氣明暗暖寒、生靈動靜的規律中，確立了自身「本土」意識的美學構圖。

---

20 向陽，〈後記：色彩・四季・心〉，《四季》，頁135。
21 陳政彥，《台灣現代詩的現象學批評：理論與實踐》（台北：萬卷樓，2012），頁179。
22 同註20，頁137。

而林燿德在其〈遊戲規則的塑造者——綜論向陽其人其詩〉一文中，總結了向陽《歲月》以前的創作特質：

（1）在擬古風格以及「氣韻畫面」（Luftperspektive）的控制上不讓儕輩，成為繼楊牧之後鍛接傳統的一環。
（2）對於處理有關現實環境的題材，有穩妥的表現，證明此類作品亦可能具有高度的藝術價值。尤其向陽每每能自特殊的個案中提鍊出普遍性的、對人類的關懷與愛心。
（3）向陽在現代詩有關聲韻、節奏、格律等技術面繼志承烈，重新探尋可行的路線。
（4）他作品的整體性，不論就外延面或內涵面而言，皆有意把握七〇年代以降時代的脈搏和氣數。[23]

以上，除了（4）有意表達向陽作為「陽光小集」創辦人之一的民族、社會、鄉土取向，而（1）可以視為向陽轉化古典資源為現代詩語的寫作立場。（2）則是對向陽持「寫實」信念以趨近社會觀察，但不抱持「寫實」的教條，而在詩裡以現代主義技巧力圖呈現對「寫實」的吸納或超越。而（3）則是呼應《十行集》固定行、句數，以及從結構上對平仄、押韻、對偶的佈局與運用，做出的妥適安排，如同蕭蕭言及：「向陽是一個詩的形式的堅持者。」[24] 展現了向陽對「形式」的堅持。

總合如上，《銀杏的仰望》的「本土」仍較限縮於因「鄉愁」而生的感知結構；到了《十行集》，以抒情化的轉喻方法與嚴謹的「十行」形式處理來自「土地」、「現實」種種問題，顯示向陽此時的「本土」來自

---

[23] 林燿德，〈遊戲規則的塑造者——綜論向陽其人其詩〉，《一九四九以後》（台北：爾雅出版社，1986），頁81-112。
[24] 蕭蕭，〈悲與喜交集的新律詩——論向陽〉，《燈下燈：中國現代詩評鑑專集》（台北：東大出版社，1980），頁128。

於更為普遍、多元參與的集體；而後,《歲月》則是向陽從歷史、文化的中國,轉向地理的、現實的台灣的認同轉折;《四季》描繪島嶼節氣與萬物的互動,確立了自身「本土」的意識構圖。向陽曾言:「追求詩義上的『為時而作』與追求詩藝上的『為詩而作』,都同樣困難;要將載道與言志並治於一爐更不簡單」,以此來看,「為時而作」(寫實)與「為詩而作」(現代)的整合,一直以來都是是向陽所關注的核心。因此,不論是《十行集》的形式取向,還是《歲月》與《四季》在主題、取材上的創新,皆是「寫實／現代」構圖的延伸。

四、「後殖民／後現代」圖示:〈霧社〉、《土地的歌》、《亂》

寫於 1979 年的敘事史詩〈霧社〉,以詩的敘事性承擔美麗島的創痛身世與歷史,展現十足的後殖民「歷史重構」思維。全詩描述馬赫坡社頭目莫那魯道及其族人的抗暴始末,有著與「美麗島事件」一樣追求民主與自由、終結威權統治與戒嚴體制的承擔意識。詩的起首「子・傳說」,始於「泰耶」神話世界的穿透:

> 傳說泰耶降時,天上太陽斂其光色
> 皓然皎潔,倏忽夜色星影一同降臨
> 唯其夜色降臨,萬物各得闔眼憩息
> 百花解除僵斃的武裝夜鶯放膽歌唱
> 不受炙烤,族人歡欣若狂擊鼓而舞
> 聖哉泰耶神靈之子,露滴欣欣草木[25]

---

25 向陽,〈霧社〉,《向陽詩選:1974-1996》,頁 54。

承受殖民者勞役剝削與種族歧視的賽德克族人，寧願選擇尊嚴的反抗，也不願屈就羞辱的安適。當月色低垂，向陽在歷史想像與語言調度方面做出高技巧的穿插，寫出了一幕時代設色、氛圍極富層次感與協調感，情感鋪陳亦皆相當凝鍊的作品：

> 他們走在月光拂照下的
> 街道，四週的高山低垂
> 櫻樹詭異的枝枒戳入碧海似的
> 青空，油火在遠近的房舍搖曳
> 隱隱有笳聲，低迴，順著
> 水聲流過來——有人看到殞星
> 隨即右前方的窗間嘶聲啼泣地
> 一個嬰兒降生了。降生了
> 多麼不是時候，嘆息
> 在悲涼的回風裏，苦苓葉簌簌
> 下墜。多麼不是時候！前頭的
> 青年垂頭說道：我們不也是嗎
> 在殘酷的統治下追求所謂正義自由
> 多像樹葉！嘶喊著向秋天爭取
> 翠綠，而後果是，埋到冷硬的土裏[26]

　　從形式看，鄭愁予以為〈霧社〉：「長行凝練，短句鏗鏘，長短互濟之間，又看出語助詞巧妙的潤滑作用。古典辭彙與現代意象揉合，對話與白描交相行進，都很清晰準確。」[27] 而從詩人內在的認同構圖來看，〈霧

---
26 同註25，頁64。
27 鄭愁予，〈為詩獎拔起高峰的一首詩——向陽的〈霧社〉〉，收於向陽，《歲月》，頁160。

社〉則是向陽施展後殖民歷史重構詩思、拓寬其「本土」意涵的絕佳範例。在這首詩中，向陽揭示主體性的建立不可忽略多元族群、不同文化與信仰脈絡的抗暴史，勉勵讀者不可遺忘原住民族流過的鮮血。

而鄉土根性濃郁的《土地的歌》，與其古典性格的「十行詩」，是向陽「朝向『提升人間尊嚴』奔翔的兩翼，缺一而不可」。[28] 在《土地的歌》中，向陽發揮其母語詩人的要素，也就是從最原始的習得語言——閩南語入詩，由母語構築的聲線，成功地讓逐漸凋零的母語，在文學世界裡重生。此外，除了前述在《十行集》、《歲月》、《四季》寫實／現代構圖所生成的：以象徵與隱喻（現代）收納「寫實」的意圖，《土地的歌》裡「本土」意識也被賦予了「聲音」意涵，如同白靈指出，對照文字化的台語詩（隱的台灣）在當時少人寫、亦沒有發表空間，而向陽的母語詩是「詩的影音建構」（顯的台灣），[29] 以聽覺與聲音打動群眾、連結鄉土，亦如同楊宗翰：「在『敘事詩』的構史宏圖與『十行詩』的新格律體之外，向陽成功融合鄉土氛圍及民間口語的『台語詩』，才是其作品跟台灣這塊土地最緊密的連結。」[30]

〈在公佈欄下腳〉，「」與（）裡將兩種不同權力位置與話語的並置，隱含了殖民者與被殖民者（經濟宰制）、都會與鄉土之間，不同的異質話語彼此融混（ambivalence）、交涉、協商與翻譯的問題：

「經過董事會不斷投資挽救，
　　（奇怪，頂個月猶講是全國賺上濟？
「上個月虧損已達一千數十萬，

---

[28] 向陽，〈土地：自尊和勇健〉，《土地的歌：向陽方言詩集》，頁189。
[29] 白靈，〈詩的影音建構——以向陽的散文詩和台語詩為例〉，收於黎活仁、白靈、楊宗翰主編，《閱讀向陽》（台北：秀威資訊科技，2013），頁30-31。
[30] 楊宗翰，〈詩如何詮釋鄉土？——以林煥彰、吳晟、向陽作品為例〉，《台灣詩學學刊》30期（2017.11），頁125。

（我目睭有問題否？明明聽講是賺哪！
「又遇銀行緊縮銀根，融資困難，
　　（欲賺欲賠隨在伊，什麼銀行什麼公司？
「在萬分不得已的情況下，不得不斷然宣佈：
　　（也有這款代誌？
「自本月卅日起正式停車，
　　（啊？啊！定去囉！
「敬請全體員工體諒公司處境。
　　（誰來體諒員工的心情？
「本公司決定照勞動基準法資遣員工，
　　（我做布二十外年的退休金呢？
「拖欠員工五月、六月薪金，近期發放，
　　（七月、八月食自己？
「情非得已，敬希全體員工多多體諒。
　　（體諒體諒，……
「此佈。」
　　（敢真正得轉去賣布囉？）31

　　在這首詩裡，向陽的「本土」認同構圖朝向社會經濟關係中擴展，向陽認知到殖民關係並非只是政治權力的宰制，也往資本空間、社會關係、意識形態網絡中滲透。如同史碧娃克（Gayatri Spivak）〈底層人民（從屬階級）能否發言？〉所揭示的「被壓迫的主體」的多重發話困境，以及其主體性被優勢階級藉由權力／慾望／利益話語所遮蔽的問題。當然，向陽寫這首詩跟其試圖為「底層人民」發聲的動機有關，體現了以庶民為主

---

31 向陽，《向陽詩選：1974-1996》，頁 183-185。

體的「本土」意識，具備一定程度上的「邊緣／庶民」抵抗「中心／權力者」此一「政治抵抗」意義。如同孟樊：「……方言詩中多的是政治詩，這或許和用方言來書寫本身就是一種政治性的抉擇有關（即以地方性語言挑戰進而顛覆支配性的國語），這也是又一次的『從邊緣出發』。」[32]

〈在公佈欄下腳〉寫的是在那個經濟起飛的時空中，關於資本主義畸形的發展與社會經濟的分配正義的問題。企業經營者的投機逐利、超貸、財報造假，卻罔顧勞工權益將營業風險無預警轉嫁給多數勞動者的社會現實。公布欄的「」是公司高層的「官方說法」（華語），而（）內的文字則是勞工的具體感受（台語），兩者呈現極大的「資訊不對稱」，勞資關係、勞動尊嚴被資本家爾虞我詐、虛應故事的言詞所犧牲。向陽並未以知識菁英的身姿為（）內的底層人民話語「代言」，而是適度讓（）內的話語做出客觀的再現，讓其話語的「異質性」說話，不但體現華語和台語在「語言階序」上不對等的文化宰制問題，也經由此詩在語言上的拼貼與並置效果，間接實踐了史碧娃克（Gayatri Spivak）稱之的「被殖民的底層主體是無法被回復的異質主體」。[33] 更重要的是，這首詩在社會寫實的主敘事之中，融入了後殖民（擺脫經濟宰制）與後現代主義美學異質話語「拼貼」的手法，後殖民／後現代出現了思維（內涵／後殖民）與再現（形式／後現代）的融合。

向陽自言：「如果說《十行集》是我感應於文化中國的結晶，《土地的歌》便是我思索於現實台灣的產物，《歲月》則是我面對這兩者不管在題材上或在精神上的綜合。」[34] 又如簡政珍：

……《土地的歌》是向陽在風格上和《十行集》背道而馳的作

---

32 孟樊，《台灣後現代詩的理論與實際》，頁128。
33 Spivak, Gayatri Chakravorty. "Can the subaltern speak?" in Morris, Rosalind C. ed. *Can the Subaltern Speak?: Reflections on the History of an Idea.*（New York: Columbia University Press, 2010），pp. 38.
34 向陽，〈歲月：苔痕與草色〉，收於《歲月》，頁170。

品。《十行集》因緣古典,《土地的歌》取道鄉土。向陽在這本詩集中用台語方言寫詩,使詩生活化,散發泥土味。描寫的範圍從鄉間到城市,從親屬到鄰里,從個人的成長到外在世界的蛻變。……(《土地的歌》)也許這是向陽最「寫實」的詩集。[35]

因此,〈在公佈欄下腳〉既寫實與後殖民(內容)又「後現代」(形式),加上母語的聲道,是向陽呈現寫實／後殖民／後現代「本土」認同構圖的開始。

《亂》是向陽以後現代的「形式」,賦予島嶼後殖民／本土「意涵」的代表作,也是向陽的「本土」認同構圖出現了明顯國族建構意向的詩集。除了〈我有一個夢〉寫島國的未來願景,〈野百合靜靜地開──寫給參加三月學運的台灣青年〉寫野百合學運與土地之愛,〈亂〉寫島嶼的憂患與躁動。其他各篇,不論政治批判還是社會關懷,皆灌注了後現代的技巧在裡頭。

例如〈一首被撕裂的詩〉:

一六四五年掉在楊州、嘉定
漢人的頭,直到一九一一年
滿清末帝也沒有向他們道歉

夜空把□□□□□
黑是此際□□□□
星星也□□□□□

---

35 蘇紹連等著,簡政珍編,《新世代詩人精選集》,頁276。

由著風□□□□□□
黎明□□□

□夕陽□□□□
□□唯一□□□
□遮住了□□
□雨敲打□□□□
的大□

□帶上床了
□□的聲音
□□眼睛
□□尚未到來
門

一九四七年響遍台灣的槍聲
直到一九八九年春
還做著噩夢[36]

〈一首被撕裂的詩〉裡，向陽後殖民的內在構圖引導了□□的空白、無法言說，是島國住民被遺忘的身世記憶，是被官方的「正史」所刻意忽略、抹去甚至竄改的真實歷史，□□的缺席召喚出權力者的在場。這首詩也引導讀者「開放」式的參與文本的意義構成，初進入文本中，任何性別、階級或國族意識形態屬性的讀者，皆可以在□□中填入文字。誠如李

---

36 向陽，《向陽詩選：1974-1996》，頁 364-265。

歐塔（J. F. Lyotard）所言：「後現代知識並非單純是權力者的工具，它提煉了我們對於諸多差異的感性。」[37] 開放式、參與式、遊戲性的□□，就是在抵抗權力者再現於歷史結構裡的權力，也召喚了不同現實情境中的讀者其彼此差異的感性。作者適度的退出了對文本意義的生成與闡釋，解構作者中心的意圖明顯，遊戲性與嚴肅性兼具，具強烈的後現代特質。

又如〈發現□□〉，「被匿名」的□□——台灣，呼之欲出：

在有限的四方框內
空空洞洞的□□
□□葡萄牙水手叫她 Formosa
□□荷蘭賜她 Zeelandia 之名
□□鄭成功填入明都平安
□□大清在其上設府而隸福建
□□棄民在此成立民主國
□□日本種入大和魂
□□現在據說是中國不可分割的肉

在無數的符號之中
懵懵懂懂的□□
什麼都是的□□
什麼都不是的□□

猶似紅檜，在濃濃霧中
找不到踏腳的土地

---

37 Lyotard, Jean-Francois. tr. Bennington, Geoff. and Massumi., Brian. *The Postmodern Condition: A Report on Knowledge*（Manchester: Manchester University Press,1984）, pp. xxv.

所有的鳥競相插上羽翅
所有的獸爭逐彼此足跡
發現□□成為一種趣味
尋找□□變做閒來無事的遊戲

□□被複製
在一九九一年冬付梓的
以及部份被付之一炬的
選舉公報中
□□被發現
在□□圍起來的□□中
在空洞的□□裡

□□以□□為名
終至於連□□也找不到了[38]

　　〈發現□□〉展現後殖民歷史重構的史識與後現代的表現技巧，□□的挖空設計，除了展現後現代式的解構意圖（解構華語讀音的連續性），也隱含台灣（□□）的「名實」，持續被殖民者宰制的歷史事實。在這裡，向陽心中的「本土」已然正式進入了國族主體的重建範疇。

　　而〈咬舌詩〉，則是向陽在台灣承受政治轉型與社會變遷的過程中，試圖以常俗、活潑的母語，「朗誦」出對腳下土地的款款深情：

快快樂樂。做牛就愛拖，啊，做人就愛磨。

---

38 同註36，頁276-278。

平凡的我們不知欲變啥麼蚍，創啥麼碗粿？
城市在星星還沒出現前已經目瞤花花，鮑仔看做菜瓜，
黃昏在昏黃的陽光下無代誌罔掠目蝨相咬，
這是啥麼款的一個世界？一個啥麼款的世界？
這是一個怎麼樣的年代？怎麼樣的一個年代？[39]

〈咬舌詩〉則是頗符合《亂》的中心意涵，帶向了霍米・巴巴（Homi Bhabha）的後殖民重構國家和族群身分與殖民擬仿（colonial mimicry）：「後殖民擬仿的不確定性、含混、似是而非……，就是附著於殖民權力的策略構圖進行不相容、差異與嬉戲的符號表記，並對其話語監控、常規知識與歸炫權力帶來巨大威脅。」[40]

在這裡，被殖民者以「咬舌」的母語對華語進行雜燴式的解構與重構，擾亂、戲弄著殖民統治者話語（華語）的權威性。文本裡母語（粗黑體字部分）的片段，向陽以「聲音」（咬舌）的繞舌打結，不斷阻礙、介入讀者對整體「意義」理解的過程，除了試圖表達一種價值錯亂的台灣社會時空（1990年代），喧嘩、多元、富裕有餘，但並未產生具有主體性的價值信念與公共意識的問題，也暗指「華語」霸權對於「本土」意涵與認同形構的語言宰制問題。

以上，從〈霧社〉，向陽開始碰觸島嶼歷史傷痕，以敘事史詩重構馬赫坡社頭目莫那魯道及其族人的抗日史，向陽選擇了原住民抗日史詩參與其「本土」的認同構圖，拓寬了「本土」意涵；《土地的歌》後殖民／後現代出現了思維（內涵）與再現（形式）的融合，「本土」意識也被賦予了「聲音」（台語）的認同意涵；〈一首被撕裂的詩〉、〈發現□□〉呈現後殖民史識與後現代表現技巧的融合，向陽心中的「本土」已然正式進

---

[39] 同註36，頁295。
[40] Bhabha, Homi. *The Location of Culture*（London: Routledge., 1994）, pp. 86.

入了國族主體的重建範疇；而〈咬舌詩〉則是以母語介入華語霸權的秩序生成，一方面也有對當時的社會進行文化批判的意圖，也間接指涉語言賦權上的不對等問題——「華語」霸權對於「本土」／母語認同形構的語言宰制。

五、結論：「複數的本土」——「本土／前衛」的融合

　　向陽本土論生發於母語、根植於民間，但其「本土詩學」的形塑策略與構圖方式，並非僵化固著於單一的語言／國族中心或採取簡化的中心／邊緣的話語操作。向陽本土論的開展來自於 1970 年代五大新詩風潮：「重建民族詩風」、「關懷現實生活」、「肯認本土意識」、「反映大眾心聲」、「鼓勵多元思想」，[41] 與其於 1970 年代末《陽光小集》「政治詩」的文化實踐有關。

　　向陽詩裡的本土意涵具有更異質、多元、寬廣的文化認同脈絡，是「複數的本土」，也就是「本土／前衛」此一思維內涵的具象展演。因此，在藝術實踐上，從《銀杏的仰望》、《十行集》、《種籽》、《歲月》、《四季》等詩集，體現的是「寫實／現代」圖示，也就是如何以「現代」的語彙涵納其「寫實」意圖，但其「寫實」意圖的背後，已經具備了一個隱然未揭的「本土」認同構圖。另一方面，從〈霧社〉及《土地的歌》、《亂》詩集中，向陽兼容並蓄，或揭露歷史的建構性、或前衛式地拼貼、或顛覆中心權威，展現後殖民／後現代、建構／解構的有機融合。

　　本文認為，向陽的詩藝歷程與創作展演，最終圍繞、也一直在處理的是「本土／前衛」的融合問題。本土意識（思想）的內涵是「複數的本

---

41 向陽，〈七十年代現代詩風潮試論〉，《文訊》12 期（1984.6），頁 63-65。

土」,有效地收納、運用諸多語言技巧(前衛),不但以「現代」深化「寫實」、豐富了「寫實」的藝術表現,也縫合了「後殖民」與「後現代」兩種思潮在美學本體論與方法論的矛盾與分化,呈現「複數」(寫實本土/現代本土/後殖民本土/後現代本土)的「本土」動態美學景觀與文化圖像。「複數的本土」不但使向陽在「寫實/現代」此一內在構圖做出成功的融合,也促使後殖民——台灣主體性建構與多族群、語言、文化的雜揉性,與後現代——反本質和寫實、顛覆單一真理、去/抵中心,出現了「本土/在地化」思維圖示的感覺綜合。

向陽的散文、
兒童文學、報導文學

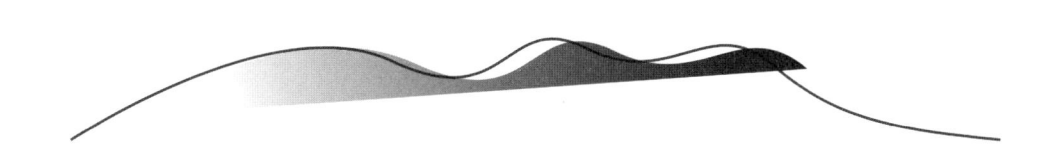

04

感性憶舊、手寫溫度與文學史斷面
―― 向陽「台灣作家手稿故事」三書探析

廖振富

摘要

　　向陽對當代文化最大的貢獻，當屬文學創作與文學傳播，尤其 1982-1987 年擔任《自立晚報》副刊主編期間，與各界文學家互動頻繁，更可貴的是他多年來將大量作家往來書信與手稿妥善珍藏，並在近年寫成文章，陸續結集出版為三本專書：《寫字年代：臺灣作家手稿故事》（2013）、《寫意年代：臺灣作家手稿故事（貳）》（2018）、《寫真年代：臺灣作家手稿故事（參）》（2020）。每本書收錄 24 篇文章，共計 72 篇。除紙本專書之外，他並透過電台訪談、主持節目，以「聲音」傳播這些作家手稿的故事，引起廣泛迴響。

　　這三本書的屬性，兼融懷舊散文、當代文學史料整理、作家生命史與創作歷程回顧於一爐，既是向陽個人的文學回憶錄，也是這 72 位作家的微型「文學評傳」，蘊藏深刻的文學意涵與多元詮釋空間。筆者將透過「感性憶舊」、「文學史斷面」、「手寫溫度」與「手稿的研究價值」4 個視角，探討向陽這一系列書寫呈現的文學史脈絡，與時代的對應關係，乃至向陽與作家往來所映照的多重意涵。希望能拋磚引玉，引發後續研究者進行更全面性的研究。

關鍵字：向陽、副刊、手稿、書信、1980 年代台灣文學

一、前言：9年辛苦不尋常

在活躍於當代台灣文壇的作家中，向陽的多重身分與社會經歷是相當特殊的，早年以詩人出道，其後曾擔任報紙副刊主編與總編輯多年，中年以後再入學院攻讀博士，搖身一變成為傑出的學者。再者，不同時期他曾參與各類文化與文學活動，歷任多種要職，充分展現文學人的社會性與運動性。

筆者認為：向陽對當代文化最大的貢獻，仍在文學創作與文學傳播，尤其1982-1987年擔任《自立晚報》副刊主編期間，與各界文學家互動頻繁，更可貴的是他多年來將大量作家往來書信與手稿妥善珍藏，並在近年寫成文章，陸續結集出版為3本專書：《寫字年代：臺灣作家手稿故事》（2013）、《寫意年代：臺灣作家手稿故事（貳）》（2018）、《寫真年代：臺灣作家手稿故事（參）》（2020）。每本書收錄24篇文章，共計72篇。除紙本專書之外，他並透過電台訪談、主持節目，以「聲音」傳播這些作家手稿的故事，引起廣泛迴響。

由於向陽近年在學院內外身兼多職，教學、研究、行政，乃至參與各種文壇與文化活動，忙碌異常，因此這三本書收錄的72篇文章，幾乎都是在徹夜不眠的狀況下完成。不僅如此，由於文章牽涉作家書信與手稿的尋找、掃描，相關資料的蒐集、翻查，遠比單純的文學創作複雜費力。向陽說：「這九年七十二篇手稿故事的背景，就是一個寫作者入秋之年沉浸其中的七十二個苦熬的夜……我的七十二個苦熬的夜，宛然是向逝去的年代致敬，向曾經提攜、關照過我的作家致謝的夜。」[1] 就這個角度而言，作者的恆心與毅力確實令人佩服。

上述三書涵蓋72位作家，其出身、性別、世代、擅長文類各異，雖然

---

[1] 向陽，〈序：寫時代之真，抒文學之情〉，《寫真年代：臺灣作家手稿故事（參）》（台北：九歌出版社，2020），頁9。

他們與向陽直接交會都在 1980 年代，但其創作則涵蓋更長的時空，共譜成台灣現代文學史的一個鮮活斷面。而作家作品親筆書寫的作品手稿或書信，在電腦打字與網路通訊全面席捲的當代，不但倍顯珍貴，更充分見證人性的溫度與深情，乃至不同世代作家之間相互鼓舞，對文學抱持著同樣的熱情，不因外在干擾、壓迫而改其志。

綜合上述，筆者認為這三本書的屬性，兼融懷舊散文、當代文學史料整理、作家生命史與創作歷程回顧於一爐，既是向陽個人的文學回憶錄，也是這 72 位作家的微型「文學評傳」，蘊藏深刻的文學意涵與多元詮釋空間。惟受限於論文篇幅，筆者僅能以鳥瞰方式提出個人的初步心得。以下，先概述三書的時代及作家背景與內容架構，接著進行記主作家的簡要觀察，至於內容分析，則選定「感性憶舊」、「文學史斷面」、「手寫溫度」與「手稿的研究價值」4 個視角，探討向陽這一系列書寫呈現的文學史脈絡，與時代的對應關係，乃至向陽與作家往來所映照的多重意涵。希望能拋磚引玉，引發後續研究者進行更全面性的研究。

二、手稿的時代背景、內容概述

這三本書收錄的文章，大部分刊登於《文訊》雜誌，少部分發表於《鹽分地帶文學》雙月刊，共分三階段，隨後陸續結集成書，由九歌出版社出版。發表時間，第一階段為 2011 年 5 月至 2013 年 3 月，為期約兩年；第二階段為 2014 年 11 月至 2017 年 12 月，歷時逾三年；第三階段則是 2018 至 2019 年，恰足兩年。為方便讀者理解，筆者將三本書介紹的作家與發表時間，整理列表於本文最後。

(1) 手稿的時代背景

二十世紀 1970 年代後期，文學關切現實的呼聲漸起，1977 至 1978

年爆發大規模的鄉土文學論戰。文學界普遍仍以「中國現代文學」自我定位，「台灣文學」尚未成為專有名詞，較具現實關懷或台灣意識的作品，通常被稱為「鄉土文學」。1979年3月，李南衡創立明潭出版社，以一人之力蒐集整理，出版《日據下台灣新文學》「明集」，包括《賴和先生全集》、《小說選集（一）》、《小說選集（二）》、《詩選集》、《文獻資料選集》，共5冊。1979-1982年，遠景出版社也推出由葉石濤、鍾肇政、陳千武主編，張恆豪、林瑞明、羊子喬執行編輯的《光復前臺灣文學全集》小說8冊、新詩4冊，共12冊。由於這兩大套書的出版，日治時期台灣新文學被長期湮埋之後，終於逐漸重新出土。

　　1979年12月，美麗島事件爆發，連同1980年2月28日林義雄家屬的滅門慘案，對本土作家造成巨大的思想衝擊。[2] 作家王拓、楊青矗則被捕入獄，後因陳若曦帶回30多位留美作家、學人聯名的陳情信，面見蔣經國，王、楊二人始獲輕判3、4年。1981年7月2日，留美學人陳文成回台時被警總約談，次日陳屍台大校園。詹宏志在《書評書目》1981年元月號發表〈兩種文學心靈〉一文，感嘆台灣文學是否將淪為「邊疆文學」的言論，引爆1980年代初期文學界關於「台灣文學如何定位」的爭議，[3] 其後，強調台灣文學主體性的觀點獲得進一步的確認。

　　1986年9月28日，民主進步黨創立。1987年7月15日，政府解除

---

[2] 相關文學作品甚多，較著名者如楊牧有〈悲歌為林義雄作〉，當年發表於香港《八方》文學雜誌第三輯，因政治禁忌，台灣刊物不敢刊登。楊牧1980年代的三本結集，包括《禁忌的遊戲》（1980.10）、《海岸七疊》（1980.10）和《有人》（1986.4），都未收入此詩。同時間，陳若曦也有小說集《城裡城外》，由八方文藝叢刊出版，傅月庵介紹此書：「陳若曦這本《城裡城外》……版權頁無出版時間，序文署81年4月，同一年裡，同書也在台灣出了《時報版》，但時報版的書名頁裡，卻少了『獻給林義雄一家』這一行字。悲情的荒謬時代裡，見證台灣苦難的一本書，難得之至也。」，（來源：茉莉二手書店官網，http://www.mollie.com.tw/Diary_Sale_Show.asp?Sel=DC&DCID=DC20080808110657&DIID=DI20101025160427&Keyword=&BKPage=Diary_Sale_List.asp&Page=53&Time=2014/7/4%20%A4W%A4%C8%2011:14:07）。

[3] 國立台灣文學館《臺灣文學史小事典》有以下的描述：「詹宏志『邊疆文學論』，引來不滿者強烈的批評與質問。同年7月號《臺灣文藝》刊出〈文學十日談〉，計有宋澤萊等多位本土派作家對此論調加以抨擊，揭開臺灣文學中『臺灣結』與『中國結』的糾葛。這波論爭的餘緒，也影響到日後『臺灣文學自主性』，以及『文學南北派爭議』問題的討論與思考。」，（來源：國立台灣文學館《臺灣文學史小事典》，http://ikm.nmtl.gov.tw/index.php?option=com_klg&task=ddetail&id=488&Itemid=238）。

長達 38 年的《戒嚴令》，1988 年 1 月 13 日蔣經國去世，強人政治結束。台灣逐漸邁向民主開放的新時代，政治對文學創作的干預、壓迫漸趨和緩，1990 年代台灣文學的發展，也因此邁向開放多元、眾聲喧嘩的全新階段。

本書收錄的手稿書信及衍生的故事，大多數是在 1982 年 6 月至 1987 年 12 月，向陽擔任《自立晚報》副刊主編期間。當時向陽正值英姿煥發、創作力豐沛的青年時期（28-33 歲），繼 1977、1980 年出版兩種詩集《銀杏的仰望》、《種籽》之後，這段期間又陸續出版《十行集》、《歲月》、《土地的歌》（台語詩集）、《四季》、《心事》等詩集；與詩友創辦《陽光小集》詩刊（1979-1984），獲得多項文學獎，受邀到愛荷華寫作班交流（1985），在文學界非常活躍，已經是備受矚目的青年詩人。而擔任《自立晚報》副刊主編，與作家互動更為頻繁，對他拓展文壇人脈，發揮了相當顯著的影響。

當時《聯合報》、《中國時報》兩大報副刊具有引領台灣文學風潮的影響力，《自立晚報》的發行份數與能見度，雖然無法與兩大報相提並論，但為了走出自己的道路，他特別將《自立副刊》的走向定位為「本土的‧現實的‧生活的」[4]，積極向名家邀稿，在主流文壇之外，逐步建立其特色。

綜合上述，向陽主編《自立副刊》期間，恰逢政治解嚴前後，文學本土化的呼聲漸趨強烈，文壇處在激烈變動的階段。就寫作工具而言，個人電腦尚未普及，多數作家仍習慣「筆耕」：用稿紙寫作，並以手寫書信往來。再者，向陽對作家文物的寶惜，多年來妥善珍藏，成為撰述文章的憑藉，由於各項因緣俱足，才得以在 9 年間完成這三本別具意義的著作。

---

[4] 向陽，〈序：墨痕深處，溫潤長在〉，《寫字年代：臺灣作家手稿故事》（台北：九歌出版社，2013），頁 7。

（二）文章內容概述

　　這三本書，少數文章不分節（如第一冊的前 10 篇，及阿盛一篇），但多數文章分成三或四節（少數分成五節，如第三冊寫黃凡）。各篇文章大致包括以下內容：以近期生活事件破題、追憶與作家之間的文學情誼、評述作家的個性特質與文學成就、摘錄作品加以品評、簡述時代與文學發展脈絡。[5] 其中作家手稿或書信的引用，更是這一系列文章的靈魂所在，既生動又具有「唯一」的稀有性與珍貴性，用以引出「故事」，串聯全文。手稿、書信之外，另搭配照片、剪報或書影，增加現場感。各篇文章的照片，時間跨越數十年，除珍貴的記主作家影像之外，向陽本人從翩翩少年到皓首學者，流光一瞬，鮮活如斯。

　　以第三冊的宋澤萊為例，標題「人權文學的號手」為其文學精神定調。內容四大部分，第一節透過 2018 年《臺灣文學三百年》新書座談會的互動，談宋澤萊近年套用弗萊（Northrop Frye）「四季變遷理論」論台灣文學的發展史；第二節追憶兩人如何結識，宋澤萊因小說崛起文壇受到矚目，從佛教禪宗到基督教的轉折，以及向陽接掌《自立副刊》後的約稿。第三節談小說〈抗暴的打貓市〉在《自立晚報》的刊登經過，及宋在台語文學上的成就。第四節論宋的人權文學觀，認為他對前輩作家已由批判轉為寬容（第三冊，頁 79-91）。[6]

　　本文搭配合照一張、書信二件、手稿及副刊剪報影像各一件。照片是 2018 年的合照，書信分別寫於 1983 年 3 月、1987 年 5 月，都是向陽主編《自立副刊》期間，宋澤萊寄稿件給向陽的信函，前者是寄寫禪學的文章，後者是寄台語小說〈抗暴个打貓市〉的附函，手稿及剪報就是〈抗暴

---

[5] 第一本書《寫字年代》最初的幾篇文章，內容偏向憶舊，較為單純，篇幅也較短。大概從第 11 篇寫柏楊、第 12 篇寫周夢蝶開始，向陽似乎有意擴充內容，涵蓋更多層面。

[6] 為避免逐一註解過於繁瑣，以下凡述本系列《寫字年代》、《寫意年代》、《寫真年代》三書，將依照出版順序，簡稱為第一、二、三冊，僅隨文以括弧方式交代出處、頁碼。

個打貓市〉。文中呈現的往來時間綿延 35 年,兩人由青年時期到中年初老的往來,栩栩如在眼前。

三、記主作家的觀察

這三本書介紹的 72 位作家,分屬不同世代,若以 10 年為區隔,出生年代分布統計如下表。

出生年代	作家	人數
1900-1910	楊逵、黃得時、郭水潭、楊熾昌	4
1911-1920	周策縱、王昶雄、龍瑛宗、巫永福、林海音、柏楊	6
1921-1930	齊邦媛、聶華苓、葉石濤、商禽、周夢蝶、鍾肇政、陳千武、蔡文甫、杜潘芳格、陳秀喜、羅門、蓉子、林亨泰、洛夫、向明、麥穗、管管、胡品清、余光中	19
1931-1940	陳冠學、王禎和、張默、王默人、唐文標、辛鬱、隱地、趙天儀、白萩、施明正、陳映真、楊青矗、鄭清文、李喬、張香華、瘂弦、岩上、楊牧、尉天驄、黃娟	20
1941-1950	陳芳明、阿盛、洪醒夫、吳晟、席慕蓉、黃勁連、王拓、李敏勇、林佛兒、王灝、林梵、羅青、黃凡、蕭蕭	14
1951-1960	溫瑞安、渡也、宋澤萊、李瑞騰、劉克襄、李昂、林清玄、林文義	8
1962	林燿德	1

這 72 位作家,前兩冊以資深作家居多,合計目前已逝者 37 人,在世

者 11 人。第三冊目前已逝者 12 人，在世者 12 人。三冊合計，已逝者 49 人，在世者 23 人。二十世紀初期，連橫編寫《臺灣通史》時曾感嘆：「老成凋謝，莫可諮詢；巷議街譚，事多不實，則考獻難。」而向陽兼具作家與編輯雙重身分，不但保存珍貴文學史料，且以「在場參與者」現身說法，留下第一手見證，自有其深刻的文學史意義。

論年齡，這些作家最年長的是生於 1906 年楊逵，最年輕的是生於 1962 年的林燿德。人數以 1921-1940 年出生者最多，合計 39 位，1980 年代他們的年齡大約介於 40-60 歲左右，多屬文壇中堅主力，甚至是領袖人物。其次是出生 1941-1950 年的 14 位，他們是戰後接受完整中文教育的第一代。至於與向陽屬同世代（1951-1960 年生）的 8 位，連同林燿德，則是 1980 年代正在崛起的青年作家群。

最年長的 1900-1920 出生的世代，除周策縱、林海音、柏楊之外，都是活躍於日治時期的台灣作家，但在戰後長期被遺忘，1977 年鄉土文學論戰之後始重新現身。向陽主編《自立副刊》標舉本土色彩，並參與「鹽分地帶文藝營」的策畫，重視台灣文學史的溯源尋根，因而與這批作家互動頻繁。

雖然不少作家往往不侷限創作單一文類，若以主要創作文類區隔，可發現 72 位作家中以詩人最多，小說家次之，學者或評論家又次之，散文家比例最少。由於向陽以詩人身分著稱，又曾參與詩刊創辦，活躍於現代詩壇，其往來文友以詩人最多不難理解。

就性別觀察，比例相當懸殊，男性作家高達 61 人，女性作家：林海音、齊邦媛、聶華苓、杜潘芳格、陳秀喜、蓉子、胡品清、張香華、黃娟、席慕蓉、李昂，僅 11 位，且都比向陽年長，這與二十一世紀女作家足以引領文壇風騷的生態，大相逕庭。

論出身，根據向陽統計，第一冊：本省 15 位、外省 9 位。第二冊：

本省16位、外省8位。第三冊：本省14位、外省10位。[7] 合計：本省45位，外省27位。不過須注意的是，省籍區分的參考效度有限，固然偏向本土立場者多屬本省籍，但並非鐵板一塊，不宜以涇渭分明的二分法看待，例如詩人商禽寫詩〈木棉花〉，關切在台大校園遇害的陳文成命案，柏楊曾在綠島坐牢多年，王默人則因小說惹禍，被警總要求倉促離開台灣，而他們都是外省籍作家。

另一值得觀察的現象是，這三本書所寫的對象，並無任何原住民作家，顯示1980年代台灣文學的原住民議題才開始萌芽，[8] 原住民作家也剛現身發聲，1986年8月，年僅25歲的瓦歷斯‧諾幹，以學員身分參加第八屆「鹽分地帶文學營」並獲獎，留下一張與課程講師向陽、趙天儀的合照，足以說明。[9]

更具觀察意義的是，這些與向陽往來的作家，有不少人立場差異相當明顯，其中多位曾針鋒相對，激烈論戰。如1977年鄉土文學論戰中，余光中與陳映真相互攻訐，陳芳明當時也選擇與余光中分道揚鑣。而在鄉土文學論戰中，陳映真又批評葉石濤提倡的是「分離主義」的文學。1999-2000年，陳芳明因在《聯合文學》雜誌發表〈臺灣新文學史〉，與陳映真因統獨立場之鴻溝，爆發激烈論戰。在新詩論戰方面，早在1960年代，洛夫與余光中曾有所謂「天狼星論戰」。1970年代，唐文標更激烈攻擊新詩，引發新一波的現代詩論戰。而李敏勇站在本土立場，對戰後台灣現代詩由藍星、創世紀詩社主導的發展趨勢有強烈批判，其中洛夫、余光中正是指標人物。另外，同屬本土陣營的宋澤萊，1986年曾發表系列文章，對葉石濤、陳千武等前輩有所不滿，批評是老弱文學。凡此種種，可見1980年代

7　向陽，〈序：寫時代之真，抒文學之情〉，《寫真年代：臺灣作家手稿故事（參）》，頁10。
8　1980年1月，向陽以描寫霧社事件的長詩〈霧社〉，獲「時報文學獎」敘事詩類優等獎。
9　2019年，我在趙天儀老師的相簿裡，發現一張1986年第八屆「鹽分地帶文學營」的多人合照，趙天儀、向陽與瓦歷斯‧諾幹三人站在最前排，向陽還親切地搭著瓦歷斯的肩膀。當時瓦歷斯‧諾幹是報名參加的學員，並以事先繳出的作品獲獎，卻因格格不入而提前離開。此事始末，可參見陳學祈對瓦歷斯‧諾幹的專訪文章〈「吃鹽的孩子」之一：訪不在場的見證者瓦歷斯‧諾幹〉，《鹽分地帶文學》78期（2019.1），頁224-229。

的台灣文學，由於處在解嚴前後的關鍵時刻，這三本書描繪的作家群，彼此回應時代的文學主張與實踐，既是百花齊放，更堪稱南轅北轍，卻共譜成多元而紛雜的文學風貌，對探討台灣現代文學思潮的演變，具有關鍵性的意義。

這三本書介紹的作家雖然立場多元，甚至對立，但都能與向陽有良好互動，反映他身為文學編輯與活躍詩人的寬闊胸襟，乃至圓融的處事態度。其交遊圈廣闊，能同時與立場殊異者交好，一方面是他的編輯身分需要廣結善緣，不能過度偏執，另一方面是他的文學成績獲得各界敬重使然。

四、「臺灣作家手稿故事」三書內容分析

（一）感性憶舊：青年詩人向陽的文壇交遊與文學養成

上文已述及，這三本書不只是談與 72 位作家的往來互動情誼，從文學場域來看，更呈現 1980 年代台灣文壇的風貌，解嚴前後的文學生態。而就向陽個人而言，則是一部精采的文學回憶錄。誠如《寫意年代》自序所言：

> 對我來說，這些作家手稿，和我的文學人生是連結在一塊的……。我希望寫出這些曾經提攜我、啟發我、影響我的作家最深沉、最細膩或最不為人知的部分，通過我的觀察、接觸和感念，凸顯這些作家對臺灣文學發展的貢獻和業績；統合起來，連結成一個我也曾身處其中的文學場域……提供給讀者一幅幅臺灣文壇和文學傳播的生動畫面。（第二冊，頁 10、12）

本節先從「感性憶舊」的角度，探討青年時期的向陽，在 1970、1980 年代透過與作家的往來，受到諸多鼓勵、提攜乃至精神薰染，加上自身不斷努力，乃蛻變為舉足輕重的詩人與文學傳播者。至於呈現 1980 年代台灣文學風貌的意義，留待下節討論。

　　向陽從中學就萌芽的文學夢，初中讀《離騷》，高中時期自組笛韻詩社，編校刊。1973 年就讀文化大學日文系，加入華岡詩社後初試啼聲，逐漸在詩壇嶄露頭角。22 歲獲得「全國優秀青年詩人獎」，23 歲出版第一本詩集《銀杏的仰望》。就這三本書的文章歸納，向陽獲益於前輩師友的詩學養成，大致有兩條路徑。

　　其一，本土詩學的建構，始於中學時期研讀詩集與詩學論述，大學開始台語詩習作，獲得趙天儀的鼓勵。另外，也受到白萩創作美學與詩觀的啟發，並接受定居草屯的詩人岩上邀請，與李瑞騰、王灝同時加入「詩脈」社，岩上、王灝都非常鼓勵向陽寫台語詩，確定他關切現實與本土的創作走向。

　　其二，就讀文化大學期間，加入華岡詩社，並接任社長，與李瑞騰、渡也、劉克襄等人相互砥礪切磋，辦詩刊、推展詩歌活動，對其創作之激勵、視野之開拓，均有決定性的影響。他經由學長渡也介紹，結識詩人瘂弦、張默、洛夫、管管，乃至羅青等外省籍名家。奮力在詩藝與詩觀上轉益多師，汲取各家精華，鎔鑄成個人風格，拓展新境。其他如楊牧、周夢蝶、余光中等名家也都是他學習的對象。而在成名後的詩壇活動與編輯生涯中，與這些前輩都有往來，建立了深淺不一的情誼，其相關文章都曾述及。

　　向陽最先發表台語詩，在鄉土文學論戰前，1976 年 1 月完成〈阿公的煙吹〉、〈阿媽的目屎〉、〈阿爹的飯包〉、〈阿姆的頭鬃〉，「家譜──血親篇」4 首，投稿《笠》詩刊，獲得當時主編趙天儀的賞識採用，向陽自述接信當晚徹夜難眠，沒想到台語詩能被發表，心中充滿驚

喜感謝。[10]這個起步，對他從事台語詩寫作鼓勵甚大。後來除了繼續投稿《笠》詩刊，也陸續在高準主編的《詩潮》、岩上主編的《詩脈》、鍾肇政主編的《臺灣文藝》，發表以「鄉里記事」為名的系列台語詩。（第二冊，頁97-98）

他對趙天儀的感念，還不只如此。趙天儀1978年3月13日回信給正在軍中服役的向陽，信上勸阻向陽投稿的〈始於查某二字〉一文發表，提及當時正吵得激烈的鄉土文學論戰內情複雜，要他保持冷靜多創作，不要捲入論戰，信末並祝賀向陽的〈鄉里記事〉獲得吳濁流新詩獎正獎。趙天儀用的信紙是「國立編譯館用箋」，這是他因台大哲學系事件被革職後，任職國立編譯館的期間。向陽既感謝趙天儀不畏禁忌，有勇氣刊登他的台語詩，更體會到這封要被檢查的信件，其實有保護他的用意。（第二冊，頁99）

談白萩時提及，他在1980年代開始與白萩互動頻繁，但早在高中時就讀過很多白萩的詩集，高三時逐篇閱讀白萩的《現代詩散論》，並加以點評，關於詩的繪畫性、音樂性、談「現代」、論語言、詩的想像空間、現代詩的淵源流變與展望等，對初學現代詩的向陽有很深的影響，其後更長期關注白萩詩風的演變。白萩後來在《陽光小集》第10期的票選活動中，以第二高票入選為「青年詩人心目中的十大詩人」（第二冊，頁112-113），是向陽景仰、學習的前輩詩人。

在同儕砥礪方面，向陽大學就讀中國文化大學日文系，加入華岡詩社，是他崛起詩壇的重要起步。綜合這三本書寫李瑞騰、渡也、劉克襄的文章，可看出當時華岡詩社文藝風氣之盛。諸如某晚詩社社員飲酒暢談，一群人到李瑞騰租屋處鬧了一整夜的狂放。辦詩誌《華岡冬季抒情詩展》，李瑞騰一人以三個筆名，提供4篇作品的才情（第三冊，頁95-

---

[10] 向陽在寫岩上時，提到台語詩的創作，在1970年代幾乎沒有發表園地，相對於同時起步的十行詩系列受歡迎，台語詩則是每投必退。見向陽，《寫真年代：臺灣作家手稿故事（參）》，頁147。

96）。而渡也引介前輩與同輩校外詩友、協助策劃活動、邀請著名詩人演講，他盛讚渡也的義氣、任俠之風。向陽進而如此描述他珍藏《華岡冬季抒情詩展》：「留存著華岡年代李瑞騰、渡也和我三人互相疼惜、寬諒的友誼。」（第二冊，頁170、172）大學時代的劉克襄，在向陽眼中的形象，寡言而充滿憂鬱氣質，卻是天生的詩人。1978年劉克襄大三時，曾自費出版詩集《河下游》，他將詩集送給當時已畢業的向陽，題字是：「阿瀁留存：感觸很深，說不出話來。劉克襄資愧」。[11] 前言寫著：「時間撥回前年，我初識向陽，初識了詩，同是落霧同是細雨中。」充滿纖細的感情。不過這本詩集才出版一星期，劉克襄自己覺得不滿意，就全數銷毀了，向陽這本收藏因此格外珍貴。根據向陽所述，《河下游》書中62頁收錄有他寫給劉克襄的短札：

> 認識你，偶然也是必然，我們已註定一種在悲哀裡然而有血有淚的路途上相逢，我們是要一直走下去的。

這段感性的話語，洋溢著青年詩人的浪漫情懷，以及對文學矢志不渝的堅持。時隔40多年，而今兩人各自以大半生的奮鬥，兌現了這段深情的互勵互勉。

向陽結識外省籍前輩詩人，也是大學華岡詩社時期。他在多篇文章數度提及：1975年9月，大三擔任華岡詩社社長，在渡也協助策劃下，舉辦「中國新詩系列講座」，一週內連辦6場，並由渡也介紹邀請紀弦、瘂弦、管管、張默、洛夫、羅青等人依序主講。[12] 除紀弦因母喪無法出席外，

---

[11] 向陽在書中提到：「大三的他以『劉資愧』為筆名，自費出版了第一本詩集《河下游》。」（第三冊，頁127）不過，根據劉克襄受訪表示：媽媽曾告訴他，劉資愧其實是他三歲以前的名字，原因是他父親（劉萬壽）年輕時嚮往社會主義，因此將孩子取名資愧，連藏書也都寫「劉資愧藏書」，與楊逵為長子取名「資崩」，理念相似。

[12] 此事，分見以下各篇：渡也（2冊，頁169-170）、溫瑞安（2冊，頁132-133）、洛夫（3冊，頁55-57頁）、管管（3冊，頁193））、羅青（3冊，頁216）、瘂弦（3冊，頁113）。至於張默、向明只提當時初識，未提邀請演講。可見向陽對這次「壯舉」記憶之深，即使以當今文學社團活動來看，氣魄之大，仍屬少見。

其他 5 個晚上連辦 5 場，場場爆滿，都維持在 80-100 人左右。他提及溫瑞安也帶領「天狼星詩社」成員上山聽講，此一系列講座的盛況，堪稱當年華岡的傳奇。

他寫洛夫演講時朗誦《石室之死亡》的作品，在形式上啟發他十行詩的習作，但以明朗取代洛夫的晦澀。向陽聽管管演講，印象最深刻的是：以京劇唱腔朗誦其詩〈荷〉，看似語言遊戲卻又充滿禪宗公案的機鋒，讓他對管管有全新的認識。不過寫瘂弦一篇，雖也提及因籌辦講座，由渡也帶他去拜訪瘂弦，但文章重心卻是細數對瘂弦的崇拜，如高一買到《深淵》，深深著迷，尤其詩集後的〈詩人手札〉更逐字細讀、圈點畫線，影響其詩觀甚鉅。

除了文學上的啟迪與影響，有些作家展現的人格，乃至對後輩的關愛，在向陽筆下，更是讓人動容。如 1981 年 3 月，向陽擔任《陽光小集》社長，1982 年 9 月 16 日，與張雪映、陳煌到新店花園新城訪問柏楊、張香華夫婦，曾在綠島坐牢多年的柏楊，在用餐時與他們談自己的童年、談來台的流浪、談恐怖的獄中生活，臨別時更語重心長叮嚀他們：「要努力長成一棵大樹，任風雨雷電也摧折不了。」（第一冊，頁 108）

柏楊當時已 63 歲，劫後餘生、歷盡滄桑，若將這段話放在近代中國苦難與戰後台灣白色恐怖的險惡情境下思索，這番對後輩的剴切叮嚀，堪稱內心肺腑之言。而向陽後來的編輯生涯，確實曾數度遭遇風雨雷電的摧折，所幸終究挺過了身心的淬鍊、煎熬，慢慢長成了大樹。

以青年時期的文壇交遊圈觀察，向陽同時在本土文學陣營與外省籍主流詩人群都建立了相當的人脈，並以創作才情獲得前輩的賞識與同儕的肯定。唯獨 1984 年 6 月發生《陽光小集》停刊事件，因他的斷然決定，讓他與同社詩友產生齟齬，甚至決裂，至今誤會難解，實屬一大憾事。[13]

---

[13] 關於《陽光小集》停刊事件，向陽在《寫意年代》（頁 139-140）談溫瑞安一文中曾提及，對其橫遭污衊，語氣頗多不平。《文訊》378 期（2017.4），有「陽光小集專題」，包括座談會、當事人專訪及多篇文章，可看出李

(二)文學史斷面：解嚴前後與1980年代台灣文壇

　　本書所記向陽作家的書信、手稿，雖以1980年代主編《自立副刊》期間居多，但與作家的往來互動，往往可追溯更早之前。向陽的大學時期是1973-1977年，1977年10月至1978年8月在軍中服役，正值鄉土文學論戰期間。退伍後1979年與詩友創辦《陽光小集》，1982年6月接任《自立副刊》主編5年半，以迄1987年10月解嚴後的關鍵時刻。綜合這三本書，我們可觀察到1970-1980年代的幾個文學史斷片，經緯多端，以下擇要摘取三大項略述之。

　　其一，鄉土文學論戰之後，曾活躍於日治時期的台灣在地作家，與原本嫻熟日文到被迫重新學習中文的跨語世代作家，紛紛現身、再出發。而「台灣文學」之名逐漸浮出檯面，雖迭有爭議，引發論戰，但隨著本土認同的強化，1990年代「台灣文學」終於獲得正名，成為高等教育體制的一環，並為各界所熟知、沿用。這三本書關於日治時期作家及跨語世代作家的介紹，對相關的背景與作家作品多有著墨。另外，也提到自己在1980年代已從「中國夢」中醒來。

　　第一冊介紹跨語世代作家的文章，包括葉石濤、楊逵、黃得時、王昶雄、龍瑛宗、鍾肇政、陳秀喜、杜潘芳格等人，為數甚多。向陽特別推崇黃得時在日治時期建構台灣文學史的用心，1984年11月27日至12月1日，並在《自立副刊》以五天連載方式，刊出葉石濤翻譯、黃得時寫於1942年的文章〈輓近臺灣文學運動史〉（第一冊，頁84）。1986年12月，在《台灣文學史綱》出版之前，葉石濤接受向陽邀稿，發表〈有關「台灣文學史綱」的撰寫〉一文，闡述其苦心與撰述宗旨。向陽同時也約請陳映真提出對此書的商榷意見，讓不同立場者的觀點共同激盪。（第一

昌憲對停刊始末深感不解，以及苦苓的受訪回憶。

冊，頁 38-46。另見第二冊，頁 191-195）

第二冊《寫意年代》有三篇文章，介紹跨語世代的現身或再出發，提到郭水潭、楊熾昌等鹽分地帶詩人時，感慨他們戰後備受忽視，研究資料甚少。向陽以「雙重阻絕」形容前輩承受時代與語言的斷裂，而對兩人戰後的停筆，更稱為「喑啞無聲」。（第二冊，頁 49）相對之下，同屬跨越語言世代的巫永福則有更大的發揮舞台，向陽稱他「在臺灣文壇長青」，日治時期參與文學雜誌《福爾摩沙》、《臺灣文藝》、《臺灣文學》，戰後在 1976 年加入笠詩社，1979 年創立巫永福文學評論獎，1993 年成立巫永福文化基金會，評論獎之外，增設文化評論獎、文學獎，對台灣文學鼓吹甚力。（第二冊，頁 79-80）

其二，解嚴前後文壇批判政治、追求自由解放之聲漸起，然而威權統治對文學的壓迫與干預，依舊陰魂未散。作家或文學編輯在寫作與發表上，雖仍小心翼翼，但也努力在夾縫中發出異聲。這三本書提到的作家，坐過政治牢的有楊逵、柏楊、陳映真、楊青矗、王拓等人。而來自馬來西亞、在台創辦神州詩社的溫瑞安，1981 年 2 月也被扣上「為匪宣傳」的罪名，由軍事法庭裁定交付感化三年（實際拘留三個月，被驅逐出境）。陳芳明曾名列黑名單，滯留美國不得返鄉。王默人因寫小說，多關心台灣社會底層小人物（包括向陽邀稿，1983 年 3 月起在《自立副刊》連載中篇小說〈阿蓮回到峽谷溪〉，1984 年由《自立晚報》出版同名小說集），其後在警總逼迫下自我流放美國，從此在台灣文壇徹底消失。他倉促離台後曾寫信給向陽，隱約說明其苦況。（第二冊，頁 17-28）王默人近年重新被關注，《文訊》曾製作專題，則得力於清華大學陳建忠教授與其學生李勝吉的挖掘、研究，親往美國拜訪。[14]

而向陽當年編輯生涯最大的「職災」，可能是林俊義事件，在介紹柏

---

14 詳見《文訊》349 期，及清華大學「王默人、周安儀文學講座」網站，（來源：王默人、周安儀文學講座，http://www.lecturewangchou.com.tw/about.asp）。

楊與李昂的兩篇文章中,向陽都提到此事。(第一冊,頁 112;第三冊,頁 155-156)事件起因是 1984 年 3 月 13 日,《自立副刊》曾刊登林俊義的文章〈政治的邪靈〉,主旨是批評季辛吉,但文中出現諷刺毛澤東的文句,卻被警總曲解成歌頌毛澤東,導致當天副刊被查禁,向陽被警總約談,造成極大的壓力與創傷。後來林俊義被迫全家倉促流放美國數年,多年後仍對此一事件耿耿於懷。[15] 向陽曾有專文〈見證混亂年代的台灣〉回憶這段歲月:

> ……這當中也遭遇過挫傷,一九八四年三月十三日,副刊因為登出林俊義教授專欄一篇名為〈政治的邪靈〉的文章,被停刊一日,我隨即遭警總約談,其後調查局每月一次來社訪談。此外,郵件檢查也從未間斷,葉石濤先生某次以限時郵件寄稿,我收到時發現信封底部有拆過痕跡,比對郵戳,已是一個月前寄出;至於以大批郵件辱罵副刊某文、恐嚇主編等,都屬家常了。所幸報社支持,終究沒有撤換我,還是讓我自主編輯,以「自立副刊」為八〇年代的台灣文學、語言和文化的傳播留下見證。[16]

這種來自恐怖統治的震懾力量,以及持續性的迫害、監視、威嚇,對現實生活造成的干擾,對身心造成的壓力、撕傷,當代的文字工作者恐怕難以想像。

另有兩個向陽主編刊登作品的事例,都可看出當時編輯文學副刊、雜

---

[15] 向陽另有文章〈暗室出口:主編「自立副刊」時代的回想〉述及此事,《台灣日報》,2000.5.1,副刊。另見林俊義〈一個台美人在台灣受到的政治迫害〉,(來源:台美史料中心,http://taiwaneseamericanhistory.org/blog/mystories223/)。

[16] 向陽〈見證混亂年代的台灣〉,前衛版向陽評論集《起造文化家園》、《守護民主台灣》序,(來源:「向陽文苑」,http://tns.ndhu.edu.tw/~xiangyang/culc.htm)。

誌面對戒嚴統治下警總干預，是如何的提心吊膽，宛如在深不可測的溪谷上方走鋼索。其一是1982年，向陽為《陽光小集》向白萩邀稿，白萩寄來毛筆工整書寫的〈廣場〉一詩，向陽決定採原稿製版的方式刊出，但擔心觸犯政治禁忌，請求白萩將原詩的「主義」改為「主張」，不過因本詩的諷刺意味相當明顯，當期雜誌仍被查禁。若細看書中收錄此詩的毛筆手稿，並不容易發現「張」字是後來貼上去，覆蓋原先的「義」字。（第二冊，頁114-116）

另一事例是，林亨泰的詩〈安全〉是1987年3月寫成，描述即將解除戒嚴的歡欣之情（1987年7月15日解除戒嚴），也諷刺戒嚴時代無法自由言說、書寫的荒謬情境。向陽特別選在5月23日刊出此詩，目的是避開5月20日總統就職的敏感時刻，雖然解嚴在即，連刊登日期都必須做此考量，政治邪靈果真無所不在。這篇介紹林亨泰的文章，廣泛論其詩學成就、特色、詩學觀，並針對〈安全〉、〈風景NO.2〉作精彩的文本分析。

而此文令人印象深刻的，還包括引述林亨泰2017年獲得第40屆吳三連文藝獎的得獎感言，提及：「（作家如何表達對生命的觀察和體悟）……對我們這一代的作家與詩人來說，卻是迂迴而困難的……如何窮盡生命的時間去進行語言的跨越，以及要怎樣在有限的言論自由中去誠實面對人生與社會的課題……讓我感覺無憾的是，在我的生命裡曾經與臺灣歷史一起參與了這些艱困與超越」，字字讓人動容。（第三冊，頁25-38）

其三，1980年代除了政治詩、政治小說大行其道之外，其他女性主義文學、自然生態文學等也逐漸蔚為大觀，以下僅就女性作家與生態文學進行觀察。

這三本書的女作家，雖然比例偏低，但仍具有相當的文學史意義。如陳秀喜、杜潘芳格，是跨語世代少見的女詩人。杜潘芳格從日語跨到中文，從中文到客語詩，處在新舊交替的時代夾縫中，女性意識萌芽，詩作展現女性的堅韌與柔美。陳秀喜個性特質充滿母性的溫暖與雍容氣度，是

青年詩人眼中的陳姑媽。她的詩作〈臺灣〉被梁景峰、李雙澤合作改編為民歌〈美麗島〉，楊祖珺演唱，不但傳誦一時，更成為象徵台灣認同的代表歌曲。對照她作品的女性意識與真實婚姻生活的糾葛，也見證了傳統到現代的演變軌跡。（第一冊，頁225-234，頁258-270）

出生比前述兩人稍晚的客家籍小說家黃娟，被視為戰後第一批台灣女性作家之一，她雖未被主流文壇重視，但赴美之後創作不斷，2005年更推出大河小說《楊梅三部曲》，被向陽稱為「女性大河小說的開拓者」（第三冊，頁250-258）。至於與向陽同屬1950年出生世代的李昂，1983年8月以中篇小說〈殺夫〉獲得聯合報文學獎，引起很大的關注，曾被改編成電視劇、電影，在當代台灣文學史上，已成為女性主義挑戰父權的代表作品。詭異的是，1983年10月7日的《自立晚報》卻出現以〈文學不可助長戾氣〉為題的社論，對這篇小說展開凌厲的指控攻擊，讓在該報服務的向陽大為吃驚，擔心另一波政治整肅即將展開。至於為什麼被認定代表本土立場的報紙，會出現這種社論，向陽此文並未說明，似乎有所顧忌，也留給讀者很大的疑團。（第三冊，頁154-155）

自然生態文學的興起，與資本主義的社會高度追求經濟發展，環境被嚴重破壞息息相關。資本化社會人心因過度的物慾追求而迷失，渴望回歸自然的呼聲，重新受到關注。陳冠學的《田園之秋》最初在1983至1984年間，發表於《文學界》雜誌，其後結集成書出版。向陽早在1983年便已認識陳冠學，隨後向他約稿，在《自立副刊》開闢「臺語小點心」專欄，陸續有書信往來。（第一冊，頁29-35）而年齡小向陽兩歲的劉克襄，則在1980年代已專注在自然書寫、鳥類觀察上長期蹲點，1982年出版第一本散文集《旅次札記》，其後數十年從自然觀察進而擴及生態旅行、歷史、鐵道、菜市場、登山、小鎮觀察，幾乎無所不包，創作文類有新詩、小說、散文、報導文學、兒童文學，向陽因此稱讚他是全能作家，2018年劉克襄入選《鹽分地帶文學》雜誌主辦的「臺灣當代十大散文家」（第三

冊 131-133），2019 年更榮膺「聯合報文學大獎」。

（三）手寫溫度：手稿書信呈現的作家性情

當今電腦網路時代，鍵盤打字幾乎全面取代「執筆」寫作，向陽收藏的作家書信手稿倍顯珍貴。他們的字跡或娟秀俊美，一絲不苟，或率性草書，龍飛鳳舞，流露出迥異的個性。這是難以追回的手寫時代，幸好作家喜怒哀樂的情感溫度，透過手稿與書信凝結在這三本書中，在紙面上曖曖含光（可惜由於先天保存狀況、後天印製條件的限制，書中收錄手稿的「存真」效果不一）。

1、字體反映作家個性

作家字跡與個性的鮮明差異，向陽這三本書有生動的呈現。如周夢蝶以毛筆抄詩、寫信，字體孤峭細長、瘦骨嶙峋，不但與其外貌若合符節，更呈現澄靜淡遠的個性特質，在藝文界特色鮮明，如今已成絕響。（第一冊，頁 117、122-123）又如鄉土詩人吳晟，手稿字體方正而有樸拙之氣，慢筆勾勒，絕不超出稿紙方格之外，反映他內斂謙遜的個性。（第一冊，頁 217、220、221）而有詩壇老頑童之稱的管管，字體歪斜，寫法像美術字，筆順從右上向左下伸展，簽名如畫圖，充分展現率真的老頑童性格，與吳晟恰成對比。（第三冊，頁 197、200）

趙天儀的手稿〈詩人的三步──我的詩觀〉，雖是以原子筆寫成，字體卻非常舒朗俊秀，筆畫運轉自如，一撇一捺之間，充滿華爾滋舞步般的韻律感，反映他春風和煦、溫暖可親的個性。（第二冊，頁 102、103）至於白萩，以工整毛筆字手抄詩稿〈廣場〉，神韻似歐陽詢楷書，筆鋒自律而自信，與其作詩態度之嚴謹如出一轍。（第二冊，頁 114）再細看白萩另一硬筆字的手稿〈白萩年表〉，不但字跡俊秀，1948 年欄位更有一寶貴資訊：「與趙天儀同為附小之書法選手，受張錫卿校長及導師特別指

導。」（第二冊，頁118）筆者發現這條記載始恍然大悟：原來相差兩歲的這兩位台中師範附小畢業生，都在童年階段受到藝術家校長張錫卿特別的書法訓練，難怪字體都非常俊美。[17]

2、書信內容呈現作家真性情

再談書信內容展現作家的性情與氣質。向陽這三本書，多數文章都收錄至少一件作家寄給他的書信，這些信函生動呈現作家的個性、理想與挫折，讓作家的生命樣態更鮮活呈現在讀者前。如1980年4月，洛夫收到向陽寄贈詩集《種籽》之後回函，熱情加以鼓勵：「而今你的氣候已成，我感到無比欣慰，且將極盡全力為你鼓掌。」（第三冊，頁58-61）對後輩的激勵與殷切關愛，躍然紙上。又如1998年12月底，齊邦媛教授致函向陽，熱切呼籲設立國家文學館之議，她為設立台灣文學專屬博物館奔走的期盼，乃至具體藍圖的描繪，在在令人動容。（第一冊，頁15-16）

1978年鍾肇政主編《臺灣文藝》期間，經費極為困難，幾乎難以為繼。當時向陽收到鍾肇政來信，通知獲得吳濁流新詩獎。後來鍾肇政收到向陽當選感言之後，又來信極力鼓吹向陽寫小說。同年5月又寄來明信片，第一段詢問人在軍中的向陽，如何寄獎牌、獎金？第二段卻忍不住提到《臺灣文藝》因遠景出版社無法繼續支持，他正在為出版經費奔走傷神。在向陽回信表明願意捐回獎金後，鍾肇政的回信流露出矛盾、痛苦與感激的複雜情緒，並堅定表達他為傳遞台灣文學香火，不願讓雜誌停刊的堅持與奮鬥，讓向陽深感不忍。（第一冊，頁142-151）

1980年代，以《田園之秋》享譽文壇的陳冠學，長期隱居屏東新埤

---

[17] 張錫卿，1909年生，1929年台中師範學校畢業，也是著名藝術家。1937年擔任「臺中州美展」評審委員，1954年與林之助、楊啟東、邱淼鏘、陳夏雨等人創組「中部美術協會」。1946年受聘為首任台中師範附小校長，他辦學認真，任期達11年，對該校影響極大。中央書局發起人莊垂勝，曾在日治末期聘張錫卿擔任長子林莊生的家庭教師。2014年10月初，筆者在加拿大渥太華林莊生家作客十日，曾見到他掛在家中的張錫卿書法作品一幅。

鄉間，遠離文壇，不求聞達，他刻劃自然、充滿哲思的系列田園散文發表後，引起非常大的迴響。然而成名後帶給他很大的困擾，1987年5月底，他寫信給向陽談到成名後的俗世之累，語氣充滿無奈與憤恨不平：

> 目前我只求盡量再少出名，我早已失去了安靜的生活，連婦女雜誌也報導我，真傷腦筋。讀者要找作者，作者似乎有義務接待，這個太傷腦筋了⋯⋯寫了書，對讀者群多少有些供獻，卻換來受罪、受辱！我真後悔發表了《田園之秋》（但當時情況，我得吃飯，非發表不可）。有飯吃的話，還是身後發表好。（第一冊，頁32-35）

如實而言，作家與多數人一樣，誰不希望成名？誰不期待掌聲？陳冠學卻與世俗觀念大相逕庭，以成名後受到讀者與媒體追逐為苦，感嘆寧靜的生活被破壞，甚至被當成名勝古蹟來遊覽，對自己因衣食之累而不得不發表作品以賺取稿費，深感後悔莫及。這段心跡，對照其作品風格與思想內涵，堪稱表裡如一。

而出身二林貧困農村的小說家洪醒夫，鄉土小人物的樸質踏實與農村困境是其長久關切的作品主題。1979年3月回信給向陽，感謝贈詩集《銀杏的仰望》時，特別寫到：

> 近三五年來地已少讀詩，⋯⋯詩雖少讀，卻不是完全不讀，會爽的才看，不爽的便不勉強。閣下「鄉里記事」是我必看的詩作之一。沒什麼理由，讀來特別爽快，用方言唸，更是爽快，就是這樣。尤其酒到微醺之際，大聲唸「猛虎楚霸王在庄者是我⋯⋯」那個鄉下人特別能夠領會的味道，之美妙，恐怕連您這個作者都想像不到。讀您的鄉里，便想起我那個與您的相去

不遠的鄉里。文學如果真的有什麼貢獻，這便是其中之一。感謝您那些獨創一格使我心動的詩所帶給我的撫慰，即使有部分是哀傷的，我仍然喜歡。（第一冊，頁 180-182）

向陽送他的是剛出版的華語詩集，洪醒夫卻大談對向陽陸續發表卻尚未結集的台語詩有多麼熱愛，「會爽的才看，不爽的便不勉強。尤其酒到微醺之際，大聲唸『猛虎楚霸王在庄者是我……』那個鄉下人特別能夠領會的味道，之美妙，恐怕連您這個作者都想像不到」、「感謝您那些獨創一格使我心動的詩所帶給我的撫慰」，洪醒夫這段看似魯直豪邁文字的背後，其實是身為貧農之子生命裡層所深藏的土地之愛與濃烈鄉愁，粗豪中見細膩，十足展現性情之真。

(四) 深度品題：手稿的研究價值

書中的作家手稿，有時反覆玩味，可能發現不同層次的深刻意涵，或與不同版本對照，彰顯其文學價值。如寫商禽一篇，標題是「哀傷的禽鳥——〈木棉花〉的原始版本」，此文除了追述兩人情誼、商禽坎坷的人生，主軸放在 1987 年 8 月，商禽寄給向陽詩稿〈木棉花／悼陳文成〉的分析，內容如下：

杜鵑花已然謝盡了。滿身楞刺和傅鐘一樣高的木棉，正在暗夜裡開。說有 風吹嗎又未曾看見草動，橫斜戳天的枝頭跌下一朵，它不慢慢飄落，它帶著重量，吧嗒一聲猛然著地！說不定是個墜樓人。（第一冊，頁 61、64）

向陽發現這首詩後來被收入商禽的詩集《用腳思想》，但文字稍有不同：

> 杜鵑花都已經悄無聲息的謝盡了，滿身楞刺、和傅鐘等高的木棉，正在暗夜裡盛開。說是有風吹嗎又未曾見草動，橫斜戳天的枝頭竟然跌下一朵，它不飄零，它帶著重量猛然著地，吧嗒一聲幾乎要令聞者為之呼痛！說不定是個墜樓人。（第一冊，頁63）

前後比較，論文字之精簡、節奏之迅捷、意象之凝鍊，前者都優於後來修改的版本。2013年7月，我個人收到向陽老師贈書，曾以私訊談讀此詩的感想答謝，摘引片段如下：

> 我剛剛隨手翻閱商禽〈木棉花／弔陳文成〉一首，極有感觸，昨天傍晚閱卷結束後，我在臺大校園內拍了不少校園景色，其中還包括「傅鐘」的近拍。〈木棉花／弔陳文成〉以木棉花為象徵，哀弔陳文成為追求言論自由死於非命，以刻意壓抑的冷靜語氣，表達深刻的控訴與悲哀，「物象描寫」與「詩旨寄託」若即若離，詠物得神，意涵深刻，是詠物詩相當突出的佳作。您對兩種版本前後對照的詮釋很精闢，不過我還注意到詩中最後一句：「說不定是個墜樓人」，內涵似乎別有深意，這句可能是暗用唐人杜牧詩句：「落花猶似墜樓人」字面之意而反用之，因而更豐富了本詩的多義性。

其中「它不慢慢飄落，它帶著重量，吧嗒一聲猛然著地」改成「它不慢慢飄落，它帶著重量猛然著地，吧嗒一聲幾乎要令聞者為之呼痛！」修改後，不但「幾乎要令聞者為之呼痛」失之過露，落入言詮，而原先的「它不慢慢飄落」也比後稿「它不飄零」更有韻味，也更能暗

示與古詩互文、反用其意的寓意。晚唐詩人杜牧曾有兩首詩用到「墜樓人」[18]，其中〈金谷園〉有句云：「落花猶似墜樓人」將古代名妓綠珠跳樓自殺，美化為落花的淒美意象，而商禽則以木棉花的墜地殞落，暗喻陳文成慘遭政治謀殺，被人從樓上丟下棄屍，不但形象、聲音相近，也更顯怵目驚心。本詩不論是時代意義或藝術成就，都值得予以高度肯定。

周策縱贈向陽的書法，是另一值得深入品題的手稿。這是1985年向陽赴美參加愛荷華國際作家交流計畫期間，拜訪周策縱先生所獲贈，內容是周氏寫的一首詩題〈新綠〉的七言絕句，如下（第一冊，頁101-102）：

> 日月無情競走丸，天風一夕詔春殘；去年落葉今慵掃，留與新榮綠樹看。

很有意思的是，向陽當初在臉書貼出書法掃描影像，因獲贈書法「丸」字似「凡」，難以確認，在臉書向大家求教，曾引起眾多朋友討論。後來我根據閱讀經驗，提到古籍有「走丸」一語，是形容光陰迅捷如滾動的珠子，此字乃獲正解。而究竟是「詔春殘」還是「韶春殘」？也引起眾人不同看法。[19] 由此引發我的興趣，曾在我個人臉書貼文，嘗試白話解讀如下：

> 日月如滾動之巨丸，競相奔走，時光流逝之快速，何其無情。昨夜天上刮起一陣風，得此詔告後，春光僅餘凋殘的身影。去年的落葉，我至今仍懶得去掃除，為的是留給重新長得茂盛的綠樹去細看。

---

18 杜牧〈金谷園〉：「繁華事散逐香塵，流水無情草自春。日暮東風怨啼鳥，落花猶似墜樓人。」另一首是〈題桃花夫人廟〉：「細腰宮裡露桃新，脈脈無言度幾春。至竟息亡緣底事，可憐金谷墜樓人。」都是晉代石崇愛妾綠珠墜樓的典故。

19 此詩認字之討論始末，參見向陽，《臉書帖》（台北：聯合文學出版社，2014），頁96-99。

同時，我如此詮釋本詩之其神韻及意涵：

> 面對時間流逝，春光短暫，作者雖不無感慨，但隨即轉念，以豁達爽朗之心境，純任自然。後兩句似脫胎自龔自珍詩：「落紅不是無情物，化作春泥更護花」之意境，以「落葉」代「落紅」，暗示自然萬物之生生不息，「留與」二字之主觀抉擇，清楚表達：面對宇宙人生「凋零與再生」之輪迴，純任天機可也。

作者在書法最後，已明說「錄舊作贈向陽詩人、方梓夫人兩正」，周氏體認其青春已成過往，最後兩句乃有象徵之深意，並以落葉自喻，進而期許青年詩人向陽夫婦是接續落葉而起的「新榮綠樹」，顯見長者風範。

五、結語

向陽這三本書，涵蓋層面非常豐富，觸及的議題極廣。若從作家論來看，不啻是 72 篇作家評傳，幾乎每篇都能發展成更細緻深刻的專論。72 篇文章所描寫的作家，有如 1980 年代台灣文學星圖的 72 顆小行星。合併欣賞，可交織組合成多層次、多面向的拼圖，既有向陽與作家惺惺相惜的文學情誼，不同作家之間，更有多角度的對話、爭辯，甚至是對抗關係，其中牽涉台灣文學的定位、台灣文學與社會思潮變遷、台灣文學的典律轉移、作家創作歷程與思想演變等等，有待更深入的解讀分析。

本文先從時代背景與作家觀察入手，接著以「感性憶舊」、「文學史斷面」、「手寫溫度」與「手稿的研究價值」4 條主線，進行內容探討，不過都僅能摘取部分事例說明，其他未及討論的作家仍多，且留待後起研

究者深入探勘。

　　向陽這一系列文章，雖也有品評作家作品、論定作家文學成就的精彩內容，近似文學評論，但若從散文角度來讀，更動人的往往是文章中的感性記事、往事追憶。透過作家書信、手稿、照片，我們更容易從中探觸到作家的文學本心與鮮明個性，讀者彷如親臨歷史現場，聆聽作家與向陽之間或濃或淡的對話，觀看一幕幕風起雲湧的文學風景，為之喜、為之怒、為之悲，沉吟低迴。當年諸多文學事件發生、文學作品產出的背景或幕後曲折，栩栩如生呈現在讀者眼前，餘音迴盪，久久不絕。

　　受限於撰稿時間與個人識見，本文僅是這三本書系列文章的初步分析。從手稿活用的角度，這批珍藏未來或可考慮借助數位展示技術、轉譯活化，甚至改編為影視作品，讓文學更貼近一般大眾。當然也可以鼓勵更多作家提供類似的收藏，進行回顧書寫，讓台灣文學的多元風貌，能更生動完整呈現，讓文學發揮更大的影響力。

※ 附錄 「作家手稿故事」三書收錄作家一覽表

第一冊 2013 年 7 月出版：目前已逝 19 人，在世 5 人。
（本書出版後去世：齊邦媛、聶華苓、周夢蝶、鍾肇政、蔡文甫、杜潘芳格。戰後出生僅 3 人：陳芳明、阿盛、洪醒夫。）

	作家姓名	引用作品手稿、書信、照片之數量	發表時間	備註
1	齊邦媛（1924-2024）	0、1、2	2011 年 5 月	
2	聶華苓（1925-2024）	0、1、2	2011 年 6 月	
3	陳冠學（1934-2011）	0、1、0	2011 年 7 月	
4	葉石濤（1925-2008）	1、0、2	2011 年 8 月	
5	楊　逵（1906-1985）	2、0、1、剪報 1	2011 年 9 月	
6	商　禽（1930-2010）	2、1、0	2011 年 10 月	
7	陳芳明（1947-）	1、1、1	2011 年 11 月	
8	王禎和（1940-1990）	0、2、1、剪報 1	2011 年 12 月	
9	黃得時（1909-1999）	0、2、1、剪報 1	2012 年 1 月	
10	周策縱（1916-2007）	1、1、1	2012 年 2 月	
11	柏　楊（1920-2008）	0、1、1、剪報 3	2012 年 3 月	
12	周夢蝶（1921-2014）	2、1、1、剪報 1	2012 年 4 月	
13	王昶雄（1916-2000）	2、0、1、剪報 1	2012 年 5 月	
14	鍾肇政（1925-2020）	0、4、1	2012 年 6 月	

15	阿　盛（1950-）	1、1、1	2012年6月	
16	龍瑛宗（1911-1999）	2、0、1、剪報1	2012年7月	
17	洪醒夫（1949-1982）	0、2、0、剪報1	2012年8月	
18	陳千武（1922-2012）	1、2、0、剪報2	2012年9月	
19	蔡文甫（1926-2020）	0、2、2	2012年10月	
20	吳　晟（1944-）	1、1、1	2012年11月	
21	杜潘芳格（1927-2016）	0、1、2	2012年12月	
22	張　默（1931-）	2、1、1	2013年1月	
23	席慕蓉（1943-）	1、2、0、剪報1	2013年2月	
24	陳秀喜（1921-1991）	0、3、1	2013年3月	

第二冊 2018 年 1 月：目前已逝 18 人，在世 6 人。
（發表後去世：王默人、趙天儀、白萩、蓉子）

	作家姓名	引用作品手稿、 書信、照片之數量	發表時間	備註
1	王默人（1934-2020）	2、2、0、剪報1	2014年11月	
2	郭水潭（1908-1995）	1、0、3、剪報1	2014年12月	
3	唐文標（1936-1985）	1、1、0、書影剪報4	2015年2月	
4	楊熾昌（1908-1994）	3、1、0、書影1	2015年4月	

5	辛　鬱（1933-2015）	1、1、1	2015年6月
6	巫永福（1913-2008）	1、1、1	2015年8月
7	隱　地（1937-）	1、0、1、書影1	2015年10月
8	趙天儀（1935-2020）	1、1、1、書影1	2015年12月
9	白　萩（1937-2023）	2、0、0、書影2	2016年2月
10	黃勁連（1946-）	0、1、1、書影1	2016年4月
11	溫瑞安（1954-）	1、1、1、書影1	2016年6月
12	施明正（1935-1988）	1、1、2、書影2	2016年8月
13	王　拓（1944-2016）	0、1、2	2017年11月
14	渡　也（1953-）	1、1、2、書影1	2016年10月
15	李敏勇（1947-）	2、1、2、書影1	2016年12月
16	陳映真（1937-2016）	1、1、2、剪報2	2017年2月
17	羅　門（1928-2017）	1、1、1、書影2	2017年2月
18	林佛兒（1941-2017）	0、1、1、書影剪報2	2017年4月
19	楊青矗（1940-）	0、1、4、書影剪報2	2017年7月
20	王　灝（1946-2016）	1、2、1、書影剪報3	2017年8月
21	林燿德（1962-1996）	1、2、1、書影2	2017年9月
22	林海音（1918-2001）	0、1、3、書影1	2017年9月
23	蓉　子（1922-2021）	2、0、1、書影剪報2	2017年11月
24	鄭清文（1932-2017）	1、0、2、剪報1	2017年12月

第三冊 2020 年 4 月：目前已逝 12 人，在世 12 人。

（發表後去世：林亨泰、瘂弦、岩上、尉天驄、楊牧、管管、麥穗）

	作家姓名	1、1、1、剪報 3	發表時間	備註
1	李　喬（1934-）	1、2、1、書影剪報 3	2018 年 1 月	
2	林亨泰（1924-2023）	2、0、3、書影 2	2018 年 2 月	
3	張香華（1939-）	1、1、1、書影 2	2018 年 3 月	
4	洛　夫（1928-2018）	0、1、2、書影 2	2018 年 4 月	
5	向　明（1928-）	0、2、4、書影 1	2018 年 5 月	
6	宋澤萊（1952-）	1、2、1、剪報 1	2018 年 6 月	
7	李瑞騰（1952-）	1、1、3、書影 1	2018 年 7 月	
8	瘂　弦（1932-2024）	1、3、1、書影 2	2018 年 8 月	
9	劉克襄（1957-）	1、0、2、書影 2	2018 年 9 月	
10	岩　上（1938-2020）	1、1、1、書影 1	2018 年 10 月	
11	李　昂（1952-）	1、0、2、剪報 2	2018 年 11 月	
12	林　梵（1950-2018）	1、2、2、書影剪報 3	2018 年 12 月	
13	楊　牧（1940-2020）	0、1、3、書影 1	2019 年 1 月	
14	管　管（1929-2021）	2、0、2、書影 1	2019 年 2 月	
15	林清玄（1953-2019）	0、1、1、剪報 2	2019 年 3 月	
16	羅　青（1948-）	1、2、1、剪報 1	2019 年 4 月	
17	尉天驄（1935-2019）	3、0、2	2019 年 5 月	
18	胡品清（1921-2006）	2、1、1、剪報 1	2019 年 6 月	
19	黃　娟（1934-）	0、2、1、書影剪報 2	2019 年 7 月	

20	麥　穗（1930-2023）	0、2、2、剪報 1	2019 年 8 月	
21	黃　凡（1950-）	0、2、2、剪報 3	2019 年 9 月	
22	林文義（1953-）	1、2、3	2019 年 10 月	
23	蕭　蕭（1947~）	1、1、4、書影 2	2019 年 11 月	
24	余光中（1928-2017）	3、1、0、書影 2	2019 年 12 月	

05

論向陽童詩的視覺思維

李桂媚

摘要

　　本文以「論向陽童詩的視覺思維」為題,「視覺思維」此一名詞乃對應「文字思維」而來,「視覺思維」擅長呈現空間之貌,「文字思維」則擅長描寫時間之變,「視覺思維」並非一定是圖象,文字訴諸想像來紀錄影像、引發讀者的視覺想像,亦可歸屬至「視覺思維」。已有前行研究觀察到向陽現代詩使用圖象技巧的特徵,閱讀向陽《我的夢夢見我在夢中作夢》、《春天的短歌》、《鏡內底的囡仔》、《鏡子裡的小孩》四本童詩集,同樣可見到符號入詩、空格營造排列變化、字句排構成形狀等視覺表現手法,再者,觀察四本童詩,詩中不乏色彩意象或自然意象之運用,兩者皆能引發視覺聯想,台語版《鏡內底的囡仔》與華語版《鏡子裡的小孩》從拉岡「鏡像理論」出發,詩集中每首詩都使用鏡子意象,鏡子與視覺的觀看息息相關,因此鏡子意象也是探討向陽童詩視覺思維不可忽略之一環。基於前述思考,本文嘗試聚焦於向陽童詩,從色彩意象、自然意象、鏡子意象、圖象技巧四個面向進行析論,期能透視向陽童詩蘊含的視覺思維及圖象美學。

關鍵字:向陽、童詩、色彩意象、鏡子意象、圖象詩

一、前言

　　向陽自 13 歲立志成為詩人，從此展開他與詩密不可分的緣分，不僅在現代詩創作繳出亮眼的成績，以台語詩與十行詩聞名詩壇，向陽在童詩領域亦有相當豐碩之成果。1990 年代，長期在編輯台服務的向陽重返校園，攻讀新聞碩士、博士，就讀博士班期間，他翻譯了日本兒童文學大師窗‧道雄的童詩集《大象的鼻子長》，這個因緣讓他興起「創作一些給台灣兒童看的詩」[1]的想法，雖然起心動念後並未馬上下筆，但在窗‧道雄童詩集翻譯工作告一段落後，向陽旋即收到兒童雜誌之邀請，開啟了他的台語童詩書寫，緊接著 1996 年在新學友書局的彩虹學習圖畫書語文發展系列出版台語童詩集《鏡內底的囡仔》，其後又因葉維廉約稿，1997 年他在三民書局的小詩人系列，出版華語童詩集《我的夢夢見我在夢中作夢》，二十一世紀繼有《春天的短歌》上市，同樣隸屬於小詩人系列，大塊文化也在 2010 年同步推出兩冊童詩集，台語版《鏡內底的囡仔》以及華語版《鏡子裡的小孩》。

　　儘管向陽謙虛地說自己「不是兒童文學界的人」，[2]但總體來看，扣除《鏡內底的囡仔》為再版作品，[3]向陽計有《我的夢夢見我在夢中作夢》、《春天的短歌》、《鏡內底的囡仔》、《鏡子裡的小孩》四本童詩集，數量不可謂之不多。其中，寫在 921 大地震之後的〈迎接〉同時收錄進現代詩集《亂》與童詩集《春天的短歌》，[4]圖象詩〈囚〉亦同時收錄在《亂》

1　向陽，〈為台灣兒童寫詩的驚喜：我的童詩創作初旅〉，《喧嘩、吟哦與嘆息——台灣文學散論》（新北：駱駝出版社，1996），頁 195。
2　徐錦成，〈「鏡內底的囡仔」與「鏡外口的大人」——訪向陽談兒童文學〉，收錄於向陽，《浮世星空新故鄉——台灣文學傳播議題析論》（台北：三民書局，2004），頁 226。
3　比較新學友版與大塊文化版的《鏡內底的囡仔》，可以發現詩人在台語用字做了修訂，例如書名也從「囝仔」變成「囡仔」，因此本文選用後出版的大塊文化版為討論文本。向陽，《鏡內底的囡仔》（台北：新學友書局，1996），《鏡內底的囡仔》（台北：大塊文化，2010）。
4　向陽，〈迎接〉，《亂》（新北：印刻出版，2005），頁 142-143；向陽，〈迎接〉，《春天的短歌》（台北：三民書局，2002），頁 46-47。

和《春天的短歌》⁵這兩冊詩集，論者評析《亂》詩集時，不少人皆論及〈囚〉一詩，然而，縱觀前行研究，對於向陽現代詩討論甚多，關於童詩的研究則顯得少（詳參附錄：向陽童詩研究書目），不免可惜，誠如徐錦成在《台灣兒童詩理論批評史》一書所感嘆：「從楊喚、詹冰，到葉維廉、林煥彰、向陽、陳黎、白靈，都既寫成人詩，也寫兒童詩。但在『成人版』的現代詩評論或現代詩史中，卻從不曾提及兒童詩的成就。」⁶

丁旭輝析論現代詩圖象技巧時曾經指出，向陽台語詩〈阿媽的目屎〉，其第三段以逗號代表眼淚，到了第四段，逗號更是同時象徵著雨滴和淚珠，展現了巧妙的變化，另一方面，向陽的〈一首被撕裂的詩〉、〈發現□□〉，兩首詩均透過符號□來表現空白，強化詩作隱喻；⁷孟樊認為「在文本置入空白的方格以取代若干詩行與字詞」，有別於向陽過去作品的語言和形式；⁸林于弘在〈向陽新詩創作類型論〉也談到向陽運用符號□「產生歧異效果」、「饒富創意」；⁹陳謙詮釋詩作裡的符號□，不只是提供讀者想像空間，符號□搭配上整體的語言設計，反映了政治現實；¹⁰岩上評析向陽詩集《亂》時，亦指出符號使用、形式變形之特色，其肯定向陽詩作：「建構詩式變形體以非文字的符號嫁接，而達到詩延伸意味。」¹¹

其實不只是向陽現代詩使用圖象技巧，閱讀向陽童詩，同樣能夠見到符號入詩、空格營造排列變化、字句排構成形狀等視覺表現手法，值得研究者進一步探究。本文擬聚焦於向陽童詩的視覺思維，「視覺思維」此一名詞乃是對應「文字思維」而來，「視覺思維」擅長呈現空間之貌，「文字思維」則擅長描寫時間之變，「視覺思維」並非一定是圖象，文字訴諸

5　向陽，〈囚戲作圖象詩〉，《亂》，頁132；向陽，〈囚〉，《春天的短歌》，頁30。
6　徐錦成，《台灣兒童詩理論批評史》（彰化：彰縣文化局，2003），頁31。
7　丁旭輝，《台灣現代詩圖象技巧研究》（高雄：春暉出版社，2000），頁282-283、314-318。
8　孟樊，〈向陽論──向陽的亂詩〉，《台灣中生代人論》（新北：揚智文化，2012），頁249。
9　林于弘，〈向陽新詩創作類型論〉，《群星熠熠──台灣當代詩人析論》（台北：秀威資訊，2012），頁201。
10　陳謙，《反抗與形塑：台灣現代詩的政治書寫》（新北：新北市政府文化局，2011），頁147-148。
11　岩上，〈亂中的秩序──析論向陽詩集《亂》〉，《當代詩學》8期（2013.2），頁220。

想像來紀錄影像、引發讀者的視覺想像,亦可歸屬至「視覺思維」,評斷「視覺思維」與「文字思維」的分界,即在於是否能表現出圖象感或空間感,或能否引發讀者對影像的聯想。

　　向陽自言,一首好的童詩應該具備三個原則,一是「鮮明的意象」,二是「音樂性」,三是「想像力與趣味性」,[12] 意象是文學想像的表現手法,一方面創作者融合情感與經驗,將客觀形象予以轉化,另一方面,透過意象喚起讀者的視覺聯想。向陽與陳育虹對談詩的音樂性及繪畫性時,指出「中文字形本身就可望文生義」,並以「詩是有聲的圖畫,圖畫是無聲的詩」來詮釋詩與畫的關係,向陽同時談到:

> 詩的繪畫性可以分三層來談。在最表層來看便是原始圖象,顏色、花朵的意象可以直接從文字上讀出來。第二層進入了意義與象徵的層次,用百合代表純潔,玫瑰則是愛情的化身。第三層便深入到文化的內涵,同樣是白花的意象,在中國文化中代表著死亡,在西方文化情境裡則代表著純潔。所以意象的解讀,必須放置在文化脈絡下來看。[13]

　　由此可知,意象是詩人經營詩作圖象性不可或缺的元素。劉思量《藝術心理學》一書論及「視覺思維」時,表示「視覺思維是將事物特性,以象徵的方式加以覺知」,[14] 觀察向陽四冊童詩作品,可以發現,詩人對視覺思維的經營,不只是有文字排列與符號入詩的視覺表現手法,更包含意象,首先,詩中不乏色彩意象或自然意象的運用,詩人透過意象之經營,帶領讀者進入無垠的童心世界,同時喚起讀者對色彩、對自然景物的視覺

---

12 賴利,〈和向陽叔叔談詩〉,《作文》41期(1996.5),頁23。
13 凌性傑紀錄整理,〈詩的音樂性與繪畫性〉,《聯合報》,2006.5.20,副刊版。
14 劉思量,《藝術心理學──藝術與創造》(台北:藝術家,2004),頁206。

聯想。再者，台語版《鏡內底的囡仔》與華語版《鏡子裡的小孩》從拉岡（Jacques Lacan）「鏡像理論」出發，詩集中每首詩都使用鏡子意象，鏡子與視覺的觀看息息相關，因此鏡子意象亦是探討向陽童詩視覺思維不可忽略之一環。基於前述思考，本文將以向陽童詩為研究對象，從色彩意象、自然意象、鏡子意象、圖象技巧四個面向進行析論，期能透視向陽童詩蘊含的視覺思維及圖象美學。[15]

二、從視覺到五感的色彩意象

雖然閱讀文字不是直接看見色彩，但色彩記憶存在每個人的大腦，文句加上色彩字的潤飾，就能引發讀者對色彩的視覺想像，豐富讀者的視覺感受。不同的色彩會帶來不一樣的色彩情感，關於色彩意象，賴瓊琦認為：「由色彩產生的聯想，有可能是具體的實物，也有可能是抽象的心理感覺。」[16] 李銘龍亦言：「色彩意象是由我們的直覺、過去的記憶和經驗，在不自覺的心理過程下形成。」[17] 色彩本身負載著各種意涵，因此在作品中經營色彩意象，可以藉由單一色彩強化詩作意涵，亦能透過色彩與色彩的相互搭配，傳達多層次的意義。

童詩常見色彩意象此一表現手法，黃基博談童詩寫作時，即曾指出：「把詩句著上鮮麗好看的色彩，給人清新喜悅的感覺。」[18] 杜淑貞也談到，「天真的情感，躍動的形象，絢麗的色彩，和鏗鏘的聲響」是童詩吸引小朋友閱讀的原因。[19] 觀察向陽四本童詩集《我的夢夢見我在夢中作夢》、《春天的短歌》、《鏡內底的囡仔》、《鏡子裡的小孩》，總計

---

[15] 四本童詩集皆有畫家繪製插畫，本論文受限篇幅，未能討論童詩與繪畫的關聯，此議題留待日後另文討論。
[16] 賴瓊琦，《設計的色彩心理——色彩的意象與色彩文化》（新北：視傳文化，1997），頁113。
[17] 李銘龍，《應用色彩學》（台北：藝風堂，1994），頁16。
[18] 黃基博，〈顏色詩〉，《作文》46期（1996.11），頁77。
[19] 杜淑貞，《兒童文學析論（下冊）》（台北：五南圖書，1994），頁636。

有二十四首詩出現色彩字（詳參表1），詩人筆下不只是出現彩虹光譜的紅、橙、黃、綠、藍、靛、紫，還有無彩色的黑色、白色、灰色，以及特殊色金色、銀色。

表1　向陽童詩集色彩字彙整

序號	詩集	詩名	色彩字
1	我的夢夢見我在夢中作夢	雨後的山	青、青
2		放風箏的日子	藍、青、翠
3		白鷺鷥	赤、白、白、白、白、赤、白、紅、白、白
4		寶寶忘不了	白、墨、綠、灰、黑
5		沙灘上的金魚	金、金、金、金
6		野薑花	白、白、白
7		茶	綠
8		火金姑	金、黑、金、金、黑、金
9		森林與白雲的對話	白、白、白、白
10		插秧	翠、綠
11		彩虹	紅、橙、黃、綠、藍、藍、靛、紫
12		我家的懶貓	綠
13		花開了	紫

14	春天的短歌	說給雨聽的話	灰、黑
15		布袋戲偶	金、金、金
16		花	白、白
17		營火	黑、青、青
18		秋天的聲音	紅
19		雪的水墨畫	白、白、銀、白、紅、灰、灰、銀、灰
20		遺忘	黃
21		台灣的孩子	藍、金、黃、黑
22		迎接	白、黑、青、翠、綠、灰、藍
23	鏡內底的囡仔	早時連暗時	白、紅、紅
24	鏡子裡的小孩	早上與晚上	白、白、粉、粉、紅、紅

　　太陽的白光經過三稜鏡，會產生彩虹光譜，分出紅、橙、黃、綠、藍、靛、紫的光，〈彩虹〉一詩以光學現象彩虹為描摹題材，結合了童趣的想像，同時展示出七種色彩，是向陽筆下出現最多種顏色的童詩：

陽光下天邊架起一道彩虹
七個顏色映現了七種趣味

紅　番茄
橙　柳丁
黃　香蕉

綠　番石榴
藍　藍草莓
靛　甘蔗
紫　葡萄

面對著七盤鮮美的水果
天空也禁不住流下口水[20]

　　彩虹通常在下雨過後出現在天際，因空氣中的水滴折射及反射陽光而形成，詩作甫開頭就見到主角彩虹的登場，緊接著第二段依序對彩虹的七種顏色進行聯想，透過水果外觀顏色的連結，將每一個顏色都想像為一種水果，紅色是番茄，紫色是葡萄。詩人不只是巧妙運用色彩的具象聯想，把顏色字轉化為水果，到了第三段，更進一步將下雨的天氣現象，比喻為天空望著色彩繽紛的水果流口水，讓童詩充滿趣味性，同時開啟視覺與味覺的想像世界。

　　整體來看，向陽童詩以白色系登場的頻率最多，高達二十四次。「白是所有顏色的總合，同時也是無色的。」[21]白色可以視為一種色彩的存在，也可以象徵空白，同時展現了「有」與「無」兩個面向，向陽在首部詩集《銀杏的仰望》後記中曾言，高中時期著迷莊子，「天地有大美而不言」深深影響了他，[22]其童詩之所以愛用白色，或許也是一種空白與留白的莊子美學。白充滿各種詮釋可能，誠如原研哉所指出：「將所有色光混合在一起會成為白，將顏料或墨水的色彩抽離也會成為白。」[23]向陽詩中的白，同樣充滿著多義性，例如〈花〉：

---

20 向陽，〈彩虹〉，《我的夢夢見我在夢中作夢》（台北：三民書局，1997），頁40。
21 原研哉，《白》，（新北：木馬文化，2012），頁15。
22 向陽，〈江湖夜雨「銀杏的仰望」詩集後記〉，《銀杏的仰望》（台北：故鄉出版社，1979），頁193。
23 同註21。

在潔白的紙上寫下
花
整個春天就醒過來了

紫荊、薔薇、玉蘭、玫瑰
各色各樣的花
以及向日葵
都在潔白的紙上
綻放了開來

在寧靜的心中寫下
想念
你的名字就響起來了

眉毛、眼睛、鼻子、嘴唇
無時無刻的想念
以及你的身影
都在寧靜的心中
蕩漾了開來 [24]

「潔白的紙」一方面指完全沒有塗鴉的紙，另一方面，意味著可以在紙上畫下任何圖案、寫下任何字句。白紙擁有無限可能，因此只要在紙上書寫「花」，就能引導讀者開啟對春天繁花盛開、五彩繽紛的想像，詩作

---

[24] 向陽，〈花〉，《春天的短歌》，頁 18-19。

第一段是文字的「花」,第二段緊接著出現不同種類的花卉,呼應了文字誘發視覺記憶的過程,同樣的道理,心靈也如一塊空白的畫布,只要出現想念的思緒,第一個湧上心頭的就是「你的名字」,緊接著你的容顏旋即浮現腦海。值得注意的是,花不僅具有色彩、形狀,還有香氣,因此視覺聯想也伴隨著味覺想像,向陽又以「響」來形容名字的湧現,讓視覺上對面容的印象,更包含了聽覺的聯想,暱稱的呼喚甚至是雙方對話的記憶。

〈雪的水墨畫〉一詩則是以詩作為畫布,透過白、銀白、灰、銀灰等深淺濃度不同的色澤,營造多層次的色彩畫面,繼而點綴上亮眼的紅色,描摹台灣山脈的雪景:

> 我在大雪山玩雪
> 白花花的雪花白茫茫地堆下
> 把大雪山堆成和藹的老公公
> 他銀白的鬍鬚隨風飄動
> 我鮮紅的圍巾也跟著飄動
>
> 我在合歡山賞雪
> 灰濛濛的雪絮灰沉沉地灑下
> 把合歡山灑成銀灰色的容顏
> 他寧謐的臉上有著甜美的微笑
> 我躍跳的腳下踩著流動的音符
>
> 我在七星山看雪
> 輕飄飄的雪雨綿密密地落下
> 把七星山落成一幅水墨畫
> 烙在我的心版上

我環抱的雙手則是它的畫框[25]

值得注意的是，除了詩作中的色彩字「白」，雪本身也屬於白色意象，詩人運用色彩字詞與色彩意象的搭配，豐富詩作的想像世界。全詩分作三段，第一段「玩雪」，結合了觸覺與視覺的感受，從雪落寫起，將覆蓋著白雪的山坡想像成白鬍子的老公公，當風吹過，雖然風看不見，但藉由物體的飄動，可以察覺到風的存在，「銀白的鬍鬚」、「鮮紅的圍巾」既是描摹雪景與人物的形象，亦是刻畫風的軌跡，雪的冰冷配上圍巾的溫暖，也讓詩作在視覺之外，多了一層溫度變化的觸覺感受。第二段「賞雪」，詩人以灰色形容雪花，由白至灰的變化，是天色漸暗的時間暗示，同時是天氣轉變的前兆。到了第三段，雪多了雨的成份，原本白色的雪地，鋪上了深深淺淺的灰色雨痕，韓叢耀論及白色與其他色調的搭配時，談到白色「被淺灰色調包圍干擾，其自身的純潔也會受到浸染」，[26] 潔白的雪一方面是襯底，讓雨滴造成的灰色印記顯得更加清晰，另一方面，白與灰也形成漸層的色調，相互渲染，大地彷彿一幅潑墨畫作。而「看雪」亦不只是用雙眼欣賞，詩中我舉起雙手當畫框，用心靈這台照相機，把雪景映照在心底，用記憶保存起這一份美好。

白、黑、灰都屬於無彩色的色彩，林昆範指出：「在物理理論中，完全反射光線為白色，完全吸收光線呈現黑色，而均等反射各光譜的色光，則成為不同明度的灰色。」[27] 白與黑就如同色彩的兩端，淺灰到深灰是其間的層次變化，向陽〈寶寶忘不了〉一詩即同時出現白色、灰色與黑色：

寶寶和爸媽

---

25 向陽，〈雪的水墨畫〉，《春天的短歌》，頁 36-37。
26 韓叢耀，《圖像傳播學》（台北：威仕曼文化，2005），頁 372。
27 林昆範，《色彩原論》（新北：全華圖書，2008），頁 103。

到日本旅行
每一座寺廟
都有著寬闊的廣場
寺廟後頭是森林
還有成群的鴿子
飛過廟門
在廣場上安心啄食

寬闊的廣場
白色的鴿子
還有寺廟後邊
墨綠的森林
　　寶寶忘也忘不了

寶寶和爸媽
回鄉下過年
每一座寺廟
都有著擁擠的人群
寺廟後頭是大樓
還有成群的攤販
沿著廟門
在馬路邊大聲叫賣

擁擠的人群
雜亂的小攤
還有寺廟後邊

灰黑的大樓
　　　　寶寶忘也忘不了[28]

　　詩作採用第一段和第三段語法類似、第二段及第四段語法類似的結構，一、三段的首句同樣是「寶寶和爸媽」，第三至六句都是「每一座寺廟／都有著□□的□□／寺廟後頭是□□／還有成群的□□」的形式；二、四段的第三行都是「還有寺廟後邊」，末句同為「寶寶忘也忘不了」，但不同的是，細探文字內容，前兩段描述赴日本觀光看到的景象，後兩段是年假回到台灣鄉下所見，詩人透過相似的語法，揭示國外及國內的差異，前者是森林、鴿子、廣場，後者是大樓、攤販、人群，形成寬闊與擁擠、靜與鬧的對比，鄭佩芷析論此詩：「記錄了日本旅遊所見的美麗風光在與國內的髒亂對比，形成反思。」[29]「白色的鴿子」象徵和平，「墨綠的森林」代表生生不息，「灰黑的大樓」則隱喻社會發展對環境的衝擊，「灰黑」一方面是大樓外觀的顏色，另一方面也意味著寺廟焚香、燒金紙之煙，詩人透過白、墨綠與灰黑三種色彩，代表友善自然與工業發展兩種面向，提醒大家關心環境生態議題。

　　綠色系是向陽童詩中詞彙最為多元的色彩，除了綠，詩作尚使用有墨綠、淺綠、青、青翠、翠綠等字詞，陳魯南曾經談到：「春臨大地，草木繁茂，特別是對於農業社會而言至關重要的莊稼，也都開始發芽或生長，呈現出一片生機勃勃的綠色，所以古人很早就把青色與春天聯繫在一起。」[30] 向陽詩作的綠色意象也充滿著生命力，〈雨後的山〉[31] 因為有雨水的洗滌，「青色的山」更顯青翠有活力，同時「迎接彩虹的來訪」；〈放風箏的日子〉[32] 裡，

---

28 向陽，〈寶寶忘不了〉，《我的夢夢見我在夢中作夢》，頁 20-23。
29 鄭佩芷，《《小詩人系列》作品研究》（台東：國立台東大學兒童文學研究所碩士論文，2007），頁 93。
30 陳魯南，《織色入史箋：中國顏色的理性與感性》（台北：漫遊者文化，2015），頁 109。
31 向陽，〈雨後的山〉，《我的夢夢見我在夢中作夢》，頁 8-9。
32 向陽，〈放風箏的日子〉，《我的夢夢見我在夢中作夢》，頁 14-15。

爸爸帶寶寶去草原放風箏，風箏線連接起「晴藍的天空」與「青翠的樹木與花草」，引領讀者感受藍天綠地的寬闊，以及大自然美麗的配色。

綠色意象的運用或許與向陽成長於南投鹿谷的背景有關，童年觸目所及的自然景象，一一成為詩人筆下的意象，小時候家中經營凍頂茶行，讓向陽的童年充滿茶香，童詩亦可見到他對茶的情有獨鍾，〈茶〉[33] 第一段從視覺出發，先刻畫茶樹的高度介於樹木與花草之間，具備「樹根扎得深／葉子長得茂」的特質，接著形容一棵棵的茶樹就像是「站在山坡上」的「綠寶寶」，以「綠寶寶」強化茶樹生氣蓬勃的形象，第二段繼而轉入嗅覺與味覺的描摹，指出茶「比起汽水　香氣還酷／比起咖啡　滋味更好」。

寫在 921 大地震之後的〈迎接〉一詩，甫開頭就寫道：「白日用朝陽的眼神迎接新生的嬰兒／黑夜用明月的嘴唇迎接亡故的靈魂／青山用溪河的歌聲迎接翠綠的莊園」，[34] 第一行的白色與第二行的黑色都屬於無彩色，因而突顯了第三行的青和翠綠，白天與黑夜的交替象徵著出生與死亡的循環，亦是生生不息的隱喻，儘管死亡令人哀傷，但死亡之後便是新生，「青山」與「翠綠的莊園」代表生機盎然與希望，呼應著詩題「迎接」的正向思考，迎向充滿「新芽」及「微光」的未來，迎向寬闊的「湛藍的天」。

每一個色彩都有其象徵意涵，且意義不單一，就像曾啟雄所指出的：「色彩在時間的推移中，在文化的遷移中，會產生各式各樣的意義。即使相同的色相，在不同的時代也會產生不同的詮釋方式。」[35] 時間的累積與文化交流讓色彩的象徵意義越來越多元，同一顏色也同時承載了正面及負面的意涵，例如詩作〈早時連暗時〉、〈早上與晚上〉，[36] 第一段與第三段皆使用紅色，但兩個紅色所揭示的訊息並不相同，展現了紅色的正反意義，

33　向陽，〈茶〉，《我的夢夢見我在夢中作夢》，頁 32。
34　向陽，〈迎接〉，《春天的短歌》，頁 46。
35　曾啟雄，《色彩的科學與文化》（新北：耶魯國際文化，2002），頁 232。
36　向陽，〈早時連暗時〉，《鏡內底的囡仔》，無頁碼；向陽，〈早上與晚上〉，《鏡子裡的小孩》（台北：大塊文化，2010），無頁碼。

早上起床照鏡，鏡子映照出的臉是「紅記記的喙頓」、「紅通通的小臉頰」，皮膚的血色代表健康有活力，到了晚上，睡前再照鏡子，只見「目睭紅絳絳」、「眼裡佈著紅絲」，紅色意味著疲憊與倦容，由此可見向陽筆下色彩意象及其象徵的豐富。

三、從萬物到人生的自然意象

不只是色彩字能表現色彩，自然意象本身也充滿色彩，能夠引發讀者對顏色及畫面的聯想，就像貝蒂・愛德華（Betty Edwards）說的：「大自然是色彩的導師。」[37] 在自然界可以看到各種色彩的搭配，不論是對比色還是鄰近色，視覺感受都美麗且協調。陳千武談論童詩寫作時指出，週遭的人事物是兒童最容易拿來創作的題材，第一類是家庭日常，第二類是學校生活，第三類則是自然景象。[38] 因此在童詩中時常可以見到對自然界的描摹，向陽童詩當然也不例外，在前述色彩意象討論的詩例中，便能窺見色彩字與自然意象同時出現，豐富視覺想像之特徵，整體來看，向陽童詩的自然意象以花草、樹木等植物意象，以及日、月、星、雲、天等天空意象為最大宗。

例如前一節所論及的〈花〉，就同時出現紫荊、薔薇、玉蘭、玫瑰、向日葵五種植物名，另一首以花為名的詩作〈花開了〉，不只是反覆使用辭彙「花」，更一連出現八種不同的花卉名稱：

花開了
美麗的花
開了

---

37 貝蒂・愛德華著，朱民譯，《像藝術家一樣彩色思考》（台北：時報文化，2006），頁 154。
38 陳千武，《童詩的樂趣》（台中：台中縣立文化中心，1993），頁 37-42。

梅花和櫻花
薔薇與玫瑰
野百合以及紫羅蘭
向日葵乃至夜來香

一朵接著一朵
都被和暖的風
給吹開了

整個世界
流洩出
花的香味

我心中的
花
也盛開著[39]

　　整首詩從「花開了」、「美麗的花／開了」開始,層層推進,第二段藉由梅花、櫻花、薔薇、玫瑰、野百合、紫羅蘭、向日葵、夜來香八種色彩及樣貌各異的花朵,形構繁花盛開的美麗景象,第三段點出一朵又一朵的花苞,都在春風的吹拂下,一一綻放了,第四段從視覺的描寫轉為嗅覺的刻畫,盛開的花朵讓世界充滿了花的芬芳香氣,末段繼而由外在世界進入內在世界,以心中的花也隨之綻放,象徵心情的愉悅。

---

[39] 向陽,〈花開了〉,《我的夢夢見我在夢中作夢》,頁 48-49。

同一首詩使用多種植物名稱的尚有〈一條小路〉：

一條小路走著
走過冒出春筍的竹林
走過高大挺直的台灣杉身邊
走過打哈欠的涼亭
走過躺在石塊腳下的溪澗
走過野百合站著的山坡
走過在兩座山間拉單槓的吊橋

一條小路走著
走過阿媽和姨婆每天散步的竹林
走過阿公年輕時栽種的台灣杉身邊
走過媽媽忍不住要喘氣的涼亭
走過叔叔童年脫褲子游泳的溪澗
走過嬸嬸喜愛的開滿野百合的山坡
走過寶寶要用兩隻手抓住的吊橋

一條小路走著
走到了
　　坐在爸爸肩上
　　可以看到濁水溪的
山頭[40]

---

40 向陽，〈一條小路〉，《我的夢夢見我在夢中作夢》，頁 26-27。

常理來說，走路的是人，但詩人翻轉思維，借用小路在走路的擬人化，呈顯一幅又一幅的風景。三個段落都用「一條小路走著」開場，第一段以風景為主，依序帶出竹林、台灣杉、涼亭、溪澗、野百合和山坡、吊橋，勾勒出美麗的山林風光，第二段為景物增添上人物的色彩，前一段提及的景物，到了此段分別搭配上阿媽與姨婆、阿公、媽媽、叔叔、嬸嬸、寶寶，以及每天、年輕時、童年等時間元素，原本的空間描摹因為加入人物及時間的成份，更顯豐富，同時隱喻著「路是人走出來的」。第三段視角由小路轉為小孩，小孩期待著抵達目的地後，可以被爸爸高舉到肩上，眺望濁水溪流域的山丘，「坐在爸爸肩上」不只是親情的刻畫，亦是站在巨人肩上可以看得更遠的表徵。

　　向陽相當擅長以文字當鏡頭，帶領讀者用不一樣的角度看事物，不只是〈一條小路〉透過視角的轉移，揭示人生寓意，〈放風箏的日子〉一詩亦交織了遠與近的鏡頭，第二段寫道：

　　一條細細的線
　　聯繫著天空和大地
　　地上的寶寶
　　在草原上奔跑
　　青翠的樹木與花草
　　也跟著跑動起來 [41]

　　詩人運用風箏線作為視覺導引，將視線由藍色的天空移往綠色的地面，緊接著鏡頭拉近，聚焦於詩中主角寶寶，藉由寶寶奔跑的步伐，鏡頭進一步帶出草原、樹木、花草等畫面。值得一提的是，花草樹木雖然會被

---

[41] 向陽，〈放風箏的日子〉，《我的夢夢見我在夢中作夢》，頁 14-15。

風吹動，但並不會移動其生長的位置，詩中真正在移動的是寶寶，但在寶寶奔跑的同時，觸目所及的景物好像也跟著動了起來一樣，因此末句才會說花草樹木都跑動起來了。

　　如果說〈放風箏的日子〉是植物不動、觀者移動的詩例，那麼〈秋天的聲音〉裡的花、〈落葉〉裡的葉子，就是植物自身飄動的例子，〈秋天的聲音〉形容「花跳下水池的聲音／是秋天的聲音」、「秋天的聲音／是飄落衣裳上的楓葉的聲音」，[42] 詩人透過落花飄入水池，以及由綠轉紅的楓葉掉落到衣服上，傳遞秋天來臨的訊息，「秋天的聲音」不只是植物掉落、碰觸到其他物體發出的聲響，還蘊含著風聲以及飄落過程的聲音。〈落葉〉一詩更是透過飄零的過程，細膩地處理「家」與「生死」兩大命題：

> 一片葉子
> 悄悄地掉落下來
>
> 一片葉子悄悄地
> 從樹木的枝枒掉落了下來
>
> 一片葉子悄悄地從樹木
> 枝枒的家掉落到地上的家
>
> 葉子的家在枝枒上
> 葉子的家在土地上
>
> 從枝枒到土地

---

42 向陽，〈秋天的聲音〉，《春天的短歌》，頁32。

從生存到死亡

　　從死亡到生存
　　從土地到枝枒

　　一片葉子
　　悄悄地綻開了新芽[43]

　　全詩從葉子掉落寫起，第二段進一步闡述落葉來自樹木枝枒，第三段、第四段導入「家」的概念，指出枝枒與土地都是葉子的家，俗話說：「落葉歸根。」大地之母正是萬物之家。第五段與第六段觸及生死課題，從樹上到地下，看似由生至死，但落葉終將成為土壤之養分，讓樹木再次長出新葉，因此死亡並非結束，而是生死之間不停地循環，甚至可以說生與死同時在發生，最末一段與第一段採用類似的語句，皆以「一片葉子／悄悄地」起始，然而不同的是，首段是「掉落下來」，末段則「綻開了新芽」，兩個段落並置來看，正呼應著生死齊物的想法，莊子曾云：「方生方死，方死方生。」[44]生死並非截然不同的兩件事，萬事萬物皆是氣的聚散，出生便是邁向死亡，死亡則迎接下一次新生，生死也只是氣的聚散過程。

　　再者，「家」及「生死」在作品中並非分開的兩個概念，家是支撐再生的重要力量，向陽為此詩做了如下詮釋：「葉子的掉落，不代表生機的終結，樹木是葉子的家，土地也是葉子的家，只要有家就有再生的希望。人的命運也是，落葉和新葉，由自己選擇。」[45]〈冬的祈禱詞〉一詩同樣傳達了落葉將成為新生的希望：

---

43 向陽，〈落葉〉，《春天的短歌》，頁 24-25。
44 王叔岷，《莊子校詮（上冊）》（台北：中央研究院歷史語言研究所，1999），頁 58。
45 同註 43，頁 25。

落葉在蕭索的風中流下
　　雨一樣的淚珠
　　向著瑟縮著脖子的枝枒說
　　我將成為明春最早綻放的
　　第一朵花 [46]

　　詩人透過落葉隱喻人生的跌宕起伏，一方面將葉子飄落的身姿比擬為從天而降的雨滴，另一方面，將雨形容為冷風落下的眼淚，強化畫面的律動感，也營造了寒冷孤寂的感覺，儘管所處環境如此嚴峻，但落葉並沒有裹足不前，它向枝枒宣告，等到春天來臨，自己一定會是最早盛開的花朵，展現了正向面對困頓的精神。
　　林良曾經論及，兒童文學書寫不能只是關注「人的社會」，而是要觀察「天地萬物的大社會」，[47] 閱讀向陽童詩可以發覺，詩人不單是將眼光放到自然界，更帶著省思之眼，書寫植物意象的同時，其賦予植物思想，經由植物的發聲，連結起小社會與大社會，以物喻人，傳達人生哲學。〈森林與白雲的對話〉裡的森林，亦扮演著對話者的角色：

　　森林向白雲說
　　「別擋住我的視野
　　　別阻擋我和大海見面的機會」

　　白雲向森林說
　　「別礙到我的去路

---

46 向陽，〈冬的祈禱詞〉，《春天的短歌》，頁 44。
47 林良，《淺語的藝術》（台北：國語日報，2000），頁 201。

別阻礙我和高山相處的幸福」

森林回答白雲　說
「我可沒有礙到你
　我就是高山」

白雲回答森林　說
「我也沒有擋住你
　我就是大海」[48]

〈森林與白雲的對話〉從詩題就能同時看到植物意象與天空意象，森林、白雲正是詩中對話的兩位主角。森林要白雲別遮擋它觀看大海的視線，白雲反而叫森林不要擋住它前往高山的途徑，彷彿兩個小朋友爭相說著自己才是贏家，但森林與白雲並非誰也不肯讓誰，詩人接著筆鋒一轉，森林表示自己就是高山，白雲也說自己就是大海，誰也沒有擋到誰，強調了萬物的多元性及包容性。誠如哲學家保羅・利科（Paul Ricoeur）所言：「語詞的明顯意思是它的指稱；它的隱含意思即是它的涵義。」[49]仔細觀察詩作意象與脈絡，可以看見這首詩有三層涵義，樹木扎根在土壤裡，雖然無法自由走動，但隨著時間不斷向上生長，長得越高自然能看得越遠，如同知識的累積，接觸的領域越多元，視野自然越寬廣，此其一也；白雲會動、森林不會動，天空比山來得更高，不管森林的樹木多麼高，也阻礙不了白雲的飄動，此其二也；森林原本就屬於高山，可以視為山的代表，而無拘無束的白雲與廣闊無垠的大海也有某些相似性，誠如向陽在詩後註記所言：「森林是高山的象徵，白雲有著大海的形貌。……多一點想像，世

---

[48] 向陽，〈森林與白雲的對話〉，《我的夢夢見我在夢中作夢》，頁36-37。
[49] 保羅・利科著，汪堂家譯，《活的隱喻》（上海：上海譯文出版社，2004），頁124。

界更美妙。」[50] 此其三也。

　　將意象擬人化，透過對話傳遞哲思的手法也出現在〈天上的星星〉，夜空的星辰與街道上的霓虹燈都為黑夜帶來了光亮，但星星與霓虹卻是截然不同的象徵：

　　天上的星星
　　為什麼越來越少了
　　街上的霓虹
　　又為什麼愈來愈多

　　星星向霓虹說
　　　　都是你
　　　　讓我張不開眼睛來

　　霓虹向星星說
　　　　因為你
　　　　我才盡力放出光亮

　　越來越暗的星星
　　讓窗前的寶寶
　　進不了甜美的夢鄉

　　愈來愈亮的霓虹
　　讓街上的人們

---

50 同註 48，頁 37。

找不到回家的小巷[51]

〈天上的星星〉選用自然意象為詩名，詩作一開始先拋出星星變少、霓虹變多的問題，星星認為是霓虹燈太閃亮，讓它都睜不開眼了，霓虹則回應是因為有星星，它才需要全力發光，讓人無法忽略它的存在。有別於詩作前半部的對話形式，後兩段進一步提出詩人的省思，當美麗深邃的星空不再，小孩無法望著星空編織自己的夢，童年的美夢是不是少了一點什麼？當城鎮的霓虹燈一盞又一盞亮起，代表商店越來越多，營業時間越來越晚，大人回家的時間也隨之變晚，而這就是我們所追求的文明嗎！？

同樣寫星星，〈台灣的孩子〉一詩裡，「滿天的星星偷偷記下他們睡前的希望／醒來張眼就看到燦爛的陽光」，[52] 星星彷彿許願池的小精靈，擁有實現孩子願望的能力，陽光代表每一天都充滿希望；〈火金姑〉則寫道：「火金姑是地上的星。」[53] 把螢火蟲會發光的特性與星光連結，形容螢火蟲是在地面發光的星星；〈爸爸〉第二段將父親比擬為太陽、月亮、星星等天空意象，透過孩子的想像世界，揭示父愛的溫暖：

  爸爸也像太陽
  捉迷藏的時候
  再暗的角落都被他照亮
  爸爸也像月亮
  散步的時候
  陪我走過大街小巷
  爸爸也像星星

---

51 向陽，〈天上的星星〉，《我的夢夢見我在夢中作夢》，頁 12-13。
52 向陽，〈台灣的孩子〉，《春天的短歌》，頁 43。
53 向陽，〈火金姑〉，《我的夢夢見我在夢中作夢》，頁 34。

睡覺以前 說完故事
替我點亮床前的燈
爸爸 嗯 爸爸也像燈
很多我不懂的地方
都請他為我說明[54]

　　捉迷藏、散步、睡前故事⋯⋯都是小孩與父親互動的經驗，在孩子眼中，捉迷藏總能找到他的父親就像太陽一樣，陽光可以照進每個角落，陪著他散步的父親則像月亮，守護著他、為他照亮前方的路，睡前在床邊說故事的父親，宛若明燈，為他解開一切疑問。

四、從觀看到想像的鏡子意象

　　台語版《鏡內底的囡仔》、華語版《鏡子裡的小孩》，選用鏡子作為主軸，以拉岡「鏡像理論」為基礎，詩集收錄的十首台語童詩都跟鏡子有關，每首都運用到鏡子意象。鏡子所反射出的畫面雖類似現實，卻不是實像，因此虛像的鏡中世界比現實世界擁有更多想像空間，李瑞騰在〈說鏡──現代詩中一個原型意象的試探〉一文指出，臨鏡此一行動模式可概括為「對鏡──見影──反應」，並歸結出現代詩的鏡子意象與「生死」和「自我」兩個原型關係密切。[55] 觀察向陽《鏡內底的囡仔》、《鏡子裡的小孩》兩冊童詩作品可以發現，詩作都是從小孩與鏡子的互動進行開展，先是「人對鏡」的觀看，繼而「鏡之反射」，虛像出現，隨即「人之反應」，產生內心活動，這些作品也與「自我」主題高度相關，鏡子不僅能映照出個人形象，照鏡子所產生的自我影像更可視為「第二個自我」，面對「第二個自我」，

---

54 向陽，〈爸爸〉，《春天的短歌》，頁29。
55 李瑞騰，〈說鏡──現代詩中一個原型意象的試探〉，《新詩學》（新北：駱駝出版社，1997），頁78-112。

每個人反應出的情感各有不同,可能是自負或者自戀,也可能是自悲,鏡子在反映物像形貌的同時,亦反映出觀看者的內心。

《鏡內底的囝仔》、《鏡子裡的小孩》所收錄的第一首詩〈鏡內底的囝仔〉、〈鏡子裡的小孩〉,就是從小孩的好奇心出發,寫下孩童照鏡子時,一連串的互動和想法:

〈鏡內底的囝仔〉	〈鏡子裡的小孩〉
鏡內底的囝仔 和我生做仝一款 我有目睭 伊嘛有目睭 我有頭毛 伊嘛有頭毛 我有喙 伊嘛有喙 我的前齒落了了 伊嘛落了了 我問伊 你叫啥物名 伊煞嘛和我仝款 同齊開喙閣合喙 伊和我無仝的是 毋管我按怎喝 伊攏袂應聲 [56]	鏡子裡的小孩 和我長得一模一樣 我有眼睛 他也有眼睛 我有頭髮 他也有頭髮 我有嘴巴 他也有嘴巴 我的門牙掉光了 他的也掉光了 我問他 你叫什麼名字 他居然和我一樣 同時張開嘴巴又閉上嘴巴 他和我不一樣的是 無論我怎麼叫他 他都不回答 [57]

---

[56] 向陽,〈鏡內底的囝仔〉,《鏡內底的囝仔》,無頁碼。
[57] 向陽,〈鏡子裡的小孩〉,《鏡子裡的小孩》,無頁碼。

向陽自述童詩寫作經驗時，對此詩曾有如下說明：

> 這多少參雜了我童年對著鏡子發呆、驚奇的經驗。為什麼一片玻璃可以映照出一模一樣的「我」來？「鏡內底的囝仔」為什麼和我一樣，我有眼睛他也有眼睛，我的門牙掉了他的門牙也不見了？但又為什麼，我大聲叫他，他卻不回我話？[58]

〈鏡內底的囝仔〉、〈鏡子裡的小孩〉便是以小孩腦海中浮現的這些問題發展出來的，詩作一開始肯定地說，鏡中小孩和自己長相相同，第二段、第三段進一步描摹彼此都有眼睛、頭髮、嘴巴，也都缺了門牙，第四段鏡外我詢問鏡中的小孩叫什麼名字，第五段看似相同其實相異，兩人看起來都動了動嘴巴，但不同的是，鏡外我是真實的人，能夠道出問句，而鏡中小孩終究只是鏡子映照出的虛像，嘴巴看似有開合的動作，卻無法實際發出聲音，第六段確認了彼此的不同，鏡外我反覆呼喊，鏡中小孩始終只有嘴型沒有聲音。拉岡將兒童認識自我的過程分成鏡像三階段，〈鏡內底的囝仔〉、〈鏡子裡的小孩〉正是「鏡像理論」的第一與第二階段，「把自己的影像當作一個可與之進行遊戲的伙伴來看待」、「還不能區分自己與自己的鏡像」。[59] 關於觀看，John Berger 指出：「能觀看後不久，我們就意識到別人也能觀看我們。」[60] 正因為小孩把鏡中影像當成另一個人，認為自己在看他，他也在看我，因而除了觀察鏡中影像與自己的相同或相異，更嘗試與其對話。

延續詩集第一首詩對鏡中我與鏡外我的異同辯證，第二首詩〈倒面佮正面〉、〈左邊跟右邊〉與第三首詩〈仝款和精差〉、〈相似和差異〉同

---

[58] 向陽，〈為台灣兒童寫詩的驚喜：我的童詩創作初旅〉，《喧嘩、吟哦與嘆息——台灣文學散論》，頁 199。
[59] 王國芳、郭本禹，《拉岡》（台北：生智文化，1997），頁 140。
[60] John Berger 著，戴行鉞譯，《藝術觀賞之道》（台北：台灣商務印書館，1993），頁 3。

樣以此為發展脈絡，詩作〈倒面佮正面〉、〈左邊跟右邊〉寫道：

〈倒面佮正面〉	〈左邊跟右邊〉
鏡內底的囡仔 和我生做真全款 我會笑 伊嘛會笑 我會結目頭 伊嘛會結目頭 我會使目尾 伊嘛會使目尾 我會裝小鬼仔面 伊嘛會裝小鬼仔面 鏡內底的囡仔 和我生做又閣無全款 我的正面 是伊的倒面 我的倒耳 是伊的正耳 我用正手提齒抿 伊顛倒用倒手 連我的齒膏面頂寫的字 伊嘛共我顛倒跙過來 我的倒面 伊的正面 到底我的倒面是正的 抑是伊的正面是倒的 真想欲共伊反過來 和伊比並一下	鏡子裡的小孩 和我長得很相像 我會笑 他也會笑 我會皺眉頭 他也會皺眉頭 我會轉動眼珠子 他也會轉動眼珠子 我會扮鬼臉 他也會扮鬼臉 鏡子裡的小孩 和我長得又不太像 我的右邊 是他的左邊 我的左耳 是他的右耳 我用右手拿牙刷 他反過來用左手 就連我的牙膏上寫的字 他也將那些字翻轉過來 我的左邊 他的右邊 到底我的左邊是對的？ 還是他的右邊是對的？ 真想將他翻轉過來 和他比較一下

看是伊較正？ 抑是我較正？[61]	看是他比較對？ 還是我比較對？[62]

〈倒面佮正面〉、〈左邊跟右邊〉的鏡子意象，一方面發揮了鏡子映照的意涵，另一方面突顯了鏡中影像左右顛倒的特性。鏡外我對著鏡子做出各式各樣的臉部表情，鏡中小孩也以相同的神情來回應，然而，細看鏡中小孩形貌，鏡外我猛然發現，兩個人的左邊跟右邊是相反的，開頭點出的「很相像」，頓時變成了「不太像」。值得注意的是，不只是耳朵左右不同、拿牙刷的手左右相反，就連牙膏上面的字樣，在鏡子的映照下，也變得左右翻轉了，鏡外的我不禁感到納悶，到底誰才是正的，誰又是反的呢？這首詩屬於拉岡「鏡像理論」的第二階段，小孩可以區分自己與旁人，但尚無法分辨自己和自己的影像，因此鏡中我被鏡外我當成是另外一個人。

第三首詩〈仝款和精差〉、〈相似和差異〉，鏡外的小孩繼續思索鏡中的小孩與自己的異同，父母也在這首詩裡第一次登場：

〈仝款和精差〉	〈相似和差異〉
鏡內底的囡仔 哪會和我生做遮仝款？ 我問爸爸 爸爸笑一下 傻囡仔 鏡會照人	鏡子裡的小孩 怎會與我很相似？ 我問爸爸 爸爸笑一下 傻孩子 鏡子會照人的樣子

---

61 向陽，〈倒面佮正面〉，《鏡內底的囡仔》，無頁碼。
62 向陽，〈左邊跟右邊〉，《鏡子裡的小孩》，無頁碼。

你照鏡 鏡照你 照出來 當然嘛和你生做攏仝款	你照鏡子 鏡子照你 照出來 當然和你很相似
鏡內底的囡仔 哪會和我生做有精差？	鏡子裡的小孩 怎會與我有差異？
我問媽媽 媽媽笑一下 乖囡仔 鏡是物件 無性命 你會走 鏡袂走 當然嘛和你生做有精差	我問媽媽 媽媽笑一下 乖孩子 鏡子是物品 沒有生命 你會跑 鏡子裡的小孩不會跑 當然和你有差異
鏡敢真正和我攏仝款？ 鏡會曉照出我的形 我哪會照袂出鏡的影？	鏡子裡的小孩真的和我很相似嗎？ 鏡子照得出我的形影 為什麼我照不出鏡子裡小孩的形影？
鏡敢真正和我有精差？ 逐擺我走離開 鏡內底的囡仔閣亦會走去覕 [63]	鏡子裡的小孩真的和我有差異嗎？ 只要我一離開 鏡子裡的小孩為什麼也會躲起來？ [64]

　　從為什麼一樣到為什麼不一樣，鏡外我向父母提問，也對自己發問，細究最末段的問題，不難發現，這是接續父母親回答之後的再一問，路寒袖認為：「向陽以理性的邏輯架構，透過小孩子照鏡的生活趣味感，幫孩子提出問題，也用這些問題回答他們。」[65] 詩中我問爸爸為什麼鏡內的小孩跟自己一模一樣，爸爸回答那是因為鏡子會照人，所以照出一樣的人來，

---

[63] 向陽，〈仝款和精差〉，《鏡內底的囡仔》，無頁碼。
[64] 向陽，〈相似和差異〉，《鏡子裡的小孩》，無頁碼。
[65] 路寒袖，〈鏡內底的囡仔〉，《中國時報》，1997.11.6，46 版。

但詩中我卻不明白,如果真的相同,那為什麼鏡子可以照出我的影像,我卻照不出鏡子的形象;詩中我問媽媽為什麼鏡內的小孩跟自己不同,媽媽回答那是因為人會動,鏡子不會動,所以兩者有區別,但詩中我依舊感到疑惑,因為既然不一樣,那為什麼每一次自己從鏡子前面走開,鏡子裡的小孩也會跟著跑去躲起來。

　　不論是〈鏡內底的囡仔〉、〈鏡子裡的小孩〉,〈倒面加正面〉、〈左邊跟右邊〉還是〈全款和精差〉、〈相似和差異〉,這三組詩的第一行詩句都是「鏡內底的囡仔」、「鏡子裡的小孩」,詩中的鏡子意象都以映照物像為主要意涵,且伴隨著一條共通的主線,小孩在觀看鏡中影像的過程中,反覆思尋著鏡外我與鏡中小孩的異同,試圖釐清彼此究竟是同還是異,就像徐錦成所指出:「詩中的囡仔對於鏡子的映像功能已不再驚奇了,而能更進一步思索鏡中、鏡外的虛實與正反的辯證。」[66]到了詩集的第五首詩〈有影的參無影的〉、〈真實的以及虛幻的〉,小孩已經可以辨識出鏡中影像是虛像了:

〈有影的參無影的〉	〈真實的以及虛幻的〉
鏡內底的囡仔 是無影的	鏡子裡的小孩 是虛幻的
鏡外口的囡仔 是有影的	鏡子外頭的小孩 是真實的
無影的囡仔踮佇鏡內底 有影的囡仔徛佇鏡外口	虛幻的小孩在鏡子裡頭 真實的小孩在鏡子外頭

---

[66] 徐錦成,〈一面解讀兒童詩的哈哈鏡——從拉康的「鏡像階段」理論看幾首「鏡子詩」〉,《兒童文學學刊》6期(上)(2001.11),頁278。

有影的囡仔就是我 無影的囡仔嘛是我 無影的我踮佇鏡內底 有影的我徛佇鏡外口 鏡內底的我 是無影的囡仔 鏡外口的我 是有影的囡仔[67]	真實的小孩就是我 虛幻的小孩也是我 虛幻的我在鏡子裡頭 真實的我在鏡子外頭 鏡子裡頭的我 是虛幻的小孩 鏡子外頭的我 是真實的小孩[68]

　　在〈有影的參無影的〉、〈真實的以及虛幻的〉裡，鏡子依舊擔任著反映物像的作用，但與前面幾首詩作不同的是，此詩的小孩已進入拉岡「鏡像理論」的第三階段，不僅能夠辨識出鏡中的小孩屬於虛像，更清楚地知道鏡中的小孩就是自己，劉于慈認為：「向陽強化了鏡像裏自我與他者的對照關係，使其並非單純的比對，而是增加了哲學思考的詮釋角度。」[69]

　　第六首詩作〈大的抑是細的？〉、〈大還是小？〉延續著鏡子裡的小孩就是自己的認知：

〈大的抑是細的？〉	〈大還是小？〉
近近徛佇鏡的頭前的囡仔 就是我 鏡內底，鏡外口 兩个我 平平大細身	近近站在鏡子前面的小孩 就是我 鏡子裡頭，鏡子外頭 兩個我 大小都相稱

---

[67] 向陽，〈有影的參無影的〉，《鏡內底的囡仔》，無頁碼。
[68] 向陽，〈真實的以及虛幻的〉，《鏡子裡的小孩》，無頁碼。
[69] 劉于慈，〈形式跨界與成長想像——論向陽兒童詩《鏡內底的囡仔》、《我的夢夢見我在夢中作夢》與《春天的短歌》〉，收錄於黎活仁、白靈、楊宗翰主編，《閱讀向陽》（台北：秀威資訊，2013），頁333。

遠遠倚佇鏡的頭前的囡仔 嘛是我 鏡內底，鏡外口 兩个我 大細無仝身 倚近近的我 賭半个身軀佇鏡內底 倚遠遠的我 規个身軀攏佇鏡內底 哪會按呢？ 半身的我 哪會比規身的我較大？ 哪會按呢？ 倚近近的我 哪會比倚遠遠的我較細？[70]	遠遠站在鏡子前面的小孩 也是我 鏡子裡頭，鏡子外頭 兩個我 大小不相稱 站得近的我 半個身子留在鏡子裡頭 站得遠的我 整個身子都在鏡子裡頭 怎會這樣？ 半身的我 怎會比全身的我還大？ 怎會這樣？ 站得近的我 怎會比站得遠的我還小？[71]

　　此詩明白指出鏡裡、鏡外是「兩個我」，可見鏡外我已經明白鏡中小孩就是自己，不同於詩集前三首詩對鏡子內外異同的辯證，〈大的抑是細的？〉、〈大還是小？〉透過自己與鏡中影像比較大小的經過，帶出遠近與大小的差異問題，當鏡外我靠近鏡子時，「兩個我」一樣大、都是半身，但當鏡外我走到遠處時，鏡子裡的我變成小小的全身，鏡外我反而大過於鏡子裡的我，遠大而近小的異常現象，不禁讓小孩感到訝異與困惑。再換一個角度想，大與小其實是相對來的，並非絕對，每一個人都不會永遠屬於大或是小，詩人藉由鏡中人像代表外界，當參照物改變，我與外界的大小關係亦會產生變化，如同黃吟如對此詩延伸意義的詮釋：「詩人以生活的淺易現象影射個人對自我在社會中所處『位置』的思索。」[72]

---

70 向陽，〈大的抑是細的？〉，《鏡內底的囡仔》，無頁碼。
71 向陽，〈大還是小？〉，《鏡子裡的小孩》，無頁碼。
72 黃吟如，〈想像與真實——評介向陽《鏡內底的囡仔》〉，《國語日報》，2005.8.3，13版。

從前述的詩作討論可以發覺，鏡的象徵意涵主要都是由鏡的特性衍生而來的，比如根據鏡能反射影像的功能，延伸為鏡除了能反映外象外，還能反映內心，小孩面對鏡子時的一連串發問，無非就是內在思維的轉化過程；此外，鏡子所映照出的影像是左右顛倒的，部分詩作也強化了鏡中影像顛倒的特徵，成為書寫題材。前文已論及鏡子從映照形象到映照內心的象徵意涵，在相關詩作中可以發現，鏡子不單作為一個映照物像的工具，它更是小孩說話的對象，鏡外的小孩對著鏡子不斷編織著自己的想像，正是《鏡內底的囡仔》、《鏡子裡的小孩》的創作主軸，此一特徵在詩集後半部的詩作更顯鮮明，關於後四首詩作，向陽曾言：

> 透過四首詩作，我企圖描繪，鏡子對孩童其實也是一個夢想（**夢見我的鏡**），一道進入想像世界中的門（**鏡是一片門**）；孩子透過鏡子觀看世界、體會人間的感情（**鏡的爸爸媽媽**），同時也找到傾訴對象（**給鏡講的心內話**），最後一首同時也作為這本詩集的「收尾」，具有反芻前面九首作品的作用。[73]

　　後四首詩作加強處理了孩童對於鏡子的情感與想像，例如〈鏡的爸爸媽媽〉、〈鏡子的爸爸媽媽〉，除了對鏡中小孩的情感，更融入親情的色彩：

〈鏡的爸爸媽媽〉	〈鏡子的爸爸媽媽〉
早時爸爸欲上班進前 攏會徛佇鏡的頭前 整理伊的衫 結領帶	早上爸爸要上班前 總會站在鏡子前頭 整理他的儀容 打領帶

---

[73] 粗體字為詩名，原文即加粗表示。向陽，〈為台灣兒童寫詩的驚喜：我的童詩創作初旅〉，《喧嘩、吟哦與嘆息——台灣文學散論》，頁200-201。

論向陽童詩的視覺思維 | 157

梳頭毛

有一工
我走去揣爸爸
發現鏡內底的囡仔
嘛覕佇阮爸爸的身軀後壁
偷偷仔共我看
親像驚我
搶伊的爸爸

暗時媽媽欲睏進前
攏會坐佇鏡的頭前
拭伊的面妝
抹面霜
吹頭毛

有一暝
我走去揣媽媽
看著鏡內底的囡仔
嘛覕佇阮媽媽的身軀後壁
偷偷仔共我睨
親像驚我
纏伊的媽媽

鏡內底的囡仔
亦有爸爸媽媽
鏡內底的囡仔
你知無
你的爸爸媽媽
嘛是我的爸爸媽媽 [74]

梳頭髮

有一天
我跑去找爸爸
發現鏡子裡的小孩
也躲在我爸爸的身子後頭
偷偷地看著我
好像害怕我
搶走他的爸爸

晚上媽媽要就寢前
都會坐在鏡子前頭
卸除她的臉妝
擦面霜
吹頭髮

有一晚
我跑去找媽媽
看到鏡子裡的小孩
也躲在我媽媽的身子後頭
偷偷地瞧著我
好像害怕我
纏住他的媽媽

鏡子裡的小孩
你也有爸爸媽媽
鏡子裡的小孩
你知道嗎
你的爸爸媽媽
也是我的爸爸媽媽 [75]

〈鏡的爸爸媽媽〉、〈鏡子的爸爸媽媽〉描寫小孩在父母照鏡子時，

---

[74] 向陽，〈鏡的爸爸媽媽〉，《鏡內底的囡仔》，無頁碼。
[75] 向陽，〈鏡子的爸爸媽媽〉，《鏡子裡的小孩》，無頁碼。

跑去父母身旁所見到的鏡中影像，詩中寫道，鏡中的小孩躲在爸爸媽媽的身後，偷偷打量著鏡外的小孩，彷彿害怕鏡外的小孩會搶走他的父母，其實鏡中的小孩就是鏡外的小孩，鏡外我所看到的，正是自己害怕父母親會被搶走的神情，詩末，鏡外我對鏡中的小孩說：「你的爸爸媽媽／也是我的爸爸媽媽」，原先擔憂與爭寵的情緒瞬間轉為同理心的關愛。

〈鏡是一片門〉、〈鏡子是一扇門〉則傳達出鏡外我想和鏡中小孩一同玩耍的心情：

〈鏡是一片門〉	〈鏡子是一扇門〉
鏡是一片門 我徛佇這片 鏡內底的囡仔 徛佇另外一片 我攃手 招鏡內底的囡仔 出來佮我耍 鏡內底的囡仔 嘛攃手 招我入去 佮伊耍 鏡是一片門 一片拍袂開的門 毋管我按怎揀 毋管鏡內底的囡仔按怎揀 攏揀袂開 [76]	鏡子是一扇門 我站在這邊 鏡子裡的小孩 站在另一邊 我招手 招呼鏡子裡的小孩 出來跟我玩 鏡子裡的小孩 也招手 招呼我進去 跟他玩 鏡子是一扇門 一扇打不開的門 無論這邊的我怎麼推 無論那邊的小孩怎麼推 都推不開 [77]

---

[76] 向陽，〈鏡是一片門〉，《鏡內底的囡仔》，無頁碼。
[77] 向陽，〈鏡子是一扇門〉，《鏡子裡的小孩》，無頁碼。

鏡外的我向鏡中的小孩招手，邀請他過來一道玩耍，結果鏡外我看見鏡中小孩也在對著自己招手，似乎也在邀請自己過去玩，可惜鏡外我怎麼也無法穿越鏡子，不能一圓進入鏡中世界的心願。孩子對於鏡中世界的想像，讓鏡子擁有日常用品以外的可能，雖然〈鏡是一片門〉、〈鏡子是一扇門〉中的鏡子是一面打不開的門，但到了〈夢見我的鏡〉、〈夢見我的鏡子〉一詩，小孩通過夢，實現了與鏡子一同遊玩的願望：

〈夢見我的鏡〉	〈夢見我的鏡子〉
昨暝眠夢 夢見我的鏡醒過來 偷偷走來我的眠床前 看我醒眠 共我講歹勢 共你吵起來囉 昨暝眠夢 夢見我的鏡 對壁面頂行落來 行到我的窗仔前 參天頂的星拍招呼 等一下，阮欲來囉 昨暝眠夢 夢見我的鏡 親像地毯仝款 載我飛出窗仔外 和天頂的星鬥陣耍 啊，一个真趣味的夢[78]	昨夜作夢 夢見我的鏡子醒過來 偷偷地跑到我的床前 看我也醒過來 跟我說對不起 把你吵醒了 昨夜作夢 夢見我的鏡子 從牆壁上走下來 走到我的窗子前 和天上的星星打招呼 等一下，我要跟來了 昨夜作夢 夢見我的鏡子 像地毯一樣 載著我飛出窗外 和天上的星星玩遊戲 啊，真好玩的夢[79]

---

78 向陽，〈夢見我的鏡〉，《鏡內底的囡仔》，無頁碼。
79 向陽，〈夢見我的鏡子〉，《鏡子裡的小孩》，無頁碼。

西洋兒童文學作品把鏡子當成通往另一世界的入口，例如《愛麗絲夢遊仙境》的續集《鏡中奇緣》[80]，愛麗絲走進壁爐上的鏡子，來到文字和現實世界左右相反、整個國度就像西洋棋盤一樣的鏡中世界。向陽筆下的孩子雖然沒有穿越鏡子，但透過夢，同樣進入新的世界，夢裡的鏡子不僅走向主角，還開口說話，更變身為一張空中飛毯，載著孩子飛往星空國度，詩中我乘著鏡子翱翔於夜空，與點點星光同樂，即便已經從夢中醒過來，仍回味著這一場有趣的夢，可見小孩多麼冀望鏡子成為他的玩伴。

　　與鏡子作伴、同樂的心情，以及對鏡子的諸般想像，到了〈共鏡講的心內話〉、〈對著鏡子說〉一詩，則有更深刻的描繪：

〈共鏡講的心內話〉	〈對著鏡子說〉
啥物人發明你 會當照出所有接近你的物 好看的，你照出好看面 歹看的，你照出歹看面 連面肉面頂 一粒小小的痣 你嘛記甲清清楚楚	是什麼人發明了你 能夠照出所有接近你的人 長得好看的，你照出好看的臉 長得難看的，你照出難看的臉 就連掛在臉上 一顆小小的痣 你也照得一清二楚
啥物人發明你 親像錄影機仝款 會當照出踮你頭前振動的姿勢 我伸舌，你隨伸舌 我摸鼻，你隨摸鼻 連我目眉動一下 你嘛同齊 對我動目眉	是什麼人發明了你 就像錄影機一樣 能夠照出在你面前擺出的動作 我伸伸舌頭，你立刻伸伸舌頭 我摸摸鼻子，你立刻摸摸鼻子 就連我眉頭動一下 你也同時 跟著我動一下眉頭

---

80 Lewis Carroll 著，林望陽譯，《鏡中奇緣》（新北：小知堂文化，2001）。

發明你的人 有淡薄仔飯桶 伊袂記得共你安一粒心 予你會當看出 好看面的人嘛有歹心腸 歹看面的人亦有好心腸	發明你的人 稍稍笨了些 他忘了要為你裝一顆心 讓你可以看出 長得好看的人可能有顆壞心腸 長得難看的人可能有顆好心腸
發明你的人 有一寡仔刁工 伊袂記得予你一个聲帶 親像錄音機全款 會當共我講古 會當佮我開講[81]	發明你的人 似乎有意開你玩笑 他忘了要為你裝一副聲帶 就像錄音機一樣 可以講故事給我聽 可以陪我說悄悄話[82]

此詩是小孩對著鏡子傾訴自己的想法，把鏡子當成朋友，從中可見孩童對鏡子的情感，正如拉岡「鏡像理論」的闡述：「兒童在鏡子前顯得『喜孜孜』……為自己的『鏡像』所吸引。」[83] 在首段中，小孩對鏡子能夠清楚反映物像的本事表達驚嘆，到了第二段，小孩讚嘆鏡子能靈活複製自己的表情，此一特徵在〈倒面佮正面〉、〈左邊跟右邊〉一詩裡亦可窺見，這樣前後呼應的安排，誠如前文所述，向陽以〈給鏡講的心內話〉為整本詩集作結，以此詩來反芻其它詩作。再者，〈給鏡講的心內話〉、〈對著鏡子說〉的三、四段，表達了小孩對鏡子的期望，希望鏡子能夠反映出人心好壞，希望鏡子可以和他談天說地，這樣的盼望一來出自小孩對鏡子的想像，二來也可視為「鏡」的衍義。

---

81 向陽，〈共鏡講的心內話〉，《鏡內底的囡仔》，無頁碼。
82 向陽，〈對著鏡子說〉，《鏡子裡的小孩》，無頁碼。
83 Michael Payne 著，李奭學譯，《閱讀理論：拉康、德希達與克麗絲蒂娃導讀》（台北：書林出版，1996），頁 41。

五、從排列到符號的圖象技巧

賞讀童詩有許多不同的切入點，徐守濤主張：「可以是主題，可以是意象，也可以是形式。」[84] 向陽童詩不僅透過具體符號來表現抽象思想與意念，詩人更運用外在形式之經營，拓展童詩的想像世界。談到詩的形式，岩上認為：「雖然詩以『詩意』為主，詩之造型也為詩人創作要件之一。」[85] 陳正治也說：「兒童詩的外形排列，沒有固定的形式，但是兒童詩的作者，為了使抽象的語言文字更能表現詩歌的藝術效果，也就是更能表現作品的抒情美、音樂美和繪畫美，都非常重視詩行的排列。」[86]

蕭蕭認為，「妙用空白」是圖象詩常見手法，[87] 向陽的〈排隊的樹〉一詩，便是運用空格讓看似整齊的詩蘊含更豐富的層次：

一棵樹兩棵樹三棵樹四棵樹五棵樹
六棵樹七棵樹八棵樹九棵樹十棵樹

樹　樹　樹　樹　樹　樹　樹
樹　樹　樹　樹　樹　樹　樹
樹　樹　樹　樹　樹　樹　樹
樹　樹　樹　樹　樹　樹　樹
樹　樹　樹　樹　樹　樹　樹
樹　樹　樹　樹　樹　樹　樹
樹　樹　樹　樹　樹　樹　樹
樹　樹　樹　樹　樹　樹　樹

由左至右排列整齊的樹站在高山上
從上到下對正劃一的樹站在風雨裡 [88]

---

84 徐守濤，〈兒童詩〉，收錄於林文寶、徐守濤、陳正治、蔡尚志合著，《兒童文學》（台北：五南圖書，1996），頁156。
85 岩上，〈走入童詩的世界（二）〉，《走入童詩的世界》（南投：南投縣文化局，2015），頁101。
86 陳正治，〈兒童詩的外形排列〉，《兒童詩寫作研究》（台北：五南文化，1995），頁303。
87 蕭蕭，〈圖象詩：多種交疊的文類〉，《現代新詩美學》（台北：爾雅出版社，2007），頁344。
88 向陽，〈排隊的樹〉，《春天的短歌》，頁38。

〈排隊的樹〉句首與句尾都是對齊的，整首詩看起來彷彿一個長方形，仔細觀察則會發現，第一段細數著一棵樹、兩棵樹、三棵樹，第二段的內容由不斷重複的「樹」字與空格組成，共有八行，每行皆為八個「樹」字及七個空格，錯落有序的「樹」字，每一個字都象徵一棵樹，同時藉由詩句的反覆，組成一大片樹林。值得注意的是，空格在此扮演了畫龍點睛的功用，突顯了「樹」字，詩人選用八行乘八字的布局，計有六十四個「樹」字，六十四會讓人聯想到《易經》的六十四卦象，雖然同樣是文字「樹」，但每一棵樹都有不同的面貌，「不易」以及「變易」其實並存，向陽為此詩寫的附註談道：「圖像的喻意，象徵無窮的樹。」[89] 亦呼應著《易經》「天行健」生生不息的概念。

趙天儀指出，繪畫性是詩的傾向之一，圖畫詩「是以語言文字當作繪畫的工具」，[90] 向陽童詩集中的〈囚〉，正是典型的圖象詩：

```
團困圍團團困圍團團困圍團
團        團   人   團        團
圍        圍        圍        圍
困        困        困        困
團困圍團團困圍團團困圍團
團        團   人   團        團
圍        圍        圍        圍
困        困        困        困
團困圍團團困圍團團困圍團
團        團        團        團
圍 人 圍        圍 人 圍
困        困        困        困
團困圍團團困圍團團困圍團[91]
```

---
89 同註 88，頁 39。
90 趙天儀，〈評景翔編選《蝴蝶飛舞》〉，《兒童詩初探》（台北：富春文化，1992），頁 202。
91 向陽，〈囚〉，《春天的短歌》，頁 30。

〈囚〉一詩的外形正是由「囚」字開展出來的，首先，整首詩最外圍由「團團圍困」連接起的框架，組成了部首「囗」，中間四個字級較大的「人」字，排列出另一個更大的「人」，整首詩看起來就像「囚」字。楊鴻銘論及新詩形式時，曾言：「以文字排成意念所想描寫的事物或概念的圖形，使詩句除了表意之外，也能表其形狀，也能鉤勒簡單的輪廓，叫做象形排列。」[92] 詩作〈囚〉正是一首以字象形的作品。再者，細看四個「人」字的位置，每一個「人」字都被反覆出現的「團」、「團」、「圍」、「困」包圍，構成一個又一個的「囚」字。謝佳吟析論此詩時談道：「囚，若做動詞，則解釋為拘禁；若作為名詞，則為被拘禁的犯人或俘虜。」[93] 整首詩雖然沒有出現「囚」字，僅使用了「團」、「團」、「圍」、「困」、「人」五個字，但向陽巧妙透過文字的選用、詩句形式的安排，揭示「囚」字意涵，「團」、「團」、「圍」、「困」字形都有「囗」，因此文字連續排列在一起時，就好像一塊塊磚頭砌成的牢籠，將其中的「人」完全監禁。

　　張漢良認為，「訴諸詩行幾何安排，發揮文字象形作用，甚至空間觀念的詩」都屬於「具體詩」，其同時談到視覺符號若運用得宜，可強化具象感。[94] 前述〈排隊的樹〉、〈囚〉是向陽以詩行構築形狀的例證，〈說給雨聽的話〉、〈夢的筆記〉則是向陽選用符號取代文字的詩例，〈說給雨聽的話〉一詩導入電腦打字時可插入的標點符號「‧」、「！」與特殊符號「※」，傳達言外之意：

在灰暗的天空的畫布上
你想為我畫些什麼？

---

[92] 楊鴻銘，〈新詩建築的方法〉，《孔孟月刊》451 期（2000.3），頁 48-49。
[93] 謝佳吟，〈台灣童詩的形式研究〉（國立台北教育大學語文與創作學系語文教學碩士班碩士論文，2016），頁 79。
[94] 張漢良，〈論台灣的具體詩〉，《創世紀詩刊》37 期（1974.7），頁 14。

．．．
．．．
．．．．
一點一點，一滴一滴
不停擺動的你的手會不會痠啊！

在黑色的雲層的隙縫中
你想向我說些什麼？
！！！
！！！
！！！！
一聲一聲，一句一句
不停喊叫的你的喉嚨會不會痛啊！

在靜謐的下午窗子外
你想要我幫你做些什麼？
※※※
※※※
※※※※
一遍一遍，一陣一陣
不停靠著窗的你的臉會不會冷啊！[95]

全詩分作三段，採用相似結構書寫，每一段的第一行都先點出場景，第二行皆為問句，由詩題〈說給雨聽的話〉可以得知，詩中我提問的對象

---

[95] 向陽，〈說給雨聽的話〉，《春天的短歌》，頁 10-11。

「你」就是雨,第三至五行完全使用符號書寫,三段均是第三行三個符號、第四行三個符號、第五行四個符號的形式,第六行則由兩句各四個字的類疊組成,第七行使用呼告,繼續對雨發問。詩中的間隔號「‧」、驚嘆號「！」及特殊符號「※」,都是雨的圖象化,由點到線、再到面,三個段落正代表下雨的進程,第一段連續出現的「‧」,是雨剛落下的狀態,呼應著詩句「一點一點,一滴一滴」,第二段的「！」,是雨滴從天而降,宛若一條細線的視覺暗示,驚嘆號下方的小圓點,就好像雨滴落地面濺起的水花,第三段的「※」,是雨水在窗戶流過的印記,也是隔著玻璃窗望見的雨中即景。

不只是運用標點符號作為圖象表徵,向陽在〈夢的筆記〉一詩裡,更是直接以特殊符號及圖案取代文字:

夢見　☞
夢見　✉
夢見　✔
夢見　☎
夢見　✸

好奇怪的夢
　☞　在我的作業上寫滿了字
　✉　從我的書包中探出頭來
　✔　在我的日記上跳探戈
　☎　從我的書桌前溜走了
　✸　在我的衣服上綻開著
好難懂的夢

夢見 ✉ 寫了一封 ✉
夢見 ✉ 畫了很多 ✓
夢見 ✓ 搖了一通 ☎
夢見 ☎ 開了一朵 ❀
夢見 ❀ 變成一隻 ✉[96]

第一段共五行，娓娓道出夢境中的事物，然而，詩人對夢的描述不只是文字，他將筆、信封、打勾符號、電話與花，通通變成圖案來表示，藉由文字符號與圖象符號的互動，強化讀者的視覺想像。陳義芝認為：「最耐人尋味的是 ✓ 字型的勾勾，像身體部位的隱喻。」[97] 觀察詩作出現的符號元素，可以發現，寫信、打電話都會運用到手，因此打勾符號不只是圖案，亦是手的形體暗示。整首詩在結構設計上同樣具有巧思，第一段的圖案出現在句末，到了第二段，圖案從句首開始，第三段則是每個圖案皆使用兩次，營造出綿延與循環的效果。值得一提的是，五個圖案中第一個出現的是筆，最後一個為花，在全詩第一行就能看到筆，最後一行以花與筆作結，花變成了筆，對應詩題〈夢的筆記〉來看，意味著美好事物都是寫作的題材，同時隱喻著妙筆生花，筆不僅速寫下了夢境，更是實現詩人夢的工具。

六、結語

本文通過向陽童詩色彩意象、自然意象、鏡子意象與圖象技巧的討論，爬梳詩作的視覺思維，在不同的文化環境中，符號象徵會存在不一樣

---

[96] 向陽，〈夢的筆記〉，《春天的短歌》，頁 12-13。
[97] 陳義芝，〈名與實——台灣「學院詩人」創作特色〉，《風格的誕生：現代詩人專題論稿》（台北：允晨文化，2017），頁 263。

的文化觀點，色彩象徵原本就多義，因此可以看到，當同一個色彩出現在不同的作品之中，所隱射的意涵可能是不同的，向陽童詩的色彩顯得多彩且多元，詩人運用單一色彩的重複出現，或者多種色彩的調和，豐富詩作的視覺畫面及內在情感，再者，詩人筆下的色彩不僅是視覺的，更擅於結合視覺、聽覺、嗅覺、味覺、觸覺五感，從視覺描摹再拓展到其他知覺感受，讓詩作更為生動。

再者，在向陽使用色彩意象的童詩裡，常能見到色彩意象與自然意象交疊出現，同樣負載色彩意義、能引發視覺聯想的自然意象，在向陽筆下往往不只是單純的景觀描繪而已，詩人敏銳地透過文字表現鏡頭的轉移，帶領讀者去感受情節與細節，向陽更運用轉化手法將植物意象擬人化，或將人物主角擬物化，賦予角色新的可能，展開自然意象的心靈世界，從萬物到人生哲理，透過意象之間的互動，呈現情感及思想。

觀察《鏡內底的囡仔》、《鏡子裡的小孩》中的鏡子意象，從主角的觀看出發，透過鏡子開展出故事與想像，鏡子可以僅是反映物像的工具，也可以伴隨主角對鏡中影像的反應而有更深的象徵意義，不論鏡子的象徵意義為何，在這些詩作中，一旦缺少了鏡子的存在，後續的反應也就不會出現了，由此可見，鏡子意象在作品中有其重要性。姚一葦論及文學欣賞時，曾經談到：「愈是好詩，愈能提示一種普遍的人生經驗。」[98] 文本訴說的雖然是作者個人經歷，但其相似於大眾的共通經驗，讓讀者在閱讀的同時，投影出個人經驗，產生共鳴，《鏡內底的囡仔》、《鏡子裡的小孩》正是從小孩照鏡子的共通經驗出發，透過鏡子實體作為象徵，讓抽象的情意變得具體化，同時藉由鏡中產生的「虛像」與現實的「實像」交錯出現，引發讀者想像。

此外，向陽〈排隊的樹〉、〈囚〉、〈說給雨聽的話〉、〈夢的筆

---

[98] 姚一葦，《欣賞與批評》（台北：遠景出版社，1982），頁32。

記〉四首童詩，分別展現了空格運用、圖象排列、符號及圖案入詩的視覺表現技巧，詩人結合了文字與圖象各自的優點，賦予符碼多重的符意，因此詩作不只是富有圖象性與趣味性，更蘊含著思想性，而這正是向陽童詩的一大特徵。

附錄：向陽童詩研究書目

【綜論】

劉于慈，〈形式跨界與成長想像——論向陽兒童詩《鏡內底的囝仔》、《我的夢夢見我在夢中作夢》與《春天的短歌》〉，原發表於《韓中言語文化研究》27 輯（2011），頁 219-250；後收錄於黎活仁、白靈、楊宗翰主編，《閱讀向陽》（台北：秀威資訊，2013），頁 306-340。

葉瑞蓮，〈更上層樓——向陽兒童詩歌的「三層涵義說」〉，收錄於黎活仁、白靈、楊宗翰主編，《閱讀向陽》（台北：秀威資訊，2013），頁 288-305。

【單一作品析論】

〈台灣的孩子〉

楊顯榮，〈唱出快樂希望——賞析〈台灣的孩子〉〉，《國語日報》，2002.3.28，5 版。

陳意平，〈向陽兒童詩〈台灣的孩子〉音韻風格研究〉，《中國語文》689 期（2014.11），頁 84-94。

〈爸爸〉

鄭宇倫，〈向陽〈爸爸〉語言風格分析〉，發表於國立台中教育大學「精緻師資培育機制實驗計畫-國民小學國語教材教法研討會」（2014.6.10），論文下載網址：http://210.240.193.239/TMMVF03/files/super_pages//17_9f781567.pdf。

〈放風箏的日子〉

邱妍慈，〈向陽兒童詩之音韻風格研究——以〈放風箏的日子〉為例〉，《中國語文》704 期（2016.2），頁 92-102。

【書評書介】

路寒袖，〈鏡內底的囝仔〉，《中國時報》，1997.11.6，46 版。

黃吟如，〈想像與真實——評介向陽《鏡內底的囝仔》〉，《國語日報》，2005.8.3，13 版。

【論及】

專書

丁旭輝，《台灣現代詩圖象技巧研究》（高雄：春暉出版社，2000）。【論及〈囚〉】

徐錦成，〈一面解讀兒童詩的哈哈鏡——從拉康的「鏡像階段」理論看幾首「鏡子詩」〉，《兒童文學學刊》6 期（上）（2001.11），頁 266-287。【論及《鏡內底的囝仔》】

許峰銘，《童詩圖像教學》（台北：秀威資訊，2010），頁 196-197。【論及〈雨後的山〉】

向明，〈亂而詩記之〉，《無邊光景在詩中：向明談詩》（台北：秀威資訊，2011），頁 103-109。【論及〈囚〉】

孟樊，〈向陽論——向陽的亂詩〉，《台灣中生代人論》（新北：揚智文化，2012），頁 233-261。【論及〈囚〉】

黎活仁，〈序二〉，黎活仁、白靈、楊宗翰主編，《閱讀向陽》（台北：秀威資訊，2013），頁 iv-ix。【論及〈囚〉】

李桂媚，〈夢行過山崙，咱的青春攏是風景——詩人向陽的書寫旅途〉，原發表於《秋水詩刊》164 期（2015.8），頁 14-27；後收錄於《詩

人本事》（彰化：彰縣文化局，2016），頁 117-139。【論及《鏡內底的囡仔》與童詩創作歷程】

陳義芝，〈名與實——台灣「學院詩人」創作特色〉，《風格的誕生：現代詩人專題論稿》（台北：允晨文化，2017），頁 247-274。【論及《鏡內底的囡仔》、〈夢的筆記〉】

李桂媚，〈堅若草根，燦如銀杏——向陽的文學年輪〉，原發表於《文訊》，第 378 期（2017.04），頁 32-42；後收錄於《詩路尋光：詩人本事》（台北：秀威資訊，2020），頁 39-54。【論及童詩創作歷程】

李桂媚，〈風景，無所不在——向陽的詩生活與台灣書寫〉，原發表於《吹鼓吹詩論壇》39 號（2019.12），頁 142-152；後收錄於《詩路尋光：詩人本事》（台北：秀威資訊，2020），頁 55-67。【論及〈台灣的孩子〉】

期刊

陳忠信，〈震殤與治療——試析向陽新詩之九二一地震書寫及其治療義蘊〉，《台灣文獻》57 卷 2 期（2006.6），頁 235-254。【論及〈迎接〉】

陳佳君，〈象與影的遊戲——談童詩的倒影空間及其美感〉，《台北教育大學語文集刊》11 期（2006.11），頁 63-93。【論及〈早時連暗時〉】

岩上，〈亂中的秩序——析論向陽詩集《亂》〉，《當代詩學》8 期（2013.2），頁 209-242。【論及〈囚〉】

李桂媚、王文仁，〈向陽現代詩的黑色意象〉，《文史台灣學報》14 期（2020.10），頁 165-204。【論及〈迎接〉】

學位論文

程秀芬，《台灣童詩圖象技巧之研究》（台北：國立台北教育大學語文教育學系碩士班碩士論文，2005）。【論及〈夢的筆記〉、〈囚〉、〈排隊的樹〉、〈說給雨聽的話〉】

顏春英，《童詩常用辭格研究》（台北：國立台北教育大學語文教育學系碩士班碩士論文，2005）。【論及〈茶〉、〈迎接〉、〈秋天的聲音〉】

夏婉雲，《台灣童詩時空觀之研究》（台東：國立台東大學兒童文學研究所碩士論文，2006）。【論及〈我的夢〉、〈跟神木說的悄悄話〉、〈落葉〉】

鄭佩芷，《《小詩人系列》作品研究》（台東：國立台東大學兒童文學研究所碩士論文，2007）。【論及《我的夢夢見我在夢中作夢》、《春天的短歌》】

徐雪櫻，《台灣童詩的自然意象》（台北：國立台北教育大學語文與創作學系語文教學碩士班碩士論文，2008）。【論及〈天上的星星〉、〈小河唱著歌〉、〈春天的短歌〉、〈雨落在街道上〉、〈雪的水墨畫〉、〈冬的祈禱詞〉、〈白鷺鷥〉、〈火金姑〉、〈落葉〉、〈花〉、〈野薑花〉】

謝純靜，《一九八〇、九〇台灣童詩研究──以題材、表現手法與主題為主》（台北：國立政治大學中國文學研究所碩士論文，2008）。【論及〈茶〉、〈放風箏的日子〉】

林雅雯，《九二一大地震報導文學研究》（宜蘭：佛光大學文學系碩士論文，2009）。【論及〈迎接〉】

許峰銘，《童詩圖像教學》（台東：國立台東大學語文教育研究所在職專班碩士論文，2009）。【論及〈雨後的山〉】

陳穎昭，《由《小詩人系列》走進兒童詩的想像世界》（新竹：玄奘大學

中國語文學系碩士在職專班碩士論文，2011）。【論及《我的夢夢見我在夢中作夢》、《春天的短歌》】

鍾文鳳，《台灣閩南語囡仔詩研究——以《海翁台語文學雜誌》前百期為範圍》（台北：國立台灣師範大學台灣文化及語言文學研究所在職進修專班碩士論文，2011）。【論及〈鏡內底的囡仔〉】

戴雅惠，《三民版《小詩人系列》寫作技巧研究》（彰化：明道大學中國文學學系碩士班碩士論文，2013）。【論及《我的夢夢見我在夢中作夢》、《春天的短歌》】

陳玉金，《台灣兒童圖畫書發展史論（1945-2013）》（台東：國立台東大學兒童文學研究所博士論文，2014）。【論及《鏡內底的囡仔》】

劉坤榮，《運用限制式寫作進行國小五年級學生寫作教學之行動研究》（南投：國立暨南國際大學課程教學與科技研究所碩士論文，2015）。【論及〈雨後的山〉、〈火金姑〉、〈茶〉、〈花開了〉、〈彩虹〉】

謝佳吟，《台灣童詩的形式研究》（台北：國立台北教育大學語文與創作學系語文教學碩士班碩士論文，2016）。【論及〈冬的祈禱詞〉、〈囚〉、〈排隊的樹〉、〈說給雨聽的話〉】

【訪談】

賴利，〈和向陽叔叔談詩〉，《作文》41期（1996.5），頁21-24。

徐錦成，〈「鏡內底的囡仔」與「鏡外口的大人」——訪向陽談兒童文學〉，原發表於《兒童文學學刊》7期（2002.5），頁289-306；後收錄於向陽，《浮世星空新故鄉——台灣文學傳播議題析論》（台北：三民書局，2004），頁205-227。

郭麗娟，〈十行土地 吟哦獨行——謳歌台灣情愛的向陽〉，《台灣光華雜誌》34卷6期（2009.6），頁96-105。【論及童詩創作歷程、〈台

灣的孩子〉】

【自述】

向陽，〈為台灣兒童寫詩的驚喜：我的童詩創作初旅〉，原發表於《中華日報》，1996.6.21，第 14 版；後收錄於《喧嘩、吟哦與嘆息──台灣文學散論》（新北：駱駝出版社，1996），頁 194-201。

向陽，〈寫在前面〉，《我的夢夢見我在夢中作夢》（台北：三民書局，1997），頁 4-5。

向陽，〈作者的話〉，《春天的短歌》（台北：三民書局，2002），頁 4-5。

向陽，〈好山好水好台灣：我的地誌詩書寫〉，《全國新書資訊月刊》174 期（2013.6），頁 11-23。

向陽，〈重回小學堂〉，《臉書帖》（台北：聯合文學出版社，2014），頁 66-69。

向陽，〈童詩〈爸爸〉收入國小課本〉，《臉書帖》（台北：聯合文學出版社，2014），頁 128-129。

【聯副・為你朗讀 10】向陽／台灣的孩子，2019.4.2 上線，網址：https://udn.com/news/story/12687/3769566。

【其他】

柯慧娟，〈童詩的異想世界〉，「GreaTeach 2008 全國創意教學方案」本國語文（中、低年級組）優等，（來源：http://163.21.236.197/~principal/GreaTeach/GT%E5%BE%97%E7%8D%8E%E5%90%8D%E5%96%AE（2008）/A2%E7%B5%84.%E6%9C%AC%E5%9C%8B%E8%AA%9E%E6%96%87（%E4%B8%AD&%E4%BD%8E%E5%B9%B4%E7%B4%9A%E7%B5%84）

/%E5%84%AA%E7%AD%89/ABAC080001.pdf【論及〈彩虹〉】

葉紅序,《〈謝宗仁《向陽台語童詩四首》之探究》（台北：國立台北藝術大學音樂學系碩士在職專班碩士論文,2018）。

（2020.12.29 整理）

報導文學敘事規約再思考
——以〈台灣報導文學的虛構敘事規約〉為探討範疇

陳鴻逸

摘要

　　向陽（1955-），南投鹿谷人，兼具詩人、散文家、媒體人與研究者身分，豐富多元與跨域交涉的創作實踐，積累多項成就。然審視先行研究，多側重詩作、詩史相關論點，相較報導文學的研究討論，未見等量齊觀。對此，本文將向陽在〈台灣報導文學的虛構敘事規約〉論及的敘事規約作切入，進而延伸二點思考：一、報導文學與歷史的敘事的中介空隙、二、報導文學之「責」，期回應向陽在報導文學的實踐關懷，擴延與突出向陽在報導文學研究思考。

關鍵詞：向陽、報導文學、敘事

一、前言

向陽（1955-），本名林淇瀁，南投鹿谷人，兼具詩人、散文家、媒體人與研究者身分，[1] 豐富多元與跨域交涉的創作實踐，積累多項成就。

有關向陽的先行研究大致區分幾個面向：詩作及詩學的研究、文學傳播的形態、副刊及執行實踐。詩學研究如林于弘〈向陽新詩創作類型論〉[2]、黃玠源《向陽現代詩研究：1973-2005》[3]，以歷時性研究探析向陽現代詩的特色及書寫座標，而廖宇盟《蕭泰然五首台語藝術歌曲研究選自東方白，向陽，陳雷，蕭泰然之詩作》[4]、呂焜霖《戰後台語歌詩的成因與發展——兼論向陽與路寒袖的創作》[5]、魏仲佑《七十年代台語詩現象三家比較探討》[6]、宋澤萊〈林宗源、向陽、宋澤萊、林央敏、黃樹根、黃勁連影響下的兩條台語詩路線——閱讀「台語詩六家選」有感〉[7] 較專注於向陽在台灣台語詩的貢獻；在文學傳播的相關研究則有林貞吟《現代詩的街頭運動——《陽光小集》研究》[8]，以《陽光小集》為主軸旁及向陽的參與情況、相關主張；而黃崇軒《建構本土・迎向群眾——《自立副刊》研究（1977~1987）》[9] 則是針對《自立副刊》的主編、副刊編輯走向，作了論述性研究。

審視先行研究，以散文或報導文學研究為主的論文，未見等齊份量，

---

[1] 一般而言，筆名向陽多常使用於文學創作，本名林淇瀁多用於文學評論、學術專著，為行文統一，正文中將以向陽為統一書寫名稱，然註腳形式依原文標誌之人名為主，如有特殊處另行標註。
[2] 林于弘，〈向陽新詩創作類型論〉，《國文學誌》10期（2005.6），頁303-325。
[3] 黃玠源，《向陽現代詩研究：1973-2005》（高雄：國立中山大學中國文學系研究所碩士論文，2007）。
[4] 廖宇盟，《蕭泰然五首台語藝術歌曲研究選自東方白，向陽，陳雷，蕭泰然之詩作》（台北：國立台北藝術大學音樂學系碩士班碩士論文，2012）。
[5] 呂焜霖，《戰後台語歌詩的成因與發展——兼論向陽與路寒袖的創作》（新竹：國立清華大學台灣文學研究所碩士論文，2008）。
[6] 魏仲佑，《七十年代台語詩現象三家比較探討》（台中：東海大學中國文學系碩士班碩士論文，2007）。
[7] 宋澤萊，〈林宗源、向陽、宋澤萊、林央敏、黃樹根、黃勁連影響下的兩條台語詩路線——閱讀「台語詩六家選」有感〉，《台灣新文學》9期（1997.12），頁272-280。
[8] 林貞吟，《現代詩的街頭運動——《陽光小集》研究》（新竹：玄奘大學中國語文研究所碩士論文，2004）。
[9] 黃崇軒，《建構本土・迎向群眾——《自立副刊》研究（1977~1987）》（台中：靜宜大學中國文學研究所碩士論文，2007）。

即便目前較具規模的論文集《閱讀向陽》[10] 也集中討論現代詩、兒童文學等課題，只有黃文成〈社會語境與感覺結構下的台灣八、九〇年代散文書寫研究〉專談向陽的散文，顯示觸及報導文學研究依顯少數。對此，本文以為向陽〈台灣報導文學的虛構敘事規約〉（下稱〈虛構敘事〉）[11] 是一個相當具有前瞻性的研究，能夠從報導文學的類型、發展與書寫策略上，以及敘事規約的理論化方式，為台灣報導文學作出特殊實踐與貢獻。

回顧〈虛構敘事〉，最早發表於 2006 年「『說故事：敘述者・序列・場域』第二屆敘事學國際研討會」，後刊於《文史台灣學報》第 6 期，且部分又改寫入《照見人間不平——台灣報導文學史論》（後稱《史論》）第一章序言當中，顯見向陽透過〈虛構敘事〉為方法論的實踐嘗試。以此而言，似乎直接以《史論》為研究對象更為適宜，然相較下，選擇〈虛構敘事〉作為討論基礎有三點思考：

1、方法論的建立：〈虛構敘事〉與《史論》都談到台灣報導文學的敘事規約，然〈虛構敘事〉較著重方法論的建立與推演過程，透過歷史敘事、小說理論等作為方法論之嘗試；《史論》則因偏重台灣報導文學發展史的介紹，故第一章序言內容在敘事規約的介紹部分簡縮不少，若要探討敘事規約的相關討論，就必須回到〈虛構敘事〉方較具體。

2、文本參照差異：〈虛構敘事〉與《史論》對應文本也有所不同，〈虛構敘事〉以《報導文學讀本》（後稱《讀本》）的 16 篇選文作為分析對象，《史論》則廣泛地談論自楊逵以降台灣報導文學作家、作品、刊物發表與歷史文獻，二者文本擇選並不相同，《讀本》是文學作品的選集，但《史論》偏重在報導文學發展的

---

[10] 黎活仁、白靈、楊宗翰主編，《閱讀向陽》（台北：秀威資訊，2013）。
[11] 為使討論依據有實，將以《文史台灣學報》6 期的版本為主。

整體描述。

3、問題框架限制：〈虛構敘事〉拋擲出敘事規約的框架，《史論》則是以文學史的脈絡作為開展，回應的問題雖有部分相同，但以篇幅對照，並不符合本研究探討敘事規約的問題意識，也較無法直接以此作為後續課題。

綜合以上三點，本文將以〈虛構敘事〉作為探討範疇，以此開展二個課題：一、報導文學與歷史[12]的敘事之間的中介空隙；二、報導文學之「責」。前者主要是透過向陽提出的報導文學介於新聞與歷史之間的思維，探析是否有其討論空間，藉以強化支持其敘事規約的理論基礎；至於後者，報導文學之責則是透過「責難」與「責任」的雙重概念，呼應分析台灣報導文學帶給讀者的回饋效應為何，盼聚焦向陽在報導文學的實踐思考。

二、關於〈台灣報導文學的虛構敘事規約〉的特殊性

梳理過往報導文學討論多集中在文學發展脈絡、類型學的分類、報導文學的實踐運動、個別報導文學作家的書寫特色。

文學發展脈絡如楊素芬《台灣報導文學概論》（下稱《概論》）、李清貴《源與變——兩岸報導文學發展歷程比較研究》[13]、張堂錡〈體系化的探索、建構與可能——台灣報導文學理論研究綜述〉[14]、張耀仁《台灣報導文學傳播論：從「人間副刊」到《人間》雜誌》[15]以及向陽撰寫的

---

[12] 在本文討論裡，將以「歷史」作為歷史事件、歷史材料和歷史敘事的總體概念統稱。如遇特別討論項目，將以個別的詞語稱之，例如談到歷史的敘事化過程，則改稱「歷史敘事」。

[13] 李清貴，《源與變——兩岸報導文學發展歷程比較研究》（宜蘭：佛光大學中國文學與應用學系博士論文，2015）。

[14] 張堂錡，〈體系化的探索、建構與可能——台灣報導文學理論研究綜述〉，《政大中文學報》5期（2006.6），頁165-196。

[15] 此書改寫自張耀仁2014年博論《從「人間副刊」到《人間》雜誌：台灣報導文學傳播論（1975-1989）》，雖發表在〈虛構敘事〉之後，但亦可作為報導文學發展的佐證說明，然避免失焦，待未來另闢專文討論之。

《史論》等。

　　《概論》應屬台灣報導文學較具系統規模的研究，內文向讀者介紹報導文學特質、題材、發展趨勢、作家群，最為用力者是台灣報導文學的源流說及文類特色的章節討論上，其中像是「報導文學」和「報告文學」是否有異同的討論等等。對此，楊素芬以為雖然當年高信疆將報導文學和報告文學視為異名同體，然而先追溯報導文學的源流，從濫觴於中國古典文學、發軔於報刊初期、來自外來的移植這三種源流說來進行研究，可釐清報導文學與報告文學之間的異同。[16]

　　一般而言，「報告文學」相對於台灣的「報導文學」多指著1930在中國出現的新興文學，據記載1930年2月10日出版的《拓荒者》第一卷第二期上，載有〈德國的新興文學〉（日本作家川口浩著，馮憲章譯）一文，文章說：「從長年的新聞記者生活，他（指捷克記者、作家基希，全名為：Egon Erwin-Kisch）創出了一個新的文學形式。這是所謂『列波爾達知埃』（即德語報告文學的譯音）。即以新聞記者的簡潔的話，將發生的事依原狀留在紙上。」[17] 同時，在1930年3月1日，左聯機關刊物《大眾文藝》月刊在第2卷3、4期上推出新興文學專號，介紹蘇美德日英法等國的文學，刊出了由中野重治著、陶晶孫譯的〈德國新興文學〉，自此，中國對此「新興文學」開始有了正式的標名——報告文學。[18]

　　至於目前較為人熟知的「報導文學」一詞，是由高信疆透過《人間副刊》的「現實的邊緣」的專欄、時報文學獎中設置「報導文學」的緣故，奠定後人認識報導文學。高信疆對於報導文學的認知，一方面來自於1930年代的報告文學，他曾提出中國報告文學的出現，是「古已有之」。[19] 他認為《詩經》正是報導文學在中國的濫觴，《詩經》是報導的文學，所以才

---

16 楊素芬，《台灣報導文學概論》（台北：稻田出版社，2001），頁26。
17 佘樹森、陳旭光，《中國當代散文報告文學發展史》（北京：北京大學出版社，1996），頁15-16。
18 丁曉原，《20世紀中國報告文學理論批評史》（合肥：安徽大學出版社，1999），頁51。
19 丁曉原，《文化生態視鏡中的中國報告文學》（上海：復旦大學出版社，2008），頁4。

有「採詩」的傳說,而「小雅」、「變風」、「變雅」中的社會詩,更是隨處洋溢著現實的實態、民眾的聲音。此外,他又稱司馬遷是中國第一個報導文學家,《史記》在報導文學上具有典範作用。[20] 高信疆如此地闡揚《史記》的報導文學性格,不外乎是極力地想為中國的報導文學尋到它的根源。[21] 以此來看,高信疆對於1930年代的報告文學是有一定的認識,但相對於1970年代台灣「報導文學」,則是在加入了美式報導文學的影響下,隨著新聞寫作發達而衍生的一種文體,[22] 故以此定名之。統合上述,應認知到台灣在1970年代發展起來的「報導文學」有其時代、社會的條件,也與1930年代在中國發展起來的「報告文學」有相當程度的差異。

其次,楊素芬從實際閱讀大量的報導文學作品,歸納出報導文學的寫作可向新聞學、歷史學、人類學等學科尋求輔助方法,以彌補報導文學本身理論的不足。[23] 整體來看,楊素芬已開展了研究報導文學的良好取徑,如張堂錡所言《概論》提供向新聞學借火、向歷史學求佐證、田野調查找線索、照相攝影找真相,[24] 作為深化與借鏡的可能性。

至於《史論》結合了向陽過去的〈擊向左外野──論日治時期楊逵的報導文學理論與實踐〉[25]、〈虛構敘事〉、《讀本》等篇,試圖報導文學的實踐、敘事規約、代表人物等作了統整性闡述;至於張堂錡〈體系化的探索、建構與可能──台灣報導文學理論研究綜述〉,在報導文學發展脈絡上結合研究史概念,梳理了過去研究的優劣,等同報導文學研究史的研究,亦為後來研究者奠立了報導文學研究史的雛型。

類型學則以鄭明娳一系列散文研究為主,鄭明娳將報導文學置於特殊

---

20 同註16,頁36-37。
21 同註16,頁37。
22 同註16,頁46。
23 同註16,頁26-27。
24 張堂錡,〈體系化的探索、建構與可能──台灣報導文學理論研究綜述〉,《政大中文學報》5期(2006.6),頁185。
25 林淇瀁,〈擊向左外野──論日治時期楊逵的報導文學理論與實踐〉,《台灣史料研究》23期(2004.8),頁134-152。

結構散文的類型,從結構的觀點來看,分類基礎乃從寫作的主體出發,只不過形式結構的意義具有歷史的成因。[26] 其中較為特別的是她從「寫作的主體」一詞作為散文與報導文學的互容範疇,這似乎意指寫作的主體是特殊結構類型散文得以成立的主因。「因為它明顯關涉到寫作主體的寫作策略以及切身的生活。例如日記、書信、序跋、遊記等類型,作者在創作時,必然具有強烈的自我色彩,文學性的傳知散文、報導文學、傳記文學等,其寫作的緣起雖因客體的激發而生,但是必然皆必須融入作者個人的觀點和情感。」[27] 鄭明娳的說法,是期望透過散文「個人化」特質,把報導文學容納到散文範疇。

不過談到類型分類,向陽在另一篇〈台灣報導文學書寫策略分析〉(後稱〈書寫策略〉)也從題材、形式、精神、格式不同面向,歸溯台灣報導文學書寫策略的特質。〈書寫策略〉刊載時間與〈虛構敘事〉同年,二篇文章的內容與《史論》又有部分雷同,等於這三篇著作可視為同一概念、同一時期衍生下的論述。仔細比較下,〈虛構敘事〉透過敘事理論,試圖統整出台灣報導文學的敘事規約:

一、集中於悲劇模式的情節詮釋／舖排
二、運用話語修辭彰顯敘事目的和話語意義
三、挪用相關文獻以模擬或重建現場與景觀
四、長於散文敘事而拙於小說場景建構[28]

至於〈書寫策略〉舉出過去報導文學的書寫方法有二:一是「文獻資料閱讀」,二是「現場調查採訪」,[29] 並再提出幾個書寫策略上的方向:

---
26 鄭明娳,《現代散文類型論》(台北:大安出版社,1987),頁165。
27 同註26,頁165。
28 林淇瀁,〈台灣報導文學的虛構敘事規約〉,《文史台灣學報》6期(2013.6),頁43。
29 請參閱林淇瀁,〈台灣報導文學書寫策略分析〉,《台北教育大學語文集刊》23期(2013.3),頁109。

（一）寫作內容上，除悲劇敘事之外，可開拓傳奇的、喜劇的或諷刺的敘事模式，展現報導文學內容的多樣性。

（二）寫作形式上，宜多方嘗試，跨越文類，除採散文形式書寫之外，可向小說敘事取火，運用場景串聯、對話勾勒、情境營造，進行報導。

（三）結構鋪排上，可挪用戲劇、電影的分場、分景方式為之，以使報導文學的敘事結構更加綿密，且能彰顯報導內容之戲劇效果。[30]

比較後能發現，二篇文章都認為悲劇敘事為重要的表現方式，但〈書寫策略〉認為台灣報導文學應有更多的可能性；其次，若向小說理論借取火種，在敘事結構與場景鋪陳上可以有不同的情境營造、戲劇效果；〈虛構敘事〉較重於「挪用相關文獻以模擬或重建現場與景觀」，而這也是本研究認為〈虛構敘事〉實富有歷史敘事的特質外，在敘事規約的討論有其不同的中介空間之原因。綜觀來說，《史論》與這兩篇文章基本上是整體化概念，故能看出向陽在此投注與推廣的心力，且相較於鄭明娳專注於散文類型的歸整，向陽更關注於報導文學在台灣社會發展扮演的積極媒介。

最後報導文學作家及其實踐，則有陳震《原住民報導文學與原住民運動之聯繫——從公眾行動的角度探討報導文學的社會功能》[31]、姜雯《囧囧城：東南亞在台移工報導文學書寫》[32]、許程富《再現樂生院——從報導

---

[30] 請參閱林淇瀁，〈台灣報導文學書寫策略分析〉，《台北教育大學語文集刊》23 期（2013.3），頁 119。
[31] 陳震，《原住民報導文學與原住民運動之聯繫——從公眾行動的角度探討報導文學的社會功能》（花蓮：國立東華大學民族發展研究所碩士論文，2004）。
[32] 姜雯，《囧囧城：東南亞在台移工報導文學書寫》（台北：國立政治大學傳播學院傳播碩士學位學程碩士論文，2018）。

文學到口述歷史》[33]、張卉君《寫在邊緣：台灣女性報導文學中的性別政治》[34]、郭曉萍《陳銘磻報導文學作品研究》[35]、王貞懿《古蒙仁報導文學研究》[36]等，除了從「現實的邊緣」副刊出發的陳銘磻、古蒙仁代表作家外，報導文學亦成為深入地方、承負起報導文學的實踐功能。

對比下，構設理論思考者相對少數，除《讀本》的〈再現台灣田野的共同記憶〉及張堂錡〈體系化的探索、建構與可能──台灣報導文學理論研究綜述〉勾勒出台灣文學源流、實踐方向與書寫理論的方向外，[37]較少像〈虛構敘事〉試借敘事理論，突出台灣報導文學的特色與未來可行目標。[38]〈虛構敘事〉不同歷來報導文學研究，重點在「如何突破既有的『作為文學附庸的報導』和『作為報導附庸的文學』的兩難，在空間的敘事和時間的敘事上，在書寫的話語策略上達到既能關照社會現實又能觀照歷史真實，足以涵容時間性與空間性的開放疆界」。[39]

〈虛構敘事〉挪借敘事理論，其前瞻性不只區辨「虛構」與「真實」差異，也深入到台灣報導文學的內緣／外在因素，使其運用歷史材料的互文特性外，實際兼負不同之「責」。報導文學之「責」留待後面再論，先看〈虛構敘事〉內容，主要有三：一、梳理台灣報導文學的三個源流；二、試圖對比新聞、文學與歷史在「展現真實」上的敘事效力，通過敘事學理論，為報導文學找到與新聞、歷史對應的座標軸；三、對應於與須文

---

33 許程富，《再現樂生院──從報導文學到口述歷史》（嘉義：國立中正大學台灣文學研究所碩士論文，2014）。
34 張卉君，《寫在邊緣：台灣女性報導文學中的性別政治》（台南：國立成功大學台灣文學研究所碩士論文，2009）。
35 郭曉萍，《陳銘磻報導文學作品研究》（台北：台北市立教育大學應用語言文學研究所碩士論文，2006）。
36 王貞懿，《古蒙仁報導文學研究》（嘉義：國立中正大學台灣文學研究所碩士論文，2011）。
37 須文蔚將報導文學和散文視為對等的文類，然在鄭明娳的散文研究中，則將報導文學視為散文統轄下的次文類。相關論點可參閱鄭明娳的《現代散文類型論》和須文蔚的〈再現台灣田野的共同記憶〉，《報導文學讀本》（台北：二魚文化，2002），頁6-7。
38 向陽以為台灣報導文學應他的歷史傳承和時空條件發展出了四個特色：就題材言，聚焦於人間苦難、社會問題和歷史重建；就形式言，語言乾淨、理性、結構嚴謹，也跨越散文小說文類的區別；就精神言，為弱者發聲並具有一定的現實性，傾向性，批判性和人道主義精神；就格局言，早期集中於單一事件與族群或個人議題，篇幅較短格局較窄，1980年代以後逐向，歷史挖掘，開展宏觀視野。請參閱林淇瀁，《照見人間不平──台灣報導文學史論》（台南：國立台灣文學館，2013），頁151-152。
39 林淇瀁，〈台灣報導文學的虛構敘事規約〉，頁29。

蔚合編的《讀本》16篇選文,[40] 勾勒出台灣報導文學的敘事規約特色,以下簡要敘述。

　　首先,台灣報導文學的三個源流,是在1930年代中國報告文學的影響、[41]1970年代美國「新新聞」的傳播上,提示著楊逵對於報導文學提倡的重要性,在向陽看來,「衡諸台灣文學發展,仍須補上源於1930年代日治時期日本興起的報告文學風潮,才算完整。」[42] 確實若回顧早期的報導文學相關研究,如楊素芬、鄭明娳在散文多論及前二者;然而在不少學者爬梳努力整理下,使得楊逵在日本殖民底下,建立屬於台灣專屬的報導文學理論的地位,更被向陽視為重要的源流之一。[43]

　　其次,新聞、文學與歷史展現真實的敘事效力,是因為「新聞、文學,乃至於歷史,都企圖達到並且宣稱它們有能力通過敘事展現真實。」[44] 只是,新聞敘說的是當下,歷史則面向了故去之事,文學在夾雜了情節與虛構的時空,跨越了想像與真實的邊界,嚴格上來說三者的敘事規約並不相同。[45]

　　最後報導文學選錄如何實踐於《讀本》,如前言述,〈虛構敘事〉與《史論》的差異在於,兩者雖然都透過敘事規約作為後續鋪陳,但《史論》的預設受眾近於一般讀者,以及想初步認識台灣報導文學(史)的人們。《史論》雖然承接了〈虛構敘事〉的部分並改寫為第一章序言,可實質是為了讓讀者綜覽報導文學(史);相較下,〈虛構敘事〉較清晰地勾勒出報導文學敘事規約,以此對應《讀本》的文本詮釋,反而更具黏著性

---

40 《台灣報導文學讀本》初版為2002年,後於2012年又出增訂本,選文與〈序〉的編寫則有差異。為對應〈虛構敘事〉對應的選文、發表時間,本文將以2002年版內容為主,如有補充另比較說明。
41 向陽指出,這三股源流,對於報導文學的敘事規約和定義表面上類似,實際上仍有差異。請參閱林淇瀁,〈台灣報導文學的虛構敘事規約〉,頁31。
42 林淇瀁,〈台灣報導文學的虛構敘事規約〉,《文史台灣學報》6期,頁31。
43 綜觀向陽一系列報導文學研究專論,例如〈擊向左外野——論日治時期楊逵的報導文學理論與實踐〉、《照見人間不平——台灣報導文學史論》等,在在突出楊逵的文學地位與用心。
44 同註42,頁28。
45 這個部分亦是〈虛構敘事〉花最多篇幅在論證。文裡說明:新聞根據採訪、歷史根據文獻,在傳統的話語中,兩者都宣稱「眼見為憑」、根據事實和客觀的敘事規約建立其信度;而文學書寫,以其虛構性在敘事規約上似乎缺乏客觀真實的信度。」同註44。

與對話效果。向陽以為報導文學因兼具了多重特性,而具有敘事再組織效果外,借用海登‧懷特(Hayden White)的概念來說,《讀本》選文多趨向「悲劇」情節,恰與台灣殖民歷史、社會結構、族群議題有密不可分關係。如此「悲劇」特性主要來自於台灣報導文學作家,多數是關心人世間的各類題材,照見不平事,挖掘邊緣、弱勢或被壓抑的課題並為其發聲。[46]

此外,向陽提到台灣報導文學從日治時期楊逵先發以來多有中輟,導致在論述和書寫傳承上無法累積,且缺乏對話、理論基礎薄弱,方法學研究也少,使台灣報導文學的敘事方式難以辨明。[47]〈虛構敘事〉歸納出台灣報導文學的集體表現與書寫傾向,切入視角與理論借用上,試圖以報導文學與歷史敘事的相似構設,推論出台灣報導文學的敘事手法。即便如此,本文以為〈虛構敘事〉因報導文學與歷史的寫作動機上有所差異,容有再討論的空間。

三、報導文學與歷史敘事的中介空間

〈虛構敘事〉提醒,報導文學不同於一般抒發情感的散文,報導文學是實踐、介入的媒介,也具有高度歷史敘事的語式特質:

> 報導文學的書寫對象,簡單地看,不外人、事、地、物,而其時間,則多為已經過去的日程,因此,與其說是「新聞」,毋寧更接近歷史敘事;但由於報導文學又處理仍有後續發展或正在發展的事件,因此又與歷史敘事不完全一致——這使得報導文學「說故事」的時間較諸新聞敘事,多了「昨天」乃至離昨天很遠的部分;較諸歷史敘事,多了「今天」乃至離今天不

---

46 林淇瀁,《照見人間不平——台灣報導文學史論》,頁151。
47 同註42,頁34。

遠的部分。這是報導文學在敘事方式上相異於歷史和新聞的特質。但即使如此，從「說故事」的本質上看，三者的敘事原理（包括表達層面和內容層面）並無不同。沒有敘事，就沒有歷史；沒有敘事，也沒有新聞、沒有報導文學。[48]

「說故事」模式是新聞、文學與歷史兼有的語言表述，卻無法完全區辨報導文學與歷史間的敘事差異，甚可說在新聞、文學與歷史等其他藝術類型上都可採取「說故事」作為敷演表述。〈虛構敘事〉留有許多想像，因為「說故事」是各藝術類型都可能使用的手法，那麼報導文學與歷史的距離，是趨近？相等？或是另有中介？下面再提出二點作為討論：一、作為中介的口述歷史；二、報導文學與歷史材料的關係。

首先，向陽以為報導文學介於「新聞敘事」與「歷史敘事」，如：

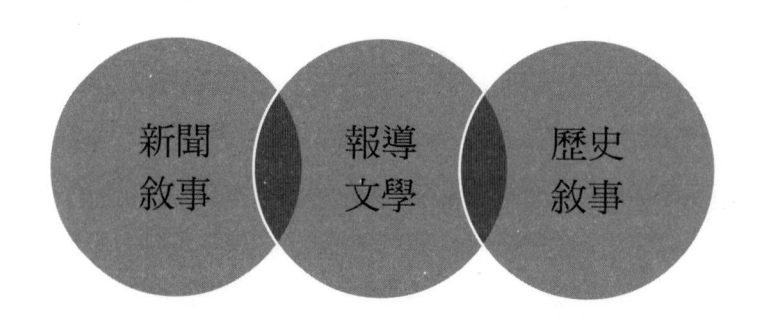

新聞敘事　報導文學　歷史敘事

過去，關於報導文學與「文學」或「歷史」的關係一直或有疊合，例如鄭明娳曾提出「文學的真實」和「歷史的真實」：「文學的真實」指報告者的心靈提出的詮釋與批判所構成的價值體系，而「歷史的真實」就是報告者掌握的資料與個人體驗的真實性。[49] 然而鄭明娳所謂的「文學的真實」及「歷史的真實」和向陽所述的歷史敘事有所不同，反而較接近歷史

---

48 同註42，頁35。
49 鄭明娳，《現代散文類型論》，頁254。

意識的概念，也就是報告者如何透過歷史意識將其資料編整的過程。那麼報導文學與歷史的界線在哪呢，歷史敘事是經過安排與重新安置，和報導文學的實質差異在哪裡？僅止於虛構或真實的敘事差異？或根本上來說，報導文學與歷史敘事根本無差異？

在敘事手法上之外，對於採訪工作的準備、問題形成與統整等過程，口述歷史似乎比一般的歷史書寫更貼近「報導文學」的要求，在敘事要求上也更近於報導文學的敘事觀點、問題化的過程。向陽在〈書寫策略〉曾疾呼：

> 報導文學既以「報導事實」為基礎，寫作就不能憑空杜撰，這是它和小說創作最大的不同，因此，報導文學在寫作之前必須先掌握事實，根據對事實的多方調查，來了解並掌握報導事件或議題的全貌。換句話說，從事報導文學，寫作之前，一如新聞報導者、歷史學者或人類學家一樣，都必須先閱讀相關資料、文獻，了解事件或議題梗概；之後，就是進入現場，進行調查、訪談與探勘，印證先前資料、文獻，兩相比對，以求靠近最大的真實、獲知最多的真相，並提供讀者最完整、可靠的報導。[50]

「先閱讀相關資料、文獻，了解事件或議題梗概；之後，就是進入現場，進行調查、訪談與探勘，印證先前資料、文獻。」雖是報導文學書寫方法，[51] 卻近似口述歷史，或如須文蔚以為，報導文學與口述歷史的精神因「重視多元人文群體的共同記憶，關心弱勢族群與大眾的記憶」，而有高

---

50 林淇瀁，〈台灣報導文學書寫策略分析〉，《台北教育大學語文集刊》23 期，頁 109。
51 從方法上來說，既有的報導文學書寫模式常用的方法有二。一是「文獻資料閱讀」，二是「現場調查採訪」。同註 50。

度繫聯及互文性。[52]

可看到報導文學與一般的歷史有中介空間,而「口述歷史」就可能是一個特殊的存在。林沛儒指出,報導文學因有報導的特質,必須有前置作業或準備工作,而這些準備工作和口述歷史有高度雷同,例如田野調查、訪談、資料搜集統整等工作,則是口述歷史必備的工作。[53] 口述歷史的備援與形成,仰賴於一套史學方法的建立,或說口述歷史「作為一種史學方法,是對於某一議題的設定,然後經過採訪議題中的人物,把採訪內容化為文字、語錄體的一種歷史的建構過程。」[54] 就算不論口述歷史的準備工作,它的敘事手法將與報導文學、一般的官方歷史載述有所差異而成為中介角色,因此試把「口述歷史」加入前面的圖表後:

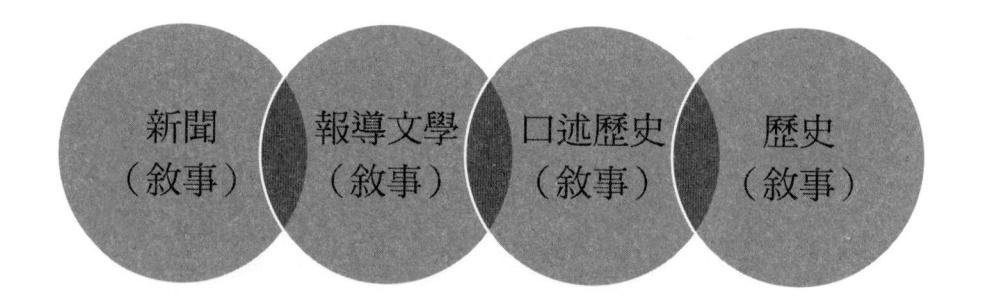

| 新聞（敘事） | 報導文學（敘事） | 口述歷史（敘事） | 歷史（敘事） |

差異在於,圖表將「類型」與「敘事」概念作區分,將(敘事)作為類型的技法將其括號存論,因為〈虛構敘事〉似乎將「新聞」、「歷史」與「報導文學」的「類型」與「敘事」概念疊合在一起;其次,將「口述歷史」置於其中,那麼就可以看到報導文學無法直接過渡到歷史,「口述

---

52 須文蔚,〈報導文學與口述歷史之互文關係研究——以藍博洲的報導文學作品〈幌馬車之歌〉為例〉,《中國現代文學》21期(2012.6),頁11。
53 口述歷史從訪談前的準備、受訪者的選擇、問題的設計、受訪地的選擇、訪談的互動、訪者的背景還有事後錄音的謄錄工作和資料的保存等,都需要經過專業的訓練,並經過一連串有計劃性的過程,才能確實的使口述歷史呈現了歷史的聲音。當口述化為書面資料時,理想的抄本應該最大程度反映口述歷史的特性,就是要突出口述歷史的口頭敘述性質。請參閱林沛儒,〈報導文學的逾越與前衛——藍博洲的〈尋找劇作家簡國賢〉與口述歷史之互文研究〉,《東華中國文學研究》6期(2008.12),頁191。
54 林沛儒,〈報導文學的逾越與前衛——藍博洲的〈尋找劇作家簡國賢〉與口述歷史之互文研究〉,《東華中國文學研究》6期,頁191。

歷史」反而成為了中介角色。

　　報導文學跟口述歷史之間有其共通性，報導文學可能在創作過程中，適度仰賴、借用口述歷史的材料而還原「歷史景觀」，或是他們面對於現場、採集資料、田野調查，以及進入現場的準備是一樣的，只是報導文學不似口述歷史目的在於建構一套史學方法，建構一套為群眾發聲的小歷史、一套可能異於官方敘事（大歷史）的史學觀點與歷史材料。口述歷史往往被視為大歷史外的小人物、小事件的取徑，而口述歷史既被視為一種史學，合理化的敘事一樣存在其中，正因為如此使〈虛構敘事〉所談的敘事效力有其調整的空間。

　　第二個則是報導文學與歷史材料的互文關係。報導文學有時需仰賴文獻來模擬或重建現場、景觀，尤其是具有背景的歷史事件、歷史人物之描述是必要的存在，重建歷史景觀的要素在於，如何抓住文獻、歷史材料，並決定使用多少運用於報導文學的創作當中。[55]

　　互文簡單地來說，指著任何文本的構成，是對其他文本的吸收、轉化，任何文本都不是孤立存在的，與許多其他文本有相對應的聯結、呼應與對話，如須文蔚述及：「不難發現報導文學這種跨文類的作品型態，本身具備了複雜的互文關係，與新聞、歷史、社會事件、散文、小說、傳記、遊記乃至研究論文等，都可能不斷進行符號義系統的互換，而其中創作主體的創作意念、目的與意識型態，乃至創作者所處的位置，才是真正取決一個作品是否屬於報導文學的關鍵。」[56]

　　報導文學從其他文本聯結而來，從而組構了這些文本，也回應於這些文本。這時候歷史材料本身與報導文學的敘事就會產生張力，因為文獻、歷史材料是一套記錄且具合理敘事的文本，要如何被運用、拆解而能夠融

---

55 林淇瀁，〈台灣報導文學的虛構敘事規約〉，《文史台灣學報》6期，頁44。
56 須文蔚，〈報導文學與口述歷史之互文關係研究——以藍博洲的報導文學作品〈幌馬車之歌〉為例〉，《中國現代文學》21期（2012.6），頁9-10。

入報導文學的敘事中,勢必產生視角擇選問題,甚至變動歷史材料的組序安排。以〈虛構敘事〉舉的作品來說,官鴻志〈不孝兒英伸〉、藍博洲〈幌馬車之歌〉、劉還月〈重重後山尋平埔〉、楊南郡〈斯卡羅遺事〉、瓦歷斯・諾幹〈Losin Wadan——殖民、族群與個人〉、劉克襄〈石路——塔塔加、八通關越嶺記〉等,透過史料文獻,搭配事後的追蹤和採訪,據以重建消失的現場或事件。[57] 在向陽看來,其敘事「略近於史家的歷史敘事,敘事者透過歷史研究方法的援引,將曾經發生過的事件或已經消失的現場與景觀,加以模擬或重建,而其目的顯然是為了強調真實性與客觀性。」[58] 報導文學挪借歷史材料的同時,啟動的應不可能是對於原有歷史敘事的翻動,也不太可能是修正官方歷史紀錄,最有可能的是突出原有歷史材料或歷史事件的「問題」並揭露給讀者,那才是歷史學家與報導文學書寫者間隱微的細節。

也可以說,〈虛構敘事〉表達的是報導文學介於文學和歷史之間的中介性,報導文學有趨近於現實的功能,也有文學兩個字所代表的虛構。並非說報導文學會變成虛構的文學,而是指著報告者的詮釋視角、背景及知識體系的涉入,將使得「現實」產生多重的解釋。但現實是什麼?現實難道不就是一種過去所發生的事情嗎?由此可看出報導文學的再現能力其實較接近於「問題化」的過程;雖然歷史的功能其實也是一種再現的能力,提供現當代的人們一種對於自我了解和重新改造的功能,但歷史有時額外提供了一套史學觀點及方法。

因此,為了解決報導文學與歷史敘事的中介空間,〈虛構敘事〉留下了二條線索作為思考:問題化過程、讀者的存在。

歷史留給後世的並不全然是要解決問題,歷史的最後統整性是對於問題的總括或「懸置」;故報導文學如何處理問題、挖掘問題以及再現問

---

57 同註 55,頁 40。
58 同註 57。

題,就是關鍵所在。傅柯(Michel Foucault)曾言,問題化過程應可包括對現實世界進行辯證,以此相應報導文學由於設定議題、採訪準備、田野調查、對話提問等,等於不斷地對於事件發生的脈絡進行捕捉,使得報導文學的實踐就是一系列拋出問題、陳述問題、反思問題的過程。[59] 報導文學得以深具實踐能量,是距離「問題」、看待「問題」與揭露「問題」的態度與敘事視角,問題得以「動態化實踐」,也才符合於向陽的「照見人間不平」。

至於讀者的存在過去較少被論及,只是敘事手法的接受、詮釋與文學傳播,讀者角色其實不可或缺,讀者被賦予重要的詮釋任務,感受到「問題」與其緊密相連,報導文學和歷史的撰寫,涉及書寫者的敘事視角外,也涉及了讀者如何觀看,讀者看待報導文學與歷史是否有差異,因為讀者的觀點有時會區隔出個人歷史與集體歷史之間的差異性,畢竟直至口述歷史的被大量採用之前,集體歷史往往與讀者關心的個人歷史產生不了呼應,讀者的存在像是被告知而非被召喚,讀者關心的問題往往不在集體歷史之中、也不在大歷史或官方歷史之中。

報導文學不同處在於讀者參與格外重要,讀者在此時被問題吸引,被問題召喚前來,讓他們知道他們正參與其中,他們的眼光將能夠使問題進入公共場域,報導文學揭開了一條路線,導引讀者前來。本文以為讀者的閱讀、參與敘說,正是〈虛構敘事〉較少述及的缺口,使得報導文學與歷史敘事不再像是雙胞胎的存在,相似而獨立、相依又曖昧,最終才能夠拉開距離完整各自形象。

簡單說,不論是報導文學或歷史書寫者都可能採取類似的書寫策略、前置作業及敘事手法,無意間報導文學與歷史容易被看作同一種類型的敘事,而忽略了歷史即便「敘事」,目的依然在於向過往借鏡勾勒出一

---

[59] Alain Brossat 著,羅惠珍譯,《傅柯:一個危險的哲學家》(台北:麥田出版社,2012),頁 39-40。

套合理化敘事，給予歷史事件一套合理的說辭，以凱斯・詹京斯（Keith Jenkins）《後現代歷史學》提出的思考，史實得以被還原只是初步之想，從史實化（historicised）的記錄或檔案，建構出一套合理的價值意涵，才有可能使得歷史的「再現」有了不同的可能性、反思性；[60] 相較下，報導文學更傾向於高度問題化的過程，找尋問題比提出合理化詮釋更具實踐意義，提供讀者不同的訊息，拉著讀者共同面向問題，使〈虛構敘事〉談的敘事規約有集體性，至此報導文學因為藉由「讀者」與「問題」，與歷史（敘事）拉開了一定的距離，開展閱讀視角的不同認知。

四、報導文學之「責」

〈虛構敘事〉提供理解報導文學與歷史的敘事手法異／同討論，也透過自身編選的《讀本》作為理論與創作的連結實踐，入選的作家、作品是：「採用了歷史、經典、前衛與創新等多元的角度，希望讀者能盡量閱讀到無論在題旨設定、資料蒐集、採訪、描述、敘事與結構安排上較具有多樣性作品。」[61]

如前述，報導文學與歷史有其差異，但不代表報導文學的書寫者就摒棄了歷史責任、毋用歷史意識，報導文學依然有著濃厚的歷史責任，並借由「讀者」與「問題」形成。歷史之責並非將報導文學作家推向歷史的書寫者，而是他們書寫與揭露問題同時，必然得將問題的時空架定，透過個人的歷史視域理解問題所在，而過往種種都將襲面而來。報導文學將會強烈意識到，他們的歷史之責是向著現實，面向著事件與讀者而來，他們不用為歷史擦脂抹粉、不用為歷史提供一套說辭，他們之責是將其刺穿。

---

[60] 凱斯・詹京斯著，江政寬譯，《後現代歷史學：從卡耳和艾爾頓到羅逖與懷特》（台北：麥田出版社，1999），頁30。

[61] 須文蔚，〈再現台灣田野的共同記憶〉，向陽、須文蔚編，《報導文學讀本》，頁31。

所以,書寫者不論選擇如何問題化提供讀者參與或反思,依然具備著重要的意識形態作為召喚讀者實踐的能量。且再回顧一下前面〈虛構敘事〉的四點敘事規約,[62]「敘事目的和話語意象」是報導文學的實踐標的,而如何「重建現場與景觀」,以及為何呈現出「悲劇模式的情節詮釋/舖排」,與台灣歷史重層相關。報導文學書寫者,在那個當下就決定把哪些「問題」向著讀者述說,面向「過去」與「現在」、「未來」,形構出一套預說故事的視域,只是這樣還不夠,書寫者的位置、敘事手法之外,能否提示「問題」所在、將其問題化過程展現出來,將是報導文學具備實踐能量的關鍵。〈虛構敘事〉提示的敘事規約,不僅僅提供報導文學的理論基礎,其方法論的辯證過程,揭示了面對「問題」與回應「問題」的梳理方式。〈虛構敘事〉與《讀本》的對話中,每一篇選文中都不是在告訴讀者美好的故事,也不在於說明小說中虛構或真實與否的角色設定、場景設計、動作排程,敘事規約是將讀者帶入問題的核心、作家的面對、現實的角落下的詮釋歷程,並深刻地看見事件的問題在那。

　　再說,報導文學與歷史的都以「事件」為底加以情節化的一種敘事手法,相較下,敘事化的歷史並不在於突顯、曝露問題的徵點,而是將予合理化的統整性歷程:報導文學因為雜涵了散文、小說等形式,雖然也適度地運用情節作為描述技法,但「問題」的合理化與否、統整性與否並不是唯一的敘事手法,有時找到懸而未決的問題,將得以刺穿事件發生籠罩的雲霧,為我們找到介入的可能性,並尋著刺穿點而去。

　　報導文學的書寫者希望帶著讀者的,那個隱約潛伏的歷史之責,對應向陽的四大敘事規約,是「責任」亦是「責難」。「責難」在報導文學裡的實質作用與影響,其實近於「悲劇敘事模式」的啟動與實踐:

---

62 林淇瀁,〈台灣報導文學的虛構敘事規約〉,《文史台灣學報》6 期,頁 43。

…對於弱勢者、被壓迫者、被扭曲者命運的同情和對於相對處於優勢的一方的不平——遭受天災地變的人們的無助相對於主事官署的顢頇無情，遭受工業污染的土地相對於大自然的反撲、黑熊的瀕臨絕跡相對於人類的獵殺、礦工生命保障的匱乏相對於法律和官員的無能、原住民集體命運與個體生命的扭曲相對於殖民體制和漢人文化的宰制……，**這樣的悲劇敘事模式**，似乎已經成為台灣報導文學書寫的一個敘事規約、一種公式，報導者盡其可能的敘事方式指向了一個報導文學敘事規約的實踐，乃至於話語的建構：報導文學必須反映現實、關懷弱勢階級、揭發不公不義、促進社會的改革。這樣的目的性，乃是台灣報導文學界相當普遍的認識論，悲劇模式的採用於情節鋪排，則是此一認識論的集體實踐。[63]

「悲劇」是事件結果，它成為一種「責難」、一種效應，事件在那邊召喚著書寫者與讀者，逼迫著他們重新面對，它亦是悲劇已然發生的哭訴、不安與怪罪。書寫者通過此而產生了必須介入的能動，知道必須找出問題、發掘問題以及為其發聲的重要性。以《讀本》的〈痲瘋病院的世界〉來說，場景架構在樂生療養院，但翁台生不採取描述樂生療養院的歷史，而是透過一次次的事件在院裡產生的衝突、悲苦、落淚與傷害，而令讀者不得不意識到那是個「悲劇」的開始，院裡的人事物並不在過去活著，也向著讀者逼迫而來，述說著為何沒有更多人可以理解？為何沒有更多人能夠協助他們？翁台生的筆像是揭開模糊而茫蒼的窗口，指向了那裡的人，遺忘成了代名詞，被外界的人遺忘，被時間遺忘，也被親人遺忘，有時還自己試著遺忘自己：

---

63 同註62，頁38。

……鄭必信，家住旗津，住進來近三十年只回過家一次。那是十三年前回去看他唯一的兒子成婚；他遠遠地望著兒子握著媳婦在露天酒席來回不停地敬酒，跟胞弟打過招呼後，就沒再和家人聯絡。他也沒有什麼埋怨。他指著牆上貼著的兒子結婚照片說：「这是我兒子。染上這種病真是的……我兒開機車店，生意忙也抽不出時間來看我。」[64]

對於自己的低喃訴語，像是對於自己和疾病的控訴，溫切而深沉。閱讀的同時，讀者也隱然成為一份子，成為被狠狠地敲醒的一員。因為揭露事實的真相，從來都不是美好結果的保證，這不是小說的虛構情節，而是縫織在現實之人的真相。

不過「責難」也象徵著「責任」到來，報導文學的「責任」，是書寫者與讀者的共同之責。書寫者揭露「問題」，不單純只是為了書寫，更多時候如《讀本》裡選錄篇章的作者，他們有各自不同的學經歷背景，有其不同的歷史視域養成，事件發生的當下他們選擇了一套敘寫故事的手法作為鋪陳，向讀者宣達自己所見所感，他者事物的發生轉移到了自身，再遞轉於其他讀者，讓彼此得以擔負他者存在且向我們吶喊的需求，當事件中的他者成了讀者必須擔負的倫理責任，[65] 使得他者的生存頓時與讀者聯結了起來，問題就此發生、責任開始增加，書寫者、讀者同時感受著事件而投射其中，使故事有了更多的可能性，說也不再只是書寫者，讀者也開始一起「說」。「說」並不是讀者參與書寫者的改寫或改編，而是讀者會有自己的詮釋視角與解讀空間，讀者將帶著他對於事件的理解而面對著報導文學作家們揭露的狀況，例如《讀本》裡翁台生描繪的樂生療養院、楊渡為

---

[64] 向陽、須文蔚編，《報導文學讀本》，頁73。
[65] 賴俊雄，《回應他者——列維納斯再探》（台北：書林出版社，2014），頁54。

礦工發聲的「黑色吶喊」，還是〈不孝兒英伸〉的原住民現代悲歌、瓦歷斯・諾幹〈Losin・Wadan——殖民、族群與個人〉從原住民族群的殖民歷史中看見、聽見微弱的族群身影，無不向著讀者述說，這是現實，但卻是一個讀者可能未曾經歷過的現實，進而使讀者能夠有更多的資料來貼近事件的經過。

因此可見的是，〈虛構敘事〉與《讀本》的對話關係中，提示著報導文學能夠帶給我們現實的啟示，往往不見得是快樂的結局，有時只能看著「悲劇」向著我們訴說，頓時「責難」與「責任」，從他者兼移至我們而變得沉重起來。

五、結語

從楊逵以降的台灣報導文學之發展，使得報導文學成為主要反應社會現實的書寫類型，使報導文學的形構，透滲於文學和社會結構之中，無不隱含著向現實借材、向現實發話的角色媒介。然而歷史與報導文學都具有這種後設性的介入姿態，都是一種發現後的再記錄、再現甚至是「重建歷史景觀」，正因為回到過去的功能使得捕捉真相、捕捉事件發生的那個當下已永遠不可能，唯一可能的則是提供我們的反思與如何敘事，揭示問題的「責任」與可能的「責難」。

〈虛構敘事〉提供我們思考，報導文學與歷史間存有的中介空間，台灣報導文學，實質承擔起了關懷群眾、關懷社會、關懷生活、關懷弱勢族群的文學責任。報導兩個字是面對著群眾、面對著社會的重要姿態，使我們不可以忽略了報導文學的實踐意義，是朝向讀者揭露問題所在。向陽提出的敘事規約，是一種專屬於台灣報導文學性格，是一種從台灣重層歷史蘊藉的特殊性。報導文學的歷史之「責」，是責難的也是責任的。事件發生之後的重要性以及不可回復性，天災人禍、重大災難，使我們必須以積

極或者是更宏大的視野去看待這些事情，事件真相是必須不斷地透過問題化過程而產生。

當然報導文學的主觀性因素，以及敘事手法可能像是在記錄歷史一樣，但並非像歷史敘事一樣予以合理化，反而要透過問題把讀者拉到事件面前，去思考且無法逃避這些事件背後的悲傷。正由於這種責任以及不可回復性，使我們必須把事情的真相達到告知的可能性。此刻，報導文學與歷史有機會從模糊空間脫穎而出，報導文學書寫者將理解到，他們的書寫與歷史之間有著不同的敘事的動力，是為己或為群體的能量才產生最大價值。

對此，本文有限篇幅裡僅能先就向陽報導文學的敘事規約，作一補述研究與思考，而向陽提出的前瞻性見地，置放在不同世代、不同時代與思潮影響報導文學作品是否合宜，或有辯證與審視的空間，亦有再延伸討論的必要性，因為這得以將向陽提出的敘事規約，作有效地與廣泛地的推論與對比。然而回到〈虛構敘事〉與《讀本》相互搭建的理論／創作，所說的「責難」與「責任」同時在選集裡產生了可能性，正是如此我們看見的向陽對於報導文學推廣與理論建構的用心，甚至可以說報導文學能夠直接反映現實，且能夠反映台灣社會發展脈絡的需求，體現出人與他人、人與社會、人與其他事物之間互為關懷的媒介，亦成為其觀察到的台灣報導文學特有的敘事規約。

07

以複合媒體作為作家誌方法
臉書與《臉書帖》的向陽軌跡

葉衽榤

摘要

　　學界研究作家的主流傳統為透過書面文獻與資料的知人論世與以意逆志為，然而隨社會的人際關係網絡變遷與數位技術飛躍，使了解作家人生歷練的管道不勝枚舉，如今研究作家的生命軌跡與創作歷程需要有更全面與更廣泛的掌握。新興的網路社群媒體，讓不少作家搖身一變成為讀者友人，在無藩籬的網際網路世界裡，廣大網友得以透過社群交友模式與作家更貼近。社群網站也讓作家與讀者間的關係產生質變，正如麥克魯漢（Marshall McLuhan）名言：「媒體即訊息。」之啟示，閱聽眾閱讀文本的感受會受到傳播媒介本身的影響，媒介與文本之間的關係為共生體。此中更值得玩味的是讀者成為作家在虛擬世界的網友，透過線上互動與作家進行談話，閱讀彼此的發言與對話也成為特殊的文學互動景觀。此外，社群網站的貼文為一數位文本，在集結這些數位文本成為正式出版物後，又經編輯與作家審視，成為另一種文學文本的生產模式。當作家與編輯針對線上文本的「把關」後，重新出版為線下實體書，可視為文學重構或再思的活動。本文以作家向陽的臉書網頁與《臉書帖》為考察文本，探索向陽在臉書與《臉書帖》之間的出版狀態，觀察向陽在臉書上這些文本貼出後與臉友的互動；並以時間與地點為追蹤線索，嘗試以向陽為例，開拓編纂

作家誌的方法。本文以向陽為例，力圖豐碩既有的作家研究方法，並突顯作家與讀者（或臉友）的互動關係與重要意義。

關鍵詞：編輯、修改、互動、時間、出版

一、前言：運用複合媒體擴展作家誌的可能性

　　傳統的文學研究特別注重作家本身的寫作歷程與活動軌跡，因此呈現於各台灣文學史書寫的單一作家生平（作家誌）大同小異，亦同時形成對該作家評定的風格共識與文學史位置。[1] 所謂作家生平與成就的「大同」，指文學史在銘記一個作家時，慣於彙整作家的出生時地、出版歷程與重要文學史意義等；所謂的「小異」，指作家的寫作風格，重要作品評述與作家的文學年代定錨。而無論是大同或小異，往往文學史家或論者以既有出版書籍上的作家生平與出版資訊為本，加諸彙整已出版及獲獎的重要作品為準，交互穿插比對後而成文。在這個直線的編纂的過程裡，往往是「大同」為多，「小異」為少。一個作家在文學史上的位置也因此過程取得各方的普遍認同（或批判），並形成一個作家在文學史當中的清晰位置，此即為該學界與評論界對該作家的掌握與共識。

　　傳統的作家傳記編纂與形成共識的過程有其重要價值與意義，然而隨著數位時代的來臨，加上傳播模式的多元變化，讓作家生平軌跡、寫作觀念或經歷等，也到了該有新的彙編模式與討論方法之時。尤其，在數位社群媒體大行其道的現今，雖不能妄言實體出版時代有如北極冰山岌岌可危，但越來越多作家透過複合媒體的傳播模式強化自身與大眾或讀者的對話互動，可謂俯拾即是。

　　由於數位傳播的迅猛度與即時性，縱使是以實體出版為主的作家透過出版社或印刷廠進行實體出版，仍廣泛運用數位傳播進行推廣或宣傳新書

---

[1] 以向陽為例，相關文學史之作家誌可詳參：陳芳明，〈第二十二章 眾神喧嘩：臺灣文學的多重奏 一九八〇年代後現代詩的豐收〉，《臺灣新文學史》（新北：聯經出版，2011），頁 654-669。鄭慧如，〈向陽〉，《臺灣現代詩史》（新北：聯經出版，2019），頁 558-564。古繼堂，〈第十四章 從回歸浪潮中崛起的空前規模的臺灣青年詩人群 第七節 向陽〉，《臺灣新詩發展史》（台北：文史哲出版社，1997），頁 449-454。張雙英，〈伍、百家爭鳴（六〇、七〇年代）九、陽光小集詩社〉，《二十世紀臺灣新詩史》（台北：五南圖書，2006），頁 305-313。古遠清，〈第九章 現實主義詩派的抗銜（二）　第五節《陽光小集》：重建民族詩風〉，《臺灣當代新詩史》（台北：文津出版社，2008），頁 240-248。陳謙、陳皓編，〈向陽小傳〉，《臺灣 1950 世代詩人詩選集》（新北：小雅文創，2016），頁 251。

發表。此外，過往以作家本身的日記、手稿、散文、旅遊書寫或重要獲獎等為準繩的作家誌撰寫，也隨著作家運用社群媒體標誌本身的文學日常與活動軌跡，有了新素材取得管道的可能性。況且，作家生平資訊的取得，其實尚有隱私權與公開性等相關問題，因此文學史家或評論家應多方考量。[2] 過去運用作家日記、手稿、散文等材料進行作家誌編撰時，或許部分已經同意，但也可能存在未經同意即納入生平紀錄的「黑數」。特別是重要作家過世後，已來不及取得同意，仍有日記、隨本、手稿等公開出版的狀況，已引發過侵犯隱私權的爭議。然而作家於社群平台上設定為「公開」之文章與活動軌跡，為供社會大眾觀看與對話之文章，實際上公開瀏覽或閱讀就不存在侵犯隱私權的問題。有鑑於上述問題，本文站於過往傳統的作家誌（或稱為生平傳記）編纂方法的肩膀上，嘗試運用複合媒體的概念，建立一種新的作家誌方法。

　　為了透過數位資料嘗試建立一個作家誌編纂素材取得方法或模式，本文綜合數位社群媒體貼文與從數位社群媒體貼文中再篩選彙編過的出版文本，以複合媒體（Mixed Media）的概念綜合比較以達此目的。複合媒體原為藝術創作或舞蹈學的跨媒體創作專用術語，主要為同時使用不同媒材表現藝術理念，或透過不同媒體創造舞蹈表現形式。[3] 本文在此建立作家誌方法的過程中，採用此術語之精神，建立文學領域的複合媒體作家誌方法。本文以向陽為例，將社群媒體中的向陽軌跡，與實體出版的向陽軌跡，進行複合媒體的揉合分析。在目前文學史書的記述當中，向陽為台灣現代詩陣容中重視規律的大將，同時有大量的台語文學寫作，特色為本土色彩濃厚，並在純文學與大眾文學之間游刃有餘。有詩作被編寫為流行歌

---

2 例如：徐錦成，〈他人的隱私——兼談張愛玲《小團圓》的出版〉，（來源：《自由時報》電子報，https://ent.ltn.com.tw/news/paper/303969）。
3 可參閱：暮澤剛巳著，蔡青雯譯，《當代藝術關鍵詞100》（台北：麥田出版社，2011）。Arthur C. Danto 著，林雅琪、鄭惠雯譯，《在藝術終結之後：當代藝術與歷史藩籬》（台北：麥田出版社，2010）。皮力，《從行動到觀念：晚期現代主義藝術理論的轉型》（台北：典藏藝術家庭，2015）。

曲的現象，但最高成就仍在華語的白話詩。[4]此外，由作家生平來看，向陽為大眾傳播背景的重要作家，並曾獲本土語言推廣貢獻獎，出版詩集、散文集、學術論著等50餘種，同時編有編著30餘種。寫作與編輯產量豐碩。[5]綜此可見，向陽的寫作質量兼及現代詩與現代散文兩端，現代詩華語詩重視格律與虛實，現代詩台語詩強調格律與本土性，學術論述以報導文學及文學傳播為主，此外也有高產量的文學選編出版。目前能掌握的，在文學史中的向陽可定錨為：現代詩、台語詩、格律派、本土派、現代散文、報導文學研究、文學傳播研究。

本文以上述的向陽成就之作家誌為基礎，以向陽的《臉書帖》[6]文章為基礎，對照向陽的臉書貼文[7]，交織成為本文研究對象。主要研究方法為比較研究（comparative research），並運用複合媒體概念（兩種以上不同類型的大眾傳播媒體），考察《臉書帖》所收錄之文章為文本，回溯討論分析向陽臉書上之貼文，了解向陽臉書與《臉書帖》的向陽軌跡：探索向陽

---

[4] 可參閱陳芳明所記述之向陽：「向陽，本名林淇瀁（一九五五-），是追求規律形式的一位詩人。他也擅長寫台語詩，有多首編成歌曲，廣為傳誦。重要作品有《銀杏的仰望》（一九七七）、《種籽》（一九八〇）、《十行集》（一九八四）、《土地的歌：向陽方言詩集》（一九八五）、《歲月》（一九八五）、《四季》（一九八六）、《心事》（一九八七）、《向陽台語詩選》（二〇〇二）、《亂》（二〇〇五）。由於出道甚早，產量也相對豐富。他的作品緊緊與土地、節氣、家族、認同結合在一起。但他又不是以鄉土詩人一詞就可以蓋括。在藝術與庸俗之間，他頗有自覺。創作時，方寸拿捏得宜，又暗藏起落有致的節奏，總是動人心弦。例如〈霜降〉前面五行：『霜，降自北，一路鋪向南方／沿黑亮的鐵軌，幻影／飄過城市，窮鄉與僻壤／在平交道前兜了一圈／回來偎著小站店家的看板』，類似這樣的手法相當迷人。在南國的霜降季節，詩人刻意把飄渺的冰冷空氣，與鄉下的店家看板並置在一起。在虛實之間，構成參差的美學。他被編成的台語歌曲，常常變成政見場合的背景音樂。這可能是詩人未曾預料。他經營一首詩，從不放棄謀篇布局，也從未遺忘釀造氣氛。他的台語詩表現得恰到好處，但是成就較高的，還是屬於他中國白話詩的藝術。」詳見陳芳明，《臺灣新文學史》（新北：聯經出版，2011），頁669-670。

[5] 可參閱李桂媚編纂之向陽小傳：「向陽，本名林淇瀁，臺灣南投人，1955年5月7日生於鹿谷鄉廣興村。中國文化大學東方語文學系日文組畢業、中國文化大學新聞研究所碩士、政治大學新聞研究所博士。美國愛荷華大學國際寫作計畫邀訪作家（1985）。曾任《自立晚報》副刊主編、《自立晚報》、《自立早報》和《自立周報》總編輯、《自立早報》總主筆、《自立晚報》副社長兼總主筆，現任國立臺北教育大學臺灣文化研究所教授兼圖書館館長、吳三連獎基金會秘書長。曾獲國家文藝獎、吳濁流新詩獎、美國愛荷華大學榮譽作家、玉山文學獎文學貢獻獎、臺灣文學獎新詩金典獎、教育部推展本土語言傑出貢獻獎、傳統暨藝術音樂金曲獎最佳作詞人獎等獎項。著有詩集《十行集》、《四季》、《向陽詩選》、《向陽臺語詩選》、《鏡內底的囡仔》、《亂》，散文集《旅人的夢》、《寫字年代──臺灣作家手稿故事》、《臉書帖》、《寫意年代──臺灣作家手稿故事2》、《寫真年代──臺灣作家手稿故事3》，學術論文《書寫與拼圖：臺灣文學傳播現象研究》、《照見人間不平：臺灣報導文學史論》、《場域與景觀：臺灣文學傳播現象再探》等五十餘種，編有《二十世紀臺灣詩選》、《二十世紀臺灣文學金典》（小說卷、散文卷），譯有《大象的鼻子長──窗道雄兒童詩選》等三十餘種。」李桂媚為向陽研究專家，向陽小傳允為目前最完整呈現向陽的作家誌，故引為例證。本文特別感謝李桂媚女士無償提供向陽小傳。

[6] 向陽，《臉書帖》（台北：聯合文學出版社，2014）。

[7] 向陽臉書有兩類，主要為向陽個人臉書與向陽專頁。本文主要之材料為向陽臉書，未來再納入向陽粉絲專頁一併討論。

自臉書至《臉書帖》的出版狀態，觀察向陽在臉書上這些文本貼出後與臉友互動的情景數據，並浮顯向陽臉書與《臉書帖》的向陽足跡。本文以向陽為例，重點在於迎接數位時代的來臨，加上作家自我經營與文學傳播方式改變的現今，嘗試建立一個彙編作家誌的可能途徑與模式。

在數位時代的浪潮中，作家不再單純依賴傳統的紙本出版與學術界的評定，許多作家選擇透過社群媒體來與讀者互動，發表見解，甚至分享創作過程。如此的轉變使得作家的生平與作品的呈現方式發生了本質上的變化，也使得傳統作家誌的編纂方式面臨新的挑戰與機會。尤其是社群媒體的普及與即時性，讓作家的個人生活、思想、創作過程等可以快速而廣泛地公開，這些動態的文本資料提供了比傳統出版更為豐富的作家形象建構素材。相比於過去以作家已發表的文學作品、出版紀錄或大眾媒體報導為主要依據，當代作家的生活與創作軌跡在數位平台上呈現出更多層次的互動和延伸。在此背景下，複合媒體作家誌的提出，不僅是對於作家生平資料的全新解讀，也是一種對於作家與社會、作家與讀者之間互動關係的探索。透過比較作家在社群平台上的貼文與其已出版作品，研究者能夠發現作家創作背後的動機、心境變化及其對當代文化議題的反應。例如，向陽在臉書上的帖子，往往與其詩作的風格、主題息息相關，而這些即時的社會評論與個人思索，能夠為學術界提供更細緻的理解視角。作家對於特定社會事件或文化現象的即時反應，所形成的文本不僅是創作過程的一部分，也是對該事件或現象的文化介入。緣此，複合媒體作家誌不僅僅是將作家的作品與生平資訊重新編排，更是在數位環境下對作家形象的多元建構。透過對比作家的實體出版作品與其在社群媒體中的表現，研究者可以全面呈現作家的創作全貌，並揭示數位平台在當代文學創作與傳播中的影響力與可能性。這樣的作家誌編撰模式，能夠更全面且動態的呈現作家與時代的互動，為文學史的寫作開闢新的視野與方法。

二、向陽臉書與《臉書帖》探索文本的潤飾異動

　　首先，本文將從《臉書帖》出發，掌握當中所有的散文後，再回溯至向陽的臉書貼文。以下就先從《臉書帖》的5種類型，回溯至向陽臉書貼文的編輯潤飾類型，觀察貼文與收錄散文的時間記載，再產生可能的向陽作家誌軌跡。

（一）《臉書帖》的5種類型[8]

　　《臉書帖》共有111篇，主要取自2009年至2013年間的向陽臉書貼文，經過篩選與調整後，形成出版後之隨筆形式散文。帖本身就具有精緻簡易書束的意思，因此觀察向陽臉書與《臉書帖》的轉換過程，或許可以就從隨心的貼文，被精緻化為實體的帖文。而由於有經過「海選」與編輯的過程，因此無論內容或分類都有可能產稱質變。這些文章在臉書上時多數未有分類但有少數被分類為「感心的手澤」、「愛藏冊影」、「永以為好」、「暖暖山居」等類別，但到了《臉書帖》則清楚的被分類為「念舊」、「繫緣」、「愛藏」、「賦詩」、「聞見」等5類。換言之，從向陽臉書貼文到《臉書帖》散文的出版，光是分類上就有了巨大的差異。以下，說明《臉書帖》這5類文章的主題與題材。

1. 念舊類的文章

　　通常與文友或舊識的逝去有關，共有17篇。從這一類的貼文中，可以看見向陽獲知文友或相識者過世訊息後，或是到了某個片刻，或碰巧尋獲某物，透過追憶串連起各種追憶過往。這一類的散文，呈現了向陽豐沛的個人情感。

8　詳參向陽，《臉書帖》，目次頁。

2. 繫緣類的文章

繫緣類文章共 28 篇，主要為貼文當日或近日發生之事，就貼文歷時性與經潤飾追加的文字而言，這個部分的貼文或散文，具有日記式散文的型態，也最具有追蹤某段時間向陽軌跡功能。繫緣類散文，可見以文學作為志業的向陽動能。

3. 愛藏類的文章

愛藏類的貼文和散文共 21 篇，呈現出不同於詩人或散文家向陽的另一面。此中包括有篆刻、手稿、藏書票、版畫、殘本或書信等，除了呈現文字上的懷念之外，藏品本身也充滿濃厚的文史意義。愛藏類散文，可見向陽的多元才藝。

4. 賦詩類的文章

賦詩類的貼文和散文共 14 篇，值得重視的是這一類的文章通常為行旅後的詩創作，更引人注目的是，除了現代詩，亦有傳統詩。因此未來要關注向陽的近作，恐怕數位社群是不可忽視的園地。賦詩類的散文，可追蹤向陽近期的創作。

5. 聞見類的文章

見聞類的貼文或散文共有 31 篇，也是《臉書帖》當中份量最重的一卷。這一類的散文最國際化，也呈現出最接地氣的在地化，同時也十分符合前述各文學史當中向陽形象。從聞見類的散文，可以看見作家向陽的社會關懷與行動。

或許由於出版的考量，或是各種環境因素使然，這 5 類文章概略來看，其實在分類上只是一種權宜，類與類之間的界線並不決然。從貼文

或散文的內容來看，其實多數文章同時具有懷舊、繫緣、聞見的特質。不過這並不妨礙向陽臉書貼文或《臉書帖》本身的意義或價值。從文體來看，這5類文章更像是傳統文類學上的隨筆散文，或許可以直接暫歸於隨筆散文。上述這5類隨筆散文，均由向陽臉書上的貼文編輯潤飾後產生。由這5類的散文內容，可以想見同時透過數位貼文與實體出版可以蒐集到一個作家的更多面向。例如從繫緣類可以掌握作家在某一段時間內的人際網絡狀態，繫緣類更能探究作家的來往動向，愛藏類可看出作家的興趣，賦詩類可匯集作家線上發表之創作，聞見類可記錄作家的真實社會軌跡。尤其以2009年至2013年這個時間段來看，橫跨了2001至2010與2011至2020這兩個竹節式的時間斷代，加上碰巧網路社群在台灣大行其道，更能看出一個作家如何透過數位傳播強化文學或文化推廣過程。

（二）從線上到線下的編輯潤飾

接下來，從《臉書帖》的5種散文分類，回溯向陽臉書的貼文，以了解數位文本轉化為實體文本時，可能會產生的各種變化或情況。從「附表一、《臉書帖》與向陽臉書之向陽活動表」，可以了解在「線上」的貼文轉化為「線下」的散文彙編過程中，實際上產生了「微幅潤飾」「局部異動」、「多篇合一」、「原封不動」等4種類型。以下就這4種類型說明。

1. 微幅潤飾

本文所指微幅潤飾者，指僅在貼文與散文之間，產生及小幅度的文字異動。在貼文的寥寥數字之間，產生變化，形成實體散文。這種編輯潤飾的方式，可見作家的字斟句酌。以〈見故人於書翰〉為例，僅有兩字之差。〈見故人於書翰〉最末句為：「睹柏老墨跡化身於鉛筆之上，如見故

人於書翰之中。」⁹《臉書帖》最末句為：「看著柏老墨跡化身於鉛筆之上，如見故人於書翰之中。」¹⁰ 由於內容上的調整，儘管屬於最小幅度的變化，¹¹ 但已形成兩種不同版本的文學文本。

2. 局部異動

從臉書貼文，到《臉書帖》的局部異動，指散文本身有了相當幅度的增刪，或者調動了原始貼文的段落順序或敘述語氣。這種變化，在《臉書帖》裡屬於後來的「結構調整」，或是「敘述語氣」上的轉換。以臉書貼文的原始正文為基礎，在收錄於《臉書帖》之際變化了敘事的口吻，或直接調整了段落順序，以適合實體出版閱讀需求。以〈驚蟄念老友〉為例，即有多處的異動。這種編輯潤飾的方式，也能看出同時掌握線上文本與線下文本的必要性，因這種編輯變化，即是兩個明顯的具差異版本。為便於比對，以下錄下〈驚蟄念老友〉兩個版本。

> （1）臉書貼文 ¹²
>
> 今天是節氣「驚蟄」，**貼我在詩集《四季》中的詩，分享臉友。先前已貼康熹版高中國文課文，詩的內容就不再重覆了**，這裡貼的是 1986 年詩集中的手稿。
>
> 驚蟄，古稱「啟蟄」，是二十四節氣之一。《月令七十二候集解》說：「二月節……萬物出乎震，震為雷，故曰驚蟄，是蟄蟲驚而出走矣。」每到驚蟄前後，春雷一聲，驚醒藏伏冬眠的動物；此時天氣也轉暖，進入春耕季節。天地萬

9　向陽，〈見故人於書翰〉，（來源：向陽臉書，https://www.facebook.com/photo?fbid=251353778215985&set=a.103273903023974）。
10　向陽，《臉書帖》，頁 28。
11　粗體字部分，為本文所標。
12　向陽臉書，來源：https://www.facebook.com/photo?fbid=379124418772253&set=a.102203503131014。

物的甦醒，由此啟矣，所以「驚蟄」也稱「啟蟄」。

我的詩集《四季》，出版於 1986 年 12 月（台北：漢藝色研）。這是我 1985 年赴美參加愛荷華大學「國際寫作計畫」的詩作結集。以今天的眼光來看，依然相當精緻。當時在畫家、書法家李蕭錕的精心擘劃之下，首版封面以牛皮紙製作，委請畫家周于棟插繪 8 幅彩色水墨畫，以折頁方式插頁處理。內頁 24 首詩以我的手稿印製；24 節氣題目則是李蕭錕書法。詩、書、畫三者合於一書。就當年的出版裝幀來說，古樸高雅，可謂開風氣之先，領導了 1980 年代之後台灣出版品的裝幀風潮。

首版出版後一個月就絕版，由於成本過高，再版改採常態印刷，周于棟插繪也以內頁紙處理，不採插頁方式。再版印了三刷。後因漢藝轉手，此書首、再版皆成絕版。

驚蟄之夜，撫《四季》而懷念當年合作的蕭錕、于棟兩兄。祈《四季》有重刷機會，盼三人有再次攜手可能。這心念，願天上之雷也能聽見！

（2）《臉書帖》散文 [13]

今天交節氣「驚蟄」。驚蟄，古稱「啟蟄」，是二十四節氣之一。《月令七十二候集解》說：「二月節……萬物出乎震，震為雷，故曰驚蟄，是蟄蟲驚而出走矣。」每到驚蟄前後，春雷一聲，驚醒藏伏冬眠的動物；此時天氣也轉暖，進入春耕季節。天地萬物的甦醒，由此啟矣，所以「驚蟄」也稱「啟蟄」。

---

13 向陽，《臉書帖》，頁 42-43。

想到我曾經以二十四節氣寫詩，其後出版了詩集《四季》；也想到與四季之出版有關的李蕭錕、周于棟兩位老友。

《四季》出版於 1986 年 12 月（台北：漢藝色研），是我 1985 年赴美參加愛荷華大學「國際寫作計畫」的詩作結集。以今天的眼光來看，依然相當精緻。當時在畫家、書法家李蕭錕的精心擘劃之下，首版封面以牛皮紙製作，委請畫家周于棟插繪 8 幅彩色水墨畫，以折頁方式插頁處理。內頁 24 首詩以我的手稿印製；24 節氣題目則是李蕭錕書法。詩、書、畫三者合於一書。就當年的出版裝幀來說，古樸高雅，可謂開風氣之先，領導了 1980 年代之後台灣出版品的裝幀風潮。

首版出版後一個月就絕版，由於成本過高，再版改採常態印刷，周于棟插繪也以內頁紙處理，不採插頁方式。再版印了三刷。後因漢藝轉手，此書首、再版皆成絕版。

驚蟄之夜，撫《四季》而懷念當年合作的蕭錕、于棟兩兄。祈《四季》有重刷機會，盼三人有再次攜手可能。這心念，願天上之雷也能聽見！

　　從兩個版本來看，主要的編輯異動目的為調整了「語氣」。[14] 除了刪除面對臉友所敘述的文字，以更動部分段落及調整敘述語氣，也再強調了《四季》為以二十四節氣為結構的詩集。總體而言，這類的更動主要是為了「閱讀者」的視角所進行的編輯潤飾。由於臉書貼文閱讀者與實體散文閱讀者，存在著不同的視角與閱讀習慣，因此產生此類的編輯變化。

---

14 兩個版本粗體字部分，為本文所標。

3. 多篇合一

　　本文所稱的「多篇合一」之運作多數為原本貼文的篇幅較小，可經由主題的設定聚攏在一塊，形成《臉書帖》塊狀的散文。或是原本數篇貼文，有相同的人物或事件，因此經由實體散文的整合，成為實體出版時的同一篇文章。原本於臉書上各自分別張貼的貼文，由統一的主題，將不同題材內容的貼文合併為一，即為本文所謂的多篇合一，例如〈林海音家的餐敘〉、〈我的父親林助〉、〈花月三首〉、〈雨花詩六首〉、〈松園別館所見〉等均為此類。在《臉書帖》，又以創作合併的多篇合一為多，並有將眾多作品合一的情況。以下以〈花月三首〉為例，可見從多篇貼文，合併為一篇文章之情況。

（1）臉書貼文

　　A. 20120825 〈見故人於書翰〉[15]
　　暖暖雨初停，唧唧蟲復鳴。
　　浮雲泊夜空，山月邀流螢。

　　B. 20120831 暖暖山居中元夜月[16]
　　中元夜月凌空虛，萬里殘雲步凋疏。
　　脫出霾晦風扶花，照見澄明水映樹。

　　C. 20120908 暖暖書房・紫鳳凰花開[17]
　　秋來午後樓台前，乍見紫花弄妣媽。

---

[15] 向陽〈暖暖山月〉，（來源：向陽臉書，https://www.facebook.com/photo?fbid=482431251774902&set=a.359116084106420）。

[16] 向陽〈暖暖山居中元夜月〉，（來源：向陽臉書，https://www.facebook.com/photo?fbid=484884888196205&set=a.359116084106420）。

[17] 向陽〈暖暖書房・紫鳳凰花開〉，（來源：向陽臉書，https://www.facebook.com/photo?fbid=487950201223007&set=a.359116084106420）。

雲影獨憐鳳凰飛，天光相映碧鱗間。

(2)《臉書帖》散文[18]

花月三首

暖暖山月
今晚暖暖又見明月，在五樓書房陽台上仰首望月，只見雨後群山溫馴臥於月光之下，蟲語滿山，天上浮雲，林間流螢，天地之間流動著寧靜：
暖暖雨初停，唧唧蟲復鳴；
浮雲泊夜空，山月邀流螢。

暖暖中元夜月
暖暖中元明月，煞是迷人，仰望夜空，有陰霾盡去，心胸澄明之感，遂有此詩：
中元夜月凌空虛，萬里殘雲步凋疏；
脫出霾晦風扶花，照見澄明水映樹。

紫鳳凰花開
書房陽台上的子鳳凰花開了，雲影來相照，花瓣的紫色妍麗，教人動容，忍不住又寫了一首詩：
秋來午後樓台前，乍見紫花弄妊嫣。
雲影獨憐鳳凰飛，天光相映碧鱗間。

---

18 向陽，《臉書帖》，頁 194-195。

單從這篇〈花月三首〉來看，其實不只是單純的多篇合一，亦有局部異動的情況。亦即，在原本的三篇不同時間之貼文詩前，又增加了文字敘述。此外，詩本身的標點符號則是有微幅調整的現象。當然，過往有關向陽的作家誌都以現代詩為討論標的，但以這篇〈花月三首〉為例，向陽亦有傳統文學的創作。

4. 原封不動

原封不動即如字面上的意思，將原本的貼文，完完整整的收錄進《臉書帖》。這一類的潤飾模式，通常表明作家本身對貼文的自信，以及對內容的滿意程度。同時編輯對於原封不動的收錄，也有高度的認同感。以〈超越時間的詩〉為例，臉書上的貼文原文[19]，與《臉書帖》的散文正文[20]，完全一致。不過，即使是貼文與散文在文字上的百分百一致，就使用的圖片仍有些許差異。以〈超越時間的詩〉為例，臉書貼文僅呈現瘂弦詩集《深淵》的封面，但《臉書帖》除了呈現《深淵》封面，同時也翻開了內頁，出現瘂弦親自簽字的圖像。

除上述這 4 種臉書貼文的潤飾變化之外，還有一個現象在利用臉書貼文與《臉書帖》進行向陽作家誌時可以特別留意。在《臉書帖》當中所收錄的文章，絕大多數都有記載時間，而這些時間線，對於作家誌或作家軌跡而言，也具有參考價值。以下就根據臉書貼文與《臉書帖》的時間比對，點出當中的幾種類型。這些時間，同時也可能牽涉到版本問題。

---

[19] 向陽〈超越時間的詩〉，（來源：向陽臉書，https://www.facebook.com/photo?fbid=293920497292646&set=a.147035145314516）。
[20] 同註 18，頁 76-77。

（三）臉書貼文與《臉書帖》的時間記載

前述 4 種類型，即為從向陽臉書到向陽《臉書帖》的主要潤飾異動類模式。過往傳統實體出版即有所謂的版本校勘學，如今到了數位時代，除了實體出版外，同時有數位宣傳與數位出版，因此所謂的版本學，可能也需考慮加上首次於線上發表的文章狀態。但事實上臉書貼文本身也可能產生版本問題，此中牽涉了臉書貼文的自由編輯性質，意即即使已經貼文公開，仍可在任何時間點對貼文進行編輯修改增刪。以下就目前所觀察《臉書帖》與向陽臉書貼文之間的時間記載差異類型說明，共有 4 類：「向陽臉書與《臉書帖》時間同步」、「向陽臉書多次編輯與《臉書帖》記載最末次編輯時間」、「向陽臉書與《臉書帖》時間不一致」、「《臉書帖》未記載時間」。

1. 向陽臉書與《臉書帖》的時間同步

時間同步為向陽臉書與《臉書帖》當中，時間記載最大宗者。歸於此類者，即《臉書帖》當中所記載的時間，與向陽臉書上的貼文時間一致。例如：〈一國小雪〉、〈睡不著的詩被唱出來〉、〈藏書票〉、〈人間行旅〉、〈詩與全球〉等篇與臉書貼文，均為此類。

2. 向陽臉書多次編輯與《臉書帖》記載的最末次編輯時間

由於臉書具有可再編輯的功能，任何貼文可隨時隨地進行編輯，因此產生了臉書貼文有多次編輯紀錄的情況。當向陽臉書貼文產生多次編輯的情況，《臉書帖》往往會以最末次編輯的時間，為該收錄文章的記載時間。例如：〈春風吹在渭水道上〉向陽臉書初次張貼時間 2009 年 9 月 11 日，於 2010 年 9 月 13 日新增修改，《臉書帖》記為 2010 年 9 月 13 日。

3. 臉書與《臉書帖》的時間不一致

當向陽臉書多次編輯，而《臉書帖》記載最末次編輯時間時，原則上仍可屬於時間有一致性。但部分的《臉書帖》文章出現與向陽臉書貼文時間完全不一致的情況。整體考察，約可分為3類：

A. 原因不明的時間不一致

目前無法探知，因任何原因產生的時間不一致。例如：〈紀州庵「演歌」〉向陽臉書初次張貼時間為2012年10月7日，未經任何修改，《臉書帖》則記為2012年10月6日。

B. 因多篇合一產生的時間不一致

由於多篇合一，於合併之後產生了與臉書貼文完全不同的情形。例如〈林海音家的餐敘〉，三篇不同貼文分別於2009年9月16日、2011年4月15日貼出，《臉書帖》則記為2011年4月14日。

C. 因多次編輯產生的時間不一致

因臉書貼文曾有重新編輯情況，但所有貼文時間紀錄與《臉書帖》的時間記載不一致。例如：〈殘本美學〉向陽臉書初次張貼時間2009年11月28日，於2011年5月3日新增修改，《臉書帖》記為2011年5月1日。

4.《臉書帖》未記載時間

關於此類，則是原始的臉書貼文上有貼文時間，但《臉書帖》收錄後，並未記載時間。例如：〈兩樣小藏品〉在向陽臉書初次張貼的時間為2009年11月28日，《臉書帖》收錄後則未標明時間。

現今編纂作家誌之背景資料仍以作家的實體出版活動，或是報刊雜誌等實體刊載為主。但目前已有相當人數的數位原住民世代，或被稱為新世代的作家，已十分頻繁的使用數位社群媒體進行宣傳與發表；而如資深作家，如向陽般兼擅數位與實體文學活動者，亦不在少數。因此未來在建立作家誌時，便可能需要同時重視作家的線上活動與線下活動。回到「附表一、《臉書帖》與向陽臉書之向陽活動表」，以向陽的臉書與《臉書帖》為例，加上前述的分類與各種潤飾變化，可以建立 2009 年至 2013 年向陽的主要重點軌跡。

表1、向陽軌跡表簡編（1）

序	卷名	向陽軌跡
1	念舊	1950 年，南投，林助、張達修。 1977 年 -1978 年，台北，胡德夫、鍾肇政、李雙澤。 1983 年，香港、台北，楚戈。 1985 年，愛荷華，聶華苓。 1985 年，台北，施明正。 1985 年，台北，陳秀喜、鍾逸人。 1986 年，台北，李蕭錕、周于棟。 1995 年，台北，陳千武。 2012 年，台北，洪瑞襄。
2	繫緣	1961 年，南投，父親、母親、林㦤、林柏維、林芬櫻。 1971 年，竹山，瘂弦。 1974 年，台北，渡也。 1976 年，台北，瘂弦。 1977 年，台北，簡上仁。 1985 年，愛荷華、威斯康辛，周策縱、淡瑩、方梓。 1986 年，台北，黃韻玲。 1994 年，台北，林亨泰。 1998 年，台北，馬悅然。 2009 年，台北，周夢蝶。

		2009年，台北，黃韻玲。 2009年，台北，崔舜華。 2010年，台北，杜十三。 2011年，台北，楊寒。 2011年，花蓮，汪啟疆、顧彬。 2011年，台北，丁貞婉、陳其茂。 2012年，台北，藤井省三。 2012年，花蓮，方梓父母、文化局長、花蓮市長、吉安鄉長、蕭美琴、楊翠、王鈺婷、魏貽君、陳建忠、楊允言。 2012年，台北，鯨向海。 2012年，台北，瓦歷斯‧諾幹、阮紹薇。 2012年，台北，路寒袖。 2013年，台北，楊淑菁。
3	愛藏	1953年，台北，陳其茂。 1957年，台北，周夢蝶。 1958年，台北，覃子豪。 1960年，鹿谷，林助。 1975年，台北，黑俠伉儷。 1982年，台北，許悔之。 1983年，台北，梁實秋。 1989年，台北，魏貽君、何華仁、林文義、楊翠、馮景青、劉克襄。 2012年，台北，許悔之。 2012年，台北，廖亮羽。 2013年，台北，林彧。
4	賦詩	2002年，凍頂山，林彧。 2012年，台北，柏楊。 2012年，溪頭，林彧、林柏維。 2012年，凍頂山，林彧。
5	聞見	1994年，台北，李永得。 2011年，台北，鴻鴻。 2011年，暖暖，瓊芳、齊邦媛。 2011年，花蓮，陳黎。

| | | 2011 年，芳苑，吳晟。
2012 年，暖暖，方梓。
2012 年，昆明，語創師生、李廣田。
2012 年，暖暖，林劭璃、陳偉。
2012 年，台北，封德屏。
2013 年，台北，鴻鴻。 |

「表1、向陽軌跡表簡編（1）」為完全確切之向陽臉書貼文與《臉書帖》散文資料交互比對後，所產生的向陽軌跡。由於臉書貼文與《臉書帖》散文的記載時間可能有所出入，但只要雙邊的內文時間是一致的，也就是並沒有從線上至現下的過程裡產生異動，即列入表1。透過表1也就很清楚的看見，向陽在2009年至2013年之間，所產生的念舊、繫緣、愛藏、賦詩與聞見的時間、地點與人物軌跡。

《臉書帖》一書對於現代文學作家的創作脈絡與數位社群的交織，提供了值得關注的價值。作為一部從向陽的臉書貼文中選編與潤飾而來的散文集，打破了傳統文學出版與數位平台之間的界線。透過數位平台，作家能夠更直接、即時地與讀者互動，而這種即時性與互動性對作家的創作過程及其作品的形態、內容發展產生了深遠的影響。向陽的《臉書帖》便是這一現象的典型代表，突顯數位平台如何對文學作品的編輯與呈現產生影響。從《臉書帖》到向陽臉書貼文的轉換過程中，編輯潤飾顯然有重要的功能。在這個過程中，向陽將原本散見於臉書上的片段文字進行篩選、調整與整合，最終形成了具備書面規範的隨筆散文。這一過程不僅僅是文字的調整，更涉及到了文本結構、語氣和情感表達的改變。當面對不同平台的讀者群體時，作家必須考慮如何調整語言風格，以便更好的適應讀者的閱讀習慣。例如，臉書上的貼文往往具有即時性與私人性，而出版後的散文則更具普遍性與文學性，這使得作家需要重新思考如何在兩者間達到一個平衡。

《臉書帖》中的 5 種類型散文念舊、繫緣、愛藏、賦詩、聞見等，分別反映了向陽在數位平台上呈現的不同面向。這些面向包括了對過往的回憶、對當下生活的感知、對文化藝術的追求，甚至對當前社會現象的關注。這些主題原本可能以貼文的形式零散呈現，但通過編輯潤飾，它們不僅在形式上變得更為整齊，也在內容上更加豐富和多層次。這樣的編輯過程本身就是對數位文本的一次再創作，將原本以碎片化形式呈現的內容進行了有意識的重構。網路社交平台不僅改變了文學作品的呈現方式，也影響了作家的創作軌跡。傳統作家通常以出版為創作的終極目的，而數位平台使得創作過程與發表變得更加即時與頻繁。透過臉書等社交媒體，作家可以不斷分享自己的思考、感悟與創作，這樣的即時性對作家的創作動能形成了積極的推動。對於像向陽這樣的作家而言，臉書成為了他創作的一部分，甚至成為了他思維與情感表達的延伸。從他在臉書上貼文的時間軌跡可以看到，這些貼文反映了作家在某段時間內的情感變化、人際關係以及創作過程的細節，這些細節通常在傳統出版的作品中無法見到。另一方面，可預見的，數位平台的即時性也帶來了版本控制的問題。臉書貼文的內容可以隨時進行修改或更新，因此每一篇貼文的「最初版本」都可能與「後來版本」存在差異。這一特點在《臉書帖》充分體現。例如，在處理那些多次修改過的臉書貼文時，出版的內容往往會選擇最終版本，這樣的操作使得散文集中的每篇文章都成為了某一時間點的定格，與臉書上不斷更新、修訂的動態特性形成鮮明對比。這種差異性提示研究者，在數位時代，作品的「版本」不再是固定不變的，而是一個隨著時間和編輯進程不斷演化的過程。

三、向陽臉書的社群互動討論

　　向陽《臉書帖》實際上還有一個和向陽臉書最大的不同之處，在向陽

臉書貼文被匯集為《臉書帖》後，《臉書帖》有「序」。在〈臉書帖序 虛擬空間的旅人手帖〉裡向陽自敘《臉書帖》的文章：「記載了我自 2009 年 9 月 20 日加入臉書後的隨想、心事和行蹤。除非有事，大約每日一記，多半輔一圖……」[21] 由此可知，向陽將臉書當成數位日記般使用。不過與私人日記不同的是，向陽臉書是屬於公開化的平台，同時也能和讀者產生互動。因此，觀察這些貼文或散文公開化後，作家與讀者的互動就顯得十分特別。

（一）五卷的篇數分布

《臉書帖》共有 111 則，[22] 卷一有 17 篇，卷二有 28 篇，卷三有 21 篇，卷四有 14 篇，卷五有 31 篇。從比例來看，卷五的聞見為最多，十分符合日記型態的隨筆散文情況；此外，卷一加上卷二有 45 篇，這兩類也相當接近「觸景傷情」或「睹物思人」的狀態，亦可視為日記類型的貼文。整體來看，《臉書帖》相當於數位化的向陽公開版日記，記載了向陽活動的大小事，因此不容向陽研究者忽視。

（二）向陽臉書貼文時間與談及時地

本文前述已交叉比對並彙整了向陽臉書與《臉書帖》的軌跡，但從大方向來看，可以獲得更宏觀的軌跡。例如「表 2、向陽臉書貼文時地表」就顯示從 2009 年至 2013 年之間，單從貼文所突顯的地點來看，以台北為大宗，其次為暖暖，另因有大型活動在花蓮，因此聞見一卷暖暖與花蓮平分秋色。五卷時地標註或提及最高者，詳見「表 2、向陽臉書貼文時地表」。

---

21 同註 18，頁 10。
22 同註 18，頁 4-9。

表 2、向陽臉書貼文時地表

序	卷名	時間 貼文時間	時間 談及時間	地點提及或標註最多者
1	念舊	2009-2012	1985-2009	台北
2	繫緣	2009-2013	1959-2013	台北
3	愛藏	2009-2013	1958-2013	台北
4	賦詩	2009-2013	1975-2013	暖暖
5	聞見	2009-2013	1991-2013	暖暖、花蓮

　　從虛擬的空間掌握了向陽實體的活動地點後，再回到虛擬空間，觀察向陽在虛擬的數位空間裡，和臉友的互動活動情況。

（三）向陽臉書互動統計

　　《臉書帖》為實體出版的產物，但其來源為虛擬的向陽臉書。兩者之間面對的閱聽眾不同，更可進一步討論的是，向陽臉書貼文的讀者反應，以及向陽與之互動的情況。由於向陽臉書貼文幾乎為日日更新，數量十分龐大，因此透過《臉書帖》與原始貼文互相比對後，產生「附表二、向陽臉書讀者互動數統計表」。在附表二裡可以清楚的看到，《臉書帖》所收錄的散文，原在向陽臉書上的活躍度與情況。然而這樣的資料仍過於龐大，為更聚焦於向陽軌跡，加上臉書本為傳播性的社群，因此再從「附表二、向陽臉書讀者互動數統計表」彙整「留言最多者」、「讚數最多者」、「轉貼最多者」等三類數據為「表 3、向陽臉書互動統計表」。

表 3、向陽臉書互動統計表

序	卷名	留言最多者	讚數最多者	轉貼最多者
1	念舊	悼藝術工作者洪瑞襄	想起施明正	驚聞詩人陳千武離世
2	繫緣	小茶行開啟的夢	歲月如貓的腳跡	〈阿爸的飯包〉選入龍騰國文
3	愛藏	一九六〇年代小四生的成績冊	大兵刻的木章	梁實秋手稿
4	賦詩	喜流蘇開綻	喜流蘇開綻	《四季》之〈穀雨〉
5	聞見	夢想與實踐	反書	世界地球日的祈願

「表3、向陽臉書互動統計表」可以顯示出，在《臉書帖》收錄的眾多文章中，哪一些文章在向陽臉書上的傳播最廣，或關注度最高，或討論度最熱烈。以下，分為五卷，僅就這14篇一一列例。（其中一篇重複，故僅14篇。）

1. 各卷留言最多者
    (1) 念舊卷：〈悼藝術工作者洪瑞襄〉，台北，2012年3月7日。留言32則。

    本篇為向陽哀悼洪瑞襄之貼文，共有32則留言，其中有22則為向陽臉友留言，有10則為向陽回覆臉友之留言。本篇不僅留言多，讚數也不少，但因是哀悼之貼文，因此向陽特別留言：「謝謝以上朋友留言，按『讚』在這裡表達的是對洪瑞襄小姐的追思和不捨。」[23] 向陽也特別於此貼文，張貼YouTube的「渭水春風：〈夢中行過〉

---

23 向陽，〈悼藝術工作者洪瑞襄〉，（來源：向陽臉書，https://www.facebook.com/linkiyo/posts/139930019467254）。

選段」[24]並於留言處再張貼 YouTube 的「洪瑞襄──台科大 EMBA【襄音・情人・夢】慈善音樂會」。[25] 顯見對洪瑞襄的哀悼之深。

(2) 繫緣卷:〈小茶行開啟的夢〉,台北,2012年2月29日。留言96則。

本篇所搭配的照片為「凍頂茶行 文具書籍」,留言共96則,當中向陽臉友留言65則,另31則為向陽的回覆留言。由於是童年往事,因此在留言串中,向陽之女林劭璿、向陽之弟林彧與林柏維等親人亦有留言。例如:林劭璿留言:「我好喜歡這句:『一個閉鎖的山村孩童生發夢想、堅持信念、懷抱希望,並且持續不斷追逐大夢的過程,就是做一件自己喜歡做、想要做的事的過程。』」;林彧留言:「那個春聯是我那"識字"的老爸林助先生寫的。。。。」[26] 留言串整體呈現珍貴、珍惜、懷念等氛圍,向陽亦有相當高比例的回覆。

(3) 愛藏卷:〈一九六〇年代小四生的成績冊〉,台北,2012年10月28日。留言40則。

本篇主要敘述向陽為了雜誌社要製作文藝青年專輯,因此特別找出《學生成績紀錄冊》,並將小學四年級,成績最好那年的成績單掃描張貼至臉書,引發臉書的熱烈留言。[27] 留言共40則,當中向陽臉友留言29則,向陽回覆11則。

---

24 「渭水春風:〈夢中行過〉選段」,(來源:Youtube,https://www.youtube.com/watch?v=ozF1b1nFF5E)。
25 「洪瑞襄 -- 台科大 EMBA【襄音・情人・夢】慈善音樂會」,(來源:Youtube,https://www.youtube.com/watch?v=R-pBJye_RrQ)。
26 林彧留言,(來源:向陽臉書,https://www.facebook.com/photo?fbid=375858579098837&set=a.103273903023974)。
27 網友於向陽〈小茶行開啟的夢〉貼文留言,(來源:向陽臉書,https://www.facebook.com/photo?fbid=511111975573496&set=a.511111815573512)。

（4）賦詩卷：〈喜流蘇開綻〉，台北，2012年4月2日。留言43則。

　　本篇為向陽張貼了研究室旁的流蘇開花照片，並張貼了一首詩作：「流蘇團簇襯新蕊，冠瓣迎人搖碧翠；陰霾抖落寒時風，笑看揚眉葉上雪。」[28] 共有43則留言，當中向陽臉友留言30則，向陽回覆留言13則。就內容而言，屬於日常工作環境的生活紀錄，但因一首詩、一張照片與學校環境，引發同校臉友留言。

（5）聞見卷：〈夢想與實踐〉，台北，2011年11月8日。留言44則。

　　本篇主要為向陽批判兩晚兩億元的夢想家事件，同時連署鴻鴻等藝文界人士發起的開啟文化元年運動。[29] 本篇一共有44則留言，當中向陽臉友留言31則，向陽回覆留言13則。留言串引起不少藝文人士同仇敵愾，同時也有臉友提出關於稅金運用的百態。

2. 各卷讚數最多者

（1）念舊卷：〈想起施明正〉，台北，2009年10月16日。504讚。

　　本篇為向陽因一張施明正贈予之照片，想起施明正等三兄弟的「台灣獨立聯盟案」，內容憶及向陽與施明正自1985年至1988年之間的往來頻繁。本篇有504讚。

（2）繫緣卷：〈歲月如貓的腳跡〉，台北，2012年3月5日。596讚。

　　向陽見到林彧張貼向陽幼年的照片，於是又張貼近照，兩張橫跨50年的照片，並笑稱歲月如貓的腳跡，獲得大量網友的讚。本篇讚數596讚。

28　向陽，〈喜流蘇開綻〉，（來源：向陽臉書，https://www.facebook.com/photo?fbid=397464946938200&set=a.103068316377866）。
29　向陽，〈夢想與實踐〉，（來源：向陽臉書，https://www.facebook.com/linkiyo/posts/305220616162634）。

(3）愛藏卷：〈大兵刻的木章〉，台北，2012年8月29日。552讚。

自雜物堆中找出一枚職章，為1979年刻職章「管制士林淇瀅」。當時軍隊駐紮苗栗三灣石馬店居。職章邊並有〈相思〉詩。本篇獲臉友按讚552讚。

（4）賦詩卷：〈喜流蘇開綻〉，台北，2012年4月2日。549讚。

詳見「1.各卷留言最多者（4）賦詩卷：〈喜流蘇開綻〉，台北，2012年4月2日。留言43則。」

（5）聞見卷：〈反書〉，台北，2012年2月26日。664讚。

本篇《臉書帖》未標明日期。向陽臉書貼文則標示2012年2月26日，[30] 共有664讚。內容為向陽高中時使用橡皮擦刻印章，並習慣了反書，至大學時就以反書抄詩句，本篇照片為〈日的文本及其上下左右〉的詩句。

3. 各轉貼最多者
   （1）念舊卷：〈驚聞詩人陳千武離世〉，台北，2012年5月2日。35分享。

本篇主要為向陽在聯合新聞網看見陳千武因病離世的哀悼紀念之文。向陽特地從書房中找出1995年6月25日與陳千武共同於台中研討會同桌的照片，並敘述初識陳千武於1976年。[31] 共有35位網書臉友分享轉貼。

---

30 向陽臉書，〈反書〉，（來源：向陽臉書，https://www.facebook.com/photo?fbid=373504192667609&set=a.10
   2203503131014）。
31 該照片有向陽、陳千武、趙天儀、岩上等人。

（2）繫緣卷：〈〈阿爸的飯包〉選入龍騰國文〉，台北，2013年1月10日。45分享。

本篇為向陽收到龍騰文化寄送之高職國文課本，收錄了〈阿爸的飯包〉一詩。內容並敘及〈阿爸的飯包〉首次刊載，以及簡上仁譜曲的情況。2013年1月9日，向陽的學生淑菁所在的基隆學校要參加全國教師合唱比賽，所演唱之歌曲為〈阿爸的飯包〉。本篇共有45位臉友轉貼分享。

（3）愛藏卷：〈梁實秋手稿〉，台北，2013年1月11日。113分享。

本篇內容敘述向陽1983年擔任《自立晚報》副刊主編時，所收到的梁實秋手稿〈時間即生命〉，向陽並張貼該手稿的照片。梁實秋手稿〈時間即生命〉共一千字，向陽讚譽梁實秋文字老練成熟，字跡端正秀雅。本篇共113位臉友分享。

（4）賦詩卷：〈《四季》之〈穀雨〉〉，台北，2009年11月28日。20分享。

本篇為恰逢節氣穀雨，向陽張貼一張2002年清明時所拍攝之凍頂山茶園照片，同時貼出1985年的詩作〈穀雨〉。本篇貼文共有20位臉友分享。

（5）聞見卷：〈世界地球日的祈願〉，台北，2013年4月22日。34分享。

本篇因恰逢世界地球日，令向陽想起1991年10月創作的版畫〈擁抱開滿鮮花的地球〉，除貼出該版畫，並祈祝沒有殺戮與戰爭，期待眾人都能擁抱開滿鮮花的地球。本篇貼文共有34位臉友

轉貼分享。

　　以向陽臉書與《臉書帖》這 14 篇為本，可再建立 2009 年至 2013 年向陽軌跡，如「表 4、向陽軌跡表簡編（2）」

表 4、向陽軌跡表簡編（2）

序	卷名	向陽軌跡
1	念舊	2012 年 3 月 7 日，台北，哀悼洪瑞襄。 2009 年 10 月 16 日，台北，憶起施明正。 1985 年至 1988 年，台北，與施明正來往頻繁。 2012 年，台北，哀悼陳千武。 1976 年，台中，初識陳千武。 1995 年，台中，與陳千武共同出席研討會。
2	繫緣	2012 年 2 月 29 日，台北，回憶凍頂茶行童年往事。 2012 年 3 月 5 日，台北，回憶自身 5 歲時的容貌。 2013 年 1 月 10 日，台北，〈阿爸的飯包〉選入龍騰文化出版之高職國文第 6 冊。 1977 年，台北，《聯副》刊登〈阿爸的飯包〉，簡上仁譜曲。
3	愛藏	2012 年 10 月 28 日，台北，提供製作文藝青年專輯資料。 2012 年 8 月 29 日，1979 年刻職章「管制士林淇瀁」，當時駐紮苗栗三灣，為陸軍工兵上等兵。 2012 年 1 月 11 日，台北，因梁實秋手稿〈時間即生命〉回憶梁實秋的投稿。 1983 年春，台北，收到梁實秋手稿〈時間即生命〉投稿。
4	賦詩	2012 年 4 月 2 日，台北，向陽創作〈喜流蘇開綻〉詩作。 2002 年清明，南投，凍頂山拍攝採茶照片。 1985 年，台北，創作〈穀雨〉。
5	聞見	2011 年 11 月 8 日，台北，向陽連署開啟文化元年運動。 2012 年 2 月 26 日，台北，想起大學時反書寫詩句。 1991 年 10 月，台北，創作版畫《擁抱開滿鮮花的地球》。

《臉書帖》為向陽自 2009 年起在臉書上發表的數位日記，文本內容不僅僅是隨想與心事的記錄，還具備了豐富的社群互動性與文化意涵。向陽在這一平台上進行的公共書寫，將私人生活與社會記憶相結合，並促進了與讀者之間的互動，這不僅使得向陽的作品具有了跨越時空的多維性，也使其成為現代文學研究中極具探討價值的對象。向陽《臉書帖》的書寫與傳統日記類型相比，具有兩個顯著的差異。雖然向陽的臉書帖文以日記的形式記錄日常生活，但其社群性質使得這些文字不再是僅限於私人的反思，而是公開於網絡平台，成為一種共享式的文本。這樣的書寫不僅展示了向陽的私人世界，也揭示了其與讀者之間的情感聯繫和思想交流。向陽的臉書帖文也成為了文化記憶的載體。例如，他早期生活的回憶、對文學的熱愛、以及對同代文化人物的懷念等，這些都在臉書上得以公開討論與回應。這不僅是向陽個人記憶的重建，也是個人將文化記憶轉化為公共對話的方式。

　　向陽在臉書上的社群互動數據揭示了與讀者之間的多維交流。不僅是從留言數量、讚數和分享數等指標來看，更重要的是這些數據背後所隱藏的情感與思想碰撞。在《臉書帖》中，留言和讚數並非單純的數字反映，而是社會連結和集體記憶的表現。比如在「繫緣」卷中，向陽分享了關於凍頂茶行的回憶，這篇貼文收獲了 96 則留言，其中不乏來自家人和朋友的溫馨回應，這些留言成為了向陽記憶的延伸，也構成了與家人及社會的文化聯結。而在「賦詩」卷中，向陽分享了一首詩及一張照片，引發了 43 則留言，這些留言中不僅有對向陽詩作的認同，也有對詩意表達的共鳴。這種文化交流方式顯示出數位平台如何成為現代社會中知識和情感交換的重要場所。這些社群互動數據還反映了向陽的社會角色與文化影響力。在向陽的臉書上，許多貼文引發了藝術界及文學界人士的積極反應，尤其是那些涉及公共議題的貼文。例如，「聞見」卷中對文化元年運動的支持，引

發了大量的留言與討論，顯示出向陽如何將自己的個人經歷與更廣泛的社會議題結合，進行思想的傳播與公共參與。

四、結語：以複合媒體為方法的作家誌

　　《臉書帖》不僅是對向陽創作軌跡的一次記錄，也是對數位平台與傳統出版之間關係的探索。數位平台的出現，讓作家與讀者之間的互動變得更加緊密，同時也為文學創作提供了新的可能性。而這種可能性並非單純的數位化過程，而是數位與實體文本之間的互動與融合。向陽《臉書帖》充分展示了數位平台如何促使作家在創作、編輯與發表過程中進行自我再創作，並通過數位與實體的雙重記錄，呈現了一個更為立體的作家形象。在未來的文學研究中，可能需要更關注這種數位文本與實體文本之間的轉換，並進一步思考數位時代對作家創作與文學出版的深遠影響。向陽的臉書貼文是一種新型的文學表達方式，讓文學文本不再是孤立的書面作品，而是以即時反應、社會互動及集體回應為特徵的動態文本。向陽的臉書貼文不僅是對日常生活的記錄，更是一個充滿社會、文化和情感意涵的公共書寫平台。除了展示了數位時代文學創作的多元性及其與社會互動的緊密之外，也揭露作家如何在虛擬空間中建構自我與他者之間的文化橋梁。本文透過《臉書帖》與向陽臉書的相互比對，將社群網站貼文為一數位文本，探索向陽在臉書與《臉書帖》之間的文本更動變化，觀察向陽在臉書貼文後與臉友的互動；並以這些貼文與散文為經緯，以向陽為例，開拓編纂作家誌的方法。

（一）向陽臉書與《臉書帖》向陽文學軌跡

　　綜合「表1、向陽軌跡表簡編（1）」、「表2、向陽臉書貼文時地表」、「表3、向陽臉書互動統計表」、「表4、向陽軌跡表簡編

（2）」、「附表一、《臉書帖》與向陽臉書之向陽活動表」、「附表二、向陽臉書讀者互動數統計表」等內容與訊息，可產生「表 5、向陽臉書與《臉書帖》作家誌」。

表 5、向陽臉書與《臉書帖》作家誌

> 向陽（1955-），南投人，童年家中經營凍頂茶行書店。創作文類以新詩與現代散文創作為主，並有旅行與寫景之傳統詩作。因收藏作家手稿、版畫與刻印等創作廣受大眾喜愛。關注社會文化議題，曾參與連署開啟文化元年運動。由於身兼編輯、創作者與學者身分，與陳千武、施明正、陳秀喜、李蕭錕、周于棟等跨文化或跨時代之文人來往頻繁。主要活躍於台北、暖暖、南投等文壇。

（二）複合媒體為作家誌方法的未來性

經本文嘗試以「複合媒體」的概念，以向陽臉書與《臉書帖》為例的一次分析，發現數位社群對於未來作家誌的編纂有其必要性與重要性。首先，除了實體的紙本文本之外，數位文本版本的存在已不容忽視。其次，由於數位文本有可能才是真正的「初版」，因此同時將數位文本與實體文本的資訊納入未來的作家研究、文本研究或文獻研究等，具有重要意義。此外，複合媒體恐不僅止於社群網頁的貼文，包括廣播、影像或各種新媒體的表現形式等，都應納入文學研究範疇。

（三）數位時代作家資訊流失的危險性

最後，本文提出作家數位文本保存與迫切性。目前文學研究有 3 點數位危機：1. 數位社群媒體停止運作。數位社群媒體可能因故中止營運服務。2. 數位社群媒體的變動性。任何貼文隨時都可改變形成新版本。3. 複合媒體的高操作難度。複合媒體的討論與存取有操作上的難度。由於這 3

種不同層次的數位威脅，更顯利用複合媒體概念進行文學研究已刻不容緩。本文以向陽臉書與《臉書帖》為例進行相關分析，因時間與篇幅限制並不完善，但將是個起點，未來運用複合媒體進行作家誌編纂或文學研究是可預期的。相關研究方法，也將因時間積累而可行性越來越高。本文自我期許未來以向陽為例，持續深化複合媒體文學研究。

附表一、《臉書帖》與向陽臉書之向陽活動表

卷	序	《臉書帖》篇名	貼文時間	提及時間	主要提及地點	主要提及人物
卷一 念舊	1	想起施明正	2009.10.16	1985-1988	台北	施明正
	2	懷念楚戈	2011.3.28	1983 1985	台北 香港	楚戈
	3	林海音家的餐敘	2009.9.16	1992	台北	林海音
			2009.9.16	1992	台北	林海音
			2011.4.15	1986	台北	林海音
		註:本篇為多篇貼文綜合,《臉書帖》記為 2011.4.14。					
	4	我的父親林助	2009.11.28	1950	南投	林助 張達修
			2011.4.26	1950	南投	林助 張達修
			2018.8.7	1950	南投	林助 張達修
		註:向陽臉書初次張貼時間為 2009.11.28,2011.4.26 修改,2018.8.7 再修改,《臉書帖》記為 2011.4.26。					
	5	白雪與曙光	2009.11.28	1985	愛荷華	聶華苓
		註:向陽臉書初次張貼時間 2009.11.28,《臉書帖》記為 2011.5.19。					
	6	見故人於書翰	2009.11.28	--	台北	柏楊 張香華
		註:向陽臉書初次張貼時間 2009.11.28,《臉書帖》記為 2011.8.2。					
	7	悼楊千鶴女史	2011.10.29	1993	美國	楊千鶴
	8	張深切與《遍地紅》	2011.9.3	-1949 1961	台北	張深切 冉天豪 黃烈火
		註:向陽臉書初次張貼時間 2011.9.3,《臉書帖》記為 2011.11.4。					

卷一 念舊	9	書寫是有土地的，不能只看顧自己	2011.11.28	1977 1978	台北	胡德夫 鍾肇政 李雙澤
	10	異國小雪	2011.11.24	1985 2011	愛荷華	父親 李長青
	11	畫家陳澄波的悲劇	2012.2.26	2000	--	陳澄波
	12	驚蟄念老友	2012.3.5	1986	台北	李蕭錕 周于棟
	13	焚燬與重建	2012.3.7	1988 2003	台北	雷震
	14	悼藝術工作者洪瑞襄	2012.3.7	2012	台北	洪瑞襄
	15	死亡與沉思	2012.3.8	2009	台北	洪瑞襄 袁哲生
	16	驚聞詩人陳千武離世	2012.5.2	1995	台中	陳千武
	註：向陽臉書初次張貼時間 2009.9.16，為向陽與陳千武於 1995 年共同參與研討會貼文；陳千武於 2012 年 4 月 30 日逝世，原貼文於 2012 年 5 月 2 日重新編輯，《臉書帖》記為 2012.5.2。					
	17	想起「陳姑媽」	2012.10.21	1985	台北	陳秀喜 鍾逸人
卷二 繫緣	18	水在無盡上	2009.9.16	2009	台北	周夢蝶
	註：向陽臉書初次張貼時間初 2009.09.16，《臉書帖》記為 2009.12.20。					
	19	華岡校園的現代詩牆	2009	2010	台北	杜十三
	註：向陽臉書初次張貼時間 2009，《臉書帖》記為 2010.3.1，後又於 2012.3.2 補註修改。					
	20	睡不著的詩被唱出來	2010.5.15	2010	台北	王安祈 路寒袖 陳黎 楊忠衡 潘皇龍 陳瓊瑜

	21	詩是沉默的聲音	2010.7.2	2010	台北	黃崇軒 葉衽榤
卷二 繫緣	22	重回小學堂	2009	2002	--	--
		註：向陽臉書初次張貼時間 2009，2010.8.11 新增修改，《臉書帖》記為 2010.8.11。					
	23	為台灣文學發聲	2009	2010	台北	賴和 楊逵 鍾理和 鍾肇政 黃春明 吳濁流 張文環 鄭清文 王禎和
		註：向陽臉書初次張貼時間 2009，2010.12.23 新增修改，《臉書帖》記為 2010.12.23。					
	24	美好春日，這一天	2009	2011	台北	丁貞婉 陳其茂
		註：向陽臉書初次張貼時間 2009，2011.5.3 新增修改，《臉書帖》記為 2011.5.3。					
	25	超越時間的詩	2011.10.28	1971	竹山	瘂弦
	26	咬住光陰不放	2011.11.3	1970 1959 1985	--	瘂弦 謝武彰
	27	ㄎㄨㄤ ㄎㄨㄤ先生	2009.9.16	2011	花蓮	汪啟疆 顧彬
		註：向陽臉書初次張貼時間初 2009.9.16，2011.11.4 新增修改，《臉書帖》記為 2011.5.4。					
	28	一輩子做一件事	2011.11.5	2011	台北	趙天儀 李國修 鐘有輝 吳繼濤
	29	愛被傳遞，涓涓不壅	2011.11.21	2011	台北	陳美桂

卷二 繫緣	30	詩是石頭嗎？	2011.11.27	2011	台北	楊寒
	31	如琴弦之撥動	2011.11.29	2011	台南	王靖婷
	32	用詩詮釋世界	2009	2011	--	林水福 山口守
		註：向陽臉書初次張貼時間 2009，2011.12.15 新增修改，《臉書帖》記為 2011.12.15。					
	33	大雪與黃韻玲	2009	1986 2010	台灣 北海道	李長青 黃韻玲 林劭璃
		註：向陽臉書初次張貼時間 2009，2011.12.07 新增修改，《臉書帖》記為 2011.12.07。					
	31	臉書文字奇緣	2011.4.17	1985	愛荷華威 斯康辛	周策縱 淡瑩 方梓
		註：向陽臉書初次張貼時間 2011.4.17，《臉書帖》記為 2012.2.10。					
	32	一個年輕詩人的夢	2012.2.20	1994	台北	林亨泰
	33	小茶行開啟的夢	2009	2012 1961	彰化 南投	父親 母親 林彧 林柏維 林芬櫻
		註：向陽臉書初次張貼時間 2009，2012.2.29 新增修改，《臉書帖》記為 2012.2.29。					
	34	歲月如貓的腳跡	2012.3.5	2010	台北	林彧
	35	幽靈書房復活	2012.3.9	2009 2012	台北	崔舜華 Wuang Ting
	36	藤井省三：海角七號 VS. 青衣女鬼	2009.9.16	2012	台北	藤井省三 何義麟 應鳳凰 西川滿
		註：向陽臉書初次張貼時間 2009.9.16，2012.3.29 新增修改，《臉書帖》記為 2012.3.29。					

	37	文學作為一種志業	2012.2.18	2012	台北	柏楊
卷二 繫緣	38	小說家方梓的先生	2012.5.06	2012	花蓮	方梓父母 文化局長 花蓮市長 吉安鄉長 蕭美琴 楊翠 王鈺婷 魏貽君 陳建忠 楊允言
	39	報之以藏書票	2009	1999 2012	台北 台中	凌健 李蕭錕
		註：向陽臉書初次張貼時間 2009，2012.5.17 新增修改，《臉書帖》記為 2012.5.17。					
	40	高山流水，江山之助	2012.7.5	1974	台北	渡也
	41	少作贈向海	2009	2012	台北	鯨向海 陳永模 李蕭錕
		註：向陽臉書初次張貼時間 2009，2012.9.10 新增修改，《臉書帖》記為 2012.9.10。					
	42	送給台大原民中心的手稿	2012.10.7	2012	台北	瓦歷斯‧諾幹 阮紹薇
	43	醒報頭版登詩	2012.12.24	2012 1998	台北	路寒袖 馬悅然
	44	童詩〈爸爸〉收入國小課本	2013.1.6	1996 1997 2003 1990	台北	龍尾洋一 窗道雄
	45	〈阿爸的飯包〉選入龍騰國文	2013.1.10	1976 1977 2013	台北	瘂弦 簡上仁 楊淑菁

卷三 愛藏	46	藏書票	2009.11.28	2009	台北	姚時晴
	47	兩樣小藏品	2009.11.28	2009	基隆	邱慧珠
		註：向陽臉書初次張貼時間2009.11.28，《臉書帖》未標時間。					
	48	覃子豪《詩的解剖》	2010.12.20	1958	台北	覃子豪
	49	來自七星山下的祝福	2009.11.28	2009	台北	秦政德 張我軍
	50	光影，在他的笑顏中	2009.11.28	2010	基隆	--
		註：向陽臉書初次張貼時間2009.11.28，2010.12.30新增修改，《臉書帖》記為2010.12.30。					
	51	鳥木刻	2009.11.28	1989	台北	石鉄臣 魏貽君 何華仁 林文義 楊翠 馮景青 劉克襄
		註：向陽臉書初次張貼時間2009.11.28，2011.4.29新增修改，《臉書帖》記為2011.4.29。					
	52	殘本美學	2009.11.28	2011 1953	台北	阮紹薇 陳其茂
		註：向陽臉書初次張貼時間2009.11.28，2011.5.3新增修改，《臉書帖》記為2011.5.1。					
	53	重逢四十二年前的自己	2009.11.28	1969	台北	--
	54	意外的禮物	2009.11.28	2011	台北	Xiankuen Wu
		註：向陽臉書初次張貼時間2009.11.28，2011.6.16新增修改，《臉書帖》記為2011.6.16。					
	55	版畫春到	2009.10.12	1990	台北	--
	56	回到三十七年前的夢蝶詩攤	2012.4.8	1957	台北	周夢蝶
		註：向陽臉書初次張貼時間2012.4.8，貼文標示2012.4.7，《臉書帖》記為2012.4.7。					

卷三 愛藏	57	悔之贈字善護念	2012.6.8	2012 1982	台北	許悔之
		註：向陽臉書初次張貼時間2012.6.8，貼文標示2012.6.7，《臉書帖》記為2012.6.7。					
	58	摹寫「東巴文」	2012.7.1	2012	雲南	--
	59	人間喜悲	2009.11.28	1999 1982 1993	台北	朱銘
		註：向陽臉書初次張貼時間2009.11.28，2012.07.09新增修改，《臉書帖》記為2012.07.09。					
	60	與フォルモサ相遇	2009.11.28	1985 1933	台北	王白淵 蘇維熊 魏止春 張文環 吳鴻秋 巫永福 黃波堂 劉捷 吳坤煌
		註：向陽臉書初次張貼時間2009.11.28，2012.7.16新增修改，《臉書帖》記為2012.7.16。					
	61	老凍頂	2012.7.25	1960	凍頂山	父親 茶農
	62	大兵刻的木章	2012.8.29	1979	苗栗	--
	63	一九六〇年代小四生的成績冊	2012.10.28	1960	鹿谷	--
	64	梁實秋手稿	2013.1.11	2013 1983	基隆 台北	梁實秋
	65	凍頂茶行戳章	2013.3.17	2013 1960	台北 鹿谷	林助 林彧
	66	鋼板刻出的油印報	2013.3.29	2013 1975	台北	廖亮羽 黑俠佐儷

	67	人間行旅	2011.11.3	2011	台北	--
卷四 賦詩	68	三月驚蟄	2009.11.28	2011	台北	--
		註：向陽臉書初次張貼時間 2009.11.28，2012.3.1 新增修改，《臉書帖》記為 2012.3.1。					
	69	夜寒宜斟酌	2012.3.13	2012	台北	柏楊
	70	春分：陰陽相半	2012.3.23	2012	台北	--
	71	喜流蘇開綻	2012.4.2	2012	台北	--
	72	埔里霧社途中	2012.4.5	2012	溪頭	林彧 林柏維
	73	花著黃袈裟	2012.4.6	2012	埔里	--
		註：向陽臉書初次張貼時間 2012.4.6，《臉書帖》記為 2012.4.10。					
	74	《四季》之〈穀雨〉	2009.11.28	2012 2002	凍頂山	林彧
		註：向陽臉書初次張貼時間 2009.11.28，《臉書帖》記為 2012.4.20。					
	75	花月三首	2012.8.25	2012	暖暖	--
			2012.8.31	2012	暖暖	--
			2012.9.8	2012	暖暖	--
		註：向陽臉書初次張貼時間分別為 2012.8.25、2012.8.31、2012.9.8，《臉書帖》記為 2012.8.25-2012.9.8。					
	76	〈我有一個夢〉走入圖書館	2012.9.22	2012	台南	Cheng Hua Kuo
	77	數學公式寫鄉愁	2012.9.22	2012 1975	暖暖	--
	78	都市中的「白露」	2012.10.12	2012	台北	--

卷四 賦詩	79	雨花詩六首	2012.10.31	2012	暖暖	--
			2012.11.11	2012	烏來	--
			2012.11.12	2012	暖暖	--
			2013.3.21	2013	暖暖	--
			2013.3.23	2013	暖暖	--
			2012.12.14	2012	暖暖	--
		註：向陽臉書初次張貼時間分別為 2012.10.31、2012.10.31、2012.11.11、2012.11.12、2013.3.21、2013.3.23、2013.3.21，《臉書帖》記為 2012.10.31-2013.3.23。				
	80	新北市文學逍遙遊	2012.3.12	2012	烏來	--
		註：向陽臉書初次張貼時間 2012.3.12，《臉書帖》未標時間。				
卷五 聞見	81	詩與全球	2010.8.3	2009	台北	吳晟 李敏勇 宋澤萊 李魁賢 蘇紹連 陳黎 林宗源
	82	春風吹在渭水道上	2009.9.11	2010	暖暖	--
		註：向陽臉書初次張貼時間 2009.9.11，2010.9.13 新增修改，《臉書帖》記為 2010.9.13。				
	83	吳晟與彰化溼地	2011.3.8	2011	芳苑	吳晟
	84	大地的心願	2011.4.26	2011	台北	吳晟 鴻鴻 張鐵志 吳志寧 潘小俠
	85	旅人並不孤獨	2011.10.26	2011	徐州	沈曼菱 劉于慈
	86	印地安酋長的凝視	2011.10.31	2011 1985	芝加哥	--

卷五 聞見	87	松園別館所見	2009.9.16	2011	花蓮	陳黎
			2011.11.7	2011	花蓮	--
			2011.11.7	2011	花蓮	--
			2011.11.7	2011	花蓮	--
			2011.11.7	2011	花蓮	--
			2011.11.7	2011	花蓮	--
			2011.11.7	2011	花蓮	--
			2011.11.7	2011	花蓮	--
			2011.11.7	2011	花蓮	--
			2011.11.7	2011	花蓮	--
		註：向陽此篇貼文（松園別館所見正文）臉書初次張貼時間 2009.9.16，2011.11.4 新增修改，《臉書帖》記為 2011.11.6。其餘貼文（松園別館所見短句）初次張貼日期為 2011.11.7。					
	88	紅與黃交織的秋	2012.10.11	2012	東京	--
		註：向陽臉書初次張貼時間 2012.10.11，《臉書帖》未標時間。				
	89	夢想與實踐	2011.11.8	2011	台北	鴻鴻
	90	鳥回巢，雲歸山	2011.11.18	2011	暖暖	瓊芳 齊邦媛
	91	「打造」太魯閣？	2011.12.5	2011	花蓮	--
		註：向陽臉書初次張貼時間 2012.12.5，並轉貼給總統候選人，《臉書帖》未標時間。					
	92	山居前的山群	2012.2.6	2012	暖暖	--
	93	行旅與尋覓	2012.2.8	2012	台北	--
	94	反書	2012.2.26	2012	暖暖	--
		註：向陽臉書初次張貼時間 2012.2.26，《臉書帖》未標時間。					
	95	暖暖淨水廠	2012.3.3	2012	暖暖	-
	96	小人書與小人桌	2012.3.14	2012	暖暖	--
	97	掌中書，指尖讀	2012.3.15	2012	暖暖	--
	98	華山紅磚區的屋頂	2012.3.23	2012	台北	--
	99	含笑花開	2012.3.27	2012	暖暖	方梓

卷五 聞見	100	無法究明、無以探觸的黑	2012.4.13	2012	台北	吳三連
	101	台日文學者交流會	2012.6.11	2012	盛岡市	石川啄木 宮澤賢治
	102	雲南大學銀杏道	2012.6.25	2012	昆明	語創師生 李廣田
	103	苦樂皆在行踏間	2012.6.29	2012	昆明 大理 麗江	--
	104	台灣文學外譯	2012.7.4	2012	暖暖	--
	105	記者上街，反媒體壟斷	2012.9.1	2012 1994	暖暖 台北	蘇正平 李永得
	106	《青苔》上階綠	2012.10.1	2012	暖暖	林劭璘 陳偉
	107	龍瑛宗文學劇場	2012.10.2	2012	台北	郎亞玲 龍瑛宗 劉知甫 李勤岸 陳韋龍 劉小菲 賈孝國 黃怡華
	108	紀州庵「演歌」	2012.10.7	2012	台北	封德屏
	註：向陽臉書初次張貼時間2012.10.7，《臉書帖》記為2012.10.6。					
	109	發表於十三年前的反核文章	2013.1.7	2013 2000	台北 蘇花公路	鴻鴻
	110	一年前三一一災區所見	2013.3.11	2013 2012 2010	岩手縣	林水福 陳義芝 陳育虹 白靈
	111	世界地球日的祈願	2013.4.22	2013 1991	暖暖	--

附表二、向陽臉書讀者互動數統計表

卷名	篇序	《臉書帖》篇名	貼文時間	留言+回覆	按讚	分享
卷一 念舊	1	想起施明正	2009.10.16	11	504	11
	2	懷念楚戈	2011.3.28	7	140	2
	3	林海音家的餐敘	2009.9.16	20	346	13
			2009.9.16	1	22	1
			2011.4.15	37	146	0
	4	我的父親林助	2009.11.28	25	345	4
	5	白雪與曙光	2009.11.28	26	97	1
	6	見故人於書翰	2009.11.28	28	369	0
	7	悼楊千鶴女史	2011.10.29	6	186	3
	8	張深切與《遍地紅》	2011.9.3	23	89	1
	9	書寫是有土地的，不能只看顧自己	2011.11.28	11	199	15
	10	異國小雪	2011.11.24	11	192	3
	11	畫家陳澄波的悲劇	2012.2.26	23	277	22
	12	驚蟄念老友	2012.3.5	27	354	19
	13	焚燬與重建	2012.3.7	12	175	4
	14	悼藝術工作者洪瑞襄	2012.3.7	32	340	31
	15	死亡與沉思	2012.3.8	21	291	9
	16	驚聞詩人陳千武離世	2012.5.2	25	257	34
	17	想起「陳姑媽」	2012.10.21	17	203	4
卷二 繫緣	18	水在無盡上	2009.9.16	16	48	0
	19	華岡校園的現代詩牆	2009	15	59	2
	20	睡不著的詩被唱出來	2010.5.15	44	118	0
	21	詩是沉默的聲音	2010.7.2	15	109	0

22	重回小學堂	2010.8.11	31	150	0
23	為台灣文學發聲	2009	9	152	0
24	美好春日，這一天	2009	2	73	0
25	超越時間的詩	2011.10.28	13	207	4
26	咬住光陰不放	2011.11.3	8	209	2
27	ㄅㄨㄤㄅㄨㄤ先生	2009.9.16	30	202	0
28	一輩子做一件事	2011.11.16	21	255	1
29	愛被傳遞，涓涓不壅	2011.11.21	6	171	1
30	詩是石頭嗎？	2011.11.27	10	158	4
31	如琴弦之撥動	2011.11.29	20	197	1
32	用詩詮釋世界	2009	3	200	2
33	大雪與黃韻玲	2009	0	18	1
31	臉書文字奇緣	2011.4.17	19	202	0
32	一個年輕詩人的夢	2012.2.20	11	332	5
33	小茶行開啟的夢	2012.2.29	96	547	17
34	歲月如貓的腳跡	2012.3.5	55	596	2
35	幽靈書房復活	2012.3.9	46	451	11
36	藤井省三：海角七號 VS. 青衣女鬼	2009.9.16	7	211	8
37	文學作為一種志業	2012.2.18	32	258	2
38	小說家方梓的先生	2012.5.6	36	371	10
39	報之以藏書票	2009	19	200	3
40	高山流水，江山之助	2012.7.5	22	255	8
41	少作贈向海	2009	35	337	5
42	送給台大原民中心的手稿	2012.10.7	19	337	12
43	醒報頭版登詩	2012.12.24	15	153	5
44	童詩〈爸爸〉收入國小課本	2013.1.6	16	376	21
45	〈阿爸的飯包〉選入龍騰國文	2013.1.10	63	520	45

卷二 繫緣

	46	藏書票	2009.11.28	17	77	0
	47	兩樣小藏品	2009.11.28	24	89	0
	48	覃子豪《詩的解剖》	2010.12.20	11	63	0
	49	來自七星山下的祝福	2009.11.28	28	145	0
	50	光影，在他的笑顏中	2009.11.28	39	201	0
	51	鳥木刻	2009.11.28	26	158	0
	52	殘本美學	2009.11.28	2	73	0
	53	重逢四十二年前的自己	2009.11.28	1	1	0
	54	意外的禮物	2009.11.28	18	198	0
卷三 愛藏	55	版畫春到	2009.10.12	18	317	5
	56	回到三十七年前的夢蝶詩攤	2012.4.8	15	230	21
	57	悔之贈字善護念	2012.6.8	20	341	5
	58	摹寫「東巴文」	2012.7.1	38	642	28
	59	人間喜悲	2009.11.28	9	226	2
	60	與フォルモサ相遇	2012.7.16	4	172	5
	61	老凍頂	2012.7.25	8	363	8
	62	大兵刻的木章	2012.8.29	33	552	7
	63	一九六〇年代小四生的成績冊	2012.10.28	40	412	8
	64	梁實秋手稿	2013.1.11	24	498	113
	65	凍頂茶行戳章	2013.3.17	1	185	7
	66	鋼板刻出的油印報	2013.3.29	11	280	6
卷四 賦詩	67	人間行旅	2011.11.3	21	222	13
	68	三月驚蟄	2009.11.28	30	305	14
	69	夜寒宜斟酌	2012.3.13	32	265	14
	70	春分：陰陽相半	2012.3.23	24	258	13
	71	喜流蘇開綻	2012.4.2	43	549	19

卷四 賦詩	72	埔里霧社途中	2012.4.5	20	230	4
	73	花著黃袈裟	2012.4.6	7	179	3
	74	《四季》之〈穀雨〉	2009.11.28	9	321	20
	75	花月三首	2012.8.25	10	243	5
			2012.8.31	20	302	3
			2012.9.8	13	300	3
	76	〈我有一個夢〉走入圖書館	2012.9.22	4	145	9
	77	數學公式寫鄉愁	2012.9.22	22	271	8
	78	都市中的「白露」	2012.10.12	20	214	11
	79	雨花詩六首	2012.10.31	13	148	0
			2012.11.11	17	244	3
			2012.11.12	10	210	0
			2013.3.21	8	334	2
			2013.3.23	15	384	12
			2012.12.14	5	191	2
	80	新北市文學逍遙遊	2012.3.12	4	260	11
卷五 聞見	81	詩與全球	2010.8.3	30	131	0
	82	春風吹在渭水道上	2009.9.11	0	82	0
	83	吳晟與彰化溼地	2011.3.8	2	46	11
	84	大地的心願	2011.4.26	17	165	0
	85	旅人並不孤獨	2011.10.26	24	209	0
	86	印地安酋長的凝視	2011.10.31	8	159	1
	87	松園別館所見	2009.9.16	30	200	0
			2011.11.7	0	10	0
			2011.11.7	0	7	0
			2011.11.7	0	9	0
			2011.11.7	0	8	0
			2011.11.7	2	10	0
			2011.11.7	0	6	0
			2011.11.7	1	6	0
			2011.11.7	1	7	0

	88	紅與黃交織的秋	2012.10.11	26	517	8
	89	夢想與實踐	2011.11.8	44	384	12
	90	鳥回巢，雲歸山	2011.11.18	32	344	14
	91	「打造」太魯閣？	2011.12.5	1	30	0
	92	山居前的山群	2012.2.6	5	123	0
	93	行旅與尋覓	2012.2.8	24	378	31
	94	反書	2012.2.26	37	665	19
	95	暖暖淨水廠	2012.3.3	9	260	3
	96	小人書與小人桌	2012.3.14	21	263	4
	97	掌中書，指尖讀	2012.3.15	22	260	5
	98	華山紅磚區的屋頂	2012.3.23	8	164	3
	99	含笑花開	2012.3.27	23	321	11
卷五 聞見	100	無法究明、無以探觸的黑	2012.4.13	12	141	2
	101	台日文學者交流會	2012.6.11	5	216	6
	102	雲南大學銀杏道	2012.6.25	21	487	4
	103	苦樂皆在行踏間	2012.6.29	8	231	2
	104	台灣文學外譯	2012.7.4	9	184	22
	105	記者上街，反媒體壟斷	2012.9.1	4	214	19
	106	《青苔》上階綠	2012.10.1	8	171	1
	107	龍瑛宗文學劇場	2012.10.2	12	247	4
	108	紀州庵「演歌」	2012.10.7	3	75	0
	109	發表於十三年前的反核文章	2013.1.7	3	203	18
	110	一年前三一一災區所見	2013.3.11	2	173	18
	111	世界地球日的祈願	2013.4.22	11	431	34

向陽詩歌的
轉譯與傳播

向陽〈咬舌詩〉的音樂轉譯

葉青青

摘要

　　筆者自 2014 年以來，積極推廣由台灣當代作曲家與當代詩人所結合的藝術歌曲。2018 年製作「世界恬靜落來的時——向陽詩選歌樂創作」，首演曲目中的〈咬舌詩〉，中文與台語交雜混用，它的詩作意境，對作曲家來說，具有高難度的挑戰，其迴文結構更是中文藝術歌曲有史以來沒有出現過的。

　　本文將從〈咬舌詩〉文本的建築結構、詩句的音調及節奏、歌詞的意境、歌詞裡的關鍵字、詩文的律動，來說明詩作轉譯為音樂的各種面向。

　　身為演奏（唱）者，應該先了解作曲家如何透過音樂呈現詩作，將無聲的五線譜演繹出作曲家的創意，並加上自己的詮釋，同時傳遞文字與音樂的魔力，才是由詩作轉譯為歌曲的完整全貌。

關鍵詞：台灣當代藝術歌曲、向陽、咬舌詩

一、前言

　　提到「中文藝術歌曲」，一般總是想到《中國藝術歌百曲集》中，趙元任（1892-1982）1926年譜曲的〈教我如何不想他〉、〈也是微雲〉；青主（本名廖尚果，1893-1959）1930年譜曲的〈我住長江頭〉；黃自（1904-1938）於1933-1935年所寫的〈踏雪尋梅〉、〈花非花〉、〈玫瑰三願〉；劉雪庵（1905-1985）1943年的〈紅豆詞〉和林聲翕（1914-1991）1938年的〈白雲故鄉〉……，這些距離我們將近百年的歌曲，它們多半是以西方的調性和聲及旋律配伴奏的方式所譜寫。

　　前中國廣播公司節目主持人趙琴（本名趙皓明，1940-），自1971年起，連續10年舉辦「中國藝術歌曲之夜」，發表了多首藝術歌曲。1992年成立的中華民國聲樂家協會，從2003年至今，陸續出版了6冊的《你的歌我來唱——當代中文藝術歌曲集》，只是，並非所有的歌曲皆取材自台灣的當代詩作。台灣現代詩在1987年解嚴之後，不論是類型、內容或題材都走向多元化，台語詩的創作也蓬勃發展。當代作曲家在不同時空、不同生活經驗、更多樣的詞彙與技法之下，台灣的藝術歌曲有了全新的風貌。

　　有別於百年前的歌曲型態，當代作曲家在譜曲時，除了在人聲旋律上已注意到中文或台語歌詞在音調上的特殊性，鋼琴部分也不僅只是和聲功能的存在。歌詞的意境、文本的建築結構、詩句的音調及節奏、詞藻所形成的色彩對比、詩行裡的關鍵字，甚至視覺、聽覺、觸覺的聯想，都能成為將詩作轉譯為音樂的詮釋依據。

　　筆者自2014年以來，積極推廣由台灣本土作曲家以當代詩作所譜寫的藝術歌曲。但因數量有限，自2017年起，逐年製作以詩人或作曲家為主的專場音樂會，除了席慕蓉（1943-）的詩作全部演出作曲家錢南章（1948-）的譜曲之外，洛夫（本名莫洛夫，1928-2018）、向陽（本名林淇瀁，1955-）與陳義芝（1953-）三位詩人的專場音樂會，皆有委託不同

世代的作曲家為其創作新曲。最特別的一場，應屬 2018 年向陽的「世界恬靜落來的時——向陽詩選歌樂創作」。全場演出的曲目，不僅有中文，也有台語藝術歌曲。其中，單是〈世界恬靜落來的時〉，就有賴德和（1943-）、潘皇龍（1945-）及陳瓊瑜（1969-）3 種面貌各異的版本。因既有曲目尚未達到一場音樂會基本的時間總長，又另外委託 3 位作曲家各自選一首詩作譜曲，分別是周久渝（1981-）的〈念奴嬌〉、蕭慶瑜（1966-）的〈問答〉以及賴德和的〈咬舌詩〉。

中文與台語交雜混用的〈咬舌詩〉，詩中的文字、結構、隱喻，對作曲家來說，具有高難度的挑戰，演出後造成極大的迴響。作曲家賴德和為它譜寫了 3 個不同編制的版本，先後是獨唱版（2018）、混聲合唱版（2020）及室內樂版（2020）。本文將以獨唱版〈咬舌詩〉為例，說明台灣當代藝術歌曲中，如何將詩作轉譯為音樂的各種面向。

向陽從小受到歌仔戲、布袋戲、廣播劇的影響，無形中對聲音和韻律之間的關係，有潛移默化的作用。成長過程中，口琴、小號、吉他與隨手可得的葉片都是他把玩的樂器，因此他認為這或多或少讓他對音符和節奏多了些感覺，詩作很自然就融入了聲音與韻律的元素。[1] 對於寫詩，他說：「我的詩，多半流動著語言的韻律，音韻的錘鍊、調節與掌握，是我寫詩一貫的自我要求。」[2] 儘管在他年輕時，詩壇的主流前輩紀弦主張「詩是詩，歌是歌，我們不說詩歌」，但他並不認同。他總是有意識地強化韻律感，甚至寫十行詩時，還特別注意節奏感與聲韻；寫作台語詩，也總是邊寫邊唸。[3] 這也就不難理解，為何台語詩〈世界恬靜落來的時〉自 2008 年以來，已有 10 位音樂人相繼為它譜曲。

---

[1] 向陽、路寒袖，〈文學相對論 2 月 二之二——向陽 vs. 路寒袖／歌詩滿街巷〉，《聯合報》，2021.2.2，D3。
[2] 摘自向陽為「2016 年 10 月 22 日第三屆全球華文作家論壇講稿」所撰之〈時間・空間與人間：我的詩探索〉，於前一日發布於臉書（facebook）網誌。
向陽，〈時間・空間與人間：我的詩探索〉，（來源：facebook 網站，https://www.facebook.com/notes/%E6%9E%9 7%E6%B7%87%E7%80%81/%E6%99%82%E9%96%93%E7%A9%BA%E9%96%93%E8%88%87%E4%BA%BA %E9%96%93%E6%88%91%E7%9A%84%E8%A9%A9%E6%8E%A2%E7%B4%A2/10153811357716816）。
[3] 同註 1。

二、〈咬舌詩〉的創作時代背景與文本特色

　　〈咬舌詩〉創作於解嚴之後、第一次總統直選的 1996 年，收錄於「印刻」出版的詩集《亂》。這本詩集收錄了向陽 1987 到 2003 年的詩作，寫作期間的台灣，正是由戒嚴到解嚴、威權到民主。向陽認為台灣經過解嚴、民選總統之後，社會風氣開放，卻是眾聲喧嘩、躁動紛亂，他試圖以國、台語雙聲道的寫法，幽默、詼諧、反諷的方式，記錄本土與外來文化交雜、黑白兩道共治、喧嘩而孤獨並存的台灣亂象。在創作〈咬舌詩〉的二十世紀末期，台灣社會的語言也產生很大的變化，講國語時偶爾會穿插台語、英語，講台語也可能穿插國語、日語。他也想將這典型後現代社會的混語（Creole）現象，表現在詩作上。

　　另一個寫〈咬舌詩〉的原因是，當時西方有 Rap，向陽很想挑戰這樣的形式，不過 Rap 已經被稱為「饒舌」，於是他就創造一個新名詞為「咬舌」。詩中描述的社會亂象，讀起來可以讓人氣到咬舌自盡，加上國、台語兩種語言頻頻轉換交替著唸，會像是話講太快容易咬到舌頭。[4] 尤其第二段與第三段中的許多長句，皆是模仿 Rap 的口氣。當年立法委員羅福助諷刺有些政客比黑道還不講道義，曾說過：「我的黑夜比你的白天美麗」也被運用在詩句中。向陽說：「它是對台灣社會的一種沉痛的反諷，諧趣中有悲哀。」[5] 饒舌音樂又稱嘻哈音樂（Hip-hop Music），隨性與反叛精神是它的特色。以 Rap 的形式書寫，也正好符合〈咬舌詩〉的旨趣。

　　從詩作的結構來說，〈咬舌詩〉是一首迴文詩[6]。全詩共 32 行。可分為 1-6 行，7-16 行，17-26 行，27-32 行四個段落。第四段是第一段之逆

---

[4] 2018 年 8 月 31 日中國時報記者趙靜瑜，為「世界恬靜落來的時──向陽詩選歌樂創作」音樂會，於十方樂集採訪筆者與向陽的訪談內容。

[5] 同註 4。

[6] 一種格式固定，字句迴環往復的運用，無不成義，且可供吟詠的詩文。
　　迴文詩，（來源：教育部重編國語辭典修訂本，http://dict.revised.moe.edu.tw/cgi-bin/cbdic/gsweb.cgi?ccd=boX5WP&o=e0&sec1=1&op=sid=%22Z00000085186%22.&v=-2）。

行，不同的只在第四段開頭「快快樂樂」取代第一段結尾「孤孤單單」。第二段與第三段則為平行變形，也就是說形式相似但內容相異。

〈咬舌詩〉向陽　詩（粗體為台語）

這是一個怎麼樣的年代？怎麼樣的一個年代？
這是啥麼款的一個世界？一個啥麼款的世界？
黃昏在昏黃的陽光下**無代誌周掠目䀹相咬**，
城市在星星還沒出現前**已經目睭花花，鮑仔看做菜瓜**，
平凡的我們**不知欲變啥麼蛻，創啥麼碗粿**？
孤孤單單。做牛就愛拖，啊，做人就愛磨。

拖拖拖，磨磨磨，
拖拖磨磨，有拖就有磨。
這是一個喧譁而孤獨的年代，一人一家代，公媽隨人差的世界。
你有你的大小號，我有我的長短調，
有人愛歌 DoReMi，有人愛唱歌仔戲，
亦有人愛聽莫札特、杜布西[7]，**猶有彼個**落落長的柴可夫斯基。
吃不盡漢堡牛排豬腳雞腿鴨賞、以及 SaSiMi，
喝不完可樂咖啡紅茶綠茶烏龍、**還有嗨頭仔**白蘭地威士忌，
唉，這樣一個喧譁而孤獨的年代，
搞不清楚我的白天比你的黑夜光明還是你的黑夜比我的白天美麗？

7　在國家教育研究院「樂詞網」中，將 Claude Debussy 翻譯為德布西。（https://terms.naer.edu.tw/search/?csrf middlewaretoken=sAgPppAlnZhYgGfnRduzbjnxTEgPP2n3xxNBH6vgYICaAD8IqGMiScPfGslcFBnY&match_type=phrase&query_op=&query_field=title&query_term=Debussy&filter_term=&filter_field=&filter_op=&filter_bool=&filter_term=&filter_field=&filter_op=&filter_bool=&filter_term=&filter_field=&filter_op=&filter_bool=&filter_term=&filter_field=&filter_op=&filter_bool=）。

拖拖拖,磨磨磨,
拖拖磨磨,有拖就有磨。
這是一個快樂與悲哀同在的年代,**七月半鴨不知死活的世界**。
你醉你的紙醉,我迷我的金迷,你擾你的騷擾,我搞我的高潮,
庄腳愛簽<u>六合彩</u>,都市就來博<u>職業棒賽</u>,
母仔揣牛郎公仔揣幼齒,縱貫路邊檳榔西施滿滿是。
我得意地飆,飆不完飆車飆舞飆股票,外加公共工程<u>十八標</u>,
你快樂地盜,<u>盜不盡</u>盜山盜林盜國土,還有各地垃圾隨便倒,
唉,這樣一個快樂與悲哀同在的年代,
分不出來我的快樂比你的悲哀悲哀還是你的悲哀比我的快樂快樂?

快快樂樂。做牛就愛拖,啊,做人就愛磨。
平凡的我們不知欲變啥麼蛻,創啥麼碗粿?
城市在星星還沒出現前<u>已經</u>目睭花花,鮑仔看做菜瓜,
黃昏在昏黃的陽光下**無代誌周掠目蝨相咬**,
這是啥麼款的一個世界?一個啥麼款的世界?
這是一個怎麼樣的年代?怎麼樣的一個年代?[8]

〈咬舌詩〉最大的特色是中文與台語交雜混用。詩人向明認為向陽的台語詩貼近台灣現實,並利用民俗素材和民間俚語,使得他的詩在朗誦時,聽起來像是歌仔戲或布袋戲的趣味盎然,「不是硬生生的批判,而係語含機智,有插科打諢的味道」[9]。而向陽的中文詩,尤其是諷刺詩,作家

---

8 詩作裡加上底線的文字,是詩人在出版詩集之後,覺得這些地方,中文與台語互調的效果較佳。作曲家賴德和譜曲時,便以此為依據。
9 向明,〈我有一個寫詩的弟弟〉,(來源:中興大學網站,
http://web.nchu.edu.tw/~xiangyang/poemd3.htm?fbclid=IwAR2pb4Y_ElXqapTC09g8wdnesJXgDAcnw5_

宋澤萊則認為，1987年台灣解嚴後，台灣與國際社會的變動非常激烈，無論是在政治上、文壇上，甚至是向陽自身的經歷，都提供他書寫諷刺文學的現實條件。台灣的諷刺文學始從1960年代，隨著政治逐漸鬆綁，由反諷（irony）走向諷刺（satire），向陽寫諷刺詩已經是台灣解嚴過後的1989年，因此向陽採用正面諷刺的手法，諷刺執政者的不當行為。[10] 筆者認為〈咬舌詩〉即是結合了向陽台語詩與諷刺詩的特質，充滿了插科打諢、詼諧逗趣、揶揄嘲弄與諷刺社會上的歪風，不過在詼諧逗趣的表象下，也透露出對現實生活、世景時局的嘲諷與無奈。

三、文字轉譯為音樂的方式

楊牧曾說：「詩一定具備了音樂性……在我們記憶的遠古，詩和歌是不可分的。」[11] 又說：「我們在二十世紀廣袤的文學世界裏思索詩的音樂性，恐怕不能再局促於樂器，伴奏，歌唱，朗誦這些概念；詩的音樂性指的是一篇作品裏節奏和聲韻的協調，合乎邏輯地流動升降，適度的音量和快慢，而這些都端賴作品的主題趨指來控制。」[12] 台灣資深的現代詩評論家與研究者鄭慧如，在其著作中也寫出「新詩一直有一些創作者，從形式，到結構，到節奏，從句法到語氣，一步一步地在詩作和音樂的結合上努力。」[13]

對於向陽的作品，鄭慧如認為「他在《十行集》和《土地的歌》悶悶說，在〈吃頭路〉、〈搖子歌〉、〈春花不敢望露水〉款款唱，而在〈咬舌詩〉連說帶唱。」[14] 「音樂性」一直在向陽的詩作中，占著非常重要的地

---

gBihdgbxbd3JzQa52J-x5O28）。
10 宋澤萊，〈讀向陽70年代後半、80年代前半所寫的6首台語詩——並論諷刺文學時代中的小人物書寫〉，（來源：台文戰線聯盟網站，http://twnelclub.ning.com/m/blogpost?id=3917868%3ABlogPost%3A48502&fbclid=IwAR3kAOiywwDTl366_jDLwQMEtocQtCEVSeq25ftu-jbtx8qpS9YLTKfrNfk）。
11 楊牧，《一首詩的完成》（台北：洪範書店，1991），頁143。
12 同註11，頁145。
13 鄭慧如，《台灣當代詩的詩藝展示》（台北：書林出版，2010），頁31。
14 同註13，頁47。

位。當代詩人中，儘管每位詩人的風格屬性不同，一旦作曲家有意為之譜曲，舉凡歌詞的意境、文本的建築結構、詩句的音調及節奏、詞藻所形成的色彩對比、詩行裡的關鍵字、詩文的律動，都是作曲家將文字轉譯為音樂的靈感與創作的方向。

（一）文本的建築結構

西方古典音樂家從莫札特（Wolfgang A. Mozart, 1756-1791）以降，貝多芬（Ludwig v. Beethoven, 1770-1827）、舒伯特（Franz Schubert, 1797-1828）、舒曼（Robert Schumann, 1810-1856）、布拉姆斯（Johannes Brahms, 1833-1897）、沃爾夫（Hugo Wolf, 1860-1903）、馬勒（Gustav Mahler, 1860-1911）、理查・史特勞斯（Richard Strauss, 1864-1949）、荀白克（Arnold Schönberg, 1874-1951）等，這些作曲家留下了許多傳世的德文藝術歌曲；佛瑞（Gabriel Fauré, 1845-1924）、迪帕克（Henri Duparc, 1848-1933）、德布西（Claude Debussy, 1862-1918）、拉威爾（Maurice Ravel, 1875-1937）的法文藝術歌曲；《中國藝術歌百曲集》中的歌曲；甚至是 1990 年以來，以當代詩作所譜寫的中文或台語藝術歌曲，至今僅有〈咬舌詩〉以迴文詩譜成歌曲。

這首詩作的迴文方式，不是逐字而是逐句，以音樂的概念來說，第四段文字是第一段之逆行，唯獨第四段開頭「快快樂樂」取代第一段結尾「孤孤單單」。無論詩句是順著走或逆著走，文字之間的連結比音樂來得單純，尤其在調性音樂中，如何讓順著走或逆著走的音符與樂句，在橫向及垂直的連接上皆符合聲響邏輯[15]，是譜曲的一大考驗。作曲家賴德和採取的作法是，當人聲演唱時，鋼琴看似亦步亦趨，但在間奏的作用，卻可以視為一個闖入者或是插入句。如此，人聲與鋼琴二者之間，成為彼此依靠

---

15 此處的「聲響邏輯」指的是調性音樂中的和聲進行。

卻又能互相獨立的主體。

　　以下比對這兩段音樂與詩作的關係：詩作第一段第一行與第四段最後一行的歌詞「這是一個怎麼樣的年代？怎麼樣的一個年代？」在歌曲裡分別是第 5-16 小節與第 386-397 小節（見譜例一）。

【譜例一】：第 5-16 小節與第 386-397 小節

260 ｜陽光升起的所在

詩作第一段第二行與第四段倒數第二行的歌詞「這是啥麼款的一個世界？一個啥麼款的世界？」則是在歌曲裡的第 16-23 小節與第 374-381 小節（見譜例二）。

【譜例二】第 16-23 小節與第 374-381 小節

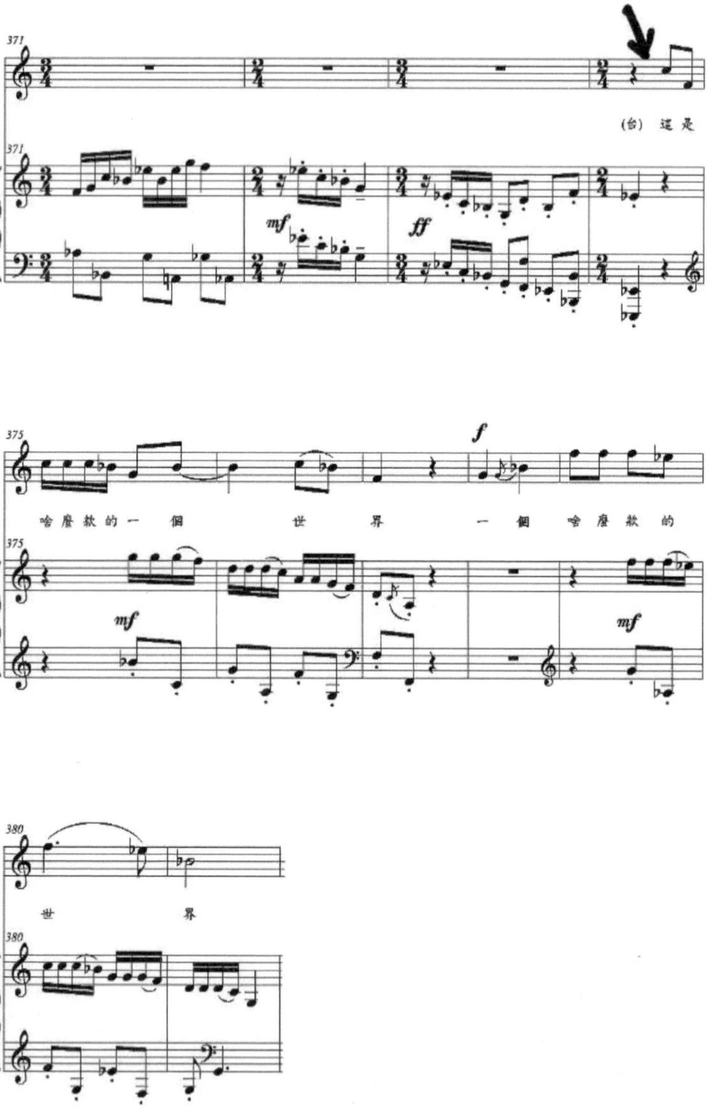
371
(台) 這是
371
mf
ff
375
f
啥麼款的一 個 世 界 一 個 啥麼款的
375
mf
mf
380
世 界
380

詩作第一段第三行與第四段倒數第三行的歌詞「黃昏在昏黃的陽光下**無代誌罔掠目蝨相咬**」在歌曲裡的第 25-36 小節與第 355-366 小節（見譜例三）。

【譜例三】第 25-36 小節與第 355-366 小節

詩作第一段第四行與第四段倒數第四行的歌詞「城市在星星還沒出現前已經**目睭花花，飽仔看做菜瓜**」在歌曲裡的第 38-48 小節與第 343-353 小節（見譜例四）。

【譜例四】第 38-48 小節與第 343-353 小節

266 | 陽光升起的所在

剉啥麼硫磺 （圓）城市在 星星 還沒出現前 （台）目 睭 花花 銛仔看做 菜瓜

詩作第一段第五行與第四段倒數第五行的歌詞「平凡的我們**不知欲變啥麼蛾，創啥麼碗粿？**」在歌曲裡的第 51-58 小節與第 335-342 小節（見譜例五）。

【譜例五】第 51-58 小節與第 335-342 小節

詩作第一段結尾「**孤孤單單。做牛就愛拖，啊，做人就愛磨。**」，到了第四段開頭詩文稍做變化為「**快快樂樂。做牛就愛拖，啊，做人就愛磨。**」，歌曲旋律除了依照語言音調在前4個字變動，後者感嘆詞的「啊」並沒有再以哭調演唱之外，其餘不變。分別在歌曲裡的第59-73小節與第325-331小節（見譜例六）。

【譜例六】第59-73小節與第325-331小節

（二）詩句的音調及節奏

　　國、台語交雜是歌曲〈咬舌詩〉的最大特色，掌握這兩種語言的「聲情」[16]，讓聽眾不用看歌詞可以立即聽懂，絕對是首要之務。另一個重點是，向陽創造了「咬舌」新名詞，除了想挑戰 Rap 的形式，也期待讀者唸到這詩中描述的社會亂象，會氣到想咬舌自盡，加上兩種語言不規則地快速轉換，可能會咬到舌頭。

　　並不是所有的作曲家寫歌時，都會注意到將人聲的旋律音調符合詩文的語言音調。仔細推敲音調者，又大多數只做到句中的部分文字符合。

---

16 所謂「聲情」，包含字音結構、聲調組合、韻協佈置、音節形式、韻長攤破、複詞結構、語句結構、意象情趣之感染力等。亦即構成語言本身之八質素皆含有音樂性之語言旋律。曾永義，〈論說「歌樂之關係」〉，《戲劇研究》13 期（2014.1），頁 4。

奧國作曲家胡果・沃爾夫是德文藝術歌曲創作的重要代表，他在《義大利歌曲集》（Italienisches Liederbuch）裡，使用了「道白式演唱法」（Sprechengesang），這種介乎唱歌及說話之間的歌唱方式，聽來像是說話式的唱歌。為了要讓歌曲帶有 Rap 的感覺，賴德和將人聲旋律逐字地符合語言音調，才會有類似「道白式演唱法」的「唸唱」效果出來。曲首歌詞「這是一個怎麼樣的年代」即是演繹中文的陰陽上去，四分音符節奏的「這是」二字，前頭上方二度的裝飾音模仿了語言音調的去聲、加強了語氣的力度與展現了質問的口氣。突然加快為十六分音符節奏「怎麼樣的」四字，不僅是配合說話的律動，也是與前後歌詞在節奏上的戲劇性對比（見譜例七）。

【譜例七】第 5-8 小節

下方這句台語歌詞「**快快樂樂。做牛就愛拖，啊，做人就愛磨**」是勸人對於世上的磨難要看開點，於是口氣和緩，沒有急促的節奏。由於台語有八音（最容易被記住的例子為：獅、虎、豹、鱉、猴、狗、象、鹿）比起中文陰陽上去的音調變化多，音域自然能有比較寬廣的配置（見譜例八）。

【譜例八】第 325-331 小節

第二段與第三段中，當屬「搞不清楚我的白天比你的黑夜光明還是你的黑夜比我的白天美麗」以及「分不出來我的快樂比你的悲哀悲哀還是你的悲哀比我的快樂快樂」，這兩句最像 Rap 的聲調語氣，句中無任何標點符號可喘息。歌曲亦是如此，以像極了唸唱的音調，一口氣急急忙忙地在不到 14 秒鐘唱完 28 個字，展現了詼諧、幽默的趣味性（見譜例九）。

【譜例九】第 189-194 小節與第 290-295 小節

（三）歌詞的意境

〈咬舌詩〉活潑輕快的曲風，呼應了詩作中逗趣的文字。但是歌曲中，五線譜上時不時以各種音域的模仿，展現「這是一個怎麼樣的年代？」與「這是啥麼款的一個世界？」兩句裡，向這世道質問的「怎麼樣的」（F-G-C-Bb）與「啥麼款的」（C-C-C-Bb）的音型（見譜例十）。

【譜例十】第 1-8 小節與第 17-24 小節

在詼諧的表象下，對社會亂象的嘲諷，作曲家將它顯現在詩作的第三段與第四段之間，就在歌曲中第 296-324 小節長達 29 小節的間奏。這段間奏，完全是與前後不相干的音樂。鋼琴的上方譜表寫了一個超越五線譜寬的升記號，下方譜表又寫了一個超越五線譜寬的還原記號，意思是右手每個音都升高半音，彈的全是黑鍵，而左手則是將所有的音符彈原來的白鍵。兩手建立在不同調上，彈出來的聲響，自然是以不協和居多。

間奏裡有三種素材（見譜例十一）：A 是力度 *f* 或 *ff*，兩手開離位置的大二度重疊音程，但只有短暫時間的相鄰三個半音出現較刺耳的聲音。B 是兩手都彈奏 *mp* 或 *p* 的單音，雖建立在不同的調上，但因為不協和音處於不同音域，並且兩手的不協和音沒有同時碰觸，當鋼琴家再以踏板將每小節的音都留住，所發出的和聲反而非常的柔和。C 是相鄰的兩個大二度

音程，但兩手卻是密集位置，使用踏板的效果，造成五個半音重疊，是最為尖銳的聲響，然而力度以 mf 彈奏，形同削弱了刺耳的感覺。

這段間奏，時而兩手動作相反或密集交替，像是錯落有致的鑼鼓聲，時而又兩手動作方向一致，聽起來像是柔和的曲調，這似乎影射詩作裡所描述的，衝突與相容、矛盾與妥協並存的社會現象。

【譜例十一】第 296-324 小節

對於詩人向陽想要藉〈咬舌詩〉來表達對社會亂象的無奈與沉痛，作曲家賴德和選擇在詩作裡的感嘆詞埋下伏筆。他在歌曲中，以戲曲音樂中常有的一字多音，唱出哭調[17]的旋律。儘管與全曲風格形成迥異的對比，但它的出現也並非憑空而來，只是先預示了詩作第二段中的「**有人愛唱歌仔戲**」。

---

17 哭調盛行於內台歌仔戲時期，是 1950-1970 年代歌仔戲的代表性曲調。

歌仔戲的哭調曲風哀怨、旋律悲愴，演唱時聲音哽咽、悲涼淒切，用來表現劇中人物心中的悲痛及辛酸，特別是生離死別的劇情。「哭調種類繁雜有大哭、小哭、新哭（反哭）、七字哭、賣藥仔哭、運河哭、都馬哭、台南哭、彰化哭……多種形式。」[18] 賴德和在詩作第一段最後一行的「啊」與第三段倒數第二行的「唉」，採用了「大哭」[19]的旋律，五線譜上方標示著「散板」，第一個音上還有延長記號，演唱者可以像歌仔戲演員，依照自己臨場的感覺盡情發揮，音符的時值僅止於參考（見譜例十二與十三）。

【譜例十二】大哭（引自《山伯英台》，張孟逸演唱）

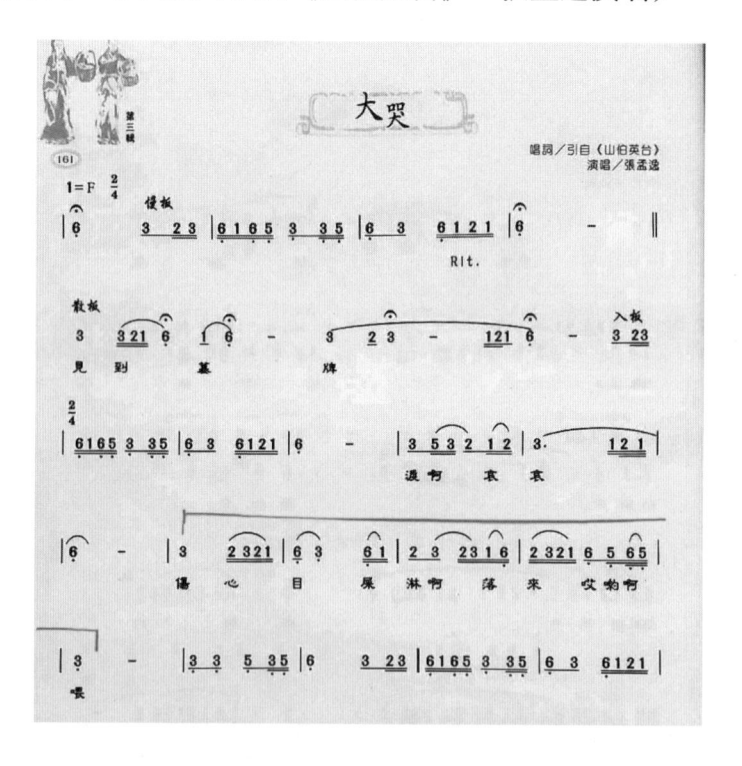

---
18 鄭文堂，《蘭陽戲劇叢書17——歌仔戲曲調卡拉OK樂譜集》（宜蘭：宜蘭縣政府文化局，2011），頁162。
19 大哭又稱正哭、宜蘭哭，是哭調中的典型曲調。

【譜例十三】第 63-71 小節與第 268-276 小節

縱然詩作第一段和第四段是迴文形式，詩人仍以第四段的「**快快樂樂**」取代第一段的「**孤孤單單**」。作曲家也不想做單純的複製，在第四段第一行的「**啊**」，以沒有音高的唸白，取代一字多音的哭調（見譜例十四）。原因是：在模仿 Rap 唱法的第二段、第三段，猛然出現的哭調，無論是速度或唱法，皆產生極大的對比。若是在第四段再使用哭調，必定是畫蛇添足，而且也無法凸顯出第三段的「唉」之後，「這樣一個快樂與悲哀同在的年代，分不出來我的快樂比你的悲哀悲哀還是你的悲哀比我的快樂快樂？」如此極大的沉痛比喻，對歌詞中世景時局感到的悲傷與無奈。

【譜例十四】第 329 小節

(四) 歌詞裡的關鍵字

舉凡歌詞裡的動詞、名詞、形容詞，無論是觸覺、視覺、嗅覺、聽覺，都有可能在歌曲中化為音符。〈咬舌詩〉第一段裡，那些微小又會使寄主奇癢無比的「目蝨」就在第 36-37 小節的鋼琴間奏中。鋼琴家彈奏著以二度音程組成，忽高忽低、快速的 32 分音符像是到處在抓癢（見譜例十五）。

【譜例十五】第 36-37 小節

詩作第二段提到「喧譁而孤獨的年代」，當中的「喧譁」，雙手以兩音快速交替的顫音（tremolo）呈現（見譜例十六）。「**有人愛歡 DoReMi，有人愛唱歌仔戲**」，這兩種東西方的音樂對比，也直接反映在人聲與鋼琴的旋律上，而且「DoReMi」在鋼琴上還有由高至低三個不同音域的回應，以不到 5 秒鐘的時間搞笑之後，馬上就被突如其來一句的歌仔戲旋律打斷（見譜例十七）。

【譜例十六】第 93-96 小節

【譜例十七】第 113-119 小節

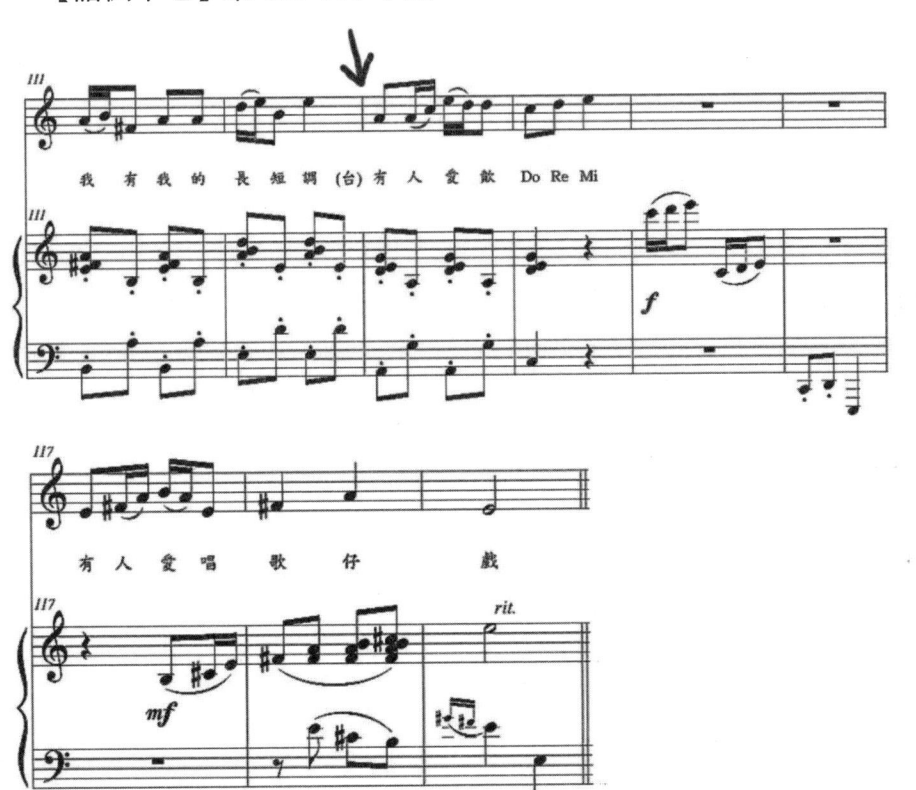

「**亦有人愛聽莫札特、杜布西**，**猶有彼個落落長的柴可夫斯基**」，繼歌仔戲之後，莫札特、杜布西、柴可夫斯基，這三位大家熟悉的西洋古典音樂作曲家也出現了。賴德和讓演唱者以有節奏感的唸白，分別唸出這三位作曲家的名字，並插入其鋼琴作品片段，使他們一個個躍上舞台。之所以引用鋼琴曲而非聲樂作品的原因在於，他們各自的歌詞有不同語言文字，若是插入勢必破壞〈咬舌詩〉的文本結構。在西方音樂經典作品中，通常藉由改變動機素材、拍號、力度、音色、節奏、調性等，製造對比達到音樂中的戲劇效果。此時，鋼琴家在這三段間奏處變成了主角，首先出場的是奧國作曲家莫札特極其優雅的作品331，A大調鋼琴奏鳴曲（Piano Sonata in A major, K. 331）第一樂章主題。再來是法國作曲家杜布西為兒童所寫的〈黑娃娃步態舞〉[20]（Golliwogg's Cakewalk）。這首樂曲描寫的是歐洲十九世紀兒童漫畫裡的人物——黑娃娃（Golliwogg），藉著跳步態舞（Cakewalk）[21]，嘲諷白人上流社會矯揉造作的舉止神態，這樣的曲趣，正好與向陽引用立法委員羅福助說：「我的黑夜比你的白天美麗」諷刺政客的用意不謀而合。活潑輕快的兒童鋼琴曲之後，隆重登場的是俄國作曲家柴可夫斯基第一號鋼琴協奏曲（Piano Concerto No.1）第一樂章氣勢磅礡的前奏與莊嚴的主題。這三首樂曲在調性、風格上有著極大的差異，靜謐、諷刺、莊嚴，彼此衝突卻被放在一起彼此相容，它們所營造出的戲劇效果，就像詩作裡表現的文化交雜、混語現象，以及幽默、詼諧與反諷的主旨。

---

20 〈黑娃娃步態舞〉選自德布西鋼琴作品《兒童天地》（Children's Corner）的第六首。
21 步態舞（Cakewalk）是十九世紀中期出現於美國黑人社會的一種雙人舞比賽，黑奴穿著燕尾服、蓬蓬裙模仿他們白人老闆，舞蹈結束後，由評審選出表演最佳的一對，發給一塊蛋糕做為獎品。

（五）詩文的律動

　　即便向陽企圖在此詩作模仿 Rap，若是單單追求饒舌的速度感，以飛快的速度唱完，歌曲便失去了趣味性和對比性。又若全曲只用一種拍號，恐怕詩文與音樂的律動會彼此抵觸。於是賴德和在歌曲中，根據詩文效果的需要而改變歌曲速度與拍號，時而放大音符時值，時而急促緊湊，再加上演唱者聲音及臉部表情，如此顯現出來的效果，對聽眾而言，像是聲樂家在舞台上做演說式的幽默表演。

　　在詩作第一段，一連串中文、台語的質問：「這是一個怎麼樣的年代？」與「這是啥麼款的一個世界？」之後，作曲家將歌曲速度，由曲首的♩=88 變成♩=72，並放寬歌詞中，詞組之間的間隔。此時的聲樂家變成說書人，在說故事中，時不時以停頓語氣製造懸疑，或加快講話速度引人入勝。例如：「黃昏／在昏黃一的陽光下／無代誌／周掠目睭／相咬／城市／在星星還沒出現前／已經目睭花花／飽仔看做一菜瓜／平凡的我們／不知欲變啥麼蛾／創啥麼碗粿／孤—孤—單—單—／做牛就愛拖／啊——做人就愛磨」。鋼琴家在這段音樂中的角色也隨之轉換，它不再如曲首般，與聲樂家寸步不離。當人聲慢慢吟唱，鋼琴僅以長音撐托；在人聲旋律停頓或急促快唱時，鋼琴卻又以類似配樂的方式回應歌詞。這一段音樂的感覺，好比歌劇當中的宣敘調[22]（Recitative）（見譜例十八）。這樣有時像說有時又唱之後，此段在歌仔戲的哭調達到音樂的高潮。

---

[22] Recitative（宣敘調）（來源：國家教育研究院「樂詞網」，https://terms.naer.edu.tw/search/?csrfmiddlewaretoken=sAgPppAlnZhYgGfnRduzbjnxTEgPP2n3xxNBH6vgYICaAD8IqGMiScPfGslcFBnY&match_type=phrase&query_op=&query_field=title&query_term=Recitative&filter_term=&filter_field=&filter_op=&filter_bool=&filter_term=&filter_field=&filter_op=&filter_bool=&filter_term=&filter_field=&filter_op=&filter_bool=&filter_term=&filter_field=&filter_op=&filter_bool=）。

282 | 陽光升起的所在

【譜例十八】第 25-58 小節

41
還 沒 出 現 前 (台) 已 經 目 睭 花 花 飽 仔 看 做
mp
mf
47
菜 瓜 (國) 平 凡 的
mf
p
53
我 們 (台) 不 知 欲 變 啥 麼 蛖 創 啥 麼 碗 粿
mp

與第一段有迴文關係的第四段，音樂的處理幾乎和第一段相同，僅有在歌詞的「啊」上，以唸白取代歌仔戲的哭調旋律。

　　第二段與第三段的前兩行詩句完全相同，作曲家也完全依照語言的律動，將詩句間的詞組彼此分開。開頭的「拖拖拖，磨磨磨」每一個字重複 3 次所產生的律動較為緊湊，後面只重複兩次的「拖拖磨磨」則較為寬鬆，形成節奏對比。於是這兩行的律動形成「拖拖拖，磨磨磨，拖—拖—磨—磨—，有拖—就有磨」。使得這兩行歌詞唱起來也像是在朗誦，此時的聲樂家再度變成說書人（見譜例十九）。

【譜例十九】第 82-90 小節

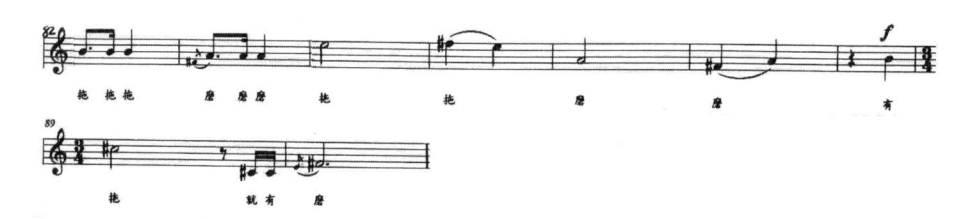

四、結語

　　原本，詩只是訴諸於視覺。但向陽認為：「文學不只可以用眼睛看，也可以用耳朵聽。閱讀文學是一種喜悅，朗讀文學則是一種享受。」[23] 我們可以得知向陽企圖打破藩籬，他總是邊寫邊唸，將他的詩帶往一個有聲的世界。詩人路寒袖在《聯合副刊》，與向陽對談的〈文學相對論 2 月 二之二——向陽 vs. 路寒袖／歌詩滿街巷〉裡說：「其實你所有的詩作，不論台語或華語，無不節奏鮮明，緩急有致，當你自己朗讀時，又注入情感，

---

[23] 張閎，〈以詩詮釋人生——記向陽唸詩予阮聽〉，《洪建全基金會會刊》82 期（2014. 8）。（來源：洪建全基金會網站，https://www.hfec.org.tw/content/16445?fbclid=IwAR1XeHaSavh0dTtmxUfCvqgkhFBab8x2lmXKLZtMKj_7xpxAdKD2k0r5mXU）。

那真是聽覺至高的饗宴了。」[24] 另一位詩人陳義芝曾透過 9 首不同詩人的詩作，告訴學生如何藉由比喻、暗示和形象思維等方向去欣賞詩，其中一首便是向陽的〈咬舌詩〉。他說：「向陽的〈咬舌詩〉，在詩中出現國、台語兩種語調，呈現對話的趣味與輪唱的二重效果。」[25] 無論是路寒袖、陳義芝、鄭慧如，甚至是向陽自己對於寫詩的創作觀，都直接顯示〈咬舌詩〉是一首極具音樂性也非常適合被譜為歌曲的詩作。

然而，並非所有詩作都能被譜曲，例如以視覺為主體的圖像詩與符號詩。在《亂》這本向陽的詩集中，〈一首被撕裂的詩〉與〈發現□□〉當中有許多沒有文字的空格，那些「□□」是不能明說的，有些是撕裂，有些是瘖啞，或是可供讀者拼湊和想像的。而在〈城市，黎明〉中，文字以高低、長短的錯落展現時空相交的特性；在〈囚〉中，每個文字都有它的字義，每 4 個字可組成另一種意義，整首詩作的圖形再構成另一個象形文字，以 3 個層次堆砌而成。這兩首詩作中，文字符號經過排列、組合、配合空間配置，並透過視覺加以形象化，呈現出新的形態，使得詩既能讀也能看。上述這些以視覺為訴諸主軸，並以文字型態增加文字的可表達性的詩作，都是無法透過音符轉譯為音樂。

前面所提出的，歌詞的意境、文本的建築結構、詩句的音調及節奏、詞藻所形成的色彩對比、詩行裡的關鍵字、詩文的律動，都只是從作曲家的角色出發，成為音樂的靈感與創作的方向，藉由作曲者的想像力，將文字透過音符，呈現於五線譜上的第一層轉譯。

文學透過實體或數位出版（digital publishing）就能讓讀者透過閱讀獨自欣賞。對於音樂，特別是歌曲，作曲家完成樂譜的創作，僅僅是第一

---

24 向陽、路寒袖，〈文學相對論 2 月 二之二——向陽 vs. 路寒袖／歌詩滿街巷〉，《聯合報》，D3。
25 這是 2006 年 12 月 26 日逢甲大學「大一國文精進教學計畫」中的一場專題學習系列演講。
陳俐君，〈一些有趣的詩 聯副主編陳義芝教授現身說法〉，（來源：逢甲週報網站，http://www.registration.fcu.edu.tw/wSite/ct?xItem=101777&ctNode=45256&mp=204501&idPath=42765_45249_45253&fbclid=IwAR0E6vIU1GP5w8Mj3X7piwwCCMJWIReokCM_uAooFCiZUHrAdX3LBBpFOe4）。

個步驟，還需靠演奏家將無聲的五線譜經由指尖化成樂音，演唱者唱出歌詞，才完成一首歌的輪廓。聽眾再透過他們的演出，獲得作曲家想提供給聽眾的想像，進而達到欣賞的層次，以上是將詩作轉譯為音樂的過程。身兼演奏（唱）與推廣藝術歌曲者，除了先了解作曲家如何透過巧思呈現詩作，還要推敲如何展現詩之於歌猶如前世與今生的聯結，樂譜裡的節奏、力度、素材的對比、織度、歌詞與音樂的對應關係，以及詩作的意境、作曲家的創意，再加上自己的詮釋與彈奏（唱）出的音色，並經過無數次的演繹，將歌曲完全消化成為自己的語言及肢體動作，同時傳遞文字與音樂的魔力，才是詩作轉譯為歌曲的完整全貌。

參考書目

專書

向陽，《亂》（台北：印刻出版社，2005）。
葉青青，《胡果沃爾夫的歌樂世界——義大利歌曲集鋼琴詮釋》（台北：全音樂譜，2010）。
葉青青，《跳躍在音符上的詩情》（台北：全音樂譜，2013）。
楊牧，《一首詩的完成》（台北：洪範書局，1991）。
鄭文堂，《蘭陽戲劇叢書 17——歌仔戲曲調卡拉 OK 樂譜集》（宜蘭：宜蘭縣政府文化局，2011）。
鄭慧如，《台灣當代詩的詩藝展示》（台北：書林，2010）。

期刊論文

曾永義，〈論說「歌樂之關係」〉，《戲劇研究》第 13 期（2014.1），頁 1-52。

報紙文章

向陽、路寒袖，〈文學相對論 2 月 二之二——向陽 vs. 路寒袖／歌詩滿街巷〉，《聯合報》，2021.2.2，D3。

電子媒體

向陽，〈時間・空間與人間：我的詩探索〉，（來源：facebook 網站，https://www.facebook.com/notes/%E6%9E%97%E6%B7%87%E7%80%81/%E6%99%82%E9%96%93%E7%A9%BA%E9%96%93%E8%88%87%E4%BA%BA%E9%96%93%E6%88%91%E7%9A%84

%E8%A9%A9%E6%8E%A2%E7%B4%A2/10153811357716816，檢索日期 2021.2.27）。

向明，〈我有一個寫詩的弟弟〉，（來源：中興大學網站，http://web.nchu.edu.tw/~xiangyang/poemd3.htm?fbclid=IwAR2pb4Y_ElXqapTC09g8wdnesJXgDAcnw5_gBihdgbxbd3JzQa52J-x5O28，檢索日期 2021.3.5）。

宋澤萊，〈讀向陽 70 年代後半、80 年代前半所寫的 6 首台語詩——並論諷刺文學時代中的小人物書寫〉，（來源：台文戰線聯盟網站，http://twnelclub.ning.com/m/blogpost?id=3917868%3ABlogPost%3A48502&fbclid=IwAR3kAOiywwDTl366_jDLwQMEtocQtCEVSeq25ftu-jbtx8qpS9YLTKfrNfk，檢索日期 2021.3.4）。

李敏勇，〈被撕裂的其實不是詩〉，（來源：經緯向陽網站，http://xiang-yang.pbworks.com/w/page/8016578/%E6%9D%8E%E6%95%8F%E5%8B%87?fbclid=IwAR0oYi0--HiVOhmlPyFM37U-ZIlgSYLElvPQl_KibqedRvv_E_TtTl6rEUA，檢索日期 2000.2.24）。

迴文詩，（來源：教育部重編國語辭典修訂本，http://dict.revised.moe.edu.tw/cgi-bin/cbdic/gsweb.cgi?ccd=boX5WP&o=e0&sec1=1&op=sid=%22Z00000085186%22.&v=-2，檢索日期 2021.2.5）。

張閒，〈以詩詮釋人生——記向陽唸詩予阮聽〉，《洪建全基金會會刊》第 82 期（2014. 8）。（來源：洪建全基金會網站，https://www.hfec.org.tw/content/16445?fbclid=IwAR1XeHaSavh0dTtmxUfCvqgkhFBab8x2lmXKLZtMKj_7xpxAdKD2k0r5mXU，檢索日期 2021.3.7）。

陳俐君，〈一些有趣的詩 聯副主編陳義芝教授現身說法〉，（來源：逢甲週報網站，http://www.registration.fcu.edu.tw/wSite/ct?xItem=101777&ctNode=45256&mp=204501&idPath=42765_45249_45253&fbclid=IwAR0E6vIU1GP5w8Mj3X7piwwCCMJWIReokCM_

uAooFCiZUHrAdX3LBBpFOe4，檢索日期 2021.3.13）。

Debussy（德布西）（來源：國家教育研究院「樂詞網」，https://terms.naer.edu.tw/search/?csrfmiddlewaretoken=sAgPppAlnZhYgGfnRduzbjnxTEgPP2n3xxNBH6vgYICaAD8IqGMiScPfGslcFBnY&match_type=phrase&query_op=&query_field=title&query_term=Debussy&filter_term=&filter_field=&filter_op=&filter_bool=&filter_term=&filter_field=&filter_op=&filter_bool=&filter_term=&filter_field=&filter_op=&filter_bool=&filter_term=&filter_field=&filter_op=&filter_bool=，檢索日期 2021.2.27）。

Recitative（宣敘調）（來源：國家教育研究院「樂詞網」，https://terms.naer.edu.tw/search/?csrfmiddlewaretoken=sAgPppAlnZhYgGfnRduzbjnxTEgPP2n3xxNBH6vgYICaAD8IqGMiScPfGslcFBnY&match_type=phrase&query_op=&query_field=title&query_term=Recitative&filter_term=&filter_field=&filter_op=&filter_bool=&filter_term=&filter_field=&filter_op=&filter_bool=&filter_term=&filter_field=&filter_op=&filter_bool=&filter_term=&filter_field=&filter_op=&filter_bool=，檢索日期 2021.2.27）。

台灣文學轉譯初探
──以桌遊《文壇封鎖中》為例*

張俐璇

摘要

當桌上遊戲成為108課綱「語文領域」跨科活動的教學利器，台灣文學可以怎樣參與這樣新型態的教學與遊戲？台灣文學與遊戲之間，可有怎樣的聯繫？

本文是台灣文學「轉譯」遊戲的初探。轉譯研究最初從醫療臨床領域開始，作為基礎研究的銜接應用，漸次擴充至公共衛生、人文藝術領域。桌遊《文壇封鎖中》是「台灣文學轉譯」的嘗試之一，筆者以參與的經驗，說明「台灣文學研究」轉譯為「桌上遊戲」的方法，包含博物館的文物典藏、資料庫建置，這些台灣文史「體制化」與「數位化」的研究資源，如何融入警總、線民、主編、作家4個玩家角色，以及作家卡、功能卡、報刊卡、禁書卡4種卡牌等遊戲機制。最後並指出台灣文學轉譯桌遊在跨領域教學應用的潛力。

而誠如「轉譯醫學」一詞，在實驗室研究銜接臨床應用外，也反向包含從病患端回到實驗室的研究；本文先由「學術研究到應用創作」的角度

---

* 本文初稿題為「台灣文學傳播現象三論──從木刻版畫〈書寫台灣〉到桌遊《文壇封鎖中》」，2021年5月1日發表於「陽光升起的所在：台灣文學、文化與傳播」暨林淇瀁教授榮退學術研討會，謝謝陳明柔老師的講評與鼓勵。同年受益於《文史台灣學報》兩位審查委員的精彩建議，大幅改寫，收錄於該刊第十五期（2021.10）「向陽專題：台灣文學、文化與傳播」專題論文。

闡述「文學轉譯」，拋磚引玉，期待未來反向從「應用創作到學術研究」的「轉譯文學」研究。

關鍵字：白色恐怖、文學場域、禁書、轉譯、遊戲

一、當教學遇上桌遊

　　2014 年三一八學運這年，國立台灣文學館首度辦理「桌遊文學」教師研習營暨學生夏令營；[1] 同年，以生產《大富翁》聞名的黎光行（亞灣文具）第三代，成立的「2Plus 工作室」推出《走過，台灣（1624-2014）》歷史主題桌遊；這一年也出現了台灣的第一本桌遊雜誌《in 桌遊》。[2] 2015 年，繼之有《桌遊人》雜誌創刊，[3] 艸艸設計《翻轉大稻埕》與國家兩廳院《台北文藝行旅》等台灣史地相關桌遊。2016 年，小說家許榮哲與高中國文老師歐陽立中合著出版《桌遊課：原來我玩的不只是桌遊，是人生》，桌遊在研究與教學應用上日益興盛。[4]

　　「遊戲」向來被視為是嚴肅／工作的反義詞，不過荷蘭文化史家胡伊青加[5]（Johan Huizinga）早在 1938 年已指出遊戲是一種獨特的東西：「嚴肅總是試圖排斥遊戲，而遊戲卻能寬容地把嚴肅囊括進來。」[6] 遊戲囊括嚴肅，然後演化，形成文化。換言之：「文化是在遊戲的形式與態度中發展起來的。」[7] 因此，不同於過往學者將人類描述為「智人、理性的動物」（Homo Sapiens）或「製造人」（Homo Faber, Man the Maker），胡伊青加提出「遊戲人」（Homo Ludens, Man the Player）這個概念作為對照，並推導出令人驚豔的結論：文明是被遊戲出來的。[8]

　　那麼，當「教學」作為嚴肅的工作，被囊括進遊戲的時候，可以發展或生產些什麼？教學與桌遊的關係，可以追溯到台灣最熟悉的桌遊《大富

1　營隊講師、講題詳見李瑞騰總編輯，〈會議與活動／文學營隊〉，《2014 台灣文學年鑑》（台南：國立台灣文學館，2015），頁 519。
2　《in 桌遊》季刊，創辦人邱俊達，2014 年 12 月創刊，至 2018 年發行 13 期後結束。
3　《桌遊人：桌遊文化深耕誌》，總編輯閃琳、出版人楊東岳。
4　詳細數據可見陳介宇、王沐嵐，〈台灣桌上遊戲研究與文獻之回顧〉，2017.2.27，（來源：Google Sites，https://sites.google.com/site/taiwanbgstudy/home）。
5　另有譯名「赫伊津哈」，1872-1945。
6　Johan Huizinga 著，成窮譯，〈第二章 體現在語言中的遊戲概念〉，《遊戲人：對文化中遊戲因素的研究》（新北：康德出版社，2013），頁 68。
7　同註 6，頁 70。
8　同註 6，頁 21。

翁》。遊戲原名 Monopoly 是獨占、壟斷之意，每個玩家都要設法讓其他玩家破產、退出遊戲，讓自己留到最後，成為贏家大富翁；但遊戲的前身名為《地主遊戲》（The Landlord's Game），並不會出現單一玩家稱霸的局面。《地主遊戲》是美國女權主義者伊莉莎白·瑪姬（Elizabeth "Lizzie" Magie）在 1904 年的設計，遊戲規則除了「壟斷」模式還有「繁榮」（Prosperity）模式，[9]前者揭露土地「私有制」的問題，後者以課徵土地價值稅（land value tax）作為建構土地「共有制」的方法。而這些正是經濟學家亨利·喬治（Henry George）在《進步與貧困》（*Progress and Poverty*, 1879）一書中，所揭示的現象與提出的解方。[10]

桌上遊戲囊括嚴肅知識教育推廣的特色，在 2019 年 108 課綱正式上路[11]後，因為核心素養的溝通互動導向、議題融入各學科等設計，以及高中端「加深加廣選修課程」與「學習歷程檔案」等規劃，更被視為語文課程跨領域應用的教學利器。[12] 不過，台灣高中端的文學相關桌遊使用，多半仍以德國的《妙語說書人》（Dixit, 2008）或中國的《三國殺》（2008）等遊戲為大宗；台灣自製的文學桌遊如三民書局推出的《西遊記》、《三國騷》、《老殘》、《鏡花水月》（2018）則以中國古典文學為主要題材；稍後針對 108 課綱訴求「閱讀理解、寫作練習」設計的桌遊《議起上奏》（2019），[13]將議論文教學轉譯為「閱讀然後上奏」的桌上遊戲，讓玩家扮演傳統書生，追求「秀才」、「舉人」、「貢士」的進程，仍與中國文史知識密不可分。

---

9 江仲淵、柯睿信、黃羿豪，〈體驗一下萬惡的資本主義吧：馬吉與她的大富翁遊戲〉，《發明家大起底：從疫苗到核武，讓你直呼「不能只有我看到」的歷史真相！》（台北：大旗出版社，2021），頁 135。
10 孫中山將 Henry George 翻譯為「顯理佐治」，其哲學是《三民主義》的經濟柱石。E. Glen Weyl, Eric A. Posner，周宜芳譯，〈第 1 章 財產權就是獨占權〉，《激進市場：戰勝不平等、經濟停滯與政治動盪的全新市場設計》（新北：八旗文化，2020），頁 96、99-100。
11 詳見教育部「108 課綱資訊網」，（來源：108 課綱資訊網，https://12basic.edu.tw/12about-3-1.php）。
12 黃琇苓，〈華麗的國文課：當教學遇上桌遊〉，「國文元氣報：108 新課綱專刊」，2018.10（來源：https://945cloud.knsh.com.tw/Resource.asp?EJ=J&Course=1&pma=23），頁 13。
13 桌遊《議起上奏》是「桃園市國文科教師」（曾怡菁、許志維、郭致廷、羅昭婷、周雅霓）、桃園市龍潭國中黃秋琴主任與「國立台灣師範大學資訊教育研究所」陳志洪教授團隊的合作成果。另有桌遊的擴充應用程式《議起上奏 app》以及 AR 版的《議起悅讀》。

因此，當 108 課綱高中國文新課本已將「遊戲」納入「推薦選文」[14]延伸閱讀[15]的時候，在既有豐沛的「中國文學」資源之外，「台灣文學」可以怎樣參與這樣新型態的教學與遊戲？特別是類似《地主遊戲》這樣的議題性桌遊？

當代議題桌遊應用於教學的經典案例，當屬美國設計師布蘭達（Brenda Romero）在 2008-2009 年間推出的《新世界》（The New World）、《火車》（Train）等系列議題桌遊，這些桌遊也是「機制即訊息」（The Mechanic is the Message）的遊戲代表作。[16] 所謂「遊戲機制」（game mechanics）是遊戲的核心本體，至少可以包含空間、時間、物件、行動、規則、技巧與機率等七項。[17] 換句話說，「機制即訊息」涉及的是遊戲是怎麼說故事的？《新世界》的遊戲機制是玩家要在 10 個回合內，平安渡過大西洋「中央航線」（the Middle Passage）抵達美洲，以紀念十六至十九世紀間因歐美非三角貿易（Triangular trade）而受害的非洲居民。而《火車》則是玩家擲骰子決定將多少棋子（又稱「指示物」或「米寶」Meeple[18]）放入火車，也經由擲骰子決定怎樣前進。骰子之外，有卡片指示破壞其他玩家的軌道，或是抽走其他玩家車廂裡的棋子。玩家要到最後才知道，火車的終點站之一竟是奧斯維辛（Auschwitz）集中營，然後五味雜陳地發現自己竟然這麼努力地參與了猶太大屠殺（the Holocaust），同時也連繫起漢娜鄂蘭（Hannah Arendot）為什麼說「平庸

---

14 所謂「推薦選文」是陳萬益擔任 95 課綱召集人時所訂立。當時為因應「一綱多本」，每家教科書出版社的選文不同，總篇數太多，為避免造成學生準備考試的壓力，因此規劃文言文推薦選文 40 篇。108 課綱高中國文推薦選文降為 15 篇。「推薦選文」的發展，其實已悖離當初設計原意，變成出版社「必選」文章，考試「必考」重點。中央社記者陳志中，〈推薦選文變考試核心 課綱召集人懺悔〉，2017.8.24，（來源：中央通訊社，https://disp.cc/b/982-acTO）。
15 例如奇異果文創的國文課本，《大同與小康》的延伸閱讀為《文明帝國 VI》（2016）；〈晚遊六橋待月記〉的延伸閱讀則有《薩爾達傳說：曠野之息》（2017）、《碧血狂殺 2》（2018）、《死亡擱淺》（2019）等數位遊戲。楊翠主編，《普通型高級中學國文 4》（台北：奇異果文創，2021），頁 21、226。
16 感謝審查委員提供重要資訊，（來源：Brenda Romero 個人網頁，http://brenda.games/work-1）。
17 Jesse Schell 著，盧靜譯，〈12 有些元素屬於遊戲機制〉，《遊戲設計的藝術：架構世界、開發介面、創造體驗，聚焦遊戲設計與製作的手法與原理》（新北：大家出版社，2021），頁 154-192。
18 米寶 Meeple 一詞據悉來自於 2000 年的桌遊《卡卡頌》，原初為研發團隊的口語 My People，（來源：小羊桌遊報，http://usnoopy.blogspot.com/2017/06/meeple-war.html）。

的邪惡」（the banality of evil）。[19]

在台灣類似的議題桌遊，有2017年底線上集資的《烏托邦賽局》，[20]遊戲從社會學研究出發，藉由政治家、資本家、貿易商、學者、專家、勞工等6種角色，與三個世代的遊戲規則，探討貧富差距與階級流動。法國哲學家史鐵凡‧休維爾（Stephane Chauvier）認為桌遊是「為了給人玩而創造出來」的「制式遊戲」，而從「制式遊戲」裡採集到的東西：「足以讓我們揭露出極廣泛的各式人類活動。」[21]一如《烏托邦賽局》裡的社會制度，是現實的縮影，努力就有翻身的可能嗎？遊戲就像一面鏡子，「我們在遊戲裡所見的」，「讓我們看到在遊戲之外的事情是怎麼回事」。[22]因此即便資本主義確實會利用遊戲來謀利，但遊戲也不無對抗資本主義的可能，[23]並且玩家經由桌遊的角色扮演，對於一些複雜的理論與制度，也更加有切身的感受。而從學術理論到切身感受，涉及的是「知識如何轉譯」。

二、什麼是「轉譯」？

（一）從醫學到人文的知識轉譯（Knowledge Translation）

「轉譯」是什麼？在文學領域的使用上，往往與「轉化翻譯」交混使用；在醫學上，則特指「蛋白質在人體中由基因生成製造的一連串複雜程序

---

[19] 李立凡，〈黑奴、侵略與大屠殺：Brenda Romero 的《新世界》創作挑戰〉，（來源：U-ACG，https://www.u-acg.com/archives/2743）。李立凡同時也整理了 Brenda Romero 這系列敏感議題桌遊，例如十七世紀英國 Oliver Cromwell 入侵愛爾蘭的《愛爾蘭遊戲》（The Irish Game）、美國境內非法移工面對不平等處境的《墨西哥廚工》（Mexican Kitchen Workers）等多款。
[20] 他群工作室提案，〈您敢衝撞命運嗎？翻轉現實與理想的人生遊戲：《烏托邦賽局》〉，（來源：「嘖嘖」群眾募資平台，https://www.zeczec.com/projects/utopia）。
[21] 反之，愛情便不是「制式遊戲」。Stephane Chauvier 著，蘇威任譯，〈導論〉，《什麼是遊戲？》（台北：開學文化，2016），頁19-20。
[22] 同註21，頁151。
[23] 黃厚銘，〈遊戲——人類文明發展的推手〉，Stephane Chauvier 著，蘇威任譯，〈遊戲與存在〉，《什麼是遊戲？》，頁9-10。

中的『轉譯』這個過程」,[24] 英文原文也是「translation」翻譯這個字。2000年時候,加拿大健康研究學院(Canadian Institute of Health Research)提出「知識轉譯」,「用以陳述並縮小研究知識與臨床實踐間的鴻溝」。[25]2005年,美國國家衛生研究院(National Institute of Health)再提出「轉譯醫學」(translational medicine)一詞,除了將實驗室研究銜接臨床應用外,也反向包含從病患端回到實驗室(bedside to bench)的研究。[26]

轉譯研究(translational research)從醫療臨床領域開始,漸次擴充至公共衛生、人文藝術領域。2017年在文化部公告的「加速文化內容開發與科技創新應用補助要點」中,「原生內容轉譯」[27]是受理申請案的應具條件;2019年高雄市立美術館製作有「知識轉譯的當代對話」專輯,試圖讓「任何複雜或困難的知識,都有辦法找到一個合適的方式去把它轉譯出來」。[28]

「為什麼我們需要人文藝術的轉譯與推廣?」,其實與「當代的網路社群環境提供了高度的對話可能」[29]相關。例如2008年,哲學科普部落格「哲學哲學雞蛋糕」成立;2009年,人類學家和社會學者成立聯合學術科普平台「芭樂人類學」,試圖「用非學術的方式來談田野」;[30]2011年,科學媒體實驗計畫架設「泛科學 PanSci」網站;2013年,社會學者推出共筆部落格「巷仔口社會學」;時至2014年,太陽花運動的這一年,同時有「菜市場政治學」、「歷史學柑仔店」、「法律白話文運動」、「故事

---

[24] 鄭浩民,〈轉譯科學:一個未來實證照護及醫學研究的重要趨勢〉,《榮總護理》30卷2期(2013.6),頁111。
[25] 陳可欣、高靖秋、陳杰峰,〈實證知識轉譯:落實科學證據於護理臨床實務〉,《護理雜誌》63卷6期(2016.12),頁1。
[26] 台北醫學大學衛生政策暨健康照護研究中心,〈成長中的轉譯研究領域〉,(來源:台北醫學大學衛生政策暨健康照護研究中心,http://hprc.tmu.edu.tw/app/news.php?Sn=90)。
[27] 文化部之「原生內容轉譯」需求說明為「以科技或創新之方法,將具有市場潛力之既有台灣原生故事 IP,轉譯為其他作品型式之故事文本或產品雛型(如遊戲腳本轉譯為電視劇劇本、漫畫等、出版品轉譯為虛擬實境(VR)故事文本或作品雛形等」,(來源:文化部主管法規查詢系統,https://law.moc.gov.tw/law/LawContent.aspx?id=GL001143)。
[28] 徐柏涵,〈來一杯知識轉譯的精釀吧!——專訪《台灣吧》共同創辦人蕭宇辰〉,《藝術認證》84期「知識轉譯的當代對話」專輯(2019.2),頁26。
[29] 高美館編輯部,《藝術認證》84期「知識轉譯的當代對話」專輯,頁1。
[30] 胡芷嫣,〈公共參與的溫柔革命,人文科普大進擊:《歷史學柑仔店》、《芭樂人類學》、《故事 Story Studio》綜合報導〉,高美館編輯部,《藝術認證》84期「知識轉譯的當代對話」專輯,頁9。

Story Studio」等網站架設，以及「台灣吧」系列科普動畫的製作。

2017年，「學術界最高殿堂」的中央研究院，推出「研之有物」知識分享平台；[31] 2018年，繼之出版《研之有物：穿越古今！中研院的25堂人文公開課》，以「鄉民說書般的白話文」為號召，此外，又再有「開放博物館」正式上線，讓藏品開放近用（access），將館藏上線公開，開放群眾標籤（tagging）文物，加入詮釋。可以說，近十數年來的「知識轉譯」現象，是與「數位時代」的環境高度連結的。數位時代的諸多網路平台，讓「眾人協作」[32]（crowdsourcing）成為可能。

（二）台灣文學轉譯（Reculturation of Taiwan Literature）

台灣文學知識轉譯的背景，則是在「數位化」的形式之外，內容建置部分也受益於「體制化」二十多年的成果。諸如台大台文所推出的《百年不退流行的台北文青生活案內帖》（2015）和《終戰那一天：台灣戰爭世代的故事》（2017）的非虛構寫作二書、五位小說家接龍合著的《華麗島軼聞：鍵》（2017）、12位作者合著的《百年降生：1900-2000台灣文學故事》（2018）等書，以及國立台灣文學館在2018年推出的「拾藏：台灣文學物語」和「台灣文學數位遊戲」等活動。邱貴芬認為這是「台灣文學新創作趨勢」：「創作者調度台灣文學資源，訴說台灣文學相關的故事，有意識地與前輩台灣文學作家或作品對話。」[33]

前揭案例明確揭示「轉譯」的是「拾藏：台灣文學物語」，這是國立台灣文學館隨著文化部「台灣行卷：博物館示範計畫」啟動的文學品牌。「台灣行卷：博物館示範計畫」大抵是延續2016-2017年的政府資料開放

---

31 胡芷嫣，〈翻轉吧，人文科普平台：2008-2019台灣人文科普平台綜覽〉，高美館編輯部，《藝術認證》84期「知識轉譯的當代對話」專輯，頁14-19。
32 關於crowdsourcing的中文，此處採用林富士的翻譯。林富士，〈數位「考證」：人文學者的新素養〉，DADH2019第十屆數位典藏與數位人文國際研討會演講資料，2019.12.4，台師大圖書館。詳見於林富士，〈數位考證：人文學者的新素養〉，《數位典藏與數位人文》5期（2020.4），頁1-35。
33 邱貴芬論述的三個案例是楊双子「花開」系列創作、《華麗島軼聞：鍵》以及《百年降生：1900-2000台灣文學故事》。邱貴芬，〈千禧作家與新台灣文學傳統〉，《中外文學》50卷2期（2021.6），頁17。

（open data）政策，以博物館文物藏品為基礎，「透過專業研究充實詮釋內涵與故事，轉化成為通俗易懂之故事或文字，嘗試與觀眾個人情感記憶或生命經驗連結」，執行成果包含文物藏品的 3D 建模與「轉譯故事」等。[34]

那麼台灣文學藏品的轉譯故事可以怎麼說？「拾藏：台灣文學物語」的第一篇文章轉譯的藏品是 1929 年〈多田南溟致郭水潭函〉信件，以及多田南溟主編的《南溟樂園》雜誌第 4 號。「拾藏」團隊的第一位執筆者是作家盛浩偉，參與過前揭的非虛構寫作《終戰那一天》、改編歷史題材的小說《華麗島軼聞》以及具有故事性的《百年降生》三書，因此他綜合前三項經驗，這樣思考「轉譯」：

> 在此之前我並未聽說過「轉譯」這種概念或方式，也感覺似乎可以用前三者所側重的面向來代入：對象／題材是國立台灣文學館之館藏，而方式則是替這個對象寫出「故事」，來賦予它一個意義；或者是以它為基礎進行想像「改編」，以發揮其趣味性，引人深入認識；或者是對它「非虛構寫作」，有機地組織、串連起這件藏品曾有過的歷史。然而實際寫作之後，我卻有新一層的體悟：「轉譯」的重心，或在「譯」字之上。……應該是將這些因為漫長歷史隔閡而今人所不懂的部分，轉換為能懂的內容，使歷史與當下產生連結。[35]

於是面對這兩樣大眾陌生的藏品，盛浩偉從創作者的角度出發，寫 22 歲的郭水潭投稿遇見伯樂，爾後持續創作新詩；而多田主編原先的迷你同人刊物《南溟樂園》，也在後來有了更多有志者的集結，成為更大的組

---

34 〈台灣行卷：博物館示範計畫（107 年辦理情形）〉，〈來源：公共政策網路參與平台，https://ppt.cc/fzgXcx〉。
35 盛浩偉，〈召喚台灣文學：關於故事、改編、非虛構寫作與轉譯的經驗與思考〉，《台灣文學館通訊》60 期（2018.9），頁 95。

織。盛浩偉因此將這第一篇轉譯文章名為「詩的燃點」，因為這封信件，「讓兩人抵達燃點、開始放光」。[36] 這同時也是「拾藏」一個發光的起點。

不過，「拾藏」是同時兼及「藏品故事寫作」與「商品開發」兩大「轉譯」策略，已結合楊逵、鍾理和、張深切等文物開發文具組，並將蔡培火、賴和、三毛藏品轉譯為尺寸功能不同的三款雨傘。[37] 而台灣文學館也在2018年起推出以轉譯藏品為號召的「台灣文學數位遊戲腳本」徵獎，並已開發VR射擊遊戲《夢獸之島》（2019）、解謎益智遊戲《1940》（2020）以及體感互動遊戲《生命之鳥：吳瀛濤》（2021）等三款數位遊戲。因此，台灣文學轉譯，從文字、商品到遊戲，在「譯」的寫作重心之外，另有「轉」的面向。因此翻譯家陳榮彬老師建議可以 re-culturation 一詞，取文化模式的重整改寫之意，來指稱台灣文學的「轉譯」，[38] 這樣也能與 translation「翻譯」或醫學的轉譯區隔開來。

今日的「轉譯」最常見的問題是：與過去的「改編」之間的差異？筆者初步認為「改編」更貼近「文學文本」內部，創作者有更大的空間，發揮自己的詮釋與觀點。例如五位小說家接龍寫作的《華麗島軼聞：鍵》，由各自專擅妖怪、百合、BL等類型出發創作；又或者以更常見的「文學改編電影」為例，從張愛玲小說〈色，戒〉到李安電影《色，戒》，一冷一熱，情節相似，情感迥異。

而「轉譯」的核心，誠如Collins英文詞典的描述：「轉譯是一個不同狀態之間轉變的過程，並且在這個轉變的過程中，不同的參與者會試圖保持原有的方向。」[39] 因此如「拾藏」的轉譯文章，和《文壇封鎖中》桌上遊戲，

---

36 盛浩偉，〈詩的燃點：〈多田南溟致郭水潭函〉與《南溟樂園》新春第四號的故事〉，（來源：拾藏：台灣文學物語，https://vocus.cc/article/5b306639fd897800018a5fe9）。
37 鄭清鴻，〈製作一顆名為「文學」的炸彈：從藏品轉譯到文創商品的「拾藏」之旅〉，《文訊》421期「理想的重量：文學跨界與文創產業」（2020.11），頁33-34。
38 例如台大台文所課程「台灣文學的研究與轉譯」，英文名稱為 Research and Reculturation of Taiwan Literature。這門課先後於2019年春夏、秋冬兩度開設，分別執行「數位遊戲」和「桌上遊戲」轉譯。
39 鄭浩民，〈轉譯科學：一個未來實證照護及醫學研究的重要趨勢〉，《榮總護理》30卷2期（2013.6），頁111。感謝審查委員對於「轉譯與改編之差異」的提問，因而有此初步觀察，期待未來能再另文深入梳理。

在不同的轉化形式過程中，仍試圖保留原先作家文物的文學史意義。並且，「轉譯必須有相應的環境條件」，需有一定的「文學遺產所形構的土壤，提供轉譯之作生根發芽」，[40] 台灣文學體制化二十多年來，國立台灣文學館和台灣文學系所的研究建置，是台灣文學得以轉譯為不同形式生產的重要基礎。

三、白色恐怖文學轉譯桌遊

桌遊《文壇封鎖中》正是台灣文學轉譯如此脈絡下的產物，其設計發想緣起於筆者在 2018 年開設的課程「戰後台灣文化場域與文學生產」。這門課的立論基礎是布爾迪厄（Pierre Bourdieu）《藝術的法則》以及張誦聖《文學場域的變遷》[41] 二書，從戰後台灣的報紙副刊、期刊雜誌等社群位置，探問「禁書」年代的「純文學」生產現象。這門研究所課程的最後產出，有「個人研究論文」，也有「小組桌遊企劃」。《文壇封鎖中》正是這門課的「小組桌遊企劃」[42] 後續執行成果。回顧筆者跨領域實踐的經驗，可以分述的是研究如何轉譯為遊戲？遊戲中轉譯的又是什麼？在遊戲裡要「看到在遊戲之外的事情是怎麼回事」[43] 如何可能？

所謂的「禁書」年代，與台灣「白色恐怖時期（1949-1992）」緊密相關，1987 年的解嚴，並不代表一切禁制的終結。[44] 因此桌遊《文壇封鎖中》所設定的時間不是「戒嚴時期（1949-1987）」，而是 1992 年 5 月刑法第一百條修正案通過後，「人民主張左翼及台獨等思想與發表相關言論」不再觸犯刑

---

40 張俐璇，〈追憶與轉譯——讀《天亮之前的戀愛》〉，《印刻文學生活誌》188 期（2019.4），頁 115。
41 張誦聖，《文學場域的變遷》（台北：聯合文學，2001）。
42 小組成員為當時碩士班一年級的周郁穎、洪薪惠、許瀧尹、顏汝蓉 4 位同學，企畫名稱最初為「作家的生成」，時間設定在 1940-1990 年代。期末小組報告修訂後，更名為「作家的手提箱：台灣文學桌遊設計」，與智智設計合作，獲得國藝會 2018-2 期文學類調查與研究項目補助，最後時間調整為 1949-1992 年，調研作家 125 位、刊物 55 份，以及禁書 40 本。
43 Stephane Chauvier 著，蘇威任譯，〈遊戲與存在〉，《什麼是遊戲？》，頁 151。
44 以前衛出版社為例，1989 年出版的《在美麗島的旗幟下：反對運動與民主台灣》以及《在時代分合的路口：統獨論爭與海峽關係》二書，上市後兩週後隨即被查禁。陳芳明，〈走過禁書的年代，曾經令人窒息的台灣社會——《解嚴之前的禁書》〉，（來源：「故事：寫給所有人的歷史」說書專欄，https://storystudio.tw/article/sobooks/banned-book-in-taiwan-during-the-white-terror/）。

法，享有言論與思想的自由，作為「文壇封鎖中」的結束。為呈現這段時間內，文學生產與社會環境之間的張力，遊戲設計有警總、線民、主編、作家 4 個角色，在戰後台灣文化場域進行個人的競賽，以及陣營的對決。

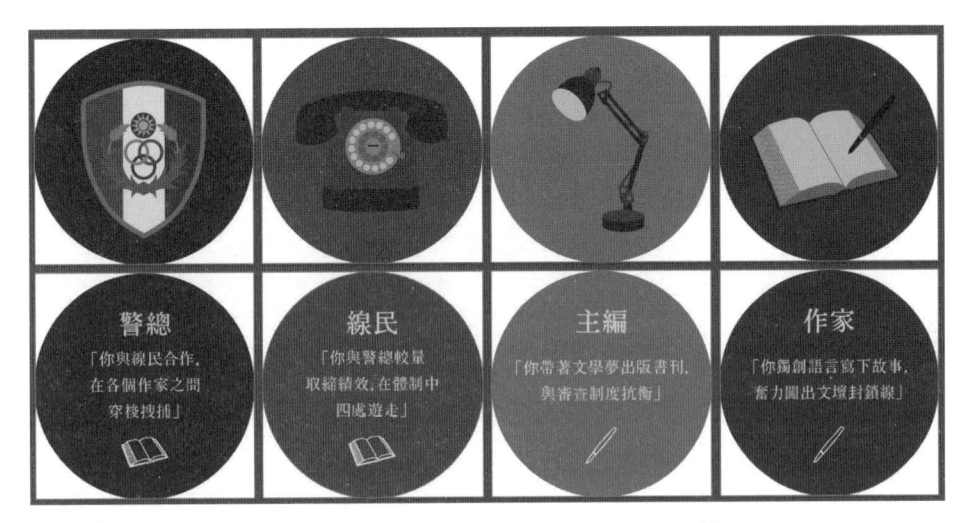

圖 1：桌遊《文壇封鎖中》四人遊戲之玩家角色[45]

所謂「場域」，既是「一個社會空間的概念」，也是「一個社會狀態與地位的系統，在其中界定了這些人與那些人之間的關係和影響。」[46] 一個場域內，有許多社會力的存在，引力與斥力並存，充滿鬥爭，像場遊戲。布爾迪厄以福樓拜小說《情感教育》中的 5 個年輕人為例，說明他們因為同是大學生而聚在一起，其後「就像一個力場裡的一些粒子」被拋入社會空間，而「決定他們移動路徑的」是「各種力（量）、這個場（域）」，[47] 也因此「要先建構出場域，接下來才能建構出社會軌跡。」[48]

---

[45] 此為《文壇封鎖中》在 2020 年參與建中圖書館「台灣文學與白色恐怖」主題書展（展期為 5 月 26 日至 6 月 9 日）的圖示簡版；角色說明節錄自台大台文所碩士生蔡易澄撰寫文案，完整文案有各種「設身處地」並結合「殖民史」與「民國史」的思考，詳見附錄二《文壇封鎖中》遊戲說明書之角色介紹。

[46] 林盛彬，〈導讀〉，Pierre Bourdieu 著，石武耕、李沅洳、陳羚芝譯，《藝術的法則：文學場域的生成與結構》（台北：典藏藝術家庭，2016），頁 9。

[47] Pierre Bourdieu，石武耕、李沅洳、陳羚芝譯，〈序曲：作為福樓拜分析家的福樓拜〉，《藝術的法則：文學場域的生成與結構》，頁 37-38。

[48] Pierre Bourdieu，石武耕、李沅洳、陳羚芝譯，〈第二部分：一門作品科學的基礎〉，《藝術的法則：文學場域

(一)玩家的移動,歷史的軌跡

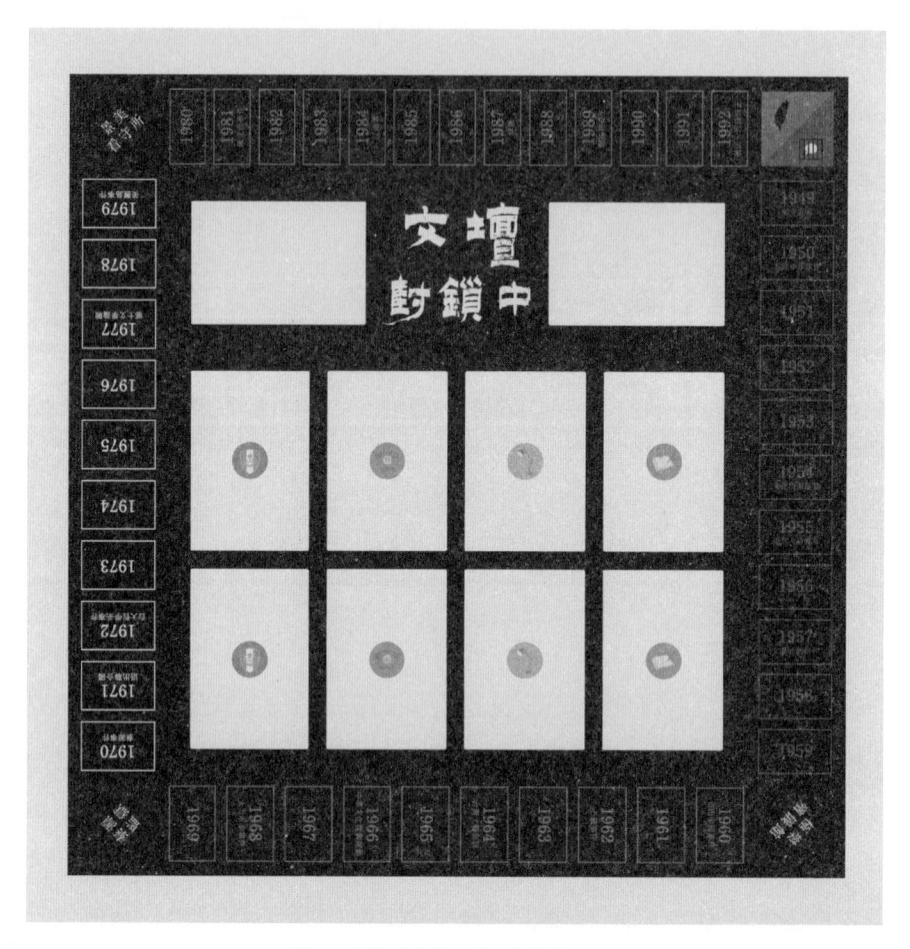

圖2:桌遊《文壇封鎖中》遊戲底圖

圖2的右上角是遊戲的起點與終點,其他三個端點分別是1950年代收容政治受難者遺體的「極樂殯儀館」、[49]1970年6名政治犯發起台灣

的生成與結構》,頁335。
49 如陳英泰回憶:「行刑隊一行刑畢掉頭就走,屍體就讓其暴露於草地上,留給當時台北市唯一的殯儀館極樂殯儀館處理。他們把屍體運回座落於現南京東路林森北路交叉附近的極樂殯儀館浸在福馬林,另一方面通知家屬具款約五百元來領回埋葬,現極樂殯儀館已不存在。」陳英泰,〈回憶:見證白色恐怖(節選)〉,胡淑雯、童偉格主編,《靈魂與灰燼:台灣白色恐怖散文選‧卷二:地下燃燒》(台北:春山出版,2021),頁277。不過,依

獨立革命的「泰源監獄」以及 1980 年召開「美麗島大審」的「景美看守所」。這三處「不義遺址」同時也是遊戲階段性的起點與終點。警總、線民、主編、作家 4 個角色，可在底圖上任選一個端點同時出發競逐，當任一玩家抵達下一個端點，便結束這一回合。

　　四方形底圖的四邊 4 個回合，以顏色區隔，依序是右側 1950 年代的紅色、下方 1960 年代的黃色、左側 1970 年代的黑色，以及上面 1980 年代的綠色。前三者「紅黃黑」的發想來自於「中國文藝協會」在 1954 年發起的「文化清潔運動」：清除「赤色的毒、黃色的害、黑色的罪」等「文化三害」；最後的綠色設定，則來自記錄社運活動的攝影團體「綠色小組」（1986-1990）。每個回合，各有 5 個事件，會影響玩家前進或後退。

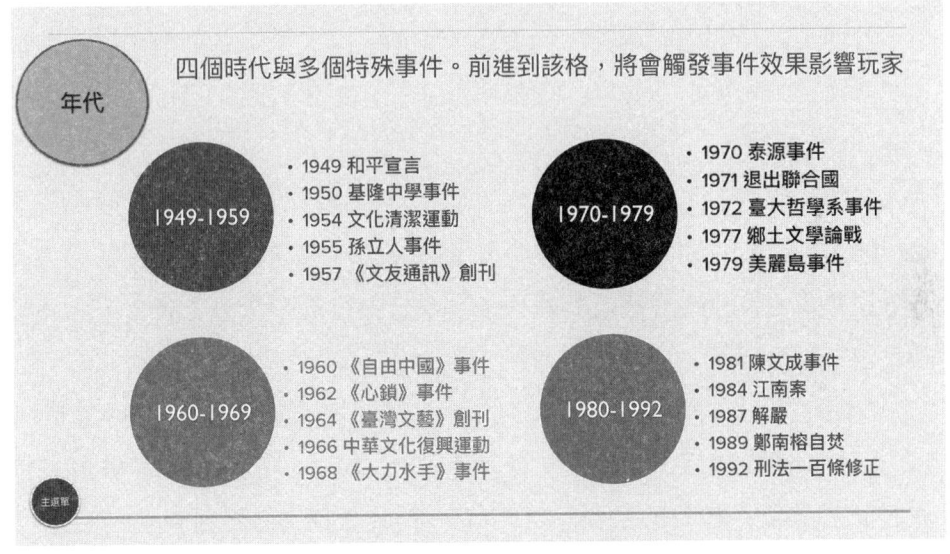

圖 3：桌遊《文壇封鎖中》底圖歷史事件一覽[50]

據林傳凱的注釋，「福馬林池」應在當時位於公館水源地的國防醫學院校區內。另，極樂殯儀館前身是日治時期台北市役所經營的公營葬儀堂，是在台日本人專用的火葬場；1949 年市長游彌堅邀請曾任「上海殯儀公會」理事長錢宗範接手經營，1965 年撤離。戰後極樂殯儀館不僅處理受難者遺體，還包含當時達官顯貴的喪葬事宜，因此形成「人生最後一哩路」出現「政治受難者與加害者同在一館」的現象。「不義遺址資料庫」: https://hsi.nhrm.gov.tw/home/zh-tw/injusticelandmarks/124660。

50 國立台灣文學館計畫專員劉玉雯製作，（來源：「《文壇封鎖中》遊戲簡介」pdf 檔，https://event.culture.tw/NMTL/portal/Registration/C0103MAction?useLanguage=tw&actId=00017&request_locale=tw）。

舉例來說，當任一玩家停留在「1955孫立人事件」時候，啟動的遊戲效果是：警總奪取線民績效，線民後退一格、警總前進兩格。如此設定是為了彰顯：即便警總與線民屬於同一陣營，但也暗含內部的角力。一如2001年監察院的委託調查結果顯示：孫立人案實際上是當時國民黨內部的整肅案。由於孫立人（1900-1990）畢業於美國維吉尼亞軍事學校，深受美國（軍方）支持，[51]因此兩蔣憂慮孫立人將軍擁兵自重，故策劃指控其部屬郭廷亮少校為匪諜，合謀兵變。「孫立人兵變案」與「郭廷亮匪諜案」於焉成為1950年代的大宗冤案。[52]因此遊戲以線民後退、警總前進的效果，指涉同一陣營內部上下的矛盾。

封鎖之下，各階段也有「挑戰者們」[53]突圍的嘗試。在遊戲裡，當主編或作家停留在「1957《文友通訊》創刊」時候，兩位玩家可以各擲一次骰子，若兩人同時擲出圈或叉，代表通訊成功，兩人可以各前進兩格。在每一回合裡，第一位抵達終點的玩家可得4分，距離終點第二近的玩家可得3分，以此類推。

在理論的層次上，場域裡的競逐，有時代條件的因素，也有個人資本的問題；在遊戲的趣味上，為避免進度落後的玩家自暴自棄，遊戲另有一種積分方式：該時代獲得最多報刊卡，或是獲得最多禁書卡者，可額外獲得3分。

桌遊《文壇封鎖中》計有423張卡牌，除了一開始抽取並揭示身分的4張角色卡外，分有「經驗值」與「書刊卡」兩大類卡牌。「經驗值」包含171張作家卡和116張功能卡；「書刊卡」則為92張報刊卡、40張禁書卡。

---

51 監察院委託案於1998年啟動，委託中研院近史所朱浤源研究。薛化元，〈孫立人事件〉，（來源：文化部「台灣大百科全書」，https://nrch.culture.tw/twpedia.aspx?id=3868）。
52 蘇穩中，〈一則白色恐怖時期冤案記事〉，（來源：民報，https://www.peoplenews.tw/news/4426eea8-348c-4f75-bf15-b45db57b4d97）。
53 「挑戰者們」是國立台灣歷史博物館「解嚴30週年特展」名稱，展為2017.11.28至2018.6.24日。詳見https://www.nmth.gov.tw/exhibition?uid=127&pid=498。

(二）經驗值：作家卡與功能卡

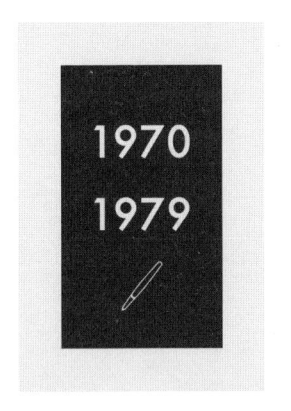

圖4：桌遊《文壇封鎖中》1970年代「經驗值」卡牌舉隅

圖4上排左一為1970年代的「經驗值」卡牌牌背。誠如牌背有一支筆的示意：作為「經驗值」的作家卡與功能卡，是玩家在遊戲過程中會拿在手上的手牌。左二是作家卡，上有作家生卒年，中間為作品書影，下有該書名稱與出版時間；下排三張為功能卡。上排左二作家卡是吳晟《吾鄉印象》與下排左一功能卡「葉石濤的藤椅」是來自國立台灣文學館「文物典藏查詢系統」的藏品圖像；[54] 下排右二取自「台灣民報」資料庫，是追

---

54 國立台灣文學館「文物典藏查詢系統」：https://collections.culture.tw/nmtl_collectionsweb/。

風的日文小說〈她將往何處去〉在 1922 年發表之初的插畫；右一則為插畫，[55] 取材自向陽第一本詩集《銀杏的仰望》裡的〈阿爹的飯包〉一詩。

　　圖 4 下排三張功能卡分別是來自博物館文物、報刊資料庫，以及文學文本的發想。功能卡是《文壇封鎖中》423 張卡牌裡，文字敘述最多的卡牌。經桌遊設計師張倚奇[56]建議，功能卡以兩條虛線區隔為三個部分：主題、題解和轉折語、遊戲功能。例如右一「阿爹的飯包」題解文字是「向陽〈阿爹的飯包〉（1976）透過兒童天真的口吻，描寫父子親情，是戰後台語文學的先聲之一。」轉折語為「看到飯包，領會父愛，能量大增。」因此功能是「前進一格」。右二卡牌主題為「追風〈她將往何處去〉（1922）」題解文字為「台灣第一篇現代小說。1979 年收錄於《光復前台灣文學全集》，以愛情選擇譬喻台灣未來。」轉折語為「不知何去何從。」因此功能是「出牌順序逆轉」。桌遊《文壇封鎖中》時間設定是 1949-1992 年，這張卡牌的設計，為的是揭示日治時期台灣文學在 1970 年代的「重新出土」現象，因而特別在卡牌題解說明台灣第一篇現代小說，是收錄在 1979 年出版的《光復前台灣文學全集》。

　　圖 4 下排左一「葉石濤的藤椅」題解文字是「葉老住在高雄左營時的座椅，陪伴他度過三十多年的寫作生涯。」這項「藏品」大約是葉石濤在 1965 年復出文壇、定居左營之後的「用品」。1987 年出版的《台灣文學史綱》是這期間的代表作，這把堪稱「承載了一部文學史」的藤椅，也出現在桌遊《文壇封鎖中》的盒蓋封面。

---

55 美術插畫原創為詩人李桂媚，後因桌遊整體風格色調一致性問題，卡牌插畫師為周冠。特此說明，也向桂媚致歉與致謝。
56 張倚奇為「哿哿設計」創辦人，曾先後與「陳澄波文化基金會」、「台北市立美術館」合作，將德國桌遊《現代藝術》改版為《現代藝術：陳澄波》（2016），以及將郭雪湖畫作設計為桌遊《南街殷賑》（2017）；編輯製作「國立台灣文學館」出版之桌遊《農民力》（2018）與《文壇封鎖中》（2019）；另有代表作《咕啾咕啾》（2016）以及新作《NICE TO MEET YOU》（2020）。2020 年獲選美國商業雜誌《富比士》亞洲 30 歲以下傑出青年（30 under 30 Asia）。

圖 5：桌遊《文壇封鎖中》盒蓋封面及全配件[57]

差別在於，因美術效果考量，盒蓋封面的藤椅（及其他文物）是插畫繪製；[58] 而功能卡牌上的藤椅（及其他文物）是直接取用國立台灣文學館授權的藏品圖像。因此卡牌上的文物，可以看見歷史的痕跡，例如藤椅坐墊處的凹陷與浮塵、懷錶的破損與污漬等。藤椅、懷錶、皮箱、吉他，這些「物件」原先都只是作家個人的「用品」，進入博物館成為「藏品」之後，「被重新安置與銘刻」，藉以回應「文化與社會發展的潛在脈流與需求」。[59] 在桌遊《文壇封鎖中》，這些文物藏品回應的是對戰後台灣文學史

---

57 2018 年常態補助第二期「文學類調查與研究項目」，（來源：國藝會補助成果檔案庫，https://archive.ncafroc.org.tw/result?id=0b1e8e08bcc2432782c89e40e210b906）。
58 封面美術插畫師為 Ruby Lin。
59 高鈺昌，〈災難展示下的物件生命史：以國立台灣歷史博物館的 921 地震十五周年特展為例〉，《中外文學》458

轉譯的需求。

「中華民國比較文學會議」在 2016 年的時候，曾將會議主題定為「文・物」，許綺玲由標點符號「・」指出多元的意義潛能：這個小點在中文裡通常出現在外語人士的姓名中間，分別強調了「歸屬之整體脈絡」以及「代表的個體認同」。[60] 作家文物與台灣文學史之間，也可以這樣的個體與整體的聯繫來看。

以桌遊《文壇封鎖中》盒蓋封面上的五個藏品為例，圖 6 由左而右分別是上排的「台灣文藝聯盟本部」木匾、「周定山的懷錶」、「姚一葦的皮箱」，以及下排的「葉笛的吉他」與「王育德的眼鏡」。這些物件各自標誌著不同的時代意義：日治時期台灣藝文工作者的結集、新文學初期鹿港文人的跨越、戰後移民來台自此落地成家、在吉他聲中省籍內外知識分子的相遇，以及白色恐怖時期台灣人在日本的台灣民主運動。[61] 由此，桌遊封面藉由文物，勾勒出戰後台灣文學與中國、日本的關係。

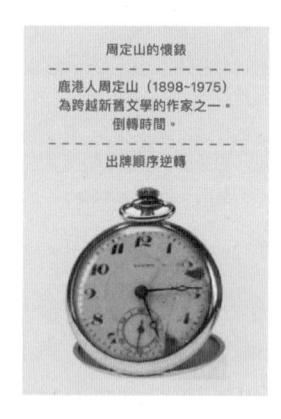

期「文・物：第三十八屆全國比較文學會議專輯」(2017.9)，頁 223。
60 許綺玲，〈羅蘭巴特的講學教材：文本生成研究對文本觀之啟悟〉，《中外文學》458 期「文・物：第三十八屆全國比較文學會議專輯」，頁 190。
61 卡牌「王育德的眼鏡」題解文字為「王育德（1924-1985），台語語言學家。」這裡受限於卡牌字數限制，更詳細的說明可見國立台灣文學館「文物典藏查詢系統」的藏品資訊說明：「王育德於 1969 年以台語系統的《閩音系研究》取得東京大學文學博士，為享譽國際的台語語言學家。因政治關係無法回台的王育德，於日本仍持續台語研究、教學，並推動台灣的民主運動，1975 年還擔任『台灣人原日本兵補償問題思考會』事務局長，四處奔波。王育德曾經透過這眼鏡，致力於上述相關事務。」

圖6：桌遊《文壇封鎖中》功能卡：封面藏品五種

　　當這些文物轉譯為功能卡時候，為致敬其歷史意義，功能設定上多半會啟動相當加分的效果。例如「台灣文藝聯盟本部」功能卡可以直接前進兩格。前揭「葉石濤的藤椅」轉折語為「專心寫作」、「姚一葦的皮箱」的轉折語是「新的開始」、「葉笛的吉他」是「使眾人感到幸福」，三者下接的功能都是「獲得一張書刊卡」。卡牌「王育德的眼鏡」功能是比較特殊的，這裡的轉折語是「見證二二八事件和白色恐怖。」由於王育德名列台灣白色恐怖時期的海外黑名單，因此卡牌功能是「丟棄檯面上一張作家卡，再前進一格」，象徵有失有得。

　　作家卡和書刊卡之間的關係是：每位玩家出牌兩張作家卡置放底圖指定位置後，可以換取一張書刊卡。書刊卡是玩家翻取後置放於檯面展示的成果，也是被爭奪的對象。誠如「經驗值」包含「作家卡」與「功能卡」；「書刊卡」也有「報刊卡」與「禁書卡」兩類。當「主編與作家」取得書刊卡，翻開是白底報刊卡的話，可以在底圖上前進一格；而「警總與線民」，如果翻取的書刊卡，是黑底的禁書卡，則可以前進兩格。不過，當第一位玩家通過底圖上「1987解嚴」欄位，警總與線民再獲得禁書卡，僅能前進一格。藉由遊戲規則的改變，象徵解嚴後，宰制權力的限縮。

（三）書刊卡：報刊卡與禁書卡

承前所述，桌遊《文壇封鎖中》的研發，緣起於「戰後台灣文化場域與文學生產」課程，與文學生產相關的是各歷史階段的文學發表空間，因此「報刊卡」在卡牌設計上，同時包含報紙副刊以及雜誌期刊。依據「國家人權博物館」在正式成立後五天舉行的「一九五〇年代報紙副刊研究論壇」，由林淇瀁主籌的研究團隊，[62] 指出 1950 年代的八大副刊，包含有：

1. 接收日治時期《台灣新報》資產的《台灣新生報》與《中華日報》
2. 在二二八事件後創刊的《自立晚報》與《公論報》
3. 國民黨遷台後，分屬老蔣與小蔣系統的《中央日報》與《青年戰士報》
4. 威權政體下，作為侍從角色的民營兩大報《聯合報》與《徵信新聞》[63]

《徵信新聞》即 1968 年改名的《中國時報》，和《聯合報》是較早數位化的民營兩大報，其「人間副刊」和「聯合副刊」也是今日文學研究者的常用資料庫。相形之下，同為民營的《自立晚報》與《公論報》，以及與戰後本省人直接相關的《台灣新生報》與《中華日報》副刊，則較少受到關注。因此桌遊卡牌在設計上，試圖讓這些同時代的報紙副刊「並存」。

---

[62] 國家人權博物館籌備處委託研究案全稱為「戒嚴時期報紙副刊研究調查計畫（第一期：1949-1959 年）」，標案案號 10611，計畫主持人林淇瀁教授，協同主持人張俐璇助理教授，團隊成員為博士生蔡旻軒、邱比特、蕭智帆，以及碩士生邱奕芸、楊尚謙。

[63]〈五〇年代報紙副刊論壇於人權館舉辦〉，（來源：國家人權博物館，https://www.nhrm.gov.tw/information_220_81091.html）。

圖 7：桌遊《文壇封鎖中》1950 年代「報刊卡」之報紙副刊四種

　　圖 7 上排左二的「新生副刊」是由日治時期《台灣新報》改制的《台灣新生報》副刊。《台灣新報》是台灣總督府在 1944 年決戰時期新聞管控的考量下，強制 6 家日報合併而成的，也因此「誰負責接收並經辦，誰就掌握當時台灣最大的平面媒體」。[64] 1945 年 10 月 25 日，台灣省行政長官委任青年黨員李萬居（1901-1966）接收《台灣新報》，因呼應「蔣委員長」提倡的「新生運動」，改名《台灣新生報》。

　　其後，國民黨中宣部以「台灣並無黨營報紙」為由，要求公署撥出

---

[64] 這 6 家日報包含台北的《台灣日日新報》、《興南新聞》；台中的《台灣新聞》；台南的《台灣日報》；高雄的《高雄新報》，以及花蓮的《東台灣新報》。楊秀菁，〈戰後初期《台灣新生報》的發展與挑戰（1945-1972）〉，《傳播研究與實踐》6 卷 2 期（2016.7），頁 72。

《台灣新報》的一半資產，1946年2月20日在台南創立《中華日報》。[65]也因此，曾任《台灣新報》附屬雜誌「台新旬刊」編輯的龍瑛宗（1911-1999），在《中華日報》創刊後，以迄1946年10月25日報刊雜誌禁用日文之前，曾到台南主編《中華日報》文藝副刊。這期間收穫有王育德、吳瀛濤（1916-1971）、詹冰（1921-2004）、葉石濤（1925-2008）等省籍作家的來稿發表。

圖7下排右一的《公論報》自1947年創刊至1965年停刊止，[66]前後計有多達22個副刊，但直到2014年，在台灣文學研究裡，仍是「尚待開墾的『新天地』。」[67]《公論報》是「半山」李萬居在《台灣新生報》領導權被架空後，另行創刊的報業。或許因為李萬居的半山身分，以及《台灣新生報》的經驗，曾經刊有啟事：「本省讀者不必過份害怕對祖國文字運用不純熟，只要內容充實，文字沒有關係。」[68]而當時幾乎天天見報的「日月潭」副刊，則有兩義：一是以「日月潭」代表「台灣」，二是寓義「本土性、永恆性（日月）和公談（潭）性」。[69]「日月潭副刊」的一大特色便是有較多的本省籍作家發表，諸如林鍾隆（1930-2008）、廖清秀（1927-2015）、施翠峰（1925-2018）、張深切（1904-1965）等本省籍作家。

林淇瀁曾指出由於政治霸權的宰制，1960年代「台灣文學的發展轉入同仁性質的文學雜誌之內」。[70]圖8為1960年代報刊卡中的四種刊物，

---

65 關於盧冠群擬接收清單，以及李萬居移轉意見，詳見於許旭暉，《戰後初期台灣報業之發展：以《台灣新生報》為例（1945-1949）》（台北：國立台北教育大學社會科教育學系碩士論文，2007），頁50-51。
66 過往研究多以1961年3月為《公論報》的停刊時間，但最新資料庫顯示，中斷四年後，《公論報》曾在1965年5-12月復刊。聯合知識庫，〈「公論報」開放試用 重現1950民營報業民主追求與社會關懷〉。（來源：聯合新聞網，https://udn.com/news/story/12681/5368217）。其後，國民黨因外交告急，急需民營報業的支持與鞏固，因此授意王惕吾收購《公論報》，1967年4月易名為《經濟日報》上市。江詩菁，《宰制與反抗：中時聯合兩大報系與黨外雜誌之文化爭奪》（台北：稻鄉出版社，2007）。
67 陳明成，〈祕境與棄兒：初步踏查《公論報》藝文副刊〉，《台灣文學研究》7期（2014.12），頁73。
68 〈小啟〉，《公論報》「文藝」副刊第5期，1949.10.18，第8版。此處轉引自前註。「公論報資料庫」來源是台灣圖書館的微捲，該日資料僅有三版，未見第8版。陳明成係依循林瑞明在《台灣風土》的專文導引，至「台南市立圖書館」查閱《公論報》的較完整紙本。
69 陳玉慶，〈也概談《公論報》一段因緣〉，《聯合報》聯合副刊，2007.6.13，E7版。
70 林淇瀁，〈第一章 副刊學的理論建構基礎〉，《書寫與拼圖：台灣文學傳播現象研究》（台北：麥田出版社，

由左而右，由上而下分別是 1964 年吳濁流創辦、鍾肇政主持的《台灣文藝》；1965 年邱剛健等國立藝專校友創辦、黃華成設計封面的《劇場》雜誌；1966 年劉大任、陳映真從《劇場》離開參與尉天驄、姚一葦創辦的《文學》季刊；[71] 以及 1967 年林海音創辦的《純文學》月刊。

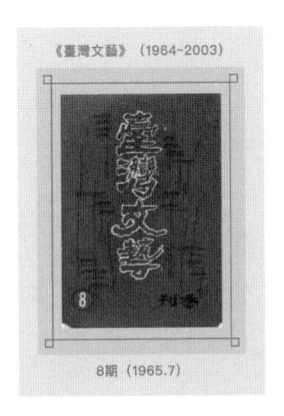

圖 8：桌遊《文壇封鎖中》1960 年代「報刊卡」之期刊雜誌四種

「純文學」一詞成為刊物名稱，可以從 1960 年代初期的白色恐怖氛圍來看。林海音在 1963 年擔任「聯合副刊」主編任內，刊載風遲（王鳳池）〈故事〉一詩，詩中第一段寫道：「從前有一個愚昧的船長，／因為他的

2001），頁 37。
71 劉大任，〈《劇場》那兩年〉，（來源：中時新聞網，https://ppt.cc/fdoXkx）。

無知以致於迷航海上，船隻漂流到一個孤獨的小島；歲月悠悠一去就是十年時光。」[72] 其中「愚昧的船長」被認為隱涉蔣中正，王鳳池因此入獄，林海音因此離開「聯副」。「船長事件」4 年後，自辦刊物，「純文學」可說是一「非關政治」[73] 的明確宣示。

《文壇封鎖中》4 個時期的「書刊卡」，計有 92 張報刊卡以及 40 張禁書卡。各個時期的報刊卡 23 張，禁書卡 10 張，這是依據桌遊設計師的建議，為遊戲趣味考量，將白底與黑底設定為二比一的關係。禁書卡的製作，主要來自由台灣省政府、台灣警備總司令部編印的《查禁圖書目錄》。[74] 當時主要查禁「匪首、匪幹之著作及翻譯之圖書」、「附匪份子之著作及翻譯之圖書」、「匪偽書店出版之圖書」等書刊。40 張黑底的禁書卡，試圖呈現白色恐怖時期 43 年裡不同歷史階段的查禁樣態。

《少年維特之煩惱》
歌德《少年維特之煩惱》郭沫若譯
1949年群益出版；1958年遭禁
圖為志文版（周學普譯，1994）

《射鵰英雄傳》
金庸《射鵰英雄傳》
1957年時時出版；1958年遭禁
圖為遠流版（1996）

《心鎖》
郭良蕙《心鎖》
1962年大業書店出版；1963年遭禁
圖為九歌版（2002）

---

72 風遲，〈故事〉，《聯合報》聯合副刊，1963.4.23，8 版。
73 此處的「非關政治」是表面意義，更準確地來說，《純文學》月刊更加深度關切當時的政治（特別是彼岸中國文化大革命與此岸的關係），從而得知，什麼可以刊登，怎麼刊登。詳見張俐璇，〈從問題到研究：中國「三十年代文藝」在台灣（1966-1987）〉，《成大中文學報》63 期（2018.12），頁 159-190。
74 筆者接觸《查禁圖書目錄》，係因 2016 年協同主持國家人權博物館籌備處的「戒嚴時期禁書調查研究暨展示腳本計畫」（標案案號 10557），計畫主持人王鈺婷副教授，團隊成員為政大台文所博士生翁智琦、清大台文所碩士生黃毓純、台大台文所碩士生劉亦佳。計畫曾經訪談林淇瀁老師，並借得 1970 年版之《查禁圖書目錄》。

台灣文學轉譯初探——以桌遊《文壇封鎖中》為例 | 315

圖9：桌遊《文壇封鎖中》1950s、1960s、1970s、1980s 禁書卡五例

　　圖9上排左一是歌德《少年維特之煩惱》，該書遭禁是因為譯者郭沫若（1892-1978）的「匪幹」身分。1949年中華人民共和國建國後，郭沫若不僅「滯留匪區」，更長期擔任中國科學院院長。因此在中華民國，「匪幹」譯著是為禁書。而人在香港的金庸（1924-2018），並非「附匪」作家，其武俠小說之所以被查禁的理由，一般咸以為是與毛澤東在〈沁園春・詠雪〉中的「只識彎弓射大鵰」一語應和有關。[75] 不過，這樣的說法，只能解釋《射鵰英雄傳》被禁的理由，究其實，金庸所任職和發表小說的《大公報》、《香港商報》這些香港「左報」才是最大的癥結。[76] 因此以1950年代的卡牌為例，在遊戲中，至少可以看見兩種被查禁的理由。

　　圖9上排左三是郭良蕙長篇小說《心鎖》，因涉及不倫情慾，被指稱意識誨淫，[77] 於1963年遭禁；下排右二為吳濁流自傳小說《無花果》，

75　這是網路上盛行的說法。書面資料見諸古遠清，〈台灣查禁文學書刊小史〉，《耕耘在華文文學田野》（台北：獵海人，2015），頁75。
76　蔡盛琦，〈1950年代圖書查禁之研究〉，《國史館館刊》26期（2010.12），頁97。
77　郝明義認為台灣禁書理由有十項：一是作品有共產思想者，如馬克思《共產黨宣言》、《資本論》；二是1949年之後的中國作家作品，如老舍《駱駝祥子》；三是在香港或海外與中國有聯繫者，如金庸；四是與日治時期台灣相關之人事，如史明《台灣人四百年史》；五為白色恐怖時期，在台灣擁有自由主義思想者，如雷震《自由中國》與殷海光著作；六為得罪蔣家者，如柏楊入獄後《異域》等作品遭禁，以及江南《蔣經國傳》；七是叛逆社會體制者，如1970年代查禁李敖著作；八為島內左傾思想者，如陳映真《將軍族》；九是黨外及民主運動相關書刊，如《台灣政論》、《美麗島》雜誌；十為有情色描寫者，如郭良蕙《心鎖》。中央社，〈首爾書展回顧多國禁書，吳濁流作品訴白色恐怖〉，（來源：新頭殼newtalk，https://newtalk.tw/news/view/2019-06-20/262481）。

1968年曾在《台灣文藝》連載，1970年由林白出版社發行後，因觸及二二八事件，「混淆視聽，足以影響民心士氣或危害社會治安。」[78] 在1971年遭禁；下排右一是施明正短篇小說集《島上愛與死》，收錄有曾獲吳濁流文學獎的「監獄小說」〈渴死者〉、〈喝尿者〉，1983年由前衛出版社發行後，於1984年被查禁。

於焉，在「書刊卡」部分的卡牌設計，「報刊卡」大致呈現白色恐怖時期各歷史階段的「文壇」組成；而「禁書卡」則體現「封鎖」的樣態。正方形的遊戲底圖背面，原為全黑素面設計，但後來團隊討論結果，加上向陽版畫藏書票〈書寫台灣〉：

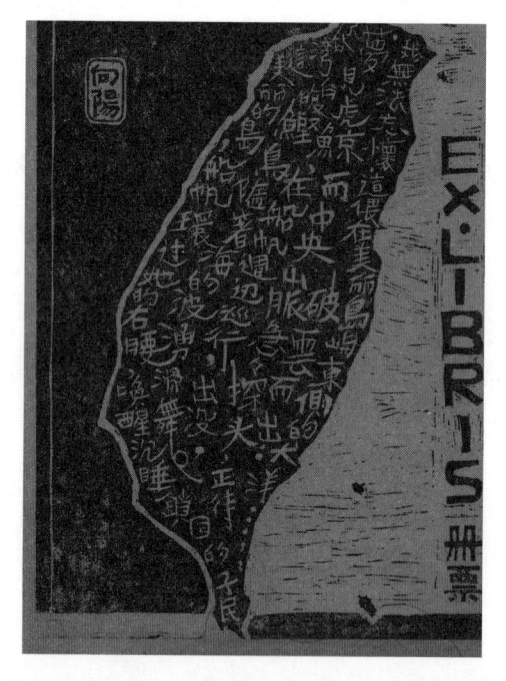

圖10：桌遊《文壇封鎖中》遊戲底圖背面為向陽版畫藏書票〈書寫台灣〉

---

78 林慶彰，〈當代文學禁書研究〉，封德屏主編，《50年來台灣文學研討會論文集（三）台灣文學出版》（台北：行政院文化建設委員會，1996），頁193-216。

這幅木刻版畫〈書寫台灣〉是向陽為散文集《暗中流動的符碼》（1999）製作的藏書票。島嶼上的文字從中間上方開始，往左側方向依序刻寫的是：

> 夢見台灣這美麗的島，船帆環過她的右腰，喚醒沉睡的鎖國的子民；夢見白腹鰹鳥隨著海的波湧滑舞；夢見虎鯨在船帆週邊巡行，出沒，而中央山脈急急探頭，正待破雲而出；我無法忘懷這偎在美麗島嶼東側的大洋……[79]

「鎖國的子民」對應的是 1949 年到 1992 年台灣白色恐怖時期的作家與玩家；而台灣島嶼圖繪作為桌遊底圖的背面，彰顯的是，即便在這樣「封鎖」的時代，「關不住的台灣」仍有出版與創作蓬勃的「關不住的文壇」。[80]

四、結語：研究端的轉譯，教學端的遊戲

回到本文最初的問題：台灣文學可以怎樣參與 108 課綱之後的教學與遊戲？本文以為重點在於研究端的轉譯，而研究端的轉譯可以如何進行？本文以國立台灣文學館出版的桌遊《文壇封鎖中》為例說明，首先需有研究端的「知識盤點」：針對白色恐怖文學，可以運用的資源包含國立台灣文學館已建置的線上文物典藏查詢系統、國家人權博物館的白色恐怖文學目錄資料庫，以及各報刊資料庫與研究論文，這些台灣文史「體制化」的

---

[79] 版畫〈書寫台灣〉文字改寫自向陽，〈從海上回來〉，《中國時報》人間副刊「三少四壯集」，1998.6.19，37 版；1999 年收錄於《暗中流動的符碼》；該散文集於 2003 年重版更名為《為自己點盞小燈》（台北：九歌出版社，2003）。
[80] 所謂「關不住」的概念，借鏡自楊逵〈春光關不住〉（1957）、楊祖珺《關不住的歌聲：楊祖珺錄音選輯 1977-2003》（台北：大大樹音樂圖像有限公司，2008）。

成果、「數位化」的內容，是今天得以「轉譯」的基礎；其次是遊戲面的「跨域調度」，這部分包含玩家設定、遊戲底圖的歷史軌跡設計、經驗值手牌以及書刊卡等遊戲機制的建立。[81]

而轉譯的桌遊如何落實於教學？教學端可以如何遊戲？團隊製作有以高中生為對象的教學手冊，[82] 初步思考可以洪醒夫〈散戲〉為例，這篇小說是 4 家出版社[83] 的共同選文，收錄於洪醒夫短篇小說集《黑面慶仔》，因此圖 11 左二的作家卡，可能是多數高中生熟悉的一張卡牌。國文教科書自有其原則，在編排各課之間未必是順時性的關係，例如〈散戲〉在南一版第二冊第五課，之前是〈左宗毅公軼事〉，之後是〈勞山道士〉；龍騰版〈散戲〉則在第三冊第五課，之前的第四課是〈勞山道士〉，之後的第六課是〈赤壁賦〉。[84] 這樣的編排較難觀照〈散戲〉及其同時代作家作品，因此可以安排一節課的時間，進行《文壇封鎖中》的 1970 年代區段遊戲，[85] 藉由同時代的作家卡，認識與課本選文同時代的作家作品。

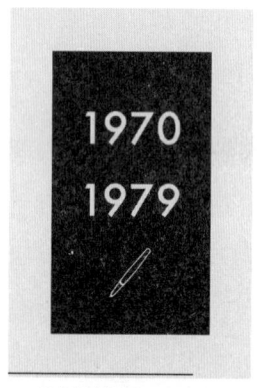

81 遊戲機制的確立還包括多次多人試玩的「協作」。
82 桌遊《文壇封鎖中》為非營利、不販售的教育推廣品，適合對象為高中生、大學通識課程。教學單位可向國立台灣文學館免費申請「教學箱借用」，詳見國立台灣文學館「文學行動展加值項目『文壇封鎖中』桌遊」，網頁提供有《文壇封鎖中》遊戲簡介、遊戲指南（劉玉雯製作），以及教學手冊（周郁穎、洪薪惠、許瀧尹、顏汝蓉初稿；李秉樞、王雅芬編修）。
83 108 課綱國文新課本計有 5 家出版社，就目前已出版的前四冊觀察，除開新加入的奇異果出版社，三民、南一、翰林、龍騰 4 家出版社，皆沿用 101 課綱時期即選入的洪醒夫〈散戲〉。
84 108 課綱高中國文課本 5 家出版社的前三冊選文篇目，可見洪薪惠碩士論文附錄整理。洪薪惠，《108 課綱「新」課本？──高中國文教科書選文的變與不變》（台北：國立台灣大學台灣文學研究所碩士論文，2021）。
85 桌遊《文壇封鎖中》四個歷史階段可分別獨立遊戲，各約 30 分鐘（除開 1980 年代，因「經驗值」卡牌較多，牽制時間稍長），配合課堂時間，建議以「10 分鐘說明 +30 分鐘遊戲 +10 分鐘總結」的方式進行。

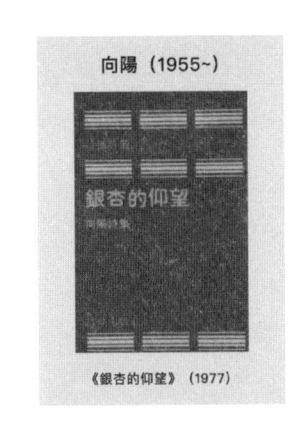

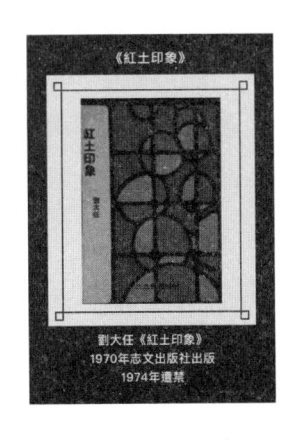

圖 11：《文壇封鎖中》作家卡：與洪醒夫〈散戲〉同時代的作家作品舉隅

例如，圖 11 與洪醒夫《黑面慶仔》同時代的文學生產，有上排左三代表日治時期經驗「重新出土」的楊逵《鵝媽媽出嫁》；有下排右二寫 1949 年移民故事的白先勇《台北人》；也有下排右一向陽開始台語詩創作的《銀杏的仰望》等。在遊戲中看見生產，也將看見禁制：

圖12：《文壇封鎖中》禁書卡：與洪醒夫〈散戲〉同時代的禁書

　　圖12是與洪醒夫《黑面慶仔》同時代的禁書，由左而右，由上而下分別是：海外黑名單的劉大任《紅土印象》、政治犯陳映真《將軍族》、「漢奸」胡蘭成《山河歲月》以及黨外雜誌《美麗島》等。若再結合圖3「1971年退出聯合國」、「1979年美麗島事件」等遊戲底圖的歷史事件，則遊戲將跨領域涵蓋國文科、歷史科與公民科[86]等文史知識與人權教育的面向。

　　誠如「轉譯」一詞最初在醫學是為「基礎研究」銜接「臨床應用」；本文以桌遊《文壇封鎖中》為例，說明「台灣文學研究」轉譯為「桌上遊戲」的方法，最後並指出其在教學應用的可能。而誠如「轉譯醫學」一詞，在實驗室研究銜接臨床應用外，也反向包含從病患端回到實驗室的研究；[87]本文先由「學術研究到應用創作」的角度闡述「文學轉譯」實踐，拋磚引玉，期待未來反向的從「應用創作到學術研究」的「轉譯文學」研究，開啟與文學（史）對話的更多可能。

---

[86] 《文壇封鎖中》團隊在2019年蒐集有7校高中教師建議，歸納文學、人權、歷史等議題將可在108課綱的國文科、公民科、歷史科等「探究與實作」課程中分別進行，或是在各校校定必修、多元選修、自主學習等課程，跨科共同遊戲。7校教師分別為建國中學吳昌政、師大附中黃麗禎、新竹高中詹佳鑫、苗栗高中黃琇苓、善化高中吳秋嫻等國文科教師，和永春高中歷史科蔡志崙、台南二中公民科陳怡君老師。特此致謝。

[87] 台北醫學大學衛生政策暨健康照護研究中心，〈成長中的轉譯研究領域〉，（來源：台北醫學大學衛生政策暨健康照護研究中心，http://hprc.tmu.edu.tw/app/news.php?Sn=90）。

附錄一：桌遊《文壇封鎖中》相關記事

2015　台灣文學工作室《百年不退流行的台北文青生活案內帖》

2016　台大台文所主辦「論寫作：郭松棻與李渝文學」研討會
　　　哿哿設計推出桌遊《現代藝術：陳澄波版》
　　　王鈺婷、張俐璇主持國家人權博物館籌備處之「戒嚴時期禁書調查研究暨展示腳本計畫」

2017　他群工作室推出桌遊《烏托邦賽局》
　　　迷走工作坊推出桌遊《台北大空襲》
　　　哿哿設計推出郭雪湖畫作桌遊《南街殷賑》
　　　蘇碩斌、江昺崙、吳嘉浤、馬翊航、楊美紅、蔡旻軒、張琬琳、周聖凱、蕭智帆、盛浩偉《終戰那一天：台灣戰爭世代的故事》
　　　林淇瀁、張俐璇主持國家人權博物館籌備處「戒嚴時期報紙副刊研究調查計畫（第一期：1949-1959年）」

2018　台大台文所開設「戰後台灣文化場域與文學生產」課程，其中修課的4位碩士生周郁穎、洪薪惠、許瀧尹、顏汝蓉提交「台灣文學桌遊設計」企畫書，與哿哿設計合作，獲得財團法人國家文化藝術基金會2018年第2期之調查研究常態補助。
　　　張俐璇主持國藝會「長篇小說專案—專題成果企劃（研究專文—教育篇）」，並參與國藝會主辦之「小說青年培養皿」計畫。
　　　基隆市文化局推出桌遊《大基隆小時光》作為基隆故事箱

2019　黃美娥、張俐璇主持國立台灣文學館「2019台灣文學轉譯加值暨教案研發計畫」，生產桌遊《文壇封鎖中》，並與建國中學吳昌政、師大附中黃麗禎、新竹高中詹佳鑫、苗栗高中黃琇苓、善化高中吳秋嫻等國文科教師，和永春高中歷史科蔡志崙、台南二中公民科陳怡君等7校教師，簽訂教案推動合作意向書。

桌遊名稱「文壇封鎖中」來自前衛出版社主編鄭清鴻的發想。

台大台文所博士生李秉樞加入後期書刊卡調研，以及教學手冊編修。

2020　林佩蓉、張俐璇、洪薪惠，〈【特別企畫】因為遊戲，我們記得：桌遊《文壇封鎖中》與台灣白色恐怖年代〉，《台灣教會公報》3548 期（2020.2.24-3.1）；

線上版：https://tcnn.org.tw/archives/66292，2020.2.27。

《文壇封鎖中》列入國立台灣文學館「文學行動展」加值項目，詳見：https://event.culture.tw/NMTL/portal/Registration/C0103MAction?useLanguage=tw&actId=00017&request_locale=tw

《文壇封鎖中》參與建中圖書館「台灣文學與白色恐怖」主題書展

《文壇封鎖中》參與台大圖書館「尋書啟事：架上消失的書刊」系列活動

《文壇封鎖中》參與台灣文學基地「不願被消失：日式宿舍到文學基地」常設展

附錄二：桌遊《文壇封鎖中》角色介紹[88]

二、角色介紹

警總

角色性質：

國家失去大片江山，只得來到此島。你想起在不久以前，政府放縱了太多作家的口，秋海棠最後被染了紅。要記住教訓，這裡是另一個重新開始的機會，在這座島上，你被賦予了極大的權力，整頓社會，維持秩序。你與線民合作，在各個作家之間穿梭搜捕，誓言讓所有的書刊都符合黨的意志。而你，可以在這動亂的時代裡，緊緊控管眾人的思想，讓他們好好聽話嗎？

計分方式：

- 階段一：

警總使用經驗值兌換書刊卡，若得到禁書，前進兩格。

- 階段二：

擲骰子O/X決定是否能發動查禁，O為發動成功、X為攻擊失敗。

發動查禁後，被攻擊的玩家擲骰子O/X決定是否防禦成功，O為防禦成功、X為防禦失敗。

線民

角色性質：

你只是這座島上的任意一人。你沒有名字，隱身在一張張淡漠的臉孔裡，一心想過著安穩的日子。你的國要往哪裡去，你真的沒有那麼在乎。現在你獲得了黨的庇護，在一張張搜索令中，有了功名成就的機會。你遵循警總的指示，二分式的區分各種書籍，努力找出能讓你快速升遷的方法。你雖然沒有太多的權力，但你依然有能力與警總較量取締績效。而你，能夠在體制中四處游走，把握住難得的良機，成為真正有名字的人嗎？

計分方式：

- 階段一：

線民使用經驗值兌換書刊卡，若得到禁書，前進兩格。

- 階段二：

擲骰子O/X決定是否能發動查禁，O為發動成功、X為攻擊失敗。

發動查禁後，被攻擊的玩家擲骰子O/X決定是否防禦成功，O為防禦成功、X為防禦失敗。

---

[88] 角色文案：蔡易澄（撰稿當時為台大台文所碩士生，現為台大台文所博士生）。

主編

角色性質：

你在年輕時也曾有個文學夢，但歷經了戰爭與分離，你的夢早被中斷而遺忘。你的墨水漸漸乾枯，但總在閱讀了新人的稿件後，看見你年輕脆弱的影子。現在你有了自己的刊物，希翼有一個保障自由的平台，讓文學不再輕易地死去。你舉辦文藝座談，誓言對抗不公的取締制度，捍衛你堅信的文學價值。你在時代中有機會與審查制度抗衡，也能透過出版書刊奠立自己的地位。而你，準備好在失衡的體制中，匯聚多元的聲音，開創風華的文學盛世嗎？

計分方式：

- 階段一：

主編使用經驗值兌換書刊卡，若得到報刊，前進一格。

- 階段二：

擲骰子O/X決定是否能發動抗議，O為發動成功、X為發動失敗。

發動抗議後，被攻擊的玩家擲骰子O/X決定是否防禦成功，O為防禦成功、X為防禦失敗。

作家

角色性質：

你有滿腔的熱血，想把自己的所思所想寫盡，讓這世上所有人都看到你的作品。但你生在最壞的時代，你應該要知道，有些故事還不能夠被訴說。現在你才剛開始要寫下你自己的字，即便在層層審視與查禁下，你依然想說出你自己的語言。你認識各個作家，蒐集並閱讀各種刊物，尋求文學裡不同風格的交會。作為最渺小的個人，你可能孤獨地窩在書房，對抗如浪襲來的時代潮流。而你，是否能打破現況，獨創自我的語言與故事，奮力闖出文壇的封鎖線呢？

計分方式：

- 階段一：

作家使用經驗值兌換書刊卡，若得到報刊，前進一格。

- 階段二：

擲骰子O/X決定是否能發動抗議，O為發動成功、X為發動失敗。

發動抗議後，被攻擊的玩家擲骰子O/X決定是否防禦成功，O為防禦成功、X為防禦失敗。

編輯人向陽

10

台灣當代「詩人編輯家」向陽研究
以文藝編輯為核心[*]

楊宗翰

摘要

　　向陽在文學創作、學術研究、文化推動上累積的成果，坊間已不乏殷實研究足供參考；唯其在文藝編輯上的付出與貢獻，罕見被人提及跟討論。其實向陽自少在文學創作之外，極早便展開了對於編輯此一志業的探索。他1971年主編《笛韻詩刊》、1972年主編《竹高青年》、1979年參與創辦《陽光小集》，1980年起編輯《時報周刊》並於次年升任主編。報刊編輯既是向陽的專業，更是他青壯年時期的職業。長期從事編務的他，僅1982年就擔任《陽光小集》詩雜誌社發行人，與應邀成為爾雅版《年度詩選》編輯委員，還同時是《自立晚報》藝文組主任兼副刊主編。向陽日後又參與了各縣市政府青少年文學讀本、台文館作家研究資料彙編等官方出版品的編務，並持續替民間出版社主編各式文學圖書及選集。本文將他的文藝編輯歷程劃分為四個階段（萌芽期、報刊期、深造期、教育期），並主張向陽是以「詩人編輯家」身分，適時介入、推動與改變了台灣當代文學的發展。

　　本研究希冀能夠留下「詩人編輯家」向陽的珍貴足跡，嘗試檢視其編

---

[*] 衷心感謝論文審查人提出的修改建議。本文為國科會專題研究計畫「台灣當代文學之『詩人編輯家』探析：以向陽與向明為研究對象」（計畫編號：111-2410-H-152-029-）部分成果。

輯成就，分析其編輯歷程，乃至他如何以編輯行為介入、推動與改變台灣文學的發展。除了藉此替台灣當代文學中的「詩人編輯家」尋找定位和分析影響，本研究並佐以訪談方式，盼為文藝編輯的行止與事蹟留下珍貴的影音記錄。

關鍵詞：文藝編輯、年度詩選、自立副刊、陽光小集、編輯行為

一、前言：像他這樣一個「詩人編輯家」

　　向陽（本名林淇瀁，1955-）生於南投鹿谷，自初中開始寫作投稿，14歲便有詩作發表於古丁主編之《巨人雜誌——詩廣場》，在其鼓勵下更加投入文學懷抱。[1]

　　16歲與竹山高中同學林仲修、陳賡堯、林建成合組「笛韻詩社」，油印詩刊並開始閱讀現代詩與詩論，逐步建立文學觀念。[2]進入文化大學讀書後，詩、散文、評論三箭齊發，20歲擔任華岡詩社社長，21歲便以〈或者燃起一盞燈〉躍上《聯合報》副刊舞台，成為他此階段在報上發表的第一首詩作。

　　1970年代中期以降的台灣，向陽可能是面貌最為清晰、風格最見突出的青年詩人。他擅長取古典菁華、融鄉土口語、書台灣歷史，從1975到1985這10年間完成了「十行詩」的新格律體、「台語詩」的鄉土氛圍與「敘事詩」的構史宏圖，並出版了《銀杏的仰望》（1977）、《種籽》（1980）、《十行集》（1984）、《歲月》（1985）和《土地的歌》（1985）5部詩集。量多質精，成績斐然。[3]向陽的寫作肇始於詩，卻不囿限於詩，而是遍及散文、論述、翻譯、兒童文學、時事評析等領域。2013年《閱讀向陽》一書的出版，所錄論文以詩為主，散文及兒童文學為輔，固然稱不上全面性分析，但已吹響「學術化『向陽研究』」之號角，成為彙編同類型出版品之先鋒標誌。[4]2021年國立台北教育大學台文所舉辦「陽光升起的所在：台灣文學、文化與傳播暨林淇瀁教授榮退學術研討會」，以及2022年南投縣文化局出版《向陽研究資料彙編》，可謂讓「學

---

[1] 少時習作題目為〈愁悶，給誰〉，見向陽，《在雨中航行》（台北：蘭亭書店，1983），頁226-236。
[2] 由中學生組織的「笛韻」早已不存，但2006年仍設置了同名部落格，網址為http://blog.sina.com.tw/dearyoungs/。向陽以本名林淇瀁寫下了一段介紹文字：「笛韻從竹山高中出發，結合文社、詩社的舊朋老友，齊聚至今，悠悠三十多年。三十功名塵與土，永青的，長綠的，是這一段竹葉一般翠綠的友情。願我們竹葉青青，一路前行。」
[3] 相關分析可見楊宗翰，《逆音：現代詩人作品析論》（台北：新學林，2019），頁200-208。
[4] 黎活仁、白靈、楊宗翰編，《閱讀向陽》（台北：秀威資訊，2013）。

術化『向陽研究』」邁向了另一個新階段。[5]

除了作家「向陽」身分，「林淇瀁」自身就是一位重要的文學暨傳播學者，在碩士學位論文《文學傳播與社會變遷關聯性之研究：以七〇年代台灣報紙副刊的媒介運作為例》（1993）與博士學位論文《意識形態・媒介與權力：《自由中國》與五〇年代台灣政治變遷之研究》（2003）外，還繳出《書寫與拼圖：台灣文學傳播現象研究》（2001）、《照見人間不平——台灣報導文學史論》（2013）、《場域與景觀：台灣文學傳播現象再探》（2014）等研究著作。他也是提升本土語言與文化積累的推手，曾獲教育部「推展本土語言傑出貢獻獎」等殊榮，並擔任素有「台灣諾貝爾獎」之稱的吳三連獎基金會秘書長一職。

以向陽在作家、學者、文化推手上的成績及地位，坊間已不乏殷實研究足供參考；唯其在編輯上的付出與貢獻，罕見被人提及跟討論。其實向陽自少在文學創作之外，極早便展開了對於編輯這一志業的探索。他一開始選擇從雜誌起步，1971年主編《笛韻詩刊》，1972年主編《竹高青年》，1979年參與創辦《陽光小集》，1980年起編輯《時報周刊》並於次年升任主編。除了雜誌，向陽也擔任過圖書跟報紙副刊的編輯。例如1981年他與蕭蕭及陳寧貴合編了德華版《中國當代新詩大展》，1982年則應《自立晚報》吳豐山社長之邀，擔任該報藝文組主任兼副刊主編。同樣是1982年，影響深遠的爾雅版《年度詩選》問世並逐年接續出版，編輯委員之一就是向陽。從爾雅版跨入二魚版，向陽是極少數仍同樣列為詩選編委者，並三度主編年度詩選（《七十五年詩選》、《2003台灣詩選》、《2013台灣詩選》），顯示出對詩壇典律形塑、生成之高度參與。[6] 在文

---

[5] 本文初稿即宣讀於「陽光升起的所在：台灣文學、文化與傳播暨林淇瀁教授榮退學術研討會」（國立台北教育大學，2021.5.2）。李桂媚編，《向陽研究資料彙編》（南投：南投縣政府文化局，2022），則是目前關於向陽研究最完整的參考用書，也是南投縣出版的首部縣籍作家研究。

[6] 爾雅版《年度詩選》編輯委員共有6位，另5人為：張默、向明、蕭蕭、李瑞騰、張漢良。爾雅持續出版《七十一年詩選》至《八十年詩選》，長達10年之久。後由文建會贊助，改交現代詩社承辦6年、創世紀詩社接手2年、台灣詩學季刊雜誌社發行3年。自2004年起，轉由二魚文化出版並一改以中華民國紀元方式列名之慣例，正名為《2003台灣詩選》。

學雜誌、圖書跟副刊之外，他還跨足到生態保育界，1984年成為《大自然》季刊的總編輯。

向陽兼具詩人與編輯雙重身分，有可觀之詩作成績和文藝編輯成果，兩者成就皆足以成「家」。如同文壇前輩瘂弦和張默，向陽確為台灣當代文學中具代表性的「詩人編輯家」之一。[7]本文欲耙梳向陽的文藝編輯歷程，分析其編輯行為，檢視其編輯成就，盼有助於理解向陽如何以這個身分，適時介入、推動與改變台灣文學的發展。

二、向陽編輯年表與四階段歷程

向陽一向喜好自編寫作年表，除了記錄創作軌跡，應也透露出他長久以來在資料編輯上的慎重以對。1980年代向陽進入文學創作的豐收期，被列入「蘭亭當代文學大系」第11部的《在雨中航行》，便收錄了相當完整的年表。[8]1990年代中期出版的文化時評集《為台灣祈安》，書末的「向陽寫作年表」高達21頁，更可看出他對資料積累、保存、編輯的高度重視，無怪乎二十一世紀後能藉此點，寫出三部精彩的「台灣作家手稿故事」。[9]自編年表之後轉為數位版本，放在網站上供人自由瀏覽利用，目前可見者有「向陽工坊」之「向陽寫作年表」（1955-2004）與「向陽詩部落」之「向陽年表」，前者自1955年至2004年，後者則延伸到了2008年。[10]

---

[7] 關於「詩人編輯家」的界定討論及試擬名單，可參見楊宗翰，〈論台灣當代文學之「詩人編輯家」〉，收入楊宗翰編，《大編時代：文學、出版與編輯論》（台北：秀威資訊，2020），頁86-101。

[8] 長達11頁的「向陽寫作年表」，見向陽，《在雨中航行》，頁226-236。向陽也是這套「蘭亭當代文學大系」的編輯委員，其餘編委為李瑞騰、林文義、蕭蕭、黃武忠、苦苓、陳信元。

[9] 自編21頁的「向陽寫作年表」，見向陽，《為台灣祈安》（南投：南投縣立文化中心，1995），頁287-307。三部「台灣作家手稿故事」分別為《寫字年代》（台北：九歌出版社，2013）、《寫意年代》（台北：九歌出版社，2018）與《寫真年代》（台北：九歌出版社，2020）。

[10] 「向陽工坊」網站設於中興大學者，寫作年表僅更新至1999年，見 http://web.nchu.edu.tw/~xiangyang/hyind4.htm；設於國立台北教育大學者，則更新至2004年，見 https://tea.ntue.edu.tw/~xiangyang/chronology.htm。由行政院文化部企劃的「向陽詩部落」，收錄之「向陽年表」再延伸至2008年，見 http://faculty.ndhu.edu.tw/~e-poem/poemroad/shiang-yang/%E5%90%91%E9%99%BD%E5%B9%B4%E8%A1%A8/。向陽曾自製與編輯過多個網站，唯部分連結目前已失效；本文參考書目之「電子資源」部分，已整理出目前仍可瀏覽、利用的7個網站。

這些年表裡，向陽都保留了堪稱完整齊備的「文藝編輯」參與軌跡，但他卻不曾刻意凸顯或特別標舉此點。在上述網站「向陽工坊」中，同樣只有「關於向陽」、「新詩向陽」、「散文向陽」、「論述向陽」、「生活向陽」、「聯絡向陽」等區塊分類，竟從未見「編輯向陽」此一詞彙出現。他曾自設並經營「向陽詩房」、「向陽文苑」、「經緯向陽：台灣詩人向陽研究」等數位空間，迄今卻不曾設立「向陽編巢」此類型之網站。對一位13歲即有志於籌辦社區報，且職場生涯、文學工作大半跟編輯有關的寫作者來說，恐有因為文學創作上的高度發揮，不意間掩蓋了其在編輯上的事功之虞。[11]

關於向陽在創作上的成就，學界已累積了相當數量之成果，可參見分別由民間和官方出版的《閱讀向陽》（2013）與《向陽研究資料彙編》（2022）二書。[12] 若計算起學位論文，數量就更多了。迄今關於向陽的研究共有6篇，皆為碩士論文：[13]

> 葉紅序，《謝宗仁《向陽台語童詩四首》之探究》（台北：國立台北藝術大學音樂學系碩士在職專班論文，2017）。指導教授：林玉卿。
>
> 陳彥文，《向陽《十行集》之音韻風格研究》（彰化：國立彰化師範大學國文學系碩士論文，2010）。指導教授：張慧美。

---

11 1968年，13歲的向陽曾與同學林炳初籌辦社區報紙《山谷通訊》，擬介紹彼時尚待開發的竹山鹿谷地區的風景民情，企圖甚大，惜終未果。見向陽：《在雨中航行》，頁227。
12 黎活仁、白靈、楊宗翰編，《閱讀向陽》。李桂媚編，《向陽研究資料彙編》。
13 另有一篇博士論文是以台語藝術歌曲為研究對象，從1970年至2022年間共28首詩作（向陽13首與路寒袖15首），以及13位作曲家以這兩位詩人之詩作所譜寫，總計34首的台語藝術歌曲。見李郁茹，《向陽和路寒袖的詩作於當代臺語藝術歌曲之研究》（新北：輔仁大學音樂學系博士論文，2022）。另外，至少有3篇碩士論文或報告，選擇以向陽作品為主要研究對象，它們分別為：陳靜宜，《七十年代台語詩現象三家比較探討》（台中：東海大學中國文學系碩士論文，2007）、廖宇盟，《蕭泰然五首台語藝術歌曲研究──選自東方白、向陽、陳雷、蕭泰然之詩作》（台北：國立台北藝術大學音樂學系碩士論文，2012）、黃惠璇，《以鋼琴合作之角度探討陳瓊瑜臺語藝術歌曲《世界恬靜落來的時》》（台南：國立台南藝術大學鋼琴合作藝術研究所，2023）。

呂焜霖，《戰後台語歌詩的成因與發展——兼論向陽與路寒袖的創作》（新竹：國立清華大學台灣文學研究所碩士論文，2007）。指導教授：賀淑瑋。

黃玠源，《向陽現代詩研究：1973-2005》（高雄：國立中山大學中國文學系研究所碩士論文，2006）。指導教授：蔡振念。

江秀郁，《向陽新詩研究》（彰化：國立彰化師範大學國文學系碩士論文，2006）。指導教授：陳金木。

李素貞，《向陽及其現代詩研究：1974～2003》（台南：國立台南大學國語文學系國語文教學碩士班，2005）。指導教授：張惠貞。

這些研究或論文有個共同點，就是未能深入探索、考掘向陽在文藝編輯上的事功。[14] 本文願彌補此一遺憾，故一改向陽自編年表的過往編法，易為分列出「圖書編輯」、「雜誌編輯」與「報紙編輯」三大項，再依年代重建且佐以最新資訊，遂能產生一份「向陽文藝編輯年表」。[15] 繼而在調查、製作、增補及核實此一年表之刻，嘗試採取影音錄製的方式，擬妥問題向研究對象本人進行訪談。[16] 年表重製與訪談影片皆於 2023 年 8 月 1 日正式竣工，受訪者的寶貴回憶也解答了筆者起初的疑惑。會想要如此處理，乃因筆者亟欲在研究中留下「詩人編輯家」向陽走過的珍貴足跡，並試圖考掘扮演「守門人」（gatekeeper）一職的文藝編輯，究竟是如何在當代台灣文化生產場域（field of cultural production）中取得介入與發言之

---

14 向陽曾與陳明柔共同指導過一篇研究《自立副刊》的學位論文，以 Bourdieu 場域理論，劃出這個副刊在 1980 年代文壇的位置與動線，並從文學公共領域、公共論壇與「大眾小說版」，分析一向小眾的《自立副刊》，如何在 1980 年代走向群眾。見黃崇軒，《建構本土‧迎向群眾——《自立副刊》研究（1977~1987）》（台中：靜宜大學中國文學研究所碩士論文，2007）。
15 年表頗占篇幅，不適合放在正文中，故移作本文附錄。詳見文末「【附錄一】向陽文藝編輯年表」。
16 請見文末「【附錄二】訪談大綱：詩人向陽談自身編輯經歷」。

位置？在當代傳播學中，守門人研究先驅美國學者懷特（David Manning White）援引並調整了社會心理學家盧因（Kurt Lewin）的說法，將社會學中的這個概念引進新聞傳播。懷特曾對新聞媒體電訊編輯進行個案研究，從而開啟了「傳播者」的系列研究。其研究焦點為：

> 一、編輯以何種標準來選擇新聞；二、是否有決定性的、固定而快速的規則可循？三、守門行為是基於主觀偏見、特定偏好或是新聞價值？經過懷特的提醒，研究者發現守門者確實對傳播內容的形成，具有關鍵性的影響。[17]

這顯然是質性而非量化研究，亦當為文學研究者十分熟悉的取徑。本研究即取法懷特的守門人（或譯為把關者、守門者）研究，嘗試考掘台灣當代「詩人編輯家」是如何對新聞信息（如投稿、特稿、報導等）進行取捨，又如何決定哪些內容最後可以與受眾見面？在這樣有意的操作下，「詩人編輯家」是如何在更大範圍與程度上塑造了傳播內容及新聞實踐，乃至藉此找到自我的定位？當下台灣文學的各式研究面向堪稱蔚為大觀，筆者一直期盼能夠補足其中相對貧弱的文學傳播、編輯出版面向，俾可豐富與增益台灣當代文學之研究。

職是之故，本文遂以「向陽文藝編輯年表」為據，試將其編輯歷程劃分為四個階段：「萌芽期」、「報刊期」、「深造期」、「教育期」四個階段。[18]分項說明如下：

---

17 須文蔚，〈為台灣副刊學立下有情的歷史〉，收入龔華，《詩人梅新主編《中央副刊》之研究》（台北：文訊雜誌社，2021），頁23。
18 向陽在接受筆者訪談時強調：1980年他在商禽帶領下於當時最暢銷、最受歡迎的雜誌《時報周刊》編輯部工作，時間雖然短，但才首度有了「一個非常完整而美好的訓練」，對自己的編輯養成非常重要。向陽回憶起彼時在《時報周刊》的編輯，商禽ају要求得會寫詩；而「會下標題」正是商禽想找「詩人」來當編輯的原因，後來自己弟弟林或也是因為寫詩而順利進入該刊工作。就連上班前，商禽對向陽所提的唯一條件，就是帶一本詩集給《時報周刊》發行人。

(一) 萌芽期（1971～1979年）：

從高中時主編《笛韻詩刊》、《竹高青年》與出版《竹高文藝》，到大學時在華岡共組「大學文藝社」、任「華岡詩社」社長，及與同鄉岩上、王灝、李瑞騰、李默默等人在草屯共組「詩脈」暨印行季刊，都開啟了青年向陽的文藝編輯意識。最為關鍵的當屬1979年和陌上塵、張雪映、李昌憲諸君共創「陽光小集」詩社，推出《陽光小集》創刊號，次年並公推由向陽擔任社長。

(二) 報刊期（1980～1994年）：

1980年經商禽介紹，向陽進入《時報周刊》編輯部工作。之後商禽升至編輯主任，向陽也接任該刊主編。[19]1982年起向陽改至自立報系服務，一待就是12年。他最初擔任《自立晚報》藝文組主任兼副刊主編，並擔任過《自立晚報》與《自立早報》總編輯、《自立早報》總主筆、《自立晚報》副社長兼總主筆、海外版《自立周報》總編輯，也協助報系推出畫刊《台北人》及編纂多部文集。年屆不惑之前，向陽人生最精華的歲月皆奉獻於斯；而在解除戒嚴與報禁前後，也正是報界競爭最為劇烈之時。由向陽擔任社長的《陽光小集》，1981年在他策劃下進行第5期的重大改版（並自兼美編），《陽光小集》遂轉型為迎向公眾視野的「詩雜誌」，擺脫了「同仁詩刊」的小眾格局及諸多限制。另一值得注意者為：在報刊之外，本階段向陽於圖書編輯工作上，獲邀擔任爾雅版《年度詩選》與九歌版《中華現代文學大系‧詩卷》編輯委員，開始以編輯行為直接參與「年

---

19 《陽光小集》設有一欄報導每季詩壇詩事及同仁動態，取名為「陽光走廊」，其中可見：「向陽承詩人商禽介紹，已於七月至時報周刊編輯部工作」。編輯部，《陽光小集》4期（1980.10），頁123-125。「詩人商禽已升任時報周刊編輯主任，本刊同仁向陽升主編。兩人被版面調配與編輯雜務所纏，詩作銳減」。編輯部，《陽光小集》5期（1981.3），頁122-124。從中可知向陽畢業後蒙商禽引介進入《時報周刊》，這應該也是他人生第一份有月薪的職業編輯工作。視商禽為向陽在編輯台上的「師傅」，當不為過。

度選集」與「文學大系」的典律形塑工程。

(三) 深造期 (1995～2003年)：

離開自立報系後，向陽自1995年起進入政治大學新聞研究所攻讀博士，8年後以《意識形態・媒介與權力：《自由中國》與五〇年代台灣政治變遷之研究》取得學位。這段期間他固然專注於學習深造，但不可諱言也必須奔波於各校兼課，或擔任工作繁重的大學講師。深造期向陽在編輯上最突出處，當為開始摸索架設與獨立經營文學網站：「向陽工坊」、「Workshop of Xiang Yang」、「向陽電子報」、「台灣報導文學網」、「林彧之驛」、「台灣網路詩實驗室」、「台灣文學與傳播研究室」、「經緯向陽」等，數量在全台各世代作家間遙遙領先。除了文學網站編輯，他也參與或主編《中華現代文學大系（貳）：1989-2003》詩卷、《台中縣國民中小學台灣文學讀本：新詩卷》、《台灣文學教程：報導文學讀本》、《二十世紀台灣詩選》、年度詩選等編選工程，涵蓋文學大系、教材讀本、世紀或年度選集，並不因勤於學業而荒廢編事，反倒介入更深、影響更大。

(四) 教育期 (2004年迄今～)：

博士畢業後，向陽獲聘為東華大學民族發展研究所暨民族語言與傳播學系副教授，2004年轉任中興大學台灣文學與跨國文化研究所副教授，2008年再轉赴台北教育大學台灣文化研究所任教。進入台文所後或可稱為向陽編輯生涯的「教育期」，因為他不但於杏壇講授台灣文學，還高度且長期以實際編輯或指導編務之方式，對各種年齡、不同教育程度的人提供文學養分。具體之例如他為大學生編《台灣現代文選》，為青少年編「青少年台灣文庫：新詩讀本」，為一般讀者編二魚版《台灣詩選》、《二十世紀台灣文學金典》、「人權文學叢書」與《臺灣小故事101》，並主編

多冊由台文館出版之「台灣詩人選集」與「台灣現當代作家研究資料彙編」。這些出版品的教育對象絕非只限於學生，所產生之效果及影響早已溢出學院高牆。向陽不僅熟悉經典詩人或中堅世代，他同樣關注青年詩人跟校園新聲，2022年遂編選出一套兩冊的《新世紀新世代詩選》，收錄1980到2000年間出生的52位台灣新生代詩人的作品。

必須指出，上述四個時期之別乃是以文藝編輯為主線，故略去不談性質迥異之編輯經歷（譬如，他曾於1984年擔任生態保育雜誌《大自然》季刊總編輯）。從這樣的分期裡，恐怕也看不出1985年向陽赴美國愛荷華大學參加International Writing Program（國際寫作計畫），一新視野後是否影響了自身文學觀念及文藝編輯認知？要知道他在愛荷華期間雖獲頒「榮譽作家」，但赴美前一年還曾因「自立副刊」登載林俊義〈政治的邪靈〉一文，遭警總以「為匪宣傳」罪名查禁並約談。加上同年他在《陽光小集》第13期詩雜誌印行後，因同仁間嚴重齟齬，一時氣憤下宣布解散「陽光小集」，頗令詩壇與讀者錯愕不解。順逆之間固然為人生常態，但1980年代中期罪名纏身的折騰與1990年代中期奔波兼課的困頓，確屬向陽在文藝編輯生涯裡面臨的重大挑戰。

三、向陽的編輯行為與文藝編輯成就

在台灣，如同向陽這般兼具詩人與編輯雙重身分，又有可觀之詩作成績和文藝編輯成果者至少有60人，「詩人編輯家向陽」在其中有何特別之處？[20] 故在了解他的文藝編輯歷程後，本文將其編輯行為與文藝編輯成就之

---

20 60人名單見楊宗翰：〈論台灣當代文學之「詩人編輯家」〉，收入楊宗翰編，《大編時代：文學、出版與編輯論》（台北：秀威資訊，2020），頁86-101。這份名單限出生於1910到1960年代間的「詩人編輯家」，其中最終竟逾九成都是生理男性。

特點，歸納為四項：

（一）以文藝編輯身分面對統治強權，尋找周旋空間
（二）議論鏗鏘有力，編選視野不凡
（三）在編輯策略上，藉教材讀本標誌台灣性
（四）投身網路資訊傳播，乃文學網站編輯的先行者

分述如下：

第一，以文藝編輯身分面對統治強權，尋找周旋空間： 從 1982 年獲聘進入報社主編副刊，到總編輯、總主筆、副社長等不同職位，向陽服務的「自立報系」雖一度跟「聯合報系」、「中時報系」呈三足鼎立之勢，卻始終是最抗拒政治控制的獨立報館，立論一向迥異於服膺國家威權的其他主流媒體。[21]《自立晚報》報頭上的標語正是「無黨無派，獨立經營」，其員工亦以此「自立精神」為傲。向陽便曾撰文反思自立的報業文化：

> 經濟上的無後顧之憂，以及投資集團的完全信賴，使得吳三連領導下的《自立晚報》在虧損下仍能蓋大樓、添機械，乃至於不斷增資擴張，於 1988 年創刊《自立早報》、1989 年創刊海外版《自立週報》，形成一個與聯合報系、中時報系鼎足而立的自立報系，在在可見台南幫企業集團對於吳三連志業的無條件支持。這樣的支持，也使得《自立晚報》在七、八〇年代的複雜政治環境之中，在一方面仍是強人威權統治、而一方面則是黨外民主運動由草根而起的政治衝突年代中，扮演了政治變遷見證者，以及公共領域推動者的重要角色，燃放了戒嚴年代

---

[21] 「聯合報系」、「中時報系」與「自立報系」三家雖立場各異、相互競爭，但在彼此刺激較勁下，卻也曾不約而同地促進了某趨勢或某文類之發展，譬如 1980 年代台灣的「報導文學」。學者林淇瀁便指出：「《聯合報》在一九八〇年代雖未設置報導文學獎項，但 1987 年創刊的《民生報》，就發表了不少以環保生態為主題的報導文學作品而受矚目；《聯合副刊》則推出『大特寫』、『傳真文學』等報導文學作品，來與高信疆在《人間副刊》推出的『現實的邊緣』較勁；《自立晚報・自立副刊》則推出『現場目擊』專欄，刊登民俗、風土與社會現實問題的報導文學作品。三報相激相湧，也促成了一九八〇年代報導文學在報紙副刊之上的多種風華。」見林淇瀁，《照見人間不平──台灣報導文學史論》（台南：國立台灣文學館，2013），頁 116。

台灣報業史鮮亮的火花，在鐵棘藜之前照亮了民主改革運動的面容。……（中略）

《自立晚報》在進入八〇年代之後，對於高雄事件前後十年的黨外民主運動、國家憲政、言論自由、兩岸及本土環境、文化與社會弱勢者議題均寄予強烈關注，並不畏戒嚴年代威權當局的檢肅壓力，據實據真而報導，其中如「警總圍剿陶百川事件」、「機場事件」、「五二〇農民事件」、「兩記者赴大陸事件」、「駐北京記者遭中共拘捕事件」、「反對郝柏村組閣」之報導，更是受到公眾矚目、議論，對照於當時媒介環境的惡劣，《自立晚報》的敢言肯言，使他建立了真正「無黨無派、獨立經營」的口碑，形塑了「獨立報業」的風格。[22]

這固然使「自立報系」在台灣報業史上舞出動人的抵抗風姿，卻也讓編輯在工作時更費思量，得在威權統治下尋找發言空間。戒嚴年代對報刊裡偏軟性的文藝版面仍深懷戒心，最著名者如《聯合報》副刊主編林海音因刊登風遲詩作〈故事〉，竟被當局認為「影射總統愚昧無知」，1963年4月23日刊出當天她立刻請辭避禍，可以想見副刊編輯要面對的，是什麼樣的思想檢查與肅殺氣氛。[23] 向陽接編《自立晚報》副刊時已是1980年代初，但畢竟彼時再怎麼「自立」，也不可能完全「自由」，其中滋味，當非尋常。以前述1984年3月13日副刊登載林俊義專欄文章〈政治的邪靈〉為例，僅因首段有句「全世界的民主國家領袖都是可以被批評的，只有在中國大陸，毛澤東才是民族的救星」，造成的影響除了《自立晚報》

---

22 林淇瀁，〈明月下的熄燈號：《自立晚報》報業文化的反省與批判〉，張炎憲等編，《「20世紀台灣新文化運動與國家建構」論文集》（台北：吳三連台灣史料基金會，2003），頁195-212。
23 風遲本名王鳳池，〈故事〉此作描述一個船長漂流到一座小島，因島上美女而流連忘返。出刊當日《聯合報》發行人王惕吾接到總統府來電，林海音聞訊後立即辭職以免除自己跟報館的麻煩，副刊則由馬各銜命接編，史稱「船長事件」。始末可參見夏祖麗，《從城南走來——林海音傳》（台北：天下文化，2000），頁181-194。

報紙被查禁,還有時任東海大學生物系教授的作者攜家帶眷、倉促奔逃赴美。編者向陽遭受警總約談後,「我被飭回,等待國家機器代理人拋給我的『靜候處理』。細雨薄霧,落在從青島東路走回濟南路的大道上,人車雜沓,我卻感覺自己行在黑森林中、周邊闃無聲息。此後我繼續編副刊,到一九八七年轉任總編輯為止,每個月固定有兩組人來約我喝咖啡;林俊義教授則在事件後遭到實質流放,滯美三四年,不能返台。」[24] 從 1984 到 87 年,三年間警總每月派兩組人「約喝咖啡」的壓力,實不可謂之不大。無怪乎向陽在事發 14 年後的回憶文章裡,依然記得自己當時「已經行入黑蔭的森林、幽谷在看不到的前方等待著,靜寂與死滅,是而立的我所能想像的唯一畫面。」[25]

身為副刊編輯,他仍得繼續替作家與作品,尋找與統治者(甚至讀者)的周旋空間。所以同樣是 1984 年,當柏楊 9 月應聶華苓之邀赴美國參加愛荷華大學「國際寫作計畫」發表演說,約一萬五千字的演講稿隨後投給了《自立晚報》副刊。這篇就是〈醜陋的中國人〉,用語犀利,直指中國文化是「醬缸文化」、「過濾性病毒」,字字堪稱足以震撼華人世界。向陽幾經考慮後決定照登,12 月 8 日刊出講稿首篇後,果然招來無數罵聲及批判質疑。副刊登出這種明顯打擊「民族自信」或「愛國意識」的文章,就算放在今日亦需承擔十足後果與各方壓力,遑論是 1984 年?彼時的他必得思考,甫遭約談下「記憶猶新,此時若再刊登柏老這篇稿子,會不會又因『混淆視聽』罪名導致副刊被禁、人被約談呢?」[26]

第二,議論鏗鏘有力,編選視野不凡:向陽的報社總主筆資歷,在台灣「詩人編輯家」隊伍中堪稱十分罕見。主筆是報社裡負責撰述社論或

---

24 向陽,〈空白與勳綠交錯的夢〉,《中國時報》〈人間副刊〉,1998.8.29。後收入向陽,《暗中流動的符碼》(台北:九歌出版社,1999),頁 55-58。
25 同註 24,頁 57。且當年警總開會決議,依法查扣《自立晚報》第一次版,約談該報編輯及該文撰稿人等,依《懲治叛亂條例》等有關條款涉嫌「為匪宣傳」罪嫌增加責任。
26 向陽,《寫字年代:台灣作家手稿故事》(台北:九歌出版社,2013),頁 112。

短評之職稱,總主筆則多為「社論會議」或「主筆會議」召集人,其工作與負責新聞報導之「編輯部」有別。向陽在從事文藝編輯工作時,凡遇編序、編按、編後……筆鋒必顯銳利切要,部分應與任主筆時的磨練相關。作為編輯策畫者,向陽常替新刊物或新版面撰寫「發刊辭」,其中便呈現出長於鏗鏘議論,擅於導引情緒之特質。在編選視野上,與傳統副刊的軟性「文藝——休閒」傾向迥異,向陽在編輯《自立副刊》時採取的是硬性「思辨——介入」基調,觀照本土,直面現實,探索禁忌,嘗試用深度討論及提出議題來刺激讀者。若欲追本溯源,在改版後的《陽光小集》中即可見端倪——改為「詩雜誌」後每期的專題企畫無不勇於衝撞,彷彿刻意挑起筆墨戰端。

以時間點來看,1982年對「詩人編輯家」向陽至為關鍵。因為此時他加入了爾雅版「年度詩選編委會」,同時還主編《自立副刊》和《陽光小集》。[27] 身兼圖書、報紙、雜誌三者之文藝編輯,且都堪稱是鋒芒最露、具代表性的詩選、副刊與詩雜誌,而此時向陽才27歲。肩扛大任的他下筆之利,在主編的《七十五年詩選》中便可見一斑:先是在導言〈我信,我望,我愛〉裡說,此為台灣「站在轉捩點」上的一年,政經文化、與社會各界皆活潑勁健,詩壇卻「忽然找不到自己立足的所在,而發不出應有的聲音」,詩人則只「發出微弱的歎喟」,直言批評:「寫詩的人恐怕更應該反省自己創作的理念、結合詩社的目的以及人生的目標,來為更美好的社會以及繼起的下一代盡些微力。」[28] 這本詩選集出版於1987年,正是政府宣布解除戒嚴之刻,無怪乎向陽對彼時詩壇與詩人的表現如此不滿。向陽替《七十五年詩選》所撰之「編者按語」也無畏地劍指前輩,尤其是有權掌握典律的文學獎評審。譬如談羅智成獲得「時報文學獎」推薦獎的〈說書人柳敬亭〉,先說這是「近年來難得的長詩佳作」,也不忘抨擊決

---

27 同註26,頁242。
28 向陽編,《七十五年詩選》(台北:爾雅出版社,1987),頁1-3。

審委員對此作之批評,「恐怕是將敘事長詩(求其結構連鎖)與抒情短詩(求其詩思巧變)之不同技法相混於一談了。」[29] 向陽以主編或編委身分,長期替「年度詩選」撰編按、寫導論,遂能於其中直書文學意見,倡言文學主張。無論短語抑或長篇,都燭照出一位詩人編輯家的關懷所寄與美學立場。此舉一直到他主編之《2008台灣詩選》才告結束,因為從那時起決議「仿效美國《年度詩選》的編輯體例,取消了從1982年爾雅版《年度詩選》以來行諸至去年的詩作賞析,改由原作者自述選入詩作源起或相關心境。」[30]

第三,在編輯策略上,藉教材讀本標誌台灣性:進入二十一世紀後向陽等於離開報刊編輯台,但在圖書編輯任務上依舊繁重,尤其是詩文選集與教材讀本。前者「詩文選集」主要是與蕭蕭、白靈、焦桐、陳義芝同列新一代《年度詩選》編輯委員,[31]《二十世紀台灣文學金典》小說卷、散文卷,以及與馬悅然、奚密合編之《二十世紀台灣詩選》。原本只出版英譯本的《二十世紀台灣詩選》收錄了五十家作品,是在向陽建議下,才將繁體中文版「在詩人的故鄉台灣以原貌問世」。[32] 至於後者「教材讀本」,向陽在編選、策畫與顧問端無不積極參與,成果有《台中縣國民中小學台灣文學讀本:新詩卷》(主編)、《鄉土語言教材:台語讀本》(指導顧問)、「青少年台灣文庫」(文學組編輯委員)、《台灣文學教程:報導文學讀本》(合編),與曾被大學院校廣為採用的《台灣現代文選》(合編)及《台灣現代文選・新詩卷》(主編)等。

向陽在編輯策略上有一特色,即欲藉教材讀本之編選來標誌台灣性。以三民書局版《台灣現代文選・新詩卷》為例,「編輯凡例」即說明本系

---

29 同註28,頁67。
30 向陽編,《2008台灣詩選》(台北:二魚文化,2009),頁13。
31 爾雅版《年度詩選》編委共6人,新一代《年度詩選》共5人,其中僅有蕭蕭跟向陽皆在兩份名單之中。新一代詩選初由台灣詩學季刊社發行,2004年後改為二魚出版,至2018年5位編委結束階段性任務,交棒給更新一代的「六年級詩人」凌性傑(1974-)主編。
32 引文見向陽,〈編者序〉,向陽、馬悅然、奚密合編《二十世紀台灣詩選》(台北,麥田出版社,2001),頁6。

列編者皆屬講授現代文學的大學教授，宗旨為：「提供大學院校做為現代文學教材，也期待能提供各年齡層的普通讀者閱讀，作為補充文學養分的精神食糧。」[33] 出版目的顯然就是要用於文學教育，提供學院內外人士文學養分。向陽在導言〈詩的想像・台灣的想像〉裡，明白表示此書與彼時其他詩選不同處，不但在提供較詳細作者介紹、較深入作品解讀、彰顯1920年代以來台灣新詩的多元風格與詩人的多樣表現；更重要的是，向陽在編輯策略上「有意突出台灣新詩源自歷史、社會、人文和土地之特殊性而形塑出的台灣性，如何在不同時間、空間中，經由眾多詩人的文本表現出來」。向陽深知，這本教材不僅止於呈現新詩文本，更是一本「有意借詩再現台灣歷史與社會形貌的詩選」。[34] 可以說向陽是藉本書編選行為，既耙梳出本地新詩「交匯了來自台灣土地、來自日治時期、以及來自中國新詩運動的三個源頭」，[35] 也展示出文學編輯自身信守、樂於推廣的歷史感與台灣性。他之所以會投入高中國文教科書或中小學台灣文學讀本編寫，以及教育部國語文輔導委員工作，其中目的便昭然若揭，從編輯策略來看也堪稱成功。畢竟教材讀本編選者的背景、信念及意圖，從來就是檢視編輯行為時，最不可忽視的一環。

　　第四，投身網路資訊傳播，乃文學網站編輯的先行者：1998年已滿43歲的向陽，在短短一年間獨力完成獨立「向陽工坊」等8個文學網站的架設，從擁有輝煌經歷的紙本編輯，變為乍到虛擬空間的網路編輯。他曾撰文自剖這趟從老將到新手的心路歷程：「回過頭去看，感覺自己猶似初生之犢，居然敢以一個百分百的門外漢，摸黑走入網路叢林之中，在以商業和色情網站為主流的世界中，提供可能不為多數網路瀏覽者注意、在意的文學創作、論述，並且企圖結合網路與文學的語言、開創新世紀的網路

---

33 向陽編，《台灣現代文選：新詩卷》（台北：三民書局，2005），頁1。
34 同註33，頁3。
35 同註33，頁2。

文學空間，還是有點自豪與驚詫。」[36] 以彼時文學界對網際網路的好奇，蘇紹連、白靈、須文蔚、李順興等人雖積極投入網站架設，但論數量之多與面向之廣，向陽無疑都數台灣文學作家中的第一。這固然與他是新聞系出生的傳播學者有關（但莫忘有更多傳播學者從未一試），最主要的關鍵應該還是他對網站架設、經營與編輯的態度。二十世紀的最後一年，他曾在《人間副刊》發表一篇〈網火的邂逅〉，談論自己為何把站名稱作「向陽工坊」：那是因為「我是的確以工人工作的虔敬態度，在網路世界中建構我的小站。」在學習如何設站的過程裡，「燃放生命的火；在火光中尋覓生命出口；在工作中，找到最簡單也最深刻的快樂。這網中火，燒起了我青春的心，讓我看到未來世界的廣闊。」[37] 世紀末的台灣報業，在市場激烈淘汰、讀者口味變異下彷彿進入寒冬，以向陽對傳統紙媒涉入之久與認識之深，網際網路會讓他「看到未來世界的廣闊」，推測其理由恐怕不只是科技（未來），而在於空間（廣闊）二字。過去紙媒文藝編輯所做不到的，未來能否在網媒文藝編輯手中完成？作為台灣文學網站編輯的先行者，向陽深諳網路有無限空間及最大自由可供利用，無怪乎這位走過戒嚴與報禁年代的紙媒老將會萬分振奮，讓「網中火」燒起自己青春的心。

向陽2003年曾在紙媒《自由副刊》發表〈三個瓶頸與兩個途徑〉，倡議在「副刊網路版」之外，號召網路文學社群集結為開放的「網路副刊」。他說這將是一場新的文學（媒介／文本）革命，「可以打破或至少足以抗衡平面媒介的文化領導權，創建新的文學傳播途徑。」從此開始「可能宣告新的文學的出發，彰顯與網路相符的去中心、去霸權的主體性，文本遊戲規則可望因之重回使用者手中，與網路特質相符的文學傳播模式可望因此浮現。」[38] 在紙媒上號召對抗紙媒及其所設「副刊網路版」，

---

36 向陽，《日與月相推》（台北：聯合文學，2001），頁38。
37 向陽，《暗中流動的符碼》（台北：九歌出版社，1999），頁207。
38 向陽，《浮世星空新故鄉——台灣文學傳播議題析論》（台北：三民書局，2004），頁82。

壯哉斯言，何其勇健！從中可以看出投入網路傳播的編輯家兼學者向陽的觀察敏銳；但恐因環境變化甚為急劇，開放式的「網路副刊」終究沒有如其所願，迅速登場以對抗「副刊網路版」。[39]

四、結語

本文欲確立向陽的「詩人編輯家」身分，探討他在編輯上的付出與貢獻。故嘗試整理耙梳他的文藝編輯歷程，先改變向陽過往自編之寫作年表，易為分列「圖書編輯」、「雜誌編輯」與「報紙編輯」三項，再依年代重建且佐以最新資訊，得出「向陽文藝編輯年表」。隨後將他的編輯歷程分為「萌芽期」（1971～1979年）、「報刊期」（1980～1994年）、「深造期」（1995～2003年）與「教育期」（2004年迄今～）四個階段，進一步歸納出向陽編輯行為與編輯成就之四項特點：（一）以文藝編輯身分面對統治強權，尋找周旋空間；（二）議論鏗鏘有力，編選視野不凡；（三）在編輯策略上，藉教材讀本標誌台灣性；（四）投身網路資訊傳播，乃文學網站編輯的先行者。

向陽擔任過《自立晚報》副刊主編與總編輯、《自立早報》總編輯與總主筆、海外版《自立周報》總編輯，也協助自立報系推出畫刊《台北人》及編纂多部文集。在戒嚴體制之下、年屆不惑以前，向陽人生最精華的歲月可謂皆奉獻於斯。他且能在報刊之外，於圖書編輯工作上獲邀擔任爾雅版《年度詩選》與九歌版《中華現代文學大系・詩卷》編輯委員，等同是以編輯行為直接參與了「年度選集」與「文學大系」的典律形塑工

---

[39] 在個人新聞台與部落格逐一殞落後，網路文學社群形貌已跟向陽撰文時大不相同。2000年12月1日明日報個人新聞台鬥陣網上線，是台灣最早的網路書寫社群，可惜只撐了一年又六天，便黯然宣布將個人新聞台交由PChome Online代管。2001年Yahoo併購奇摩，2006年Yahoo奇摩又併購了無名小站，蕃薯藤也在2006年被收購，次年更名為天空傳媒，樂多部落格也因此被合併。2013年Yahoo奇摩結束旗下的無名小站，2017年中時部落格宣告結束服務，2018年則是天空部落格正式關門。個人新聞台與部落格至此敲下遲來的喪鐘，或該說早被其他「自媒體」給取代。

程，影響不可謂之不深。除了對於過往文獻及出版品的考察，本研究另以影音錄製了研究對象向陽之訪談，並藉此得到在書面資料以外的珍貴資訊。譬如向陽在接受筆者訪問時提及，他在編輯領域的成就，其實跟諸多前輩的提攜密切相關。時報系統的簡志信和商禽、自立系統的吳豐山，都對向陽有提攜之功。退伍後原本在海山卡片公司寫文案的向陽，是經詩人商禽介紹才轉任《時報周刊》編輯。《時報周刊》於 1978 年 2 月 26 日發行試刊後，於 1978 年 3 月 5 日正式創刊，之後迅速成為整個 1980 年代台灣最具影響力的大八開雜誌。最初是簡志信把商禽帶進《時報周刊》，商禽再引薦向陽入社。他們兩人訓練了向陽，能在很短的時間內看各種稿子、下標題、到工廠督印，乃至能夠熟悉整個雜誌的編輯流程。1980 年進入《時報周刊》的向陽，1982 年改赴《自立晚報》，擔任起藝文組主任兼副刊主編。之前任職《時報周刊》時的精實訓練，加上《自立晚報》吳豐山社長的器重提攜，讓向陽到《自立晚報》做副刊主編時能夠快速銜接。加上 28 歲轉戰《自立晚報》副刊擔任主編的向陽，一直都把「聯副」和「人間」兩大副刊當作對手（雖然他多次表示：在稿費上與前兩家差距甚大，但兩家不敢登之作，卻都有可能轉投給自立）。向陽後來攻讀碩士學位，其論文寫的就是「聯副」和「人間」等副刊在 1970 年代台灣社會中，作為傳播媒介如何受到背後的社會組織力量的運作，而與整個社會變遷呈互動互變的辯證性關聯。[40] 所以欲研究「詩人編輯家」向陽，其面向不會、也不可能侷限在他本人；而是向外輻射到彼時整個文壇及其結構，乃至編輯工作所在地的傳播媒介，是如何受到社會組織力量及整個社會變遷的影響。

　　相較於大眾及讀者熟悉的作家、詩人與學者向陽，本文應是首度從文藝編輯角度出發，探討「詩人編輯家」向陽迄今的付出與貢獻。期盼上述

---

[40] 林淇瀁，《文學傳播與社會變遷之關聯性研究——以七〇年代台灣報紙副刊的媒介運作為例》（台北：中國文化大學新聞學系碩士論文，1993）。

所論有助於理解,向陽如何以此一身分,爭取副刊言論空間、提倡文藝版面的硬性「思辨——介入」基調、編選時觀照本土與標誌台灣性、從事文學網站經營與編輯的作家先鋒⋯⋯,從而能夠適時介入、推動與改變台灣文學的發展。

【附錄一】向陽文藝編輯年表

西元年	圖書編輯	雜誌編輯	報紙編輯	備註
1971		與同學組織「笛韻詩社」，擔任社長並主編《笛韻詩刊》	任「竹高文社」社長，出版四張全開紙大海報《竹高文藝》	1970年就讀省立竹山高中
1972	與友人合編《孤獨的流浪者》（赫曼赫塞其人其書）並油印出版兩百冊	主編校刊《竹高青年》		
1975				擔任「華崗詩社」社長
1976		與岩上、王灝、李瑞騰、李默默等在草屯共組「詩脈」季刊		與林文欽等在華崗共組「大學文藝社」
1979				與陌上塵、張雪映、李昌憲等合創「陽光小集」詩社，推出《陽光小集》創刊號
1980		任《時報周刊》編輯		任「陽光小集」社長
1981	與蕭蕭、陳寧貴合編《中國當代新詩大展》，德華出版	升任《時報周刊》主編		策劃改版《陽光小集》第五期為詩雜誌，並兼任美術編輯

1982	擔任爾雅出版社《年度詩選》編輯委員（其他委員：張默、向明、蕭蕭、李瑞騰、張漢良）；主編百家小品文選集《每日精品》，蘭亭出版		任《自立晚報》藝文組主任兼副刊主編	「陽光小集詩雜誌社」登記發行，任發行人
1983	心岱策畫、林淇瀁編輯之《民間瑰寶》，自立晚報出版			
1984	主編詩選《春華與秋實：七十年代作家創作選‧詩卷》，中國文化大學出版部出版；主編散文選集《生命的滋味‧新世代散文展》，自立晚報出版	擔任生態保育雜誌《大自然》季刊總編輯		遭警備總部約談（主編之「自立副刊」刊登林俊義雜文〈政治的邪靈〉，遭警總以「為匪宣傳」為由查禁）。「陽光小集」宣布解散。
1985	以「林璜」為名編撰《人生啟示錄》上冊，自立晚報出版；主編《人生船：作家日記三六五》，爾雅出版；與劉還月合編攝影選集《快門下的老台灣》，林白出版	任《台灣文藝》編輯顧問；辭《大自然》季刊總編輯一職	主編《自立晚報》新推出之「大眾小說」版，撰發刊詞	

1986	以「林璜」為名編撰《人生啟示錄》下冊，自立晚報出版；主編台灣新世代小說選集《變翼的蝴蝶》、《失去的月光》，希代出版社出版；編著日人立石鐵臣版畫集《台灣民俗圖繪》，洛城出版社出版			應楊青矗邀請，任《年度批判文存》編輯委員
1987	主編《七十五年詩選》，爾雅出版	「當代文學史料研究小組」創刊《當代文學史料研究叢刊》，撰發刊辭；《自立晚報》創辦畫刊《台北人》，任策畫委員，撰發刊辭	升任《自立晚報》副總編輯，一個月後升任總編輯	與秦賢次等成立「當代文學史料研究小組」
1988	九歌出版社之邀，與張默、白靈擔任《中華現代文學大系・詩卷》編輯委員		任《自立早報》總編輯	兼任《自立晚報》主筆
1989			兼任海外版《自立周報》總編輯，籌備創刊事宜。六月海外版《自立周報》正式創刊	升任《自立早報》總主筆

1990	張系國主編、向陽策畫「兒童未來幻想故事」系列叢書，編譯龍尾洋一《達達的時空隧道》，小天出版			應邀為小天出版社策劃「兒童未來幻想故事系列叢書」（日本岩崎書店授權）
1991				《蕃薯》詩刊創刊並成為同仁
1992				《台語文摘》革新號創刊，任文學顧問
1994	編著立石鐵臣版畫集《巧筆刻繪生活情：台灣民俗圖繪》，台原出版（重印）			自「自立報系」辦理退休資遣，結束在自立12年工作生涯
1998	應瑞典學院院士馬悅然、美國加州大學戴維斯校區教授奚密邀請，參與英譯《台灣現代詩選》編委會			自設網站：「向陽工坊」、「Workshop of Xiang Yang」、「向陽電子報」、「台灣報導文學網」、「林彧之驛」、「台灣網路詩實驗室」、「台灣文學與傳播研究室」
1999				自設網站：「經緯向陽」

2000	應吳晟之邀，擔任「台中縣國民中小學台灣作家作品教材」詩卷主編；擔任金安版《鄉土語言教材：台語讀本》指導顧問；應邀擔任「年度詩選」新一批編輯委員（其他委員：蕭蕭、白靈、焦桐、陳義芝），先由台灣詩學季刊社印行，2003年後改為二魚出版			10月重返《自立晚報》，任副社長兼總主筆
2001	主編《台中縣國民中小學台灣文學讀本：新詩卷》，台中縣文化局出版；與馬悅然、奚密合編《二十世紀台灣詩選》，麥田出版			7月《自立晚報》易主經營，辭職
2002	與須文蔚合編《台灣文學教程：報導文學讀本》，二魚出版			
2003	與白靈、唐捐合編《中華現代文學大系（貳）：1989-2003》詩卷，九歌出版；校註雷震《雷震回憶錄之新黨運動黑皮書》，遠流出版（為該書所撰導論與註腳共達九萬字）			擔任南一書局「高中國文教科書」撰述委員

2004	與林黛嫚、蕭蕭合編《台灣現代文選》，三民書局出版；任台灣筆會「台灣詩人選集編輯計畫」編輯委員；主編《2003台灣詩選》，二魚文化出版；應國立編譯館之邀，任教育部「青少年台灣文庫」文學組編輯委員	任《台灣史料研究》第23期主編，當期專題：台灣新詩史		《台灣史料研究》由吳三連台灣史料基金會出版
2005	編著之《台灣現代文選・新詩卷》出版，三民書局			
2006	編選之《二十世紀台灣文學金典：小說卷》四冊印行，聯合文學出版；編選《二十世紀台灣文學金典:散文卷》三冊印行，聯合文學出版；編選之青少年台灣文庫（新詩讀本3）《致島嶼》、（新詩讀本4）《航向福爾摩沙》兩冊印行，五南圖書出版			
2007				任國立編譯館「認識台灣小叢書編輯諮詢小組」委員；任教育部國語文輔導委員

2008	編著之「青少年台灣文庫Ⅱ：新詩讀本」第一冊《春天在我血管裡歌唱》與第二冊《太平洋的風》印行，國立編譯館出版；另編有《台灣詩人選集22．趙天儀集》與《台灣詩人選集26．岩上集》兩冊，國立台灣文學館出版；與戴寶村等合編《台灣小故事》，由國立編譯館推出網路電子版；主編《作詞家葉俊麟與台灣歌謠發展研討會論文集》，國立台北教育大學台灣文化研究所			
2009		任《當代詩學年刊》第5期總編輯		《當代詩學年刊》由國立台北教育大學語文與創作學系出版
2011	主編《台灣現當代作家研究資料彙編05：楊熾昌》，國立台灣文學館出版			

2012	向陽、黃恆秋、董恕明主編《鬥陣寫咱的土地：母語地誌散文集》印行，新台灣人文教基金會出版；與須文蔚合編之《台灣文學教程：報導文學讀本（增訂本）》印行，二魚出版；主編《台灣現當代作家研究資料彙編19：柏楊》，國立台灣文學館出版			
2013	與林黛嫚、蕭蕭合編之《台灣現代文選》推出修訂三版，三民書局；主編《台灣現當代作家研究資料彙編36：商禽》、《台灣現當代作家研究資料彙編44：白萩》兩冊，國立台灣文學館出版			
2014	主編《2013台灣詩選》，二魚文化出版；主編《白色年代的盜火者》，國家人權博物館籌備處出版；主編《台灣現當代作家研究資料彙編56：郭水潭》，國立台灣文學館出版			《白色年代的盜火者》列為「人權文學叢書」第2冊，向陽撰寫導讀〈在暗夜舉燧火，為百姓爭光明〉

2016	主編《打破暗暝見天光》，國家人權博物館籌備處出版			
2017	主編《台灣現當代作家研究資料彙編94：施明正》，國立台灣文學館出版；主編《國立台北教育大學圖書館日文舊籍特藏目錄》，國立台北教育大學圖書館	任《文史台灣學報》第11期主編，當期主題：台灣現代詩史		《文史台灣學報》由國立台北教育大學台灣文化研究所出版
2018	主編《台灣現當代作家研究資料彙編106：吳瀛濤》，國立台灣文學館出版			
2019	主編《台灣現當代作家研究資料彙編113：岩上》，國立台灣文學館出版			
2020	與戴寶村等合編《臺灣小故事101》，由國家教育研究院印行（上）、（下）兩冊			
2021	編著之《台灣現代文選・新詩卷（二版）》印行，三民書局			
2022	主編《新世紀新世代詩選》，九歌出版；與林黛嫚、蕭蕭合編之《台灣現代文選》推出四版，三民書局			

【附錄二】訪談大綱：詩人向陽談自身編輯經歷

（一）楊宗翰曾以文學編輯為主線，將您的編輯人生涯分為四個時期：「萌芽期」、「報刊期」、「深造期」與「教育期」。您是否同意這樣的區分？還是其中有疏漏或不足之處？

（二）您也有「非文學」之編輯經歷，如1980年擔任《時報周刊》編輯（1981年升任主編）與1984年擔任生態保育雜誌《大自然》季刊總編輯。可否談談這樣「非文學」編輯經歷，對您從事「文學編輯」產生過什麼影響？

（三）1985年向陽赴美國愛荷華大學參加International Writing Program（國際寫作計畫），一新視野後，是否影響了您自身文學觀念及文藝編輯認知？

（四）赴美前一年的1984，您曾因《自立副刊》登載林俊義〈政治的邪靈〉一文，遭警總以「為匪宣傳」罪名查禁並約談。加上同年在《陽光小集》第13期詩雜誌印行後，因同仁間嚴重齟齬，向陽老師在氣憤下宣布解散「陽光小集」，頗令詩壇與讀者錯愕不解。可否更詳細地替我們談談林俊義事件跟「陽光小集」解散兩事，對您在文藝編輯之路上的影響？

（五）順逆之間固然為人生常態，但1980年代中期「罪名」纏身的折騰與1990年代中期奔波兼課的困頓，應該就是向陽在文學編輯生涯裡面臨的重大挑戰。您是如何成功度過這些逆境，讓自己的編輯事功（如「台灣詩選」或替三民、麥田等出版社主編策劃……）持續迄今？

11

向陽考 2.0
——詩刊作為途徑

蔡旻軒

摘要

　　詩刊中的向陽鮮有人探究。

　　當我們回探詩人的身世，1970年代中期進入文化大學日文系，參與華岡詩社的向陽，其詩藝的養成與養分，除了「華岡詩社」還有「笛韻詩社」、「詩脈詩社」，而他的詩想足跡散落在1970、80年代詩刊物中。在筆者盡可能地毯式搜索後，發現《大地》詩刊（1975.10）中一首〈首航的唄頁〉，紀錄南投出身的詩人第一場海上壯游，側寫台海夜色。本文認為，這首作品無論對於其生命紀錄或地誌特質上，皆可視為探究向陽詩美學的一道定音。

　　《龍族》、《主流》、《草根》、《大地》、《詩人季刊》等詩刊，乃至向陽與詩人共同創辦的《陽光小集》，共同在1970年代先後嶄露頭角。其特色之一為主導者多是學院知識青年，其二則是除了凝聚同世代詩人，前行世代的詩人群也是他們所欲對話的對象，甚至在回歸現實的呼聲下，社會與土地是他們交流的目標，這一代詩刊展現了前所未有的「對話性格」，可以說，這階段的詩刊是為了「讀者」而存在的。

　　本文將指出，詩刊中的向陽如何在台灣文學思潮「轉向」的風潮中，扮演承先啟後的角色。藉由探究詩刊所具有的媒介意義，重考1970、80

年代現代詩刊物中向陽的定位、創作、行動,期能重構詩人詩想的路徑,重思詩人的實踐。

關鍵詞:向陽、詩刊學、現代詩刊、寫實主義、實踐

一、前言及問題意識

班雅明（Walter Benjamin）在〈譯者的任務〉（"Die Aufgabe des. Übersetzers"）中，曾指出：沒有詩人只為發表園地而創作。[1]

我認為這項主張並不完全適用於理解 1970 年代的現代詩刊，在這篇論文中，透過詩人向陽發表在刊物的作品，察覺到詩人為讀者而詩的企圖。我希望更進一步修正為：沒有詩人只為發表園地而創作，他們為了尋找讀者，而為自己的作品選擇或創造發表園地。

生於 1955 年詩人向陽，按羅青的分類可為第五代詩人，是由工業走向後工業社會，經歷政治經濟結構之動盪、文學思潮更迭的一代，[2] 後有林燿德以「繼楊牧之後鍛接傳統的重鎮」[3] 譽之。他除了具備編者（此中亦可釐析報人與雜誌、詩刊編輯身分）、作者身分，同時更是一個學者。若以一個後設的觀點來看，此人但凡文字、文學、文化之相關工作皆有涉獵。

1970 年代進入文化大學就讀的他，目前在公開典藏可以尋得的紙本詩刊發表足跡自 1975 年《大地》14 期開始，直到 1989 年收於《詩潮》6 集。寫在 1976 年初的〈阿爹的飯包〉及〈阿母的頭髮〉，同年 4 月發表於《笠》詩刊第 72 期，直到 1979 年《陽光小集》創刊號及第 2 號「血親篇」與「姻親篇」一起進行發表，後收於《土地的歌》，即是詩作先於詩刊，詩人先於編者的行為。

本文立足於此，進一步思考「發表園地」對作者與讀者的意義。這個發表園地——也就是詩刊，作為媒介——不只側記詩人風格轉變的軌跡，

---

[1] 班雅明針對文學的藝術本質提出質疑：「畢竟沒有哪一首詩是為它的讀者寫下的。」認為與其分述作品的缺失及理論、意圖成為一個「理想的觀賞者」，毋寧更切實地觀察藝術作品與作者精神的互文性。由此強調文學創作中幽微而富有詩意的部分誠難透過譯介展現，班雅明主張：「有所傳達的譯本只能傳達文學的訊息，而訊息卻偏偏不是文學作品的本質。」這與我見解不同。我認為，譯本、詩刊甚至是我們所熟悉的詩集、詩選集等「發表園地」之於文學的藝術性而言，皆具有過濾、挑選，甚或是放大資訊的效果，其以此發展立論。見華特・班雅明，〈譯者的任務〉，《機械複製時代的藝術作品》（台北：城邦文化，2019），頁 196。

[2] 羅青，《日出金色——四度空間五人集》（台北：文鏡文化，1986），頁 9-10。

[3] 林燿德，〈陽光的無限軌跡——有關向陽詩集「歲月」〉，《文訊》19 期（1985.8），頁 220。

在詩刊長此被視為史料深究的前提下，實則更應重視「媒介即訊息」此一主張。[4] 歷來有意論斷向陽文化身分者，往往不意落入編者與詩人混用之境，[5] 最明顯的就是《陽光小集》的編輯邏輯與向陽的詩觀互文、錯置副刊總主筆向陽的報人與詩人身分。此類跨媒介、跨身分乃至跨文本的對話，僅靠向陽的詩人身分進行繫連，無視媒介及編輯台乃至受眾的權力結構，是本文不願意落入的混用乃至誤讀困境。我所擔心的是如此立論彷彿假定了：詩刊中的向陽與副刊中的向陽，不因為媒介受眾、通路、編輯台組成等差異，而調整他呈顯文學、詩學的方式。

如此想像恐怕是對其「新聞專業」、「媒體素養」的全盤否定。加之近年學界探究另類媒介（Alternative media）與眾的關係，開啟了我對媒介的不同思考，於是，對這篇論文來說，詩刊（Alternative media）與報刊（mass media）自是難以一概同論的權力場域，要言之，論者們應關切的或許不是二者如何重複與相同，而在兩者怎樣存異及對話。

藉「媒介即訊息」為 1970 年代「風起雲湧」、「鄉土寫實」的出版樣態做出詮釋框架，可自現代詩論戰與鄉土文學論戰中「發表園地」的無役不與看起。[6] 《詩人季刊》、《龍族》、《主流》、《大地》、《草根》、《神州詩刊》、《詩脈》、《詩潮》、《陽光小集》等 1970 年代以降嶄露頭角的詩刊物，為戒嚴時期封閉的文學場域漸進轉換文化資本，[7] 透過世

---

4 「媒介即訊息」出於麥克魯漢（Marshall McLuhan）〈媒體即訊息〉一文，該文探究科技媒體如何影響甚或「塑造」受眾的認知與生活，對本文的意義則在思考印刷術及其傳播所帶來的內蘊與外延，正視詩刊作為媒介所提供的「訊息」，反思知識論的建構如何排除或兼容詩刊這項媒介，期自媒介中整合出相對立體的「作者精神」。麥克魯漢，〈媒體即訊息〉，《認識媒體：人的延伸》（台北：貓頭鷹出版，2015），頁 36-53。
5 相較之下，李敏勇認為 1970 年代創刊的《龍族》、《陽光小集》，分別標示了戰後台灣詩學主體性自中國論走向台灣論的兩個座標，此座標的位移不只呼應了台灣的政治與國際情勢，並指出《陽光小集》成員深諳傳播策略許是落實「多元化與社會化」方針的關鍵。如此以刊物為主體，分析新世代詩刊的編輯與傳播理念，不曾混淆詩刊中的作者與編者身份為本文深有啟發。見李敏勇，〈戰後台灣詩的民族論分野《龍族》和《陽光小集》〉，《文訊》379 期（2017.5），頁 36-39。
6 關於 1970 年代詩刊及論戰相關研究，有蔡明諺在其碩論《龍族詩刊研究——兼論七〇年代台灣現代詩論戰》（新竹：國立清華大學中國文學碩士論文，2002）以及單篇論文〈向左轉，向右轉：重溯七〇年代台灣現代詩論戰〉，《台灣文學史書寫國際學術研討會論文集》（高雄：春暉出版社，2008），頁 473-522。或有陳瀅州在《70 年代以降現代詩論戰之話語運作》（台南：台南市立圖書館，2008）、陳政彥，《戰後臺灣現代詩論戰史研究》（桃園：國立中央大學中國文學研究所博士論文，2007），透過話語操作為主軸開展討論。
7 本文提出「封閉的文學場域」除參考布赫迪厄場域論外，在現代詩美學及知識論系統方面，戒嚴時期必然的思想

代、知識背景之差異，展現了別於前行代的能動性，直抵解嚴前沿的多元文學場。這些新興詩刊的主要特色之一為主導者多是學院知識青年，其二則是除了凝聚同世代詩人，前行世代的詩人群也是他們所欲對話的對象，甚至在回歸現實的呼聲下，社會與土地是他們交流的目標，這一代詩刊展現了前所未有的對話性格。其所蘊藏的對話性、含括性，為當時代思潮作出繽紛而支離的效果，原被排除的也開始涵容，如都市的確立、鄉土的位移、母語的初現，或如譯文的解放，乃至跨語詩人的追認與經典化，都是此階段詩刊明確而立體的現象。

那段詩刊與向陽並行的年代，恰是 1970 年代台灣出版繁茂多元的階段，向陽身在其中，雖不立足現代詩論戰、鄉土文學論戰前線，然其詩藝之實踐確能與當時代「回歸現實」做出對話。是以本文自詩刊中的向陽為觀察，意欲釐清 1970 年代詩刊、詩想與思潮的共構關係。

二、詩刊學的必要：[8]史料篇

一如陳芳明《台灣新文學史》（2011）中對向陽的評述與安置，鄭慧如也在《台灣現代詩史》（2019）中，將向陽歸類為「後現代詩框架」（1980-1999）主要詩人，透過《銀杏的仰望》（1977）及其後出版詩集

箝制，有郭楓在〈還原台灣現代詩興起的歷史真相──一九五〇年代台灣詩史的疑案研究〉以「是誰的喉嚨被允許在暗夜歌唱」為題，指出 1950 年代乃是台灣當局對內進行白色恐怖統治的時代，軍旅詩人等皆在被當權者允許的前提下進行文藝活動，成就本文將前行代視為封閉文學場的前提。另外則可參考解昆樺：「經歷五〇年代末現代詩論戰後，以誤讀消費態度接受西方現代主義的現代詩人們，將現代詩確立為邊緣但前衛的文類，自顧自地發展其文類知識。影響所及使現代詩成為一封閉、自我團體型的文類，並不重視公共、外在文化論述的評價」，參：解昆樺，《青春構詩》，頁 680。或見高上秦（高信疆）寫在《龍族》詩刊的反思與批判：「以往多少年來，我們的現代詩曾經流行著一種嚴肅的神話：詩是少數貴族階級的享樂，它不應也不能與社會大眾結合。」等文句，皆可為前行代詩刊所示之「封閉的文學場域」作出理解，見：高上秦〈探索與回顧──寫在「龍族評論專號」前面〉，《龍族》9 號「評論專號」（1973.7），頁 5。

[8] 「詩刊學，意味著嚴謹地以學科概念檢視詩刊此一文本。」解昆樺提醒並強調詩刊學的核心概念，必須有意識地思考編輯傳播意義，並重視詩史的書寫與評價中「詩刊傳播曾經產生過的溝通效果」，本文深受啟發，兼以媒介的見與不見開展討論。關於解昆樺所提出的「詩刊學」概念，參：解昆樺，〈戰後臺灣詩刊之文本閱讀方法論──以《創世紀》、《笠》與七〇年代新興詩刊為例〉，《青春構詩：七〇年代新興詩社與 1950 世代詩人的詩學建構策略》（苗栗：苗栗縣文化局，2007），頁 654-719。

分述向陽詩風。

　　《台灣現代詩史》指出向陽詩作的二大特色：「工整，甚或成系列的形式。」以及「抒情為體，現實為用」。[9]認為向陽詩作以抒情與敘志為底蘊，透過布局及格式，提出其「自鑄音律」的音樂性特質，無論母語詩或華語詩皆然。《台灣新文學史》則評述向陽：「是追求規律形式的一位詩人。」認為「他的作品緊緊與土地、節氣、家族、認同結合在一起。但他又不是以鄉土詩人一詞就可概括。在藝術與庸俗之間，他頗有自覺。創作時，分寸拿捏得宜，又暗藏起落有致的節奏，總是動人心弦。」[10]這兩位史家皆為詩人及其詩作進行歷時性的分析，而他們所評價的「現實」、「土地」、「家族」、「認同」恰好是1970年代台灣文學的重要關鍵詞，這或可視為詩人的詩觀與詩藝兩相磨合、實踐的結果，而非僥倖於時代之勢。

　　特別是1970年代現代詩場域的挪移和建構，因為「現代詩論戰」讓台灣限定的現代主義詩想隱隱成形。現代詩論戰不止牽涉到時代的政策、美學與立場，它同時促成一個跨越文類的論述場域，亦暗示世代的起落，[11]另一方面，此時期詩刊較前行代詩刊物具備相對完善出版規模，有很大的原因是出版的規範，在印製開數、版權、目錄頁等規格皆相對完備，加之標準字等形象識別制訂，顯然已經具備便於推廣的條件。刊物內部的互文引薦，讓這群原本並不具備文化資源優勢的年輕人，得以有個相對公開的平台散播詩想，與詩學同好對話。甚至，策動了一場跨世代的詩論戰。

　　從《龍族》評論專號竟使《創世紀》詩刊以專刊方式作回應一事，可視為1970年代知識青年理念宣揚的階段性成功，更重要的是：這場論戰為我們證成了《創世紀》詩人與《龍族》詩人兩世代互為讀者的事實。畢

9　鄭慧如，《台灣現代詩史》（台北：聯經出版，2019），頁558-564。
10　陳芳明，《台灣新文學史（下）》（台北：聯經出版，2011），頁663-664。
11　高上秦在《龍族》寫下〈探索與回顧——寫在「龍族評論專號」〉，指出：「它展示了台灣現代詩已開始進入學術研究的範疇，不再是詩人自己的事了；一方面，卻也顯現了年輕一代的詩論者、詩作者，對於起步階段的中國現代詩，意圖作一重新評估與認真檢討的試探。」見：高上秦〈探索與回顧——寫在「龍族評論專號」前面〉，《龍族》9號，頁4。

竟，沒有人需要對認知範圍以外的事物做出反應。

而1973年唐文標助燃現代詩論戰的重要文章之一〈什麼時代什麼地方什麼人〉發表在《龍族》詩刊9期「評論專號」，[12] 該文自「紮根於現實」的《詩經》、「舊詩代表」的《楚辭》出發，唐文標肯認中國古詩的傳統在於「正視社會現實」，從而批判周夢蝶、葉珊、余光中三人是如何固體化、液體化、氣體化地錯誤繼承中國古典詩傳統。唐文標的批判讓現代詩論戰自此脫離「晦澀」與「清明」之語言美學爭途，開啟了全盤檢討局面，「世代」、「國族」、「生活經驗」、乃至「發聲者的立場」，無一不被探究。

文學扎根於傳統亦不能自外於現實，成為1970年代以來階段性地共識。同處這波思潮的前緣，有陳芳明曾在〈剪掉批評的辮子〉直指：「近年來清醒的批評都強調文學與社會具有密切的關係。」並以杜甫具國家意識的寫實詩作為例證，[13] 後於1994年為這波論戰做出如下判斷：「七〇年代發生的現代詩論戰，一九七七年爆發的鄉土文學論戰，基本上都是台灣作家在扭轉偏頗的官方體制而出現的思想鬥爭。……在論戰如火如荼進行之際，文學創作中所表現出來的本土精神與現實主義，也比任何一個時候更明確呈露出來。」[14] 雖有武斷仍可見當年陳芳明在文學與社會現實、文學與民族思想間的關係有其洞見。

為了進行更動態且系譜性的理解，我將在這篇論文中以「台灣文學學徒」的身分為讀者，透過盤點、閱讀1970年代重點刊物，盡可能地毯式蒐集詩刊中向陽的足跡，藉由類型化向陽的詩作，看向陽「融通現實」、「承先啟後」[15] 地策動了哪些創作技巧？如何冶鍊詩質？而詩刊之為媒介，又將如何幫助我們理解向陽詩風的養成？辨識其詩美學光譜？

---

12 唐文標，〈什麼時代什麼地方什麼人〉，《龍族》9號，頁217-228。
13 陳芳明，〈剪掉批評的辮子〉，《中外文學》1卷12期（1973.5），頁100。
14 陳芳明，〈七〇年代台灣文學史導論：一個史觀的問題〉，《典範的追求》（台北：聯合文學出版社，1994），頁233。
15 洛夫曾對向陽語言中兩種極端做出論斷，直指向陽的詩語言：「不是非常之文的，便是非常之土的。」、「向陽的才具與見識，理想與抱負，自信與自覺，都足以證明他將是一位承先啟後的重要詩人。」見：洛夫，〈新節奏的誕生──讀向陽詩集「種籽」雜記〉，《創世紀》52期（1980.6），頁67。

三、類型化詩想：以經驗造橋鋪路

詩刊中的向陽存在於洋溢「鄉土」、「寫實」、「批判」與「大眾」的 1970 年代後半與 1980 年代中期，在這些發表園地中，他是詩人也是論者，偶爾擔任編者角色。

這段期間向陽先後出版《種籽》、《銀杏的仰望》、《十行集》、《四季》等具代表性的詩集，並獲得國家文藝獎肯定。而詩刊記錄了他鍛造的軌跡，對形式格局的探求早在《十行集》之前，構句謀篇的實驗就已展開。向陽透過方塊體、2 行組詩、4 行組詩、5 行組詩、10 行組詩等形式來調度音韻。若如我所主張：1970 年代的詩作具有對話性。那麼向陽詩作中適合朗讀而建構的音韻性則是其直面受眾的手段，亦是他將理想與實踐兩相結合的成果。

不同於青年詩人在詩刊中所呈現的模仿與實驗，向陽的詩路走得具體而穩定，詩質看似鄉土寫實，然則生動卻不落直白、素樸窠臼。在這個「回歸現實」呼聲四起的 1970 年代，唐文標的叩問──能不能把我們這一代充滿詩素材的生活，忠實的描繪出來？──對向陽而言顯然不是問題，他不僅沒有「回歸現實」的滯礙，反而盡顯其詩心本質。在這裡，應注意的是向陽並非一開始便走入寫實／現代二分的論述立場，所謂回歸現實，就其詩作表現來看，許是敘事者「我」所能映射的經驗與感受，亦即現實物件的排列組合。

以下依據 1974 年以來，詩刊中的向陽作品進行討論：

（一）地方感：以現實經驗入詩

刊登在《大地》詩刊第 14 期的〈首航的唄頁〉，或可追認為向陽創作生涯的一道定音。

〈首航的唄頁〉由 5 篇主題組成「海上行」、「台海的夜色」、「晨

之海」、「灘上的足跡」、「星海」,每篇主題各分成 4 節寫景、敘事、抒情,各節派以 5 行詩句構築音聲節奏,在長組詩的規模下進行格式錘鍊,紀錄詩人首航澎湖、東引的生命經驗,該詩開篇即寫道:「在如此遼闊的藍色原野上／有如花般燦爛的夏,歌著甦醒來」,該詩的開場明亮且充滿希望,足見敘事者踏行海路之悸動。

「(人)們將以花謝綻成果實,以撒種俟待花開／以出奔的步伐滑向歸鄉的燈塔」,航行一如四季的輪轉那般篤定,而「藍色原野」、「出奔的步伐」更暗示了敘事者將海洋與母土並置之想像,土地(原野)、方向(燈塔)具存,流離的浪子並不存在。詩人進一步透過對話模式將「台海」性別化,值得注意的是,女性化的台海不若母性形象般滋養而豐沛,她多夢、年青而神祕,是充滿期待的存在:

　　如同那些業已入寢的船客
　　台海以潮聲呼吸,在風浪中恬然睏臥
　　這船下的泡沫側度著海的睡意
　　凌晨一刻,夜已走遍岸南岸北
　　而妳啊台海,夢中是否亦織著故國的風景

　　故國故國在這海道的燈火闌珊外
　　回首三千里,暮色重重掩神州
　　江南已老,港塢蕭颯,光明拒泊
　　當家園的意義僅止於牆上的掛圖
　　台海啊!妳該諒解夜色中我的撫觸

「當家園的意義僅止於牆上的掛圖」,揭示詩人的選擇,這場航行之所見伴隨著對話,展演詩人向主流史觀訣別的意念,他對家國的懷想也一

併湧現。

緊接著在《大地》詩刊第 15 期所發表的第二首詩作〈大屯三疊〉亦是 4 節、5 行，由主題構成的組詩，分別是「大屯坪季夏」、「向天池午後」、「莽莽山原」三大主題，紀錄 1974 年夏天，在大屯火山群流連、徘徊的身影。

這是「地誌詩」此概念尚未受到吳潛誠、單德興等外文學者引渡、進入台灣文學知識系譜的 1970 年代。向陽以抒情為基調的詩風裡，描摹地誌，如此風格乍現於初期的詩刊發表，直到 1985 年《台灣詩季刊》才又有〈到竹山看竹〉一詩展示母土風情，類此描摹地方、地景、地物的詩作，蘊藏著個體經常性進入的地方經驗，不僅回應當時代的文學追求，也反映一個詩人如何在歌詠、揭示生活與意念的同時，呈現其對「現實＝此時此地」之關懷。

值得關切的是 1975-1985 年間，向陽的地誌書寫並非就此中斷，更準確地說，是他將地方、地景、地物等關懷，投注於「生活在地方之上的人們」。原本針對地方的提取，改由人物的生活樣態展演空間，是向陽寫實的第二道嘗試：1976 年，他開始以母語勾勒母土風情。

（二）劇場：以母語演繹母土現實

> 方言詩的創作，在我是一種生命的抉擇與考驗。這當中，包含有我對詩壇曾有過的一段「晦澀黃昏」之側面澄清，對生長的鄉土之正面呈現，以及試圖裁枝剪葉，將方言適度地移植到國語文學中的理想。[16]

這段發表在《詩脈》的自述，可以說是向陽對寫實／鄉土／文學的回應，1976 年向陽開始母語詩創作，年輕的詩人自言最初是因為父親病重：

---

16 向陽，〈情調的節點——一個寫詩人的自述〉，《詩脈》6 期（1977.10），頁 45。

「用詩來代替父親說話,來探尋父親的生命⋯⋯用他的口音他熟悉的語言和感情為他朗誦『家譜』。」[17]是而記憶中的人物一一顯影於詩作,自熟悉的環境與感情開始。

　　本文深知並強調這系列發表在《笠》、《陽光小集》而後收在《土地的歌》名為「血親」、「姻親」的詩作,即便詩人以第一人稱「我」為敘事,但詩中所出現的角色絕不能以詩人的原生家庭代換之,此系列詩作的展演帶有一定程度的虛構。重要的是,詩文所使用的語言暗示了敘事者／詩人的文化養分,從而構築一個能使用台語、具有鄉村及傳統大家庭生活經驗的人都可能代入的情境,也讓小人物得以現身——以文學術語的說法,就是「原型」。

　　我認為這也是向陽的母語詩與同時期創作者不同之處。向陽在角色設定的前提下,仰賴敘事者「我」側寫氛圍,展演鄉土小民相似的生命經驗,構築一個近乎純母語發聲的環境,詩語言文雅而富音韻,從〈阿公的煙吹〉看起:

　　　　古早古早,阮看
　　　　阿公的煙吹是日落時節
　　　　孃孃的鉛卤
　　　　從每一戶剝落的唇頂
　　　　飄出美麗的渺茫的故事

　　　　現在現時,阮拿
　　　　阿公的煙吹是寒天時節
　　　　硬硬的枴仔

---

17 向陽,〈江湖夜雨「銀杏的仰望」詩集後記〉,《詩脈》4 期(1977.4),頁 49。

>   在每一條清潔的街路
>   剷除朽臭的垃圾的石頭
>
>   四十年後，阮若是抽着
>   阿公的煙吹會是什麼時節
>   怎樣的款式
>   對每一個可愛的孫仔
>   提起阿公的輝煌的歷史[18]

　　以阿公咬著煙吹為形象，地方的故事與歷史也吞吐在阿公口中，故事一如煙吹的雲霧擴散，僅剩阿公吞雲吐霧的形象留存。詩人意在延續這樣的傳承，從而思考40年後的自己，該是如何「對每一個可愛的孫仔／提起阿公的輝煌的歷史。」

　　阿爹的形象則是勞動與含蓄的愛：

>   每一日早起時，天還未光
>   阿爹就帶着飯包
>   騎著舊鐵馬，離開家
>   出去溪埔替儂搬沙石
>
>   每一暝阮攏在想
>   阿爹的飯包到底啥米款
>   早頓阮和兄哥呷包仔配豆乳
>   阿爹的飯包起碼也有一顆蛋

---

18 向陽，〈阿公的煙吹〉，《陽光小集》1期（1979.11），頁3-4。

若無怎樣替人搬沙石

有一日早起時,天還黑黑
阮偷偷走入去竈腳裏,掀開
阿爹的飯包:沒半顆蛋
三條菜酺,蕃薯籤參飯[19]

在〈阿爹的飯包〉一詩,敘述了阿爹晨起騎著鐵馬到「溪埔」勞動,「溪埔」於此詩而言不只是勞動空間,更是家庭生活之外,父子情感繫聯之所在。

肩負家計重擔的父親,飯包應是相對豐盛的吧?「阿爹的飯包起碼也有一顆蛋/若無怎樣替人搬沙石」,兄弟倆的好奇終於揭曉,阿爹的飯包竟然「沒半顆蛋/三條菜酺,蕃薯籤參飯」,本詩收束在阿爹陽春而貧乏的菜色裡,看似戛然而止,實則暗示兄弟倆表達情感的方式恰與那個年代的「父」、「男性」如出一轍,他們關切著彼此、卻難以付諸言表。

詩人的目光並非僅聚焦在父系/父性的傳承,詩作中的母系/母性未曾缺席,〈阿母的頭髮〉將母親的溫柔以頭髮為喻,「烏金柔 又滑溜/親像鏡同款的溪仔水/流過每一個少年家的心肝頂」,也「親像微微的春風/化解了一度浪子的阿爹」,又「親像寒天的日頭/保護著幼椛 弱的阮」,及至詩人年長,阿母的頭髮已失去光彩,「親像秋季的天頂/普通的景色裏一層收成的偉大」。[20]

詩人以「親像……親像……」為母親的頭髮帶來多重比喻,阿母的形象因對象的不同而百轉千迴。值得注意的是,詩人在此牽引了故鄉生活經驗入詩,先是溫柔明亮如「溪仔水」,再則是每一位農人都期盼著的「春

---

19 向陽,〈阿爹的飯包〉,《陽光小集》1期,頁7-8。
20 同註19,頁9-10。

風」與「日頭」，乃至入秋以後的「收成」，無一不將「母親的」、「母性的」形象與童年、家園相結合。

「姻親」系列裡「母親」也一再出現，一如「有一日，后山仔涳大水／阿母叫阮不好四處走，叫阮／乖乖地看阿舅變把戲」，[21] 或是談到〈落魄江湖的姑丈〉時，「阿姑透早就來／找阮阿爹，一面哭一面啼／阮問阿母啥代誌／原來為着姑丈昨暝偷偷走出去」，[22] 還有在〈做布袋戲的姊夫〉一詩，詩人以南北派來比擬阿姐、姊夫的感情，「阿母歡喜地婆阮的頭，讚阮就是／彼仙，為江湖正義走奔的布袋戲偶仔」。[23]

上述「血親」與「姻親」是向陽宣予讀者的母土面容。母親形象出落在詩人家族的篇章，其敘事眼光不斷追隨的是一位家園／地方的守護者。透過家庭核心角色的展演，那些有「親人」、「阿母」存在的詩句裡，展現的不僅是詩人對現實社會、母語意識之探求，它更可能是任何一個擁有偏鄉經驗的青年永恆離散的童年。

當母語詩在脫離童年場景，另一主題則著重於敘事者／被述者如何安置政治、職場中。有趣的是，詩刊中的向陽多將現實社會的批判透過母語詩來傳達，如：〈村長伯仔要造橋〉、〈議員仙仔無住厝〉、〈校長先生來勸募〉、〈杯底金魚盡量飼〉、〈一隻鳥仔哮無救〉、〈草蜢無意弄雞公〉、〈在公佈欄下腳〉等，華語詩的部分則較晚轉入社會、政治批判。

此系列帶有社會關懷的母語詩，有一首早在《土地的歌》（1985）便已出版，卻直到1987年刊在《詩潮》第5集的〈在公布欄下腳〉，是以母語／華語雙聲並呈的方式書寫，詩文的組合邏輯為單數行華語、雙數行母語，在公布欄前以獨幕劇場形式展演一段看與被看的關係。

〈在公布欄下腳〉所示之時空為1980年代傳產紡織業沒落的台灣，

---

21 向陽，〈愛變把戲的阿舅〉，《陽光小集》1期，頁11。
22 向陽，〈落魄江湖的姑丈〉，《陽光小集》1期，頁14。
23 向陽，〈做布袋戲的姊夫〉，《陽光小集》1期，頁19。

大半輩子投入紡織業的工人佇足於公佈欄，母語獨白流洩小人物的無助與憤慨：

「經過董事會不斷投資挽救，
　　（奇怪，頂個月猶講是全國賺上濟？
「上個月虧損已達一千數十萬
　　（我目睭有問題否？明明聽講是賺哪！
「又遇銀行緊縮銀根，融資困難，
　　（欲賺欲賠隨在伊，什麼銀行什麼公司？
「在萬分不得已的情況下，不得不斷然宣佈：
　　（也有這款代誌？
「自本月卅日起正式停車
　　（啊？啊！定去囉！
「敬請全體員工體諒公司處境。
　　（誰來體諒員工的心情？[24]

　　華語與母語交錯看出支配者與被支配者關係，詩作中華語的權力位階明顯高出母語，讓這份官方且正式的語言用於宣告並預期服從，一如本國語言環境之縮影，可視為向陽對語言權力位階的批判。

　　如此雙聲複唱的音聲結構，成熟於代表作〈咬舌詩〉，然而，若將寫於1996年的〈咬舌詩〉與寫在1985年的〈公布欄下腳〉，乃至《土地的歌》所收兩首同是混音結構的詩作〈在會議桌頭前〉、〈在說明會場中〉相比，〈咬舌詩〉的混聲結構所強調的是：華語和母語雙方的融通與應和。關於詩句中語言權力位階的挪移，或可視為向陽這10年間母語及族群

---

24 向陽，〈在公布欄下腳〉，《詩潮》5集（1987.2），頁83。

觀點之轉變。

(三) 謀篇：借古典材料冶煉抒情公式

林燿德在〈不安海域：臺灣地區八〇年代前葉現代詩風潮試論〉中，[25] 以向陽〈七十年代現代詩風潮試論〉為基礎，[26] 檢討並指出五大風潮特色應補上「訴求古典質材、延續抒情文體」。在「回歸現實」、「擁抱傳統」的聲浪裡，向陽詩作的抒情及古典確是此階段發展重點。

尤其以傳統呼應現實的作法可見向陽發表在《草根》的〈聲聲慢——調寄李清照〉，[27] 該詩題借自宋代詞牌名，惟李清照寫下獨守窗前的盼望，向陽則透過生活場景傾訴眷戀，行過西門町、新公園時，所念所想都是此刻不在身邊的妻，是一向古典借題進而填充現實之例。然而，這類借傳統填充現實的改寫情況並不算多數。

向陽的抒情重心很快地便從歷史典故、古典意象轉入形式試驗。1976年發表在《秋水》詩刊第 9 期的「聽雨」是向陽第一首「偶得」的十行詩，[28] 同是組詩的方式刊登為〈短歌三疊〉的第三疊：

　　坐在山的這一邊，遙遙地
　　聽見那邊谷地，恍恍忽忽
　　傳來陣陣呼喊，淅淅瀝瀝
　　驚醒了我，築巢採果的
　　美夢

---

25 林燿德，〈不安海域：臺灣地區八〇年代前葉現代詩風潮試論〉，《文訊》25 期（1986.8），頁 94-127。
26 向陽，〈七十年代現代詩風潮試論〉，《文訊》12 期（1984.6），頁 47-76。後部份摘錄刊於《創世紀》詩刊，見：向陽，〈七十年代現代詩風潮試論〉，《創世紀》65 期（1984.10），頁 69-70。
27 向陽，〈聲聲慢——調寄李清照〉，《草根》18 期（1976.10），頁 36。
28 向陽，〈「十行」心路〉，《台灣詩季刊》5 期（1984.6），頁 8。

　　　　於是走向谷地去，翼翼地
　　　　發現一株啜泣的野蘭，當我
　　　　伸手撫慰，乃又了然那花
　　　　是昔日，淅淅瀝瀝呼喊的
　　　　聲音

　　此例以本名林淇瀁發表在《秋水》詩刊的作品行句整齊，善用排比句法跟疊字經營聲音，事實上，這首偶得的「聽雨」，在段落配置上實已道盡向陽十行詩的潛規則。

　　重視敘事因果的向陽，讓前後兩組段落互為詮釋。以「聽雨」一詩來看，段與段之間，仰賴物／我的距離做繫連，另外也有仰賴時間串連段落者，一如曾受張漢良盛讚：「為傳統閨怨詩奪胎換骨。」之〈閨怨十行三目〉第一目「未歸」即是；[29] 簡言之，藉 AB 兩大段落各 5 行所組成的十行詩，所運作的實是一場「動態」關係。

　　洋溢著時間的〈閨怨十行〉中，可看到向陽化用傳統的另一種做法。該詩以「閨怨」為名，第二段出現鹽雪混用的場景，許是以《世說新語》中「白雪紛紛何所似」、「灑鹽空中差可擬」的經典對話為典故。詩中更羅織「前年夏天」、「去冬」、「今秋」、「明春」等季節語，提供一個過去／現下／未來並存的時間軸，在簡短的篇幅裡壓縮漫長的等待，而伴隨時間出現的季節意象清朗，「前年夏天／雀鳥在簷下走失且忘記窗的招喚」、「自從去冬下廚總記得用雪花／當作調味的鹽巴，每道菜／都標出鞋的里程與風的級數」、「枯葉打今秋便籔籔地烙下」，情緒堆疊至最激昂處，急轉收斂在春天：「或者花仍要到明春方纏綻放」，藉由指日可待的寄託來稀釋獨守空閨的絕望。

---

[29] 張漢良，〈向陽〈閨怨十行——未歸〉導讀〉，張漢良、蕭蕭編著，《現代詩導讀‧導讀篇三》（台北：故鄉出版社，1979），頁 272。

一旦論及閨怨詩傳統，除有婦女獨守空閨的喟嘆外，也有君子為國壯志難伸，自我閹割以比美人展現被制約的從屬／君臣關係。然而，前例隱隱向神州告別的〈首航的唄頁〉，或者發表在《大地》的〈輪軸〉、跟《陽光小集》的〈在雨中航行〉等帶有國族隱喻的詩作中，雖可見其階段性的文化中國想像，卻不見向陽援用這套閨怨詩傳統。

　　至於〈輪軸〉這首寫在詩人節前的作品，則將時間荏苒與政治權力相結合，這首寫在詩人節前的作品，詩句洋溢先人殘影，他們是敢諫直言的「在被戎馬兵車遺忘被縱橫權術遺棄的汨羅／有離騷的歌哭」詩人、也是忠貞賣命「風蕭蕭兮易水寒」、「揚眉，八千里路雲和月」的烈士。

　　輪軸不斷滾動著，時而是車輪，有時是命運，但那不是宿命的迂迴，他將光明收在第三部分「中國。懸念的愛」中：「讓死亡的種子在腳下的泥土孳生／仰首的中國，讓血淚／讓晶瑩的血淚亮起盞盞小徑的燈火／照亮污汗的沼澤／向永夜，綻黎明東行的花果／任夕陽，在凌亂的彩霞中唱繁華的輓歌／這是永無止息的路徑」，在看似暴烈、撕扯著顛沛流離中，更流轉著生生不息的期待，直面現實、揭露現實，而後在困厄中留守盼望，足見此階段向陽淑世理想。

四、詩刊中的向陽：直面受眾、音聲跨界

　　戰後台灣文壇擅用的中文書寫，本就運作著不同於表音文字的傳遞邏輯，加之文學所仰賴報刊雜誌等印刷品，為本國文學環境構築極其偏重視覺溝通，甚至是以書面文字為主張的表意系統。

　　195、60年代主流詩刊將反共、愛國等書面主張先於創作的行為即是一例，[30] 如今讀者不難察覺，這些帶有自清、免責意味的宣告，其受眾自非

---

[30] 如《現代詩》1956年第13期的刊首揭櫫現代派六大信條的第六條，即是：「愛國。反共。擁護自由與民主」、《創世紀》1954年在〈創世紀的路向──代發刊詞〉提倡三大宗旨：「一、確立新詩的民族路線，掀起新詩

只為向同仁乃至普羅大眾推廣詩學理念。它更像是戰時氛圍，一方面宣示政策，一方面則迎合文宣、情報指導單位審視之舉。

任何媒介都有其所預期的受眾，受眾是媒介用以定位自身、進而成為溝通中介物的關鍵。本文可以理解前行代詩刊物因時代所迫，必得一再宣示、表態其「民族精神」與「愛國情操」。然而，如此宣示放到1970年代詩刊的討論情境裡，俱淪為不切實際的「目的」，前行代洋溢文化中國、追憶淪陷故土的書寫行為，與「新世代受眾」的家國經驗和想像產生分裂。換言之，對1970年代文學場而言，透過現代詩抵達「民族精神」與「愛國情操」兩大「目的」之途徑並不存在。1970年代「新世代詩人」發現自己甚至是自己的生命經驗不見於前行代詩刊物中。這正是林巾力的〈「自我」與「大眾」的辯證：以現代詩論戰為觀察中心〉一文中，[31] 最為深刻地提醒——創世紀詩人失去了想像大眾（＝讀者）的能力，他們對戰爭與死亡的逸離、還有他們對內在的深刻挖掘，使他們沒有察覺到：自己的讀者已經改變。

對於那個年代以及那段歷史，我將立足於此基礎來看197、80年代的詩刊，乃至詩刊中的向陽。

釐清向陽在地方感／劇場性／抒情謀篇三大美學光譜，首要印證1970年代「詩人不為發表園地創作，他們為了尋找讀者，而為自己的作品選擇或創造發表園地。」之問題意識，接著則是指出向陽詩作所展現音聲合一的劇場敘事模式，將如何落實向陽——直面無告於主流敘事、有待被傾訴的他者，使受眾得以自地方上的人物與鄉音置入個體經驗——之內涵。

當詩行內蘊劇場效果，打破表意文字既有的限制時，跨感官美學錘鍊

的時代思潮。二、建立鋼鐵般的詩陣營，切忌互相攻訐，製造派系。三、提攜青年詩人、徹底肅清赤色黃色流毒。」等與文學、詩學不必然相關的宣告都是「主張」與「創作」二分，且未必單純以文學受眾為對話對象之表現。見：紀弦，〈現代派信條釋義〉，《現代詩》13期（1956.2），頁4、無作者，〈創世紀的路向——代發刊詞〉，《創世紀詩刊》創刊號（1954.10），頁2-3。

31 林巾力，〈「自我」與「大眾」的辯證：以現代詩論戰為觀察中心〉，《台灣學誌》6期（2012.10），頁27-52。

是向陽詩心的展現，更是當時代詩刊從同仁刊物過度到詩雜誌、漸次公眾化的重要指標。有對象性的展演，讓意義從紙本作業裡被轉譯，視覺的表意系統始得以依賴聽覺傳遞意念、彼此「呼應」，成就紙本媒介以外的新聚落，從而打破前行代詩刊所示「封閉的文學場域」、「佚失民族與愛國途徑，徒留『目的』」之互動模式。所謂「回歸現實」、「直面大眾」之於1970年代的台灣詩人應由此而來。

前述母語詩及詩作中特有的劇場性格，向陽集中發表於《笠》、《詩脈》、《陽光小集》、《台灣詩季刊》等刊物，這些刊物在母語創作仍在實驗、尚顯保守、甚至被視為禁忌的階段，即對大眾生活於此地之現實表達一定程度關切，並以版面支持母語的實驗以展新詩藝，從而助長寫實主義思潮。

與此同時，詩刊中的向陽亦展現出「現代化」及「現代精神」。自前述「抒情謀篇」等詩作看出向陽如何藉現代化精神顛覆古典／經典，向陽將現代生活投入古典敘事情境，暗示古典是一可被置換、被更新的敘事模式。如何發展情理並重、甚至具有「現代化民族性格」的作品，許是當時向陽藉古典抒情所欲彰顯的理念。

從詩刊中的向陽提取此詩質，卻不將之視為向陽獨有的詩風，乃因如此挹注於古典敘事框架的「現代化民族性格」，很大程度與1970年代「彰顯傳統詩的時代精神」[32]、「根植傳統，反應現實」[33]的氛圍相關。這道台灣限定的現代主義詩學，茁壯於1970年代主張提取傳統詩中「紮根在最深的現實生活」，力圖「把這些頹廢思想剔出來，恢復詩經和楚辭的真傳統」[34]的「反『反傳統』」企圖。在這裡，我想強調的是：如此實踐不應視為向陽對唐文標過分的推崇。

---

32 唐文標，〈什麼時代什麼地方什麼人〉，《龍族》9號，頁218-222。
33 唐文標，〈先檢討我們自己吧〉，《中外文學》1卷6期（1972.11），頁7。
34 同註32，頁220。

因為這樣的文學實踐與 1960 年代余光中為「向超現實主義的純粹經驗道別」，一方面「回歸古典」一方面「追求現代」的理念基本上亦相去不遠，[35] 也和余光中在《龍族詩評論專號》刊登的〈現代詩怎麼變？〉[36] 一文，以「土：民間中國感／洋：善性西化」等此時此地的現實狀態，取代（無論戰前或戰後）台灣的現代詩經驗，意圖展現 1970 年代之「新」的態度相近。若我們系譜化而非事件化地梳理那些與「現實」相關的呼聲，自不難察覺：1970 年代國際政治情勢，並非台灣現實詩美學勃發之充分且必要條件。

五、結語

本文盡可能地毯式考察 197、80 年代詩刊，試圖蒐集青年時期向陽的足跡，歸納並分析此階段特質有：「地方感／劇場性／抒情謀篇」三大表現，以此回應文學史評述。

寫實主義詩美學之於向陽，從不是直抒而坦露的白描或詞組抽換技巧，其詩所洋溢的母語音韻、母土風情，多仰賴敘事者展演。要言之，時間與空間之所以有意義，都是因為人間流連往復的緣故。向陽的詩，實踐於其所召喚的時代氛圍，詩文中所展示的，那些可供投射、想像、對話的受眾，皆是無告於主流敘事、具有地方經驗且操持母語的小人物。

而詩刊中的向陽擅以母語詩批判，以華語詩抒情。他不避諱向傳統

---

[35] 劉正忠，〈老化與老練──余光中後期詩的創作主體〉，《臺大文史哲學報》91 期（2019.5），頁 45。余光中為與超現實主義做出區隔，後提出「新古典主義」，在化用古典以反應個體內在現實，重視世代對話乃至於正視中華文化傳統的基礎上，可謂廣義地和關傑明、唐文標等人的理念相近。不難想見，當唐文標以〈什麼時代什麼地方什麼人〉直指周夢蝶、葉珊（楊牧）、余光中等人為「新詩中三種錯誤的舊詩觀」，抨擊余光中「回歸傳統」的詩作，直指「現代詩晦澀的不是文字，而是思想」時，余光中是如何耿耿於懷，不僅以〈詩人何罪〉迎戰，此遺緒直到 2017 年羅青出版《試按上帝的電鈴──人才紅利時代之一》，余光中為之作序仍不忘提唐文標一筆。見：唐文標，〈什麼時代什麼地方什麼人〉，《龍族》9 號，頁 228。余光中，〈詩人何罪〉，《中外文學》2 卷 6 期（1973.11），頁 4-7。余光中，〈為現代詩畫鬆綁〉，《試按上帝的電鈴──人才紅利時代之一》（台北：九歌出版社，2017），頁 9。
[36] 余光中〈現代詩怎麼變？〉《龍族》9 號，頁 10-13

借火，在自古典借題的詩行裡羅織當代地景、生活，看出他化用傳統的作法，進而發覺向陽藉抒情彰顯的反身性──置換現代生活經驗於古典框架──然其敘事底蘊絕非耽溺而宿命，可視為其反叛古典精神、置入「現代化民族性格」的第一步。第二則可見於抒情謀篇，所謂古典被向陽抽其靈肉留下形式展延，打造「十行詩」敘事結構。

1975年起開始投稿詩刊，並在1976年作出詩學實驗的向陽，在詩刊物中映射1970年代以降寫實／現代兩大思潮。敏於覺察受眾的詩人，將批判寫實／抒情現代的詩作安置於不同刊物；他將具有現實經驗的社會與藝術，藉母語發聲、批判並展演，落實在《笠》、《詩脈》、《陽光小集》、《台灣詩季刊》，至於抒情現代的錘鍊則可見於《詩人季刊》、《大地》、《主流》、《草根》、《秋水》，展現接近「新現代詩」的美學特色。本文相信，唯有理解向陽在197、80年代詩刊中的經營，方能立體地欣賞寫實／現代如何融通，進而發展出以《亂》為代表，帶有後現代美學徵狀的詩作。

因此，本文重探詩刊中的向陽，掘發煙滅於詩史論中的足跡，觀察詩人布局與受眾對話，進一步察覺向陽散落於媒介的美學光譜，足證寫實／現代思潮絕非對立二分，顯見吾輩重探1970年代寫實／現代思潮及其轉向時，「詩刊學」為方法之必要。

向陽詩刊發表作品整理：

時間	刊名及號數	發表名	篇名
1975.9	《藍星季刊》新4號	向陽	落雨的小站
1975.10.15	《大地》14期	向陽	首航的唄頁
1975.12.28	《大地》15期	向陽	大屯三疊
1976.6.16	《大地》17期	向陽	莫非十行三目
1976.10.10	《大地》18期	向陽	輪軸
1977.1.10	《大地》19期	向陽	無獨有偶
1975.10.1	《秋水》8期	林淇瀁	雪的印象
1975.10.1	《秋水》8期	林淇瀁	霧的旅印
1975.10.1	《秋水》8期	林淇瀁	雷的微笑
1975.10.1	《秋水》8期	林淇瀁	雨的消息
1975.11.20	《天狼星》2期	林淇瀁	酒后
1975.11.20	《天狼星》2期	林淇瀁	舟子
1976.1.1	《秋水》9期	林淇瀁	短歌三疊
1976.4.1	《秋水》10期	林淇瀁	說是去看雪
1976.4.15	《笠》72期	向陽	家譜——血親篇
1976.7.1	《秋水》11期	林淇瀁	花想
1976.8.15	《笠》74期	向陽	家譜——姻親篇
1976.10.1	《秋水》12期	向陽	十行五題
1976.1.15	《草根》9期	向陽	花之侵
1976.1.31	《主流》12號	林淇瀁	潮騷
1976.6	《藍星季刊》新6號	向陽	初綻
1976.10	《草根》18草根	向陽	聲聲慢——調寄李清照
1976.10.10	《神州詩刊》5期	林淇瀁	管窺草根的態度與風格
1976.10.25	《詩脈》2期	向陽	閨怨十行三目
1977.1.25	《詩脈》3期	向陽	鄉里記事——顯貴篇
1977.2.15	《笠》77期	向陽	雪崩
1977.3.1	《草根》23草根	向陽	橋墩 致H

1977.3	《創世紀》45 期	向陽	秋聲
1977.4.25	《詩脈》4 期	向陽	「江湖夜雨」銀杏的仰望詩集後記
1977.5	《詩潮》1 期	向陽	白鷺鷥之忌（鄉里記事之一）
1977.5	《詩潮》1 期	向陽	闇風與溪水（鄉里記事之二）
1977.10.15	《笠》81 期	向陽	鄉里記事——賢人篇
1977.10.25	《詩脈》6 期	向陽	情調的節點——一個寫詩人的自述
1977.10.31	《藍星季刊》新 8 號	向陽	暗中的玫瑰
1978.8.15	《詩人季刊》11 期	向陽	青空律
1978.12.31	《藍星季刊》新 10 號	向陽	千燈室印象——訪羅門蓉子之燈屋
1979.6.6	《天狼星》4 期	林淇瀁	灞陵行
1979.11	《陽光小集》1 期	向陽	阿公的煙吹
1979.11	《陽光小集》1 期	向陽	阿媽的目屎
1979.11	《陽光小集》1 期	向陽	阿爹的飯包
1979.11	《陽光小集》1 期	向陽	阿母的頭髮
1979.11	《陽光小集》1 期	向陽	愛變把戲的阿舅
1979.11	《陽光小集》1 期	向陽	落魄江湖的姑丈
1979.11	《陽光小集》1 期	向陽	做布袋戲的姊夫
1980.1.25	《詩人季刊》14 期	向陽	向陽十行四帖
1980.3.29	《陽光小集》2 期	向陽	白翎鷥之忌
1980.3.29	《陽光小集》2 期	向陽	闇風與溪水
1980.3.29	《陽光小集》2 期	向陽	村長伯仔要造橋
1980.3.29	《陽光小集》2 期	向陽	議員仙仔無住厝
1980.3.29	《陽光小集》2 期	向陽	校長先生來勸募
1980.7	《陽光小集》3 期	向陽	在廊柱和落葉之間
1980.7	《陽光小集》3 期	向陽	小河請勿溜走
1980.10	《陽光小集》4 期	向陽	在雨中航行

1980.10	《陽光小集》8 期	向陽	秋風讀詩
1981.1	《藍星季刊》新 12 號	向陽	鐵鎚與釘
1981.6	《陽光小集》9 期	向陽	春與秋其代序——對「詩壇春秋三十年」的意見
1982.6.20	《藍星季刊》新 14 號	向陽	歲抄抄詩
1983.2	《陽光小集》11 期	向陽	熱鬧非常，意義重大——一九八二年現代詩壇十大事件
1983.6.15	《台灣詩季刊》1 號	向陽	春花不敢望露水
1983.9.5	《台灣詩季刊》2 號	向陽	杯底金魚盡量飼
1983.10	《創世紀》62 期	向陽	紮根在生活的土壤中
1983.12.15	《台灣詩季刊》3 號	向陽	一隻鳥仔哮無救
1984.2	《創世紀》63 期	向陽	種籽十行
1984.3.15	《台灣詩季刊》4 號	向陽	春華與秋實 序「七十年代作家創作選 詩卷」
1984.3.15	《台灣詩季刊》4 號	向陽	草螟無意弄鷄公
1984.3.31	《詩人季刊》17 期	向陽	在會議桌前
1984.6.30	《台灣詩季刊》5 號	向陽	「十行」心路——「十行集」後記
1984.10	《創世紀》65 期	向陽	七十年代現代詩風潮試論
1985.4.30	《台灣詩季刊》7 號	向陽	到竹山看竹
1985.12	《創世紀》67 期	向陽	嘆息十行
1986.1.20	《台灣詩季刊》8 號	向陽	土地：自尊和勇健
1986.1.20	《台灣詩季刊》8 號	向陽	都市見聞
1986.9	《象群》創刊號	向陽	大寒
1987.2	《詩潮》5 期	向陽	立場十行
1987.2	《詩潮》5 期	向陽	在公佈欄下腳
1989.3	《詩潮》6 期	向陽	議員仙仔無在厝

副刊年代
1980 年代台灣文學與《自立副刊》主編向陽

黃崇軒

摘要

　　1980 年代是台灣文學開始建構主體性的年代，政治文學、大眾小說、性別與環保議題崛起，此時也是報紙副刊百花齊放、多元發聲的年代。《自立晚報・自立副刊》於 1982 年 6 月至 1987 年期間，由向陽擔任主編，提出「本土的、生活的、新聞的」三大走向，確定《自立副刊》的本土與異議風格。

　　本文以 1982 年至 1987 年的《自立副刊》為分析範圍，從刊登的代表作品、專欄企劃以及主題設定，討論向陽如何落實他的編輯走向。並輔以《寫字年代》、《寫意年代》及《寫真年代》三書，探尋向陽與文友作家們，跨世代（如龍瑛宗、郭水潭）、跨文類（如詩人、小說家）以及跨省籍的互動關係，藉以勾勒副刊主編的班底成員。探討《自立副刊》主編向陽，如何在戒嚴時期，以及《中國時報・人間副刊》與《聯合報・聯合副刊》呼風喚雨的文壇，透過編輯檯，回應台灣民眾對台灣文學、歷史以及社會議題的渴望。

關鍵字：向陽、《自立晚報》副刊、文學傳播、議題設定

一、前言：取回文學／文化傳播的主導權

　　1980 年代，隨著本土論興起，在 1970 年代可以左右文壇生態、中國意識形態鮮明的《中國時報・人間副刊》、《聯合副刊》兩大報副刊開始受到挑戰。其中《自立晚報副刊》（以下稱《自立副刊》）是最先確立以本土文化為主體的報紙副刊。於 1982 年接任副刊主編的向陽提出「本土的、生活的、新聞的」三大走向。[1] 回憶當時的想法：

> 當時，我的思考，相對於兩大副刊習慣流露的「中國」意符，「自立副刊」應當強調「台灣」意符，於是「本土性」成為主要的內容定位與走向。相對於兩大報作為媒體主流，《自立晚報》向來就處媒體邊陲，「自立副刊」在文學文化領域也應該為邊陲發聲，於是「邊陲性」成為我取稿約稿的主要來源。最後，相對於兩報副刊的資源豐厚，可以以市場作為取向，在稿費微薄的情況下，我決定走一條反向的「異議性」的管道取向。[2]

　　向陽，本名林淇瀁，兼具詩人、詩刊編輯、報紙副刊編輯、雜誌編輯等多重身分，也是國內「副刊學」研究的先行者。他認為進入 1980 年代後，已不再是兩報副刊的文化霸權爭奪，而是「『本土的』、『台灣的』副刊與『中國的』、『兩岸的』副刊的對立。」[3]

　　研究者江詩菁比較兩大報副刊與黨外雜誌，認為黨外言論在戒嚴年

1　向陽，〈本土的・生活的・新聞的——自立副刊所希望呈現的面貌及未來走向〉，《益世》2 卷 12 期，（1982.9）。
2　林淇瀁，〈暗室出口：主編「自立副刊」時代的回想〉，《台灣日報》，2000.5.1，副刊。
3　林淇瀁，〈副刊學的理論建構基礎〉，《書寫與拼圖——台灣文學傳播現象研究》（台北：麥田出版社，2001），頁 46。

代，媒體資訊尚未全面發達之時，可說是對抗國民黨文化霸權的唯一力量：「以『黨外雜誌論述』作為反抗的基礎陣地，正符合葛蘭西提出贏得『文化霸權的陣地戰』，才能奪取政治領導權的理論。」[4] 同時指出：

> 《自立晚報》對黨外新聞報導較多，也允許異議人士披露不滿，主要是國民黨政策性容許。……蔣經國尊敬吳三連是國策顧問身分、台籍大老與體制內的說客，並認為對於黨外，也必須開個窗戶反映民情，因此《自立晚報》才擁有較大尺度的新聞特權，例如雷震過世與機場事件等報導。……除「異議媒體」於解嚴前後扮演「解構者」的角色外，主要的新聞傳播媒介都是受到國家機器的控制，扮演「意識形態國家機器」的角色。[5]

如果說每周、每月或不定期出刊，屢屢遭禁的黨外雜誌，是反霸權論述的基礎陣地；那麼跟兩大報副刊一樣屬每日發行，有相似媒體形式與傳播特質的《自立副刊》，或可說是更接近爭奪戰線的同盟戰友。

本文以 1982 年 6 月至 1987 年 12 月的《自立副刊》為觀察範圍，主要探討向陽在擔任主編期間，是否透過固定的「班底」與文壇的互動、以及如何規劃專欄專題，實踐「本土性、邊陲性、異議性」三大編輯走向？

二、雙重組織化的副刊主編

有別於《中國時報》、《聯合報》兩大報的立場與言論，《自立晚報》在 1970 年代末開始報導黨外消息。例如 1977 年 4 月 29 日起擇要刊

---

[4] 江詩菁，《宰制與反抗：中時、聯合兩大報系與黨外雜誌之文化爭奪（1975-1989）》（新北：稻鄉出版社，2007），頁 393。
[5] 同註 4，頁 7-8。

載時任省議員的許信良所著，對國民黨直面批評的《風雨之聲》；11月20日開始大幅報導「中壢事件」，檢討選務弊端；1981年7月，針對陳文成命案，並唯一指出此案「有他殺嫌疑」；1986年11月30日，獨家報導中正機場事件。《自立晚報》成為在黨外雜誌之外，另一個重要的政治異議言論的傳播管道。比起正刊的新聞報導角度，在1977年之前的《自立副刊》主編較保守，多走休閒文藝路線。直到1977年前後，副刊主編司徒衛開始把大部份編輯工作交付年輕詩人杜文靖後，《自立副刊》刊登的作品、作家群慢慢產生變化，出現李喬、鍾肇政等本土作家，以及「鹽分地帶文學展」專題，創下報紙副刊地區性文學最高連載紀錄。1981年12月，杜文靖卸下副刊主編職務，由黃驗擔任；1982年6月，由詩人向陽任副刊主編，迄1987年底轉任報社總編輯，期間約6年半。

　　林燿德指出：「副刊編務執行者納編在報業行政系統之中，既是傳播者的一部分，也是文壇結構的一部分，成為雙重組織化的個人。」[6] 以《自立晚報》而言，副刊主編是異議言論報紙編輯群的一員，一方面受到外部──報禁的約束、內部──報社體制的規範；另一方面也因發行人吳三連的政治地位，而能夠刊登較具敏感性的內容。在各大副刊文學獎興起、新人競露頭角，以及透過副刊表達文學主張的年代，副刊主編透過編輯檯，與文壇互動，回應讀者對台灣文學、歷史以及當代議題的渴望與關注。

（一）班底

　　當我們談論到文學世代的交替，埃斯卡皮（Robert・Escarpit）認為與其探討「世代」，倒不如援用「班底」（Equipe）的概念反而更具彈性，所謂的班底就是指包涵了所有年齡層的作家群。[7] 向陽大學就讀中國文化學

6　林燿德，〈聯副四十年〉，《聯合文學》83期（1991.9），頁10-19。
7　埃斯卡皮著，葉淑燕譯，《文學社會學》（台北：遠流出版社，1990），頁46。

院（今中國文化大學）東方語文學系日文組，大三時擔任「華岡詩社」社長。大學畢業後，向陽先任職於海山卡片公司與《時報周刊》，1979年創立「陽光小集」；而後於1982年6月進入《自立晚報》擔任副刊主編。向陽自述當時：「面對著聯副和人間兩副刊的壓力，想要衝出重圍，走出一條屬於《自立副刊》的路。經過幾年的摸索，逐漸能夠以『本土、生活、現實』的特色在兩報副刊之外另立一幟。」[8]而在初任副刊主編時期，文化學院及《時報周刊》時期的師長同學、同事好友，以及持續往來間的詩人、詩社，就成了固定稿件來源或專欄作家。

1. 文化學院

向陽進入《自立副刊》後，初期稿源尚不穩定時，昔日在文化學院「華岡詩社」的學長學弟及師長，則成為邀稿對象，而他們也都給予向陽相當的支持。例如學長李瑞騰，可以適時一解稿件不夠的「燃眉之急」、「義助學弟，更沒話說。」亦將說明重要年鑑工程《七十四年詩選》約5000字的導言交給向陽，刊登於1986年4月12日的《自立副刊》。[9]學弟劉克襄在自然書寫興起的1980年代文壇，提供《自立副刊》多篇關懷生態的短論及新詩，並在1987年，向陽轉任晚報總編輯時，接受邀請擔任副刊主編。

渡也是「華岡詩社」的同仁，不僅提供詩作給「陽光小集」，只要向陽約稿，也總能即時供稿給《自立副刊》。在黨外運動全盛期，也以署名「江山之助」，提供政治詩，對戒嚴體制提出批判。「『樂意協助』是他的俠情，一如華岡時期，助我辦不可能的系列講座那般，毫無推辭。」[10]

詩人、翻譯家胡品清時任文化學院的法文系主任，向陽因祝豐老師與

8　向陽，〈詠唱台灣庶民心聲的歌者〉，《寫字年代》（台北：九歌出版社，2013），頁73。
9　向陽，〈文學傳播的開拓者——李瑞騰〉，《寫真年代》（台北：九歌出版社，2020），頁100-101。
10　向陽，〈從玫瑰到野草——渡也的詩路歷程〉，《寫意年代》（台北：九歌出版社，2018），頁173。

「華岡詩社」的關係而認識胡老師，日後在主編副刊初期，亦會即時提供新詩、散文或翻譯作品。其中〈瑪格麗特・莒哈絲的小說世界〉約一萬多字，是台灣報界最早也最詳盡介紹莒哈絲（Marguerite Duras）、分析其文學創作的文章。[11]

2. 前《時報周刊》同仁

據羊子喬回憶：「顏文閂到自立晚報當主編以後，找了黃驗去編副刊。黃驗編了三個月以後，就被美洲中國時報挖走，去編美洲版。所以顏文閂就從中國時報去挖人，把向陽挖過來。」[12] 向陽於 1980 年 6 月至 1982 年 6 月期間，曾任《時報周刊》。期間結識阿盛、林清玄與商禽等人，日後他們也時常供稿給《自立副刊》。

散文家阿盛應向陽之邀，曾開設專欄「金角銀邊」，自 1982 年 7 月連載至 1983 年 5 月。林清玄散文「金色印象」、「金色貝葉」系列，自 1983 年 1 月開始連載，至 1987 年 3 月，累計近百篇。並由自立報系集結出版。林清玄在當時已是知名散文家，稿約不斷。以印量十萬的《自立晚報》對比百萬的兩大報，他卻可不計稿酬，「讓當時的《自立副刊》有裡子。」[13]

《時報周刊》前輩的詩人商禽雖然不常在《自立副刊》發表，但刊登在 1987 年 8 月 28 日的〈木棉花／悼陳文成〉一詩，在同年 7 月 15 日初解嚴之際，政治高壓氣氛仍未全面開放之時，以此直接感懷陳文成博士的敏感題材，仍不得不感震撼。或許也只有被視為黨外報紙的《自立晚報》才能刊登；然其中大概也包含了對主編向陽的信任。

---

11 向陽，〈法國文學譯介的信鴿──胡品清〉，《寫真年代》，頁 247。
12 筆者訪問羊子喬紀錄，2006.3.31。
13 向陽，〈從白雪少年到心靈導師──林清玄〉，《寫真年代》，頁 206。

3.「陽光小集」同仁

主編《自立副刊》的同時，向陽也維持「陽光小集」的主編工作。「陽光小集」主要同仁幾乎都曾在《自立副刊》發表新詩、散文、小說等多元文類的作品。詳見表1。

表1：「陽光小集」主要成員刊登於《自立副刊》作品統計表（1982.6-1987.12）

作者	文類	篇名
張雪映	散文	〈觀戲〉等1篇
	新詩	〈她的一生〉等5首
苦苓	散文	〈考場怕怕〉等13篇
	新詩	〈位子〉等5首
李昌憲	短論／散文	〈跳槽〉等2篇
	新詩	〈半屏山～生態詩〉等4首
林文義	短論／散文	〈茶館〉等46篇
	小說	〈落拓屋簷下〉1篇
林野	小說	〈實驗室之鼠〉1篇
陳煌	散文	〈殿堂下的弦聲〉等2篇
	小說	〈日落三輪車〉等3篇
陳寧貴	短論／散文	〈雞與雞販子〉等13篇
	新詩	〈紅樹林〉等3首
	小說	〈熄滅的香火〉等14篇
陌上塵	散文	〈造船廠手記〉系列等14篇
	小說	〈夢魘九十九〉等3篇
劉克襄	短論／散文	〈飛鳥巡行～淡水河域鳥類觀察〉等10篇
	新詩	〈美麗的小世界〉1首
	攝影	「生態詩・攝影展」系列4幀
履彊	散文	〈春天〉1篇
	小說	〈畸地〉等2首

謝武彰	散文	「浮生悠悠」系列等 38 篇
	新詩	〈香江印象〉等 8 首
	小說	〈番薯成熟時〉等 5 篇

（資料來源：黃崇軒整理）

　　上列作品雖統計區間至 1987 年底，但絕大多數作品刊登於 1984 年底前，[14] 恰好是「陽光小集」結束活動的時間點。其中可見一名主編及其所處文壇位置，對其刊物作者群的影響。另值得注意的是，「陽光小集」同仁原即跨多文體、多題材創作，其中林文義的散文、謝武彰的散文、陌上塵的〈造船廠手記〉系列、劉克襄的生態觀察報導，以及陳寧貴刊登在大眾小說版的短篇小說，都持續刊登至 1987 年，不僅是穩定的作者群，也提供關照現實及本土題材的作品。

4.「笠」的結盟

　　向陽於 1976 年完成第一批台語詩 4 首〈阿公的煙吹〉、〈阿媽的目屎〉、〈阿爹的飯包〉及〈阿母的頭鬘〉，投稿到《笠》詩刊。他回憶：「原以為這些在當年被視為禁忌的台語詩一定無法發表的，沒想到隔一個月後，就收到趙天儀教授寄來的明信片，告訴我這批詩作會發表在當年四月號的《笠》詩刊。」、「沒想到我的台語詩能被發表，心中充滿驚喜與感激。」[15] 之後開始與《笠》保持聯繫。《自立副刊》在向陽擔任主編之前，約於杜文靖擔任主編之後，1979 年開始，逐漸調減傳統漢詩刊登的比例，增加新詩的刊登數量；較明顯如「主流詩社」、「笠詩社」等本土詩社同仁作品，開始見於《自立副刊》。

　　我們以《混聲合唱：「笠」詩選》[16] 中，所選 78 位「笠」同人為對

---

14 因本文篇幅有限，爰未詳列各篇篇目及日期。
15 向陽，〈為台灣塑像──趙天儀的童心與詩心〉，《寫意年代》，頁 97。
16 詳見趙天儀等編選，《混聲合唱：「笠」詩選》（高雄：春暉出版社，1992）。

象，列出 1982 年 6 月至 1987 年間，即向陽擔任主編時期，發表於《自立副刊》之作品，第一世代的巫永福等人，第二世代的陳千武等人，第三世代的白萩等人，第四世代的鄭烱明等人到第五世代的利玉芳等，計有 37 位之多的「笠」同人發表新詩、散文及短論。[17]

其中又以論述類作品值得我們注意，例如陳千武〈台灣現代詩的性格〉、林亨泰〈跨越語言一代的詩人們──從「銀鈴會」談起〉、趙天儀「美學筆記」系列、李魁賢〈水仙──兼紀念楊逵先生〉、白萩〈現代詩的欣賞與創作〉、吳鈞〈不再殭斃不會式微──試論黃勁連的台語歌詩〉、李敏勇〈當代詩人的責任──《笠》發刊廿二週年感言〉、〈台灣作家的再定位──對角色和功能的思考〉、陳明台〈在美學與政治的雙疆中──拉丁美洲文學新動向〉及利玉芳〈農夫詩人林宗源先生教我寫詩〉等。如同李敏勇指出：「有些同人也從事其他文類的著述，包括散文、小說與社會批評，積極地以詩以外的文體向社會發言。」[18] 我們可以發現《自立副刊》提供了一個詩刊之外，讓詩人可以進行詩作評論、作品譯介及美學主張的發聲管道。向陽指出，巫永福在 1985 年 1 月 7 日刊登的〈風雨中的長青樹──讀「台灣出土人物誌」引起的回憶〉，提到「台灣人自己的獎勵才是真正的獎勵」。並說：「（巫永福）他喜歡《自立晚報》這份台灣人的報紙，也常投稿給副刊。」[19] 從《笠》同仁不分世代，選擇供稿給《自立副刊》來看，可見一個文學、政治立場相近，透過作品結盟的文壇現象。

（二）主動出擊 設定議題

1982 年左右的《自立晚報》尚為小報，難以追上像《中國時報》、

---

17 因本文篇幅有限，愛未詳列各篇篇目及日期。
18 向陽，〈從玫瑰到野草──渡也的詩路歷程〉，《寫意年代》，頁 9。
19 向陽，〈沉默的巒峰──巫永福以詩常青〉，《寫意年代》，頁 82。

《聯合報》的大報。為了充實副刊內容,「就是勤於寫信、打電話,向識或不識的作家約稿,透過文壇名家的作品來豐富自立副刊的可讀性。」[20] 然而即便勤於邀稿,同一位作家並非一次約稿就蒙允同意,且來稿時間、稿件內容,仍有不確定因素。向陽自述編輯《自立副刊》期間,堅持以台灣為主體,重視本土作家,克盡公共論壇的責任;並透過計劃編輯及專欄、專題的製作,實踐編輯理念,「都使《自立副刊》在兩報副刊之外,建構了一個『台灣』的言說。」[21]

傳播學中「議題設定」(Agenda setting)的概念,是指媒體在有意無意間,將如何建構出公眾關心和察覺到的問題,將大眾的注意力集中到媒體認為重要卻又有限的一些篩選過的事件上,使某些主題被廣泛討論,某些則被忽略。

> 議題設定的第一個問題是,媒體呈現給閱聽人(audience)什麼(what)主題?第二個問題則是說,這些主題的信息是怎樣(how)呈現的?這兩個問題和新聞報導有關;例如說,新聞和紀錄性質的節目,它們建構的觀點、符號和問題種種,是從什麼(what)樣的範圍中挑選出來的?更重要的是,它們是怎麼(how)排列的?根據什麼樣的正當理由和優先順序排列出來的?這樣處理的結果,使得閱聽人內化了這些議題,而內化的結果使得媒體在一般問題上,具有定義問題的角色,而這種角色卻又和意識形態的權力(power)問題有關。[22]

除了積極向作家邀稿、爭取名家作品在《自立副刊》刊登,向陽並有

---

20 向陽,〈地層下的採礦人——王默人的礦工書寫〉,頁19。
21 林淇瀁,〈副刊學的理論建構基礎〉,《書寫與拼圖——台灣文學傳播現象研究》,頁47。
22 歐蘇利文(Tim O'Sullivan)等著,楊祖珺譯,《傳播及文化研究主要概念》(台北:遠流出版社,1997),頁11。

計畫性地讓副刊在內容和版面上有所突破：

> 在連載的十天到一個禮拜之前，我會不斷的打預告，像做廣告一樣，這也是其他副刊看不到的。其他副刊不會告訴你哪一天要做什麼東西。重要的小說或者新的作家要出來，我都會在副刊放兩天到三天，在出刊的前三天還會有一條橫條做預告：「注意本版〇〇〇」。……這是一種雜誌的編輯概念，為什麼要這樣做？提醒讀者，這個副刊是有計劃的在編輯；第二個，預告這個副刊重要的作家還有重要的文學創作即將出來，吸引他們注意。這是編輯策略上的運用。[23]

《自立副刊》在 1982 年 12 月推出「出版月報」後，在 1985 年陸續推出「文學月報」、「攝影月報」、「民俗月報」等副刊全版面專頁。不僅是《自立副刊》的一大突破，更是「報禁解除前後為各報所取法。」[24] 以下就向陽主編時期的專題，以 1985 年為分水嶺，彙整如表 2、表 3。

表 2：《自立副刊》1982-1984 年主要專題一覽表

專題名稱	刊登期間	內容概述
瞭解敦煌	1982.6.7-1982.6.12	由當時文化學院中文研究所策劃，從藝術、文化及文學層面，介紹敦煌學。計 9 篇。
古蹟誌	1982.7.3-1983.9.25	由林衡道執筆，介紹全台各縣市的古厝、寺廟、聚落等具有或尚未具有文化資產身分的老建築。計 49 篇。

---

23 筆者訪問向陽紀錄，2007.5.17。
24 同註 21。

鹽的召喚	1982.7.30-1982.8.6	由老、中、青三代執筆，介紹鹽分地帶文學。計5篇。
鹽分地帶文學營特報（1982年）	1982.8.19-1982.8.22	擇要同步刊載鹽分地帶文學營講座內容。計4篇。
鹽村詩人王登山追悼特輯	1982.9.24	由前輩詩人林清文等人追思，及羊子喬評介文章。計4篇。並由陳千武翻譯王登山詩作2首。
俗文學新路向	1982.10.31-1982.11.11	邀相關專家學者，從傳統歌謠、文學作品、民間傳說等面向談民俗文學。計11篇。
出版月報	1982.12.6-1986.2.7	由應鳳凰、鐘麗慧編輯，全版面刊載最新出版訊息，每月出刊，計39個月。
生態環境保護週	1983.6.6-1983.6.20	有關台灣自然生態、環境保育議題短論及報導，計12篇。
鹽分地帶文藝營講座介紹	1983.7.27-1983.8.16	預告鹽分地帶文學營講座主題，並預先刊載部分內容。計12篇。
鹽分地帶文學營特報（1983年）	1983.8.20	擇要同步刊載鹽分地帶文學營講座內容。計3篇。
美哉台灣攝影展	1983.9.15-1983.10.22	每天刊載攝影作品，並搭配短文或短詩。計33篇。
美哉台灣攝影展（回顧篇——傅良圃神父「台灣寫真」）	1983.10.25-12.3	由張照堂主選傅良圃神父的攝影作品。為自立副刊光復節特別策劃。
美哉台灣攝影展：兒童篇	1983.12.17-12.31	連載鹿谷天主堂美國神父謝省躬，在台灣期間攝影作品
鄉土記事	1984.1.1-1987.12.22	由莊永明以「台灣歷史上的今天」的方式，刊出該日期於台灣史上某一年所發生過的大事或出重要人物的簡介。計402篇。

專題名稱	刊登期間	內容概述
認識台語	1984.3.2-1984.6.1	由陳冠學以語音、語調、語法等主題介紹台語。計13篇。
台灣民俗誌	1984.7.28-1985.8.25	由劉還月介紹台灣民俗，包含宗教祭儀、節日習俗及原住民慶典等。計58篇。
新世代散文展	1984.4.6-1984.7.24	阿盛等46位新生代散文家一人一篇作品。向陽並以「星垂平野闊，月湧大江流──「生命的滋味」為題執筆編選序。
生態詩‧攝影展	1984.6.4-1984.8.1	結合關心生態環境主題的新詩，與攝影作品同時刊出。計25篇。

（資料來源：黃崇軒整理）

表3：《自立副刊》1985-1987年主要專題一覽表

專題名稱	刊登期間	內容概述
台灣俗語典	1985.1.3-1986.4.8	由洪惟仁以台語介紹台灣傳統婚嫁禮俗、家庭倫常等。計27篇。
楊逵先生追思專輯	1985.3.29-30	楊逵於3.12逝世後，相關追思文章，計3篇。並刊出由楊翠記錄的楊逵〈我的心聲〉一文。
三〇年代台灣風貌：快門下的老台灣	1985.4.12-1985.6.10	介紹台灣各地街景風光之老照片，由江凡編輯，計60篇。
大眾文學之窗	1985.4.22-1986.7.27	主要由陳嘉欣介紹世界科幻小說的現況及發展。計8篇。

影響20世紀的20項發明	1985.4.11-1985.6.19	由江玉玲譯寫，計21篇。
攝影月報	1985.5.15-1986.1.15	由劉還月等攝影人編輯，全版面刊載攝影界相關短論，每月出刊，計9個月。
文學月報	1985.5.25-1987.9.30	由應鳳凰、何聖芬編輯，全版面刊載最新文壇訊息、短論，每月出刊，計17個月。
唐文標先生追思專輯	1985.6.23	唐文標於6.10逝世後，相關追思文章，計3篇。
七七抗戰紀念專輯	1985.7.6-1985.7.7	王曉波等執筆，計5篇。
「曬製文學之鹽」	1985.8.22-1985.8.26 1986.8.9-1986.8.14	鹽分地帶文藝營特輯。計9篇。
美哉台灣攝影展：都市山胞篇	1985.9.29-1985.10.24	關曉榮攝影，計12篇。
美哉台灣攝影展：布農族篇	1985.11.28-1985.12.16	沈怡攝影，搭配短文，計7篇。
「台灣，在轉捩點上」	1985.10.25-1985.12.7	光復四十年專輯。有關過去與未來的台灣人文社會風貌。計7篇。
「台灣，奔向未來」	1985.12.25-1985.12.31	蕭新煌等執筆，探討台灣未來，計8篇
台灣民俗圖繪	1986.1.12-1986.7.30	立石鐵臣原圖刊於1947年《民俗台灣》，由向陽撰文介紹，計78篇。
民俗月報	1986.3.15-1987.5.16	曾堯生、劉還月策劃，每月出刊，計15個月。
原住民文物細看	1986.3.1-1987.12.16	由陳正雄執筆，介紹原住民文物。計56篇。
光復節特別策劃	1986.10.25-1986.11.3	從各個面向探討台灣的過去與未來。計5篇。

照相簿子：一個青年攝影家的台灣印象	1986.10.25-1986.11.27	陳輝龍撰文及攝影，計32篇。
「新詩兩邊看」	1987.5.31-1987.6.3	詩人節特別策劃。分別由羊子喬及高準介紹台灣與中國大陸新詩發展歷程。
保護環境・反對公害——彰化縣公害防治協會成立週年專輯	1987.10.11-1987.10.12	林俊義等執筆，計3篇。

（資料來源：黃崇軒整理）

1982年7月推出的林衡道「古蹟誌」專欄，恰好呼應同年5月公布的《文化資產保存法》。接著「俗文學新路向」、「台灣民俗誌」則有系統介紹包含宗教祭儀、節日習俗及原住民慶典等台灣傳統民俗。

至1985年，「台灣俗語典」、「台灣民俗圖繪」等民俗主題，以及「美哉台灣攝影展」系列仍持續刊登。最大的不同，在於「文學月報」（計17個月）、「攝影月報」（計9個月）以及「民俗月報」（計15個月）等專頁的長期刊出，並能在充裕的版面，邀請更多稿件，進行全方位且深入的報導。

例如1985年5月號「文學月報」（第一期），包含劉還月〈為文學史料奠基石——文學史料展出的意義與檢討〉、秦賢次〈我的文學史料蒐集及研究〉、羅門〈「超度空間」展的探討〉、劉觴〈訪劉金狗談史料整理工作〉、李喬〈文學是研究人的學術〉，並有「文壇頻道」、「文壇走廊」提供文壇作家最新動態消息；刊頭則請鍾肇政題字。

1985年5月號「攝影月報」（第一期），包含〈為「生」命表「態」——生態攝影大家談〉、黃慶祥〈速寫攝影記者〉、莊靈〈也談亞當斯〉、純儀譯寫〈為「生態攝影」定位〉，並有「影藝快報」提供攝影

界最新動態消息；刊頭則請郎靜山題字。

如同當時協助編輯「大眾小說版」的詩人羊子喬所說：「他會理出幾個步驟，然後怎麼去做，他會有企劃。……向陽是精心地，每一件事情都有規劃。」[25]

三、1980年代本土論重要陣地

作家柏楊敢於以文章諷刺時政，卻於1968年因此身繫囹圄，至1977年才出獄。1984年9月在美國發表震撼華人世界的演說「醜陋的中國人」。演說內容經整理成文字後，於同年11月寄給向陽。並把信件與文稿分開寄出，避免被檢查攔截，至少能收到信，並交代「如有困難，請轉《前進》。」當時的台灣仍處戒嚴，如此具有爭議性的文稿，倘要刊登，主編須冒一定的風險。事實上，向陽才剛於同年3月，因刊登〈政治的邪靈〉一文，副刊被查禁、人被警總約談。但最後「還是克服了恐懼，決定刊登。……刊出首日，就接到一大堆電話，多半辱罵柏楊，部分則罵自立晚報『匪報』，主編『混蛋』。」[26]

林燿德認為1980年代的台灣政治小說的興起主因：

> 政治小說創作獲得鼓舞，也肇因於當前傳播面向最廣的文學媒體——報紙副刊——對於此類小說的支持，對它們的發展形成推波助瀾之勢。……一方面報業媒體的政治立場操縱、左右了刊載稿件的政治立場，另一方面該等媒體又透過特定評審結構的文學獎甄選而影響創作潮流。[27]

---

[25] 筆者訪問羊子喬紀錄，2006.3.31。
[26] 向陽，〈「醬缸」文化的批判者——柏楊與〈醜陋的中國人〉〉，《寫字年代》，頁112。
[27] 林燿德，〈小說迷宮中的政治迴路〉，鄭明娳主編《當代台灣政治文學論》（台北：時報文化，1994），頁151-152。

雖然報業媒體的政治立場會左右登稿內容的走向，但與兩大報副刊不同政治立場，不同報社規模的《自立副刊》，是否還會採用同樣的手法操作政治小說與文學獎？1983年3月13日，《自立副刊》刊出林俊義的文章〈政治的邪靈〉，向陽被情治單位以「為匪宣傳」之罪名約談，親身經歷了國家機器的恐怖，「不敢想像明天在哪裡。」[28] 然而向陽並未就此停下腳步，在解嚴前的威權時代，甘願冒著人身風險，持續刊登政治色彩明顯的小說與論述作品；並非為了透過傳播媒體、文學獎殊榮去支持某種文類，或帶動某種文壇風潮，而是堅持「本土性、邊陲性、異議性」。至此，已然讓《自立副刊》走出兩大報副刊之外的路線。

　　在向陽規劃的專題中，自1983年9月推出「美哉台灣・攝影展」以來，慢慢增加以影像搭配簡單文字說明或短詩的專題，呈現的內容則是以台灣的風土人情為主的老照片，如「快門下的老台灣」；或是紀錄原住民，如「美哉台灣攝影展：布農族篇」。另外則有探討生態環境議題的相關影像，如「生態詩・攝影展」。

　　1983年10月25日，《自立副刊》推出「自立副刊光復節特別策劃」，主標題「快門再顯台灣影・鏡象重溫昔日夢」，副標題為「美哉台灣攝影展」的〈回顧篇〉。有別於過往官方媒體或兩大報副刊，紀念台灣光復節的「回歸祖國懷抱」，將台灣與中國大陸連結的論述，該專題係以美籍神父傅良圃所拍攝而業已絕版的《The Face of Taiwan》（台灣寫真，1952-1959）為本，並請名攝影家張照堂精選其作品，連載一個多月。第一篇即說：「台灣光復至今已有卅八個年頭，二、三十年來的悲歡歲月彷如昨日，在困苦中奮進，在奮進中成長，新的世代已然產生，過去的影像則令人倍加緬懷。」傅良圃神父的攝影作品廣泛紀錄1950年代台灣各階層

---

28 林淇瀁，〈暗室出口：主編「自立副刊」時代的回想〉，《台灣日報》，2000.5.1，副刊。

人物與生活景觀，包含兒童婦女、農村都市、宗教風俗等面向。策劃人張照堂表示：「這樣一本關於我們泥土，關於我們人民的影像素描——五十年代的台灣寫照，竟由外國人出書印行，而我們自己卻沒有留下任何可見的整理紀錄。」[29]

1985 年 4 月 12 日，推出「三〇年代台灣風貌：快門下的老台灣」。編者表示：

> 「快門下的老台灣」是本刊繼「美哉台灣攝影展」（72.9-72.12）之後，又一台灣舊貌的具體呈現。後者係光復後的台灣舊貌，而『快門下的老台灣』則是一九三〇年代日據下的台灣景觀。圖片主要來源，是如今已絕版的「寫真（照片）冊」及明信片，蒐集匪易，彌足珍貴。且讓我們從今天起，自基隆而下，一路遊賞三〇年代的台灣風光！[30]

從〈基隆港碼頭〉、基隆車站出發，經北投、劍潭、台中公園、日月潭、鹿港、阿里山、台南赤崁樓、高雄港、鵝鑾鼻燈塔，再經蘇澳港，旅程結束於宜蘭市街，共計 60 處景點。

比較兩大報跟黨外雜誌，江詩菁認為：

> 一位習慣閱讀聯合報或中國時報的讀者，長期接受媒體所建構的符碼，於是養成一套與生產知識的媒體相去不遠的歷史回憶模式，亦即用既定的觀點看事情與形塑族群認同；相對的，一個接觸黨外雜誌頻繁的讀者，看到視野與觀點將異於前者所傳

---

[29] 張照堂，〈坎坷的軌跡，成長的見證！——重讀傅良圃神父的「台灣寫真」攝影集〉，《自立晚報》，1983.10.25，副刊。
[30] 編者，〈三〇年代台灣風貌：快門下的老台灣〉，《自立晚報》，1985.4.12，副刊。

達的。³¹

　　同樣的，長期閱讀《自立副刊》的讀者，看到的視野與觀點，也不同於兩大報副刊所複製的黨國中心思想與大中國情懷；關照的是台灣本土的歷史與土地認同。「1980年代以後，台灣自主認同的反抗，逐漸由地緣地域性的生命共同體，強調某一地域內的人民的共同感覺。」³² 或可進一步解釋為「我們都是生活在台灣的人」，強化而為「我們都具有共同的歷史」、「我們都關心同樣的事物」，乃至於對「台灣認同」的凝聚。

　　班奈迪克・安德森（Benedict Anderson）在《想像的共同體：民族主義的起源與散布》中，以印尼民族主義者馬可的小說《黑色的賽瑪琅》為例，指出小說中，一個年輕人在閱讀報紙後，被一篇流浪漢病死在街道旁的報導所感動，並對產生那種貧窮、卻可讓一小群人致富的社會體制感到憤怒。在小說的指涉中，主角的年輕人意指一個屬於印尼的讀者群體的青年，並隱含屬於印尼這個「想像共同體」的一員：

> 最後，「我們在閱讀我們這位年輕人的閱讀」這個二重性，確認了想像的共同體。他並沒有在泥濘的賽瑪琅街道旁發現那個窮困的流浪漢的屍體，而是從一份報紙的鉛字中想像出來的。
>
> 在此同時，報紙的讀者們在看到和他自己那份一模一樣的報紙也同樣在地鐵、理髮廳、或者鄰居處被消費時，更是持續地確信那個想像的世界就植根於日常生活當中。³³

---

31 江詩菁，《宰制與反抗：中時、聯合兩大報系與黨外雜誌之文化爭奪（1975-1989）》，頁390。
32 同註31，頁394。
33 班奈迪克・安德森著，吳叡人譯，《想像的共同體：民族主義的起源與散布》，（台北：時報文化，1999），頁34-36。

因此安德森認為小說與報紙這兩種形式為「重現」民族這種想像共同體，提供了技術上的手段。[34]

1986年元旦，《自立副刊》的讀者可能都曾經在莊永明的「鄉土記事」專欄，共同閱讀著〈「晨鐘暮鼓」迎新年〉[35]：

> 為迎接嶄新的一年，先覺者蔣渭水在一九二五年今天的「台灣民報」第三卷第一號發表了「迎台灣的新新年」、「晨鐘暮鼓」（此文連載至元月四日）等文章。……他在「迎台灣的新新年」做如此熱烈的呼籲：「台灣維新底志士同胞和島民同胞啊！快起來！快起來！把那幾萬分的誠心！幾萬分的歡喜！恭恭敬敬捧出，來迎接這台灣維新的第一個新年！迎接這個撥暗霧見青天的新年！」……
>
> 蔣渭水為「喚起民眾」又說：我「多麼希望要把這晨鐘暮鼓拿到放在新高山（玉山）的極頂，大敲特擂起來，擂得北至富貴角，南至鵝鑾鼻，西至澎湖島，東至紅頭嶼（蘭嶼），四面八方的台灣三百六十萬同胞，都從睡夢中覺醒起來！……除小孩子以外，凡有氣在口、有服在身的，是做台灣人的，不論是學生、商人、農夫、工匠……。貧、富、貴、賤都要提出精神，來盡做台灣人一份子的任務。」

時值解嚴前一年，台灣社會已累積一定的能量衝撞威權體制；政治氣氛逐步走向開放，民眾對自由民主的渴望益加熱切。如同安德森所說的二重性，我們也在「閱讀莊永明閱讀著的蔣渭水」，連結1925年和1986年的1月1日，從北到南、無論何種身分，在一樣的地理空間，被蔣渭水所

---

34 向陽，〈從玫瑰到野草──渡也的詩路歷程〉，《寫意年代》，頁28。
35 莊永明，〈鄉土記事：「晨鐘暮鼓」迎新年〉，《自立晚報》，1986.1.1，副刊。

鼓舞著、想像「台灣」這個共同體。

透過班底和議題設定的討論之後，我們進一步觀察向陽提出的三大編輯走向——「本土性、邊陲性、異議性」，刊所不刊，言所不言；在圖文並茂的各式專題顯現台灣圖像，讓《自立副刊》在 1980 年代的台灣文壇中，成為 1980 年代本土論重要陣地。

四、結語

如果說創刊於 1947 年的《自立晚報》，一直到 1959 年吳三連入主後才走向異議風格；那麼《自立副刊》則是遲至 1982 年向陽主編後才確立了本土風格。

1987 年底向陽轉任總編輯，卸下副刊主編職務，回顧 1982 年 6 月以來，從初任主編的勤於邀稿、華岡詩社、「陽光小集」等固定班底的力挺，以及「笠」詩社盟友的加入；到「出版月報」、「文學月報」、「攝影月報」、「民俗月報」等副刊全版面專頁，有系統地規劃屬於台灣人文歷史的內容。對抗兩大報的中國論述，建構台灣文學主體性的一環，完成副刊本土化的階段性任務。同時在編輯檯上見證戒嚴與報禁的終結，也見證副刊獨領文壇風騷之年代的閃耀與消逝。

學者向陽

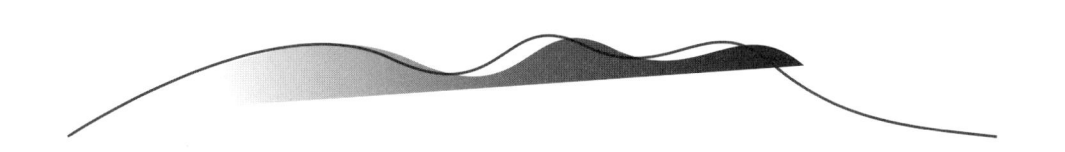

13

轉接與播種：跨語世代及戰後台灣泛視覺詩的起點
——從林淇瀁賦予銀鈴會的詩史定位談起*

陳允元

摘要

在台灣現代詩史的建構中，如何處理日治時期與戰後中文詩壇的銜接與轉換，始終是個棘手問題。本文從林淇瀁賦予銀鈴會的詩史定位談起，以林亨泰、錦連的泛視覺詩為例，探究其對於日本前衛思潮的跨語轉接、泛視覺詩與跨語活動間的連動關係、及此類詩作在跨語活動發揮的作用與運作機制。論文首先處理1950年代林亨泰強調「視覺性」的符號詩及相關詩論，探究「漢字」、「視覺」與「主知」在「跨語文學活動」發揮的作用及其運作機制；接著聚焦於錦連，論電影詩的影響源、「斷片化」及「蒙太奇」的美學特性及與跨語活動之關係。這兩個案例，既是銀鈴會詩人對於日本前衛詩潮的跨語轉接，同時也向後播種，開啟了戰後台灣「泛視覺詩」的系譜。

關鍵詞：現代主義、跨越語言的一代、林亨泰、錦連、符號詩、電影詩

---

* 本論文之初稿，曾以〈轉接與播種：跨語世代及台灣泛視覺詩的起點——從林淇瀁賦予銀鈴會的詩史定位談起〉為題，宣讀於國立台北教育大學台灣文化研究所主辦之「陽光升起的所在：台灣文學、文化與傳播暨林淇瀁教授榮退學術研討會」（台北：國立台北教育大學，2021.5.2）。後經改寫，以〈現代主義和跨語的交涉連動：戰後台灣泛視覺詩的起點——以林亨泰的符號詩與錦連的電影詩為中心〉為名，發表於《文史台灣學報》第18期（2024.10）。今經微幅修訂，並改回原題，收錄於本書。

一、前言：詩史的銜接，根球的匯流：跨語詩人的能動性

在台灣現代詩史的建構中，如何處理戰前（日治時期）與戰後（中文詩壇）兩段政治主體、官方語言不同的詩史的銜接，[1] 始終是個棘手問題。目前既有的幾部詩史論著，多視跨越兩個政權及兩種「國語」的銀鈴會成員，為兩段詩史象徵性的連結，[2] 卻鮮論其用以銜接、匯流兩段詩史的機制與具體影響。1999 年，林淇瀁在其作為詩史之雛形的〈長廊與地圖──台灣新詩風潮的溯源與鳥瞰〉，[3] 極早便突出了銀鈴會在戰後台灣的現代詩運動裡既是「轉接者，也是播種者」的雙重角色，指出其在跨越語言之後，「還能以他們的日文涵養，提供給戰後台灣中文現代詩壇不同年代、相對流派（現代主義／寫實主義）的滋哺，這是研究台灣新詩史值得探討的課題」，並進一步提示了「台灣戰後現代詩運動中，日本前衛詩潮一直扮演隱而不彰的角色，且又發揮確鑿的影響」。[4] 相較於其他幾部詩史論著多將銀鈴會視為象徵性的存在，林淇瀁的〈長廊與地圖〉透過林亨泰（1924-2023）在紀弦（1913-2013）發起的「現代派運動」的參與、及 1960 年代對於笠詩社創建與走向的主導，突顯了銀鈴會／跨語世代詩人在此詩史轉換期的能動性，同時強調了以他們的跨語／翻譯活動為中介，日本前衛詩潮在戰後台灣的延續。林的論述，無疑是擲地有聲之論，且開啟了諸多詩史課題，諸如：作為詩史的銜接與匯流，銀鈴會究竟如何轉接？如何播種？其轉接與播種，又如何與他們的跨語活動同時進行？日本前衛詩潮在

---

[1] 當然，這裡所說的「銜接」，進一步言，也必須碰觸陳千武所提出的中國／日本的「兩個根球」的「匯流」問題。

[2] 例如張雙英《二十世紀台灣新詩史》肯認其在詩史上承先啟後的關鍵地位：「堅持理想、反映現實的精神，以及從用日文創作新詩，到以中文為主要的表達文字等方面。」《二十世紀台灣新詩史》（台北：五南圖書，2006），頁 95。陳芳明《台灣新文學史》有類似的說法：「在政治最為蒼白的時期，他們的努力創作使台灣文學史不致中斷。」《台灣新文學史》（台北：聯經出版，2011），頁 248。鄭慧如《台灣現代詩史》：「其中幾位成員後來共組笠詩社，論者因而認為銀鈴會為笠詩社的前身。」《台灣現代詩史》（台北：聯經出版，2019），頁 34。孟樊、楊宗翰的《台灣新詩史》聚焦於林亨泰，謂其為：「連接戰前銀鈴會與戰後笠詩社最主要的代表人物。」《台灣新詩史》（台北：聯經出版，2022），頁 120。

[3] 後改題為《長廊與地圖：台灣新詩風潮簡史》（台北：向陽工坊，2002），出版成冊。

[4] 林淇瀁，〈長廊與地圖：台灣新詩風潮的溯源與鳥瞰〉，《中外文學》28 卷 1 期（1999.6），頁 80-81。

這之中扮演什麼樣的角色？日本前衛詩潮如何經由銀鈴會同人的跨語轉接，影響戰後台灣的中文新詩發展？但不可諱言的是，〈長廊與地圖〉畢竟是一部「簡史」，重點在詩風潮的溯源與鳥瞰，上述詩史課題，仍必須透過具體案例進一步討論。

關於銀鈴會扮演的轉接者／播種者角色、以及日本前衛詩潮在戰後台灣詩壇的影響，二十多年來已累積了一些研究成果。林巾力以林亨泰的「現代詩」建構為例指出：「當林亨泰在書店偶然邂逅《現代詩》這份刊物時，『現代詩』這個名稱……仍舊是一個在內容上有待填補的話語空間。……不過，『現代詩』這個語彙對於以日文為主要閱讀工具的林亨泰來說，卻已然有了一個相與對應的內涵」；[5] 阮美慧聚焦於錦連（1928-2013），認為他（們）透過日文涉獵了日本前衛詩潮而得以在1950年代台灣寫出圖象詩、符號詩、電影詩：「這些具有『前衛性』與『現代性』意義的詩作，不僅翻轉了戰後『詩歌』的浪漫與單調；同時，也替『現代詩』的形式美學打開了新的寫作路徑。」[6] 蔡明諺考察銀鈴會和《潮流》，討論戰後初期台灣新詩的重構：「我個人認為銀鈴會同仁透過日文的閱讀與創作，想像『文學／世界文學』的高度，才是他們得以『超越語言』的主要憑藉。」[7] 拙論則重探了紀弦、覃子豪（1912-1963）、林亨泰之詩歌活動的「日本路徑」並且指出：「日本在戰前的1930年代已經結束了的現代主義詩運動的遺產，竟透過中國・台灣複線的傳播，重新匯聚於戰後的台灣，並成為戰後中文現代主義詩運動的養分、以及台籍／外省籍作家交會對話的知識基礎。」[8] 然而值得注意的是，上述研究著眼的，多在這些日

5　林巾力，〈想像「現代詩」：以林亨泰五〇年代的「現代主義」建構為例〉，《中外文學》35卷2期（2006.7），頁121。
6　阮美慧，〈歷史的斷片──錦連一九五〇年代形構詩的「前衛性」與「現代性」意涵〉，《見與不見──「笠」詩社前緣發展及其「現代性」探尋》（台中：晨星出版社，2020），頁145。
7　蔡明諺，〈戰後初期台灣新詩的重構──以銀鈴會和《潮流》為考察〉，《台灣文學研究學報》20期（2015.4），頁66。
8　陳允元，〈紀弦、覃子豪的東京經驗及戰後在台詩歌活動潛藏的日本路徑〉，《台灣文學研究學報》31期（2020.10），頁229。

語世代詩人如何以「日文」作為媒介取得世界性、前衛性與現代性等文化資本，**翻轉**其在戰後的語言劣勢，一躍成為詩壇的最前衛，但對於詩人們的跨語機制及與前衛／現代主義美學的交涉連動關係，或日本前衛／現代主義美學如何跨語轉接以「中文」的型態在戰後台灣登場，除林巾力、阮美慧曾部分觸及，是有待進一步闡述的重要問題。以日文為媒介取得的世界文藝資源，最終仍必須轉換為中文型態，才能夠在戰後台灣的文學場域中顯形，並進一步產生影響。

正因為如此，「跨語」不應只是作為背景，而必須被與他們的日文／中文作品的自我譯／寫、美學轉換與詩壇介入等問題，一同被前景化、問題化，才能夠真正釐清銀鈴會詩人如何在戰後台灣詩壇「轉接」與「播種」。一個明顯的例子，1965年林亨泰在《笠》的「笠下影」介紹錦連時，即強調其艱辛的跨語之路，與時興的現代主義美學間的連動關係：

> 如果以善於駕馭文字的優點可以寫詩，那麼相反地，利用拙於造詞砌字的缺點當然也可以寫詩，尤其對於那些因歷史的重寫，而必須重新學習一種文字表現的人，這種方法就成為其唯一的出路了。可是碰巧的是，二十世紀是所謂「惡文的世紀」，就是說，「優美性」成為其短處，而「拙劣性」卻成為其長處了。……錦連就是在這樣能失去的都已失去，只剩下極有限的極少數語彙的狀態之中，不是憑著其過剩，而是憑著其不足來寫詩的一個人。[9]

跨語世代詩人透過日文吸收的現代主義養分，必須通過匱乏狀態的中文賦予形體，才能「轉接」、「播種」至戰後的中文詩壇。而其「憑藉

9　林亨泰，〈笠下影　錦連〉，《笠》5期（1965.2），頁8。

著不足」寫成的「惡文」，又在現代主義的美學風潮中得到合理化，「匱乏」於是轉化成一種「風格」，甚至成為時代的前衛。這種跨語與美學連動、且互為支點的悖論狀態，正如林巾力所指出的：「林亨泰的『現代詩』實踐，正是和他的『跨越語言』嘗試同時並進的……現代主義或前衛所主張的革命性與破壞性，倒是提供詩人一個翻轉語言劣勢的可能。」[10] 惟值得進一步討論的現象是：在「現代派運動」發足、《創世紀》由「新民族詩型」轉向「超現實主義」的1950年代，林亨泰發表的「好像翻倒了活字版似的」所謂「符號詩」，或是錦連寫的「電影詩」，都是把文字、符號及其排列符號化、圖象化、視覺化，強調其外在形式之建築性、造型性，或是以各自獨立的詩行擬仿電影分鏡，透過蒙太奇（montage）將之構成宛若影像敘事的「泛視覺詩」。[11] 在透過日文能夠接觸的前衛美學流派，如立體、未來、達達、超現實之中，他們似乎獨鍾視覺符號的拼貼實驗。且同時代的詩人中，只有作為跨語詩人的他們，對此強調詩之視覺性的詩法著力最深。我們不禁要問：在藉由日文所能接觸的諸多日本前衛詩潮中，何以林亨泰、錦連獨獨選擇此強調視覺性與形式實驗的詩法，一方面作為其「跨語創作的策略結盟」，[12] 同時也藉其前衛性在1950年代的中文詩壇突圍？或者反過來問——台灣此類的「泛視覺詩」的早期發展，何以幾乎是以銀鈴會同人詹冰（1921-2004）、林亨泰、錦連，以及與他們往來密切的晚輩白萩（1937-2023）作為代表人物？[13] 這是否意味著此類

---

10 林巾力，〈想像「現代詩」：以林亨泰五〇年代的「現代主義」建構為例〉，頁128。
11 在上述視覺詩的定義外延展出「泛」視覺詩的概念，乃為了因應「電影詩」這樣的「擬仿電影分鏡」構成蒙太奇效果，而非直接透過文字的視覺符號化進行展演的情況。當然，所謂電影詩，在外在形式上也同樣具有一定程度的建築性與造型性。
12 同註10，頁123。
13 關於台灣早期寫作「泛視覺詩」的代表人物，參見丁旭輝，《台灣現代詩圖象技巧研究》（高雄：春暉出版社，2000），頁23-24。丁旭輝沒有提及錦連，但事實上錦連也應該納入。另外，關於詹冰，我贊同丁旭輝給他的評價：「台灣現代圖象詩開始於詹冰一九四三年留學日本的圖象詩創作，但當時並未在台灣發表，一直到一九六五年，隨著詹冰的第一本詩集《綠血球》出版，這些圖象詩才正式出現在台灣現代詩壇，錯過了對台灣現代圖象詩發生影響的第一時間，但這些圖象詩舊作，以及一九六五年以後的圖象詩新作，仍對台灣現代圖象詩，產生相大的影響。」然而因為詹冰並未在1950年代以圖象詩進行跨語，與林亨泰、錦連的路徑不盡相合，故不在本論文處理。同屬跨語詩人的陳千武（1922-2012），亦有少量具有圖象詩意味的詩作如〈雨中行〉，然這並非其主要的跨語路徑，不在本文討論。至於中文世代的代表人物白萩，其雖受林亨泰影響，惟其視覺詩的建構、實驗與跨語無涉，當另文討論。

「泛視覺詩」的實踐,與日本前衛詩潮的傳播影響、及戰後部分台籍詩人的跨語文學活動存在著某種關聯?若真有關聯,那麼此類「泛視覺詩」在跨語文學活動發揮的作用、運作的機制為何?此外,除了作為跨語、突圍的手段,「泛視覺詩」是否也向後影響,綿延成一種跨越世代/時代的系譜?而日本前衛詩潮,是否在不同世代/時代的接受與運用中,產生不同的詩史意義?

　　本文試圖推進林淇瀁提出的研究課題,以林亨泰、錦連的1950年代的「泛視覺詩」為例,探究美學與跨語之間的連動關係,包括:其對於日本前衛思潮的跨語轉接、「泛視覺詩」與跨語活動間的關聯、及此類詩作在跨語活動發揮的作用、運作的機制。論文分兩個部分,首先處理1950年代林亨泰強調「視覺性」的符號詩、詩論,探究「漢字」、「視覺」與「主知」在「跨語活動」發揮的作用及其運作機制;接著聚焦於錦連,論電影詩的影響源、「斷片化」及「蒙太奇」的美學特性及與跨語活動之關係。這兩個案例,既是銀鈴會詩人對於日本前衛詩潮的跨語轉接,同時也向後播種,影響了中文世代的白萩等人,開啟了戰後台灣「泛視覺詩」的系譜。

二、漢字、視覺與主知:林亨泰的符號詩

　　1949年,林亨泰在其所屬的銀鈴會受到「四六事件」波及而解散後,曾一度中斷創作;復因不滿政府推動將文學視為政治宣傳工具的「戰鬥文藝」,再度對創作感到心灰意冷。直到1954年在書店讀到紀弦主編的《現代詩》,才重新引燃了對創作的熱情。關於這段歷程與轉折,他曾自述:

> 某日,在逛書店的偶然之間,見到紀弦主編的《現代詩》季刊,正介紹一些法國現代派詩人,例如阿保里奈爾、高克多等人的

詩作品，就在當時，我又意識到心裡那股熱切的興奮，我彷彿找到了另一個「可能性」……又燃起了寫作的慾望……寄了一些像是打翻印刷版面的「怪詩」過去。這些詩倒是讓紀弦心血來潮地發起了現代派運動。[14]

如果說1949-1954年間的林亨泰兩度停筆，係受到政治因素的直接影響，那麼當他在書店讀到紀弦主編的《現代詩》，他看見的，既是藝術超越政治干涉的純粹性，同時也是曾透過日文接受現代主義養分的跨語世代，藉著在戰後再度興起的現代主義風潮，重返中文文壇的可能性。此時的林亨泰，在創作上雖已具備一定程度之中文書寫能力，但恐怕仍未臻隨心所欲之境。1948-1949年，其曾於《台灣新生報》發表中文詩作5首，是為跨語的初步嘗試，但其同一時期發表於銀鈴會《潮流》的作品，絕大多數仍以日文書寫，再經由林曙光（1926-2000）等人中譯發表於他處。[15] 1949-1954年間因停筆之故，無作品可檢證其中文寫作能力，但值得注意的是，當他在1955年恢復寫作之時，並非採取一般分行體的抒情詩風，而是另闢蹊徑以「像是打翻印刷版面的『怪詩』」向《現代詩》密集投稿，獲紀弦留用刊登，才正式以「中文詩人」之姿登上戰後文壇。這些所謂「怪詩」，就是後來被紀弦及他自己稱為「符號詩」的詩作，例如〈輪子〉、〈房屋〉、〈第20圖〉、〈Romance〉、〈騷音〉、〈車禍〉、〈花園〉、〈進香團〉、〈電影中的佈景〉、〈患砂眼的城市〉、〈體操〉等。[16] 林亨泰之所以能夠在1950年代寫出大膽前衛的符號詩成功突

---

14 林亨泰，〈走過現代，定位鄉土──我的文學生活〉，《林亨泰全集六‧文學論述卷3／文學生活回顧》（彰化：彰化縣立文化中心，1998），頁19。
15 根據呂興昌訪談，林亨泰的「中文寫作能力，他認為相當有限，語言的困境，一直到畢業（1950年──引用者註），都未能完全解決」。呂興昌，〈林亨泰四〇年代新詩研究〉，《台灣詩人研究論文集》（台南：台南市立圖書館，1995），頁334-335。
16 當然在發表符號詩的同時，林亨泰也以中文寫了一些形式「正常」的分行詩作。只是，這些詩作大都是形制短小、構句簡單的短詩詩形，與1940年代以日文詩作不時有20行左右的詩作，有一定的差異。林亨泰分行詩在戰前戰後的跨語軌跡與美學連動，將另文討論。

圍,是透過日文閱讀接觸了西方、日本的前衛詩潮所致。1990 年代林亨泰曾回顧,當年讀了紀弦編的《現代詩》之後,「我開始在我的藏書中尋找這方面的資料,立刻找到的是神原泰的著作《未來派研究》(一九二五年)與集各種前衛文學影響於一身的萩原恭次郎的一些詩作品。」[17] 並開始談未來派詩人馬里內蒂的「自由語」。然而值得注意的是,此階段他的現代主義美學實驗,恐怕與他的跨語嘗試一體兩面。關於「符號詩」的詩法,林巾力即指出,在跨語之中坎坷前行的林亨泰,是一位難以將中文內化的「語言異鄉人」。正是對於「國語＝中文」的疏離姿態,使得他能夠「將語言從過多的感性負載中剝離,並將之轉化為類似於物質材料(material)般的存在,一種能夠以另類的方式拿來把玩、形塑的媒材」。[18] 無獨有偶,阮美慧也以同時代詩人錦連的「形構詩」為例指出:「礙於他中文能力的薄弱,以符號、圖象、短語等簡約書寫,替代繁複的文字,反倒是容易發揮的。」認為這樣的形式某種程度上反映了「錦連那個階段『語言』困頓的狀態,以及對於詩的方法與實踐的探索」。[19] 總的來說,無論是因語言的疏離而將語言轉換為物質材料,或因語言的困頓而採取符號、圖象、短語等簡約書寫的方式行之,兩位詩人的現代主義美學實驗與跨語活動之間,似有一定程度的交涉連動關係,值得進一步探索;而這些以符號詩、電影詩為主的「泛視覺詩」的特性,及其在跨語活動中扮演的角色、運作的機制,亦有待更深入的闡發。

關於林亨泰在 1955-1957 年間密集發表的這批「怪詩」,雖紀弦曾以法國的阿保里奈爾(Guillaume Apollinaire,1880-1918)的立體詩為之作解,[20] 但比起西洋立體派,對他造成更大影響的,是日本詩人神原泰

---

17 林亨泰,〈現代派運動與我〉,初出:《現代詩季刊》復刊 20 期(1993.7)。收入呂興昌編訂,《林亨泰全集五・文學論述卷 2》(彰化:彰化縣立文化中心,1998),頁 145-146
18 林巾力,〈想像「現代詩」:以林亨泰五〇年代的「現代主義」建構為例〉,頁 124。
19 阮美慧,〈歷史的斷片──錦連一九五〇年代形構詩的「前衛性」與「現代性」意涵〉,頁 122-123。
20 紀弦,〈談林亨泰的詩〉,《現代詩》14 期(1956.4),頁 68。

（1899-1997）與萩原恭次郎（1899-1938）。林亨泰在日後的回憶中指出，因為日文使用「漢字」，使得立體派、未來派在日本的實驗，遠較西方來得更加成功：

> 這種運用印刷技巧的詩作品在西方的實驗中並不算是很成功，但，日本詩人萩原恭次郎將這種技巧運用在詩作品時，卻帶來了非常之大的震撼力，並不像西方的這類實驗只帶來了一些趣味性而已。我考察其原因，應該是日文之中使用漢字（亦即「表語文字」）的緣故才會有那麼大的效果吧。但，若只用「表音文字」來表達的話，猶如意大利詩人康執爾羅（Cangullo）把「煙」寫成 FUMER 那樣，充其量只不過是一種「視覺寫實」的效果罷了。[21]

不同於西方的表音文字，日文中使用的「漢字」本身就具有高度的圖象性、建築性，[22] 故能將印刷技巧的呈現極大化，產生巨大的震撼力。因此，林亨泰於 1955-1957 年間密集發表在《現代詩》的符號詩實驗，與其說是遙遙向歐洲的阿保里奈爾致敬，不如說是受到日本詩人使用「漢字」書寫符號詩的直接啟發。但值得注意的是，「漢字」之於跨語詩人林亨泰的特殊意義，除了其運用於立體詩、符號詩、圖象詩的表現力，更重要的是其作為「表意／視覺符號」在日文與中文、視覺與聲音之間的雙重中介性。

關於漢字作為日文與中文的中介，我們可以注意：在那個「日本化」

---

21 林亨泰，〈現代派運動與我〉，頁 146-147
22 關於漢字在現代詩圖象技巧的運用，丁旭輝在《台灣現代詩圖象技巧研究》指出漢字有圖象基因及建築特性：「每個漢字都有如一塊方磚，可以自由堆疊，建築理想中的詩歌城堡。漢字的這種特性，對漢字本身的圖象性無疑是一種極大的加強，它擴大了漢字圖象表現的深度與廣度，在『建築特性』與『圖象基因』的結合下，以漢字為書寫工具的漢詩，便隱藏了極大的圖象技巧的發揮空間」。頁 10-11。

經常被斥為「奴化」之象徵而須加以去除、「再中國化」成為最高準則的1950年代，林亨泰刻意不去突顯日本前衛詩潮對之的影響，而是不動聲色地逕自將日文「漢字」的概念置換為作為戰後「國語」的「中國文字」，於〈中國詩的傳統〉（1957.12）提出了「現代主義即中國主義」的主張。文中，林亨泰引述了艾略特（T. S. Elliot，1888-1965）在〈傳統與個人天資〉（Tradition and Individual Talent）提出的「傳統」觀念，一方面為紀弦備受批評的「橫的移植論」解套，同時也淡化自己的日本色彩，將之中國／中文化。林亨泰主張，現代主義其實不假外求，中國詩之傳統無論在本質上或文字上即現代主義。本質方面，他認為西洋詩的發展方向是從敘事性的史詩，朝向短小的象徵詩，然而中國詩短，本質即存在於象徵之中；在文字方面，林亨泰寫道：

> 中國文字並非語音的記載，它的特色在於視官上的認識。……高本漢說：「在這個大國裡，各處地方都能彼此結合，是由於中國的語言，一種書寫上的世界語，做了維繫的工具，假使採取音標文字，那這樣維繫的能力就要被摧破了」。
> 二十世紀之初，在歐洲，阿保里奈爾的努力是值得我們注意的，他為實現他的立體主義的主張，他竟寫了一詩集叫做《卡里葛拉姆》，在這裡，他把「音標文字」當作「意符文字」運用。很顯然的，這就是對於「中國主義」一種強烈的嚮往，也就是對於「中國主義」一番熱烈的鼓吹。然而，那次國際性的法國立體主義，便這樣產生了。[23]

於是，林亨泰得出中國詩「在文字上，即立體主義」、法國的立體詩

---

23 林亨泰，〈中國詩的傳統〉，《現代詩》20期（1957.12），無頁碼。

源於中國文字啟發的結論。這一段論述，著眼於「漢字」異於西洋表音符號的視覺性與表意性，與稍前引文中談論阿保里奈爾與萩原恭次郎之立體主義實驗的觀點邏輯幾乎如出一轍。只是原來日文的「漢字」的概念，在1950年代的時空語境下被巧妙地代換為「中國文字」。林的論述乍看有些跳躍、甚至牽強，卻是藉由會通中西為紀弦的「橫的移植論」解套，同時回應自己艱難的跨語情境與敏感的文化身分。他巧妙運用了日本前衛詩潮的文化資本、以及日文漢字與中國文字的兩種「國語」的「同文」的曖昧空間，將移植自西方的現代主義、以及因「日本化」而在戰後語境被視為「奴化」的自己「中國化」，嫁接中國詩的傳統，在戰後中文詩壇的國語空間中尋求一個合法位置。[24] 畢竟他面臨的困境，不只是語言上的跨越，更是文化身分上的轉變。這是「漢字」的第一重中介性。

　　林亨泰之所能夠將日本漢字挪用為中國文字巧妙地完成「跨語」，並轉換文化身分，其借助的東亞漢字圈的「同文性」，其實也就是作為表意文字的漢字之所以能夠超越「異聲」的視覺性與便利性。[25] 1948年，甫加入銀鈴會的林亨泰，曾以「亨人」的筆名，在《潮流》春季號發表了一首日文詩〈考試與禮拜天（試驗と日曜）〉。詩的內容很簡單，生動地表現出一位在「好天氣／又是難得的禮拜天／我既年輕／也抓住了美妙的暗示」的青年，想要外出去玩，卻不得不準備的考試的苦悶。然而若將這首詩放在「跨語」的脈絡中閱讀，將會產生另一層意義。林亨泰在詩中寫

---

24 除了日本性、中國性的轉換，關於林亨泰符號詩之前衛性，能否等同於對反共文藝政策之反叛，可參見吳孟昌，〈林亨泰五〇年代符號詩的生產及其文化位置評議〉，《當代詩學》6期（2010.12），頁1-25。
25 更深入來看，關於以「同文」為基礎的台／日／中的書寫溝通，陳培豐在〈日治時期台灣漢文脈的漂游與想像：帝國漢文、殖民地漢文、中國白話文、台灣話文〉曾提出一個有趣的問題：日本統治下台灣與中國分別屬不同國度，何以台灣能在沒有政府教育機構的奧援、也無辭典作為標準規範工具的狀況下，創造出一種近似中國白話文的新文體，且能夠被理解、書寫與閱讀？他的結論是：「以東亞的漢文脈來看，形構這個同文想像的基礎與養分是明治維新後的『帝國漢文』訓讀體；而『殖民地漢文』以及中國白話文也都是因為共同擁有這個基礎，才有互通接融的可能」。參見陳培豐，〈日治時期台灣漢文脈的漂游與想像：帝國漢文、殖民地漢文、中國白話文、台灣話文〉，《台灣史研究》15卷4期（2008.12），頁31-32。關於日本與「漢字」之間的複雜關係，以及所謂「漢字文化圈」的「同文」的表象下東亞脈絡的分殊演繹，另可參見子安宣邦著，顧春譯，《漢字論：不可迴避的他者》（北京：三聯書店，2021）、金文京著、譯，《漢文與東亞世界：從東亞視角重新認識漢字文化圈》（台北：衛城出版社，2022）。

道:「就像咀嚼著沙子般／懶散的眼咀嚼著四方形的文字」。[26] 這裡的「四方形的文字」,指的當然是在戰後作為「國語」的中文方塊字,這一點呂興昌曾指出:「特別強調受到漢字的嘲笑,可見飽受中文威脅的窘狀,尤其『眼睛咀嚼四方形的漢字』的意象塑造,更是生動地流露出面對中文一字一瞪眼的痛苦情景」。[27] 然除此之外,用「眼」來「咀嚼」「四方形的文字」的表現法,就相當值得玩味。當然,就表層意義來說,那就只是「看書」的詞面抽換而已;但若從「跨語」的角度來看,那指的也許就是一種在日文、中文「同文異聲」的狀態下,以眼睛代替嘴巴——或者說,以「視覺」取代聽覺與朗讀的閱讀理解方式。因為同文之便,憑藉著視覺大致是可以閱讀的,即便無法順利轉換為標準的「國語(=北京話)」。晚林一年出生、同屬日文／跨語世代的鍾肇政(1925-2020)也曾經自陳,戰後學習中文時,日文的漢字給予他不少助益:

> 開始的時候,讀《三字經》、《百家姓》、《幼學瓊林》等,這些書看起來,大略的意思還懂,因為我日文的基礎已經到了相當的程度了,日文裡頭漢字很多,那些國字,意思我都懂,就是不懂也能猜想幾分。……這之後,我找出中學時候念的漢文教科書。裡面收了一點唐宋八大家,李白杜甫,四書五經,我把它找出來唸。以前用日文唸的時候,意思也大略懂一些,現在有個困難是:我唸不出來。[28]

鍾肇政的這段自述,清楚的說明戰後的日語世代透過日文漢字,跨

---

26 亨人,〈試驗と日曜〉,初出:《潮流》春季號(1948.5),原文及中譯收入周華斌編,《銀鈴會同人誌(1945-1949)上》(台南:國立台灣文學館,2013),頁 150-152。
27 呂興昌,〈林亨泰四〇年代新詩研究〉,《台灣詩人研究論文集》,頁 335。
28 洪醒夫,〈從日據時代活過來的——鍾肇政訪問記〉,收入彭瑞金編選,《台灣現當代作家研究資料彙編 14:鍾肇政》(台南:國立台灣文學館,2011),頁 189-190。

越至中文的可能性及其極限。由於日文／中文在漢字的同文性，當他在戰後產生學習中文的需求，戰前的日文基礎成為其讀懂（或猜懂）中文的基礎，然而一旦碰觸到聲音，就會是一個難以跨越的坎。透過鍾肇政的回憶，我們也就可以了解，林亨泰〈考試與禮拜天〉詩中以「眼」（＝視覺）取代「口」（＝音聲）來「咀嚼」「四方形的文字」，並非只是裝飾性的修辭，而是與他們的跨語機制的實態緊密相關。然而值得注意的是，這樣視覺／音聲的不同步，儘管閱讀勉強可行，卻宛若「嚼沙」般乾澀難以下嚥，這無疑提醒我們，儘管有同文之便，日文／中文的音聲表現及文法結構，畢竟仍存在大大的差異。特別在音聲的層面，是難以立即跨越的障壁。我們可以發現，當跨語世代在作品中表達跨語困境時，幾乎都將重心放在「語」（音聲）上。例如林亨泰另一首詩〈黑格爾辯證法（ヘーゲル辯證法）〉（1949）的那句有名的「笑著咬到舌頭」，[29] 那既是一種對於在時代轉折之中喜悲交錯、以致不知如何表情達意的尷尬的諷刺，但可以理解為這一代人在跨語之際，兩種語言交錯、干擾、互撞的結巴、不順暢。[30] 女性跨語詩人杜潘芳格（1927-2016）則以〈聲音〉（1967）寫下：「不知何時，唯有自己能諦聽的細微聲音，／那聲音牢固地，鎖上了。／／從那時起／語言失去了出口」。[31] 所謂的「跨語」，並不一定是文和語均質、同步進行的，當「視覺」上的「同文」較之於「語／音」更加利便，也就衍生出一種「視覺先行」的創作模式。

這樣「視覺先行」的詩作，有些幾乎完全是以文字圖象化的方式呈

---

[29] 亨人，〈ヘーゲル辯證法〉，初出：《潮流》第二年春季號（1949.4），原文及中譯收入周華斌編，《銀鈴會同人誌（1945-1949）下》（台南：國立台灣文學館，2013），頁220-222。

[30] 同樣的，龍瑛宗於1946年的〈海涅喲〉（ハイネよ）的「那位詩人／是一位無名的詩人／在光復的陰影下哭泣／不唱歌的詩人」，固然可以只設在光復的陰影中失去唱歌的心情，但也可以解釋為一種失語狀態。而同年發表的〈心情告白〉「我／即使以異國之調／唱歌／／我仍是／真正的中國人／真正的中國人」，則是明白揭示了「異聲」——異國之調。劉春桃，〈ハイネよ〉，初出：《中華日報》（1946.6.1），中譯陳允元，收入黃意雯主編，《1946年《中華日報》日文版文藝欄副刊作品集 中文譯注（上）》（台南：國立台灣文學館，2018），頁227；龍瑛宗，〈心情告白〉，初出：《中華日報》（1946.10.17），中譯陳允元，收入黃意雯主編，《1946年《中華日報》日文版文藝欄副刊作品集 中文譯注（下）》，頁259。

[31] 杜潘芳格，〈聲音〉，收入劉維瑛編，《台灣詩人選集 10 杜潘芳格集》（台南：國立台灣文學館，2009），頁85。

現的,例如〈輪子〉、〈房屋〉、〈車禍〉、〈花園〉、〈患砂眼的城市〉、〈體操〉等。值得注意的是,它們與其說是「中文詩」,不如說是包含了漢字及非文字符號的「雙重國籍」詩或「國籍不明」詩,在漢字文化圈不太需要翻譯,便能透過共通的漢字與非文字符號會意理解,但在不同語言脈絡下又有解釋的差異。最具代表性者如〈房屋〉:

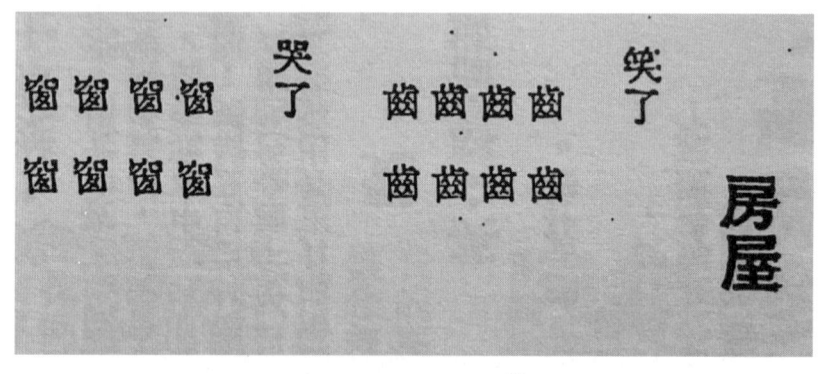

圖1:林亨泰〈房屋〉[32]

這首〈房屋〉,發表於「現代派」運動正式展開的《現代詩》第13期,與紀弦的「六大信條」理論相互搭配。搶眼的視覺性與表現之新穎、純粹,具有高度的示範意味。紀弦謂它是將文字「當作符號來使用的」、必須「用眼睛理解」的詩。八個「齒」與「窗」的排列,可視為二層樓的房屋。「齒」與「窗」的漢字造型,則類比百葉窗的關與開。「笑了」與「哭了」除了字面上的意味,其排列也能視為房屋的煙囪。[33] 紀弦的解釋,大大地點出了林亨泰利用文字排列、以及漢字本身的圖象性所呈現的造型美。至於意義,他說:「實在沒有人生的大道理,只有愚蠢如郎費羅者,才用詩來說教。」[34] 此言頗有春山行夫(1902-1994)所謂「透過書寫沒有

---
32 林亨泰,〈房屋〉,《現代詩》13期(1956.2),頁14。
33 紀弦,〈談林亨泰的詩〉,頁68。
34 同註33。

意義的詩，實驗 poésie 的純粹」[35]的意味。

　　值得注意的是，這首詩除了視覺上的造型趣味，事實上也折射出林亨泰作為台籍跨語世代作家的鄉土色彩及語言情境。三木直大即敏銳地指出：「通過這種視覺性展現在我們眼前的不就是一幅都市化以前的台灣風情的街景詩嗎？對＜齒＞這一文字用法來說，懂日本語的人眼前都能浮現出一個充滿著『ハハハハハハハハハ……』笑聲的回聲世界。」[36]三木的解釋，更突顯了這首詩裡「漢字」在中文／日文的中介性，以及能夠從中文／日文各自的語境解讀漢字的雙重性。林亨泰的另一首詩作〈騷音〉，則出現了日文漢字當中文用、或日文語法的成分：

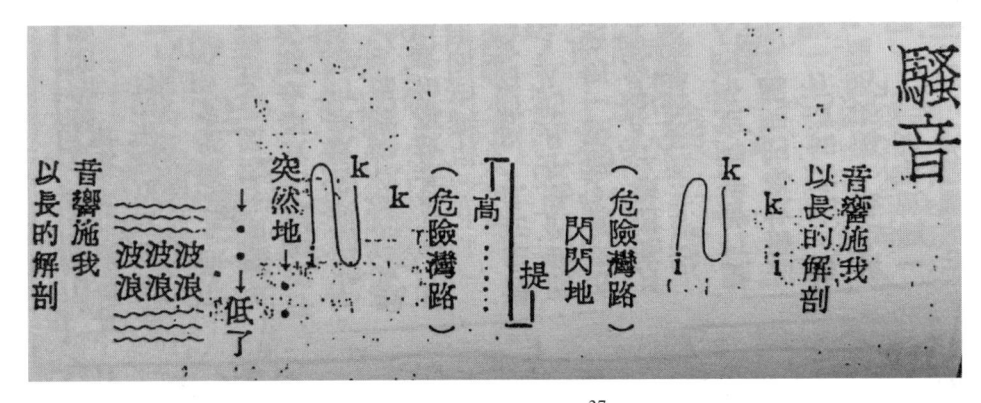

圖 2：林亨泰〈騷音〉[37]

　　熟悉日文的讀者可以知道，標題「騷音」，即是將日文語彙「騷音」（そうおん。噪音之意）直接挪用作中文使用。而「音響施我／以長的解剖」，則是將中文慣用的「音響／以長的解剖施／我」的「主動賓語序」（SVO）結構進行倒裝，似有一些日文「主賓動語序」（SOV）的味道。有趣的是，挪用自日文的語彙與語法，儘管在中文的脈絡也可以理解，卻

35　春山行夫，〈北園克衛について〉，收入《北園克衛全詩集》（東京：沖積舍，1992），頁 12。
36　三木直大，〈林亨泰「現代派」詩的鄉土性〉，收入呂興昌編選，《台灣當代作家研究資料彙編 22：林亨泰》（台南：國立台灣文學館，2012），頁 252。
37　林亨泰，〈騷音〉，《現代詩》14 期（1956.5），頁 46。

產生了陌生化的美學效果。若在日文的脈絡閱讀，藉由漢字與符號或可猜測其意，但漢字所對應的中文之音，對日文讀者而言，則成為名符其實的「噪音＝異質之音」。

林亨泰之所以在 1950 年代中期寫作這種「用眼睛理解」的圖象詩，除了中文能力薄弱、詞彙貧乏，毋寧也是一種在「同文異聲」的情境下，企圖藉由作為「視覺符號」的漢字、以及視覺圖象化的詩表現形式，克服中文文法構句與音聲障壁的特殊詩法。這是「漢字」的第二重中介性。

值得注意的是，這樣一種「同文異聲」下發展出的以「視覺」替代聲音、朗讀的特殊詩法，除了被以「符號詩」的方式實踐，其作為一種現代主義美學，甚至能與紀弦「現代派六大信條」的部分觀點合流，在創作與理論的層面上互相支援。1956 年 4 月，紀弦在《現代詩》第 14 期發表了〈談林亨泰的詩〉，為林亨泰那些「像是打翻印刷版面的『怪詩』」辯護。紀弦認為：

> 這是「看」的，不是「聽」的。這是訴諸「視覺」的，而不是訴諸「聽覺」的。是構成的，而非理輯的。是直覺的，而非理念的。還有，立體主義的原理，在這裡，也適用的。請看阿保里奈爾的立體詩吧！……總之，作為一首符號詩的「房屋」就是房屋，用眼睛去理解吧！[38]

紀弦的這篇文章，將林亨泰的詩分為兩種：講求節奏的、以及根本否定了節奏的。前者是分行詩，但其節奏「實不同於一般的抒情詩，這因為他的內容很少是『情緒』的，而多為『感覺』的……他的感覺，來自觀察。……跟那些浪漫派的殘渣所僅能使用的可憐的原始的『刺激反應公

---

38 紀弦，〈談林亨泰的詩〉，《現代詩》14 期（1956.4），頁 68。

式』迥異」。³⁹ 紀弦顯然注意到了林亨泰詩法「主知主義」的傾向，並將之與自己的六大信條之四——知性之強調——連結起來，正如他所謂「冷靜、客觀、深入、運用高度的理智，從事精微的表現。一首新詩必須是，一座堅實完美的建築物，一個新詩作者必須是一位出類拔萃的工程師」。⁴⁰ 而關於「根本否定了節奏的」後者，紀弦將之命名為「符號詩」，認為「符號的『形態』是格外地具備美術性的。符號詩既然以直接訴諸視覺為目的，則與聽覺有關的節奏，就當然可以不必注重了」，⁴¹ 或將認為其蘊含著一種「視覺的節奏」，例如〈輪子〉與〈Romance〉。

而在林亨泰方面，除了書寫這種「像是打翻印刷版面的『怪詩』」，他也嘗試建構他的現代主義及符號論，密集發表於《現代詩》。例如，在發表於 17 期的〈關於現代派〉（1957.3）一文，他就提及了「由事實而秩序」乃是了解「符號詩」的重要關鍵。這一點，明顯是借用《詩與詩論》之主編春山行夫〈從事實的藝術到秩序的藝術（事實の藝術より秩序の藝術へ）〉（1930）的觀點。春山以農夫作為比喻，認為：「**農夫想讓花開（花を咲かせよう）**的意志，其自身並不足以**讓花開（花を咲かせる）**。」二者並沒有任何直接的關係。為了得出花開的結果，「農夫必須思考讓花開的**手段**」。⁴² 此手段，即農業的方法論；如果放在文學上，那麼就是詞語符號構成的計算、技術、或是秩序的思惟。此外，林亨泰也在《現代詩》第 18 期發表了〈符號論〉（1957.5）。這篇詩論雖非以完全是以視覺性的「符號詩」作為對象，而是延伸上一篇文章的以符號的安排作為「作品的秩序」的論點，提出：「所謂『象徵』也不過就是語言的『符號價值』之運用而已。」不過，他的「符號（詩）論」仍存在著對於

---

39 紀弦，〈談林亨泰的詩〉，頁 66-67。
40 紀弦，〈現代派信條釋義〉，《現代詩》13 期（1956.2），頁 4。
41 同註 39，頁 68。
42 以上參見春山行夫，〈事實の藝術より秩序の藝術へ〉，《詩と詩論》8 號（1930.9），頁 51-52。粗體為春山所加。

視覺性的強調。例如，他認為符號在外貌上「幾乎是『幾何學』的」，含蓄、優雅，且在韻律上「缺乏音樂」。[43] 而在第 20 期〈中國詩的傳統〉（1957.12），他認為中國詩「在文字上，即立體主義」，而這就是將表意文字視為一個視覺符號，正如他在〈現代派運動的實質及影響〉（1991）自我解釋的「放棄一味追求『字義』營造的淋漓盡致，而將對於『字義』的依賴降至最低，讓每一個字成為一個『存在』」；[44] 而這些秩序論、符號論，其背後的核心概念，都是主知與純粹。第 21 期〈談主知與抒情〉（1958.3）、第 22 期〈鹹味的詩〉（1958.12），都是關於主知的闡述與提倡。這一整套的詩論，溯其源頭，大概都是來自春山行夫。春山不僅以「主知主義」出名，其主張：「透過書寫沒有意義的詩，實驗 poésie 的純粹。」而寫下的由 6×14 個「白い少女」的矩陣構成的〈Album 白い少女〉，事實上也是形式主義、符號詩之經典。

經由上述討論歸納出的：把文字符號化、圖象化、視覺化，強調其建築性、造型性以及思考性（知性），同時排除（或減低）抒情性及放逐與聽覺有關的節奏、音樂性，便是符號詩的詩法。值得注意的是，這樣的詩法，儘管林亨泰已透過詩論及實踐為 1950 年代中文詩壇親自展示，但除了曾同屬銀鈴會的成員錦連、親近的台籍晚輩白萩，在此階段並沒有太多其他實踐者，至多只是偶一為之，例如有美術背景的詩人紀弦與秦松（1932-2007）。雖然視覺詩並非跨語世代作家的專利，亦非所有跨語詩人都採取此道，但經過上面討論，我們至少可以知道這樣一種以視覺思考、以視覺呈現、以視覺理解而具有「視覺的節奏」的符號詩詩法，並非單純地透過日文取得世界性、前衛性與現代性，或是對於日本前衛詩潮的模仿，而是有跨語世代更為內在、身體性的跨語需求與動因，既是受制於中文能力

---

43 林亨泰，〈符號論〉，《現代詩》18 期（1957.5），頁 30-31。
44 林亨泰，〈現代派運動的實質及影響〉，初出：《新詩論文集》（南投：南投縣立文化中心，1991），收入《林亨泰全集五・文學論述卷 2》，頁 127。

貧弱不得不採取的權宜之計，但跨語詩人也發揮其能動性，巧妙運用日本前衛詩學的文化資本，以及中文／日文這兩種「國語」在漢字上「同文異聲」的曖昧空間，嫁接中國詩的傳統，並以視覺符號化的、碎片化的前衛詩美學為武器，進行一種視覺的、無聲的跨語實驗，在戰後的「國語」空間中突圍。

三、語言的斷片化與蒙太奇：錦連的電影詩

　　除了林亨泰，在1950年代嘗試進行符號詩等「泛視覺詩」創作的跨語世代詩人，還有錦連。阮美慧曾在〈歷史的斷片——錦連一九五〇年代形構詩的「前衛性」與「現代性」意涵〉（2020）針對錦連為人忽略的「形構詩」——包含符號詩、圖象詩、電影詩進行討論。這些詩的特點，阮認為主要呈現為：「對詩的形式結構實驗……帶領讀者在純詩的形式結構中，『觀看』一首詩的完成，如同看一幅畫或欣賞一段影片，加強詩在空間上的意義，打開對詩直接的視覺感受，突破以往對詩『線性時間』的閱讀。」[45]其中「純詩」、「觀看」、「視覺感受」、「空間性」，是與林亨泰之「符號詩」一致的關鍵詞。關於錦連形構詩的影響源，阮以錦連的《那一年：一九四九年日記》為材料，羅列日記中所提到的日文閱讀書目。然而這份在系譜上主要包含了象徵詩、主情詩、主知的抒情、普羅列塔利亞詩等的駁雜書目，至多只能證成阮所稱：「他透過日文，接觸到面象極廣的詩學理論，並從中獲取吸收了詩的涵養與方法。」[46]事實上無法直接指向錦連藉以為養分創作了現代主義的形構詩。其之所以接觸、創作

---

[45] 阮美慧，〈歷史的斷片——錦連一九五〇年代形構詩的「前衛性」與「現代性」意涵〉，頁110。
[46] 同註45，頁116。除了阮美慧，張德本曾整理錦連從圖書館借閱、抄錄在由「台灣省交通處鐵路管理局電報紙」裝訂成的筆記，得出了：「由筆記內容可知錦連閱讀，日本明治期以降迄昭和時代現代詩人的作品，並透過日譯了解浪漫主義時代，法國、英國、德國、比利時詩人的作品。」的結論。但而此份筆記的內容，同樣只能證明錦連的閱讀跨度極廣，但無法直接指向錦連創作形構詩的具體影響源。參見張德本，〈台灣鐵路詩人錦連的現代美學——他的詩觀與對意象主義、圖象電影詩及超現實的實踐〉，收入蕭蕭編，《台灣現當代作家研究資料彙編73：錦連》（台南：國立台灣文學館，2015），頁147-152。

形構詩,雖無直接證據,但根據錦連的地緣關係、人際網絡,推測也許是來自林亨泰的影響。林亨泰在〈現代派運動與我〉(1993)曾經回憶,他在第一次讀到紀弦《現代詩》時:「我腦海中突然並且快速地重新浮現中學時代曾經『亂讀』過那些錯綜複雜但相當有趣的各種派別前衛作品的影像。」於是開始寫「符號詩」。而這一段時間,錦連及白萩是他最常接觸的兩位:

> 關於這一段的心路歷程,知道最清楚的應該是錦連和白萩兩位,由於地緣的關係,他們就是我當時最常接觸的兩位。錦連有一天突然向我說,他覺得我對詩壇或對文學的那些談論很有趣而隨手記錄下來,我記得也向他借過這一紀錄的筆記本,但,卻不知道這一本記錄簿現在還有沒有留存下來?白萩也在某一座談討論會上說:「參加現代派,我也多少受了林亨泰先生的影響」,我想,他指的就是這一段時間,這也就是我當時詩生活的一個片斷。[47]

　　林亨泰回憶的這段發現《現代詩》而重燃創作慾望的時間,是在1954年,[48] 而開始密集於該刊發表「符號詩」及現代主義論述,則是在《現代詩》第9期到第23期的1955年2月至1959年3月之間。錦連開始以中文(雖然都有日文底稿)密集投稿,也是在1955年5月《現代詩》第10期之後至1960年的5年間,與林亨泰的活躍大致重合。1956年1月15日,紀弦發起「現代派的通報第一號」,錦連亦響應加入,與林亨泰同列

47　林亨泰,〈現代派運動與我〉,頁147。
48　不過事實上,林亨泰早在1953年5月的《現代詩》2期,就已透過葉泥中譯,發表了詩作〈第一信〉(原為日文)。這與他1954年才「偶然讀到」《現代詩》,在順序上有些許落差。不過確實,林亨泰是在1955年2月以筆名「桓太」發表詩作〈回憶〉於《現代詩》9期之後,才開始密集在該刊發表作品。

「現代派詩人群第一批名單」[49]；不久後的 2 月 18 日，紀弦、葉泥聯袂南下拜訪林亨泰，錦連也出席，一同暢談現代主義。[50]

錦連此時期訴諸文字的符號化、圖象化的詩作，如〈化石〉、〈火車旅行（汽車旅行）〉，其使用的非文字的表意符號如「×」、「●」、「○」、「←」，以及以視覺的構圖法進行詩行的排列等詩法，都與林亨泰相近。例如，錦連以簡潔的文字搭配表意符號呈現速度感的〈火車旅行〉[51]，就詩形推測，可能就是受到林亨泰的〈Romance〉[52]、〈騷音〉（以上 1956.4）、〈車禍〉（1956.10）的啟發。[53] 不過「電影詩」的創作，在戰後恐怕就是錦連所獨有了。1957 年 1 月發表於《現代詩》第 16 期的〈女的紀錄片〉、以及 1959 年 10 月發表於《創世紀》第 13 期的〈轢死〉，是「電影詩」的代表作。阮美慧指出，其相較於前述單純訴諸文字符號之視覺性的作品，「是更具超越範式的前衛表現」：

> 詹冰等人的「視覺詩」，大多仍偏重在「圖象」、「符號」的外象結構；反觀，錦連在一九五〇年代的「視覺詩」中另闢蹊徑，從電影的「鏡頭」獲取創作的靈感，藉此開啟「視覺詩」的另類表現，打開詩語「介質」（texture）的多樣性，使語言的「視聽讀寫」，有更多可能的再現，將「語言話語」（文本）和「視覺藝術」（形象）綜合的最佳模式。[54]

這樣的一種詩法，阮美慧將之溯源至俄國電影導演艾森斯坦（Sergei

---

49 無署名，〈現代派詩人羣第一批名單〉，《現代詩》第 13 期（1956.2），無頁碼。
50 無署名，〈紀弦葉泥聯袂南遊〉，《現代詩》第 14 期（1956.4），無頁碼。
51 錦連〈汽車旅行〉手稿。引自阮美慧編，《錦連全集十三・資料卷》（台南：國立台灣文學館，2010），頁 115。手稿請見附錄圖 3。
52 林亨泰，〈Romance〉，《現代詩》14 期（1956.5），頁 46。全詩請見附錄圖 4。
53 雖錦連的手稿無標示寫作時間，無法斷定與林亨泰創作「符號詩」的時間先後；但若考量到林亨泰是錦連在「銀鈴會」的前輩、錦連文學起步之時林亨泰已有詩集《靈魂の產聲》（1949）出版，且林亨泰在中學時期即讀過日本現代主義詩運動之重鎮的《詩與詩論》，推測錦連受林亨泰影響應是合理的。
54 阮美慧，〈歷史的斷片——錦連一九五〇年代形構詩的「前衛性」與「現代性」意涵〉，頁 132。

Eisenstein, 1898-1948)之「蒙太奇」(montage)理論,但對於日語世代的錦連而言更直接的影響,應該是來自於《詩與詩論》同人近藤東(1904-1988)、北川冬彥(1900-1990)、竹中郁(1904-1982)、神原泰(1898-1997)等人的「電影詩(シネ・ポエム)」實驗——儘管艾森斯坦仍是這些日本詩人理論的源頭。1928年9月,近藤東在《詩與詩論》創刊號率先發表了稱為「ポエム・イン・シナリオ」(poem in scenario =電影腳本詩)的兩首詩作〈軍艦〉與〈豹〉。他是同人中最初使用此形式的第一人。[55] 根據其定義,所謂「電影詩」係指「透過電影腳本表現的詩」;[56] 而1929年10月28日,北川冬彥在《帝國大學新聞》發表了〈以新散文詩為基礎邁向 ciné poème(新散文詩を基礎にシネ・ポエムへ)〉,主張:「受到『新散文詩運動』洗禮,詩人便甦醒了。被賦予了驅使所有的詩的形式的能力。使用散文詩形式的他們,也能借用劇本(scenario)的形式。」[57] 到了1930年代,以《詩與詩論》為起點的「電影詩」已形成風潮,竹中郁、北川冬彥、神原泰等都有實踐。在目前可見的資料中,儘管尚無錦連閱讀上述詩人之電影詩或相關詩論的直接證據,但如果林亨泰熟讀《詩與詩論》、而錦連又在1950年代與林亨泰有密切往來,雖然沒有進一步的直接證據,但推測也許是透過林亨泰的介紹接觸了「電影詩」。[58]

以分鏡腳本方式構成的「電影詩」的基本詩形,其每一行(或一個單語)都可以視為電影裡一個個別而獨立的鏡頭(shot),亦即構成的最小單位。這些單位透過蒙太奇的剪輯,組合成為一個動態的連續。這些詩,有時在行的上方標上代表順序的號碼,有時則無;有時則以分幕(聯)方

---

55 島村輝,〈近藤東論——その逆說的抒情〉,收入澤正宏、和田博文編,《都市モダニズムの奔流:「詩と詩論」のレスプリ・ヌーボー》(東京:翰林書房,1996),頁125。
56 早川芳枝,〈映画と詩——無 映画の時代〉,收入早川芳枝編、和田博文監修,《コレクション都市モダニズム詩誌 16 映画と詩 I》(東京:ゆまに書房,2012),頁741。
57 北川冬彥,〈新散文詩を基礎にシネ・ポエムへ〉,《帝国大学新聞》(1929.10.28)。值得注意的是,這篇文章也在半個月不到的時差,便被轉載於《台灣日日新報》(1929.11.11),為殖民地台灣讀者認識。
58 與林亨泰、錦連同屬銀鈴會的詩人詹冰,曾於1943年寫下揉合了圖象詩與電影詩之元素的〈Affair〉,當然也有可能影響了錦連。惟這首詩在戰後要遲至1965年才收入其《綠血球》,且就地緣關係而論,與錦連較為密切的是林亨泰,推測林亨泰影響的機率較高。

式進行。「電影詩」之特性,日本學者島村輝指出:

> (映畫腳本——引用者註)指示映像性的特性的這樣的語言斷片,與有著顯著加深的「斷片化」傾向的當時的詩語言非常接近。帶著指示映像的目的,可以說是不完全的言語表現,而正是因為其不完全之故,產生了被讀做「異化」了的詩語言的可能性。[59]

而這樣的極端「斷片化」、「不完全的語言表現」的特質,竟與台灣跨語世代語言的破碎性相合,並意外成為其能夠某種程度翻轉語言劣勢、活躍在戰後中文現代主義詩運動中的利器。林亨泰在「笠下影」介紹錦連時即謂:

> 如果以善於駕馭文字的優點可以寫詩,那麼相反地,利用拙於造詞砌字的缺點當然也可以寫詩,尤其對於那些因歷史的重寫,而必須重新學習一種文字表現的人,這種方法就成為其唯一的出路了。可是碰巧的是,二十世紀是所謂「惡文的世紀」,就是說,「優美性」成為其短處,而「拙劣性」卻成為其長處了。……錦連就是在這樣能失去的都已失去,只剩下極有限的極少數語彙的狀態之中,不是憑著其過剩,而是憑著其不足來寫詩的一個人。[60]

不過錦連在 1950 年代發表的中文詩,其實大都是有日文底稿的。例如

---

[59] 島村輝,〈近藤東論——その逆説的抒情〉,頁 126-127。
[60] 林亨泰,〈笠下影 錦連〉,《笠》5 期(1965.2),頁 8。

刊在《現代詩》第 16 期的〈女的紀錄片〉，即有日文詩底稿〈女〉[61]。亦即，此時的錦連事實上仍是先用日文書寫，再翻譯成中文發表，尚沒有辦法達到鍾肇政所謂的「譯腦」階段——「先以日文思考，然後在大腦轉換成中文，再直接以中文寫在稿紙上。所以我到這一階段所寫出來的已經是中文。」[62] 若此，我們不禁要問，既然是以最熟悉的日文思考、書寫，是否就難謂錦連完全係因跨語導致的語言殘破（＝拙劣性），逼使他必須採取這種「斷片化」的方式寫作？雖然這樣的質問能夠成立，但對此時的錦連而言，如果以中文發表是最終目的、最終形態，中文能力的不足，是否有可能逆反過來引導、或牽制其日文書寫？亦即，與日文發表為前提的日文書寫狀況不同，在中文發表的前提下，此日文詩也許更近似於「草稿」、「底稿」，是一種未完成的、前置的階段性狀態，故而無法完全忽略翻譯中文的考量需求、以及身兼譯者的作者在此階段的中文表現程度，而能像戰前一樣以日文為目的語自由書寫。綜觀錦連 1950 年代的詩作，無論是符號詩、電影詩、抑或一般的分行詩，單句普遍不長，結構上也都大致簡單，詩體規模不大，與林亨泰的短詩形類似。以有留下日文底稿〈女〉的〈女的紀錄片〉（1957）[63] 為例，從日文底稿到中文發表，只需要簡單的翻譯、以及些許的詞語調動即可完成。這樣的翻譯，也未必完全貼合原文，不以忠實為原則，而是作者經由自我翻譯進行的重膽、甚至是創造性的改寫，我稱之為翻譯與改寫兼具的「自我譯／寫」，是跨語世代創作者常用的輔助策略。[64]

1959 年 10 月發表在《創世紀》第 13 期的電影詩〈轢死〉，阮美慧主編之《錦連全集》（2010）並沒有收錄日文底稿。也許是錦連直接以中文

---

61 錦連〈女〉手稿。引自阮美慧編，《錦連全集十三：資料卷》，頁 114。手稿請見附錄圖 5。
62 鍾肇政著，戴嘉玲譯，〈論台灣文學——從「譯腦」的體驗談起〉，《台灣文學評論》4 卷 1 期（2004.1），頁 98。相關討論，參見曾巧雲，〈從譯腦到殖民地經驗的再翻譯——初探跨語世代的後殖民翻譯〉，《台灣文學研究學報》12 期（2011.4），頁 135-161。
63 錦連，〈女的紀錄片〉，《現代詩》16 期（1957.1），頁 11。全詩請見附錄圖 6。
64 礙於篇幅，關於跨語詩人將自己戰前的日文作品、或先以日文寫下底稿，以尚未熟練的中文進行「自我譯／寫」的狀況，請容我以他文另外處理。

創作的詩作亦未可知。這首詩的標題「轢死」,雖是中／日文互通,但在現代中文裡較屬冷僻字。[65] 對於錦連而言,應是將日文的漢字「轢死」(れきし。輾斃之意)直接挪用為中文。全詩如下:

1　窒息了的誘導手揮舞著紅旗
2　啞吧的信號手在望樓叫喊
3　激──痛
4　小釘子刺進了牙齦
5　從理念的海驚醒而聚合的眼眼眼睛
6　染了血的型態的序列
7　齙牙的輪子停住了
8　一塊恐怖
9　在輪子與輪子之間
10　太陽轟然地墜落了
11　所有的運動轉換方向
12　大地震顫的音響和有密度的聲浪
13　圍圈縮小
14　麻木的群眾仰望著
15　有些東西徐徐地上昇
16　灰塵似的細雨從天上落下（人們想到淚珠以前）[66]

---

65 根據《教育部重編國語辭典修訂本》,「轢」有三種意義,能與本詩對應者為:「車輪輾過。《說文解字・車部》:『轢,車所踐也。』《文選・張衡・西京賦》:『當足見碾,值輪被轢。』三國吳・薛綜・注:『足所蹈為碾,車所加為轢。』」,(來源:教育部《重編國語辭典修訂本》2021。http://dict.revised.moe.edu.tw/cgi-bin/cbdic/gsweb.cgi?ccd=eRWps6&o=e0&sec1=1&op=sid=%22W00000003498%22.&v=-2)。
66 錦連,〈轢死〉,初出:《創世紀》13 期(1959.10),引自阮美慧編,《錦連全集一・中文詩卷1》(台南:國立台灣文學館,2010),頁 88-90。

這 16 行詩句，就是 16 個獨立鏡頭，以腳本的方式寫成。錦連以遠景鏡頭，開啟了詩的前兩行。讀者（透過鏡頭）的遙遙凝視，與近距離目睹事件即將發生的誘導手、信號手的臨場性，形成強烈的反差。而這樣的遠景鏡頭，讓焦急以致無法呼吸／無法言語的工作人員在遼遠的空間中更加顯得渺小而無助。第三幕「激——」拉長而定於「痛」一字，讓人不得不想起林亨泰〈騷音〉或〈車禍〉中的「kiiiii」；而那個「痛」字，則以第四幕的「小釘子刺進了牙齦」召喚讀者關於痛的身體記憶，對其痛覺神經進行尖銳的攻擊。事件發生，鏡頭從遠景改為特寫，而一切按照原來的軌道、慣性、狀態進行的，都改變了方向。第五幕「從理念的海驚醒而聚合的眼眼眼睛」，以當代流行的說法，便是這個輾死事件吸引了大家的眼球。而「眼」的疊字重複，是 1920-1930 年代立體詩、或新感覺派小說慣用的視覺技法。第 6 到第 9 幕，錦連將殘酷血腥的畫面，代換為一種抽象形態反而更顯其不忍卒睹的恐怖。第 10 到 16 幕是各種角度的空景，鏡頭也逐漸從事件現場拉遠。[67] 此類電影詩與跨語活動間的關係，也相當有趣。就讀者的角度而言，在此類電影詩看到的是非連續的、各自獨立的鏡頭，藉由蒙太奇產生的時間序列感、及動態的連續性。然而對於跨語的作者而言，其創作過程，毋寧是腦中想訴說的完整敘事的「分解動作」——以斷片化、時間延遲的方式，化為由言語文字構成的「鏡頭」；再藉由蒙太奇的方式，將這些化為語言的局部零件，安上序列，重新織接成一個故事。而這樣的表現方式，儘管如阮美慧所言，比起具形、靜態畫面構圖的符號詩／圖象詩更能「打破表層、單一的結構系統，詩在共時／歷時、時間／空間的相互撞擊下，衍生出多重的意義，揭示一種文本間互涉的複調」，[68]但在跨語的意義上，我認為，其斷片化、蒙太奇的特殊形式反映的，仍是

---

[67] 關於〈輾死〉的分析，目前已有不少的評論。可參見阮美慧前揭文，頁 130-131。蕭蕭，〈錦連：台灣銀幕詩創始人——銀鈴會與銀幕詩影響下的錦連詩壇地位〉，收入蕭蕭編，《台灣現當代作家研究資料彙編 73：錦連》，頁 265-268。
[68] 阮美慧，〈歷史的斷片——錦連一九五〇年代形構詩的「前衛性」與「現代性」意涵〉，頁 125。

一種宛若符號詩的時間的延遲、視覺的會意、以及在溝通困難之際不得不借助的、比手畫腳的「身體語言」。

四、結語：美學和跨語的交涉連動

　　無論是林亨泰的符號詩、或錦連的電影詩，都只集中發表於 1955-1960 年之間，亦即跨越語言登上中文詩壇的初期。其之所以在 1960 年代停止此類創作，阮美慧曾以錦連為例推測：「或者是他在中文能力逐漸增強後，對語言的掌握較能從心，因此，可以使用更多的語言文字，來承載他內心的詩思，而非簡單的符號或形式可以達成。」[69] 透過上述分析，我們可以知道在其現代主義實驗的背後，同時也存在著跨語的暗面，二者巧妙地連動著。也可以證成 1999 年林淇瀁在〈長廊與地圖——台灣新詩風潮的溯源與鳥瞰〉所說的：「可以肯定的是，台灣戰後現代詩運動中，日本前衛詩潮一直扮演隱而不彰的角色，且又發揮確鑿的影響。」[70] 林亨泰與錦連，正扮演著林淇瀁所謂的「轉接者，也是播種者」的雙重角色，且是一種「跨語轉接／播種」，設法從熟悉的語言被剝奪、曾經引以為傲的文學文化傳統也遭腰斬的赤貧狀態，憑藉著韌性、毅力、機智與創造力，充分運用手邊僅有的資源，包括日文作為媒介的文學養分及人際網絡、時興的現代主義美學、與部分外省籍作家交流、合作，以前衛的中文詩人之姿，重返戰後台灣文壇，在戰後的荒地，再次長出台灣文學的新生之花，並深刻影響中文詩壇。礙於篇幅，這一篇論文只能夠處理林亨泰、錦連兩位詩人的案例。至於泛視覺詩的播種與向後的萌芽，只能先簡單談一下我的想法，並展望下一篇論文。

　　承前引述的林亨泰在〈現代派運動與我〉所提及的，其密集創作符號

---

69 同註 68，頁 146。
70 林淇瀁，〈長廊與地圖：台灣新詩風潮的溯源與鳥瞰〉，頁 80-81。

詩的那一段時間,往來最密切的詩人除了錦連,還有白萩:「白萩也在某一座談討論會上說:『參加現代派,我也多少受了林亨泰先生的影響』,我想,他指的就是這一段時間,這也就是我當時詩生活的一個片斷。」[71] 白萩生於 1937 年,是林亨泰、錦連的晚輩。相較生於 1920 年代、「從小就受過嚴格日語訓練」的「跨越語言的一代」[72],白萩僅在 1944-1945 年間受過短暫的日本教育,即遭遇終戰。1947 年,10 歲的白萩從注音符號開始學習「國語」。他雖出生長成於日治末期,但就語言學習而言,可以算是完整的「戰後中文世代」。也因此,自 1953 年起,年僅 16 歲的他便開始以中文寫詩,密集發表於《民聲日報》、《藍星週刊》等。1956 年 2 月,他與林亨泰、錦連同列紀弦「現代派」同人。1959 年,出版第一本詩集《蛾之死》,其中的圖象詩作品〈蛾之死〉及〈流浪者〉,引起相當多的討論。他在詩論〈由詩的繪畫性談起〉(1960),重新肯定了詩的繪畫性:「圖象詩的意義,在混合著『讀』與『看』的經驗,它利用了你的『腦筋』,並且也利用了你的『眼睛』。」[73] 就系譜上來看,這仍是屬於日本《詩與詩論》乃至林亨泰、紀弦在「現代派」運動強調視覺性的主知主義、純粹詩的延長。但由於白萩並非嚴格的日語/跨語世代,其對於視覺性及主知主義、純粹詩的接受,應非來自日語的閱讀,而是親近的前輩林亨泰、或現代派運動的發起者紀弦的影響。對於作為戰中世代/戰後中文世代的白萩而言,圖象詩等泛視覺詩亦不具備前述跨語世代「以視覺跨語」的過度意義。有趣的是,在世代上,白萩雖屬於林亨泰、錦連的晚輩;但當前輩歷經十年的跨語掙扎、好不容易回到文壇的 1950 年代中期,卻也是白萩登上並逐漸站穩戰後的中文詩壇之際。就這點而言,他與前輩林亨泰、錦連,又可視為詩壇的同時代人。白萩的詩論與泛視覺詩,既受

---

71 林亨泰,〈現代派運動與我〉。收入呂興昌編訂,《林亨泰全集五——文學論述卷 2》,頁 147。
72 林亨泰,〈跨越語言一代的詩人們——從「銀鈴會」談起〉,《文學台灣》127 期(1985.6),頁 31。
73 白萩,〈由詩的繪畫性談起〉,初出:《創世紀》14 期(1960.2),收入《現代詩散論》(二版)(台北:三民,2005),頁 8。

到前輩對於日本前衛詩潮跨語轉接、播種之影響,但也應該與前輩們共時對讀。事實上,他與林亨泰之間,曾經有過關於圖象詩的對話與辯論,白萩已有屬於自己的觀點。往來之間所形構的,正是戰後台灣泛視覺詩的起點。

附錄

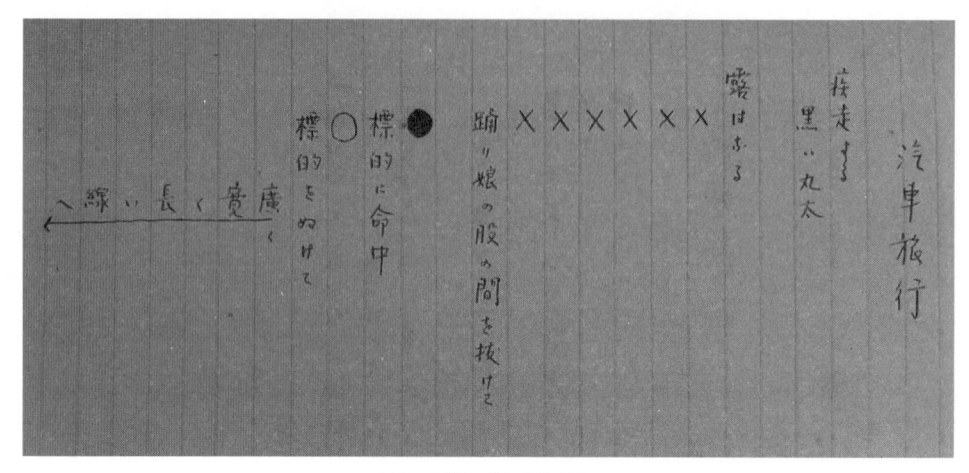

圖 3：錦連〈汽車旅行〉

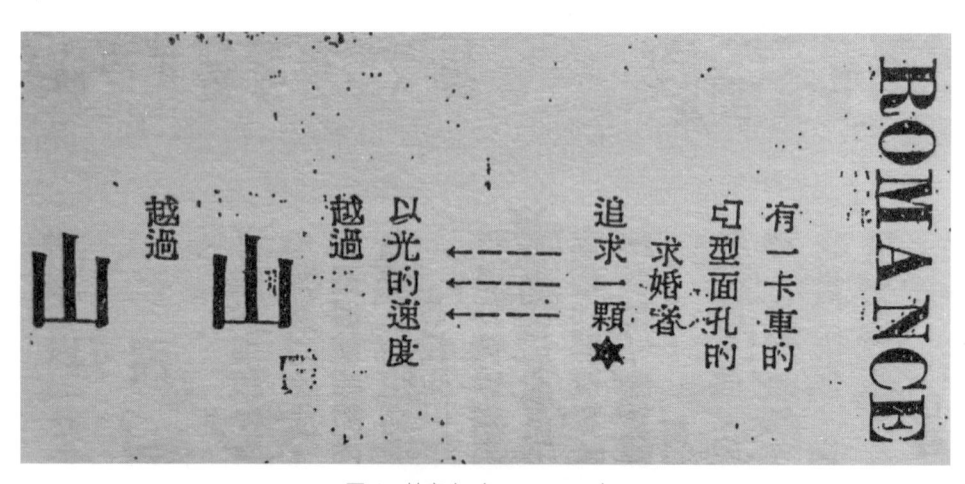

圖 4：林亨泰〈ROMANCE〉

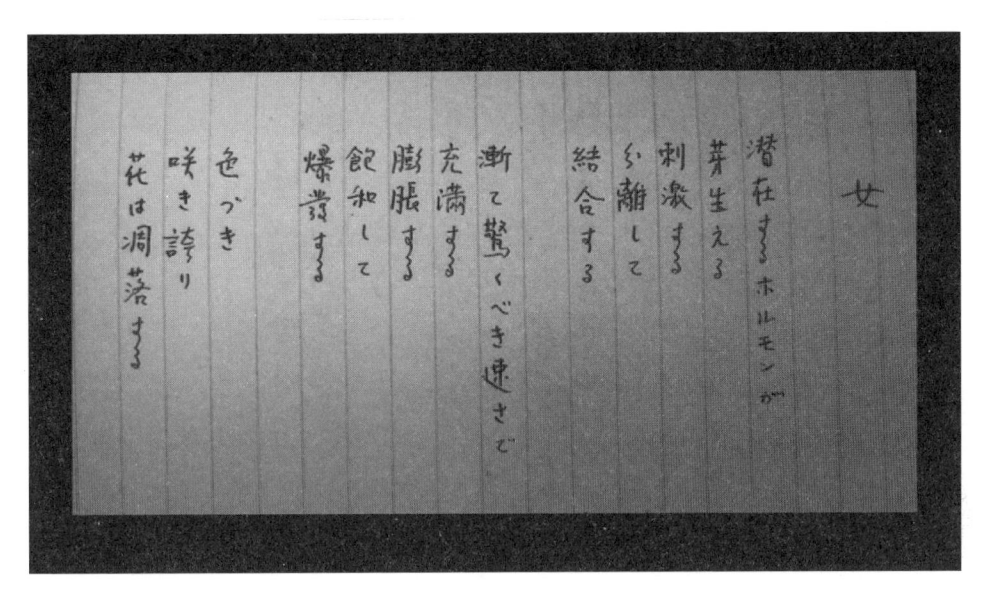

圖 5：錦連〈女〉

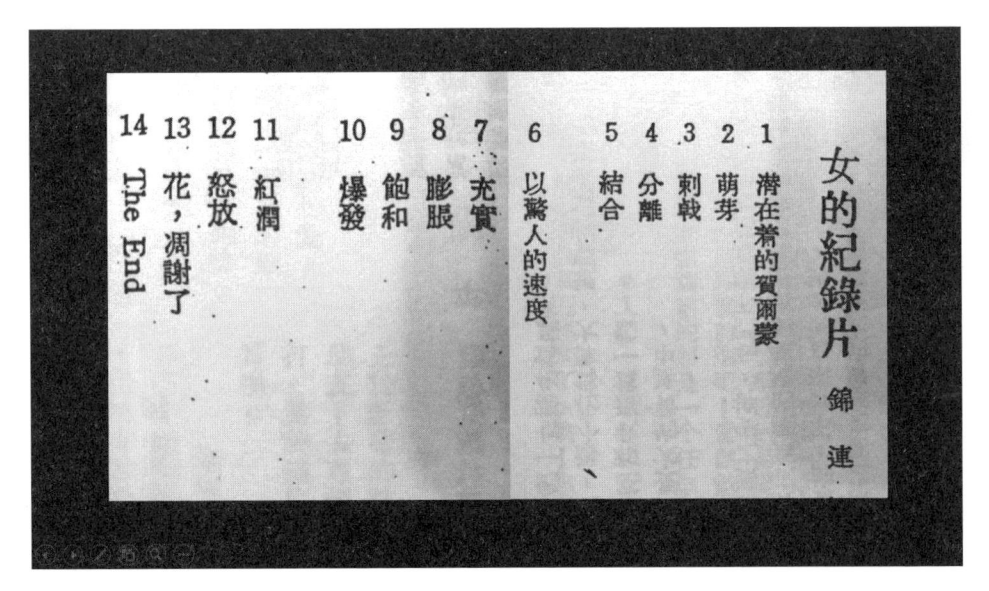

圖 6：錦連〈女的紀錄片〉

現實主義、本土論述與台語詩
向陽 1970 年代詩史論述*

陳瀅州

摘要

　　本文透過分析向陽如何論述 1970 年代之新詩發展，追索其論述的三個面向：現實主義、本土論述、台語詩。首先探討向陽兩篇探討 1970 年代新詩發展的專論，展現出其 1970 年代詩史論述的兩個面向：一、現代詩論戰與新興詩社倡導的現實主義詩潮，二、「笠」與本土論述，分別代表 1970 年代主流與潛流的詩潮，兩文合而觀之，能對 1970 年代新詩發展有更全面性的了解。另一方面，向陽也試圖從戰後台語新詩發展、回顧 1970 年代台語詩萌芽，逐步地將台語新詩納入鄉土文學論戰背景下論述，從而呈現出 1970 年代新詩論述的第三個面向：台語詩。不同於其他詩史論者，向陽除了是詩史撰寫者，本身也是詩史參與者。他站立在戰後世代詩人與現實主義、本土論述、台語詩這三個脈絡當中，當他看待 1970 年代時，以多元脈絡的視角提供了 1970 年代詩史論述的廣度。

關鍵字：1970 年代新詩、現代詩論戰、戰後世代詩人、「笠」、本土論述、台語詩。

＊ 本文原刊登於《文史台灣學報》17 期（2023.10）。

一、前言

　　提到 1970 年代台灣新詩發展，如今已耳熟能詳的詩史敘事中，至少會有幾個關鍵字：「新興詩社」、「現代詩論戰」、「現實」、「鄉土」等主題。如欲了解 1970 年代詩史論述的起源，1980 年代前半葉是一大關鍵重點。1980 年代前半葉，回顧戰後新詩發展的文章相繼發表，計有蕭蕭〈現代詩七十年〉、洛夫〈詩壇春秋三十年〉、笠詩社〈近三十年來的台灣詩文學運動暨笠的位置〉、楊牧〈談台灣現代詩三十年〉以及向陽（林淇瀁）〈七十年代現代詩風潮試論〉[1] 等 5 篇文章。雖然前 4 篇是以跨越年代的新詩發展為題的論述、訪談與座談紀錄，僅向陽一文為單一年代的論述專文，然而如何看待 1970 年代新詩發展與提出見解，卻是各家著重之處。除了現代詩論戰在台灣新詩史上的重要性之外，也可看出各家捍衛自家詩社、流派或美學觀點的用心。

　　上述文章論及 1970 年代新詩發展時，蕭蕭以「青年詩刊相繼出沒」為題簡介新興詩社，特別提及「龍族」從力挽「橫的移植」之偏差到「關懷現實」；[2] 洛夫辯駁論戰對「創世紀」語言晦澀與超現實主義的批評，與貶斥反現代主義詩的青年詩人；[3] 楊牧認為現代詩論戰與鄉土文學論戰對於詩人具有啟發性，影響日後詩壇多元化的呈現；[4]「笠」同仁則是認為「創世紀」的超現實與「藍星」的新古典皆出自於非現實的文學態度，而「笠」與新興詩社走現實傾向的路線。[5] 相較於上述作者指出 1970 年代「現實」與「多元」的詩史意義，向陽不僅概述 1970 年代新詩發展的前因後果，評介現代詩論戰，並且歸納出 1970 年代新詩風潮的五大特色與可能弊端。從

1　向陽，〈七十年代現代詩風潮試論〉，《文訊》12 期（1984.6），頁 47-76。
2　蕭蕭，〈現代詩七十年〉，《自立晚報》副刊（1981.10.10-12），10 版。
3　洛夫，〈詩壇春秋三十年〉，《中外文學》10 卷 12 期（1982.5），頁 18-21、26-29。
4　楊牧，〈談台灣現代詩三十年〉，蔡詩萍訪問記錄，《中國論壇》18 卷 3 期（1984.5），頁 15-19。
5　李魁賢發言，〈近三十年來的台灣詩文學運動暨笠的位置——座談會記實〉，郭成義記錄，《文學界》4 期（1982.10），頁 179。然而，「現實」與「非現實」也常因不同美學觀而有不同的解讀，例如「創世紀」與「藍星」也會認為自己是在書寫「現實」，但若是以「關懷現實」為評判標準，則應該較無疑義。

章法或論證觀之，〈七十年代現代詩風潮試論〉至今仍是一篇具有重要參考價值的論述文章。

此後論及 1970 年代詩史敘事，基本上多不離向陽〈七十年代現代詩風潮試論〉分析歸納的五大特色。例如古繼堂於《台灣新詩發展史》評價 1970 年代台灣新詩回歸浪潮與青年詩人運動時，便曾引述：「就七十年代現代詩風潮的定位而言，相對於六十年代以高標的超現實主義為首的西化詩潮，七十年代的戰後世代詩人採取的毋寧是以民族傳統的縱經，本土社會的橫緯，從而確定座標的現實主義。」[6] 從而提出對 1970 年代新詩發展的 6 點評價：「對台灣新詩西化的否定」、「民族靈魂的復歸和民族文學傳統的繼承和創新」、「鄉土情懷的追求」、「對民歌的重視」、「不拒絕學習外來詩歌藝術」、「風格多樣化」；[7] 然而，就內容上來看仍離不開向陽所歸納的五大特色：

> 其一，是反身傳統，重建民族詩風
> 其二，是回饋社會，關懷現實生活
> 其三，是擁抱大地，肯認本土意識
> 其四，是尊重世俗，反映大眾心聲
> 其五，是崇尚自由，鼓勵多元思想[8]

無獨有偶，郭楓在〈台灣七〇年代新詩潮初探〉總結 1970 年代新詩風潮所產生的正面價值和相關影響，也提出 6 項重要觀察：一、「新詩語言明朗化之建立」；二、「新詩題材多元化之攝取」；三、「現代派詩風被迫修正」；四、「現代派族群同道合流」；五、「新詩回歸目標之落

---

6 向陽，〈七十年代現代詩風潮試論〉，頁 62。
7 古繼堂，〈第十三章 台灣詩壇劃時代的事件──空前民族的、鄉土的回歸浪潮〉，《台灣新詩發展史》（台北：文史哲出版社，1997），頁 415-417。
8 向陽，〈七十年代現代詩風潮試論〉，頁 63-65。

空」;六、「本土意識之醞釀與增強」,[9]與向陽提出之五大特色內容相去不遠,然而兩者觀察角度略有不同:郭楓著重在現代派[10]詩人群的變化,以及新興詩社提出的回歸傳統、民族目標是否達成,而向陽則是觀察以新興詩社與青年詩人為主所推動的詩潮而加以分析歸納。另外,古遠清《台灣當代新詩史》認為 1970 年代是「台灣新詩回歸現實主義的年代」,指出其重要標誌有「以現實主義為主心骨的鄉土文學」、「社會為本位」、「為社會大眾服務」、「向東方回歸」、「向民族回歸」等五項標誌;[11]此與向陽五大特色相比,僅少了一項「多元思想」。可見對於 1970 年代新詩發展的綜合評價,大抵上與向陽〈七十年代現代詩風潮試論〉一文的詩史論述不謀而合。

　　二十一世紀台灣出版三本台灣新詩史專著,即張雙英《二十世紀台灣新詩史》、鄭慧如《台灣現代詩史》與孟樊、楊宗翰合著的《台灣新詩史》。《二十世紀台灣新詩史》論述 1970 年代新詩發展時,僅介紹主要新興詩社與代表性青年詩人,而未進行概觀評價。[12]《台灣新詩史》「回歸期(1972 年 -)」著重在戰後世代詩人群及「關、唐」二人批判反思的重要性,戰後世代詩人選擇「揚棄『世界性』、『超現實性』、『純粹性』等現代主義主張,改朝『民族性』、『社會性』、『世俗性』等現實主義路線發展,進行書寫與行動的雙重實踐」,「題材上擁抱土地現實」,與向陽的五大特色只少了一個「多元性」。不過,進入本世紀的詩史專書不再是援引向陽的五大特色,而是有更多新的面向以資探究,例如此書著墨於前行代詩人面對批評的反應,產生創作上的轉折與修正:從古典文學汲取養分、以詩入歌的民歌運動。[13]可以看出不同於主流論述側重於戰後世代詩

9　郭楓,〈台灣七〇年代新詩潮初探〉,《美麗島文學評論續集》(新北:台北縣文化局,2003),頁 223-228。
10　郭楓文中的「現代派」為廣義現代派,包含「現代派」、「現代詩」、「藍星」與「創世紀」。
11　古遠清,《台灣當代新詩史》(台北:文津出版社,2008),頁 17。
12　張雙英,〈百家爭鳴(六〇、七〇年代)〉,《二十世紀台灣新詩史》(台北:五南圖書,2006),頁 245-319。
13　孟樊、楊宗翰,〈第六章　回歸期〉,《台灣新詩史》(台北:聯經,2022),頁 318-323。

人現實主義詩潮的另一個面向。

而《台灣現代詩史》在總結 1970 年代新詩發展時，以「台灣現代詩史上『正式』標舉本土、鄉土書寫的時期……」、「發光發熱的主要仍是一九五〇年代的大陸來台詩人」、「台灣現代詩評論走向嚴肅論證、學術化的開始」、「促使戰後嬰兒潮世代詩人……加速台灣現代詩從現代主義過渡到現實主義」、「敘事詩爭寫風潮，未能長久延續」等面向加以論述。[14] 除了「本土」、「現實」等面向與向陽「民族、現實、本土、大眾、多元」五大特色有交集之外，文中認為前行代詩人仍是詩壇主流這一點，反而與郭楓「新詩回歸目標之落空」內容相近。其實，1970 年代新興詩人與青年詩人倡導關懷現實，雖蔚為一股風潮，卻也未能撼動前行代詩人在詩壇的地位。文中特別指出詩評走向嚴肅論證與學術化，以及中葉以後的敘事詩風潮，是本書獨具慧眼之處。

是以，不同於同時期發表的 4 篇詩史論述，向陽觀察 1970 年代現代詩風潮而歸納得出的五大特色，由於其論述客觀與合理性，使得後來詩史學者論點在程度上容或有所差異，然而大抵在看待 1970 年代新詩發展得出的方向與結論相距不遠，晚近學者復在其基礎上繼續探究，[15] 終於形成對於 1970 年代詩史論述的普遍認知。

值得一提的是，《台灣現代詩史》介紹 1970 年代背景與詩壇影響時，指出：「當時的詩潮或論述經常表現在國族認同或家國主體性的彰顯，或編詩選展現的詩美學，或詩壇筆戰所顯現的取暖或交鋒。」[16] 並援引向陽〈微弱但是有力的堅持——七〇年代台灣現代詩壇本土論述初探〉為例。此文乃向陽發表〈七十年代現代詩風潮試論〉10 餘年後再度為文探討

---

14 鄭慧如，〈第三章　現代主義到現實主義的轉折：一九七〇—一九七九〉，《台灣現代詩史》（新北：聯經出版，2019），頁 374-375。
15 例如解昆樺，《詩不安——七〇年代新興詩社及詩人之精神動員與典律建制》（苗栗：苗栗縣文化局，2006），頁 17-19；陳瀅州，《七〇年代以降現代詩論戰之話語運作》（台南：台南市立圖書館，2008），頁 30。
16 鄭慧如，《台灣現代詩史》，頁 316。

1970 年代新詩發展，凸顯出 1970 年代詩史的重要性與複雜度，也可看出向陽在不同階段的詩史關懷。

自 1984 年發表〈七十年代現代詩風潮試論〉一文以來，向陽便開啟了為時約 20 年的「台灣新詩風潮論」工程，直到 1999 年〈長廊與地圖：台灣新詩風潮的溯源與鳥瞰〉[17] 暫告一段落。[18]「台灣新詩風潮論」不啻刻劃從日治時期到 1980 年代的台灣新詩發展歷程，也提綱挈領地指出單一年代的發展特色；唯獨發表兩篇 1970 年代新詩發展過程專論，箇中奧妙值得深入探討。此外，向陽尚有兩篇文章部分重疊到 1970 年代詩壇，分別是〈從泥土中翻醒的聲音——試論戰後台語詩的崛起及其前瞻〉[19] 以及〈八〇年代台灣現代詩風潮試論〉[20]，此二文皆探討到戰後台語詩發展的相關論述。如果說〈七十年代現代詩風潮試論〉著重的是新興詩社與現代詩論戰舉起的「現實主義」面向，〈微弱但是有力的堅持〉補述的是「笠詩社與本土論述」面向，那麼這兩篇論及「台語詩」的論述，或可說是向陽 1970 年代詩史論述的第三個面向。

上述 4 篇詩史論述呈現出 1970 年代新詩發展的三個面向，分別是在 1980 年代前半葉寫下的「現實主義」、1990 年代初期論述的「台語詩」與中後期書寫的「本土論述」與「台語詩」。令人好奇的是，向陽何以在不同時間點寫下 1970 年代詩史論述？是否有其時代背景因素導致？因此，本文欲以向陽 4 篇述及 1970 年代詩史論述為主軸，探討以下問題：向陽的撰寫位置為何？向陽如何論述 1970 年代新詩發展？

---

17 向陽，〈長廊與地圖：台灣新詩風潮的溯源與鳥瞰〉，《中外文學》28 卷 1 期（1999.6）；後收錄於：林明德編，《台灣現代詩經緯》（台北：聯合文學，2001），頁 9-63。向陽後來將〈長廊與地圖〉以專書形式出版《長廊與地圖：台灣新詩風潮簡史》（台北：向陽工坊，2002），可視為其新詩史論述的集大成者。
18 向陽在「台灣文學傳播研究室」網站「新詩風潮研究」目錄上，羅列緒論、五〇年代至九〇年代等項目，唯「六〇年代」與「九〇年代」徒留名目，由此觀之本來應該有一系列的新詩風潮書寫計畫。參見向陽，「新詩風潮研究」，（來源：台灣文學傳播研究室，https://tea.ntue.edu.tw/~xiangyang/chiyang）。
19 向陽，〈從泥土中翻醒的聲音——試論戰後台語詩的崛起及其前瞻〉，《迎向眾聲——八〇年代台灣文化情境觀察》（台北：三民書局，1993），頁 131。
20 林淇瀁，〈八〇年代台灣現代詩風潮試論〉，《台灣史料研究》9 期（1997.5），頁 98-118。

二、現實主義：新興詩社與現代詩論戰

　　1970 年代前半葉的現代詩論戰，呼籲回歸民族、關懷現實與大眾等議題，雖然蔡明諺指出實際詩作風格明顯轉向現實者有限，[21] 然而詩壇起了一些質的變化卻是無庸置疑，[22] 例如 1960 年代中後期艱澀晦澀的文字與虛無空洞的內容已逐漸消失。1977 至 1978 年爆發的鄉土文學論戰，關懷鄉土、直指現實的訴求，並不局限於文壇，而是擴大到整體文化層面，直到 1980 年代依舊發揮其影響力。另一方面，美麗島事件發生之後，台灣發生各種震驚國內外的政治案件，如林家慘案、陳文成命案、江南案等，加深民眾對執政當局的反感與不信任，黨外運動以各種形式游擊抗爭。雖然身處戒嚴時期，但是以往執政當局認為堅如磐石的一切，紛紛遭受挑戰。1980 年代前半葉是各種挑戰執政當局政治、社會、文化各個層面最激烈的時代，表現在文學領域中則是本土文學、台灣文學的正名。

　　面對前行代詩人洛夫發表的〈詩壇春秋三十年〉，內容反駁現代詩論戰的批判以及對年輕詩人頗多不滿，戰後世代詩人向陽先是發表〈春與秋其代序——對洛夫先生「詩壇春秋三十年」一文的幾點意見〉反擊，兩年後又發表〈七十年代現代詩風潮試論〉，除了有挑戰前世代詩人媒體資源與話語權，提出戰後世代詩人的見解，也試圖將現代詩論戰以來的正視現實、關懷本土等的內在精神傳遞出來。

（一）對話對象

　　在向陽發表〈七十年代現代詩風潮試論〉之前，尚有蕭蕭等人撰述之 4 篇詩史回顧文章，其中洛夫〈詩壇春秋三十年〉論及 1970 年代新詩發

---

21 蔡明諺，《龍族詩刊研究──兼論七〇年代台灣現代詩論戰》（新竹：國立清華大學中國文學系碩士論文，2002），頁 249。
22 游勝冠論及 1970 年代台灣文學本土論時，指出現代詩論戰以來現實主義文學路線逐漸確立。參見氏著，《台灣文學本土論的興起與發展》（台北：前衛出版社，1997），頁 288-291。

展，多在抨擊關傑明、唐文標與駁斥論戰對「創世紀」的批判，而在評介青年詩人與新興詩社時又頗多偏見，於是造成各家詩社發文駁斥，其中向陽以《陽光小集》社論質問洛夫該文的諸多缺失。因此，當向陽在兩年後發表〈七十年代現代詩風潮試論〉，或可視為1970年代崛起的戰後世代詩人，藉由論述爭取對於「現代詩論戰」、「新興詩社」、「一九七〇年代詩史論述」等的詮釋權，以此對抗擁有媒體話語權的詩壇主流前行代詩人。

洛夫在《中外文學》「現代詩三十年回顧專號」發表〈詩壇春秋三十年〉，由於為「創世紀」辯護，加上貶抑「現代派」、「藍星」、「笠」等詩社，導致這些詩社在自家詩刊與《陽光小集》上駁斥其論點，時稱「洛夫事件」[23]。〈詩壇春秋三十年〉關於1970年代的新詩發展，係以「近十年來現代詩的新貌」一節加以探討，洛夫援引《大學國文選》收錄紀弦等9位現代詩人作品為例，認為這是「一種由排斥到接受，由懷疑到承認，由否定到肯定的轉機」，[24] 意思是說儘管當年現代詩論戰的詩評家大肆批評，然而事實是如今「現代詩」已被接受、進入文學史。不過，洛夫對於當年論戰中批判「現代詩」的戰後世代詩人，認為他們只是「為反而反」[25]，乃至於洛夫評述1970年代戰後世代詩人，仍秉持著對詩壇後輩的批判態度，不僅冠上「鄉土主義」的帽子，也批評年輕詩人之諸多不足。[26] 這些否定的負面說法，立刻引發戰後世代詩人群的不滿；加上文中對「現代派」、「藍星」、「笠」等的評介帶有成見，造成各家詩社陸續發文駁斥。

向陽在《陽光小集》第9期上發表社論〈春與秋其代序——對洛夫先生「詩壇春秋三十年」一文的幾點意見〉，指出洛夫「對民國六十一年以

---

[23] 「洛夫事件」始末，參見陳瀅州，《七〇年代以降現代詩論戰之話語運作》，頁183-197。
[24] 洛夫，〈詩壇春秋三十年〉，頁27。
[25] 同註24，頁28。
[26] 同註24，頁31。

前的事,似乎雜憶得多,反省得少;對近十年來的發展,則似乎介紹得不夠,評述得稍嫌武斷」,接著便提出四點意見:1、洛夫可以「將寫『創世紀與超現實主義』的內容與態度,來處理其他詩社」。2、若無關唐事件發生,若無龍族為首的青年詩人覺醒,不會有當下的詩壇風貌。3、1970年代的五分之四篇幅都在批評關唐事件。4、「事實上詩風近於鄉土者,詩觀不見得必是『鄉土主義』;贊成所謂『鄉土主義』者,其詩風亦不見得即是鄉土,更何況上有不少青年詩人在創作上寧肯以詩為宗,不願以『主義』自限」。[27] 以上四點,首先指出〈詩壇春秋三十年〉流於雜憶而非系統性回顧,對自家詩社辯護與修正,卻未能持平地對其他詩社評價;其次駁斥洛夫對於論戰的否定看法,在此也可看到向陽對關唐事件持正面態度;以及評介1970年代新詩發展的篇幅過少;最後則是反駁洛夫對戰後世代詩人的負面評價。向陽重申「陽光小集」的立場:「任何文字主義的宣揚,如其不與民族、時代相呼應,則屬詩人的墮落;任何語言形式的實驗,如其不與生活、民眾相配合,則屬詩人的逃避。」[28] 換句話說,詩人作品與民族、時代、民眾、生活等息息相關,不該捨本逐末。

洛夫與向陽對於1970年代新詩發展,尤以現代詩論戰與新興詩社戰後世代詩人的看法有著重大歧異。此差異來自於不同世代的典律更迭,包含前行代詩人捍衛詩壇地位與美學典律、戰後世代詩人的主張與挑戰,也來自於兩位不同族群的詩人(戰後來台詩人與本省籍詩人)之間對於文學與歷史的觀點分歧,一方是書寫因國共內戰遠離故土而形成的內心孤絕,而另一方卻是面對斯土即家鄉的現實與土地關懷。不同世代與不同族群的差異,日後將表現在向陽論述1970年代詩史論述之中,首先是以戰後世代詩人立場書寫的〈七十年代現代詩風潮試論〉,其次則是以「笠」與本土

---

27 向陽,〈春與秋其代序——對洛夫先生「詩壇春秋三十年」一文的幾點意見〉,《陽光小集》9期(1982.6),頁8-10。
28 向陽,〈春與秋其代序〉,頁10。

論述來書寫的〈微弱但是有力的堅持：七〇年代台灣現代詩壇本土論述初探〉。

當向陽批評洛夫該文缺失的回應中，也讓他驚覺詩史論述必須要有戰後世代詩人的聲音，因此在兩年後發表〈七十年代現代詩風潮試論〉。他之所以選擇「現代詩風潮」做為論述的主軸，而非同屬戰後世代詩人的蕭蕭以「詩學」取徑，顯然也是想要著重在新興詩社與現代詩論戰引領的主張，及其後的發展流變。

（二）詩史敘事

1984 年，向陽發表〈七十年代現代詩風潮試論〉，開篇花了三頁篇幅介紹 1950 年代以來的新詩發展，並透過政治、經濟分析，說明造成「現代派」與「創世紀」各領風騷的背景。[29] 然而，隨著時序進入 1970 年代，台灣處於外交失利與經濟發展的背景之下，戰後世代詩人吸收「藍星」的抒情、「葡萄園」的語言素樸與「笠」的本土意識等主張之後，便開始對前此新詩風潮提出檢討。[30] 1971 至 1972 年成立的新興詩社「龍族」、「主流」、「大地」，在創社之初便擎起「傳統」的大旗，以此與前行代詩人區分開來。與此同時，關傑明、唐文標等對於詩壇的批評，引發熱烈迴響，導致一時之間詩壇為之震撼。

現代詩論戰約在 1974 年進入尾聲，《中外文學》與《創世紀》分別推出「詩專號」與「詩論專號」，藉以總結對於論戰的反省與思考，卻呈現出相異的結果。向陽特別指出〈詩運小卜——中外文學詩專號前言〉與《創世紀》「詩論專號」社論〈請為中國詩壇保留一份純淨〉的作者，恰巧是代表「藍星」、「揚棄『現代主義』」的余光中，以及「『現代派』的傳承者」、「揭起『超現實主義』巨纛」的洛夫，兩人分別代表著不同

---
29 向陽，〈七十年代現代詩風潮試論〉，頁 49。
30 同註 29，頁 50。

詩學與流派淵源，得出的結論自是大相逕庭；[31] 不過，文中將兩本專號當中「對於事件的態度」、「六十年代詩壇的反省」、「展望未來的發展」等面向製成表格進行比較，[32] 可以看出余光中對戰後世代詩人的期許是多一分溫厚的。

尤須留意的是，向陽將 1979 年 12 月創立的「陽光小集」放在 1970 年代新詩風潮來談，而非置於 1980 年代詩史論述。他指出「陽光小集」同仁乃「整合七十年代中期出現之青年詩人群為主」，初期以「暴風雨」、「綠地」、「詩脈」、「北極星」四個詩社為主，1981 年復有「草根」、「創世紀」、「藍星」、「主流」、「大地」等詩社同仁與戰後世代詩人加入。[33] 亦即「陽光小集」不僅承接 1970 年代詩人群，也向後開啟 1980 年代以來的現代詩風潮，顯示其在詩史上的重要意義。其次是 1977 年 5 月創刊的《詩潮》，由於刊登工人農民詩篇、鄉土民歌風格、歌頌國家民族的作品，向陽行文僅以「引起了現代詩壇與文壇的驚駭與震撼」，[34] 卻在註釋中說明主編高準自述有人直指《詩潮》是「工農兵文學」、「狼來了」，[35] 並未繼續著墨。其實這些文字出自洛夫與余光中：洛夫在《詩潮》出刊隔月的《幼獅文藝》〈「詩專號」前記〉上寫著：「最近創刊的某一詩刊所強調的工農兵階級意識的作品」[36]，以及余光中那篇名聞遐邇的〈狼來了〉[37]。此兩篇引發「詩潮事件」，後來更直接或間接地影響了鄉土文學論戰。[38] 顯見向陽撰寫的當下有其時代侷限，而無法詳細直言。

向陽歸納出 1970 年代新詩風潮之五大特色「民族」、「現實」、「本

---

31 洛夫與余光中兩人觀念與態度的差異，早在 1960 年代「天狼星論戰」、「《七十年代詩選》批判」中就有跡可循。
32 同註 29，頁 55-56。
33 同註 29，頁 59。
34 向陽，〈七十年代現代詩風潮試論〉，頁 60。
35 同註 34，頁 73。
36 洛夫，〈「詩專號」前記〉，《中華文藝》13 卷 4 期（1977.6），頁 10。
37 余光中，〈狼來了〉，《聯合報》（1977.8.20），12 版。
38 「詩潮事件」始末，參見陳瀅州，《戰後台灣詩史「反抗敘事」的建構》（台南：台南市文化局，2016.4），頁 188-192。

土」、「大眾」、「多元」，是為了修正1950、60年代現代主義、超現實主義風潮所造成的「西化、晦澀、放逐、自我、單一」現象，然而倘若過猶不及，容易出現5組相應的弊端，需要多加思考與留意，以免「墮於『排外、淺白、偏狹、媚俗、散亂』之現實主義的末流」。[39] 張默後來在《中華現代文學大系‧詩卷》導言中，讚許向陽分析的五大特色相當周密，也以「過來人」的視角回應，指出1970年代是否清除了現代主義、超現實主義之流風，仍待時間證明。[40] 然而，檢視後來的台灣新詩發展，1970年代現代詩論戰所批判者，容或有少數個案存在，卻已不再是詩壇的現象。

總體而言，向陽〈七十年代現代詩風潮試論〉在詩史敘事方面，先回顧1970年代之前的戰後台灣新詩發展，更準確地說是自「現代派」以來的新詩發展，[41] 到了1960年代後轉向以「創世紀」引導的超現實詩潮，即介紹此詩潮產生的淵源、發展、背景與產生的流弊。然而，進入1970年代之後，由於國內外政經結構轉變，加上吸收詩壇主流外的詩學，於是反對語言晦澀、內容虛無，提倡關懷現實、回歸傳統、民族，遂成為戰後世代詩人及新興詩社的主張。與此同時，來自關傑明、唐文標等的大力抨擊，造成詩壇巨大震撼，必須停下腳步予以檢視。對於這些批評，有些詩人反省悔悟，而有些詩人則是一概否定。無論如何，戰後世代詩人走出了異於1960年代新詩風潮的一條路。向陽接著簡介1970年代主要的新興詩社及其主張之後，歸納出1970年代新詩風潮的特色與反思可能的弊端，並放眼1980年代的新詩發展。

回過頭來，若將向陽〈七十年代現代詩風潮試論〉與洛夫〈詩壇春秋三十年〉並置觀之：1、向陽從1950年代「現代詩」開始論起，直到1970年代的新詩發展，論述整個1970年代新詩發展的前因後果，並提出五大

---

39 同註34，頁66。
40 張默，〈台灣現代詩概觀——從一九七〇到一九八九〉，《台灣現代詩概觀》（台北：爾雅出版社，1997），頁12。
41 〈七十年代現代詩風潮試論〉未提及「銀鈴會」《潮流》，以及《新生報》橋副刊上的新詩活動。

特色，也反思可能遭致的弊端；洛夫該文則流於雜憶與辯駁。2、向陽以大篇幅評介新興詩社與現代詩論戰；洛夫則是大篇幅在為自家詩社叫屈，對於論戰與青年詩人皆感不值一哂。面對位居詩壇主流與具媒體話語權的前行代詩人對於現代詩論戰的翻案文章，向陽透過〈七十年代現代詩風潮試論〉，以戰後世代詩人的觀點強調現代詩論戰的意義、重申新興詩社的主張，並綜述 1970 年代詩史發展，如前言所述，逐漸成為該時期詩史敘事的論述基調。

三、本土論述與「笠」

由於〈七十年代現代詩風潮試論〉著重在不同於 1960 年代的新詩發展，[42] 因此較為關注詩壇主流的新詩風潮，呈現在內容上就是大篇幅說明新興詩社與現代詩論戰。文中對於「現代派」、「藍星」、「創世紀」之外的詩社，以「在現代詩風潮的運動中居於支流」[43] 為由，而在論及 1970 年代前新詩發展中以數行帶過，例如「笠」：

> 一九六四年，以本省籍詩人為主體的「笠」詩刊創刊，針對現代詩的虛無，強調關切現實的本土意識，均具有一定的制衡作用，然而他們的聲音，在當時台灣政、經、社會文化均強烈籠罩在西化陰影下的環境裡，畢竟是微弱的。[44]

此外，便是前文提及戰後世代詩人吸收綜合「藍星」、「葡萄園」、

---

42 孟樊論述「批判的寫實詩」時，曾引用杜國清認為的 1960、70 年代的詩風轉變，例如：1960 年代詩風為迷失、晦澀、超現實、撿拾西洋現代主義的牙慧、假古典的矯情虛偽、虛無、無意識的夢囈，1970 年代詩風為自覺、明朗、現實、鄉土題材的挖掘、生活中的切膚傷痛、自我肯定、現實的譏諷和批判，文中又再補上政治的控訴、對被剝削階級的同情。概可視為 1960、70 年代的詩風差異。參見氏著，《當代台灣新詩理論》（台北：揚智文化，1998），頁 152。
43 向陽，〈七十年代現代詩風潮試論〉，頁 50。
44 同註 43，頁 49-50。

「笠」等詩風與主張,並對以「創世紀」為主的現代主義、超現實主義詩風進行檢討。值得注意的是文中指出「笠」強調「關切現實的本土意識」,以及其在當時的影響力微弱,雖然簡短地介紹,倒也將「笠」的追求與處境呈現出來。

然而,向陽本身兼具研究者與詩人身分,在創作面向持續以現實主義路線前進,1980 年代出版的詩集諸如《種籽》(1980)、《十行集》(1984)、《歲月》(1985)、《土地的歌》(1985)、《四季》(1986)、《心事》(1987)皆是見證,作品同時也流露出濃厚的本土意識與在地關懷。從向陽的詩作風格中可以發現,現實主義的書寫與本土論述是相輔相成的,或可說是一體兩面。而在 1985 年出版的《康莊有待》[45] 收錄的文學評論,特別是 1980 年代發表的文學史觀察,可以觀察到向陽在建立台灣主體性的面向上,具有先驅者位置與具體實踐。因此,歷經解嚴前夕創作與評論的實踐與醞釀,向陽於 1990 年代逐步論述本土意識,包含後文將提及的台語詩。

解嚴之後,即使解除報禁、黨禁等束縛,民眾仍然生活在威權統治之中;一直要到在 1991 年 5 月宣佈廢止《動員戡亂臨時條款》、廢除《懲治叛亂條例》之後的台灣,思想與言論自由才真正落實。然而,思想與言論理應更加自由的 1990 年代,台灣文學或本土論的發展,仍受到反本土派的強烈抨擊與扭曲。如同游勝冠所指出的,台灣文學本土化在 1980 年代蓬勃發展,到了 1990 年代便開始出現批判本土論的文章,例如 1992 年來自呂正惠、游喚、馬森等學者的批評,由彭瑞金正面迎戰;1995 至 1996 年的「台灣文化論戰」期間,陳昭瑛於《中外文學》為文批判本土化運動,也引來廖朝陽、張國慶、陳芳明、邱貴芬等學者批評回應。[46] 因此,身處

---

45 向陽,《康莊有待》(台北:東大出版社,1985)。
46 游勝冠,〈國家認同與九〇年代的台灣文學論戰〉,《國家認同之文化論述》(台北:台灣國際研究學會,2006),頁 477-504。

1990年代背景前提之下，向陽在此時將1970年代詩史論述增補了本土論述的面向，有意突顯身為新興詩社、現代詩論戰帶出來的「現實主義」主流下的一條伏流，「笠」與本土論述的發展，從而強化本土論述在新詩領域的發展脈絡。

1995年，向陽於「台灣現代詩史研討會」宣讀〈微弱但是有力的堅持：七〇年代台灣現代詩壇本土論述初探〉，此時凸顯不同於主流新詩風潮運動中的「笠」。文中首論台灣社會變遷的背景，因而造成「新中產階級」的興起，加上青年知識份子要求政治改革、文化復興，於是匯聚成1970年代「本土化、民主化」潮流的開端。然而，他也指出：「本土論述仍非主流，而是在『民族的、現實的』的主流之下隱伏的意識型態，直到鄉土文學論戰爆發之後，才逐漸受到台灣詩壇的正視。」[47]陳述戒嚴時期下本土論述的隱微或不見。

他借用蕭新煌「新階級」知識份子的論述，補述1970年代現代詩論戰亦是此一新階級的詩壇改革運動：「在政治威權宰制下，『新階級』試探性地由反西化的『民族的』論述，逐步轉移到反霸權的『現實的』論述，最後辯證地形成了反中國的『本土的』論述之出現。」[48]「新階級」青年詩人們在此詩壇改革運動中，首先由於反對西化於是形成「民族」論述；反對文壇霸權及其背後的政治力而提出「現實」論述，結合本土剛出現的「新階級」，社會現實主義成為論述主軸，因而吸收並運用了台灣本土的歷史與文化上的資源；最後，從原先民族論述分化演變到「本土」論述。[49]然而，身處戒嚴時期主張本土論述談何容易？若以此檢視1970年代新興詩社，會發現其「本土」意涵仍隱身於「中國」符號之下，青年詩人們尚在追索之中，一直要等到鄉土文學論戰以及美麗島事件之後，才會慢慢浮

---

[47] 林淇瀁，〈微弱但是有力的堅持：七〇年代台灣現代詩壇本土論述初探〉，《台灣現代詩史論》（台北：文訊雜誌社，1996），頁364。
[48] 同註47，頁365。
[49] 同註48。

現出來。也就是說，1970年代本土論述並非不存在，只是不容易在新興詩社與戰後世代詩人中找到，它以一種隱微的方式呈現，可能套上「民族文學」、「寫實文學」或「鄉土文學」的外衣。

若將觀察對象轉移從戰後世代詩人與新興詩社，改到本土詩人為主的刊物《笠》，又是何種情形？然而，在當時環境下即使是「笠」也不可能過於明目張膽：

> 重新翻閱七〇年代的《笠》詩刊，可以發現，在那個年代裡，「中國現代詩」那樣的符號仍然未被挑戰，《笠》的詩人因而迂迴地採取了以「現實的」及「本土的」詩學路線，在抵抗《創世紀》、《藍星》等主流詩學的過程中，走出「民族的」主流論述陰影，最後在八〇年代末期宣布「台灣精神的崛起」。[50]

向陽指出「笠」的本土論述，除了來自詩人對台灣身分的認同，主要論述基礎為陳千武在1970年提出的「兩個根球論」[51]，揭示台灣新詩「促進直接性開花的根球」之外的另一個源流：承繼自日治時期台灣詩人與精神的「本土根球」。「兩個根球論」提醒台灣詩人，尤其是戰後世代詩人，一個在台灣土地上本來就具有的新詩傳統。[52] 此外，「笠」在鄉土文學論戰次年舉辦的「鄉土與自由」座談會中，「笠」同仁就自家詩社在鄉土文學中扮演的角色，提出以「鄉土精神」作為批判與抵抗，[53] 則成為日後「笠」本土論述的骨幹。[54] 然而，「笠」在1970年代及詩壇的影響力有限，對比新興詩社、現代詩論戰的訴求，「笠」「鄉土精神」的說法無法

---

50 同註47，頁369。
51 陳千武，〈台灣現代詩的歷史和詩人們〉，《笠》40期（1970.12），頁49。原為《華麗島詩集》後記（東京：若樹書房，1970）。
52 同註47，頁370。
53 林淇瀁，〈微弱但是有力的堅持〉，頁371-372。
54 「笠」「鄉土精神」的內涵分析，參見陳瀅州，《戰後台灣詩史「反抗敘事」的建構》，頁282-290。

發揮多大的實質效益。

　　本土論述在 1970 年代的台灣文學發展，常以小說及其評論較為人所知，而在新詩方面的論述較少。[55] 戰後世代詩人提倡的現實主義仍有著「中國」與「民族」迷思，相較之下，陳千武提出的「兩個根球論」、「笠」同仁的身分認同與「鄉土精神」……這種雖然「微弱但是有力的堅持」，終於在 1980 年代讓「笠」的本土論述獲得重視。[56]

　　正如〈七十年代現代詩風潮試論〉主要聚焦在戰後世代詩人與新興詩社提倡的現實主義詩潮，〈微弱但是有力的堅持〉補述同一時間隱微而低調的「笠」與本土論述，為 1970 年代新詩發展提供了另一個面向。〈微弱但是有力的堅持〉成為向陽「台灣新詩風潮」的系列文章之一，不僅提供了 1970 年代詩史論述的另一種面向，補充「笠」與本土論述，也能充分感受到解嚴後本土論述的蓬勃發展，不再被視為洪水猛獸的時代氛圍。

四、台語詩

　　論及戰後台語詩發展，以 1970 年代林宗源、向陽為最早，也幾乎只有他們兩人進行整首詩全台語創作；[57] 但在被「現實」、「鄉土」、「大眾」擾動的 1970 年代，台語與華語未被放在同一個基準上衡量。「國語」政策之下，時稱「方言詩」的作品，多少會被冠上不少政治化的帽子或視如敝屣，可以想見林、向二人的台語詩創作處境是極為邊緣與不利的。然而，1980 年代台語詩便蔚為一股創作風潮，同時身為台語詩創作者與詩史論述撰寫者，向陽何以要等到 1990 年代才為文論述台語詩發展歷程？

---

55 游勝冠論及 1970 年代台灣文學本土論時，亦僅概述現代詩論戰及其時代意義。參見氏著，《台灣文學本土論的興起與發展》，頁 288-291。

56 林淇瀁，〈微弱但是有力的堅持〉，頁 372。

57 此處係指以台語漢字創作新詩，若以白話字（教會羅馬字）創作詩歌而言，林宗源、向陽就不一定是戰後台語詩的第一人與第二人。另外，吳晟出道的〈吾鄉印象〉組詩，詩中雖有台語詞彙，卻非整首詩皆以台語寫就，通常不被列入台語詩。

1990 年代之初，在政治、社會方面廢除《動員戡亂條例》，不再作為執政當局陷人於罪的法律依據，此後才是真正在言論、思想都獲得解放。而在台語詩方面，鄭良偉於 1990 年出版《台語詩六家選》，收錄林宗源、黃勁連、黃樹根、宋澤萊、向陽、林央敏 6 位作家的台語詩作；林宗源於 1991 年創立第一個台語詩社「蕃薯詩社」以及發行《蕃薯詩刊》共 7 期。台語文學作品，特別是台語詩在 1990 年代初期開始進入典律化過程，如此一來，台語詩尚須有相關論述並行來支撐。而在這個時間點上，向陽發表〈從泥土中翻醒的聲音——試論戰後台語詩的崛起及其前瞻〉，不僅講述戰後台語詩的發展脈絡，甚至往前追溯到日治時期台語文運動的興衰，進而形成台語文學與台語詩的論述背景，蘊含著長期以來身為台語詩人的關懷與期許，也補足了台語詩論述的空缺。

（一）戰後台語詩發展

目前台灣新詩史專著中，關於「台語詩」等非華語詩作的篇幅有限，甚至略而不提。雖然「台語詩」發展在母語詩中較早且稍具規模，但是如古繼堂《台灣新詩發展史》全書只用一小段來介紹向陽的台語詩。[58]《二十世紀台灣新詩史》提及向陽的「方言詩」，以及 1990 年代「台語詩」發展。[59]《台灣當代新詩史》討論林宗源、向陽與解嚴後的台語詩。[60]《台灣現代詩史》簡介台語詩發展，特別評論向陽的台語詩集《土地的歌》。[61]《台灣新詩史》只分析兩位詩人的台語詩集：向陽《土地的歌》、李長青《江湖》與《風聲》。[62] 這些台灣新詩史專書最大的共通點大概是以向陽的台語詩、台語詩集《土地的歌》為主，其次是解嚴後的台語詩發展。戰後

---

58 古繼堂，《台灣新詩發展史》，頁 454。
59 張雙英，《二十世紀台灣新詩史》，頁 307-310、頁 422-423。
60 古遠清，《台灣當代新詩史》，頁 185-186、244、355-360。
61 鄭慧如，《台灣現代詩史》，頁 402-404、561-564。
62 孟樊、楊宗翰，《台灣新詩史》，頁 404-405、683-687。

至今累積不少台語詩人、詩作,卻只關注向陽的台語詩表現,可見台語詩位居現代詩場域的邊緣位置。

現有台語新詩史相關論述大概呈現三種初步嘗試:其一、主要評介台語詩作,例如葉笛〈戰後台語詩的發展〉是從日治時期 1930 年代鄉土文學論戰談起乃至評介戰後幾位台語詩人詩作,[63] 而趙天儀〈台語詩的發展〉則著重在分析個別台語詩人作品,[64] 兩人皆缺乏對於台語詩發展的整體論述。其二、處在詩史書寫策略與內容探討階段,尚未進入實質的詩史論述,例如方耀乾〈生產一個開始:台語詩史書寫問題初探〉以廣義界定台語詩,其台語詩範疇包含漢文言詩、民間歌謠、歌仔冊文學、流行歌謠、台語新詩等五種類型,並比較其他台語文學史論述,討論出自己對於台語詩分期的看法;[65] 然而,台語新詩終究只是占廣義台語詩的一部分,若要書寫台語新詩史,勢必在撰史前定義清楚。其三,綜論台語新詩發展,例如向陽於 1991 年現代詩學研討會上發表的〈從泥土中翻醒的聲音——試論戰後台語詩的崛起及其前瞻〉。

〈從泥土中翻醒的聲音〉論述台語詩創作的嘗試,始自 1930 年代台灣話文運動,然而隨著皇民化運動廢止漢文書寫,中止了台灣話文及其文學的發展。戰後二二八事件乃至白色恐怖的時代背景之下,使得台灣文化界萎縮與噤聲,與戰前皇民化運動一樣,戰後反共文藝政策也是對作家創作心力的迫害與扼殺。向陽指出戰後開始討論台灣話文文學,是在《文友通訊》第 4 次討論時,鍾肇政提出「關於台灣方言文學之我見」的議題,可惜在擔心外省族群看不懂的理由下不了了之。[66]《台灣文藝》與《笠》這兩份本土文藝刊物的出現,逐漸走出與當時文壇主流不同的路線與面貌,

---

[63] 葉笛,〈戰後台語詩的發展〉,《台灣新文藝》9 期(1997.12),頁 227-237。
[64] 趙天儀,〈台語詩的發展〉,《海翁台語文學》19 期(2003.7),頁 4-23。
[65] 方耀乾,〈生產一个開始:台語詩史書寫問題初探〉,2006 年台語文學學術研討會;後改名為〈生產一个開始:台語詩史書寫問題ê思考〉,收錄於方耀乾,《台語母語文學:少數文學史書寫理論》(台南:台南市文化局,2017),頁 129-153。
[66] 向陽,〈從泥土中翻醒的聲音〉,頁 131。

而在鄉土文學論戰爆發之後，與中國來台作家為主體的西化派、中國現代文學告別。也就是在這個背景之下，台語詩於 1970 年代先以「方言詩」之名出現，而於 1980 年代中期配合台灣文學與台語文字化運動持續發展。[67]向陽繼續論述戰後台語詩是以 1970 年代中期林宗源與向陽的台語詩創作為起點，乃至 1980 年代台語詩的蓬勃發展。[68]

不過，這裡存在著兩個小問題：其一，若回頭檢視林宗源的台語詩作，1970 年代之前已有台語詞彙零星出現在作品中，真正第一首完整的台語詩是在 1970 年，[69]應該修改成林宗源於 1970 年代初期便已開始台語詩創作。其二，此前並非沒有以台語寫成的詩，而是以白話字（羅馬拼音）書寫、刊登在《台灣教會公報》等的宗教詩歌，從 1885 年以來就陸續有相關詩作，例如 1959 年高俊明〈góa m̄-chai〉（我毋知）。[70]這些以台語書寫的聖詩、宗教詩歌，具有一定的宗教意義。然而，若要從文學史意義以及對文壇產生影響而言，則以林宗源與向陽創作台語詩為起點是比較恰當的。

向陽開始發表台語詩創作之際，趙天儀正在擔任《台灣文藝》與《笠》兩刊物的新詩主編，他曾寄贈《台灣語典》給林宗源與向陽。值得注意的是，向陽後來提及投遞〈家譜——血親篇〉一輯 4 首[71]時主編趙天儀的反應：「承趙天儀先生回信，表示他雖不贊同方言詩，但準備刊登，這對當時的我是一種鼓勵。」[72]當時詩壇對於「方言詩」並不友善，即使本土詩社「笠」成員也表示疑慮。「笠」在 1978 年 8 月舉辦「鄉土與自由——台灣詩文學的展望」座談會時，對於林宗源與向陽「方言詩」的看法是「沒有必要的話，不宜一定用方言入詩」，然而多數與會者卻抱持樂

---

67 同註 66，頁 132。
68 同註 66，頁 133。
69 陳瀅州，〈林宗源早期「台語詩」再探：以一九六〇、七〇年代《笠》為觀察範圍〉，《林宗源文學學術研討會論文集》（新北：真理大學台灣文學系，2021），頁 200-210。
70 施俊州編著，《台語文學發展年表》（台南：國立台灣文學館，2015），頁 241。
71 向陽，〈家譜——血親篇〉，《笠》72 期（1976.4），頁 26-27。
72 向陽，〈從泥土中翻醒的聲音〉，頁 136。

觀其成的態度。[73]

　　戒嚴時期的文壇生態，係以「國語」（北京話、華語）作為文學語言的絕對標準，在此背景之下，堅持以台語作為書寫語言，需要有極大的勇氣來面對政治意識、文學層面的諸多質疑與排斥，因此林宗源與向陽在台語詩創作路上，皆有從疑慮到樂觀的心態轉折。然而，文中指出兩位詩人的最大差異在於：林宗源自1970年代中期後，斷除中文思考而全面改以台語創作；向陽則是華文詩、台語詩雙管齊下，乃至兩者混合使用，不斷地再尋求新的創作可能，也可看出兩位戰後台語詩人不同的詩學抉擇。

　　文末提出促成台語文學階段性任務乃至台灣文學體系的5點意見，茲濃縮如下：1、「先行重建各語系文學及文化之尊嚴」。2、「先行統一各該語系文字的表記方式」。3、「求取共通可行的一套文字表記法」。4、台語研究者「拋棄小部分成見」。5、「適用於各族群的台語文字化工作完成，台灣文學自然已無必要再高舉『台語文學』的名號」。[74] 此文發表時為1990年代初期，目前多數問題已然解決，特別是台語文字表記方法太多種，必須統合為一，確實為當年的當務之急。跨入二十一世紀之後，教育部於2006年10月14日公告「台灣閩南語羅馬字拼音方案」，2007年5月公布「台灣閩南語漢字之選用原則」，也揀選「台灣閩南語推薦用字」700字（2007年5月、2008年5月、2009年10月），2008年10月也推出《教育部台灣閩南語常用辭典》，乃至「教育部台灣閩南語語言能力認證」，108課綱本土語言列為中小學必修課程……等，如今已是進行式。

　　此文不僅陳述日治時期以來的台語文學脈絡與戰後台語詩發展，同時也試圖釐清台語文學的定義與內涵，並提出對台語文字化的提供看法，頗具台語詩史意義。

---

73 同註72，頁137。
74 同註72，頁152-153。

（二）回顧1970年代台語詩

到了1997年，向陽發表〈八〇年代台灣現代詩風潮試論〉，由於將「台語詩」與「後現代詩」並列為1980年代後半葉的新詩風潮，因而回溯之前台語詩的發展歷史。其中一段補述1970年代台語詩的發展情形：

> 七〇年代中期，從事詩創作的詩人有林宗源與向陽兩位，當時的台語詩名為「方言詩」，作為「國語詩」的附庸。其後，在鄉土文學論戰風潮之下，台語詩的書寫開始受到矚目，從之者漸眾。[75]

這些本該在1970年代新詩論述的文字，出現在1980年代的回顧文字之中，自然有解嚴之後的時代背景，以及揭示1970年代乃是戰後台語詩萌芽期，具有承先啟後的作用。有趣的是，在本土論述一節引述向陽指出笠詩社「鄉土與自由」座談會對於台語詩的微妙反應，而此時則將同時期「鄉土文學論戰」帶進來台語詩論述之中。

1999年，向陽發表〈長廊與地圖：台灣新詩發展的淵源與鳥瞰〉，不同於過去以單一年代新詩風潮為探討對象，這篇論文將先前單篇論文加以合併與改寫，不僅成為一篇始自日治時期而止於1980年代的新詩風潮史，也標示著其新詩風潮論述工程已有階段性成果。文中補述「笠」從1970年代的「本土論述」，到了1980年代成為「台灣論述」後，與政治詩、台語詩等本土論述相結合，而形成一股更為強勁的批判力道：

> 笠由一九六四年創刊初期的現代主義論述、寫實主義詩風、發

---

[75] 林淇瀁，〈八〇年代台灣現代詩風潮試論〉，頁108。

展到七〇年代出現本土論述，進入八〇年代的台灣論述建構。長廊迂迴，最後還是配合著台灣歷史與社會變遷的發展，走出了陰暗晦暝，彰然其台灣精神，並且在八〇年代之後，結合政治詩、台語詩等本土論述，對台灣現代詩壇存在的「主體性的不在」、與「認同倒錯」，提出了強烈的批判。[76]

隨著1980年代政治社會局勢發展，「笠」在詩學追求上又更進一步地標舉出「台灣詩文學」，再加上吸收結合政治詩、台語詩衝撞出的本土論述空間，強調詩人詩作中的「主體性」與「認同」。

台灣的新詩人在這個歷史長廊中，總是先居於邊緣位置，挑戰與其同時存在的中心文體〔包括官方主流的論述〕，展開批判性的對話，在語言藝術的策略、在政治意識型態的抗爭、在資本主義商業化的批判過程中，試圖建立詩的主體性和在其他國家中不會存在的土地認同問題。[77]

而台語詩正是走過1970年代孤獨而稀有的創作之路，在1980年代如雨後春筍、蔚為一股新詩風潮，也開啟了此後以母語書寫之詩人群的結社與發展，這些詩人與社團迄今仍不斷堅持母語創作的信念。

〈從泥土中翻醒的聲音〉追索台語文學的身世、介紹戰後台語詩的發展，〈八〇年代台灣現代詩風潮試論〉回顧1970年代台語詩萌芽期，在在可以看出向陽在1990年代初期台語詩人首度結社、作品集結成冊的這個歷史階段中，貢獻了台語詩發展脈絡的論述，並提出對於未來台語文字化問題的建議，使得做為現代詩場域（詩壇）的次場域——台語詩場域的典律

---

76 向陽，〈長廊與地圖〉，頁34-35。
77 同註76，頁46。

化工程得以更進一步。

到了 2000 年，向陽於中研院文哲所現代詩史研討會引言〈關於台灣新詩史建構〉提及，由於台灣新詩發展與台灣近現代史的複雜性，建構台灣新詩史將會面臨以下困難：1.「能否清晰掌握不同年代、不同語言的新詩風潮，給予適度的評價」。2.「如何定位台灣主體性、如何爬梳新詩主體性的雙重難題」。3.「如何定位詩人詩社歷史位置的考驗」。4.「史料的檢驗和解讀分析」。[78] 因此，他認為理想的台灣新詩史書寫應該如下：

> 必須採取以台灣為主體的史觀，誠實處理台灣歷經兩個統治年代，三種語文糾葛，同時參雜著國家、族群認同衝突的詩與社會的課題，來定位詩人詩作與詩社詩潮的歷史位置。台灣七十餘年的新詩發展乃是眾多詩人擺盪在主體性與認同之間，尋求詩與社會對話的過程。[79]

正是因為台灣歷經多重殖民的歷史情境，書寫台灣新詩史的文學史家，必須站在台灣主體本位，並且能夠掌握多種語文形成的新詩脈絡，更細緻地觀察在此發展過程中的詩人與詩作，方是一部台灣新詩史應該具備的樣貌。倘若僅論述華文詩而以為是台灣新詩的全部，豈不是管中窺豹？

目前在台語文學史方面，雖然有少數學者投注心力，然而距離一部完整翔實的台語文學史仍有一大段距離。如今台語文學史有方耀乾《台語文學史暨書目彙編》[80]，台語小說史也有《台語小說史及作品總評》[81]，然而談到「台語新詩史」，目前恐怕只有向陽〈從泥土中翻醒的聲音〉一文，

---

[78] 向陽，〈關於台灣新詩史建構的課題──在中研院文哲所「現代詩史研討會」的引言〉，《浮世星空新故鄉──台灣文學傳播議題析論》（台北：三民書局，2004），頁 138-140。
[79] 向陽，〈關於台灣新詩史建構的課題〉，頁 140-141。
[80] 方耀乾，《台語文學史暨書目彙編》（高雄：台語文薈，2012）。
[81] 林央敏，《台語小説史及作品總評》（台北：印刻出版社，2012）。

能夠呈現出較為完整的台語詩發展脈絡。因此，若能以向陽〈從泥土中翻醒的聲音〉為基底，補充 1990 年代至今的發展，再加上方耀乾提出的少數文學史理論「多元脈絡理論」為方法，[82] 評選詩人、詩作，拼湊出台語詩的發展脈絡，或可完成一部「台語新詩史」。

五、結語

　　倘若只看到向陽詩史論述集大成的〈長廊與地圖：台灣新詩發展的淵源與鳥瞰〉，將無法了解其新詩論述的具體發展，特別是 1970 年代新詩論述：〈七十年代現代詩風潮試論〉凸顯現代詩論戰與新興詩社的時代意義與影響，為 1970 年代台灣新詩史留下了論述原型；乃至〈微弱但有力的堅持——七〇年代台灣現代詩壇本土論述初探〉，指出笠詩社在戒嚴時期無可奈何的設限與對台灣本土的堅持，展示出台灣新詩發展的本土面向；〈從泥土中翻醒的聲音——試論戰後台語詩的崛起及其前瞻〉、〈八〇年代台灣現代詩風潮試論〉則是將戰後台語新詩發展的脈絡，放入 1970 年代台灣新詩發展討論，從而呈現了一個多元而豐富的台灣新詩史。從 1984 年至 1999 年這 15 年期間，向陽因應不同的歷史時期（解嚴前後）與思考階段，持續增添 1970 年代新詩論述的各種面向／脈絡：現實主義、本土論述與台語詩，直到〈長廊與地圖：台灣新詩發展的淵源與鳥瞰〉而趨於完整。

　　觀察向陽一系列新詩風潮論述，例如〈七十年代現代詩風潮試論〉論述戰後世代詩人不同於西化詩潮，而是以民族傳統、本土社會為經緯；又如〈微弱但是有力的堅持〉提到「笠」的本土論述是「除了來自詩人對自

---

[82] 方耀乾，〈少數文學史書寫理論ê思考：以台語文學為論述中心〉，《台灣母語文學：少數文學史書寫理論》，頁 13-78。

身台灣身分的認同，也來自創社詩人對台灣歷史的解釋」[83]；乃至〈長廊與地圖：台灣新詩風潮的溯源與鳥瞰〉，提到「笠」在1980年代批判詩壇中「主體性的不在」與「認同倒錯」；而最後的〈關於台灣新詩史建構〉，大抵上以「主體性」與「認同」為其觀察重心與書寫策略，從而評價與定位詩人、詩作、詩社與詩潮。

本文透過分析向陽1970年代新詩發展相關論述，追索其1970年代新詩論述的三個面向：現實主義、本土論述、台語詩。首先，探討向陽兩篇有關1970年代新詩論述的專論：〈七十年代現代詩風潮試論〉、〈微弱但有力的堅持——七〇年代台灣現代詩壇本土論述初探〉，展現出其1970年代新詩論述的兩個面向：（一）現代詩論戰與新興詩社倡導的現實主義詩潮，（二）「笠」與本土論述，分別代表1970年代主流與潛流的詩潮。兩篇論文合而觀之，能對1970年代新詩發展有更全面性的了解。另一方面，向陽從戰後台語詩發展、回顧1970年代台語詩萌芽，逐步地將台語詩納入鄉土文學論戰背景下論述，從而呈現出1970年代新詩論述的第三個面向：台語詩。

不同於其他詩史論者，向陽除了是詩史撰寫者，本身也是詩史參與者。1970年代新詩發展史最重大的影響是現代詩論戰、新興詩社、戰後世代詩人的現實主義的這一條主要脈絡，身為詩史見證人、參與者自然會以戰後世代詩人的立場書寫。時序進入1990年代，向陽認為原先1970年代新詩論述之不足，另以隱微的「笠」與本土論述這條脈絡去探索，復又以台語新詩開端的脈絡串接整個台語新詩發展，由於向陽後續重視「笠」與本土論述、「台語詩」，這是對1970年代台灣新詩史的重要補充。因此，他站在戰後世代詩人與現實主義、本土論述、台語詩這三個脈絡當中，當他看待1970年代時，以多元脈絡的視角提供了1970年代新詩論述的廣度。

---

83 林淇瀁，〈微弱但是有力的堅持〉，頁370。

文學與社會的對話
論林淇瀁台灣報導文學研究[*]

彭正翔

摘要

　　林淇瀁（1955-），筆名向陽，身具不同身分，既橫跨現代詩、現代散文、兒童文學、版畫等創作，又耕耘台灣文學研究，擁有豐富的副刊工作經驗。在學術研究方面，從早年副刊與新聞史的研究，到文學傳播的持續關注，在文類上對於現代詩、現代散文等深入研究與創作，可以看到林淇瀁研究跨度的廣度與深度。本論文聚焦在林淇瀁對於台灣報導文學研究的貢獻與回顧，主要以〈擊向左外野：日治時代楊逵的報導文學理論與實踐〉、〈臺灣報導文學的虛構敘事規約〉、〈臺灣報導文學書寫策略〉以及《照見人間不平：台灣報導文學史論》為探討文本。林淇瀁清楚定義報導文學，並且有別於過去鄭明娳將報導文學視為特殊結構的散文類型，林淇瀁以公共性與私己性區分兩者的差異，獨立出報導文學特殊文類的性質與地位，在報導文學研究上具有特殊的意義。在研究方法上，林淇瀁從敘事學取徑分析台灣報導文學文本，參酌美國新新聞思潮，具體對報導文學創作提出建言。林淇瀁更是台灣學界首位撰寫台灣報導文史專書的學者，並將台灣報導文學發展劃分為四大時期：發軔期、潛隱期、蓬勃期、轉折

---

[*] 本篇論文曾宣讀於「陽光升起的所在：台灣文學、文化與傳播暨林淇瀁教授榮退學術研討會」，特別感謝國立東華大學魏貽君教授寶貴建議，謹此致謝。

期,亦從題材、形式、精神、格局觀察台灣報導文學創作。林淇瀁更凸顯楊逵(1906-1985)、高信疆(1944-2009)、陳映真(1937-2016)三人在台灣報導文學發展上,扮演舉足輕重的角色。此外不可忽略的是林淇瀁與須文蔚編有《報導文學讀本》,不但為相關課程提供教科書,亦有利於文學教育與文學傳播,對於報導文學經典文本起了「典律化」的作用。林淇瀁同時在研究所開設台灣報導文學研究與指導不少研究生做報導文學研究,也擔任大大小小報導文學獎項的評審委員(守門人)。從上述不難發現林淇瀁對於台灣報導文學(史)的研究、創作、傳播、教育、選文都扮演重要的角色。

關鍵詞:林淇瀁、台灣報導文學、文學教育、敘事學、典律化

> 一般的文學創作可以捨棄社會性,而報導文學則求其社會性的廣延。嚴格說來,這種態度屬於社會活動,但也是一個身為社會人的創作者為自己生長的時空與土地,所不得不表達的關懷。[1]

一、前言

林淇瀁(1955-),筆名向陽(為了區別學者與創作者兩種不同的身分,下文筆者行文均稱呼林淇瀁),以現代詩創作聞名於台灣詩壇,在創作方面也跨度現代散文、兒童文學,並翻譯《四季明信片》、《達達的時光隧道》、《大象的鼻子長》等名作。

在論述方面,林淇瀁除了文化研究,雜文論述,更是國內少數研究台灣報導文學的重要學者,開啟並建構台灣報導文學論述的重要推手。過去談論林淇瀁的學術研究大多將焦點放在台灣現代詩的研究、文學傳播、報紙副刊、數位文學(網路文學)、新聞史等研究,較少有學術論文對於林淇瀁的台灣報導文學研究成果做歸納整理,甚至評論討論,本論文以後者為切入點,探討林淇瀁的台灣報導文學研究成果。

回顧林淇瀁的學經歷,從小因家裡開書局,書籍隨手可得,在文學閱讀的環境中潛移默化。詩人自云早在13歲那年,一面抄錄似懂非懂的《離騷》,一面提筆創作人生中的第一首現代詩〈等妳‧在雨中〉,開啟詩人創作的生涯,迄今仍持續筆耕。[2]

李素貞在爬梳林淇瀁的創作生涯時提到:

> 向陽出生於1955年,正值重古輕今的年代。向陽從開始背誦

---

[1] 向陽,〈呈現以及提出〉,《現實的探索》(台北:東大出版社,1980),頁106。
[2] 向陽,〈江湖夜語「銀杏的仰望」詩集後記〉,《銀杏的仰望》(台北:故鄉出版社,1977),頁191-193。

古文學的《唐詩》、《楚辭》開始進入詩的領域。高中時，在社團老師的啟蒙指導之下，很快地轉入新詩創作的行列，向陽在高中階段就創立現代詩社，發行詩刊，一生不懈地致力於詩的創作。[3]

由此可知，向陽的文學素養一部分來自中國古典文學的養分，他勇於創新與實踐，從中開啟現代詩的創作。根據林于弘〈向陽新詩創作類型論〉歸納整理：1973 年林淇瀁考入中國文化大學東方語文學系日文組就讀，曾擔任「華岡詩社」社長。在 1976 年開始創作「台語詩」與「十行詩」，1977 年出版第一本詩集《銀杏的仰望》。在職場工作方面，林淇瀁於 1980 年擔任《時報週刊》編輯，1982 年到《自立晚報》擔任藝文組主任兼任副刊主編。1991 考取中國文化大學新聞研究所碩士班，並於 1993 年取得碩士學位。隔年考取國立政治大學新聞研究所博士班，並於 2002 年取得博士學位，就讀博士班期間開始在大專院校擔任教職。[4]

上述筆者特別簡單勾勒林淇瀁的學經歷，因從小廣泛閱讀文學書籍，中學嘗試現代詩創作，大學擔任詩社社長並一路走向創作之途。豐富的文學創作與閱讀經驗，有助於日後在報社擔任編輯的工作，也因為在報社工作有更多機會與不同的作家來往互動。碩博班對於新聞工作專業的進修，除了增進職場上的專業，也成為多年後林淇瀁投入新聞史、報導文學等領域的研究養分。

回顧台灣文學的學術研究史，報導文學此一文類的研究一直處於邊緣的位置，2000 年後須文蔚和林淇瀁有系統的投入台灣報導文學研究，凸顯出此一文類的重要性與研究的急迫性。筆者以為可以從幾個面向來看出台灣報導文學研究的邊陲位置：首先是報導文學文類的界定與定位問題，張

---

3 李素貞，《向陽及其現代詩研究》，（台南：國立台南大學語文教育學系碩士論文，2006），頁 1。
4 林于弘，〈向陽新詩創作類型論〉，《臺灣新詩研究》（台北：五南圖書，2007），頁 407-408。

堂錡曾言：「上個世紀臺灣報導文學的研究在理論專著方面基本上是交了白卷。這樣的成績是令人困惑且汗顏的。」[5] 張堂錡點出二十世紀台灣報導文學的理論建構的缺乏。仔細回顧早年的文學研究往往將報導文學視為散文範疇下的分支，報導文學常被淹沒在散文研究之中，無法凸顯出報導文學的文類特性。長年耕耘散文研究學者鄭明娳就將報導文學歸納為特殊結構的散文，鄭明娳認為：

> 報導文學，原稱報告文學，是力求客觀的報導性文字，針對特定時空下的歷史問題、社會結構，乃至人種與生態環境的發展、變異、衝突的過程，搜集與體驗各種見聞與紙上資料，而加以記錄報導的散文體裁，而執筆報導文學的散文作者，也可稱為「報告者」。[6]

簡言之，鄭明娳會認為報導文學有別於其他類型的散文，在於呈現出來的客觀性與文學性。[7] 林淇瀁則對報導文學有不同的定義：

> 報導文學應以事件、人物、議題的事實報導為根據，在報導事實的基礎上，容許寫作者運用文學寫作技巧、發揮想像，藉以突出報導意義，提供讀者瞭解真相。它的報導原則與倫理，應根據新文學的嚴格要求，以接近事實為宗；它的寫作方法與技巧，應本於文學的美學要求，並容許無損於事實的虛構及作者個人風格的凸顯與強調。[8]

---

[5] 張堂錡，〈體系化的探索、建構與可能──台灣報導文學理論研究綜述〉，《政大中文學報》5 期（2006.6），頁167。

[6] 鄭明娳，《現代散文類型論》（台北：大安出版社，1987），頁254。

[7] 另一位學者阮桃園則認為散文可以區分為美文與雜文，報導文學屬於散文體，並且認為報導文學以事實為載體，具有人事時地物不得虛構的文類特質。阮桃園，〈論散文創作與報導寫作：比較余秋雨〈我拒絕説它美麗〉與 William Dalrymple〈恆河之源──濕婆髮、聖河源〉〉，《東海大學中文學報》15 期（2003.7），頁 308-309。

[8] 林淇瀁，《照見人間不平──台灣報導文學史論》（台南：台灣文學館，2013），頁 19。

報導文學家除了根據事實報導，林淇瀁亦強導報導文學的「文學性」，也就是強調文學創作的技巧，以及對文學美學的要求，需要兩者兼顧。此外，林淇瀁對報導文學在台灣文學史的書寫缺席，說出了他的看法：

> 報導文學是長久以來被台灣文學史家忽略的、隱晦不明的邊緣場域；卻也是值得史家重新省視、予以定位的一個新的論述範疇。做為臺灣新文學的邊緣領域，它通常被列在散文類之下，視為亞流、分支，以至於論者或史家往往從散文的角度考究它，而未能看到它與散文之間別有「公共性vs私己性」的極大差異：散文通常著重作家私己的生活或生命經驗，報導文學關注的是公共領域的、集體面對社會問題；同時也因為以「散文」文類包括報導文學，而侷限或忽視了報導文學在美學上跨越散文、小說文類界線的書寫特質。[9]

上述可以看出林淇瀁找出報導文學具有公共性的特質，也就是說報導文學家期待透過文字的力量與媒體版面的刊登，挖掘社會大眾所忽略的社會事實或喚醒群眾對某一事件或某一議題的關注，甚至批判既有體制的不公不義，這些都迥異於散文對於私己生活的片面紀錄或小我的抒情敘事。相較於林淇瀁對於報導文學的定義，林淇瀁對散文則有如下的看法：

> 首先，散文的書寫，無論感性或知性，皆以「我」為出發點，寫個人的生活經驗、生命探索或對思想的領悟；其次，散文的探照範圍，無論抒情或敘事、論理，皆為「片段」的感知，一

---

9 同註8，頁199。

如巴特所稱，乃是「片段的寫作」，作者在即物、即事、即時、即地之際，抒其感慨，述其心聲而成文，這是散文的普遍形式，讀者的領略因而可能是片段的；第三，散文的內容主要是表現感知世界，無論寫個人感覺或寫大我的感覺，無論敘述個人的知性感悟或思想論述，基本上都是出於作者真切的感知，表現作者的人格特質、生命情調和學識涵養。[10]

深受陳映真（1937-2016）影響的藍博洲（1960-）對於報導文學也持類似的觀點看法，藍博洲認為：

做為一種新興的文體，報告（導）文學基本上具備了新聞性、文學性與批判性；說得簡單一點，新聞性是指揭露事物的可信性，它是基本前提，而文學性就是在可信度前提下寫得好看，有可讀性，進而可能夠感動人心：當一篇報導文學作品具備了新聞性與文學性的統一之後，它才可能具有其他文體無法表現的對當下現實的批判性！[11]

藍博洲以新聞性、文學性、批判性歸納出報導文學的特性，尤其對於社會批判性更是報導文學一大特色，須文蔚也說：「報導文學在當代的社會運動過程中，一直扮演著揭露社會弊端，提出社會運動理想的角色。」[12]報導文學往往伴隨著社會運動或對社會運動掀起推波助瀾之效，不可讓人小覷報導文學對社會的影響。[13]

---

10 林淇瀁，〈艱苦而愉悅的旅行——關於《二十世紀臺灣文學金典》（散文卷）〉，《二十世紀臺灣文學金典》散文卷第一部（台北：聯合文學，2006），頁18。
11 藍博洲，〈團結在報告文學的旗幟下〉。啟明‧拉瓦，《移動的旅程》（台北：稻香出版社，2008），頁30-31。
12 向陽、須文蔚編，《報導文學讀本》（台北：二魚文化，2002），頁10。
13 例如須文蔚指出官鴻志創作的文本〈不孝兒英伸〉、〈我把痛苦獻給你們〉間接促進原住民運動，藍博洲創作的〈美好的世紀〉、〈幌馬車之歌〉等間接促進反平政治犯，廖嘉展創作的〈月亮的小孩〉等間接促進兒童福利等

此外，報導文學創作十分困難，除了需要長時間密集的採訪，報導文學家對於環境、報導人、報導事件需要維持高度敏感且深入了解事件的來龍去脈，兼顧文字謀篇布局藝術美學的要求，報導文學家竭力所能呈現出現場的聲音，引領讀者彷彿進入現場，優質的報導文學作品生成不易，專業的報導文學家更是鮮少。此外，報導文學創作完需要發表的空間，報紙媒體版面大幅縮限，或是兩大報中的報導文學獎因抄襲等爭議陸續停辦，引發徐淑卿所質疑的：「報導文學死了嗎？」[14] 如果從創作與發表的園地來看，台灣報導文學非但沒有死亡，反而在縣市文學獎或不同的文學獎場域中百花齊放，[15] 張耀仁認為全國性中央的文學獎停辦報導文學徵文而認為報導文學發展已槁木死灰之嘆，這是主流媒體的思維方式，而忽略了縣市文學獎不少設有報導文學之事實。[16] 儘管如此，台灣報導文學的質與量，以及作家的數量還是遠遠低於現代詩或小說。須文蔚曾探究台灣報導文學式微之因，他認為主要有四項原因，分別是：（一）文學理論變遷（二）媒體環境變遷，經濟奧援不再（三）創作艱辛（四）理論論述不足。[17] 林淇瀁認為上述的原因是每種文類都會遇到的創作困境，不單單僅是報導文學，他直言：

報導文學式微或難攻的關鍵因素，在客觀真實與主觀虛構之間，書寫者如何跨越兩者看似存在的疆界，開創新的語境，從方法學和具體的敘事規約中尋求突破，建構一套嶄新的敘事模

社會運動者的結盟與行動。向陽、須文蔚編，《報導文學讀本》，頁23。
14 徐淑卿，〈報導文學死了嗎？〉，《中國時報》，1998.10.8，43版。
15 例如這幾年有星雲文學獎、鍾肇政文學獎徵選報導文學，在縣市文學獎方面也有新北市文學獎、新竹縣吳濁流文藝獎、苗栗縣夢花文學獎、南投縣玉山文學獎、中縣文學獎、臺中市大墩文學獎、彰化縣磺溪文學獎、屏東縣大武山文學獎，地方區域也曾有三重市舉辦過「城市之窗」文學獎等，這些文學獎無論目前是否已經停辦徵選報導文學或目前持續徵選中，都提供寫手發表創作報導文學的機會。關於苗栗夢花文學中報導文學的研究，可以參考拙著，《苗栗書寫與族群敘事：夢花報導文學獎作品研究》（苗栗：苗栗縣政府，2015）。
16 張耀仁，《臺灣報導文學傳播論：從「人間副刊」到《人間》雜誌》（台北：五南圖書，2020），頁10。
17 須文蔚，〈再現臺灣田野的集體記憶：從社會運動與再現理論考察下的臺灣報導文學史〉，《臺灣現代文學教程：報導文學讀本增訂版》（台北：二魚文化，2014），頁6-52。

式和書寫路徑，顯然也已經是刻不容緩的課題。[18]

很顯然林淇瀁回到報導文學的文類屬性來談論報導文學式微之因，可推想台灣報導文學創作的發展或研究論述的進展並不容易。

二、以史入筆：建構台灣報導文學史的創舉

從台灣文學史的角度來看，大多可以看到報導文學（史）論述的缺漏不詳，甚至空白、存而不論。[19] 楊素芬以為：

> 至於文學史的論述，葉石濤《臺灣文學史綱》一書隻字未提，彭瑞金《臺灣新文學運動四十年》在第五張第五節「鄉土文學的實踐與反省」中略提到七〇年代新興的文體——報導文學，認為這是針對散文現象的有利反省，報導文學落實現實的主張也直接催化了整體文學的鄉土運動，為本土化奠定了基礎。[20]

楊素芬清楚點出葉石濤和彭瑞金都未對台灣報導文學史的發展做脈絡化的分析與書寫。張堂錡則認為：「報導文學雖然只是『次文類』，而且有很長一段時間是邊緣性文體，但它曾經存在的影響與文學意義，和文學史的對待是不相稱的。」[21] 張堂錡甚至進一步的闡釋：

---

18 林淇瀁，《照見人間不平——台灣報導文學史論》，頁 10。
19 陳芳明所著的《臺灣新文學史》對於台灣報導文學似乎是存而不論，例如：將藍博洲放置在台灣小說的脈絡中加以論述，他寫到：「一九六〇年出生於苗栗的藍博洲，可說是陳映真的嫡傳弟子。他畢業於輔仁大學歷史系，一九八七年參加陳映真的《人間雜誌》，開始投入報導文學的營造。他開始大規模訪談曾經有過坐牢經驗的政治犯，一方面建立口述歷史，一方面發展出虛構小說。在史實與小說之間，他擅長做完美的結合，散發特殊的魅力。」陳芳明，《臺灣新文學史》（下）（台北：聯經出版，2011），頁 628。
20 林淇瀁，《照見人間不平——台灣報導文學史論》，頁 200。
21 張堂錡，〈體系化的探索、建構與可能——臺灣報導文學理論研究綜述〉，《政大中文學報》5 期（2006.6），頁 192。

葉石濤的《臺灣文學史綱》，在談七〇年代文學時，只有鄉土文學，完全不提報導文學，而談八〇年代的文學時，也不提《人間》雜誌，寧可介紹大眾文學，也無一字論及報導文學，彷彿並不存在。而據臺灣文學史的研究者與寫作者陳芳明教授向筆者表示，由於在審美意義上臺灣報導文學缺乏出色的作品，他也只能簡要提及此寫作風潮，但不會多加介紹。[22]

張耀仁對此有深入的觀察：

報導文學縱使在臺灣文學發展中盛極一時，卻在文學史裡備受冷落，例如葉石濤《臺灣文學史綱》僅聊備一格提及古蒙仁的報導文學集《黑色的部落》，且將林清玄的第一本報導文學集《長在手上的刀》誤認為「散文集」。而彭瑞金《臺灣新文學運動四十年》則認為報導文學乃是「散文的變奏」，是誠實而富有生命力的文類，忽略了報導文學從來就不是散文的附屬品，核心價值更非誠實而是「重建」與「抵抗」，是一場攸關「鄉土／現實」的主體再現。[23]

誠然寫文學史書寫是件艱鉅的工作，沒有一本文學史是完美無缺，文學史的撰寫涉及眾多的因素，內外在因素環環相扣交織成一本複雜且有脈絡性的文學史，也因此單德興認為：

不同世代的人有書（重）寫文學史的動機和行為，即使是同一世代的人也可能因立場、角度的歧異，而寫出不同的文學史，

---

22 同註 21。
23 張耀仁，《臺灣報導文學傳播論：從「人間副刊」到《人間》雜誌》，頁 7。

甚至同一代、史觀近似的人，也可能因焦點、對象的不同，主事者及其生產模式的不同，而有書（重）寫文學史的必要。[24]

不同的史觀，對於不同作家作品的取材都須經過文學史家的篩選與慎思，不同的文學史家側重的重心不同，常常反映其背後的審美標準與意識形態等因素，單德興主張：

> 既然文學史有其假設及立場，也就沒有必要再假裝文學史的書寫是客觀、中立、超然的。換句話說，文學史不是客觀的存在（其實，客觀的再現是不存在的，因為再現本身已具有主觀的成分）。相反的，文學史是文學史家面對萬花筒般的文化現象，在其個人的文學史觀照下，所建構出來的許許多多的可能性之一，不是也不可能定於一尊。也就是說，在面對著無以窮盡的文學史料中（甚至「文學」、「史料」的定義也人言言殊），各個文學史家以不同的方式來選擇、排列組合，姑且建構一部文學史，其結果之侷限性可想而知，而各人建構出的文學史之歧異多樣，也屬意料中事。[25]

重寫或重編文學史的聲浪每隔數年就會在學術界被提起，如果前人撰寫的文學史存留許多的空隙需要彌補，後人對於前人的文學史也許不盡滿意，後人的重寫往往奠基於前人文學史的學術成果上，並加以深化或補充。[26]

---

24 單德興，〈洞見與不見：淺談書寫臺灣文學史〉，《重寫臺灣文學史》（台北：麥田出版社，2006），頁398。
25 同註24，頁401。
26 邱貴芬主張：「以學院提供的方法訓練，就這些方面加以補充和深入探討的臺灣文學史，顯然是臺灣文學研究建制化之後迫切的需要。但是，儘管有關文學史的相關討論大幅展開，臺灣文學史書寫的實踐依然紙上談兵，雷大雨小，因為如果考慮撰述一部臺灣文學史，就會發現這個計畫執行的難度和挑戰真是難以想像。」邱貴芬，〈序〉，《臺灣小說史論》（台北：麥田出版社，2007），頁4。

從 2010 年起由當時國立台灣文學館館長李瑞騰（1952-）號召之下，邀請學界知名學者撰寫《臺灣文學史長編》叢書，在因緣際會下林淇瀁接受此重責大任，開啟了撰寫台灣報導文學史之路。林淇瀁除了深感需要重新評估台灣報導文學的定位，建構其發展史，更需要有一套清楚的脈絡與論述，林淇瀁認為：

> 報導文學要成為一個有別於詩、散文、小說的獨立文類，首先當然必須擁有足夠的作家與作品，支撐並且富實它的血肉；其次必須又一套論述，前後相承，不斷累積、翻新，並且發展出它一貫性和系統性，做為文類美學的內涵和綱領；最後，就是必須就有一個清晰的歷史脈絡，來統攝在此一脈絡中出現的作家、作品及論述，並透過符合社會變遷的史觀加以定位。[27]

書寫文學史往往需要克服的難題是對文類發展做階段性的整理分期與詮釋，張堂錡曾將台灣報導文學的研究區分為四個時期，分別是：二十世紀三〇年代的萌芽期、八〇年代的豐收期、九〇年代的平靜期、二十一世紀的深化期。[28] 胡文嘉則把台灣報導文學的批評歷程分為五個時期：三〇年代楊逵提倡、七〇年代探索、八〇年代的溯源、九〇年代的突破與二十一世紀的沉潛與深入。[29] 儘管上述二人都以台灣的報導文學批評論述為分期，不全然等於台灣報導文學創作的發展時程，兩人均以 10 年為分期的年代也不全然讓所有人都滿意，兩人的分期僅提供後人研究的參考依據。[30]

---

27 張堂錡，〈體系化的探索、建構與可能——臺灣報導文學理論研究綜述〉，《政大中文學報》5 期，頁 200。
28 同註 27，頁 169。
29 胡文嘉，〈臺灣報導文學批評史初探〉，《東華中國文學研究》5 期（2007.6），頁 129-143。
30 楊照曾對每十年做文學的分期有質疑，他提出如下的省思：「誰規定每十年、二十年該有個變動、變化供人寫入歷史，誰又規定了變化變動的起迄必須符合數字由〇到九的循環？沒有辦法，這套紀年切割方式已經內化成為我們生活的一部分，我們只能用當下的生活邏輯來趨近歷史、來掌握對過去的談論、整理。幾零幾零年代說法的流行，反映的是我們當下價值判斷對過去歷史的宰制。」楊照，《文學、社會與歷史想像》（台北：聯合文學，1995），頁 339。

林淇瀁打破 10 年分期的規約,將台灣報導文學發展劃分為四大時期:發軔期、潛隱期、蓬勃期、轉折期,亦從題材、形式、精神、格局觀察台灣報導文學創作。

　　台灣第一篇報導文學作品是哪篇?作者又是誰呢?儘管楊允言曾研究發現早在 1886 年 2 月就曾有一篇名為〈北港媽的新聞〉以「白話字」(台語教會羅馬字)書寫可以當成台灣報導文學第一篇,但林淇瀁則持不同的論點,他認為:「無論周步霞所寫或其他相關報導、新聞評論或新聞事札,作為新聞報導的條件是足夠的,但就其文學性而言,則顯有不足,要視其為報導文學仍顯牽強。」[31] 從林淇瀁的論述不難看出其對報導文學的文學性的重視,換言之報導文學必須同時兼顧報導性與文學性。

　　另外一個案例是對於林獻堂(1881-1956)撰寫的《環球遊記》,林淇瀁認為此書不單單視為旅遊(行)文學,此書除了有豐富的文學性,更不能忽視的是林獻堂背後的寫作動機,林淇瀁以為:

> 林獻堂寫作此文的目的不在旅遊,而在藉由歐美各國現代性的報導喚醒臺灣民眾;他選擇的媒體是當時最受臺灣人歡迎的《臺灣民報》系,無論報導效果或影響力均普及知識界及一般大眾。[32]

黃郁升持類似的看法:

> 林獻堂在書寫所建構的隱含讀者顯然為臺灣島民認識。是故,他以作家身分,希望藉由文字的力量投身社會,他在《環球遊記》中放入大量的各國歷史與文化古蹟,記錄大量的西方風景

---

31 林淇瀁,《照見人間不平──台灣報導文學史論》,頁 32。
32 同註 31,頁 39。

與各地風俗,他以《環球遊記》代替行動,期待喚醒,啟蒙臺灣島民的智識。[33]

林淇瀁觀察到林獻堂發表於《臺灣民報》系此一報刊的屬性,並認為:

> 在世界潮流的湧動中,日本統治下,《臺灣新民報》系的言論重要者有四:文化啟蒙、民族自決、階級鬥爭、婦女解放。這使得該報系展開的啟蒙基本上是全面性的啟蒙,而在文化論述則涵蓋於其上,針對日本當局意識形態國家機器灌輸的「同化主義」進行翻轉與鬥爭。[34]

上述論述,林淇瀁以為用較寬鬆的定義台灣報導文學,在 1928 年就開始發表見報的《環球遊記》可視為台灣報導文學的開山之作。[35]

在 1935 年 3 月,吳希聖(1909-?)在《臺灣文藝》刊出〈人間・楊兆佳〉,經過須文蔚的研究顯示楊兆佳即為當時台籍政治運動家楊肇嘉(1896-1976),該文以楊清溪(1908-1934)空難事件為創作背景,並以小說筆法來安排構思。相較於楊逵在同年 6 月發表的〈臺灣地震災區勘察慰問記〉,須文蔚給予更高的評價:

> 結構井然,引證與親自採訪的新聞資料都翔實可靠,加上搭配生動的小說筆法,無論在人物個性的形塑、場景的描述都有相當傑出的表現,或許受到社會運動的意圖影響,部分呼號與演

---

33 黃郁升,《林獻堂《環球遊記》及其現代性論述》(台北:國立台灣師範大學台灣文化及語言文學研究所碩士論文,2011),頁 18。
34 同註 31,頁 112。
35 同註 31,頁 40。

說過於急切與直接,略顯急躁,但平衡評價其表現要比楊逵的作品更顯成熟。[36]

林淇瀁則持保留的態度,他認為在 1935 年台灣文壇的吳希聖仍未有「報告文學」的論述,吳希聖在創作時是否已有「報告文學」的認知,可能將之視為小說的創作,因此需要更多的論述。[37]

林淇瀁認為可以真正具有「報告文學」的理念並付之實踐的,堪稱楊逵(1905-1985)為台灣的第一人。同樣的張堂錡對於楊逵在報告文學的貢獻,做出下面的論述:

在三〇年代的臺灣文壇,楊逵的「報告文學」論述就能如此清楚、直接地將報導文學的定義、功能、使命及寫作手法等加以宣揚,並從理論上強調其對台灣文學發展的重要性,同時又在《臺灣新文學》雜誌、《力行報》的《新文藝》副刊上公開徵求報導文學作品,不論在創作還是理論上,楊逵都堪稱為「呼喚臺灣報導文學的第一人」。[38]

黃惠禎歸納這段時期楊逵對報告文學的提倡與實踐,她觀察到:

當時楊逵借鏡已經象牙塔化的日本文學為了文學的社會性,而從報導文學再次出發,希望藉由最能反映時代的報導文學來充分描寫台灣社會,以便從眼前、週遭踏實穩健地開墾臺灣文學的園地,提升台灣的文化,最終將臺灣作家推向世界文學的舞

---

[36] 須文蔚,〈吳希聖〈人間〉之真實再現與文體研究〉,《成大中文學報》30 期(2010.10),頁 168。
[37] 林淇瀁,〈照見人間不平──台灣報導文學史論〉,頁 40。
[38] 張堂錡,〈體系化的探索、建構與可能──臺灣報導文學理論研究綜述〉,《政大中文學報》5 期,頁 171。

臺。[39]

林淇瀁在〈擊向左外野：日治時代楊逵的報告文學理論與實踐〉詳論楊逵對於「報告文學」的理論與分析〈臺灣地震災區勘察慰問記〉。林淇瀁認為：

> 辨明楊逵在臺灣文學史上首倡的報告文學並非呼應中國左翼報告文學的產物，同時也與其並無傳承、連結的關聯之後，我們才更能清楚楊逵在臺灣30年代倡議報告文學的重大意義。[40]

林淇瀁以為楊逵主要受到日本媒體、批評家所啟發，日本左翼學界則在1930年代從蘇聯引進社會主義現實主義，楊逵對於報告文學的認知不完全受到於中國左翼作家對於報告文學的影響觀點。[41]張堂錡認為林淇瀁試圖釐清楊逵的「報告文學」理論與中國左翼「報告文學」無關的論述十分精采，並稱讚在楊逵談報告文學的史料出土之後，此論文堪稱是最具深度的一篇論述文章。[42]

戰後隨著國民黨接收台灣，在戰後初期劉捷（1910-2004）在1947年發表〈關於報告文學〉，他認為：「報告文學作品是藝術家所寫的新記事，它有過濾藝術加強烈之主觀，然後以藝術家的形式形象出來的。」[43]並且認為報告文學創作者要像新聞記者一樣採訪，描寫必須掌握事實，寫出來的內容要有社會情感，否則只是平面的新聞記事，具有左翼思想的「報告文學」深受政治的因素而難以推廣。在1948年楊逵在《力行報》發表

---

39 黃惠禎，《左翼批判精神的鍛接：四〇年代楊逵文學與思想的歷史研究》（台北：秀威資訊，2009），頁78。
40 林淇瀁，〈擊向左外野：日治時代楊逵的報告文學理論與實踐〉，《場域與景觀：臺灣報導文學傳播現象再探》（台北：印刻出版社，2014），頁149。
41 同註38，頁50-55。
42 張堂錡，〈體系化的探索、建構與可能──臺灣報導文學理論研究綜述〉，《政大中文學報》5期，頁170。
43 劉捷，〈關於報告文學〉，《臺灣文化》2卷2期（1947.2），頁15。

〈「實在的故事」問答〉，楊逵鼓勵作家創作出反映台灣現實而表現著台灣人民思想動向報導性的文字，楊逵對外公開徵求實在故事的作品，林淇瀁認為「實在的故事」就是「報告文學」的同義詞。[44]

戰後吳新榮（1907-1967）從1952年到1967年在台南縣與嘉義縣進行田野調查工作，而後完成《震瀛採訪錄》，林淇瀁認為此書開啟了台灣報導文學以民族誌方法進行報導的範例，擴充了日治時代楊逵所提倡「報告文學」未及之處，特別是對平埔族的田野調查和報導敘事的開啟，林淇瀁認為《震瀛採訪錄》具也有報導文學的重量，可視為台灣戰後報導文學的前驅作品。[45] 張耀仁提醒後人研究，他以為：

> 惟置於五、六〇年代訴諸反共抗俄、神州懷舊的文藝政策，吳新榮前往田野進行調查並留下紀錄成果，有別於彼時臺灣媒體以神州為尚，儘管最終結果在於完成文獻史料之積累，但吳新榮向來著重調查式的報導，仍值得後續論者家以探析之。[46]

綜觀《震瀛採訪錄》，吳新榮在白色恐怖期間，完全排除左翼的視角，針對少數民族和地方誌做報導，林淇瀁認為此乃不得不採取的迂迴方式。1950年代台灣報導文學的發展，張耀仁認為是處於邊緣化的文類，過於強調宣傳和軍事化的意涵，少了1930年代左翼的思想色彩。[47]

1960年代台灣報導文學的發展被林淇瀁定調為沉寂與荒蕪，儘管國防部在1966年舉辦第二屆「國軍文藝金像獎」在散文獎項中徵報導文學，林淇瀁將這個文學獎定位為：「是『政治作戰』的一環，呼應政策性多而

---

44 林淇瀁，《照見人間不平──台灣報導文學史論》，頁60。
45 同註44，頁68-60。
46 同註44，頁108。
47 同註44，頁109。

文學性稀，且其影響力顯然有限。」⁴⁸ 在 1966 年嘉新水泥公司與《臺灣新生報》合辦第二屆嘉新新聞文藝創作獎，增設報導文學獎項，並以鍾梅音（1921-1984）的《海天遊蹤》獲獎。一般來說，《海天遊蹤》被學術界視為優秀的旅遊文學典範之作，例如陳室如認為《海天遊蹤》以寫景功力聞名，書中可以看到不少歐美各地的場景再現。⁴⁹ 林淇瀁從報導文學的角度來討論《海天遊蹤》，他認為和林獻堂的《環球遊記》性質相近，且兩者都有比較他國和台灣，具有思考台灣社會的用意；另外兩者都發表於當時的大眾媒體具有一定的傳播與影響力，兩者的文學性也相當豐厚，因此林淇瀁將兩書視為報導文學之作。⁵⁰

在 1960 年起柏楊（1920-2008）在《自立晚報》發表〈血戰異域十一年〉到 1961 年完全刊完，並於 1961 年出版《異域》一書。⁵¹ 該書除了作者將柏楊化名為鄧克保，書中的主要角色都是真人真事，因此有不少學者探討《異域》到底是小說或是報導文學。該書的成書過程，並非柏陽本人親自到滇緬現場採訪當事人，柏陽創作的資料來源以賴當時《自立晚報》駐板橋的記者馬俊良根據每天訪問一兩位從泰國撤退台灣的孤軍所提供的資料給柏楊，柏楊虛構了鄧克保一人在文中出現。李瑞騰曾在 1984 年發表〈從愛出發：近十年來臺灣的報導文學〉中肯定《異域》是一本報導文學的佳作。⁵² 林淇瀁從新新聞的角度切入，認為新新聞可以採用主觀主義，允許新式的非虛構小說的創作手法，不必再以客觀的要件呈現，《異域》形式接近小說，實質上則是報導文學。⁵³ 張耀仁則持不同的看法：

---

48 同註 44，頁 72。
49 陳室如認為：「客觀報導為主的行文手法，在早期旅行文學中十分常見，作家往往隱身於作品背後，如同攝影機一般，詳實記敘了旅途中所經歷的一切事物；或以大量篇幅介紹了當地的歷史文化背景。」陳室如，《相遇與對話——臺灣現代旅行文學》（台南：台灣文學館，2013），頁 37。
50 林淇瀁，《照見人間不平——台灣報導文學史論》，頁 73。
51 鄧克保，《異域》（台北：平原出版社，1961）。
52 李瑞騰，〈從愛出發：近十年來臺灣的報導文學〉，《文藝復興》158 期（1984.12），頁 50。
53 同註 50，頁 78。

新新聞一反新聞界過於依賴新聞來源提供消息的傳統，也批判客觀主義，認為記者應該經由一個又一個的情境建構、對話、找回新聞的臨場感，亦即新新文學所強調的是寫作的風格及描述的品質，而非僅是採取『新式非虛構小說』即可視為報導文學。[54]

1973 年高信疆擔任《中國時報・人間副刊》的主編，在 1975 年推出「現實的邊緣」專欄，林淇瀁稱譽「現實的邊緣」是 1970 年代台灣報導文學的首波浪潮，並以為：「高信疆對他主張副刊要捕捉社會問題，進而發揮報紙的溝通和輿論功能，介入現實的具體實踐。」[55] 從副刊編輯的角度來看，林淇瀁研究發現：

高信疆接掌副刊，是在如此的時空之中，他試圖改變副刊的刻板形象，走出舊有的『文藝』格局，從而開創了『嶄新』的文化天地。主編『人間』副刊十年間，高信疆使『副刊』的文學傳播功能彰顯到最大的極限。[56]

比照閱讀，藍建春曾對高信疆有此評價：

在高信疆鼓勵年輕人接觸人生現實、透過實際接觸與具體實踐以「邁向責任」的驅動下，結合新聞報導與雜文之現實批判精神的「報導文學」，遂成為七十年代中葉以降，新世代文學創作者展現個人對於時代變局回應方式。[57]

---

[54] 張耀仁，《臺灣報導文學傳播論：從「人間副刊」到《人間》雜誌》，頁 102。
[55] 林淇瀁，《照見人間不平──台灣報導文學史論》，頁 86。
[56] 同註 55，頁 39。
[57] 藍建春，《親近台灣文學：歷史作家故事》，（台中：耕書園，2009），頁 343。

高信疆在 1978 年重返《人間副刊》之後推出《時報文學獎》並增設報導文學的獎項，吸引了一群寫手上山下海到現場訪問並創作，林淇瀁分析第一屆時報報導文學獎得獎作品，認為書寫的議題主要分為三大類：對弱勢者關懷、台灣民俗古蹟的關注、社會現實問題的關心。高信疆在《人間副刊》舉辦了 5 屆的報導文學獎，吸引了不同年齡層的作家投稿創作，擴大了報導文學寫作的題材。[58] 另一方面林淇瀁也關注到高信疆對於報導文學的論述與主張，高信疆將報導文學上溯到《史記》的源頭，並且將報導文學脫鉤報告文學，同時引進美國新新聞的概念。林淇瀁認為高信疆所倡的報導文學乃是迴避國家意識形態的指控，轉向新新聞，更重視文學表現的技巧，以及對社會弱勢者的關懷。[59]

　　林淇瀁認為 1980 年代後報導文學的發展出現了轉向：第一是陳映真指導的《人間》雜誌走向左翼／中國國族主義的路線，第二則是 1990 年代後的崛起於兩大報文學獎的創作者紛紛對大歷史掩埋的真相進行挖掘。

　　陳映真以其鮮明「左統」思想指導的《人間》雜誌，陳映真本人較滿意的報導文學作品也都是具有社會主義傾向（無論是為社會底層弱勢發聲，或是批判資本主義社會的不公）且具有高度文學性。[60] 林淇瀁以為《人間》雜誌延續中國 1930 年代左翼報告文學的思維，陳映真本人也提筆創作起了示範的作用。此外，《人間》雜誌採用紀實攝影的融入，紛紛吸引讀者的閱讀，張耀仁認為：「經由圖片的引領，《人間》致令讀者『看見』新的報導文學形式、也『發現』、『建構』了臺灣社會的另一面。」[61]《人

---

[58] 林淇瀁認為當時的寫作題材更加多元，除了為弱勢者代言、為社會問題打不平、開拓文化關懷、自然生態與環境保護、民俗戲曲、地方誌等等。當時的重要作家有：林元輝、馬以工、古蒙仁、心岱等作家。林淇瀁，《照見人間不平——台灣報導文學史論》，頁 90-91。
[59] 林淇瀁，《照見人間不平——台灣報導文學史論》，頁 101。張耀仁則認為「現實的邊緣」代表的不單單是報導文學的濫觴，還呼應了社會與媒體而引發的文體需求。強調作家親身的體驗與探查，可說是因應保釣運動而帶來的學運精神，也回應了現代詩論戰所強調的文學要反映現實。張耀仁，《臺灣報導文學傳播論：從「人間副刊」到《人間》雜誌》，頁 159。
[60] 張耀仁，《臺灣報導文學傳播論：從「人間副刊」到《人間》雜誌》，頁 123-125。
[61] 同註 60，頁 423。

間》雜誌培育了台灣重要的報導文學家（如：藍博洲、廖嘉展、官鴻志等人），這群作家日後持續深耕報導文學，讓台灣報導文學開出朵朵的鮮花。

到 1990 年代，林淇瀁以為兩大報的報導文學獎則是台灣報導文學發展的焦點，林家儀的研究發現此時出現了轉向與分流：（一）中國作家開始出現在報導文學獎中獲獎（二）作家寫作的觸角延伸到國際性議題（三）作家更加深化與多樣化報導原住民議題（四）書寫策略與表現手法超越既定的認知。[62]

總的來說，林淇瀁更是台灣學界首位撰寫台灣報導文史專書的學者，並將台灣報導文學發展劃分為四大時期：發軔期、潛隱期、蓬勃期、轉折期，亦從題材、形式、精神、格局觀察台灣報導文學創作。林淇瀁更凸顯楊逵（1906-1985）、高信疆（1944-2009）、陳映真（1937-2016）在台灣報導文學發展上，扮演重要的角色。

三、理論與創作：方法論、敘事規約與書寫策略

過去的學者常認為報導文學缺乏理論研究或創作根據，到底該用什麼樣的角度來閱讀、創作、研究報導文學呢？林淇瀁從幾個面向來論述。首先是要解決報導文學中強調報導的客觀真實與文學所強調主觀虛構的兩難。林淇瀁引用了幾位學者的理論或論述加以詮釋說明。先要釐清的是新聞、文學、歷史各有不同的敘事方式，但何者可以宣稱更接近真實或更可信呢？林淇瀁援引羅蘭・巴特（Roland Barthes）之說：歷史就像寫實主義的小說，產製的並非真實，而是真實的效果。[63] 鄧鴻樹以為：

---

[62] 林家儀，《台灣報導文學獎傳播現象研究（1970-2010）》（台北：國立政治大學中國文學系碩士論文，2012），頁 96-109。
[63] Barthes R."*The Discoure of History.*" In Comparative Crticism： A Yearbook,Vol.3（1981）：18.Cambridge,London,NewYork: Cambridge University Press.

西方美學認為作家所傳達的「真」勝過史學家所發掘的「真相」。後現代主義否定「真實」的主體性，視歷史為文本建構，宣稱寫歷史就像寫小說。而 1980 年以來盛行的新歷史主義尤推崇文學作品，認為文本才是歷史動向的最佳寫照。[64]

對於歷史的詮釋觀點，也反映出二十世紀西方學界的改變：傳統史學認為史家忠實的紀錄歷史事件發生的緣由，到了後結構歷史主義則強調歷史乃是由許多符號所組成的故事，沒有中心價值的語言遊戲。到了新歷史主義則強調不同人以不同的方式敘事故事，僅重現某一人的觀點，而非重現真實。[65]

林淇瀁援引海登‧懷特（Hayden White）之說認為歷史無法脫離意識形態的立場，不同的史家會用自己習慣的轉義方式、編織情節，透過論證模式，完成歷史的書寫。[66] 詹京斯（Keith Jenkins）更直言：「歷史可說是一種語言體的虛構物，一種散文體的論述。」[67] 歷史和新聞在後現代主義的觀點都具有虛構的敘事結構，如同文學，林淇瀁這樣詮釋：「我們以為真實的歷史，其實是虛構的；我們以為歷史反映『過去』的真實，其實歷史反映的是『現在』的史家論述的真實。」[68] 上述理論也給予林淇瀁探究報導文學虛構敘事規約的可能性。

另一方面則是美國新新聞的啟發。新新聞所強調「主觀主義」，容許作者在報導時加入自己的意見、點子等，新新聞也視為是一種「文學——新聞體裁」、「新式的非虛構小說」。[69] 林淇瀁認為新新聞所容許的主觀

---

[64] 鄧鴻樹，〈史學家的小說情結〉，（來源：國立台東大學網站，http://www1.nttu.edu.tw/hsteng/savage.htm）。
[65] 陳瀅巧，《圖解文化研究》（台北：易博士，2006），頁 121。
[66] 海登‧懷特著，劉世安譯，《史元：十九世紀歐洲的歷史意象》（台北：麥田出版社，1999）。
[67] 詹京斯，《後現代歷史學》（台北：麥田出版社，2000），頁 293。。
[68] 林淇瀁，《二十世紀台灣文學金典》（台北：印刻出版社，2006），頁 2。
[69] 彭家發，《新聞文學點、線、面》（台北：業強出版社，2001），頁 19-20。

相對於客觀，小說的形式與技巧相對於新聞舊有的敘事風格所強調的簡潔乾淨。[70] 伍爾夫（Tom Wolf）力倡新新聞，他主張：寫實主義的技法、場景連接場景的建構、對話全錄、第三人稱觀點。[71] 大衛·洛吉（David Lodge）列舉了新新聞寫作從小說借來的 4 個寫作技巧：

> 一、用場景來說故事，而不是概述故事大綱。二、選擇用對話來帶出語言。三、從參與者的觀點來呈現事件，而不是從某個觀點角度。四、加入細節，舉凡外表、服裝、物件、身體語言等，所有在寫實小說中可以用來指涉階級、性格、地位與社會環境等的細節。[72]

林淇瀁以為此四大技巧接近西方十九世紀以降的寫實主義技法，融合了戲劇、散文的處理筆法，不僅對新聞報導的顛覆，也對報導文學的書寫具有典範意義。

林淇瀁以為報導文學介於新聞敘事和歷史敘事之間，既是「事實」的敘事，也是「虛構」的的敘事。[73] 臧國仁、蔡琰主張新聞報導亦屬於敘事之展現，代表了作者在其建構之文本中對事實世界之模擬、轉述、再述。[74] 林淇瀁援引海登·懷特探討的歷史敘事來參照閱讀報導文學，海登·懷特提倡了三種歷史敘事的詮釋手法：正規辨析、強化情節、意識形態蘊義。[75] 林淇瀁以強化情節來分析（懷特細分為傳奇、悲劇、喜劇、諷刺），以《報導文學讀本》選錄的 16 篇文本為分析對象，發現其中有 12 篇呈現悲劇的模式，林淇瀁如此詮釋：

---

70 林淇瀁，〈臺灣報導文學的虛構敘事規約〉，《場域與景觀：台灣文學傳播現象再探》（台北：印刻出版社，2014），頁 170。
71 Wolf,T.*The New Journalism*.New York:Harper and Row,1973:31-33.
72 大衛·洛吉著，李維拉譯，《小說的五十堂課》（台北：木馬文化，2006），頁 265。
73 同註 70，頁 170-175。
74 臧國仁、蔡琰，〈傳媒寫作與敘事理論〉，《傳媒類型寫作》（台北：五南文化，2009），頁 14。
75 林淇瀁，《場域與景觀：台灣文學傳播現象再探》，頁 175。

如此大量而集中於悲劇模式的情節詮釋／鋪排，首先說明了臺灣報導文學發展的共性，相當程度集中於弱勢者、被壓迫者、被扭曲者命運的同情和對相處於優勢的一方的不平。[76]

台灣報導文學的創作以悲劇的手法寫成似乎是某種創作趨勢，是否有其偶然性或必然性呢？林淇瀁認為：

這樣的悲劇敘事模式，似乎已經成為台灣報導文學書寫的一個敘事規約、一種公式，報導者盡其可能的敘事方向指向了一個報導文學敘事規約的實踐，乃至於話語的建構：報導文學必須反映現實、關懷弱勢階級、揭發不公不義、促進社會改革。這樣的目的性，乃是台灣報導文學普遍的認識論，悲劇模式的採用於情節鋪排，則是此一認識論的集體實踐。[77]

筆者以為除了反映報導文學家如何撰寫之外，也不要忘報導文學家為何要報導此一議題或現象或個案的初衷。鄭淑娟、張佳弘認為：

報導文學家因為必須對社會大眾負責，所以他必須要有強烈的使命感，他所報導的人、事、物對社會具有高度的提醒作用，希望社會大眾能關心被報導的主題，進而伸出援手或提高警覺，避免傷害或受騙。[78]

---

[76] 同註 75，頁 177-178。
[77] 同註 75，頁 178。
[78] 鄭淑娟、張佳弘，《圖解文學概論》（台北：五南文化，2017），頁 151。

簡義明則認為：

「報導文學」的意義，莫過於促成一批憂民淑世的新生代知識份子紛紛走出學院，成為文化界的尖兵，他們的熱情與理想匯聚成一鼓道德勇氣，以一切可能的形式投射在他們所生存的空間。[79]

林淇瀁還發現台灣報導文學透過修辭和譬喻來進行敘事的規約，從題目來看：

楊逵的〈臺灣地震災區勘察慰問記〉以「勘察慰問」拔高報導者介入災區現場的悲憫和人道精神；翁台生的〈痲瘋病院的世界〉看似平淡，實際上暗喻了痲瘋病院「世界」與正常世界的區隔及其「異常性」；心岱〈大地反撲〉在「反撲」的詞性下指向人類或公害、環境汙染的『侵害』自然界；林元輝的〈黑熊悲血滿霜天〉，「悲血」、「霜」都運用了譬喻，以指涉台灣灰熊滅絕的危機；楊渡的〈礦坑裡的黑靈魂〉僅著一「黑」字，就淋漓盡致地暗示了礦區礦工的最後命運；其他如柏楊〈穿山甲人〉結合「穿山甲」與「人」的轉喻；官鴻志〈不孝兒英伸〉使用「不孝兒」的諷喻；乃至藍博洲的〈幌馬車之歌〉的以歌隱喻、劉月還的〈重重後山尋平埔〉以『重重後山』隱喻平埔族的流離失所、楊南郡〈斯卡羅遺事〉以『遺事』狀斯卡羅族的死滅滄桑……等等，無不顯現敘事者巧用話修辭以求醞

---

[79] 簡義明，《寂靜之聲——當代台灣自然書寫的形成與發展（1979-2013）》（台南：國立台灣文學館，2013），頁45。

釀或完成信息傳遞意義的努力。[80]

　　從這段文字不難看出林淇瀁對於文字的敏感度，以及對於文字斟酌的精準度，也讓人聯想林淇瀁作為詩人與曾擔任副刊編輯的經驗，有助於研究文學作品。此外，報導文學迥異於抒情性散文創作之別在於文獻的運用，林淇瀁從選本 16 篇文本中分析發現竟有 11 篇都大量引用既有的文獻報導，林淇瀁以為：

這樣的敘事方式，略近於史家的歷史敘事，敘史者透過歷史研究方法的援引，將曾經發生的事件或已經消失的現場與景觀，加以模擬或重建，而其目的顯然是為了強調真實性與客觀性。[81]

　　相對照於美國的新新聞，林淇瀁以為台灣報導文學在「場景連接場景的建構」顯得比較匱乏；相對照於美國的新新聞，台灣報導文學較少運用小說的寫法，而且以第一人稱為主要的敘事視角。這些選文不乏敘事情節環環相扣、對話與敘事相輔相成、作家擅於營造情境烘托事實等優點。[82]

　　總的來說，林淇瀁對於報導文學選文的分析研究，他歸納出當前台灣報導文學有 4 種敘事規約：

（一）集中於悲劇模式的情節詮釋／鋪排
（二）運用話語修辭張顯敘事目地和話語意義
（三）挪用相關文現以模擬或重建現場與景觀
（四）長於散文敘事而拙於小說場景建構[83]

---

80 同註 77。
81 林淇瀁，《場域與景觀：台灣文學傳播現象再探》，頁 180。
82 同註 81，頁 201-203。
83 同註 81，頁 205。

林淇瀁針對有志於創作報導文學者給予具體的建議：

（1）寫作內容，除悲劇敘事之外，可開拓傳奇的、喜劇的、或諷刺的敘事模式，展現報導文學內容的多樣性。
（2）寫作形式上，宜多嘗試，跨越文類，除採散文形式書寫之外，可向小說敘事取火，運用場景串聯，對話勾勒、情景營造，進行報導。
（3）結構鋪排上，可挪用戲劇、電影的分場、分景方式為之，以使報導文學的敘事結構更加綿密，且能彰顯報導內容之戲劇效果。[84]

林淇瀁給了報導文學書寫策略下的建議具體且有理論依據，也期待台灣報導文學可以有更多元的創作。

四、多元的身分：編者、教學、推廣與評審

林淇瀁除了學者的身分，還有編書的身分，他與須文蔚合編的《報導文學讀本》，不但提供高等教育、社區大學開設相關課程的教科書，有利於文學教育與文學傳播，對於報導文學經典文本起了「典律化」的作用。李瑞騰曾在 1984 年發表〈從愛出發──近十年來台灣的報導文學〉，當時他列舉了 9 位作家為當時的新生代，分別是：林清玄、古蒙仁、翁台生、陳銘磻、李利國、邱坤良、徐仁修、馬以工、心岱。[85] 在 2000 年陳銘磻（1951-）曾編有《報導文學十家》（見附表一），他選了 10 位報導文學

---

84 同註 81，頁 206。
85 李瑞騰，〈從愛出發──近十年來，臺灣的報導文學〉，《文藝復興》158 期（1984.12），頁 50-58。

作家,各選一篇代表作品,陳銘磻說:

> 我在眾多收藏的當代報導文學作品中,選出本書十位作者的作品,一方面,這些人都有相當深厚的採訪經驗,並且字成一格;另一方面,他們在報導的創作或理論行動上一直持續不斷。我希望藉著他們十位的十篇作品,讓讀者略窺報導文學發展近十五年的成就之一斑。[86]

陳銘磻針對李瑞騰所列舉的9位作家略去邱坤良,增補了睽澔平和楊憲宏,林淇瀁認為睽澔平作品較少且始於1980年代末期可以不論。林淇瀁認為還須要考量到1990年代前後創作者,以及從文學獎脫穎而出的創作者。林淇瀁與須文蔚編《台灣現代文學教程:報導文學讀本》所編選的考量又是什麼呢?林淇瀁以為:

> 史料性、經典性、(形式)創意性和(題材)創新性,乃是這本選及側重的選輯準則。史料,意味著歷史文獻;經典,指向文學評價;創意,突出形式圖騰;開創則凸顯題材的拓寬。[87]

可以看出當初選文的考量與謹慎,可貴的選文後的作者簡介與作品評析都讓更多讀者認識這群優秀的報導文學作家與作品,無論對於有心從事報導文學研究者或創作者,這本選本提供了很好的材料。

從另一角度,林淇瀁長年在高等教育從事教學的工作,除了在研究所開設「臺灣報導文學專題」,指導研究生進行報導文學的研究。筆者2021年4月以指導教授林淇瀁之名在台灣博碩士論文加值系統搜尋(見附表

---

86 陳銘磻,〈博大的田園調查報告〉,《報導文學十家》(台北:業強出版社,2000),頁9。
87 向陽、須文蔚編,《報導文學讀本》,頁176。

三），共有 62 本論文，研究生研究範圍除了有報導文學還有現代詩、散文、數位文學、兒童文學等。

此外，林淇瀁也常獲邀請於各大文學獎擔任報導文學的評審委員，例如：中縣文學獎、彰化縣磺溪文學獎、屏東縣大武山文學獎等等。文學獎的評審擔任重要守門員的工作，林淇瀁曾撰寫〈海上的波浪：小論文學獎與文學發展的關聯〉，關心點聚焦在文學獎的影響力、作用力、權力關係上。向陽以文學社會學的角度看待文學獎，他主張：

> 文學獎的存在，或者它權力的運作，必須依靠參賽者（傅科所謂的「被統治者」）的同意行動（投稿參選、接受評鑑、等待揭曉、接受結果、發表感言以及列入寫作紀錄）方具有意義。[88]

他又提到：文學獎具有其影響的作用：

> （文學獎）設獎的主要目的，大約不外肯定大老文學成就、獎掖新秀創作以及鼓舞創作風氣等三種。通過獎項的設立、定位，規章的制定，評審的延聘、評選作業的展開，就推薦、自薦或參賽的文學作品，評其高下，鑑其等級，最後公布名次獲得獎者：這樣一個繁複的評獎下，肯定了一些老將、拔擢了一批新人。[89]

向陽認為藉由文學獎的機制可以形塑文學寫作的班底，班底的形成主要來自三個面向：文學書寫風格、文學觀（即意識形態）、身分認同。參賽者能否得獎和評審的風格、品味、意識形態息息相關。向陽對文學獎與

---

[88] 向陽，〈海上的波浪：小論文學獎與文學發展的關聯〉，《文訊》218 期（2003.12），頁 37-39。
[89] 同註 88，頁 38。

集團和流派的形成有如下觀察：

> 在不同的文學背後，事實上就隱藏著一個班底，它們通過文學獎建構一個發現班底成員的機制，通過獎項的授與，來強化該班底的權力，同時因為這樣而得以吸納得獎者的相對認同，成為班底的一員，而擴增其班底在文壇中的影響力量。[90]

簡言之，他認為「文學獎的影響力就是通過文學獎的評審儀式和作品評論／評比過程，形成一個文學社會學的社群倫理機制。」[91]從文學獎場域中，評審的重要性與地位不言而喻，有意參賽者或社會大眾閱讀得獎作品集看評審的評語，無形中也在進行一種文學教育。

五、結論

本論文聚焦在林淇瀁對於台灣報導文學研究的貢獻與回顧，主要以〈擊向左外野：日治時代楊逵的報導文學理論與實踐〉、〈臺灣報導文學的虛構敘事規約〉、〈臺灣報導文學書寫策略〉以及《照見人間不平——臺灣報導文學史論》為探討文本。

林淇瀁清楚定義報導文學，並且有別於過去鄭明娳將報導文學視為特殊結構的散文類型，林淇瀁以公共性與私己性區分兩者的差異，獨立出報導文學的特殊文類性質與地位，在報導文學的研究上具有特殊的意義。在研究方法上，林淇瀁從敘事學取徑分析台灣報導文學文本，參酌美國新新聞思潮，也具體對於報導文學創作提出建言。

除此之外，林淇瀁與須文蔚編有《報導文學讀本》，不但提供高等教

---

90 同註88，頁39。
91 同註90。

育、社區大學開設相關課程的教科書,也有利於文學教育與文學傳播,對於報導文學經典文本起了「典律化」的作用。林淇瀁同時在研究所開設台灣報導文學研究與指導不少研究生做報導文學研究(見附表),同時也擔任大大小小報導文學獎項的評審委員(守門人)。從上述不難發現林淇瀁對於台灣報導文學(史)的研究、創作、傳播、教育、選文都扮演重要的角色。

附表一、陳銘磻編《報導文學十家》作家暨作品篇名

篇數	作家姓名	作品篇名
1	心岱	大地反撲
2	古蒙仁	黑色的部落
3	李利國	加工區女工的世界
4	林清玄	最黑的生命
5	徐仁修	征塵不見海峽水——台灣兵第七〇師的故事
6	馬以工	幾番踏出阡陌路
7	陳銘磻	賣血人
8	睦澔平	海峽兩岸年輕的心
9	翁台生	麻瘋病院的世界
10	楊憲宏	走過傷心地——一個記者在公害現場的觀察筆記

附表二、向陽、須文蔚編《臺灣現代文學教程：報導文學讀本》作家暨作品篇名

篇數	作家姓名	作品篇名
1	吳希聖	人間・楊兆佳——紀念的螺旋槳
2	楊逵	臺灣地震災區勘察慰問記
3	翁台生	麻瘋病院的世界
4	心岱	大地反撲
5	林元輝	黑熊悲血滿霜天
6	楊渡	礦坑裡的黑靈魂
7	柏楊	穿山甲人
8	官鴻志	不孝兒英伸
9	藍博洲	幌馬車之歌
10	劉月還	重重後山尋平埔
11	楊南郡	斯卡羅遺事
12	瓦歷斯・諾幹	Losin Wadan——殖民、族群與個人
13	劉克襄	石路——塔塔加、八通關越嶺記

14	徐如林	源自聖稜線
15	廖嘉展	那是個愛唱歌的地方
16	楊樹清	被遺忘的兩岸邊緣人
17	須文蔚	五個女子和一份報紙

附表三、林淇瀁所指導（含雙指導）的研究生與報導文學相關之研究

篇數	研究生姓名	作品篇名	畢業學校系所
1	蘇雅蓉	「矮黑人」事件報導之論述分析	國立東華大學／民族發展研究所
2	許振福	人間報導・文學人間——《人間》雜誌及其影響研究	國立台北教育大學／台灣文化研究所
3	陳偉婷	深度報導類型與敘事分析——以吳舜文新聞獎作品為例	國立台北教育大學／台灣文化研究所
4	游京諭	臺灣記者深度報導研究——以金鼎獎、吳舜文新聞獎、卓越新聞獎為例（2001-2010）	國立台北教育大學／台灣文化研究所
5	陳欣竺	地方，記憶與想像：「臺中文學獎」報導文學類的地誌書寫	國立台北教育大學／台灣文化研究所

文化推動者向陽

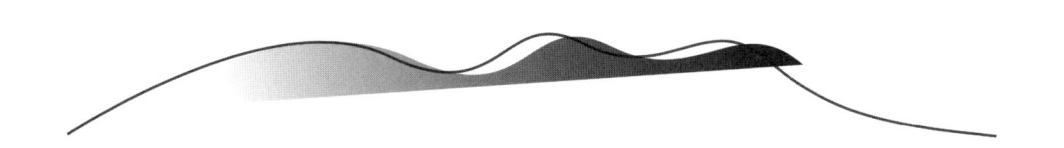

16

方言詩集、國語文學：語文版圖的想像與重構
——重論向陽《土地的歌》*

呂美親

摘要

　　本論文從「語文改革」與「文學改革」的雙重視角，重新評價向陽於1985年出版的「方言詩集」《土地的歌》於台灣文學史的位置。此詩集出現於戰後台語文學運動正式展開之前，就台灣文學史發展的光譜來看，乃為戰後第一本「台語詩集」。本論文認為，此詩集的出版，為台灣新文學運動以來未竟的「台灣語言」之改革實踐，亦是在地性的「台灣文學」之改革實踐。其與1930年代「台灣話文」的討論當中，作為日本或中國「方言」一支的思考，有其相似的設限之處。而它雖是作為「國語文學」之一環的背景下所衍生的意識型態之書寫，但在作者一連串的寫作嘗試與實踐當中，劃出一條建構新的「國語文學」之可能性。

關鍵詞：國語文學、方言文學、台語文學、《土地的歌》、普遍性

---

* 本論文撰寫期間，得到詩人莫渝（林良雅）先生不吝借予諸多相關著書與文獻，而論文初稿曾於「陽光升起的所在：台灣文學、文化與傳播暨林淇瀁教授榮退學術研討會」（台北教育大學，2021.5.2）中宣讀，會議中得到評論人方耀乾教授的寶貴提問與建議，特此致謝。

一、前言：將「方言」適度地移植到「國語文學」？

　　2000 年代初始，金安出版社推出「台語文學大系」叢書，陸續出版許丙丁、林宗源、林央敏、黃勁連、陳明仁、胡民祥等台語文學作家的選集共 14 冊；[1]《向陽台語詩選》亦在於其中，於 2002 年出版。詩人唐捐隨即於《中央日報》刊出詩評〈舌上金沙，筆下蓮花──讀《向陽台語詩選》〉，文中對版本用字有如下觀察：

> 《向陽台語詩選》收錄台語詩三十六首，一仍《土地的歌》（1985）舊貌，其中「鄉里紀事」一輯稍早又曾收於《種籽》（1980）。兩個版本相互比較，選詞用字頗有些不同，例如「賭博」改成「博校」，「穩穩地」改成「穩穩」，「見羞」改成「見笑」，「時節」改成「時陣」等等，凡此皆可看出五年之間詩人鍛鍊考索的工夫，這也表現於書後詳盡的台注。<u>改過的版本（1985），確實更加原汁原味，更能符應多數人的語感。相較之下，舊版本（1980）則摻雜更多華語的成份</u>，我猜想，這種情況在原始發表的版本裡（見於《笠詩刊》、《台灣文藝》等），可能更為明顯。我要說的是：開始提筆寫作台語詩的向陽，一個大三學生，在台語文獻整理還不充份的情況下（用詩人自己的話是：「無範本通學，無字典通秉」），確實必須面對長久滲透教育體系的華語傳統的「干擾」。<u>詩人必須有所抵抗，這種抵抗，從過程看來，是壯烈的，從結果看來，則是可</u>

---

[1] 金安出版社的「台語文學大系」叢書，自 2001 年至 2002 年間陸續出版《許丙丁台語文學選》（2001）、《林宗源台語詩選》（2002）、《向陽台語詩選》（2002.01）、《林央敏台語文學選》（2001）、《黃勁連台語文學選》（2001）、《陳明仁台語文學選》（2001）、《胡民祥台語文學選》（2002）、《陳雷台語文學選》（2001）、《沙卡布拉揚台語文學選》（2001）、《李勤岸台語詩選》（2001）、《林沈默台語詩選》（2002）、《莊柏林台語詩選》（2001）、《顏信星台語詩選》（2002）、《路寒袖台語詩選》（2002）等 14 冊作品。而後，2007 年 6 月再出版《方耀乾台語詩選》。

喜的。（底線：引用者）[2]

　　首先，文中指出相較於原初發表的版本，1985年的《土地的歌》在用字上更斟酌於「台語」本身；而說是原汁原味，應是更精確地修正台語的語法、語感、詞彙與用字。1980年代以降的台語詩，在語法、語感、詞彙與用字的精準度上，仍多有不足，常出現華語語法或有假借字的使用，而出版成冊時，改字或改詞的情況也多可見。[3]但作為「文壇」的第一本台語詩集，[4]《土地的歌》在台語相關整理與討論仍極匱乏的年代，專以台語創作新詩且出版，在用字上極為考究，體裁、體式、語彙的音律選擇等都精雕細琢；的確如唐捐所言，是「壯烈」的。而從台灣現代文學發展史來看，其在「語文改革」或「文學改革」的層次，都是一大躍進的里程碑；更如唐捐所言之「可喜」。

　　「台語文學大系」每一冊作品集最前方，皆附林央敏的〈像一座看前顧後的路觀牌——台語文學大系總序——〉。其中提及台灣文學史上於文學界中引爆的兩次語言運動，一次是發生於日治時期的台灣文學運動，一次是戰後從1970年開始萌芽的台語文學運動。學界對於相關的討論已有較細緻的分期，而值得注意的是林央敏對1970年代以降的分期：

　　　　這段台語文學運動若照數量、類型佮黃熟度等狀況來分，大約

---

[2] 唐捐，〈舌上金沙，筆下蓮花－讀《向陽台語詩選》〉，《中央日報》，2002.10.28，閱讀版。文中的「無字典通秉」，即無字典可翻閱參考之意；「秉」，今寫做「反（píng）」。
[3] 例如鄭良偉在《台語詩六家選》的〈編注序言〉中提及，徵得林宗源、黃勁連、黃樹根、向陽、林央敏等6位詩人同意，將「漢字不一致」的問題以「漢羅合用」的方式修改。鄭良偉編，《台語詩六家選》（台北：前衛出版社，1990），頁14。
[4] 呂興昌主編的《台語文學運動論文集》（台北：前衛出版社，1999）第108頁下方，附林宗源於1984年7月出版的《補破網》書影，側方附上「戰後第一本台語詩集」字樣。但《補破網》集中收錄的〈蘭嶼情侶〉等部份詩作，謂其為華語詩也不為過；且其他詩作的華語詞彙隨處可見。筆者認為，《土地的歌》全書的台語用字皆經細緻考究所成，雖題為「方言詩集」，卻可謂戰後台灣「文壇」首部全台語文書寫並正式出版的詩集。附帶一提，巴克禮在1918年出版的《添補養心神詩》，雖僅收錄20首詩，卻是台灣本地出版的第一部現代創作詩集。而若就編輯出版來說，應是1900年由甘為霖編輯、於台南出版的《Sèng Si Koa》（聖詩歌）最早，共收錄122首聖詩。（來源：台灣文學館「台語文學發展史料」，http://tgbhsuliau.nmtl.gov.tw/opencms/）。

會當歸納做兩個時期，1970年前後到1985年的前15年是「方言詩的試驗期」，1986年以後是「台語文學的多元開拓期」佮「台語詩的黃熟期」。這次運動，人濟時間長，作品的量、質攏大大超越第一改台語運動彼時的成就。[5]

作者將「方言詩的試驗期」終止於1985年，此年正是《土地的歌》出版之年。則此詩集確是戰後台語文學發展史上一個重要的階段性「路觀牌」（里程碑）；往後有林宗源的首部台語詩集《林宗源台語詩選》[6]等台語詩的出版。而原題為「方言詩集」的《土地的歌》，於2002年之後以《向陽台語詩選》之名出版，且作為「台語文學大系」之一冊，名稱上從「方言」改為「台語」，更是一大意義。即台語文學似乎從方言的邊緣位置，重新回到較具主體性的位置。尤其「台語」一詞有其歷史發展意義，但在現當代仍常被去脈絡地指其為沙文主義。[7]

《土地的歌》出版時，向陽在後記〈土地：自尊和勇健〉中引用1979年再版的詩集《銀杏的仰望》附錄一的自述：

> 方言詩的創作，在我是一種生命的抉擇與考驗。這當中，包含有我對詩壇曾有過的一段「晦澀黃昏」之側面澄清，對生長的鄉土之正面呈現，以及試圖裁枝剪葉，**將方言適度地移植到國語文學中的理想**。而重要的是，對「人間愛」，我許久以來即抱有頗為深摯的感情。[8]（粗體與底線：引用者）

---

[5] 林央敏，〈像一座看前顧後的路觀牌——台語文學大系總序——〉，向陽，《向陽台語詩選》（台南：金安出版社，2002），無標頁數。部份用字以教育部閩南語用字修改。

[6] 林宗源，《林宗源台語詩選》（台北：自立晚報，1988）。

[7] 台語的主張被指為「沙文主義」，始於1980年代至1990年代初期的台語文學論戰期間，此後不曾間斷。例如林央敏主編的《語言文化與民族國家》（台北：前衛出版社，1998）中即收錄一篇吳國安發表於《台語世界》雜誌的〈講啥麼福佬沙文主義〉（1996.5）；林央敏的《台語文化釘根書》（台北：前衛出版社，1997）亦收錄詳細的論辯文。

[8] 向陽，〈土地：自尊和勇健〉，《土地的歌》（台北：自立晚報，1985.8），頁190。引文原出自向陽，〈附錄一　情調的節點——一個寫詩人的自述〉，《銀杏的仰望》（台北：故鄉出版社，1979；為修訂再版；1977年的

即便作者在此引文的前一段中，也提及 1976 年以母語寫詩，乃「想藉詩來代父親說話，來探尋父親的生命」，[9] 而將詩作投稿於《笠》，並受趙天儀的鼓勵而繼續以母語創作。但在 1977 年出版首部詩集《銀杏的仰望》時的初版後記中，便已看得出向陽以方言寫詩的理想目標：

> 輯七「家譜是方言詩，其效果與氣氛，用閩南語朗誦可立竿見影，我曾應邀在幾所大專院校朗誦，一般反應是熱烈的，然則我意不在此。**如何<u>拓展國語文學的幅度</u>，如何刺激文學作品更為強韌的生命力，這是我主要的理想**。[10]（粗體與底線：引用者）

1977 年《銀杏的仰望》初版輯七「家譜」，共收錄 7 首方言詩；其中提及「**拓展國語文學的幅度**」之理想。而 1979 年再版自述中，向陽又再強調「**將方言適度地移植到國語文學中的理想**」。當時創作「方言詩」的向陽，其對「國語文學」的思考，是相當值得探究的課題。尤其，再版中的這段引文，於《土地的歌》後記〈土地：自尊和勇健〉中，又不同於前引以細明體標於同字型的敘述文句，而是特別以標楷體作為一段落重新引用出來。且作者又強調：「由於『方言詩』在七〇年代初期的台灣詩壇被認為不入流的異端，我的創作態度相形之下也拘謹而自卑。」[11] 那麼，向陽從 1970 年代至 1980 年代間的「方言詩」寫作，與「國語文學」的關係，其背後的脈絡值得深究。

眾所周知，台灣現代文學的發展史中，不乏對語言的辯論，除了 1930

初版，無此附錄），頁 208。
9 向陽，〈土地：自尊和勇健〉，頁 190。此兩句原出自向陽，〈江湖夜雨——「銀杏的仰望」詩集後記〉，《銀杏的仰望》（台北：詩脈季刊社，1977），頁 200（用詩來代替父親說話，來探尋父親的生命）。
10 向陽，〈江湖夜雨——「銀杏的仰望」詩集後記〉，《銀杏的仰望》，頁 205。
11 向陽，〈土地：自尊和勇健〉，頁 190。

年代的台灣話文論爭、1980年代以降至今仍有諸多討論的台語文學運動，各時期亦有零星的語文改革相關討論。而從整個東亞的文學發展史來看，語文改革運動與現代文學運動的推展過程中，也總有著密不可分的連結性與連動性。[12] 台灣新文學運動亦非孤立，其初始階段即有「語文改革」與「文學改革」兩個面向的討論，正如日本的言文一致運動因為近代文學發展而得到確立，或者中國的白話文運動也成就了中國的現代文學之發展；只是，台灣因受殖民母國日本的國語政策以及文化祖國中國的語文運動影響，新文學運動的語文改革變更得加繁複而困難。

　　從這個角度重新考察1985年出版的「方言詩集」，也是作為文壇第一本「台語詩集」《土地的歌》，其「語文改革」意義與「文學改革」意義，值得深論。

二、語文改革：「方言文學」與「國語文學」之間的距離？

　　關於台灣文學的「方言文學」位置，自新文學運動以降就不斷被提出。尤其從張我軍引進胡適論述以來，台灣新文學運動的初階段，幾乎就以地方豐富中央的姿態，被納入中國的「國語的文學」當中。張我軍在〈新文學運動的意義〉中提出兩項要點：「白話文學的建設」及「台灣語言的改造」，並說明：

> 我這二條是從胡適的「建設新文學」的「**國語的文學，文學的國語**」出來的。他說「我們所提倡的<u>文學革命</u>只是要替中國創造一種國語的文學。有了國語的文學，方才可有文學的國語。

12　例如日本的言文一致運動與近代文學的生成、中國的白話文運動與中國現代文學興起等，皆有緊密的連動關係。可參考山本正秀，《近代文体発生の史的研究》（東京：岩波書店，1965）、飛田良文編，《国語論究第11集　言文一致運動》（東京：明治書院，2004）、黃曉蕾，《民國時期語言政策研究》（北京：中國社會科學出版社，2013）、劉東方，《"五四"時期胡適的文體理論》（山東：齊魯書社，2007）等人的研究。

有了文學的國語，我們的國語才可算得真正國語⋯⋯」我們主張以後全用白話文做文學的器具，我所說的白話文就是中國的**國語文**。[13]（粗體及底線：引用者）

「國語的文學，文學的國語」，即從胡適的論述所來；而白話文改革（語文改革），其目標即在「文學革命」[14]（文學改革）。張我軍將胡適的理論全盤引入台灣，且提出：「我們的新文學運動有帶改造台灣語言的使命」、「把台灣人的話統一於中國語」；其欲將「台灣話」以「國語」來改造，即導入中國語文，並「孔子白」（即台語的文言音）讀之，藉書寫白話文來改造這個「沒有文字的下級話」。[15] 而正白話文的提倡，目標即在「建設新文學」，故建議台灣人應「多讀中國的以白話文寫作的詩文」，以此「改造台灣的語言」，[16] 進而建設台灣的新文學。

關於張我軍對於「改造台灣語言」的思考，以及其以中國的「國語文」來建設台灣文學的主張與當時的影響，已有相關考察，[17] 於此不再贅述。這裡聚焦的是，新文學運動初始，正是以「語文改革」與「文學改革」的雙重意義作為目標而推展。爾後，台灣文學似乎不脫「國語文學」的符咒；而以「台灣話」書寫文學，則成為「方言文學」的思考與嘗試。

（一）1930年代「方言文學」的版圖與疆界

新文學運動初始，多數知識份子積極模仿中國白話文來書寫現代文學，但由於「語言」上仍有諸多隔閡，且無法完全實踐「言文一致」，而

---

[13] 張我軍，〈新文學運動的意義〉，《台灣民報》76號，1925.8.26，頁19。
[14] 除了張我軍引胡適之語提及「文學革命」，作為戰後首篇台灣文學研究的學術論文，王育德的題目即是〈文学革命の台湾に及ばせる影響〉，《日本中国学会報》11號（1959.10）。
[15] 張我軍，〈新文學運動的意義〉，頁20。
[16] 同註15，頁21。
[17] 呂美親，〈「言文『不』一致」的起點：重論張我軍〈新文學運動的意義〉及其時代〉，《台灣文學研究學報》30期（台南：國立台灣文學館，2020），頁141-187。

常有「屈話就文」的現象，故引發眾所周知的「台灣話文論戰」。[18] 主要論戰內容，多已收於《1930年代台灣鄉土文學論戰資料彙編》，[19] 但事實上到 1930 年代後期仍有相關討論，但已出現較不同的視野，最具代表性的觀點當屬語言社會學者郭明昆的主張。

郭明昆曾以筆名「郭一舟」於《台灣文藝》發表長篇論文〈福佬話〉（1935-1936），以及短論〈北京話〉（1935.5）、散文〈北京雜話〉（1936.7）等三篇文章；且皆以流暢的「台灣話文」寫成。關於郭明昆的語文改革的實踐，已有專論發表，[20] 於此不再贅述。以下僅針對其「方言文學」的論點討論。例如〈福佬話〉中謂：

> **福佬話，確實是方言**。總是在咱臺灣、這有兩重ヱ意思。第一、從文化圈從語言ヱ系統講、對華北ヱ「官話」也是方言。這點及對岸相共。第二、從政治圈講、對日本國語也是方言。此點及アイヌ（按：愛奴）話‧琉球話無差。[21]（粗體：引用者）

當時日本治台已 40 年，台灣的社會變遷與政治文化認同有極大轉變，因此郭明昆以學術角度來定位台灣話時，即有了「方言」的思考。但他也清楚指出，此具有「文化圈」（中國）與「政治圈」（日本）這兩個不同範疇的雙重意涵。若以其定義來看，則向陽在 1970 年代至 1980 年代所藉以寫作的「方言」，無論是「文化圈」與「政治圈」，都可謂是中國的國語（北京話）之下的方言。但向陽的方言書寫，並不僅止於張我軍式的豐

---

18 「屈話就文」可謂是 1930 年代台灣話文論戰中的關鍵字，也是模仿中國白話文來書寫台灣文學所導致的「言文不一致」之最佳註解。相關討論請參考呂美親，〈訓讀、模仿、創造──「台灣白話文」：論日本時代台灣近代文體的形成與樣貌〉，吳蘭梅總編輯，《賴和‧台灣魂的迴盪：2014 彰化研究學術研討會論文集》（彰化：彰化縣文化局，2015），頁 355-420。
19 中島利郎編，《1930 年代台灣鄉土文學論戰資料彙編》（高雄：春暉出版社，2003）。
20 呂美親，〈跨域知識的建構與特殊主體的疆界：論郭明昆的語文改革實踐〉，《文史台灣學報》15 期（台北：國立台北教育大學台灣文化研究所，2021.10），頁 219-263。
21 郭明昆，〈福佬話〉，李獻璋編，郭明昆遺著，《中国の家族性及び言語の研究》（東京：東方學會，1962.09），頁 450。又，文中的「ヱ」以當時的片假名標誌，即「的（ê）」之音與義。

富「國語的文學」之實踐，更有著郭明昆式的方言主體性之開創。

　　郭明昆的「方言」定位，並非為了貶低台灣話價值；其在〈北京話〉文末，積極呼籲島人建構自己的「福佬話文學」：

> 我想咱大家應該着愛惜咱的**母語**。
> 大家愛惜**福佬話**、愛育**福佬話文**、**台灣話文學**自然就會誕生發展。
> 我並不是反對島人寫**官話文**、抑是**國語文**。最近、我看見「臺灣文藝」裡有載真多的「白話」文、實在真量嘆服執筆諸位。不拘（m ku）、我讀着攏感覺無量的隔模。看、未順眼、念、未順口、聽、未順耳。老實講、我想做是一種煩雜的**新文言**。（中略）**參臺灣人我猶是愛講臺灣話**。不限但用本地話講　會得有「本地風光」、人是生出世到死、一生、咱的精神上感情上的「內面」生活、脫不離**母語方言**的。
> （中略）
> 我、一面、理想「人類一家」的將來、「四海同胞」共通語言、希望「**國語普及**」「**國語統一**」快成功。總是、我一面、又相信**方言文學**有存在的理由。尤其在咱臺灣、振興**方言文學**的必要及價值、是顯然重大的。[22]（粗體與底線：引用者）

　　亦即，郭明昆把「福佬話」放在日本、中國這兩個「國」的地方位置來思考；但他進一步提出，若能「愛育（ài-io，扶植）」「福佬話文」，則「台灣話文學」便能誕生發展。他也在1936年的台灣文藝聯盟東京支部的座談會強調：

---

22 郭明昆，〈北京話〉（李獻璋編著書中改題為〈北京話的言語史觀〉，以下註釋皆以原題呈現），《中国の家族性及び言語の研究》，頁549-550。

我自己並不反對島人們以和文（按：日文）書寫文學作品，這是毋庸置疑的。然而在我們的島上卻不見以我們的**方言**寫作的文學作品，我認為是最遺憾的事。**方言文學**的價值無需我再重新申論。作為國家的百年大計，**我自己也贊成「唐山」**（按：中國）**廢漢字、日本廢漢字和假名，而改用羅馬字**。而在我們的島上，不該沒有以漢字如實地書寫我們的**方言**、表現文學之**方言文學**。我由衷希望我們台灣能立足於「**此時此地的需要**」來發展以漢字書寫的**方言文**。「**臺文**」誌上常刊載模仿民國的人白話文卻模仿得拙劣、寫得「**南腔北調**」不三不四的白話文，這根本是「**鬼話文**」，且違反了陳獨秀或胡適提倡的**文學革命**之根本精神，根本不是文學作品。（粗體、底線：引用者）[23]

郭明昆重申「方言文學」的重要性，更積極呼籲作家「以漢字如實地書寫」方言，來表現台灣人的「方言文學」，不該僅模仿民國人的白話文而寫出「鬼話文」，否則違反「**文學革命**」的根本精神。文學革命的根本精神，便是**語文的書寫必須精確**。而向陽在戰後的「方言」書寫，雖將台語置於另一個「國語」之一環，但其積極性猶如郭明昆的主張，即藉著書寫來實踐「**語文的書寫必須精確**」的「文學革命」之根本精神。

向陽以本名林淇瀁於 1998 年發表的論文[24]中，也引用胡適的《白話文學史》、鄭振鐸的《中國俗文學史》中對於民間文學重要性的強調，來論以台語寫作文學的正當性。那麼，《土地的歌》便與郭明昆在「國語文

---

[23] 〈台湾文学当面の諸問題 文聯東京支部座談会〉，《台灣文藝》第三卷 7-8 合併號（1936.8），頁 9。原文日文，筆者中譯。而「唐山」、「此時此地的需要」，以及筆者將之粗體化的「方言文」，乃原文所示。會議記錄上的參加者包括：莊天祿、賴貴富、田島讓、張星建、劉捷、曾石火、翁鬧、陳遜仁、溫兆滿、陳瑞榮、陳遜章、吳天賞、顏水龍、郭一舟、鄭永言、張文環、楊基椿、吳坤煌。
[24] 林淇瀁，〈從民間來、回民間去：以台語詩集《土地的歌》為例論民間文學語言的再生〉，《民間文學與作家文學研討會論文集》（新竹：清華大學，1998.11.21-22），頁 287-301。此文也收錄於《向陽台語詩選》附錄六，頁 290-321。

學」的脈絡下,所展開的以母語寫作「方言文學」之主張與實踐有相似之處。而郭明昆追求的「以漢字如實地書寫我們的方言」,也可見於向陽的書寫工程。

(二)「不需要」方言文學的戰後

但向陽的實踐,卻是在郭明昆的研究與倡議 40 年後的 1970 年代中期才開始。這是原可能走向改革台灣話、以台灣話寫作新文學的「台灣新文學運動」遭到挫折、遲到 40 年的象徵,也代表 1970 年代的實踐,事實上有著回頭找尋台灣新文學原所期望的「言文一致」之路向。尤其「皇民化」運動加劇了國語(日語)在台灣的普及,而戰後的台灣重新回到「祖國」懷抱,多數作家仍為了發展台灣文學,努力經歷重新學習另一種國語(北京話)的困境;如此,台灣新文學原初應有的方向,可謂斷挫 50 多年。

即便《台灣新生報》「橋」副刊在二二八事件發生後,尤其 1948 年7 月 14 日副刊刊載陳大禹的劇本《台北酒家》前後,就有歐陽明〈台灣新文學的建設〉(40 期,1947.11.7)、揚風〈新時代,新課題——台灣新文藝運動應走的路向〉(95 期,1948.3.25)、沙小風〈評「台北酒家」〉(141 期,1948.7.19)、林曙光〈文學與方言——「台北酒家」讀後〉(141 期,1948.7.19)、麥芳嫻〈文學的語言——兼評「台北酒家」〉(143 期,1948.7.23)、朱實〈讀「台北酒家」〉(144 期,1948.7.26)、沙小風〈文學的生命——致林曙光、麥芳嫻兩先生〉(155 期,1948.8.20)、麥芳嫻〈作家的任務——答沙小風先生〉(159 期,1948.8.30)、林曙光〈台語與文藝——評「綠島小曲」〉(215 期,1949.2.21)等[25] 關於「方言文學」的討論。且雖然沙小風與朱實都認同方言文學的寫作,卻也因整個社會重新納入中國版圖,使得追求一致的「國

---

[25] 以上轉引自呂焜霖,《戰後台語歌詩的成因與發展——兼論向陽與路寒袖的創作》(新竹:國立清華大學台灣文學研究所碩士論文,2008),頁 99-101。

語」力量,終究戰勝「方言文學」的主張。[26] 換言之,整個社會呈現的是「不需要」方言文學的狀況。[27]

1950年代以後的文壇乃以外省作家為主,「國語文學」已全面被看見。但鍾肇政於1957年發起寫作的《文友通訊》,作為台籍青年作家的重要交流園地,也曾以「關于台灣方言文學之我見」為題進行討論。此第四次的會議中,陳火泉認為「還是別去嘗試它」,廖清秀認為「方言只能用在對話」;兩人的共通點是,為了表現地方色彩才使用方言。而文心認為「極值得嘗試」,但「現今國語普遍推行,以國語取代方言似無不可」;鍾理和並不完全否定,卻也認為:「我國自來受制于複雜的方言,彼此隔閡誤會的情形比比皆是,今有國語文通行,則不分省籍,皆可藉以溝通情感。基於上述兩點,方言文學實屬多餘也。」[28] 雖作家們對此課題相當消極,但從鍾肇政的「結論」中,實有不同的期待:

> 方言文學誠然是個重大的問題,要想得到澈底的結論,實在不是一件容易的事。綜觀各位發言者的意見,都不很贊成台灣方言文學之建立,<u>然方言在文學中的地位是不可一筆抹殺的,外國文學作品中方言所佔的份量可為例證</u>。即以我國文學而言,雖曰國語,實則北方方言,數量為數至鉅,<u>它們已逸脫了方言的地位,駸駸乎為一種正常的文學用語了</u>。因此,我們似不必以台島地狹人少為苦,問題在於我們肯不肯化心血來<u>提煉台語</u>,化粗糙為細緻,以便應用。<u>我們是台灣文學的開拓者,台灣文學有台灣文學的特色,而這特色─方言應為其中重要一環</u>─,唯賴我們的努力、研究,方能建立。我們在這一點,

---

26 同註25,頁102-103。
27 同註25,頁91。
28 鍾肇政,《鍾肇政回憶錄(二)──文壇交遊錄》(台北:前衛,1998),頁135-136(這部份也重刊於《文學界》5期)。

實在也是責無旁貸。[29]

自詡「我們是台灣文學的開拓者」的鍾肇政，在「國語」當道的波瀾下，仍抱持著建設「方言文學」的期望，且呼籲「提煉台語」，以便應用。可見當時台語雖作為方言，仍處於台人共通語的位階；可惜往後的文學場域幾乎不見相關討論。而在整個文壇已完全「國語化」，在台籍作家也幾乎呈現完全「不需要」「方言文學」的現實下，向陽要在1970年代以方言寫作，所需克服的文字使用、文學性建構，以及心理等困境，恐怕更大於戰後初期。

（三）以「方言」之姿開拓另一種「國語文學」

《土地的歌》後記中，有另一段值得深思的敘述。向陽首先在以標楷體引出《銀杏的仰望》後記中的思考：「今天從事鄉土文學的作者，不管知或不知，其終極仍是為國語文學做磚石甚至只是沙土的奠基，將來是不得不犧牲的。悲哀，但是值得。」[30] 但向陽對這樣的「悲觀論調」（向陽語），又再提出更深層的反問與反思：

> 放眼當時的氣氛，似乎那種「犧牲」很快就要到來，但真的「值得」嗎？我反省自己的看法，也更深一層地思索創作方言詩的目的與期望何在？然而我還是找不到真正可以支持我的信心。**在整個文壇率以國語寫作的傳統下，少數幾人各自使用各人體系創作的方言詩，豈不是更屬瀕危的掙扎？**[31]（粗體：引用者）

---

29 同註28，頁136。
30 向陽，〈土地：自尊和勇健〉，《土地的歌》，頁191。引文原出自向陽，《銀杏的仰望》，頁205-206。
31 同註30，頁192。

無論是《銀杏的仰望》或《土地的歌》的後記，都提及這樣的「**犧牲**」，這個犧牲究竟為何？鄉土文學的創作中，如 1970 年代黃春明、王拓等所謂的鄉土文學作家之小說作品，或所謂的「鄉土」詩作中，常可見台語詞彙「嵌入」主要以國語書寫的文字中。收錄於《銀杏的仰望》中的蕭蕭詩評，便提及向陽的「鄉里記事」有別於吳晟的「吾鄉印象」：

> 最重要的區別是：向陽大量使用閩南語入詩，形成<u>**另立一門**</u>的方言詩。[32]（粗體及底線：引用者）

　　吳晟在《吾鄉印象》（1976）、《泥土》（1979）、《農婦》（1982）等詩集中，也可見到不少台語詞彙。而吳晟主編的《1983 台灣詩選》中收錄的六項主題，其中一項即是「關懷鄉土」，所收的詩作則少見詩中使用台語詞彙，僅最後一項的「思索人生」主題最後一首為向陽的〈春花不敢望露水〉。此可窺見 1980 年代初期，將書寫視野聚焦在台灣現實的詩人，對於台語詩的書寫猶較消極。因此，對當時的向陽而言，「鄉土文學」雖「值得」嘗試，卻也不免覺得「犧牲」了這個語言其或許能開展不同面貌的可能性。因此，如蕭蕭所言，向陽以「完整」的「方言」作詩，可謂是「**另立一門**」的寫作模式；即走出所謂「鄉土」的框架，將這個「語言」賦予／還原它更獨立與自主的性格。

　　向陽在 1979 年時，一方面謂：「**如何<u>拓展國語文學的幅度</u>，如何刺激文學作品更為強韌的生命力，這是我主要的理想。**」一方面在論及鄉土文學的寫作時，似乎矛盾地認為：「<u>其終極仍是為國語文學做磚石甚至只是沙土的奠基，將來是不得不犧牲的</u>。悲哀，但是值得。」鄉土文學中的「台語嵌入」或者僅以國語書寫鄉土，成為「犧牲」而致悲哀；但顯然向陽對這樣的

---

[32] 蕭蕭，〈悲與喜交集的新律詩──論向陽〉，向陽，《土地的歌》，頁 215。

現象，抱著「不滿／不滿意」的態度，但自身又仍處於摸索的階段。

這個摸索，亦可謂延續其自高中時代以來，對於中國民族主義與中國文學的「接受」。例如《銀杏的仰望》後記中的回憶：

> 我們反對詩之「故弄玄虛」（笛韻發刊辭），主張「新舊詩在某種程度上的融洽」（二號社論），認為「人要征服傳統，必先服從傳統」（三號社論），終於我們提出了「**用中國人的話寫中國人的詩**」（四號社論），這些仍未成熟但已有自覺的意見，是經過激烈的論辯後生出來的，而也很自然地形成我日後部份詩觀的核心。（中略）以這樣閉塞的情況，我們能在文壇發生關唐的懷悄論調之前，即提出「**用中國人的話寫中國人的詩**」，不能不說是一種幸運吧！[33]

亦即，向陽年少時的新詩創作，是放在「用中國人的話寫中國人的詩」的視野所開啟的。因此不難理解1977年《銀杏的仰望》收錄「家譜」時，作者欲以「方言文學」來「拓展國語文學的幅度」的思考。而後其再以「鄉里記事」為題，寫出系列方言詩時，大抵也仍是此脈絡下的實踐。

當時的創作目標，雖是欲建構較為純粹的「方言文學」，但筆者認為，向陽從開始以方言寫詩，到出版《土地的歌》的整個10年間的寫作，其對台語作為「方言」的思考，並不完全一致，而是隨著政治變動與社會變遷，有著大幅改變。包括在1978年向陽以「鄉里記事」系列的詩作，獲得了該年度的吳濁流新詩獎，[34]這是作家將認同逐漸轉向現實台灣，且被「標舉」出來的象徵。

---

33 向陽，〈江湖夜雨——「銀杏的仰望」詩集後記〉，《銀杏的仰望》，頁195。
34 向陽，《在寬闊的土地上》，郭楓主編，《台灣當代名家作品精選集》詩歌系列，簡體字版（北京：人民文學出版社，1993.7），頁237-238（向陽創作年表）。

進一步而言，向陽一方面將「方言文學」置於「國語文學」的框架來進行創作，一方面也實踐其所謂「對現實台灣的熱愛」，[35] 並且「一方面憑現實台灣的鄉土血脈，努力豐裕「方言詩」的新聲音」，[36] 以作為拓展國語文學更大的幅度。但後半段的視野，已有愈來愈明顯的改變。這個改變是向陽對現實台灣更積極的回應，其已立下書寫「台灣史詩」的宏願。[37] 尤其《歲月》詩集中，向陽正是繼續用純粹的「國語文學」來開展以詩書寫「台灣史」的方向。[38]

　　也正如社會學者蕭阿勤將經歷過 1970 年代的台灣文學創作者歸類作「回鄉現實」的世代一樣，這個世代一方面還包含中國民族主義的認同，一方面也開始著眼於台灣社會的現實。[39] 但〈土地：自尊和勇健〉當中，向陽除了表白以方言寫作有了更多的信心，搜羅許多台語相關書籍，「更急切於找尋自己的路向，找尋在方言詩創作上可以勇健前行的真正理想」（頁 193）的說法，更似是為後續的「台語詩」鋪路所發出的預告：那**「真正理想」**，還有一個**未到達的目標**。

　　從向陽年表可知，其於 1982 年 6 月 25 日受《自立晚報》社長吳豐山之聘，任該報藝文組主任兼副刊主編，此可看出其之於本土藝文運動的參與日漸加深。而《自立晚報》報社是最早出版台獨運動者王育德《台灣：苦悶的歷史》[40] 的中譯版之出版社；且出版不少台灣文化相關的書籍。此時

---

35 向陽，〈土地：自尊和勇健〉，頁 189。
36 同註 35，頁 188。
37 田新彬，〈向陽將寫「台灣史詩」——一位青年詩人的創作宏願〉，《聯合報》，1978.11.18，「文壇點線面」專欄。
38 例如與《土地的歌》同於 1985 年出版的《歲月》中收錄了長詩〈霧社〉，受鄭愁予極大讚賞，並為其寫下詩評〈為詩獎拔起高峰的一首詩——向陽的「霧社」〉。向陽，《歲月》（台北：大地出版社，1985），頁 155-161；原刊於《中國時報》人間副刊，1984.10.27。於 1980 年 1 月獲時報文學獎敘事詩優等獎，且於 1981 年 4 月又獲德華版「中國當代新詩大展」。
39 蕭阿勤，《回歸現實：台灣 1970 年代的戰後世代與文化政治變遷》（台北：中研院，2008），頁 201-262。
40 王育德，《台灣：苦悶的歷史》（台北：自立晚報，1979），譯者為黃國彥，但當時受限於政治氣氛而不具譯者名。1985 年 8 月底至 12 月初，向陽第 3 次出國期間，曾與王育德晤面，相關記述可見於向陽 vs. 方梓，〈文學相對論／我們來自不同的方向（五之二）〉（《聯合報》副刊，2014.3.10。而 2021 年 5 月 2 日於台北教育大學的「『陽光升起的所在：台灣文學、文化與傳播』暨林淇瀁教授榮退學術研討會」中，向陽亦分享當時見到王育德時，相當驚訝於王育德竟已閱讀《土地的歌》，並給予極大肯定與讚賞。

的向陽，對於台灣史與民族建構的認知，應有更深刻的體悟。1983 年 1 月 15 日，《台灣文藝》改組，向陽更成為雜誌同仁之一；1985 年 3 月 15 日擔任《台灣文藝》編輯顧問，同年 8 月 16 日即由《自立晚報》報社出版《土地的歌》詩集。[41]

即便在《土地的歌》後記中，向陽也告白在寫完「鄉里記事：賢人篇」後，暫時中輟方言詩的寫作。但在趙天儀寄予《台灣語典》後，向陽讀到連橫的自序，除了恢復創作方言詩的信心之外，對於台語「語源」的考究也更趨嚴謹。尤其該後記中也引連橫《台灣語典》自序：「余臺灣人也，能操臺灣之語而不能書臺語之字，且不能明臺語之義，余深自愧。（中略）臺灣之語，既出自中國，而為中國今日所無者，苟非研求文字學、音韻學、方言學，則不得以得其真。」[42] 對於「語源」的思考，讓向陽的創作走上另一個新階段，他開始大量搜集台語相關的字辭典，並將其運用於詩作。

《土地的歌》出版後，語言學家鄭良偉隨即在《台灣文藝》發表評論〈從選詞、用韻、選字看向陽的台語詩〉，其中談及標準化：

> 這本詩集正可讓語文學專家和作者們看看理論與實際之間，代表古語的古籍一的文字和代表現代語言的文字之間，以及語文學者的構想和作者的考慮之間有多大的差別。
>
> 他雖然採用各家的漢字，卻自有一套用法，同一個詞固定地用一個漢字，少有差錯。漢字符號和詞語之間的系統化、標準化，這是很重要的第一步。[43]

---

41 向陽，《在寬闊的土地上》，頁 238-239。
42 同註 35，頁 192。
43 鄭良偉，〈從選詞、用韻、選字看向陽的台語詩〉，向陽，《向陽台語詩選》附錄六，頁 151。原載於《台灣文藝》99 期（1986.3），頁 129-147。

進一步說，《土地的歌》應重新置於台灣文學史的發展來檢驗其重要性。「方言詩」的寫作開始，便有著「語文改革」的實踐意義，即以更精準、具語學考究基礎的用字，將此語言的位階加以提升。方言詩的創作初期，或許是為了豐富同為漢字書寫的「國語文學」之內涵；但《土地的歌》出版時，作者進一步將用字加以修改，便使得當時仍處於「方言」（dialect）位置的「台語」，藉著更積極的語文改革，而有了回到作為「語言」（language）位階的可能。而整個系列詩的寫作，與其中心境的轉折，也代表向陽自開始以母語寫詩，到出版這部詩集的短短約10年間，從原來的「鄉土之愛」出發，在實踐當中生起更激進的意識與企圖。

另外，向陽在1987年的《七十五年詩選》的編選導言開頭便說：

> 民國七十五年對臺灣來說，是個十足的「在轉捩點上」的一年。這一年內的臺灣，不管是政治、經濟、文化、乃至社會的諸層面，都有著　步迅速、瞬目萬千的變化。異議團體的出現、分眾社會的形成、多元需求的提出以及大眾文化的匯集……凡此種種，都顯現出了八〇年代臺灣的活潑勁健，也預示著這塊土地即將擁有更明淨、更寬濶的天空。
>
> 相對而遺憾的是，詩壇比較起來，在這一年內，却顯得疲乏、沉悶，彷彿在百花齊放、眾鳥爭鳴的森林中，忽然找不到自己立足的所在，而發不出應有的聲音來。[44]

詩選出版於解嚴前夕，看得出筆調相當含蓄，但導言中也顯露向陽對

---

[44] 向陽，〈我信，我望，我愛——「七十五年詩選」導言〉，氏編，《七十五年詩選》（台北：爾雅，1987），頁102-103。

整個詩壇的期待,期待它能「找到自己立足的所在」、「發出應有的聲音來」。顯然地,此年度的詩選在向陽編輯起來,有其失落。不過,詩選中亦收入林宗源的台語詩〈早餐〉,[45] 向陽在「編選按語」中有如下評語:

> 在少數使用臺語寫詩的詩人中,林宗源一直是一個堅持者。這首「早餐」選自他的「日本三帖」之三,使用文法最單純的臺語,寫出的是氣魄、格局都頗大的作品。(中略)這首詩在臺語使用上俐落清潔,非沉浸多年者不易為之。而題目「早餐」與食用「日本」的內容更相呼應,可謂絕妙。[46]

此時的向陽在介紹林宗源詩作時,已不再謂為「方言詩」,而以「台語」稱之;且肯定詩作中的文字使用。隨著民主化運動與社會運動的高漲,母語終於成為凝聚「民族」的重要連結因子,「方言」的說法逐漸受到質疑,民間力量將「台語」更推進政治場域,台語文學運動終於在解嚴前夕展開。雖然台語文學／台語詩的興起初時,在許多本土作家眼中仍是異端或不成氣候,卻也逐漸獲得更多人的認同與參與。

或許向陽自身都未預料到,其「方言文學」在後半段的創作,甚至是詩集出版之後,其實踐自身也開展出不同的視野。除了鄭良偉所謂的「標準化」,例如1980年代後期,台語文學運動開始以突圍之姿刺激了整個以華語寫作的台灣文壇,而前述提及鍾肇政更在1990年代擔任「台灣筆會」會長時,仍參與台語文研究會並呼籲「統一台語表記」。[47]

往後的「台語詩」創作,與「台灣人」的民族意識形成更緊密的連

---

45 林宗源,〈早餐〉,原刊於《笠》133期(1986.6.15),收於向陽編,《七十五年詩選》,頁102-103。「早餐」一詞看似中文,但為華語通用詞,台語的使用已有其歷史,小川尚義編的《台日大辭典》(1931-1932)亦收錄此詞(頁573),檢索「台語辭典(台日大辭典台語譯本)查詢」網站(中研院版)亦可得:http://minhakka.ling.sinica.edu.tw/taijittian/。
46 向陽編,《七十五年詩選》,頁102-103。
47 鍾肇政,〈統一台語表記,刻不容緩——參加台語文研究會議側記〉,《筆會月報》(一),1991.9.1,(來源:國家文化記憶庫,https://tcmb.culture.tw/zh-tw/detail?indexCode=online_metadata&id=103278)。

結,正如其論及 1970 年代的台灣現代詩壇所興起的本土論述時,其中關於「符號與語言」已形成一種作為意識型態的重要立基點:

> 黃進蓮易其筆名為黃勁連後不久,開始投入臺語詩的創作。七〇年代的黃進蓮剛改筆名時還認為「我們今天,拿起古人(賈島、李賀等)的詩來唸,還能感到不朽的顫慄的,就是語言的功力」(1980:4);八〇年代末期,他已認為「**語言的問題,是無法度來閃辟兮;無用咱兮鄉土語言來思考,敢有法度來充分表現咱臺灣儂兮意識、臺灣儂兮立場**」(1993:187)。 同樣是現代詩寫作、同樣談語言,七〇年代高舉「中國」大旗的新生代詩人,在八〇年代後多數先後地回到了他們出身的土地認同上,這除了證明了本土論述在七〇年代仍然隱諱不彰以外,也足見符號與語言作為一種意識形態的大幅改變。[48](粗體:引用者)

「鄉土語言」的重視與否,在當時成為是否能展現「台灣人意識」的關鍵。尤其 1970 年代後期,海外獨立運動漸漸影響島內,而如鄭良偉於 1977 在美國創辦的《台灣語文月報》中,亦可見不少將語文運動與獨立運動加以連結的文章。其中第 5 期刊載黑名單王育德於 1977 年以從事研究赴美時,曾在洛杉磯台灣文化欣賞會進行的演講內容;王育德談及:「台灣話要滅亡或興旺,決定於台灣人能不能建立自己的國家。」[49] 換言之,海外的台獨運動與島內的本土化運動相互激盪,使被視為「方言」的「台語」,逐漸在台灣人希望建立自己的國家之推波助瀾下,成為國族想像的

---

48 林淇瀁,〈微弱但是有力的堅持:七〇年代台灣現代詩壇本土論述初探〉,文訊雜誌社編,《台灣現代詩史論》(台北:文訊,1996),頁 363-375。
49 王育德講,竹山節錄,〈我的語言履歷〉,《台灣語文月報》5 號(1977.9),頁 5。

內涵之一,有了新國家的新「國語」之可能性。

即便《土地的歌》創作與出版當時,作者可能未必將這個語言視為可能的「國語」,但其以一種「拘謹而自卑」的穩健姿態,建構出不同於「國語文學」的台灣現實風景,卻間接影響後來另一種「國語文學」之內涵建構。包括後來林央敏提出的以台語文學建構「台灣新民族文學」的論述,[50] 即包含著將台語文學的未來視為新的台灣民族語言／國語之意義。

雖在還未解嚴的年代,當時的思考還較侷限於將「方言詩」納入「國語文學」之一環、做為豐裕「國語文學」的養份,但藉著文學創作當中對於語文的「正確性」,賦予台語「文字」新的面貌與意義,在一連串的摸索與實踐過程中,逐漸地將這個語言賦予較主體的內涵。隨著台灣政治社會更激烈的變動,另一種「國語文學」的「語文」、「文字」,也逐漸有了更深化的建構。

三、文學改革:《土地的歌》——打造台語文學的美學基礎

戰後的台語文學運動遲至解嚴之後,尤其 1990 年代中期以前,台語文學作品仍以文字較少的「台語詩」為大宗,散文、小說方面的創作,得等到 1996 年《台文 BONG 報》創刊以後,才有更多可觀的成績。[51] 而「台語詩」創作有較多能集結成冊的份量,也大致要到 1990 年代中後期。[52] 那麼,在台語文學運動還未興起時,《土地的歌》便出版,那可謂是極度「超前部署」;且無論形式與內容,都展現其強烈的特色與美學內涵。而其背景,或許可回溯到 1970 年代現代詩論戰時,關傑明批判當時台灣詩

---

50 例如林央敏,〈台灣新民族文學的誕生〉、〈台灣新民族文學補遺:台灣文學答客問〉等文,收於《台灣人的蓮花再生》(台北:前衛出版社,1990)。前者原刊於《台灣時報》,1988.5.3-4;後者原刊於《台灣時報》,1988.7.9-11。

51 請參考呂美親,〈1990 年代以降的「台語文學化」工程奠基:以月刊《台文 BONG 報》與陳明仁的寫作實踐為討論中心〉,《台灣文學研究學報》32 期(台南:台灣文學館,2021.4),頁 9-54。

52 詳細書目可參考方耀乾,《台語文學史暨書目彙編》(台南:台灣文薈,2012),頁 225-236。

壇過度模仿西方，根本是「殖民文學」，應回歸中華文化的傳統[53]等詩壇的風格走向與反省。只是，如同前述提及的蕭阿勤之論，許多作家並非回歸「中華文化」，反而直指台灣現實。

《土地的歌》出版翌年，正好也是柯旗化的《台灣文化》創刊，這份雜誌在台語文學運動當中扮演著最初的突圍角色。[54]此後的台語文學運動進入高潮，卻也使得文壇充斥著台語「**只有語言，沒有文學**」的鄙視與反對聲浪，一直到1990年代後期都仍繼續。[55]而回頭看這本出版於運動前夕的《土地的歌》，它在一邊實踐「語文改革」時，也一邊建構出不同於華語詩的「台語美學」。甚且當時受到主流文壇的注目，或說激起諸多反思，促使對於台語（或說「方言」）得以成就文學的可能性，有了較正面的評價。那麼，這本詩集對於台語這個語言的「文學改革」意義，更值得我們細究。

《土地的歌》共分「家譜」、「鄉里記事」、「都市見聞」三卷，計36首台語詩作。其中，「家譜」與「鄉里記事」，可謂作者對於自小生長的南投家鄉之深思與刻畫；而「都市見聞」則是自北上讀大學後，對於台北的諸多感懷。「家譜」中的「血親篇」4首完成於大學時期，而「狂誕篇」至「賢人篇」的5篇計14首作品的寫作，正值「鄉土文學論戰」爆發期間，向陽在此期間狂熱地寫作方言詩，不僅展現其傳承母語、將母語文學化的使命感與企圖心，也展現了母語詩作為地方書寫的文類之一，竟能如此坦蕩蕩而充滿氣勢。

詩集逐卷另有各篇系列書寫，而每卷同一篇裡的詩題，不僅字數相同，且緊扣台灣在地文化風貌，或取材台灣歌謠之題所加以運用改造，形

---

53 張雙英，《二十世紀臺灣新詩史》（台北：五南圖書，2006），頁146-147。
54 可參考李靜玫，《《台灣文化》、《台灣新文化》、《新文化》雜誌研究——以新文化運動及台語文學、政治文學論述為探討主軸（1986.6-1990.12）》（台北：國立編譯館，2008）。
55 例如1990年代初期開始創作台語詩，並且在日後的寫作中建構「台語雅歌」的詩作特色的路寒袖，其在1990年代後期，仍曾回顧：「我一直認為，宣揚台語之美不能只停留在諺語的舉證與詮釋，既然已到創作的層次，最重要的就是拿出好作品來，很多評論家譏諷台語文學是『只有台語而沒有文學』，頗值得我們深切的反省。」參考羅遠整理，〈我還夢想——1999賴和文學獎得主路寒袖專訪〉，《民眾日報》，1999.5.24。

成其詩獨特的諷喻與音律風格。像是「家譜」之「姻親篇」的〈愛變把戲的阿舅〉、〈落魄江湖的姑丈〉和〈搬布袋戲的姊夫〉，或「都市見聞」之「遊俠篇」的〈春花不敢望露水〉、〈杯底金魚盡量飼〉、〈一隻鳥仔哮無救〉以及〈無蟶無意弄雞公〉等，從詩題、形式乃至內容，都可見作者精心細緻的經營。

（一）承襲現代、創新鄉土：從「詩」開始

即便到 1970 年代後期，方言文學的寫作仍遭到主流文壇的撻伐。例如 1977 年，朱西甯於〈回歸何處？如何回歸〉中便如此批判：「近年來的少數作家……把鄉土文學續又偏向方言文學走去，就更加增了枝節繁瑣；回歸民間而動用方言是必須的，而發展方言文學便是本末倒置。」[56] 然而，向陽卻是積極選擇了這條看似「本末倒置」的路。甚且，從台灣的歷史與文學發展來看，這非但不是「本末倒置」，反而是「撥亂反正」之道。就現代文學的發展脈絡而言，其同以詩出發；就內涵脈絡而言，承襲了台灣文學「橫的移植」中的現代性之表現；縱向來說，又是紮根本土，且翻轉既有「鄉土」印象的創新實驗。

在語言本身居於「方言」位置，且其文字還未標準化時，篇幅較短、且有如近白話體的「樂府詩」之前例可模仿及依循時，「現代詩」的寫作，可謂文學改革進程中較易實踐的文類。例如 1920 年代新文學運動中，以「漢字」呈現的新詩在一開始便有具體成績，包括 1925 年張我軍的白話詩集《亂都之戀》，1927 年的楊華《黑潮集》出版。許俊雅認為，台灣的白話詩，可說一開始便具備了「橫的移植」——世界思潮影響的宿命。[57] 另外，如七字仔、歌仔等較具旋律性的民間詩歌也值得注意；例如賴和在

---

[56] 朱西甯，〈回歸何處？如何回歸〉，原刊於《仙人掌》1 卷 2 期（1977.4），此轉引自施俊州編，《台語文學發展年表：1815-2014》（台南：台灣文學館，2015），頁 309。

[57] 許俊雅，〈日據時期臺灣白話詩的起步〉，收於《臺灣文學論——從現代到當代》（台北：國立編譯館，1997），頁 170。

1930 年代便從民間文學汲取養份,以類似歌謠方式寫作符合「台灣話文」的文字書寫方式來寫作現代詩。[58] 而能較全然表達「**話文**」的「**文學**」,白話詩或新體詩仍是最快的方式。

　　戰後現代文學的思潮也早於鄉土文學的實踐寫作,即便作家開始「回歸現實」地關注台灣,寫作手法仍也延續現代主義當中對現實的批判與反省。例如 1960 年代的「現代文學」,如王禎和的作品,或者 1970 年代所謂的「鄉土文學」,如王拓、黃春明的小說,這些關注台灣現實的創作多以「小說」的文類受到注目。然而,它們較能如實地表現口語部份,也多只是在對話呈現。

　　換言之,戰後的台灣文學全然納入以華語為主的「國語文學」之範疇。因此,與戰前一樣,篇幅較短、文字較少的現代詩,便是相對而言較能實踐方言寫作的文類。於是,如前所引蕭蕭的詩評中論及向陽的「鄉里記事」有別於吳晟的「吾鄉印象」,且謂:「向陽大量使用閩南語入詩,形成**另立一門**的方言詩。」即並不如一般鄉土文學作品中,僅將些許台語詞彙置入其中。向陽選擇以全台語的現代詩書寫,來示範現代的台語美學之表現可能。

　　關於《土地的歌》,已有不少對於「台語美學」的實際討論;包括詩集中附錄的張漢良〈導讀「村長伯仔欲造橋」〉、菩提〈談「馬無夜草不肥注」〉、王灝〈不只是鄉音:試論向陽的方言詩〉等。而關於代表性的研究則有林于弘的論述,以及向陽自身的分析;而鄭良偉、宋田水、蕭蕭等人的評論,也收錄於 2002 年版的《向陽台語詩選》;另外,學位論文主要是呂焜霖的研究,[59] 對於向陽台語詩作在音韻、美學層次等多有著墨。以下,筆者將析

---

58 例如賴和著,林瑞明編,《賴和全集 2:新詩散文卷》(台北:前衛出版社,2000)當中收入的〈新樂府〉、〈生與死〉、〈相思〉、〈月光〉、〈冬到新穀收〉、〈農民嘆(押台灣土俗韻)〉、〈溪水漲〉、〈寂寞(歌仔曲新哭調仔)〉、〈呆団仔〉等多首。

59 林于弘〈台語詩中的反諷世界——以向陽《土地的歌》為例〉、向陽〈從民間來、回民間去:以台語詩集《土地的歌》為例論民間文學語言的再生〉、鄭良偉〈從選詞、用韻、選字看向陽的台語詩〉、宋田水〈土語民風——關於向陽的詩作〉、蕭蕭〈向陽的詩,蘊蓄台灣的良知〉等,皆收錄於《向陽台語詩選》;學位論文主要有呂焜霖,〈戰後台語歌詩的成因與發展——兼論向陽與路寒袖的創作〉(國立清華大學台灣文學研究所碩士論文,2008)。

論向陽如何將原**被認為沒有「文學性」的「方言」**,加以賦予養份,且將其轉化為「承襲現代、創新鄉土」的一種得以「**自立門戶**」的新的美學建構。

首先,《土地的歌》看似寫實而鄉土,事實上它非常「現代」。由「家譜」、「鄉里記事」與「都市見聞」共三卷結成;每一卷中的每一篇詩作,詩題字數皆相同。每一人物或事件有了特徵化的對應形狀(如「姻親篇」的〈愛變把戲的阿舅〉),或以諷喻對象的具體化行為作為鋪陳的切入點(如「顯貴篇」的〈議員仙仔無在厝〉);甚且以「台灣之古」諷「中國化的台灣之今」(如「貨殖篇」的〈在會議桌頭前〉、〈在說明會場中〉、〈在公佈欄下腳〉。如此細緻的編排,就不僅止於對人事物寫實性的書寫,而是從個人記憶出發,進而描寫鄉村與都會的集體意識,將個人身分與集體意義乃至與具社會性及批判性的思想加以連結。即詩作不僅具現代詩的強烈特色,更證明以方言／台語作為「寫實文學」的載體,更充實了其成為「文學」的內涵與正當性。

關於向陽的方言詩之「文學性」,諸多論者聚焦於其「諷刺詩」的性格,以及詩作在格律方面的「剪裁」[60];但詩中以現代主義表現的深刻意涵也更值得深探。尤其詩作在字數上有其固定形式,且光是「標題」就能將台語的傳統表現再賦予新的批判與諷刺性格,整部詩集的「整體性」恐怕於當時或現今,都是難以突破的基進寫法與成果。

例如「鄉里記事」中「百姓篇」三首,詩題皆以 11 字呈現:〈黑天暗地白色鳥鼠咬布袋〉、〈未犁未寫水牛倒在田丘頂〉、〈三更半暝一隻貓仔喵喵哮〉。然而,前面 4 字與後面 7 字都各有原來的指涉,交疊在一起成為詩題,便形成重層的諷喻意涵。例如〈未犁未寫水牛倒在田丘頂〉(今寫為:袂犁袂寫水牛倒佇田垺頂):

---

[60] 例如於《土地的歌》附錄中菩提、王灝的詩評,或者《向陽台語詩選》附錄的林于弘論文等,皆論及諷刺性或者格律化的形式編排。

雖然毋捌字袂曉寫文章
也知影一格一格穩穩挈落去
雖然無天才毋知話虎屎
也聽見一聲一聲喝水牛

喝著水牛一行一行
在田坵頂寫出今年秋收的歌詞
趕著水牛一撇一撇
向田中央畫出後冬結婚的色彩

水牛絕對毋是我阿宏的牽手
雖然袂曉寫文章閣毋捌字
穿袂起西裝穿袂落去皮鞋頭頂戴草笠
我仝款和讀書人大官虎生理人知影食飯愛查某

水牛不止是我阿宏的愛人
雖然毋知話虎屎也無天才
飼袂起飼料飼袂落去肉類骨頭兩三枝
我仝款和讀書人大官虎生理人會曉煽動使目尾

一行一行我阿宏寫落去
水牛水牛你是我的生命我生命的歌詞
一撇一撇我阿宏畫落去
水牛水牛你是我的愛情我愛情的色彩

雖然知影一格一格　落去

我阿宏毋捌字　袂出活潑的文章
雖然聽見一聲一聲喝水牛
我阿宏無天才喝袂著牽手和愛人[61]

　　看似以簡單口語陳述的敘事詩，卻將「階級」的變與不變，以及作者認為底層人民與讀書人應具同等價值的肯定大方地展示出來；揭示社會的不公平狀態，也抗議著無法流動的階級性，以及社會無法賦予此階層同等回饋的現實。尤其此詩以較故事性的寫實風格來描寫，未有太多華美詞藻或精煉的譬喻，卻充份展現現代詩中多重意象與多重隱喻的特色。而其置於「百姓篇」，以「阿宏」和「水牛」專注於耕作的縮影，更突顯作者描繪鄉里人物「共相」之意圖。

　　再者，《土地的歌》將鄉土中的民間養份，包括俗語、諺語、俚語等裁入「現代詩」中，看似是「不合時宜」的「鄉土詩」，但它卻不僅止於描繪現實鄉土，反而是「以古鑑今」式地縫入適合當時社會的新意涵，藉以批判現實中因政治或政策對於「鄉土」的改變，讓以全方言／全台語表現的「鄉土」，成為更有力量的「**新文類**」。

　　再舉「**不肖篇**」為例，〈猛虎難敵猴群論〉、〈青盲雞啄無蟲說〉、〈好鐵不打菜刀辯〉三首的詩題皆為 7 字，前 6 字取自台灣諺語，而後的「論」、「說」、「辯」，皆可見作者為這些傳統俗諺加上符合現當代社會的新說、新證之企圖。如〈青盲雞啄無蟲說〉：

飼豬飼雞飼鴨毋驚風颱天
儉米儉菜儉肉但望跋筊時
毋驚阮翁風颱無佇厝

---

[61] 向陽，〈袂犁袂寫水牛倒佇田坵頂〉，《土地的歌》，頁 52-54。原詩發表於《台灣文藝》革新 2 期（1977.7）。為便於今讀者閱讀，由引用者改為教育部台語用字。

但望阮翁跋筊毋通輸

豬頭無顧顧鴨卵
飼豬艱苦無人問
鴨卵落巢補身閣趁錢
豬仔飼大豬哥老爸無欲認

雞若青盲毋知風颱著倒轉
窗仔吼門會叫阮翁屈佇校場
天若烏，地就黯
青盲雞仔啄無蟲

大風大雨豬鴨佇岫雞仔佇山埔
囝仔腹肚枵啼哭四邊烏
阮翁毋驚颱出門去
厝瓦未補拜託天公伯仔毋通閣落大雨[62]

　　俗諺中的「青盲雞，啄著蟲」，意指先天條件不佳卻是運氣好。但取自俗諺的詩題，卻反而要反駁俗諺的舊思維。「青盲雞啄無蟲」，乃以反向勸說的方式介入原有的世俗觀。作者認為，先天條件不如人就應更努力，而不能僅靠運氣，否則無法翻身。詩作前段複查於其中的動詞，如「飼」、「儉」等，揭示著這個民族的勤儉刻苦性格；但前段加上「毋驚風颱天／但望跋筊時」，後段再有呼應式的強化語句作結：「厝瓦未補拜託天公伯仔毋通閣落大雨」，反而對這些鄉里之人的無知與無謀提出更強

---

62 向陽，〈青盲雞啄無蟲說〉，《土地的歌》，頁63-64。原詩發表於《台灣文藝》革新4期（1977.12）。為便於今讀者閱讀，由引用者改為教育部台語用字。

烈的批判。這似是對庶民的「不憐憫」或「看輕」，但前也已先肯定他們的勤儉與刻苦，因此，篇名取為「不肖」，即有刻出鄉里人物「另一醜陋性格的共相」之意圖。作者藉詩來強化對此集團有著恨鐵不成鋼的遺憾，也提出對台灣人的民族性之深刻檢討。

如此方言詩，形式上融合民間俗諺等形式，看似鄉土，卻相當創新。作者並不揚棄台灣既有語言所承載的深層文化，反而將它精緻化地置入新的文學形式當中，舊諺新用，轉化／改寫成符合時代意涵的價值，以詩寫出新的思想；此可謂承襲「現代詩」的精神，且創新了「鄉土詩」的面貌。整部《土地的歌》猶如一本「民間事件簿」，每首詩都訴說著一則具「共相性」的故事。詩作極具地方性，卻也同時具有代表同時代的台灣之「普遍性」；而無論那樣的普遍性是正面或較負面的，作者都願意將它們紀錄下來。以下再論《土地的歌》的「普遍性」之重構意義。

（二）重新記憶：「普遍性」的重構

《土地的歌》出版時，雖受到主流文壇的注目，評論文章當中，也有不少檢驗式與懷疑式的批評。例如張漢良〈導讀「村長伯仔欲造橋」〉中，即指出「**運用方言是文學傳播上的兩難式**」：

> 運用方言是文學傳播上的兩難式。就正面價值而言，方言能生動地表現地域色彩，能增加人物（包括 述者與角色）塑造的真實感。方言的逼真性（Verisimilitude），是「逼」現實的「真」，亦即俗謂的 true to life。就反面價值而言，**方言為一部分人所共有，因此其傳達面有限，缺乏普遍性**，對於不熟悉此語言的讀者，會造成欣賞時「隔」的現象。[63]（粗體及底線：

---

[63] 張漢良，〈導讀「村長伯仔欲造橋」〉，向陽，《土地的歌》，頁 149-150。原載於張漢良、蕭蕭編，《現代詩導讀（導讀篇三）》（台北：故鄉出版社，1979）。

引用者）

　　此「**缺乏普遍性**」的說法，後來受評論家王灝的引用。[64] 然而，從《土地的歌》的當中的幾篇經典作品來看，如此評斷，可謂是當時代的侷限之論。作者把「逼真性」視為正面價值，而其反面意義則是「缺乏普遍性」。然而，看似正反兩面的對立邏輯，實則因《土地的歌》「逼」出「大眾」與「現實」的「真」，其以方言／台語寫作，也成為重構台灣文學發展脈絡中一個可能失落的「普遍性」。

1. 橫向的「大眾記憶」——用聲音召喚普遍性

　　向陽在《寫意年代：臺灣作家手稿故事（貳）》中曾回憶與黃勁連的交誼，提起黃勁連最早在南部舉辦詩歌朗誦會時，即邀這位文化學院的向陽「學弟」前來北門高中朗誦他初創作的〈阿爹的飯包〉：

> 啊，那是一九七六年的事吧，這前一年我已開始發表台語詩，〈阿爹的飯包〉是最初的一批詩作之一，發表不易，後來由趙天儀主編的《笠》詩刊發表；我希望被更多人聽到，因此開始到處朗讀這批台語詩。那時候的勁連兄已經創辦大漢出版社，他策畫在故鄉北門高中舉辦文藝營，有一節詩歌朗誦會，邀集許多台北的詩人南下，我還是初出茅廬的大學生，承他看重，因此有了生平第一次南瀛之行，一直感念在心。[65]

　　向陽在寫作台語詩初時，便開始到處朗讀台語詩，且得到相當熱烈的

---

[64] 王灝，〈不只是鄉音：試論向陽的方言詩〉，向陽，《土地的歌》，頁165。原載於《文訊》（1985.8）；亦收入李瑞騰編，《中華現代文學大系‧評論卷貳》（台北：九歌出版社，1989）。

[65] 向陽，〈一尾活龍——臺語歌詩健將黃勁連〉，氏著，《寫意年代：臺灣作家手稿故事（貳）》（台北：九歌出版社，2018），頁123。

回響。[66] 雖是說「希望被更多人聽到」，但過程中也同時**召喚**出使用這個語言的「集團」之聲音記憶。而當時向陽走訪的是高中、大學等年輕「集團」，當時他們多數仍還能聽得懂且在日常都習慣言說「台語」。透過朗讀，喚醒了他們對這個「聲音」的共鳴，以及原來台語可超越日常用語、成為「現代詩」的文學想像。

詩集出版不久後，向陽與也曾出版台語字典的小說家楊青矗受邀赴美國愛荷華大學，參加為期三個月的國際寫作計劃，且帶著國寶級大師使用過的「布袋戲尪仔」前往，於各國作家面前以台灣話朗讀〈搬布袋戲的姊夫〉，獲得全體掌聲；另也親證現場非洲詩人以母語讀詩時，受到全場鼓掌致敬的場面。該詩人所言：「如果我的詩袂當予我全族的人了解，袂當寫出琣的悲哀、琣的樂暢，就算講我會當得著全世界的掌聲，又閣有啥物意義咧？」，讓向陽感動許久，且認為他說出自己少年時期寫台語詩的心情。[67]

亦即，向陽朗讀其以台灣話寫作的詩，除了在島內年輕一輩之間得到共鳴，也受到同時代國際之間以母語寫作的鼓舞力量，更喚起自身以母語寫作的初衷。則《土地的歌》與其「發聲」，更具有將橫向的「大眾記憶」裡的聲音加以連結，凝聚失落的普遍性之意義。另外，詩作〈阿母的頭鬃〉、[68]〈阿爹的飯包〉，陸續也經蕭泰然、簡上仁等人譜曲傳唱，其橫向的傳播並不停留於出版當時，而是更廣泛地影響更多世代。

2. 縱向的「文學記憶」——以歷史串起普遍性

---

66 向陽，〈江湖夜雨——「銀杏的仰望」詩集後記〉，《銀杏的仰望》（台北：詩脈季刊社，1977），頁205。
67 向陽，〈得獎感言（台文版）〉《第十三屆榮後台灣詩人獎得獎人向陽專輯：向陽的文學旅途》（台南：財團法人榮後文化基金會，2004），頁6-7。（非洲詩人的引文用字，筆者稍做修改。）
68 1999年3月〈阿母的頭鬃〉入圍非流行音樂金曲獎最佳作詞人獎項，後遭取消。引自宋澤萊，〈讀向陽70年代後半、80年代前半所寫的6首台語詩——並論諷刺文學時代中的小人物書寫〉，（來源：《台文戰線》部落格，http://twnelclub.ning.com/profiles/blogs/70-80-6）。

《土地的歌》所重構的普遍性，還有另一個縱向的召喚意義，即連結日本時代「台灣話文」運動之未竟歷史。向陽將詩集寄給當時約已 78 歲高齡的「台灣文學史墾拓者」黃得時，並很快地得到其回覆：

> 日前荷蒙惠賜大作方言詩集《土地的歌》、曷勝感謝。以方言寫小說、在光復前、曾經有郭秋生等人嘗試過、叫做「臺灣話文」。後來、因發現臺灣語中有音無字的例子太多、遂偃旗息鼓、未及普遍流行。而以臺灣方言寫新詩、算吾兄（按：向陽）為第一人。拜讀之下、殊覺興趣盎然、難以釋卷。對於吾兄如此匠心獨運之創造能力、令人佩服、令人感奮。特此申謝。[69]

　　在台灣文學的新詩史上，「以台灣方言寫新詩」的作家不少，但能將以方言／台語寫成的詩作集結成冊，向陽的確是文壇第一人，受到廣大的注目與討論。也因在艱困的外在環境中出版，而得以讓曾經歷 1930 年代「台灣話文」論爭與建構時期的前輩作家，對於 1970 年代這克服前朝的未竟之業，發起「殊覺興趣盎然、難以釋卷。對於吾兄如此匠心獨運之創造能力、令人佩服、令人感奮」之語。除了黃得時的個人書簡，也包括註 40 中提及向陽在研討會中提及 1985 年在日本見到王育德時，王育德竟已閱讀《土地的歌》，並給予極大肯定與讚賞的經驗。這些呈現出台灣新文學發展過程中，以本土語言建構的現代文學之長期斷裂，以及終於有再重新建構起來的歷史意義。

　　亦即，《土地的歌》集結成冊，且「文字」已大幅再精確地修改，雖名為「方言」，卻和新文學運動當中一個重要的階段──1930 年代的「台灣話文」運動，產生了緊密的連結。雖也正如向陽在詩集後記中謙虛地

---

[69] 向陽，〈臺灣文學史的懇拓者──黃得時及其臺灣文學論述〉，《寫字年代：臺灣作家手稿故事》（台北：九歌出版社，2013），頁 86。引文保留原來用字，本書頁 87 亦印有原信件圖像，信件日期為 1986 年 5 月 23 日。

說：

> 如此一本毫無文字、訓詁、音韻等專業訓練，但依一己淺學使用台語字彙（參考書後注釋）寫出的詩集，錯謬或不在少數，也愧對所有傾全力於台語研究的前人與學者——不過轉而一想，畢竟這是一本文學創作，語源考證的粗疏，想能見諒於專家學者才是。而如能因此獲教於專家學者、並引起讀者研討的興趣、作家詩人的嘗試與投入，也未始非福吧！[70]

但可以說，1930年代「台灣話文」運動所追求的「語文改革」與「文學改革」之目標，終於在1985年的《土地的歌》得到延續，當時追求的屬於台灣人的文學普遍性，重新被召喚回來。

這個受到召喚的普遍性，而後有了更大幅的開展。例如，鄭良偉於台語文學論戰正如火如荼展開的1990年，編出《台語詩六家選》，[71] 其中收入林宗源、黃勁連、黃樹根、向陽、林央敏等6位詩人之詩作。這是繼1985年向陽《土地的歌》與1988年林宗源的《林宗源台語詩選》出版以來，最具代表性的台語詩合集。而若再加上1990年6月《土地的歌》由林繼雄譯寫為台語現代文，並採用為成功大學台語課程指定教材；1997年7月〈阿爹的飯包〉收入中區五專入學考試國文科試題；[72] 以及往後更多中小學教科書或參考教材所收錄的〈阿爹的飯包〉、〈阿媽的目屎〉等；[73] 再甚至是最近由地方文化局將詩作製成文創商品等，[74] 則屬於台灣「土地」的文學普遍性——以母語成就文學的時代價值，將漸漸根深蒂固；且在二十一

---

[70] 向陽，〈土地：自尊和勇健〉，頁197。
[71] 鄭良偉編，《台語詩六家選》，頁14。
[72] 宋澤萊，〈讀向陽70年代後半、80年代前半所寫的6首台語詩——並論諷刺文學時代中的小人物書寫〉，（來源：《台文戰線》部落格，http://twnelclub.ning.com/profiles/blogs/70-80-6）。
[73] 向陽，〈向陽自訂年表〉，黎活仁、白靈、楊宗翰主編，《閱讀向陽》（台北：秀威，2013），頁441。
[74] 例如南投縣文化局將〈阿爹的飯包〉一詩印於外出餐具組合布袋，成為具商業價值的文創產品。〈向陽「阿爸的飯包」不止是一首詩！也是一項商機〉，《自由時報》，2021.4.18，生活版。

世紀以後重新定義「台語」作為「文學傳播」載體的可能。

　　《土地的歌》所引發的影響，包括對於後來的台語文學運動所追求的美學要求等相關回應，恐怕也非向陽當初所想像。然而，《土地的歌》於17年後以《向陽台語詩選》重新出版時，向陽於〈序文〉中如此感嘆：

> 我的台語詩集《土地的歌》銷路親像亦無講偌好，第一版銷完，報社無攔再版，這嘛予我淡薄厭氣，我佇真濟所在用台語唸詩受著歡迎，詩集煞賣無好，這不知是不是和台灣人無啥重視**台灣的文學重建**有關？[75]（粗體：引用者）

　　向陽的序文，除了透露其以台語詩寫作，顯然有著對於「**台灣的文學重建**」之積極意義；而作為「台語文學大系」之一的《向陽台語詩選》，也已回答了當初的自問：「**是否開闢了一條大路**」；[76] 以母語寫詩的確已有了更開闊的前進。

　　2000年以降，教育部著手台語／閩南語（2024年更名為「臺灣台語」）的用字制定之時，反對母語成為文字的聲浪仍不時見於報章媒體。但向陽仍投書主流報刊，為「慘遭凌遲、文化尊嚴的備受凌辱」的台灣各族母語發聲。[77]「普遍性」並不缺乏，難得的是在路未開時，那些少數而勇敢的開拓者。即便是為了豐富「國語文學」所開展的「方言詩」，但向陽自1970年代將「母語」推向現代「文學」境界的實踐，不僅其個人在創作意識上堪稱先知先覺者，《土地的歌》之出版，橫向召喚大眾聲音，縱向連結台灣文學發展史，著實是台灣現代文學史上一座相當重要的里程碑。

---

[75] 向陽，〈序文〉，《向陽台語詩選》（台南：金安出版社，2002），頁12。
[76] 向陽，〈土地：自尊和勇健〉，頁196。
[77] 向陽，〈母語並未「當道」，只是「路倒」！〉，《聯合報》，2003.9.14，副刊（全文可見於「向陽文苑」，http://tns.ndhu.edu.tw/~xiangyang/crib_15.htm）。

四、代結語：斷裂的，延續的，「台灣／語新文學」之路

　　本論文從台灣文學史中的「語文改革」與「文學改革」之雙重視角，來重新定位這本於戰後台語文學運動正式展開之前出現的「方言詩集」──向陽《土地的歌》。就台灣文學史發展的光譜來看，它不僅是新文學運動以來未竟的「台灣語文」之改革實踐，也是更具在地性的「台灣文學」之改革實踐。本論文指出，此詩集雖是作為「國語文學」之一環的背景下衍生出的意識型態之書寫，但它以「方言詩集」之姿出現於文壇，也劃出一條建構新的「國語文學」之可能性。

　　從文學改革的意義而言，《土地的歌》更是接續 1960 年代現代主義與 1970 年代鄉土文學的文學思潮之反映，其具思想性的深化書寫，將舊諺新用，轉化／改寫成符合時代意涵的價值，可謂承襲「現代詩」的精神，創新「鄉土詩」的面貌。即便以「方言」寫作，在當時被認為在「文學傳播」上較「缺乏普遍性」，但這部出版於 1985 年的「方言詩集」《土地的歌》，橫向召喚島內海外的大眾聲音，縱向連結台灣文學的發展史，反而成為重構另一個屬於台灣在地的「普遍性」之開端與典範。其突破性與重構出的普遍性之影響層面，更可謂廣闊而深遠。

從「拼圖」到「場域」
──學者向陽的文學傳播論述

趙文豪

摘要

筆名向陽,他是兼具詩人與散文家的創作家、是報刊與雜誌的主編;本名林淇瀁時,他是出入於理論與學院的學者。而在林淇瀁的就學歷程中,包含東方語文學系的日文系、新聞學系等,並非是就讀主修文學的科系,反倒是憑藉著興趣,以及參與詩社與詩刊的過程,大量發表創作。並在《大自然》雜誌及「自立報系」的工作經歷,作為其媒體生涯階段,也奠定林淇瀁活躍於當代文壇及媒體領域,後續跨領域至學術領域,身分多重,著作等身。

從 2001 年出版的《書寫與拼圖:臺灣文學傳播現象研究》到 2014 年出版的《場域與景觀:台灣文學傳播現象再探》,包括用筆名向陽在 2004 年出版的《浮世星空新故鄉》以隨筆式議題析論,都能夠見到作者對於台灣文學思潮論述之外,尤其是通過「文化研究」的取徑,將文學傳播結合社會學、傳播學,以及自身參與過的時代刻痕。根據作者而言:《書寫與拼圖:臺灣文學傳播現象研究》特別著重在意識型態與文化霸權的分析,《場域與景觀:台灣文學傳播現象再探》則根據歷史、社會、網路的景深與發展所提供的參考架構。兩本書相互對話、彼此承繼,本文盼透過兩書為軸,探勘學者林淇瀁在文學傳播的論述意識,整理論者如何形構對於當

代台灣文學傳播的影響。

關鍵詞：場域、意識型態國家機器、霸權、網路、典律

一、前言：流動的對話

　　林淇瀁，筆名向陽，1955 年出生於南投縣鹿谷鄉。當使用筆名向陽時，大多兼具了詩人與散文家的意義；使用本名林淇瀁時，則為出入於學術期刊與論文資料庫裡的學者。[1] 回溯向陽的就學歷程，在高中時期的他便熱情的參與文藝研究社團、校刊等活動，在 1973 年進入中國文化學院東方語文學系的日文組就讀，不僅持續發表文學創作，也將作為大一新鮮人的心情，記述於〈行吟集〉並刊於《聯合副刊》。[2] 他熱衷參與社團如華岡詩社、日文學社與大陸問題研究社等，向陽在 1977 年自費出版第一本詩集《銀杏的仰望》，[3] 開啟往後著作等身的作家生涯。

　　然而，向陽在大學畢業後，曾投入《時報周刊》、《自立晚報》等，將累積的創作能量也化為無數在編輯創意的展演。在解嚴之後，從《自立早報》創刊的總編輯、「自立報系」的總主筆，到 1991 年向陽考取中國文化大學新聞研究所碩士班以及政治大學新聞研究所博士班。從以上簡述可以探見向陽並非是主修文學科系，反而是隨著興趣與專業，在文學的領域中，包含大量的發表創作、熱絡參與詩社、發行詩刊等。同時，在媒體人、學者、作家等多面向的光譜，奠定向陽在當代文壇，並往後延伸至文學傳播之學術領域。目前對於向陽的研究現況，有許多是以他的創作作為研究對象，例如林于弘在《臺灣新詩分類學》[4] 中的台語詩及網路詩中加以概述，以及須文蔚於《臺灣數位文學論》[5] 也介紹了「向陽工坊」的網站；在學位論文中，也有許多對向陽的現代詩研究，以及他如何深入於台語詩

1　由於本研究選擇研討會之「學者向陽」主題，以向陽老師之多重身分所輻射射出的台灣文學與文學傳播作為聚焦，後文皆統一以向陽稱之。
2　〈行吟集〉分別刊載三篇於《聯合報》如下，1973.11.1，11 版；1973.11.29，12 版；1973.12.12，12 版。
3　向陽，《銀杏的仰望》（台北：故鄉出版社，1977）。此詩集紀錄了 1974 年至 1976 年共 72 首著作。
4　林于弘，《台灣新詩分類學》（台北：鷹漢文化，2004）。此書分別在〈網路詩的產生與啟示〉以及〈小詩的嘗試與開拓〉兩章論及向陽的詩作。
5　須文蔚，《台灣數位文學論》（台北：二魚文化，2003），（來源：向陽工坊網站：http://web.nchu.edu.tw/~xiangyang/index.htm）。

的創作、及其作品的音韻風格研究等。

對於向陽在文學傳播領域的研究而言，受到文化研究與文學社會學的影響非常深刻，他站在場域論述的角度，不論是群體或個體之間，指出權力網路與資本關係的形構，然而台灣文學思潮發展的複雜性，難以透過單一化的主體位置作為詮釋的視角。向陽在文學傳播研究的重要性，最特別的一點即在於此：將「意識型態、媒介與權力」的概念，構成想像的文學場域——這個充滿各種關係的空間結構，不僅從事文學生產，也受到外在權力的影響。本研究試以 2001 年出版的《書寫與拼圖：臺灣文學傳播現象研究》[6]與 2014 年出版的《場域與景觀：台灣文學傳播現象再探》[7]作為研究對象，兩書大抵為通過「文化研究」的取徑，結合著社會學、傳播學，以及曾親身參與的時代刻痕，兩本書的成書年代有其先後，相互對話、彼此承繼。

本文透過《書寫與拼圖：臺灣文學傳播現象研究》與《場域與景觀：台灣文學傳播現象再探》兩書為軸，並拆分為「副刊、作家與作品、網路」三部分，標其高度，向陽在副刊學上扮演瞻前顧後的角色，副刊要如何作為傳播學之論述領域的研究對象；探其深度，在作家與作品的研究導向，過去是為讀者勾勒的傳播理論框架，至此重新省思文學的能動性，台灣文學是否已確實取得論述自我的主導權；誌其廣度，在台灣文學透過網路所發展的論述脈絡裡，獨到之處在於網路文學發展的預言。

再者，以學者向陽的文學傳播作為研究取徑，參照向陽提出文學傳播的定義與作法，尤其是探究作者、媒介及讀者接受的三方互動。依循法國學者埃斯卡皮（Robert Escarpit）在《文學社會學》開宗明義的說：「所有文學活動都是以作家、書籍、讀者三方面的參與為前提。」[8]再對應向陽

---

[6] 林淇瀁，《書寫與拼圖：臺灣文學傳播現象研究》（台北：麥田出版社，2001）。
[7] 林淇瀁，《場域與景觀：台灣文學傳播現象再探》（台北：印刻出版社，2014）。
[8] 埃斯卡皮著，葉淑燕譯，《文學社會學》（台北：遠流出版社，1991），頁 10。

在2004年所出版的《浮世星空新故鄉》序中提及：「書寫，無法也不能脫離讀者／社會的閱讀和回饋而單獨存在。文學傳播的重要，就在於他關注媒體功能的發揮，著重如何激發讀者／社會的閱讀與回饋，來成就書寫之意義的完整。」[9]作家書寫作品，而作品通過傳播媒介（報刊、專著、網路等），讓讀者能夠接受到訊息。簡要來說，一如拉斯威爾（Harold Dwight Lasswell）探討文化與文學的宣傳技巧中，將外在環境的社會變遷與內部營運的媒介文化，找到彼此的連結。[10]舉例來說，作家之所以能夠成為作家，大多是需要作品的發表，其發表的管道，例如通過副刊、文學雜誌、出版社等。但是作家是如何被他人定義為作家，又是哪一類型的作家？作家的文學生涯如何形成，或者換句話說，作家是通過什麼方式餵養讀者文學的養分，進而讓發行商也能獲得相對應的回饋？可見作家的形成是非常難去一概而論，整個文學傳播發展的過程，是與時代環境的關係息息相關，不能去用「理所當然」的方式去理解文學現象。爰是，上述書寫在文學傳播的結構裡，「書寫的內容是什麼」、「由誰來寫」、「是誰在讀」，以及「在什麼時候寫」等問題，奠定著文學傳播的歷程。透過主導者如作者、主編等人帶來獨特的視野，而傳播媒介成為作者與讀者之間聯繫的橋梁。

舉例來說，平面出版的媒介有副刊、文學雜誌、專著等，編輯把握著稿件刊登的權威與文學資源，以霍爾（Stuart Hall）對於意識型態的強調為例，他不斷強調著「接合」（articulation）[11]於大眾傳媒裡的實踐研究。

---

9 向陽，《浮世星空新故鄉》（台北：三民書局，2004），頁2。另外一提，《浮世星空新故鄉》可看作是學術論著之外的隨筆式議題析論，不過都能夠見到作者對於台灣文學思潮論述，以及文學社會學「作家、媒介、讀者」三者互動的傳播概念，再次回扣到傳播的效益與過程，再擴大以大眾讀者的視角詮釋。

10 參見 Harold Dwight Lasswell, Lyman Bryson（ed），"The structure and function of communication in society," *The communication of Ideas*,37（1948），pp.215-228. 在這篇論文中，拉斯威爾提出傳播在社會中的結構與功能，提出傳播行為的 5W：why（為什麼）、What（是什麼）、Where（在哪兒）、Who（誰）、When（什麼時候）。在後續的傳播行為討論中，再加上了 1H：How（怎麼作），加強回饋對於傳播活動的影響。拉斯威爾以實證科學派的言論，發表傳播學的5W，指出傳播的功能：將抽象存在的預設閱聽對象，透過實務研究的目標，進而在其中找到完整的傳播結構。

11 墨菲、拉克勞（Ernesto Laclau and Chantal Mouffe）著，陳墇津譯，《文化霸權和社會主義的戰略》（台北：遠流出版社，1994）。參見書中，或可譯為「闡連」使用。

然而,「接合」的概念可溯及自葛蘭西在霸權理論的接合(闡連),當原本沒有必然關係的兩者以上的元素,因為產生論述性質的關聯,而使得他們意義上的鏈結產生接合。值得留意的是,這些是在封閉體系的領域裡產生。霍爾提醒,因為製碼者與解碼者的不均等,這個一是型態體系並非封閉的,在這生產過程的矛盾裡,媒介將意識型態與社會結構結合在一起,以語言符號的接合作為運作的方式,這些語言的實踐背負著寫作者的意識型態。[12]

目前檢視兩書如何形構對於當代台灣文學傳播的影響,比較而言,成書於 2001 年的《書寫與拼圖:臺灣文學傳播現象研究》,是「一個文學傳播學的延伸性研究,核心課題主要聚焦在臺灣文學傳播現象與社會變遷的互動關聯之上。」[13] 也作為延伸 1993 年林淇瀁獲得文化大學的新聞碩士學位論文《文學傳播與社會變遷之關聯性研究——以七〇年代臺灣報紙副刊的媒介運作為例》[14],強調在受到外部的意識型態國家機器,以及內部的歷史脈絡兩者交併的影響。

《書寫與拼圖:臺灣文學傳播現象研究》分作基礎卷、斷層卷、板塊卷、新地卷、觀察卷 5 個部分,基礎卷將副刊作為研究對象,探究副刊在文學傳播媒介的角色與功能;於斷層卷裡,延伸所謂斷層的歷史意義,集中台灣的文學傳播在殖民地政府的發展脈絡,及其意識型態的建構;到板塊卷,打開了日治時期的文學傳播課題,探究戰後到解嚴前台灣的文學傳播現象,尤其是意識型態國家機器與媒介、與社會三者間互動的關係;在新地卷,便是數位網路如何在台灣文學傳播呈現的方式;最後在觀察卷,處理的是 1997 年至 1999 年三年間文學傳播現象觀察。

---

12 Stuart Hall, "Encoding / Decoding." In: Hall, D. Hobson, A. Lowe, and P. Willis (eds). *Culture, Media, Language: Working Papers in Cultural Studies, 1972–79*. London: Hutchinson, pp. 131.
13 林淇瀁,《書寫與拼圖:臺灣文學傳播現象研究》,頁 12。
14 林淇瀁,《文學傳播與社會變遷之關聯性研究——以七〇年代臺灣報紙副刊的媒介運作為例》(文化大學新聞學系碩士論文,1993)。

歸納以上論述，《書寫與拼圖：臺灣文學傳播現象研究》可以看作是著重在意識型態與霸權論述的分析，處理日治時期、戰後到解嚴時期的歷史景深；到 2014 年所出版的《場域與景觀：台灣文學傳播現象再探》則相對立體化，例如當代西方文化研究的後現代、後殖民、新史學、文化地理學等文學理論概念，向陽不斷在文學傳播的研究領域深化。必須強調的是，《場域與景觀：台灣文學傳播現象再探》除了作為《書寫與拼圖：臺灣文學傳播現象研究》之後續研究，以歷史、社會、網路分作三種層面，以作為研究架構，在「與歷史協商」，以「文學史論與本土論述」作為研究主軸，說明對於當前台灣文學傳播所產生的深刻影響，例如文學史的論述，有 1930 台灣話文論爭、《笠》詩刊本土論述的延伸等；在「與社會對話」以「報導文學與散文論述」將文學類型作為切入面，同時與台灣社會產生極大的關聯；在「與網路匯流」則是「網路文學與數位論述」，跨越紙本文本，與過去作者關心的網路媒介與數位匯流的議題彼此貫串對話。更為重要的是，當網路文學的文化結構穿過不同的時代環境，從威權政治的意識型態國家機器與系統扭曲傳播，到數位科技時代探討文學傳播的模型與進程，讓台灣文學與文化生產是跳脫在地的性質，可以進一步思考跨國或跨域的連結可能性。

二、台灣的副刊學：以傳播理論與實務經驗演繹

討論在台灣文學傳播，難以迴避政治力的壟斷，藉由意識形態國家機器與文化霸權的概念，自 1950 年代至 1980 年代，文學傳播媒體甚至被當作是作為政府掌握發聲筒的角色。在《書寫與拼圖：臺灣文學傳播現象研究》中，向陽即以台灣報紙副刊的文學傳播模式作為研究，到《場域與景觀：台灣文學傳播現象再探》因成書在後，探勘 1990 年代以後的台灣文學傳播現象。尤其在 1990 年代之後，台灣文學的論述趨向多元、全球化的發

展,但在報業副刊所面臨的問題,是社會獲得文學資訊的方式改變,而導致副刊欄位與人員的裁縮、以及相關文學出版面臨生存的艱困。

讓我們回頭看到向陽過去在《書寫與拼圖:臺灣文學傳播現象研究》一書中為「副刊學」所提出的研究問題:「所謂副刊學,其實尚未誕生,但其理論建構則可以作為文學傳播現象研究的一個基礎。」[15]因此,為了副刊建構理論時,正是解釋文學傳播的現象研究。當副刊相對於正刊,作為報紙媒介的附屬版面,作為文學發表主要園地之一,以及扮演文學傳播者的角色。從這個角度來看,當我們一邊還為副刊尋找定義之際,更重要的是,副刊的文學傳播模式以及遭遇的困境,是如何能被放在台灣文學的脈絡下來思考?在台灣特定的時空環境背景下,向陽透過歷史軌跡的釐清,早在日治時期便可見副刊對台灣文學的影響,我們在此聚焦三項主要的問題:面對不同時空的報紙副刊,要如何運作文學傳播的論述?如何去定位副刊,除了隸屬於大眾傳媒之外,他是編輯守門人的實踐或文化霸權實踐的場域?文學傳播社群如何透過副刊進行結盟,以至於文學傳播影響文化變遷,甚至是社會變遷?

承上文,這一連串的問題意識,即為向陽在〈戰後臺灣文學傳播困境〉[16]一文內非常重要的切入點。顯然從現在來看,純文學一直面臨商業資本主義的挑戰,當我們先回到1990年代時,便有「文學已死」的呼聲撼動了文學工作者,值得注意的是,對於「台灣文學」的認同與流變,進一步演繹台灣的主體想像是如何擺盪於中華文化與台灣文化之間的曖昧地帶。舉例來說,為促進兩岸文學的「社會想像」[17],根據紀登斯(Anthony Giddens)的說法,將社會視為系統性的關係,當讀者習慣在閱讀領域觸

---

15 林淇瀁,《書寫與拼圖:臺灣文學傳播現象研究》,頁23。
16 同註15,頁53-76。
17 安東尼・紀登斯著,李康、李猛譯,《社會的構成》(台北:左岸文化,2002),頁173。社會一詞的意涵,其一是社會交往或社會互動裡包含的廣義意涵;其二是作為一個統一體的某一「社會」意思上的社會,它有特定界限,以使自己與周為其他社會區分開來。

碰兩岸文學的作家及作品,在同文的感受而得到親近並且認同的效用,甚至產生對於中華文化情結的孺慕之情,再加上開放兩岸交流的政策,也讓威權體制的手段面臨轉型。另外,在1992至1994年媒體間急速發展與相互競爭下,交通部與新聞局宣布開放民間申請廣播頻率與有線電視。[18] 看似政府放棄媒體作為意識型態的宣傳工具,作為自由主義導向的民主協商,例如《自由時報》在1992年舉辦「12週年回饋讀者,6000兩黃金大贈獎」,至1994年分別舉辦送車、送房的訂戶抽獎,用史無前例的抽獎活動來吸引讀者,《自由時報》在迅速在《中國時報》、《聯合報》中竄起。[19] 市場競爭的思維,善用各種行銷的手法與廣告,以及讀者也具備更多吸收文學資訊的管道。循此脈絡,向陽在文內提出,是文學傳播面臨的困境,他透過文化研究的方式,觀察台灣文學傳播現象。

首先,要了解當代的傳播困境,必須沿著歷史脈絡溯及1950年代,從政治因素、社會層面與政經結構的變遷來了解,當政治力量為了鞏固國家機器的情況,在台灣當時的文學傳播面臨政策的壓迫與侵擾,與實際反映出的社會環境產生脫節的情況,特別是當代的主流報紙媒介。對於大眾讀者而言,副刊可能僅是提供娛樂的功能,相對於此,由作家、知識分子所主導的文學傳播,小眾雜誌的集結隱然成為未來在文學抗爭的伏筆。

以副刊作為場域,將文化生產場域視同為象徵貨物市場來解釋,既是見證、也是反映這些對於自我認同的兩端勢力拉鋸下,鄉土文學論戰後便加速了在台灣的當代文學傳播,對於台灣化、本土化的反思。與傳統副刊承載思想檢查的目的,衍伸為中國新文學、台灣意識崛起的對抗。總的來說,隨文學副刊轉變為大眾文化論壇,受到消費資本行為的改變,在解嚴之後也開啟了自由言論的箝制。為了理解上述的論述,我們能夠透過

---

18 自1993年廣播頻道開放之後,以地方化、民營化、專業性及區隔化作為頻譜開放的條件與取向,1993年又被稱作台灣的「廣電元年」。參見賴祥蔚,《廣播節目企劃與電臺經營:培養全方位廣播人》(台北:揚智文化,2003),頁55。
19 陳致中,《臺灣報業:歷史、現狀和展望》(台北:風雲時代,2016),頁50-51。

「習性」來解釋副刊編輯的嚴格:「將產生實作的習性所源出的社會條件裡面內聚的客觀結構,連到習性操作的條件上去——也就是連到機緣(conjuncture)上去——才能解釋這些實作。在實作上,就是因為有習性,歷史才化成天性。」[20] 上述布赫迪厄(Pierre Bourdieu)所解釋的,便是透過日積月累的經驗而形成習慣,在這個「經驗」的預設引領下,便延續過往的習慣作為面臨選擇的參考,在一次又一次的選擇,則可視為連接多個環節的節點,也趨向個人或刊物形象的建立,接合(articulate)於自己本身所具備的「文化資本」。而往往在系統裡取得正當性的人,就能驅使這個策略文化的走向。[21] 接著,援引埃斯卡皮對文學(文化)傳播系統所下的定義為:

> 總的來說,就是作者、作品、及大眾藉著一套兼有藝術、商業、工技等各種特質而又極其繁複的傳播運作,將一些身分明確的個人,和一些通常無從得知身分的特定集群串聯起來,構成一個傳播系統。[22]

向陽進一步將意識型態注入編輯者的策劃的方式作為應用說明:「在這些場域中,以慣習所推動的關係,無一不是在權力的場域中進行競爭,一方面表徵自己特殊的位置,一方面獲取文化資本。」[23] 不論是編輯與作家,在文學刊物的場域上,表彰出自己在文學領域上所附屬的階級與資本。文學場域的生產與結構之間,充滿各種隱藏的權力與資本,在其互動的網路中影響著彼此地位,包括了美學、政治、市場三大因素,作家、出

---

20 皮耶・布赫迪厄著,宋偉航譯,《實作理論綱要》(台北:麥田出版社,2009),頁163。
21 Pierre Bourdieu, "The Production of Belief: Contribution to an Economy of Symbolic Goods," *Media, Culture and Society*, 2(1980), pp.261-293.
22 同註21。
23 林淇瀁,《書寫與拼圖:臺灣文學傳播現象研究》,頁37。

版人、讀者、評論人都在場域中獲得相對應的位置，在人際網路中影響著彼此的地位。[24] 再進一步來看，從傳播經營的角度來看，文學與藝術在面對市場的考驗，是否反而為經濟場域所吞噬？[25] 當文學場域的實質存在，這些無形的權力與資本，象徵性的權力甚至產生支配型的暴力也就會存在，而這些所需要面對的，便為通過商業考量與藝術價值的衡量。除此之外，在分析文學場域的內部結構，我們往往會發現其場域內有其不斷同時生成與改變的結構，而這些承繼過往的規則，可看作是遵循著某個規律的「習癖」，儼然副刊編輯者作為身負決定訊息內容的守門者，有些時候因為某種時代的文風而蔚為風氣，反映著媒體的品味，歸類作家與作品標記成某種風格。正是在文化研究與文學社會學的框架下，向陽將副刊學的文本（text）的涵義被拓寬，當代語境也能當作是文本作為研究對象，而主編所建立的主流中心文化思想，在副刊的發展史中，不論是大眾品味的娛樂效果、中國新文學的延續、霸權意識的工具施用、本土意識的伏流匯聚、台灣文化主體的建立──都反映出報刊在文學媒介的變遷。

三、台灣文學的作家與作品：從理論框架到論述取徑

延續上文對於文學傳播的研究，當文學經過不同的傳播媒介讓讀者去認識作品或作家，像是報刊、雜誌、作品專著、網路平台等，通過讀者的閱讀體驗，結合當時的文化背景，延展豐富的景觀與意涵。文學傳播研究結合了文學研究與傳播研究，並隨著文學傳播在研究方法的拓寬，成為彼此交換與磋商的場域。

在《書寫與拼圖：臺灣文學傳播現像研究》中，向陽選錄了台語文學

---

24 皮耶・布赫迪厄著，石武耕、李沅洳、陳羚芝譯，《藝術的法則──文學場域的生成與結構》（台北：典藏藝術家庭，2016）。
25 同註24，頁125。

傳播作為研究對象，以台灣話文運動、台灣新文學運動的歷史來舉例，繼陳炘、陳端明、黃呈聰、黃朝琴等人的宣言之後，以及張我軍提倡中國白話文，以及黃石輝主張的鄉土文學，郭秋生提倡的建設台灣白話文，顯見台語文學前身在新舊的漢文界之間的認同與矛盾。最後由於總督府在1930年代末期全面禁止漢文而中斷，在此過程中，以台灣主體性意識形態呈現出與日本、中國的差異，在面臨外來統治者的日本與中國的施壓文化霸權之下，也終於在1970年代以後再次開啟台語詩的集體創作與發表。

正是在此基礎上，透過那些文學活動與作品被大量的發表，意識形態順理成章被延伸到文學生產的脈絡之中。《書寫與拼圖：臺灣文學傳播現象研究》與文學傳播理論互相牽引，此書更屬於是以傳播理論作為展演台灣文學的歷史軌跡與豐富圖景，最明顯之處，來自於本書所選用的參考書目，有許多史料與傳播理論的引述，可說是串連起本書從傳播學、社會學到台灣文學的現象分析。到了《場域與景觀：台灣文學傳播現象再探》，則是為台灣文學研究找到兼具傳播學與社會學的取徑，在〈一個自主的人〉[26]以作家楊逵作為研究對象，論述他如何在帝國殖民主義下進行書寫，從訪談的自述與他人的形容勾勒出楊逵的形象，尤其〈一個自主的人〉著重在殖民體制下的書寫與行動，引用霍爾的意識形態表意系統，建構了知識分子的圖像。在前文，向陽先勾勒了殖民帝國的表意系統，先鋪陳大環境的背景之後，接著帶出楊逵的出生、成長環境，因而在意識形態啟蒙後投入了社會運動之中。論者清楚的透過史料如《臺灣社會運動史》、《日據時代臺灣共產黨史》等書，在這裡述明當代台灣的時空背景，強調在面對帝國主義的壓迫下，大眾與統治階級產生了意識形態的表意鬥爭、階級抗爭，因而也表現在台灣報史所出現的左翼報業。誠如本文回扣到楊逵開展了台灣新文學運動其無產階級的思維，論者接著提出楊逵的〈送報伕〉

---

[26] 林淇瀁，《場域與景觀：台灣文學傳播現象再探》，頁39-60。

〈新聞配達伕〉以降、〈鵝媽媽出嫁〉等作品，楊逵先後經歷兩個統治政權，他作為被統治階級者，論者為楊逵定義何謂自主——一個自主的人，不被他人操作，也不被他人意志之執行所強迫。[27]

不過，在〈擊向左外野〉一文再次以楊逵為樣本，論述楊逵的「報告文學」理論，一方面解析他在追求真實以及倡議「文學大眾化」的關聯，另一方面解析報導文學在歷史發展過程中，融合報業興起的風潮與馬克思主義的影響，楊逵在 1930 年代尾聲發表相關論述，透過報業媒介的資訊傳遞，建構有系統的報告文學論述。向陽仔細的對照同期中國評論家對於報告文學的解釋，驗證楊逵推動「普羅文學」的基礎，並非與中國左翼作家或批評家同源，所延伸的結果，自是楊逵出於「現實主義」的方法學，並在他所書寫的作品〈臺灣震災地慰問踏查記〉與〈逐漸被遺忘的災區：臺灣地震災區劫後情況〉，追溯楊逵在理論之前，已落實於他的作品與志業。

綜兩篇所述，可以從論者應用為融合文學史料與報業歷史，別於先前較為厚重的理論詮釋，本書強化文學與社會的關聯而引起讀者的共感。不可忽視的是，在歷史景深之外，向陽也從文化地理學的觀點切入，涉及出生地南投的〈再現南投「意義地圖」〉，以地誌文學的架構，將地理廣度延伸至文學傳播現象的影響。上文以南投的歷史開端，搜羅相關的史料論述「南投」作為空間概念與歷史沿革的昭顯，從以上的社會關係作為人文地理的建構，含蘊的地理條件如不靠海、八成以上的山地地形，這些由南投文學家的書寫構成了南投的意義地圖。本文以文學社群的典模[28]作為核心概念，從 1920 年作為台灣新文學發展的開端，接合著《臺灣民報》[29]系的

---

27 同註 26。
28 向陽在此論述所創用的典模概念相似於典範（paradigms），參孔恩（Thomas Kuhm）著，王道還等譯，《科學革命的結構》（台北：遠流出版社，2007），頁 54。在此並非採用典範、正典（Canon）理論，則因本文是作者的社群的書寫與行誼，強調社群或空間中彼此的學習與效法，較不屬於文本透過競爭或專家選擇的正統性質。
29 1920 年 7 月 16 日以《台灣青年》創刊，後來更名為《台灣》、《台灣民報》、《台灣新生報》。

發展，其中主要幹部有出生於南投埔里的羅萬俥參與株式會社臺灣民報社的組成，洪元煌投身在臺灣文化協會、臺灣民眾黨等社會運動工作，為台灣新文學運動的發揚作出貢獻。在社會運動的倡議者之後，本文通過吳坤煌、巫永福、張深切、藍紅綠、陳千武這5位日治時期南投作家及其呈現的5種典模：吳坤煌——論述、巫永福——實踐、張深切——涵容、藍紅綠——堅毅、陳千武——批判，呈現南投文學的典模，在日治時期所描繪出來，並在戰後出生的文學作家與研究者描繪的意義地圖。

這種透過「地方」所凝聚的人文地理學，正是向陽在《場域與景觀：台灣文學傳播現象再探》一書中的寫作關懷焦點之一，論者解析作家、作品如何在歷史的發展過程裡，以文學傳播的實際運作作為呼應。比較來看，《書寫與拼圖：臺灣文學傳播現象研究》更多是集中在理論的框架，而詮釋當代台灣社會與文學地關聯，以論述理論其深刻的意涵，儘管兩者的書寫方式大相逕庭，若將兩書放到文學傳播的延伸作為觀察，皆涉及論者介入社會實踐的意識形態，向陽取徑於台灣文學，透過文學傳播的方式，別於中華文化或中國新文學的論述，建構自身的歷史景深與論述空間。

四、台灣文學的網路傳播：數位匯流的預見與域見

隨著網路的快速發展，不論是電子資料庫、文學專業網站都提供了多元的資訊，許多作家的個人網頁、部落格或社群媒介，讓讀者能夠即刻接觸到作家，甚至能夠針對某個話題共同討論。媒介的論述與獨特的創作，在不斷進展的網路科技與社群媒體興起中，媒介的「形式」改變閱聽者與作者的生活。照理來說，有許多助於台灣文學傳播更有利的條件，但也隨閱聽習慣的改變、網際網路的普及、以及其他文學刊物的競爭，網路也同時成為文學傳播發展的一項挑戰。

跨出前文在副刊、作家與作品的實體空間之後，網路文學在台灣的新生發展，向陽也相當早便注意到網路媒介對於傳統書寫所帶來的影響。隨著居家網路與資本經濟主義逐漸普及於台灣社會，台灣文學的作品除了本身的美學品味之外，也為此帶有交換意義的市場價值。舉例來說，在《書寫與拼圖：臺灣文學傳播現象研究》，向陽以〈迷幻的虛擬之城〉[30]與〈流動的謬思〉[31]分別論述台灣網路文學的後現代狀況以及台灣網路文學生態初瞰。在〈迷幻的虛擬之城〉一文內，說明了網路在全球所刮出的旋風，從電視為大眾媒體開展了多語義（multisemanic）文本的開端之後，向陽以「網路」作為探討後現代狀況與文學社群，當網路在 1980 年代之後迅速崛起，在 1990 年代的網路發展趨勢來看，在台灣使用網路人數統計突破百萬。[32] 隨網路使用人數的普及化，以高速網路所建構的資訊社會與網路社群逐漸開始發展，台灣的多元性展現在網際網路，當時向陽形容為一座「迷幻的虛擬之城，有它無可置疑的開放性和不被檢肅、阻斷的『野火』性格，在這座燃燒著真實世界透過法律、教育與文化機制所禁制的人性慾望的虛擬城市中，權力、利益以及飽含人類欲望的資訊強而有力地流動著。」[33] 寫在 2000 年以前的本文，羅列了文學社群在網路的討論與建構，例如在 BBS 的電子布告欄與 WWW 的文學專業性質網站，並且從須文蔚與孟樊當時所看到的當代後現代狀況的書寫特徵，補述了在台灣網路文學中的寫實社群與台語文學社群。也適時預言了自 2000 年以後，新媒體與新科技挑戰接受資訊的習慣，網路成為文學社群集結部落化的方式，不僅挑戰副刊掌握的文化主導權，從數位網路具備即時處理且大量儲存資訊的特性，越來越多文學社群透過數位網路匯流來進行訊息的獲取與流動。

---

30 林淇瀁，《書寫與拼圖：臺灣文學傳播現象研究》，頁 195-214。
31 同註 30，頁 215-236。
32 《台灣網路發展大事記總表（1985~2014）》，（來源：財團法人臺灣網路資訊中心，http://www.myhome.net.tw/timeline/images/internet_timeline02.pdf）。
33 林淇瀁，〈迷幻的虛擬之城〉，《書寫與拼圖：臺灣文學傳播現象研究》，頁 212。

到〈流動的謬思〉一文內，以台灣新興於 1990 年代的網路文學文類作為切入面，首先將網路文學歸類為超文本（hypertext）文學，這不只是將網路或鍵盤敲打取代了稿紙書寫，向陽以作者脫離了單向的詮釋權，讀者也能作為書寫者的互動多向，打破平面印刷的發表空間。當然，並非只是發表媒介的不同，例如將報紙副刊發表的文章置於網站上，便可稱做網路文學；這樣是不能夠被一概而稱作為網路文學的。因此論者事先將網路文學根據馬奎爾（Denis McQuail）的界定，透過網路的互動性，使得接受者能夠即時的選擇、回應與置換，並能夠與其他接受者相互連結。[34] 但從現在來看，網路的應用是屬於工具，實際上仍要倚賴文本內容來充實網路文學的多元性。舉例來說，網路作為現今大眾普遍使用的工具，如何在大眾有限的閱讀時間，開拓更多的閱聽人口成為背後的使用動機。

在《場域與景觀：台灣文學傳播現象再探》一書中，論文是在 2004 至 2007 年發表。如〈超文本‧跨媒介與全球化〉[35] 的副標題網路科技衝擊下的台灣文學傳播，看似從資訊社會論開端，尤其從網路傳播的互動展現，異於傳統媒介的單向傳遞，向陽指出資訊社會理論的質疑之處，儘管同樣類舉了台灣文學的傳播風潮例如電子布告欄 BBS、以數位多媒體作為詩表現的創作，也觀察 WWW 網路文學社群與文學網站的分布，透過現象分析之外，更深刻的內涵是布赫迪厄的場域理論，將虛擬的數位匯流網路實體化，視為在象徵貨物市場裡，作家、出版者、傳媒的三大文學社會學理論的要角，對比著文化貨物的生產者、再製者與傳播者，梳理出網路科技造成社群改變以及接受閱讀習慣所將面臨的衝擊。不過，儘管遭受到網路商業化的威脅，以及網路社群採取跨媒體的方式在拓寬場域，依然多是使用平面文本的語言，並且也提出叮嚀：「如何在跨國流動的全球化過程中，多少保有臺灣文學的獨特性和傳播自主性，間能享用全球性的文學資訊，

---

34 Dennis McQuail, *Mass Communication Theory: An Introduction.*（London: Sage Publications Ltd, 2000）
35 林淇瀁，《場域與景觀：台灣文學傳播現象再探》，頁 251-284。

則是另一個值得思考的課題。」[36]

　　從網路決定論的角度論，在傳播工具混合著網路媒介與平面出版，網路的無邊無際，說明了離開嚴格的媒體守門人制度，由自我所發表文章、管理網站的部落格，隨網路的開放性而吸引讀者自由點擊、詮解，應運而生的「部落格」平台，向陽以〈尋找書寫新部落〉[37]與〈文本協商〉[38]分別對於台灣作家「部落格」的傳播模式進行了初探與再探。比較而言，初探是了解部落格的傳播模式架構，透過網路的公共領域不再受到如哈伯瑪斯（Jurgen Habermas）的「系統扭曲的傳播」（systematically distorted communication）[39]當在受到外力的壓迫情況，真正的資訊在傳播過程中失真。反之，在此的宣傳活動並非僅為「傳播現象」，而是「傳播效應」。透過在網路書寫的方式與平台，向陽將網路上的作家部落格概分為三種類型：作家個人的首次發表、媒體的聯播台網誌、以及作家作品的展示平台。然而，隨著發表管道的改變，對於作家書寫的題材也隨之改變，從公共領域的再現衍伸到部落格所呈現出讀寫互動與多項議題的傳播模式。同時，到了再探，向陽引據自己的話，將網路書寫年代的開始，形容為「這是『使用者參與』模式的具體彰顯，這是一個『作為寫者的讀者』上場的年代。」[40]向陽進而賦予網路書寫為能動性的意旨，讀者一方面在網站上能夠即時反應，進而也讓許多寫作者對於社會新聞的反應，成為網路瀏覽者閱讀的焦點。尤其當這些作家書寫的內容，是已偏離文學技巧與美學意義的文字，而將自己主觀認知某項日常瑣事或新聞事件張貼在網路上，便

---

36 林淇瀁，〈超文本・跨媒介與全球化〉，《場域與景觀：台灣文學傳播現象再探》，頁283。
37 同註35，頁285-306。
38 同註35，頁307-324。
39 在《聯合文學》創辦時，當時仍是處在戒嚴時期，尤其在文學傳播受到統治者監控意識型態的環境下，經常論述就被淪為政策宣揚的傳聲機器。「系統扭曲的傳播」參見哈伯瑪斯著，沈力譯，《溝通與社會演化》（台北：結構群，1990），頁82。其溝通行動理論與公共領域論述影響深遠，實踐社會批判理論消弭意識型態的宰制，在文學傳播生態體系受到微妙的變化，同時許多大眾傳媒退居到同仁所主承的地下媒介，以及具有許多批判思考的作家，在政治機器宰制傳播情境裡，同樣遭受在官僚組織的「系統扭曲傳播」影響下，被迫喪失自主傳播的權力。因此，舉辦文學刊物在文學傳播上的角色，經常是作為文學社群的集合，共同推動思潮的實踐。
40 同註35，頁307。

很容易引起網路瀏覽者的討論。值得留意的是，在此，向陽並非是以「讀者」稱之，而是「網路瀏覽者」，也值得咀嚼在這些網路的互動中，是否日常語言與瀏覽者大眾取代了文學語言與讀者的狀態，因此，部落格的誕生，引導了文學媒體自「作者導向」轉移至「讀者取向」。

臺灣的文學傳播受到網路影響甚深，以大眾讀者取向的網路文學作家如雨後春筍出現，並隨著發表管道的變化，許多作家也逐漸跨出到大眾日常經驗，連帶讓作家的生活也成為文學雜誌的專題或經營部落格的特色。比起討論作家在「文本」上的創作，從作家的「生活」去操作議題，還更具話題性與趣味性，向陽根據網路媒介改變台灣文學傳播樣貌的當代課題，在廣域上提出面對全球化語境所發展的可能，對於傳統媒介的主編模式也提出觀察：「在副刊影響力式微，文學雜誌苦撐待變，而文學出版經營匪易的此刻，臺灣文學傳播的新頁就由部落格掀起。這該是二十一世紀的一條大道，儘管眼前仍是人煙稀少的蹊徑。」[41]

五、小結

誠如本文在緒論中指出的，伴隨兩書在 2000 年後出版，以向陽在文學傳播的研究作為切入，探勘副刊的高度、作家與作品的深度、網路的廣度。基於此，本文提出三個問題，作為貫串本文的提問，如何讓「副刊學」，被建立為文學傳播的文本研究？台灣文學的作品與作家，如何引領我們重新思考相關的理論框架，甚至是透過跨域而拓展更多元的研究方式？所謂的網路是如何讓台灣文學能具備宏觀的視野？集聚著台灣文學在文學傳播的能量與趨勢。

如同埃斯卡皮在《文學社會學》解釋作家群集現象，提出兩個概念：

---

41 林淇瀁，《場域與景觀：臺灣文學傳播現象研究》，頁 306。

「世代」（génération）與「班底」（equipe）。[42] 若以 10 年作為一個斷代，向陽在《書寫與拼圖：臺灣文學傳播現象研究》與《場域與景觀：台灣文學傳播現象再探》兩書所完成的 10 餘年間隔，恰好象徵社會環境變遷的轉換，以及學者在研究的生涯中所累積與轉化的主見。這個主見，可說是研究者主要的人文關懷，尤其在文學傳播領域的空間，如何先透過理論深化，接著再以批判的思維與漸趨深化的台灣意識來拓寬台灣文學傳播的論述空間。舉例來說，一般看待台灣文學的斷代，是 1960 年代象徵著追尋現代、1970 年代的歸返本土化，1980 年代的商品化盛行與政治文學，1990 年代帶入台灣的後現代主義，而後現代的多元歧異，恰好解構在 1970 年代鄉土文學論戰後成型的本土認同意識型態。

　　向陽以副刊、作家與作品、網路作為台灣文學傳播的研究空間，不受限於政治力的干擾與意識型態的檢查，在眾聲喧嘩的 2010 年代之後，文學傳播的經營者如何去面對文學傳播的困境，需要的不僅是理念的堅持，更重要的是經營策略的調整，如何從文人圈的影響力擴及至大眾圈，在時代脈動中，逐漸調整自己的定位與傳播模式。現代我們享受有許多新媒介的工具，尤其在網路普及的狀況下，透過網路便能蒐羅到許多文學資訊，也讓許多平面出版面臨到讀者的所需供給，以及消費文化的挑戰。我們必須留意的是，所謂文學傳播仍須建構於文學的初心之上，就像是型塑某種價值判斷的標準，顯然的，不論從什麼樣的切入角度，台灣文學在不同文學傳播領域所打造的品味與風格趨向，是無法一概而論的。回到一個文學傳播研究方式最根本的問題，我們透過《書寫與拼圖：臺灣文學傳播現象研究》與《場域與景觀：台灣文學傳播現象研究》兩書，是以台灣文學傳播現象作為研究主題的探究，在副刊領域的研究上，從副刊同時作為公共論

---

[42] 世代，指出生於某一時期的作家叢湧而出，像群星在文學史上相互輝映，「文學史上每隔一段時間就會出現相對集中的作家群體、創作高峰、創作方法和文學事的周期性變化」。「班底」通常指涉作家們的結社叢聚，他們的出現往往反映在改朝換代或其他重大事件之後，並可能以群體的書寫共識改變文學史的一頁。埃斯卡皮著，葉淑燕譯，《文學社會學》，頁 41-46。

壇與文藝政策的殊相,並隨時代演進而備有綜藝性、文化性、娛樂性的效果,既是正刊的「從屬」性質,又是編輯的「自主」空間,彼此相互消弭而影響;既是「從屬於」消費文化與報業市場之中,而被動存在於報業之中,又是「自主於」文壇上所具備傳播媒介的標誌,卻受到實質在篇幅的縮減。

　　台灣文學所面臨文學傳播的現狀,諸如文學出版經營的艱辛,以及隨媒介林立而散化了傳播的力道,而更重要的是,倘若通過向陽對於當代台灣文學的傳播論述,我們可以清楚了解透過傳播的方式,更重要的是「對話的空間」。現今的副刊不只是認識文學的管道,不再僅為威權時代而受限能見的文化園地,當我們試著想再認識台灣文學的作家與作品,除了既有的意識形態框架之外,不論以「台灣」作為文化指標或地理位置,同樣在許多文學活動的旨在「推廣」,是否能結合文學領域的研究與實務上,使文學塑造成一種媒介,例如圍繞在「編廣企宣」(編輯、廣告、企劃、宣傳)的順序以及「影音圖文」(影視、音樂、圖片、文字)的模式,有條理的建構文學多元呈現的方式,無論是通過現代通行的視聽媒介、網路社群模式(例如 Facebook、IG、YouTube、Podcast 等),在文學傳播網路中持續發揮影響與回饋,以兩書為軸,表現學者向陽在文學傳播的論述意識,同時形構對於當代台灣文學傳播的態勢與未來發展的預見。

向陽新詩中的台灣社會事件書寫[*]

楊敏夷

摘要

  台灣詩人向陽的詩作向來具有寫實主義精神，深刻反映台灣的政治變遷與社會現象。本文以向陽新詩中的社會事件書寫為觀察核心，並針對其數十本詩集等作為文本研究範圍，對其詩作的形式與內容進行詳細探討，藉以呈現詩人以詩作深切反映台灣社會現實，並具有強烈寫實主義的風格，藉由向陽對於台灣社會現象的觀察，呈現詩作中極為敏銳的社會性，以作為台灣政治變遷下社會現象的一個研究貢獻文本。

關鍵詞：向陽、新詩、社會詩、社會事件書寫

---

[*] 本論文特別感謝林于弘教授與兩位匿名審查人提供珍貴的修稿意見，以及《淡江中文學報》編輯們的審核與討論，筆者在此由衷感謝。

一、前言

　　台灣詩人向陽（1955.5.7-），本名林淇瀁，台灣南投人。向陽詩慧早發，13 歲開始寫詩，第一首詩〈等妳，在雨中〉發表於《巨人》雜誌；1970 年就讀竹山高中時創辦「笛韻詩社」，主編《笛韻詩刊》。大學時期就讀於中國文化學院東方語文學系日文組，擔任「華岡詩社」社長，大量發表詩作，以台語詩、十行詩崛起於詩壇。1976 年出版個人第一本詩集《銀杏的仰望》。1979 年與詩社好友創刊《陽光小集》詩刊，並擔任發行人。詩人屢獲國內文學獎肯定，如：吳濁流文學獎、時報文學獎；1984 年榮獲國家文藝獎。同年 12 月《陽光小集》13 期「政治詩專號」因內部同仁意見不合收回並終止發行。1987 年參與成立「當代文學史料研究小組」，並發起組織台灣筆會。

　　向陽博學多才，本身具有跨領域的專長與工作經驗：在創作上，他除了新詩以外，還擅長散文、兒童文學，以及文化評論、政治評論。以作家身分而言，他是詩人、散文家、兒童文學作家，也是音樂作詞人、文化與政治評論家。在工作上，1980 年他曾因詩人商禽的介紹進入《時報周刊》任編輯，隔年又升任《時報周刊》主編。1982 年應《自立晚報》社長吳豐山之聘，擔任該報藝文組主任兼副刊主編。1984 年擔任生態保育雜誌《大自然》季刊總編輯。1987 年升任《自立晚報》總編輯，1988 年擔任《自立晚報》主筆兼政治經濟研究室主任，爾後調任《自立早報》總編輯。1989 年升《自立早報》總主筆兼海外版《自立周報》總編輯，直到 1994 年自立報系傳出經營危機，決定離職。從 1980 年到 1994 年是向陽的媒體時代，他在媒體工作總計 14 年。[1] 當時的自立報系在《中國時報》與《聯合報》台灣的兩大報系夾殺之下，之所以能成功的脫穎而出、鼎足而立，

---

[1] 向陽：〈向陽寫作年表 1980-1994〉，（來源：經緯向陽，http://xiang-yang.pbworks.com/w/page/8016548/1980-1986）。

向陽身為 1980 年代台灣最重要的文學傳播者、副刊守門人[2]的報刊工作所採取的「本土化」策略功不可沒,[3] 其媒體經歷對於本論文的文本切入角度尤其至為重要,因此時期向陽的社會事件書寫多與其在媒體工作並擔任主筆有關,其作品的即時性、新聞性與台灣本土化策略的在地性書寫,因此建構形成向陽社會事件書寫作品社會學[4]的特色。1991 年向陽進入文化大學新聞研究所碩士班,1994 年進入政治大學新聞研究所博士班,從此由媒體領域轉入學術領域,其後任教於國立台北教育大學台灣文化研究所教授,並兼任圖書館館長。2016 年年底,向陽發起組織台灣文學學會,並擔任創會理事長,許多關注台灣文學的創作者、教師、學者,以及學生踴躍加入會員;2017 年 1 月,向陽再度跨足媒體,參與中央廣播電台「21 點聽台灣」的廣播主持工作。2020 年 6 月於國立台北教育大學退休,並於同年 12 月獲得學校致聘為名譽教授。

　　1977 年台灣文壇發生鄉土文學論戰,影響所及,許多新世代詩人開始蛻變風格,關切社會現實環境。1980 年代台灣文學進入多元時代,其中尤以寫實風格特別突出,「政治詩」、「歌謠詩」為此時期風潮的浪頭,而向陽正是這波詩潮之中最受矚目的青年詩人,此時他在媒體工作,關於他的社會事件書寫詩作多具有政治詩的批判與反抗的特色。1981 年向陽主導的《陽光小集》納入更多新世代的詩人,其理念追求踏實地站在台灣的土地上,與人群同呼吸、共苦樂,與更多元的跨領域結合。向陽積極參與社團活動,熱情呼應社會脈動,其詩作具有寫實主義精神,往往深刻反映台灣的政治變遷與社會現象。

---

2 「放到副刊來看,副刊主編,此一在臺灣報業與文壇中都同時具有守門人身分的角色⋯⋯」,林淇瀁:〈「副」刊「大」業——臺灣報紙副刊的文學模式分析〉,收於瘂弦、陳義芝編:《世界中文報紙副刊學綜論》(台北:行政院文化建設委員會,1997),頁 124-127。
3 「向陽如此定位自立副刊的走向:自立副刊在精神上是本土的⋯⋯」、「相對於傳統副刊忽視本土,新型副刊則以觀照本土的視角切入於臺灣既有的生活情境中⋯⋯」,林淇瀁:《書寫與拼圖:臺灣文學傳播現象研究》(台北:麥田出版社,2001),頁 46、68。
4 「作品社會學」的概念,提出於皮耶·布赫迪厄(Pierre Bourdieu)著,石武耕、李沅洳、陳羚芝譯,《藝術的法則:文學場域的生成與結構》(台北:典藏藝術家庭股份有限公司,2016)。

中唐時期，白居易、元稹提出主張「雅有所謂，不虛為文」[5]及「文章合為時而著，歌詩合為事而作」[6]等口號，此一詩歌寫實運動，在當時發展到極點，後人稱其為社會寫實詩派。社會詩，歷來無明顯之定義，蓋能反映社會現實之詩作皆在社會詩的範疇之內，而其內在特質為社會批判意識。筆者試以向陽新詩中的社會事件書寫作為主題，彰顯詩人心繫與自身憂戚相關的台灣社會事件，除卻政治詩的大論述，亦有擴及社會密如蜘蛛網的食衣住行育樂等各個生活細密之處。

　　簡政珍說：「沒有現實就沒有詩人，但寫詩又要從現實中逃脫，詩因此是現實與超現實之間的辯證。」[7]關於現實與超現實之間的辯證，詩即是社會事件書寫的詩人們最好的證明。身兼詩人、學者與評論家身分的陳義芝這麼說：

> 如果要成為一個稱職的詩人，要像法國作家雨果（Victor Hugo）說的：「誰要是名叫詩人，同時也就必然是一位歷史家、哲學家和畫家。」歷史和哲學都強調抽取、選擇、提煉、當然也有批評，為後世借鑑、為人生指引。畫家則要能很敏銳地展現情境──把現場帶回來。「把現場帶回來」，對一位優秀詩人而言，一點也不困難。如果現場很遼闊，他知道選擇最具代表性的；如果現場很紛亂，他知道如何在紛亂中，找到焦點。在寫作上，如不能成為非歷史學家的歷史家、不是寫哲學論文的哲學家、不是拿畫筆的畫家，那麼就無法成為有精神的詩人。[8]

---

[5] 元稹，〈和李校書新題樂府十二首並序〉，《元氏長慶集・卷第二十四》（京都：中文出版社，1972），頁302。日本京都中文出版社出版說明：本書採用明朝弘治元年（1488年）楊循吉據宋本傳鈔的本子重印，原據宋本有缺字，後來錢謙益又據另一宋本補校完整，這是元氏長慶集現存較好的一個本子。

[6] 白居易著，謝思煒校注，〈與元九書〉，《白居易文集校注・第一冊》（北京：中華書局，2017），頁324。

[7] 簡政珍：《詩的瞬間狂喜》（台北：時報文化，1991），頁37。

[8] 陳義芝：〈一個詩人的自覺與反省〉，《文字結巢》（台北：三民書局，2007），頁84-85。

我們若是從台灣詩人的社會事件書寫詩作之中觀察、研究，不難發現，誠如雨果所言，他們都是「同時必然是一位歷史家、哲學家和畫家」這樣的詩人，他們的社會事件書寫具備有「把現場帶回來」的特質，對於社會事件的歷史性與生命思考的哲學性，給予讀者強烈的衝擊性與啟發性，甚至產生出乎意外的療癒性。而這種透過詩人的詩作「把現場帶回來」的方式，無疑正是斯圖特爾·霍爾（Stuart Hall）所謂的透過語言系統的運作，將詩人對於社會事件的的經驗與情感，在詩作的意象呈現中給予「再現」。然而，再現僅只是一個過程，詩人藉由詩的語言的完全形成，透過個人審美意識與情感建立作品的意義，「再現」於此才得以全然展演。[9]

Bourdieu 曾提出「作品社會學」[10]此一概念，他藉由《情感教育》作為文本，將「文學作品」放在「場域」理論中來做理解。而王梅香認為若對於作品社會學研究的對象持廣義的看法，平等地看待不同文學作品，重視不同文學作品的價值，相信對於我們理解某個時代、某個社會的圖像將有所裨益。當「作品」本身成為研究的主體可以區分為「作品的社會性」、「作品的個體性」，以及介於兩者之間的灰色地帶。所謂作品的個體性就是作家的自我風格、書寫策略，而所謂的社會性就是時代背景、社會結構作用於作品之上的力量，因此提出一種「關係式」的分析作品的方法，可以避免將文學作品的內外部陷入二元對立，也可以更進一步探討文學作品和社會之間更密切的連結，並透過這種關係式的研究，可以釐清作品為何呈現此刻的面貌，與時代背景、社會機制之間存在可以被解析的關係。[11]而向陽的台灣社會事件書寫詩作非常適合由此切入去闡揚其作品中

---

9 再現的概念來自於 Stuart Hall：*Representation : cultural representations and signifying practices*（London：Sage Pubns，1997）。
10 同註 4。
11 王梅香，〈台灣文學作為作品社會學研究對象的發展與可能〉，《社會分析》9 期（2014.8），頁 141-142。

的社會性與個體性,藉以剖析其自我風格、書寫策略與時代背景、社會結構之間的關聯性。

本文以向陽新詩中的台灣社會事件書寫為觀察核心,並針對其 1977 到 2005 年之間出版的數十本詩集作為文本研究範圍。向陽詩集的出版時間橫跨台灣政治解嚴前後,筆者試以新批評的文本細讀方式,對其詩作的形式與內容進行詳細探討,剖析詩人的風格與書寫策略,以呈現作品的個體性,並藉由詩作中的社會事件帶入歷史背景與社會結構,以呈現作品的社會性,建構 Stuart Hall 所謂「再現」的意義,完成「把現場帶回來」的特殊藝術展演方式,以此論述詩人對於社會事件書寫中其詩作深切反映社會現實,並具有諷喻、後殖民、後現代等書寫特色與強烈寫實主義的風格,藉由向陽對於社會現象的觀察,呈現詩人詩作中極為敏銳的社會性,並以此作為台灣政治、社會變遷下社會現象的一個研究貢獻文本。

二、詩作題材分析

筆者所蒐羅的向陽詩作文本中,其範圍總計有 10 本詩集,包括:《銀杏的仰望》、《種籽》、《十行集》、《歲月》、《土地的歌》、《四季》、《心事》、《在寬闊的土地上》、《十行集》、《亂》等,作為本文文本的主要研究範圍。

而筆者對於向陽作品中關於社會事件書寫詩作的取捨,首先必須先定義何為社會事件書寫。在前言中,筆者曾提過社會詩的源頭與定義,來自中唐時期的社會寫實詩派,白居易提出:「文章合為時而著,歌詩合為事而作。」求其文章、詩歌必須反映社會時事,或是雖非時事,但是能反映當時的社會現實,以求「裨補時闕」。[12] 如此一來,社會詩的範疇將非常

---

12 白居易著,謝思煒校注,〈與元九書〉,《白居易文集校注・第一冊》,頁 324。

廣泛，凡只要具有反映社會現實或是社會批判意識的詩作，皆可稱為社會詩。所以借古諷今很可能也是社會詩的一環，意即作品中描寫的社會事件有可能會是過去式的，也就是被歸類為歷史事件的書寫。而筆者所著重的社會事件書寫有別於歷史事件書寫，更重視社會事件發生當下的對於體制的即時性批判。以現代社會而言，社會事件書寫幾乎是與新聞報導同步，這也是向陽身為媒體工作者對於新聞的一種靈敏掌握。當社會事件正在進行發生，報紙進行新聞報導的同時，報紙另一面的社論往往也同步做出批判與檢討的犀利論述，而另外一面的報紙副刊隨後常有與之相應的創作作品。而向陽身為自立報系的總主筆，他的社會事件書寫詩作往往在新聞報導與社論之後產生，此一現象，我們或可從以下選錄的作品的創作時間與社會事件新聞發生的時間作為對照，或從發表場域多在報紙副刊得到印證。如此，除卻直接批判的社論以外，向陽社會事件書寫的詩作往往也藉由創作提出一種更具有高度藝術技巧的政治倡議，因此詩作本身往往也有與之對應的社論文章，完全切合白居易的「文章合為時而著，歌詩合為事而作」的理念訴求。

　　因為上述社會事件書寫的定義，故筆者在選錄向陽社會事件書寫詩作時，捨去作為歷史事件書寫的〈我的姓氏〉，此詩以虛構人物表達台灣原住民歷經好幾個統治者時代被迫改姓的歷史變化；而其長篇敘事詩名作〈霧社〉亦然，藉由 1930 年泰雅族人反抗日本統治者的霧社事件，以抒情史詩作為一種高度藝術力量的歷史批判，呈現作者的歷史史觀與台灣本土歷史意識的呈現；或是以仿效統治者官方文體的〈一封遭查扣的信〉，以戲謔作為批判的手段，針對戒嚴時代提出一種抗議。以上詩作，雖具有強烈社會批判意識，但因其類型歸類於向陽的歷史事件書寫，因而未選錄。歷史事件書寫乃是過去的社會事件書寫，但牽涉到更為複雜的歷史史觀，且缺乏即時性，故不在本篇論文的選材裡面。而同樣隸屬於歷史事件的台灣二二八事件相關詩作：〈一首被撕裂的詩〉、〈暗雲〉、〈嘉義街

外——寫給陳澄波〉，因其涉及 1987 年台灣解嚴之後的社會回響與新聞事件，特別是〈一首被撕裂的詩〉是向陽為了回應當時的行政院長俞國華回應立委質詢二二八事件而創作的即時性作品，且 3 首詩作在解嚴之後的社會解封裡持續發表，可以彼此對照作為當時社會氛圍之下的互文文本，故選擇採用。另有一首社會事件書寫詩作〈戰歌〉，其題材是描寫發生於美國的九一一恐怖攻擊事件，因本文主題為台灣社會事件書寫，故因地域因素亦在選材以外，其他發生於台灣場域之外的社會事件書寫詩作皆為此因素而放棄選錄。

在針對台灣社會事件書寫的即時性與地域因素之下，筆者最後選擇關於向陽的台灣社會事件書寫詩作總計有 12 首，依照其詩作中所牽涉的台灣社會事件所發生的時間排序整理，詳見下表：

表 1　向陽新詩中的台灣社會事件書寫 12 首詩作一覽表

（依社會事件時間排序）

	詩作中指涉的社會事件	發生時間	詩作名稱	創作時間	收錄詩集
1	學生食油中毒	1979	〈鏡子看不見〉	1980.1.16	1985《歲月》
2	穿山甲人張四妹來台療病	1982	〈關上那光　打開那暗〉	1982.7.27	1985《歲月》
3	解嚴後二二八事件的社會回響	1987	〈一首被撕裂的詩〉	1989.3.10	2005《亂》
4	解嚴後二二八事件的社會回響	1987	〈暗雲〉	1996.2.12	2005《亂》
5	解嚴後二二八事件的社會回響	1987	〈嘉義街外——寫給陳澄波〉	2000.1.17	2005《亂》

6	八九學運、台灣農民運動	1989	〈血淌著，一點聲息也沒有〉	1989.5.22	2005《亂》
7	台灣野百合學運	1990	〈野百合靜靜地開——寫給參加三月學運的台灣青年〉	1990.3.20	2005《亂》
8	921大地震	1999.9.21	〈黑暗沉落下來〉	1999.9.22	2005《亂》
9	921大地震	1999.9.21	〈烏暗沉落來——現互921集集大地動著驚受難的靈魂〉	1999.10.2	2005《亂》
10	921大地震	1999.9.21	〈迎接〉	1999.10.16	2005《亂》
11	921大地震	1999.9.21	〈春回鳳凰山——寫給921災後四個月的故鄉〉	2000.1.22	2005《亂》
12	SARS病毒傳播	2002.11-2003.9	〈被恐懼佔據的城堡〉	2003.6.3	2005《亂》

　　由上表可知，其中有關社會事件書寫的詩作，共得12首，而其所指涉的台灣社會事件書寫相關詩作所分別收錄的詩集，共計有兩本，包括：《歲月》、《亂》。經由上表量化數據統計，向陽主要的社會事件相關詩作，12首之中有10首特別集中收錄於2005年出版的詩集《亂》之中，此或與詩人特意建構此一詩集藉以表達台灣社會政治解嚴之後眾聲喧嘩的亂象作為其寫作書寫的策略有關，意即詩人本身於創作之初，就具有極其宏大的敘事企圖，建構自身作品的社會性。所以，《亂》即是詩人向陽本身最具有批判性與反應社會現實的「作品社會學」，在其已出版的詩集之中，具有強烈的社會性與作品的社會事件再現功能。

　　詩集《亂》於2005年出版，並於2007年獲得台灣文學館「2007台

灣文學獎・新詩金典獎」。而關於《亂》的詩集特色，學者林于弘曾經如此評論過：

> 迥異於之前以作品風格為區分的習慣，《亂》的詩作是以多元齊進的方式呈現。包括以形式風格為主的《十行集》，以語言風格為主的《土地的歌》，或是著重時序空間結合的《四季》，乃至以個人私情為主軸的《心事》，都在《亂》中重新嘗試、承繼與組合。此外，後現代思維與網路寫作技巧的融入，也同樣沒有在向陽的新作中缺席。[13]

　　1987 年，台灣宣布解嚴，其後政黨活動、社會運動勃發如雨後春筍，社會充滿許多鮮豔的聲響，有的深入挖掘戒嚴時期被壓抑隱藏的歷史事件，有的關切政治解嚴之後的民主活動。在此社會生機勃發卻又紛亂駁雜的時刻，向陽以其敏銳的詩人身分與媒體工作者的觀察角色，創作多首政治相關詩作，創作時間密切集中於 1989 年前後，皆收入於詩集《亂》之中，其詩作所指涉的社會事件書寫，包含：二二八事件於政治解嚴後的社會回響；以學生靜坐抗議為主題，作為鏡像對照版藉以探究媒體反應的台灣農民運動與 1989 年中國大陸八九學運；以及 1990 年 3 月發生於台灣的野百合學運；此後亦有台灣 921 大地震的 3 首詩作相關書寫。而跨過千禧年後，蔓延全球 29 個國家的 SARS 病毒傳播，台灣亦成為疫區。若再推其早期台灣中部食用油集體中毒事件的新聞詩書寫等，如此可見詩人向陽的社會事件書寫，其關注的範圍涉及政治、新聞、民生食安問題、自然災害、病毒傳播等議題，其題材具有多元性與複雜性。

　　面對台灣解嚴之後的社會亂象，海峽兩岸的學運對照，敏感而善於觀

---

13 林于弘：〈亂的事實與理想：評向陽詩集《亂》〉，發表於 2005 年 8 月 21 日《中央日報・中央副刊》，（來源：向陽詩房，http://tea.ntue.edu.tw/~xiangyang/xiangyang/chaotic-c2.htm）。

察的詩人心靈屢遭撞擊,雜沓紛至的聲響遂組織成詩,建構出一首又一首的台灣社會事件書寫。

>然而,對同時身為媒體人與創作者的向陽來說,《亂》不應是唱衰臺灣的末日輓歌,而是望聞問切後的苦口藥方。這也誠如他在〈自序〉中所言:「亂,作為終曲,是治的首章;亂,作為亂世之記,寫有治世之期;亂,作為詩人的煩憂愁苦,則有推雲去霧、漱石枕流之功。」面對之前的歷史,我們無力改變;但瞻望未來的世界,我們又會有些什麼樣的期待呢?亂,如果是謊言,它毋須畏懼;亂,如果是事實,它尤須面對。在社會的種種變化理當如此,對文學的種種流派亦如是觀。[14]

向陽詩集出版年代從 1977 年到 2005 年,28 年之間關於社會事件書寫詩作,當地域鎖定台灣這個場域,且社會事件的定義設定為即時性時,筆者所採用的詩作共計有 12 首,社會事件書寫的時間從 1980 年學生食油中毒的新聞書寫,到 2002 年的 SARS 病毒傳播,書寫時間幅度總計跨越 22 年。

本文第三節,筆者試圖對其詩作的內容與其書寫的社會事件背景進行詳細深入的探討,藉以顯示詩人對於社會事件書寫中其詩作深切反映社會現實,並具有強烈寫實主義的風格,並藉由向陽對於社會現象的細膩觀察,呈現詩人詩作中極為敏銳的社會性與人道主義關懷。

---

14 同註 13。

三、詩作內容分析

　　自從 1977 年發生鄉土文學論戰以來，許多年輕詩人開始關切台灣社會現實環境。進入 1980 年代以後，台灣文學進入多元時代，其中以政治詩的寫實風格特別受到矚目，而向陽正是這波詩浪潮之中最受矚目的一位青年詩人。

　　社會事件書寫，本質上非常容易傾向寫實主義色彩，而針對社會體制進行批判則是政治詩的特色。台灣的政治詩崛起於 1980 年代初，正是向陽上場的年代，而政治詩的特定意涵，孟樊援以李祖琛的〈七十年代臺灣鄉土文學析論〉指的是「批判當局既定體制的政治文學」。[15] 而關於台灣寫實詩興起的社會背景與歷史脈絡，兼具學者與詩人身份的孟樊如此詳剖道：

> 台灣寫實詩的興起，基本上是對五〇、六〇年代如日中天的現代主義的反動，當時台灣詩壇的所謂「現代詩」大體上均有強烈的內傾性，詩人「走入個人的世界、感官經驗的世界、潛意識和夢的世界」那是為了逃避與反抗當時政治的集體主義及淪為政治工具的宣傳文學。[16]

　　1981 年，由向陽主導的《陽光小集》納入更多新世代的詩人，其理念追求踏實地站在台灣的土地上，與人群同呼吸、共苦樂，與更多元的跨領域結合。當時的青年詩人向陽非常積極地參與詩刊活動，熱情呼應社會脈動，其詩作除了台語詩與歌謠詩的特殊風格之外，還具有寫實主義精神與諷喻的特色，期間向陽亦從海山卡片公司的企劃工作轉職媒體，其後詩

---

15 孟樊，《當代台灣新詩理論》（台北：揚智文化，1998），頁 134-138。
16 同註 15，頁 126。

集《亂》中所收錄的政治詩，其與新聞幾乎同步的即時性社會事件書寫特色，極其深刻地反映了台灣的政治變遷與社會現象。

寫實詩，根據西方的寫實主義的原則，常具有下列五大特色，此節或可以此作為檢視詩人向陽 12 首台灣社會事件書寫詩作的準則：

（1）相信詩的真實性
（2）忠實地表現現實
（3）反對感情用事
（4）語言的平白化
（5）內容重於形式[17]

然而，向陽的詩作除了寫實主義的風格以外，其書寫的策略與方式，尚包括引領世紀末風騷的後現代風格，甚至包含母語書寫與後殖民特色，與其獨具作品個體性的嘲諷與諧擬的風格。

關於詩人向陽 12 首台灣社會事件書寫詩作，共計有 7 起相呼應的台灣社會事件，分別是：學生食油中毒、穿山甲人張四妹來台療病、二二八事件解嚴後的社會回響、台灣野百合學運、台灣農民運動、921 大地震、SARS 病毒傳播。

以下依照詩作中台灣社會事件發生的時間先後順序，針對其詩作內容分別詳細論述。

（一）學生食油中毒：1979 年

1.〈鏡子看不見〉：1980 年作品，收錄於《歲月》

台灣的多氯聯苯中毒事件又稱為米糠油事件，當時全台至少 2000 人因

---

17 同註 15。

為吃到受多氯聯苯污染的米糠油而受害。當時位於台中縣大雅鄉的惠明中學的學生，也是這首社會事件詩作的主要主角。當時學校購買此家工廠的米糠油，使用烹煮一段時間之後，學生的健康紛紛出現問題：皮膚發黑，臉上長出氯痤瘡，身體與眼眶四周也長出黑色的油脂分泌物。

　　向陽以1979年惠明學校食油中毒這起社會事件為本，於隔年1980年轉職媒體工作時寫出〈鏡子看不見〉這首詩作。這首詩作的創作形式為新聞詩，詩作開頭亦刻意仿效媒體記者對於新聞報導的寫法，因此出現【台北訊】三個字。而詩作最亮眼之點，乃在惠明學校的學生原本就是視障生，所以無法從鏡子裡看見自己食油中毒之後發黑長出氯痤瘡的臉。這本來應該是不幸中的更不幸，可是詩人透過學校教務主任的口吻說道：「我們／只能慶幸——這些孩子，／看不見，自己的臉！」如此一來，嘲諷之感頓生。而藉由模擬此新聞事件人物的想法，產生一種類似戲劇的荒謬之感，更加凸顯了此一社會事件的殘酷性。

　　詩末「是不是你們也已看見／所謂不幸，是我們幸而承擔了／別人可能遭受的厄運／所謂幸，是我們不幸而受害／及早保護了周圍的顏面和光滑／然則在美與醜間我們選擇愛／即使鏡子看不見」。詩人遊走幸與不幸這兩種字詞之間，藉由視障生之受害，點出如果受害者不是視障生，透過鏡子其心理創傷可能更加巨大。然而，視力微弱的孩子並不自傷，在人性的美醜之間，唯有愛是最重要。世間鏡子雖可以照見美醜，卻無法分辨有愛、無愛之善惡。這起食油中毒的社會事件所蘊含的社會良心又何嘗不是一面鏡子，照見黑心廠商、政府對於食安問題的處理、台灣相關法規與行政檢查的疏失，讓中毒的民眾與惠明學校的孩子成為此社會事件的永恆的受害者。而詩人以此詩作反應當時的社會事件，而將聚焦對象刻意鎖定為學校的視障生，這是社會受害族群裡的弱勢族群，不獨是獨特的詩藝展現技巧，也有強烈關注被忽視的社會族群的寓意。

（二）穿山甲人張四妹來台療病：1982年

1.〈關上那光　打開那暗——給來臺療病的張四妹女士〉：
1982年作品，收錄於《歲月》

〔台北訊〕「穿山甲人」張四妹已於昨天下午抵臺，頭戴寬邊帽，眼戴墨鏡，穿著長袖衣服。醫院為顧及她的心理，除力圖使她不受干擾外，已將病房內的鏡子，取走……

而取不走的，是光
干擾妳，匆匆達三十五年之久
在地下室的收音機旁，用雙耳
妳與生存的社會接觸
在農場的果樹下，妳惋歎
生澀的果子被人硬生生摘走
妳無法闔眼，心房卻關上了
那令妳不能不躲避的世界
那光，那身上的鱗片，那
從心靈深處吶喊起來的

天譴！像一條魚一樣
每天逼妳在水的撫慰中
防止身上的肌膚寸寸龜裂
要妳在昏黃的燈光下，夜夜
頹然，以閉不上的雙眼
忍住不看天譴的鱗癬

但妳不是魚，不是穿山甲
當太陽升空，在風沙中
妳必須一片一片，撕下難耐的
鱗甲，祈求躺下求，祈求

能夠深深闔下，別人都有
而妳獨無的眼瞼，求一點點
休憩，一點點，黑暗
一些些空寂，一些些想像
一線──偷偷與光邂逅的
愉快和驚盼。在此刻
妳沒有鏡子的病房中，在將來的一刻
病房外，所有妳的同胞的愛
願能力幫妳關上那光
打開妳所需要的暗

──1982.7.27 萬華

向陽註／本詩原係應中國時報「人間」之邀所作，刊出後原詩題經更改為「關上那暗，打開那光」，詩末也「光」、「暗」互易──其實原題「關上那光，打開那暗」雖似不通，卻與張四妹女士「那雙一生都不能闔起來的赤紅眼睛」、「不知道『閉眼』是什麼」（柏楊先生語）相關──四季版全詩照收。今趁詩集出版之便，更正如上。又，發表時作者筆名「棄弘」，係我高中時代使用筆名「棄弦」之誤，一併說明。[18]

---

18 向陽，〈關上那光打開那暗──給來臺療病的張四妹女士〉，《歲月》，（台北：大地出版社，1985），頁 50-53。

〈關上那光　打開那暗——給來臺療病的張四妹女士〉，此詩如同〈鏡子看不見〉，都是以新聞的形式書寫令台灣民眾印象深刻的社會事件。

1982 年，作家柏楊在《中國時報》披露張四妹的故事，讓深居家中 35 年的張四妹得以從馬來西亞來到台灣就醫。張四妹自小罹患先天性魚鱗病，沒有眼簾、眼睛永遠張開，全身皮膚不斷脫皮、滲血，有如魚鱗狀的乾枯皮膚，讓她的身體處處龜裂、體無完膚，每當受不了時，她就浸入水中，來減少「剝皮」之痛。因為長相怪異，張四妹一直躲在家中，過著與世隔絕的日子，直到柏楊披露此事，長庚醫院主動提供免費醫療，張四妹才終於走出家門，在同年來到台灣。在長庚醫院皮膚科醫師官裕宗的治療下，張四妹在大腿處找到一塊皮膚，製做成兩片眼皮，讓她感受到半閉眼睡覺的感覺，醫療團隊並為她清創、治療她斑斑血痕的皮膚，以減少疾病帶來疼痛感。台灣的溫情醫療，讓張四妹改善痛苦，打開心房，返回馬來西亞後，她戴起假髮，不再躲在家中，她會去逛菜市場。儘管雙手仍不斷沾黏在一起，她仍拿起紙筆，寫信給在台灣結交的一群朋友。從此，她與台灣結下不解之緣，直到 2016 年都還持續來台治療。[19]

向陽〈關上那光　打開那暗——給來臺療病的張四妹女士〉，同樣於詩作中出現【台北訊】三個字，同樣是以鏡子為主題，然而相異於惠明學校看不見的視障生，罹患先天性魚鱗癬症的張四妹，卻因為沒有眼簾、眼睛永遠張開，無法闔上。看似永遠處在光亮之中，但是這份光亮卻變成她永遠的酷刑，無法好好闔眼睡覺休息。故詩人將詩題做〈關上那光　打開那暗〉，唯有一直渴望卻無法得到的閉眼後的黑暗，才能為張四妹帶來真正的光明。正如詩人向陽於〈關上那光　打開那暗〉詩末所說：「在此刻／妳沒有鏡子的病房中，在將來的一刻／房外，所有妳的同胞的愛／願能力幫妳關上那光／打開妳所需要的暗」。

---

[19] 華視新聞，〈穿山甲人張四妹返台就醫〉，（來源：華視全球資訊網，https://news.cts.com.tw/cts/general/199610/199610081802100.html）。

台灣醫生治療張四妹身體的魚鱗癬症，台灣詩人治療的卻是張四妹心理的魚鱗癬症。此詩穿梭台灣與馬來西亞之間，以一份同胞之愛祈願祝福張四妹，並記錄台灣這次跨海援助異常溫暖的社會事件書寫。

另外，詩作後有備註，詩人表示此詩作乃是應《中國時報》「人間副刊」邀請而作，可見當時報紙副刊的邀稿已呈現高度社會事件書寫特色──即新聞化與即時性。而此詩亦特意以新聞稿的文體形式創作，可作為社會事件書寫中新聞詩特質的藝術展現。

（三）解嚴後二二八事件的社會回響：1987年

二二八事件是台灣於 1947 年 2 月 27 日至 5 月 16 日所發生的台灣社會事件，起因於查緝私菸血案，後成為二二八事件的導火線。當時台灣各界菁英死傷慘烈。此歷史事件一直是台灣戒嚴時期的禁忌話題，然而，隨著 1987 年的政治解嚴，原本沉埋的歷史事件忽然演變成進行式的社會事件，台灣社會瞬間充滿了關於二二八事件的各種史料與新聞報導。而向陽針對當時社會風起雲湧的二二八事件的新聞討論與史料回顧，總計書寫過 3 首詩作，以下依照詩作的創作先後次序，分別論述。

1. 〈一首被撕裂的詩〉：1989 年作品，收錄於《亂》

> 一六四五年掉在揚州、嘉定
> 漢人的頭，直到一九一一年
> 滿清末帝也沒有向他們道歉
>
> 夜空把□□□□□□
> 黑是此際□□□□□
> 星星也□□□□□

由著風□□□□□□
黎明□□□

□夕陽□□□□
□□唯一□□□
□遮住了□□
□雨敲打□□□□
的大□

□帶上床了
□□的聲音
□□眼睛
□□尚未到來
門

一九四七年響遍台灣的槍聲
直到一九八九年春
還作著噩夢

——1989.3.10. 南松山
——1989.3.16. 自立晚報「本土」副刊

（註）本詩發表後，引起詩壇友人極大同感，先後有康原〈一首填空的詩〉（1989.3.25）、蕭蕭〈一首被□□的詩〉（1989.3.27）發表於自立副刊。[20]

---

20 向陽，〈一首被撕裂的詩〉，《亂》（台北：印刻出版，2005），頁 18-20。

〈一首被撕裂的詩〉乃是向陽為了回應當時的行政院長俞國華，回應立委質詢二二八事件而創作的即時性作品。詩作以明朝末年的滿清政府入關之後大量屠殺漢人的揚州十日與嘉定三屠事件開場，藉以隱喻1947年響遍台灣的二二八事件的槍聲；並以滿清末帝沒有向受害者道歉，諷諭1989年的台灣政府不肯對歷史負責，向二二八事件的受難者真心誠意的道歉。

　　在淒哀的歷史背景底下，向陽卻刻意以遊戲的空白與拼貼的後現代主義的模式，企圖在嚴肅悲哀的歷史大論述之下，讓讀者自行閱讀想像，自由拼貼自己所創造的詩句組合，以此建構屬於自己的二二八事件的詩劇場。這何嘗不是以遊戲的方式，在新詩創作的形式上，再度以諷喻的形式嘲弄現在政府的不敢當與過去政府的太敢為，從而導致二二八事件的傷痕在遺族與歷史情境中一傷再傷，1947年的槍聲在史冊裡一響再響，最後變成台灣人民永恆的噩夢。

　　簡政珍曾如此詮釋後現代的嬉戲與嚴肅性：「後現代本身，即使沒有現代主義的滲透，也不盡然欠缺嚴肅性。這也是嬉戲與遊戲之別。嬉戲可能是遮掩後現代主義嚴肅性的面具。表現的諧擬潛在有其嚴肅的人生命題。」[21] 而空格的圖像，更符合孟樊歸納的後現代風格特徵：「更新的圖像詩與字體的形式實驗」。[22] 向陽此詩也是一首拼貼詩，根據詩人自己的解說，詩作的第二段、第三段與第四段拼湊起來即是完整無空格的詩句內容。詩人以此象徵歷史的真相藉由不斷上下求索的過程予以拼湊完整，讓被掩蔽的真相浮顯出來。

　　詩人李敏勇曾評論道：「這首被撕裂的詩，在詩行裡用了許多沒有文字的空格，一方面表示撕裂、瘖啞，另一方面可供拼湊，想像。歷史被淹

---
21 簡政珍，〈後現代的雙重視野〉，《二十世紀中國文學專題：創作類型與主題》（台北：萬卷樓圖書，2006），頁14。
22 孟樊，〈後現代詩特徵說〉，《台灣後現代詩的理論與實踐》（台北：揚智出版社，2003），頁193。

滅，歷史也被重構。空白的解讀在那時代，是一種沒有說出的話語。⋯⋯詩人的五節詩裡，有三節充滿空格。但詩的意義仍然彰顯。被撕裂的其實不是詩，而是心。不是詩人的心，而是臺灣人的心。」[23]

〈一首被撕裂的詩〉因為形式上的特殊與創意，在台灣詩壇中竟形成一股仿效的風潮，先後有詩人康原的〈一首填空的詩〉（1989.3.25）、蕭蕭的〈一首被□□的詩〉（1989.3.27），兩者以相仿的形式，相繼發表於《自立副刊》，一時蔚為風潮。[24]

詩作當年發表於《自立晚報》的「本土」副刊，對於台灣解嚴之後破土而出的本土化史料與政府不願直面的態度，不啻是一個最精準犀利的社會批判，這也是社會事件書寫的另一特色，於書寫中提出直接明晰的政治倡議與主張。

2. 〈暗雲〉：1996年作品，收錄於《亂》（節錄，全詩第一段）

  一九四七年二月二十七日暗時
  專賣局緝煙隊來到太平町
  暗鬱的雲跟著躡著腳過來
  寡婦林江邁跪倒地上
  苦苦哀求，換來硬梆梆的槍托
  鮮紅的血追著斜陽的餘光
  潑灑在天馬茶房外黑漆漆的街道上
  二二八，歷史就這樣被血寫出來
  暗鬱的雲被紅通通的斜陽滾上花邊

---

23 李敏勇，〈被撕裂的其實不是詩：評向陽的〈一首被撕裂的詩〉〉，發表於 2000 年 2 月 24 日《自由時報》副刊，（來源：向陽詩房，http://tea.ntue.edu.tw/~xiangyang/xiangyang/pcrit-4.htm）。
24 向陽，〈一首被撕裂的詩〉，《亂》，頁 20。

恨在台灣人民的祖國夢裡燃燒
　　暗天　黑地　暗黑的心
　　暗暗黑黑久被植民的山川河海淒淒然
　　二二八，在槍聲下
　　二二八，在冤死者張大的的眼中
　　二二八，在劈開雙腿趴在刑場的屍體上
　　二二八，在被軍刀潑辣辣刺下的史頁裡 [25]

　　〈暗雲〉這首詩一開場，就像一齣戲劇電影，有時間、有地點，也有正派與反派的主角人物，然後，喋血衝突發生：「二二八，歷史就這樣被血寫出來。」從此，台灣的西北西永恆盤踞著歷史事件的暗雲，政治勢力的暗雲，隻手遮天的暗雲。即使，被隱藏多年的歷史終於被寫入史冊，卻成了政客口沫橫飛的議論題材，有如一齣台灣政治、歷史的「瘋狂嘉年華」，「被紀念／不被記憶」。

　　是故，詩人有所痛、有所怒。任憑二二八事件的遺族「那寡婦的哭聲／喊了五十年」，以及關注此歷史事件的青年「那一灘灘台灣青年的血／換來冷冰冰的紀念碑」，可是始終得不到真正的解決。

　　「那一九四七年二二八的暗雲／直到一九九六年仍未散去」。暗雲，或者是暗雲背後的翻雲覆雨手，究竟誰該為歷史做出勇敢的面對與合理的補償與道歉，直到詩人〈暗雲〉成詩之日，台灣解嚴數十年之後，依然沒有結論。

　　這首詩作可以作為台灣社會對於二二八歷史事件回顧的進行式集體氛圍，當時轉型正義的年代尚未到來，台灣社會的天空中顯現了暗雲，而充滿濕氣的雲層很低很低，隨時可能變化成雨降落台灣本土。

---

25 向陽，〈暗雲〉，《亂》，頁 96-101。

3. 〈嘉義街外──寫給陳澄波〉：2000 年作品，收錄於《亂》

你倒下來時天都暗了
日正當中的嘉義驛前
嘉義人張著的驚嚇的眼睛
和你一樣憤怒地睜視
這暗無天日的青天

彷彿還在眼前，一九二六年
你用彩筆描繪的嘉義街外
受到殖民帝國的垂青
一九三三年你勾勒出來的中央噴水池
溫暖的陽光灑過金黃的土地
你的雙眼如此柔和，愛情
隨著油彩一筆一筆吻遍了嘉義

那時你一定也和嘉義人一樣
期待著殖民帝國的崩解
期待著海峽彼岸陌生的祖國
你畫布上的嘉義
還湧動噴水池的泉聲
熱切向著畫框外呼叫自由與溫馨

一九四七年，彷彿也還在眼前
你與祖國相遇，在和平鴿盤據的警察局
你得到的獎賞，是祖國熾烈的熱吻
與粗鐵線一起，綑綁你回歸祖國的身軀

沿著你從小熟悉的中山路來到嘉義驛前
面對青天,祖國用一顆子彈獎賞你的胸膛

這暗無天日的青天
和你一樣憤怒地睜視
嘉義人張著的驚嚇的眼睛
日正當中的嘉義驛前
你倒下來時天都暗了

陳澄波〔1895-1947〕,嘉義人,台灣傑出畫家,1926年以畫作「嘉義街外」入選日本第七屆「帝國美展」,成為台灣首位以西畫入選官展的畫家,從此揚名台灣畫壇,他的畫作多以嘉義為題材,洋溢出日治時期台灣素民生活與風土的純樸溫暖色調。

1947年二二八事件爆發後,陳澄波以嘉義市參議員身分被推為六名和談代表之一,竟為軍方逮捕,而於3月25日上午遭軍方以粗鐵線綑綁身軀,遊街示眾之後,在嘉義火車站前槍斃,家屬猶不獲准收屍,曝身街頭,蚊蠅不去。其後運回家中屍身遺照,現仍存世。陳氏仰躺草蓆之上,子彈貫胸而過,鮮血飛濺,雙目圓睜。

一生執著美、善與和平的畫家,最後用他的鮮血畫下了台灣與祖國相遇的悲哀。

——2000/1/17 台北
——2000/2/28 中國時報人間副刊 [26]

---

26 向陽,〈嘉義街外——寫給陳澄波〉,《亂》,頁146-149。

〈嘉義街外——寫給陳澄波〉，此詩以台灣嘉義的傑出畫家陳澄波為主角，寫出台灣民眾於解嚴後史料的大量浮現中，藉由特定罹難人物的關注與理解。

　　「你倒下來時天都暗了」，此句首尾呼應，既控訴了「這暗無天日的青天」，亦象徵當時國民黨政府處理二二八事件殃及無辜的舉措失當，隱喻知識分子身為和談代表卻被無理殺害的震驚與恐怖。當國法選擇暴殺與台灣人民溝通的橋梁，橋梁既斷，政府與人民因此失去了歷史上和談的機會。

　　「陳氏仰躺草蓆之上，子彈貫胸而過，鮮血飛濺，雙目圓睜。」陳澄波當年死不瞑目。這是讓人最冤屈的二二八，這是讓人最震驚的二二八，這是台灣上個世紀最悽傷的歷史畫面。而〈嘉義街外——寫給陳澄波〉，此詩如同電影畫面一般，倒帶重播，向陽以詩作描摹真實的歷史場景，讀者瞬間進入寫實主義的戲劇舞台，我們與當年的嘉義市民一起被驚嚇，「你倒下來時天都暗了」，原本是日正當中的時刻，身處於這首詩戲劇舞台的我們卻覺得應該要下雨。當向陽的詩作引領我們重回歷史現場，我們一起為無辜倒下的陳澄波，落雨。

　　正午的天暗了，知識分子的鮮血飛濺，心跳停止。如果「這暗無天日的青天」願意真心誠意地下一場雨，無論事隔多少年，已經凝固的瘀血或許可以得到洗刷與救贖，死不瞑目的眼睛或許就能真正平靜的闔上，而盤據在台灣西北西的暗雲也才有可能真正地散去，重現台灣朗朗之青天。

　　筆者於最後為這3首同一主題關於解嚴後的二二八事件引起的社會回響的相關詩作做個小結。依照發表時間，此3首詩作全部發表於1987年台灣解嚴之後，這自然是因為政治因素。其中，〈一首被撕裂的詩〉發表於解嚴8個多月之後，詩作以滿清屠殺漢人的歷史事件作為開場與對照，作為二二八事件的首次書寫詩作，「一九四七年響遍台灣的槍聲／直到一九八九年春／還作著噩夢」，可以說，這首詩完全像是這三首詩作中的

序曲。而向陽以後現代的手法書寫，空格裡隱藏著解嚴後呼之欲出的埋藏史料，也與1989年當時的社會環境相呼應，更是對於當時的台灣政府面對代表人民的立委質詢時的一記犀利回響。而1996年發表的詩作〈暗雲〉，距離解嚴已經來到9年後，全詩中可以看出詩人的針砭之意。整首詩以直白的戲劇場景描繪二二八事件發生的原因與殺戮場面，「歷史就這樣被血寫出來」，此詩可以一窺當時的社會環境對於二二八事件早已不是隱匿不可說的歷史事件，然而社會風氣雖已開放，但是政府單位始終沒有作出應有的作為與擔當，故以暗雲為題為象徵。暗雲雖可見，但仍未散去。而最後一首〈嘉義街外〉——寫給陳澄波，則作於2000年，同樣以戲劇場景白描直寫，但是情感力量更為強烈，陳澄波的死不瞑目，幾乎成為一種對於二二八事件最為強烈的控訴形象。或許，在詩人的心底，解嚴13年後千禧年的台灣依然是「暗無天日的青天」，歷史事件依然沉冤未雪，未獲得公平公正的合理化正視。

　　向陽的詩作再現歷史，在不同的時間點上，可以窺見當時的社會環境針對同一二二八事件的看法與情緒，甚至可以以此推斷威權逐漸崩解鬆動的痕跡，此乃是歷史之中暗藏著進行式的歷史，也是在解嚴之後特殊社會情境之下書寫同一社會事件的珍貴再現展演性與社會批判性的最佳作品顯現。

（四）台灣農民運動 VS 八九學運：1989年

1. 〈血淌著，一點聲息也沒有——致北京/台北的學生〉：
   1989年作品，收錄於《亂》

血，為了自由
淌在不自由的廣場上
愛，為了愛
瑟縮在獨裁者的皮靴下

在武夫的槍口下

在政客的笑容下

凋萎的菊，絕食

在禁錮她的死水中

時局	一九八九北京五二〇：戒嚴令下	一九八八台北五二〇：戒嚴已解除
場景	學生靜坐示威 婦女哀求解放軍 民眾躺在坦克車前 老師反對鎮壓學生	學生靜坐示威 為老農民懇求軍警 憲兵踩過他們的肉身 電棒打破學生腦袋
反應	在共產黨控制下 缺乏新聞自由的報紙 不由自主地吶喊 我們痛心疾首	在國民黨開放後 初享新聞自由的報紙 自由心證地指責 學生幼稚無知

同樣的五月，同樣的愛

同樣爭自由，同樣爭民主

同樣令人鼻酸的靜坐

福爾摩沙的血　淌著

淌著

一點聲息

也沒有

1989.05.22. 南松山

1989.05.25. 自立早報「自立」副刊

（註）表格由「一國兩府」聯合製作。[27]

向陽的詩作〈血淌著，一點聲息也沒有——致北京／台北的學生〉，全詩以中國八九學運與台灣520農民運動靜坐抗議受傷的學生，作為兩組對照。

詩人細膩觀察中國與台灣的學生靜坐抗議事件，詩中甚至以表的形式做出兩組對照。猶如戲劇的兩組對照場景。詩人故意揀選同樣的520時間，但是年份不同，地點分別是北京與台北。其中，中國八九學運引發了中國頒布戒嚴令，而台灣的520農民運動卻是發生在長達38年的解嚴之後；中國學生是為了爭取更多的民主自由，台灣學生卻是見義勇為支持農民運動，但是兩邊政府都因為處理不當而造成學生受傷。詩人巧妙抓住兩起事件剛好都在520期間發生，但是，最有趣的卻是兩岸媒體的反應：中國媒體的發言是：「在共產黨控制下／缺乏新聞自由的報紙／不由自主地吶喊／我們痛心疾首」；而台灣媒體的發言卻是：「在國民黨開放後／初享新聞自由的報紙／自由心證地指責／學生幼稚無知」。兩邊媒體對於靜坐的學生都是負面評價。而詩人顯然更不認同台灣的媒體，只因台灣媒體是處在解嚴之後擁有更多新聞自由的情況下，卻反而不瞭解台灣農民社會運動背後的意義，不只不肯支持學生，甚至還公開指責學生幼稚無知。1988年的台灣媒體彷彿還停留在台灣解嚴之前的威權封閉的狀態。這是一個台灣學生比台灣媒體對於社會運動更加具有社會公平正義思想的先進狀態，故當時任職於媒體的詩人於詩末如此結論：「同樣的五月，同樣的愛／同樣爭自由，同樣爭民主／同樣令人鼻酸的靜坐／福爾摩沙的血　淌著／淌著／一點聲息／也沒有」。為何福爾摩沙的血一點聲息也沒有？只因台

---

[27] 向陽，〈血淌著，一點聲息也沒有——致北京／台北的學生〉，《亂》，頁26-29。

灣媒體完全與現實環境的政治解嚴狀態脫節，跟不上台灣社會環境的進步狀態。

〈血淌著，一點聲息也沒有——致北京／台北的學生〉，向陽以此詩對於台灣媒體做出非常犀利的批判。另外，詩末的註裡特別標示：「表格由『一國兩府』聯合製作。」不改詩人平常強烈的諷喻與幽默本色，發人深省之餘，同時也讓人忍不住會心一笑。

（五）台灣野百合學運：1990年

1. 〈野百合靜靜地開——寫給參加三月學運的台灣青年〉：
    1990年作品，收錄於《亂》

1990年初，國民黨主流派系與非主流派系的爭權逐漸進入白熱化，台灣的社會中瀰漫著不安的氛圍。學生與社運團體於此時開始進行抗爭行動，首先於3月11日召開記者會，發表「還政於民，重建憲政」的聯合聲明，指出現階段之政治危機源於憲政體制中臨時條款與國民大會的存在。3月13日國民大會自行於中山樓通過「臨時條款修正案」，將1986年增額代表任期延長為9年，引發社會譁然。台大學生的民主行動聯盟於14日前往國民黨中央黨部靜坐抗議。16日正當各校學運團體仍在擬定後續行動之時，台大學生周克任、何宗憲、楊弘任自行召集10餘名現台科大的學生至中正紀念堂靜坐，拉起「同胞們，我們怎能再忍受七百個皇帝壓榨」的抗議布條，而這個行動為台灣的「野百合學運」揭開序幕。[28]

詩人以重複並且押韻的歌謠詩的形式，創作〈野百合靜靜地開——寫給參加三月學運的台灣青年〉。其詩作首尾呼應，一開始野百合靜靜地開，詩末亦收尾在野百合靜靜地開，然而，中間的過程卻是充滿了生命

---

[28] 「學動・運生：台灣戰後學運回顧」特展籌備委員會，〈野百合學運〉，2015年10月13日，（來源：「學動・運生：台灣戰後學運回顧」特展，http://ios20.asdc.tw/e2_wildlily/）。

力，野百合乃是生機勃發憤怒地開。

　　向陽寫作此詩之時，正是學運進行期間，但他以身為一個媒體工作者的敏銳度，似乎已經預見野百合學運日後成功的榮景。

　　野百合學運是台灣有史以來規模最大的學生抗議行動，對於台灣的民主化確實有著相當程度的影響。在這次學生運動中，人數最多的時期曾經有過將近 6000 名來自全台各地的大學生，全數集結在中正紀念堂的廣場上靜坐，他們提出「解散國民大會」、「廢除臨時條款」、「召開國是會議」、以及「政經改革時間表」等四大訴求。在該次的學生運動之後，當時擔任總統的李登輝先生一方面依照其對學生的承諾，在不久之後召開國是會議，另一方面也在 1991 年廢除《動員戡亂時期臨時條款》，並結束「萬年國會」的運作，台灣的民主化進入全新的階段。

　　此次野百合學運的退場亦是十分和平。3 月 22 日清晨，廣場指揮中心公佈撤離廣場的決定，為期 6 日的野百合運動正式落幕。運動完結之時，只有「召開國是會議」得到政府正面回應，但接下來數年間，「萬年國會」被解散，國民大會得以重選，首屆民選總統亦於 1996 年產生，代議民主的改革大致完成。[29]

　　生機勃發的野百合，憤怒與愛，在困境之中總是相伴而生。台灣百合因為適應力強，故生長環境分布極廣，遍及高山，甚至海邊。以此象徵台灣解嚴之後最大的學生運動，更具有堅毅不拔、純潔善良的正面形象。詩人創作此詩的時間為學生撤離廣場的前一日，而刊登時間正是學生功成身退，完美轉身的當日，詩人以其最擅長的歌謠詩特色，為這次野百合學運的社會事件過程留下歷史見證之下最美好的音韻，也彰顯了社會事件書寫的寫實性與即時性。

---

29 獨立媒體，【罷課特刊】回顧台灣野百合學運──開花不一定結果，（來源：中大學生報，http://www.inmediahk.net/node/1026276）。

（六）921 大地震：1999 年 9 月 21 日

1. 〈黑暗沉落下來〉：1999 年作品，收錄於《亂》
2. 〈烏暗沉落來──現互 921 集集大地動著驚受難的靈魂〉：1999 年作品，收錄於《亂》
3. 〈迎接〉：1999 年作品，收錄於《亂》
4. 〈春回鳳凰山──寫給 921 災後四個月的故鄉〉：2000 年作品，收錄於《亂》

台灣 921 大地震，是 1999 年 9 月 21 日上午 1 時 47 分發生於台灣中部山區的地震，總計造成台灣兩千多人死亡。

而 921 大地震的震源之所在地，正是詩人的家鄉南投，所以詩人從地震災害發生開始，一直到震災之後的重建，一直都非常關切，並於這段期間連續創作 4 首詩作。其中，國語的〈黑暗沉落下來〉與閩南語的〈烏暗沉落來──現互九二一集集大地動著驚受難的靈魂〉，兩首詩作內容相近，也都是歌謠詩的形式，只不過書寫的語言有所不同，是非常明顯的互文文本。閩南語的烏暗，即是國語的黑暗；閩南語的沉落來，即國語的沉落下來。

震災一個月之後發表的詩作〈迎接〉，全詩氛圍有欣喜重生之感，以嬰兒、新芽等充滿希望的意象，寫劫後餘生的迎接姿態，無論是如何殘破的世界，都以不蒙塵的心靈去迎接，擦亮新的世紀，寄予重生的希望。

而〈春回鳳凰山──寫給九二一災後四個月的故鄉〉，全詩先書寫震災初發生時鳳凰山的灰黯，對照 4 個月後的返鄉觀察，鳳凰山的新綠、鳥語、花香，以及茶煙，故鄉已完全抖落死亡的陰影，春天重新回到鳳凰山。此詩深刻表現自然界的生命力，植物與鳥雀堅強若此，人類又怎麼可能軟弱自棄。其中，人類栽種的茶葉，南投的特產，尤其可以表現南投災

民重建家園的努力與自強。而以創作技巧而言,其詩以頂真的方式,詩作分段之後仍有以相同詩句首尾相連的現象,或有隱喻地震雖然震斷家園,自然與有情生命仍可在被橫遭震斷的處境之中,彼此相依重生,相連成一家,依然是一個完整堅韌的整體。

關於向陽的 4 首 921 大地震的相關詩作,以地震發生的第二天、一個月、四個月的時間歷程,並以兩種語言的創作方式,真實記錄了震災發生當時與災後重建的過程,寫實之餘,更具體表現了向陽詩作特有的歌謠詩的優美音韻,這顯示詩人除了寫實主義的精神以外,還擅長以歌謠詩的形式表達抒情性與優美性。

(七)SARS 病毒:2002 年 11 月～2003 年 9 月

1.〈被恐懼佔據的城堡〉:2003 年作品,收錄於《亂》

1.
有一天我們會記起這座被恐懼佔領的城堡
提著驚惶吊著害怕的眼光梭尋迷途的口罩
再低沉再抑壓的咳嗽都很快引發警笛鳴噪
耳溫槍額溫槍紅外線掃過隱藏的魑魅山魈
在我們的體膚上在我們被恐懼控制的城堡
黃色警戒線絕決隔離掉熟識與陌生的容貌
像風中的殘荷雨中的敗蕊像大海上的驚濤
我們覓尋一切阻絕風雨的可能襲擊與侵擾
連同彼此相親的體溫以及鄰人待援的哀嚎
在被恐懼統治的城堡我們與孤獨一起死掉

2.
我們與孤獨一起死掉在被恐懼統治的城堡
恐懼莫名的怪病莫名的死別和不測的惡耗
恐懼缺水缺雨成旱恐懼颱風帶來洪患水潦
恐懼核廢恐懼地震恐懼明天醒來天地變貌
恐懼一切烏有在恐懼中我們測量體溫心跳
測不出煩憂生老病死的種種苦悶種種叫囂
量不到圍繞悲歡離合的諸多無奈諸多焦躁
我們在被恐懼控制的城堡陪孤獨一起煎熬
等待親友的一絲微笑企盼愛人的一個擁抱
有一天我們會記起這座被恐懼佔領的城堡

2003.6.3 南松山
2003.6.4《自由時報》副刊 [30]

　　SARS 是 2002 年年底爆發於中國大陸廣東的一種新型冠狀病毒，因為最初發生時，對於此種病毒的來源與傳染途徑缺少認知，因而在很快速的時間裡面傳播於世界各地。全球疫情傳播期間，總計有 29 個國家受害，而台灣因與疫情發源地人員往來流動頻密，透過農曆春節的返鄉行程，將病毒帶入台北。當時全台總計 664 名病患，其中 73 人死亡，而倖存者多半存有肺部嚴重纖維化的後遺症。疫情傳播期間，甚至一度造成台北和平醫院封院，以及多名醫護人員的死亡。台灣的 SARS 疫情一直持續到 2003 年 7 月 5 日，才從世界衛生組織名單上移除疫區之名。事後，台灣針對 SARS 病毒的防疫舉措認真做出總檢討，從而在 2019 年年底的另一波同屬

---

[30] 向陽，〈被恐懼佔據的城堡〉，《亂》，頁 178-180。

於冠狀病毒的新冠病毒全球傳播裡打下一個極其漂亮的防疫戰。

　　向陽詩作〈被恐懼佔據的城堡〉，書寫於 SARS 疫情發生期間，當時台灣仍列為世界上的 SARS 疫區。全台人心惶惶，恐懼籠罩著我們的島、我們的心房，詩人因此詩題定名為：被恐懼佔據的城堡。其中，詩作中的一段的口罩、咳嗽，以及測量體溫的耳溫槍、額溫槍、紅外線，和平醫院封院時院外的黃色隔離警戒線，都是當年疫情的常見視覺景象，卻也是讓人心生恐懼的意象。詩人穿梭於 SARS 疫情的意象當中，以文字建構當時的恐懼城堡，而城堡之所以得以成功構成，卻在於眼目不可及的恐懼情緒。因為害怕被傳染病毒，我們孤立自己，生活中別無他者，使自己被恐懼征服成為自我隔離的單數，結局自然是只能與孤獨一起死去。

　　詩人藉由詩作中的第一段中 SARS 疫情在短時間建構的恐懼意象，在第二段中再以 SARS 所帶來的：莫名的怪病、莫名的死別、不測的惡耗，再層層推衍出人生當中原本就存在的其他恐懼，諸如：缺水缺雨成旱、颱風帶來洪患水澇、核廢、地震等等，所有的災害名詞前面皆冠以恐懼這個動詞，最終令得恐懼從最初的情緒動詞變成極權統治的特殊名詞，得以君臨天下統治我們自我創造的封閉的城堡。

　　在〈被恐懼佔據的城堡〉的詩作形式上，比較特殊的部份在於詩句刻意的齊整與句句押韻的現象。一向嫻熟於現代新詩自由長短句的向陽，這次刻意採取中國古典詩的形式，以每句 18 個字做為詩行，每段則是 10 行，詩行句句壓ㄠ韻，成為現代版的「十八言韻詩」。此在民國時期吳興華的〈覽古〉詩作中已有前例。吳興華乃是對陳子昂的〈登幽州臺歌〉借鏡，取其內容意境，翻寫成總計 12 行，每行 9 個字的現代新詩〈覽古〉，以此通古開新。而向陽的向古典詩借鏡，卻有著比吳興華更多的借古心思與意涵。向陽藉著古典詩齊整句型帶來後現代視覺化的大型方塊形式，以暗喻恐懼所建構的城堡意象；並藉著句句押韻的不自由格式，暗喻藉由恐懼情緒所孳生的生命行動自由受限。此種藉由古典詩形式創造出的藝術技

巧,以及藉由形式而與內容構成互文文本的特色,相較於上一個世紀的吳興華,更具有通古開新的意義。這也證明向陽精通古典又擅長現代的詩作特質,而句句押韻於詩句誦唸時又產生如歌謠詩般連綿不絕的音韻,恍若詩中的恐懼情緒一般的連綿不絕。

〈被恐懼佔據的城堡〉技巧上貌似古典,卻又非常的後現代,此為向陽詩作的匠心獨運之處。

四、結語

向陽是台灣詩壇最具特色的寫實主義詩人,關懷土地、心繫家國,關注現實環境與社會運動。這與他從年輕時代即涉及媒體工作有關,也與詩人自身的性格有關。向陽早期書寫多有鄉土家族群像,很早就透露出寫實主義精神與諷諭詩的特色。但詩人最特殊的莫過於天生對於音韻格律的敏感度,表現在他的歌謠詩形式上最為明顯,這導致了許多音樂家如黃韻玲、石青如、林少英等,皆喜愛以向陽的詩作入樂。林于弘認為這個特色與詩人年少時雅愛屈原《離騷》有關,這啟發了詩人對於音韻格律的安排。[31]

社會事件書寫的詩人,無疑都是社群中的異議者,並且毫無疑問地藉由自己的詩作表達了他們對於社會事件的絕對意見,「對世間事的不平苦難,表達出沉痛的看法」;對於這些社會事件書寫的詩人們來說,詩作確實是他「強大的武器,是顛覆不義的工具」。[32]而詩人通常也多半藉由這些社會詩作,對於事件本身提出極其深刻的針砭意見,並留下可貴的文史資料。陳鴻逸曾指出,向陽詩作有以詩紀史的特殊功能,並透過歷史意

---

31 林于弘,〈向陽新詩創作類型論〉,《國文學誌》10期(2005.6),頁323。
32 陳義芝,〈一個詩人的自覺與反省〉,《文字結巢》(台北:三民書局,2007),頁92-93。

識，試圖勾勒出一種屬於台灣的文化圖像。[33] 而每一個社會事件終將成為往後的歷史事件，此刻的每一個緊扣住新聞報導的即時性書寫與社會意識批判，是一種以詩作為顛覆不義的工具的政治倡議，最終也將成為台灣文學歷史的一部份。

而若以詩作技巧觀之，向陽的後現代風格的諸多特徵於其中，例如：文類界限的泯滅、博議的拼貼與混合、意符的遊戲、事件般的即興演出、更新的圖像詩與字體的形式實驗、諧擬大量的被引用等。[34] 諸多後現代與技巧雜沓紛呈於詩作之中，出於古典、擅長歌謠，其內容又指涉對於母語書寫的嫻熟。僅僅 12 首台灣社會事件書寫詩作，竟已涵蓋古典至於後現代風格，而其技巧與文本的互文性，分明匠心獨運卻又渾然天成，尤其以《亂》詩集呈現其書寫策略的獨特性，其宏偉企圖可藉由詩集所選錄的 10 首詩作建構屬於詩人自身的作品社會學。

本文從向陽已出版的詩集中細心蒐羅其台灣社會事件書寫詩作，從 1979 年到 2002 年，23 年之中總計 12 首代表詩作，台灣社會事件從早期的台灣學生食油中毒事件、馬來西亞張四妹來台治療疾病、解嚴後二二八事件的社會回響、台灣農民運動與中國八九學運的媒體反應對照、台灣的野百合學運、1999 年的台灣 921 大地震，以及二十一世紀初期蔓延全球 29 個國家的 SARS 病毒傳播，總計有 7 起台灣社會事件書寫。筆者將詩作地域鎖定在台灣，觀察其語言橫跨國語、台語、英語，並有多種圖像呈現。若以詩作形式而論，多有創新之舉，除了空白拼貼的後現代風格，還有歌謠詩、新聞詩、台語詩、政治詩等諸多類型；內容經常蘊含諷喻又不失幽默與同理心，具有強烈寫實主義的真實性與批判精神，對家國鄉土懷有深切的關注與愛，詩作往往深刻反映社會現實，並具有強烈的歷史再現

---

33 陳鴻逸：〈「騷」與「體」——試論向陽《亂》的歷史技喻與文化圖像〉，《閱讀向陽》（台北：秀威資訊，2013），頁 209。
34 孟樊：〈後現代詩特徵說〉，《台灣後現代詩的理論與實踐》，頁 193。

功能。

> 現實不是詩,但它是詩的素材。詩作永遠離不開現實,即使詩人隱藏於表象的禪意和與世隔絕的自我。詩作是和現實辯證的結果。詩人一意躲避現實,但現實如影隨形。詩人不能躲避現實,因而轉趨面對現實。詩作並非哲學的論證,它經由妥適的說話者表達對現實的感悟。說話者以語音重整現實。透過說話者的聲音,語言給殘破混濁的現實一個秩序。[35]

寫實主義詩人立足於現實環境的土壤,藉由詩作表達自身對於現實環境的感悟,並聚焦於社會現象的觀察,經常呈現詩人作品之中極為敏銳的社會性與人道主義關懷。向陽本身內涵博大,跨領域的特質相當明顯,其文學、史學、語言學、傳播學、編輯學、西方思潮理論,皆所擅長,對於詩作形式的開拓與創新,也常有慧心獨到之處,蔚為同代翹楚,經常引發詩友仿效。

筆者僅以向陽台灣社會事件書寫的社會詩作為本文之研究之核心,並以此作為台灣政治變遷之下的社會現象再現的一個作品社會學的研究貢獻文本。

---

35 簡政珍,《詩的瞬間狂喜》,(台北:時報文化,1991),頁38。

國家圖書館出版品預行編目資料

陽光升起的所在：向陽研究十八論／陳政彥，林妤，涂書瑋，廖振富，李桂媚，陳鴻逸，葉衽榤，葉青青，張俐璇，楊宗翰，蔡旻軒，黃崇軒，陳允元，陳瀅州，彭正翔，呂美親，趙文豪，楊敏夷作；陳允元主編． -- 初版 -- 臺北市：國立臺北教育大學臺灣文化研究所；前衛出版社,2025.07
592 面；17 X 23 公分

ISBN 978-626-7631-06-5（平裝）
1. 林淇瀁 2. 學術思想 3. 文學評論 4. 傳記

783.3886　　　　　　　　　　　　114008968

陽光升起的所在：向陽研究十八論

主　　編	陳允元
作　　者	陳政彥、林　妤、涂書瑋、廖振富、李桂媚、陳鴻逸
	葉衽榤、葉青青、張俐璇、楊宗翰、蔡旻軒、黃崇軒
	陳允元、陳瀅州、彭正翔、呂美親、趙文豪、楊敏夷
責任編輯	高于婷
編輯協力	鄭清鴻
美術編輯	宸遠彩藝
封面設計	之一設計
編輯委員	蘇瑞鏘、何義麟、翁聖峯、方真真、陳允元
	王桂蘭、翁智琦
研 討 會	陳允元、陳雅芹、陳采婕、蔡詠絮、蕭雅方
工作人員	張珮詩、高于婷、邱諭湘、盧子軒、林雅萱
	林雲清、張怡璇、李政廷、邱胤翔、王冠翔
合作出版	國立臺北教育大學台灣文化研究所
	地址：106320 台北市大安區和平東路2段134號
	電話：02-2732-1104 轉 62231 ｜傳真：02-23788790
	網站：https://taiwan.ntue.edu.tw/
	前衛出版社
	地址：104056 台北市中山區農安街153號4樓之3
	電話：02-25865708 ｜傳真：02-25863758
	郵撥帳號：0562551
	購書‧業務信箱：a4791@ms.15.hinet.net
	投稿‧代理信箱：avanguardbook@gmail.com
	官方網站：http://www.avanguard.com.tw
出版總監	林文欽
法律顧問	陽光百合律師事務所
總 經 銷	紅螞蟻圖書有限公司
	地址：114066 台北市內湖區舊宗路二段121巷19號
	電話：02-27953656 ｜傳真：02-27954100
出版日期	2025年7月初版一刷
定　　價	750元

本專書獲趨勢教育基金會贊助出版

G P N	1011400673
I S B N	978-626-7631-06-5（平裝）
E-ISBN	978-626-7631-08-9（PDF）｜978-626-7631-07-2（EPUB）

©版權所有‧翻印必究　Printed in Taiwan.